市町村会議員必携

【昭和4年 改訂13版】

地方自治協会 編輯

地方自治法研究
復刊大系〔第三五八巻〕

市町村会議員必携

〔昭和四年 改訂十三版〕

日本立法資料全集 別巻 1568

信山社

市町村會議員必携

地方自治協會發行

市町村會議員必携　目次

憲法理論の大要

行政法理論の大要

財政理論の大要……八三

社會問題の大要……一四三

自治關係法規

目次

憲法理論の大要

第一章　總　論

憲法とは國家の組織と國家の直接機關とを定めたる法規を謂ふのである、國家を國体上から區別するときは即ち統治權が何人に存するかの點より見て君主國民主國、君民同治國、民主立君國とに區別することが出來る、君主國とは統治權が君主に屬する國家を云ひ、民主國とは統治權が人民に屬する國家を云ひ、君民同治國とは主權の君主と人民とに屬する國家を云ひ、民主立君國とは主權が人民に屬し而も君主を戴く國家を云ふ、統治權が如何なる機關に依りて行使せらるゝか如何なる方法に依りて運用せらるゝかの點即ち政体より區別するときは立憲國及び專制國となすことが出來る、我國の如きは即ち立憲君主國である、蓋し君主が統治權を行使するに就て如何なる機關に由るべきかと云ふ制限に從ふのであるからである、斯樣な制限の無き國家を專制政体の國家と云ふのである、君主國には尙ほ世襲の君主國と選擧の君主國との二種類がある、實質は何れも其名の示す所の如きものであるが、我國は立憲的世襲君主國である。

第二章　天　皇

第一節　天皇の憲法上の地位

天皇は統治權の總攬者である　天皇の意思は憲法の範圍内に於て國家意思と見らる、外國に於ては君主と議會とが共同して統治を爲すこと英國の如きもある、又希臘白耳義の如き君主と議會とが共同して統治權を總攬し且つ其統治權は國民より出づると爲す國もある。而し我國の憲法は嚴正に此種のものと區別しなければならない、天皇は神聖にして侵すべからざるものであるが故に天皇は如何なる行爲に付ても何等の責任をも負ふてとはない、又法律に依りて處罰せらるゝことは絶對にないのである。

第二節　天皇の大權

天皇は大權を有する、大權と云ふのは議會の協贊を經ずして爲すこと即ち天皇御親裁の權利を指稱するのである、此權利は憲法第五條乃至第十六條に掲ぐる所であつて即ち左記の通りである。

一、宣戰講和の權

二、陸海軍統帥の權、陸海軍の編制及常備兵額を定むるの權
三、戒嚴宣告の權
四、條約締結の權
五、議會の召集、開會、停會及衆議院の解散を命ずるの權
六、法律を裁可し公布せしめ執行せしむるの權
七、命令制定の權
八、官制制定、文武官任免及其俸給を定むるの權
九、爵位、勳章、其他の榮典を授奪するの權
十、大赦、特赦、減刑及復權を命ずるの權

第三節　皇位の繼承

國家は一日と雖も元首がないと云ふことは出來ないのである、故に皇位の缺けたる

ときには直ちに之を充たさなければならない、之を名けて皇位の繼承と云ふのである
皇位の繼承は之を辭することが出來ない、外國に於ては女子に皇位を繼承せしむるも
の英吉利、和蘭の如き國あり。我國に於ては男系の男子に限り皇位を繼承することが
出來るのである、故に男系の女子及女系の男子及女子は繼承權を有せないのである、
而して皇位繼承の順序は左の通りである。
一、皇長子
二、皇長子あらざるときは皇長孫
三、皇長子又は其子孫なきときは皇次子及其子孫
四、皇子孫皆在らざるときは皇兄弟及其子孫
五、皇兄弟及其子孫なきときは皇伯叔父及其子孫
六、皇伯叔父及其子孫なきときは其以上に於て最近親等の皇族
而して皇兄弟以上は嫡出を先にし庶出を後にし又長を先にし幼を後にす

右の順序は繼承者に不治の重患又は重大なる事故のある場合に皇族會議、樞密顧問に諮詢し其順序を換ふることが出來る、繼承の順序を換ふると云ふ事は繼承の資格を喪失したるものでないと云ふことに注意しなければならぬ。

皇位の喪失と繼承との間には寸隙なきものと見なければならぬ、若し然らずとするときは瞬時と雖も國家に統治權の總攬者がなく從て國家は一時无首の欠缺に因りて滅亡したるものとなるからである。「君主ハ死セス」「國王ハ死セス」と云ふが如き法律上の格言のあるのは全く此意味から出たのである、先帝胎兒を遺して崩御するも胎兒は天皇でないのである。

天皇が即位式を行ふのは皇位を嗣ぎたるが爲めであつて即位式を行ふことに因りて皇位を嗣ぐのではないのである。

第三章　攝政

攝政は天皇が未成年なるとき又は久きに亘り故障に由りて大政を親らすること能はざるとき之に代りて統治權を行ふものである、天皇未成年なるとき即ち十八歲未滿なるときは常に攝政を置き久きに亘るの故障に由り大政を親らすること能はざるときは皇族會議及樞密顧問會議に依りて攝政を置くことを定むるのである。

攝政は決して天皇の後見人ではないのである、後見人は一私人の機關であつて財產權及個人權を代表するものであるけれども攝政は統治權を行使するものであるからである、攝政は又保佐人でもなければ代理人でもないのである。

皇室典範第二十六條に太傅のことが規定されてあるけれども太傅は唯天皇の養育敎育に關する事項を掌るのみであつて統治權には何等の關係もないのである。太傅を定むるは先帝である、先帝が之を定めて置かねば攝政より皇族會議及樞密顧問に諮詢して之を選任するのである、攝政及其子孫は太傅となることは出來ないのである。

攝政は天皇に代りて統治權を行ふものであるけれども唯一個の制限は憲法第七十五

條に「憲法及皇室典範ハ攝政ヲ置クノ間之ヲ變更スルコトヲ得ス」とあることゝ是である、攝政は唯大權を行ふのみでなく統治權をも行ふものであるから從て攝政は天皇と均しく神聖にして侵すべからざるものと解釋せなければならんのである。

攝政が其職を止めたる後に於て攝政在任中に爲したる行爲に關して責任を負はしむる事が出來るか否に付ては我憲法には何等の規定がないのである、攝政令第四條には「攝政ハ其任ニ在ル間刑事ノ訴追ヲ受クルコトナシ」とある。

次に攝政となることを得る資格には二個の要件がある。(一)皇族たること、(二)該皇族は成年以上なること、とである。皇太子又は皇太孫は滿十八歲を以て成年となるのであるけれども爾餘の皇族は凡て二十歲を以て成年となるのである。

皇族中攝政と爲るの順序は左の如くである。

第一、皇太子

第二、皇太孫

第三、皇太子又は皇太孫なきか又は之あるも未成年なるときは皇位繼承の順序に從ひ
皇族たる男子
第四、皇后
第五、皇太后
第六、太皇太后
第七、皇族たる女子
但し皇族たる女子が攝政と爲るには(甲)未だ婚嫁せざるか(乙)同族に嫁して配偶者を失ひたるか(丙)異族に嫁して後皇族に復したるかの何れかに該當することを要す
以上の順序に付き其人に故障のあるときは皇族會議及樞密顧問會議を經て之を變更することが出來る、最近親の皇族が未だ成年に達せざるか又は其他の事故に由りて他の皇族が攝政に任じたるときには後に至り最近親の皇族が成年に達し又は其事故が既に除くと雖も皇太子皇太孫に對するの外、攝政を讓ると云ふ事はないのである。

攝政の終了する原因は左の如くである。

一、天皇の崩御

二、攝政の薨去

三、天皇が成年に達したるとき又は久しきに亘る故障の除かれたるとき、天皇が久しきに亘る故障の除かれたるや否やは皇族會議及樞密顧問會議に依りて決せらるゝのである

四、攝政自身に故障を生じたるとき　此場合には矢張り皇族會議及樞密顧問會議を經て之を決す

五、女子たる攝政が婚嫁したるとき　婚嫁は攝政終了の原因となるのである故に婚嫁をなすには皇族會議及樞密顧問會議を經て決した上でなければならぬ

六、皇太子又は皇太孫が未成年なるか又は故障あるに因り其次位の者が攝政と爲りたるに皇太子又は皇太孫が成年に達したるか又は故障の除かれたるとき

第四章　臣民の權利義務

普通の用語に於ては人民と稱するけれども憲法の用語にては臣民と云ふのである、臣民とは君主國の國民の總体である、臣民は國家より保護を受るの權利を有し又國家に服從すべき絕對の義務を負ふのである、憲法が臣民の權利として擧げたるものは左の如くである。

一、文武官となるの權
二、居住及移轉の自由
三、言論出版の自由
四、集會結社の自由
五、請願の權

六、法律に定めたる裁判官の裁判を受くるの權
七、住所不可侵、不搜索の權
八、信書秘密の權
九、逮捕、監禁、審問處罰を受けざるの權
十、所有權不可侵の權
十一、信敎自由の權

以上の權利は一般法律の規定に依るの外特に明治十五年布告第三十六號戒嚴令に依りて制限を受くるのである。

臣民の義務は一般に述ぶれば絕對に服從すべきこと、法令を遵守すべきことゝである、憲法が特に義務として臣民に命ずる所は兵役に服すべきこと及租稅を納附すべきことの二つである。

第五章　國務大臣

憲法第五十五條に「國務大臣ハ天皇ヲ輔弼シ其責ニ任ス」とあり、國務大臣は概ね行政各部の長官であるけれども、行政各部の長官たる大臣の外別に國務大臣を置くことを妨げないのである、內閣官制第十條に「各省大臣ノ外特旨ニ依リ國務大臣トシテ內閣ニ列セシメラルヽコトアルベシ」とあるのは即ち是である、閣議に參與せざる大臣即ち宮內大臣及內大臣は國務大臣ではないのである、各大臣とあるは大臣が皆單獨に責に任ずるの意味である。

責に任ずるのは統治權の總攬者たる天皇に對して責に任ずるものと解釋するのが至當である、從て如何なる方法に依りて責を負はしむるかと云ふことは天皇の御意思の如何に從ふのである。

國務大臣が責に任ずるの形式は副署を爲すに在る、國務大臣は副署を拒むことを得るや否やの問題に付ては種々議論があるけれども之は拒むことは出來ないと云ふのが正當である。

何となれば或る行爲が憲法違反なるや否やの最高の解釋を爲すの權利天皇に屬するからである。

第六章　樞密顧問

憲法第五十六條に「樞密顧問ハ樞密院官制ノ定ムル所ニ依リ天皇ノ諮詢ニ應ヘ重要ノ國務ヲ審議ス」と規定せり。樞密顧問の國務大臣と異なる所は各樞密顧問が天皇の諮詢に應ふるのではないこと又諮詢を待ちて後初めて意見を奉るの二點に存する。

樞密顧問が諮詢に應じて審議すべき事項は左の如くである。

一、皇室典範に於て其權限に屬せしめたる事項
（イ）皇位繼承の順序を變更する場合
（ロ）攝政を置く場合
（ハ）攝政の順序を變更する場合
（ニ）攝政が太傅を選任する場合、同じく太傅を退職せしむる場合
（ホ）土地物件を世傳御料に編入する場合
（ト）王を華族に列せしむる場合、王を華族の家督相續人となし又は華族の養子とする場合
（チ）皇族を臣籍に下す場合
（リ）元號を勅定する場合
二、憲法の條項又は憲法に附屬する法律勅令に關する草案及疑義
三、戒嚴の宣告

四、緊急勅令の制定及緊急勅令に依り財政上の必要處分を爲すことゝ、罰則ある勅令
五、列國交渉の條約及約束
六、樞密院官制及事務規定の改正に關する事項
七、前諸項に揭ぐるものゝ外臨時に諮詢せられたる事項

第七章　帝國議會

第一節　帝國議會の組織

帝國議會は國家の一機關であつて、其組織に付ては貴族院、衆議院の兩院より成るのである。

第一款　貴族院

貴族院は貴族院令に依り左の數者を以て組織す
一、皇族たる男子にして成年以上の者全部
二、華族
甲、滿三十歲以上の公侯爵全部
乙、伯子男爵滿三十歲以上の者は互選にて七箇年の任期を以て議員となる、其數は伯爵十八人、子爵六十六人、男爵六十六人とす。
華族にして左の者は貴族院議員の選擧及被選擧權を有せず。
イ、瘋癲白癡の者。
ロ、身代限の處分を受け負債の義務を免れざる者。
ハ、刑事の訴追を受け拘留又は保釋中の者。
ニ、此外神官、神職其他諸宗の僧侶又は敎師は選擧人たることを得るも被選擧人たることを得ない。

三、勅選議員

甲、國家に功勞あり又は學識ある男子にして三十歳以上の者が勅任せられたるときは終身貴族院議員となる、其數は百二十五人以內とす。

乙、滿三十歳以上の男子にして帝國學士院會員たる者の中より四人を互選し其選に當り勅任せられたる者。

丙、互選に因る多額納稅議員は北海道及各府縣內に於て土地又は商工業に付き最多額の直接國稅を納むる三十歳以上の男子百人中より一人二百人中より二人を互選せられたる者は七箇年の任期を以て貴族院議員となる、其數は六十六人以內とす多額納稅議員は任期中其稅額の減少に遭遇するも之が爲めに議員たるの資格を失ふことはないのである。

多額納稅者にして議員の互選人たる資格なき者は左の通りである。

イ、瘋癲白癡の者

ロ、公權を剝奪せられたる者又は停止中の者
ハ、禁錮の刑に處せられ滿期の後又は赦免の後三年を經ざる者
ニ、舊法に依り懲役の刑に處せられ滿期の後又は赦免の後三年を經ざる者
ホ、賭博犯に由り處刑を受け滿期の後又は赦免の後三年を經ざる者
ヘ、衆議院議員の選擧に關する犯罪に依り選擧權及被選擧權の停止中の者
ト、現役陸海軍々人
チ、刑事の訴追を受け拘留又は保釋中に在り未だ裁判の確定せざる者
リ、互選人選擧に關し輕罪以上の罪を犯したる者
貴族院の議長及副議長は議員中より七箇年の任期を以て勅任せらるゝのである。

貴族院議員が禁錮の刑に處せられるか又は身代限の處分を受け及院内の懲罰に依り除名すべきものと議決せられ、議長より上奏して勅裁を經たる者は再び勅任せらるゝ迄議員たることが出來ないのである、伯子男爵議員及勅選議員は辭職することが出來

るけれども、皇族及公侯爵は別に明文なきが故に議員を辭することが出來ないのである。

第二欵　衆議院

衆議院の組織は衆議院議員選擧法の定むる所であつて、原則として何人も選擧權を有すとなすもの之を普通選擧と云ふのである。又一定の財産を有することを要件とし其財産は多くは納税額を標準とするもの之を制限選擧と云ふのである、我國に於ては從來制限選擧の制度を採用し選擧人名簿調製の期日前引續き滿一年以上直接國税三圓以上を納むる者でなければ選擧人たることを得ないのであつたが、大正十四年三月の第五十議會に於いて初めて普通選擧制を採用し納税の制限を撤廢して滿二十五歳以上の男子にして一箇年以上一定の所に居住したる者には誰人にも選擧權を與ふることに改正されたのである。而し我國に於ては女子には未だ選擧權を與へないのである。

又選擧に直接選擧と間接選擧との二つがある、直接選擧と云ふのは國民より直ちに議員を選むものを云ひ、間接選擧とは國民に先づ議員選擧人を選擧せしめ此議員選擧人が更に議員を選擧するの方法である。我國に於ては直接選擧の制度を採用したのである、又我國に於ては秘密選擧主義に從ひ無記名投票とす。又連記投票の方法を採らずして單記投票即ち一人一票主義を採用したのである。

被選擧人は三十歲以上の男子たる事を必要條件とする。

尙ほ選擧權を有せざる者及被選擧權を有せざる者は左の如くである。

一、禁治產者及準禁治產者

二、破產者にして復權を得ざる者

三、貧困に因り生活の爲公私の救助を受け又は扶助を受くる者

四、一定の住居を有せざる者

五、六年の懲役又は禁錮以上の刑に處せられたる者

六、刑法第二編第一章、第三章、第九章、第十六章乃至第二十一章、第二十五章又は

第三十六章乃至第三十九章に掲ぐる罪を犯し六年未滿の懲役に處せられ其執行を終り又は執行を受くることなきに至りたる後其刑期の二倍に相當する期間を經過するに至る迄の者但し其期間五年より短きときは五年とす

七、六年未滿の禁錮の刑に處せられ又は前號に掲ぐる罪以外の罪を犯し六年未滿の懲役の刑に處せられ其執行を終り又は執行を受くることなきに至る迄の者

八、華族の戶主

九、現役中の陸海軍人、戰時若くは事變に際し召集中の陸海軍人、兵籍に編入せられたる學生生徒、志願に依り國民軍に編入せられたる者

次に被選擧權のみを有せざる者は左の如し

一、選擧事務に關係ある官吏及吏員は其關係區域內に於て被選擧權を有せす

二、宮內官、判事、檢事、行政裁判所長官及評定官、會計檢查官、收稅官吏、警察官吏

五、現に府會議員又は縣會議員、北海道會議員たる者

六、國務大臣、內閣書記官長、法制局長官、各省政務次官、各省參與官、內閣總理大臣秘書官、各省秘書官以外の官吏及待遇官吏

衆議院議員たる資格の終了する場合は左の如くである。

一、衆議院の解散　二、議員の死亡　三、除名　四、辭職　五、滿期　六、資格喪失

第二節　帝國議會の召集　開會　停會　休會及衆議院の解散

議會の召集は必ず每年之を爲すものであつて議員たる各個人に對して爲すものでなくして一般に對して爲すものである、普通の召集の外に臨時召集なるものがある。憲法第四十三條第一項に「臨時緊急ノ必要アル場合ニ於テ通常會ノ外臨時會ヲ召集スベ

シ」とある即ち是である。又衆議院の解散ありたるときは必ず五箇月以內に議會を召集するものである、議員は開會に因りて初めて議員たるの行動を爲すものである。開會あるも議員總數の三分の一以上の出席あるにあらざれば議事を開く事が出來ない、議事の可否は過半數を以て決し、可否同數なるときは議長の意見に從ふのである、議事は公開するを常とするけれども其院の議決に因りて秘密會と爲すことが出來る。

閉會とは天皇の大權に依りて議院の爲す所の行動を止むることを云ふのである、故に閉會後に於ては議事を開くことを得ないのである、從て議決を爲すことも出來ない閉會の効力の例外として議員は閉會の場合に於ても議案の審査を爲すことがある。

停會とは天皇の大權に依りて單に議事を停止することを云ふのである。何の爲めに停會をするかと云ふ事は法律問題でなくして寧ろ事實の問題である、議院が不當の決議をなす憂ある場合に停會を命じて其院の反省を促がすのが從來の例である。停會に關する制限は議院法第三十三條第一項に「政府ハ何時タリトモ十五日以內ニ於テ議院ノ停會ヲ命スルコトヲ得」と規定するが故に十五日以上の停會を命ずることは出來ない。

休會とは議院自から議事を停止することを云ふのである。休會の理由は張矢り法律問題に非ずして事實問題である。

休會と停會との異なる所三つある。(一)休會は議院自からなすのであるけれども停會は天皇の命令に因るのである。(二)休會の塲合には委員會を開くことが出來るが停會の塲合には如何なる會議をも爲すことが出來ない。(三)休會は兩院個々別々にすることを得れども停會は兩院必ず同時に爲さなければならない。

解散とは衆議院議員の任期中其資格を消滅せしむることを云ふのである。貴族院には解散はないのである、衆議院の解散ありたるときは貴族院は當然停會するものである、然れども此塲合の停會は普通の停會と異なりて從來の議事を一切打切りて次の召集後、新たなる議會を開くものである。

第三節　議院及議員の權利

議院の權利　(一)上奏權　(二)請願書を受くるの權　(三)議院內部の規則制定權　(四)政府に建議するの件　(五)提案權　(六)法律及豫算の議決權　(七)質問權　(八)協賛權　(九)緊急勅令承諾權　(十)豫算外支出承諾權　(十一)調査權　(十二)議院內の警察權　(十三)議員の資格審査權　(十四)議員懲罰權　(十五)請暇及辭職許可權　(十六)議員の逮捕に承諾を與ふる權

議員の權利　(一)院內に於ける發言自由權　(二)現行犯又は內亂外患に關する罪を犯したる場合の外議院の承諾なくして逮捕せられざるの權　(三)歳費及旅費の請求權　(四)政府に對し質問を爲すの權　(五)議案及上奏建議案を發議するの權

第八章　會計

國家の歳出、歳入は毎年豫算を以て帝國議會の協賛を經なければならぬ。憲法上の大權に基ける既定の歳出及法律の結果に由り又は法律上政府の義務に屬する歳出は政府の同意を得なければ帝國議會は之を廢除又は削減することは出來ない。豫算の款項に超過したる支出あるとき又は豫算の外に生じたる支出あるときは後日に至り帝國議會の承諾を求めなければならない。豫算は先づ衆議院に提出するのである。

公共の安全を保持する爲緊急の需用ある場合に於て內外の情形に因り帝國議會を召集すること能はざるときは勅令に依り財政上の處分を爲すことが出來る。此場合に於ては次の會期に於て帝國議會に提出して其承諾を求めなければならない。

帝國議會に於て豫算を議定せざりしか、又は議定したるも豫算が不成立に了りたるときは政府は前年度の豫算を施行するのである。歳出歳入の決算は會計檢查院が之を檢查して確定し、其檢查報告と共に帝國議會に提出するのである。

國庫の收入は（一）國有財產より生ずるもの（二）官業より生ずるもの（三）國債

(四)罰金科料　(五)租税　(六)手數料　(七)使用料である

租税を課し及稅率を變更するには法律を以て定めなければならぬ。但し報償に屬する行政上の手數料及其他の收納金は法律を以て定むるの必要はない。

第九章　憲法の改正

憲法の改正を發議するの權は天皇に專屬す、天皇が憲法改正の議案を帝國議會の議に附したる場合には兩議院は各々其の總員の三分の二以上出席せざれば議事を開くことが出來ない、而して出席した議員の三分の二以上の贊成を得なければ改正の議決を爲すことが出來ないのである。

攝政を置くの間は憲法及皇室典範を變更することは出來ない、又皇室典範を以て憲法を變更することも出來ないのである。

行政法理論の大要

第一章　總　　論

第一節　行政の觀念

行政とは官廳が國家元首の監督の下に法律命令を執行せんが爲めの行動である。他の文字を以て表はせば立法機關及司法機關以外の機關が國家の機關として元首より命ぜられたる權限を行使するもの即ち行政なり、故に天皇の大權に屬することは廣き意味に於ては行政なりと稱することが出來る、而し狹義に於ては行政にあらず、何となれば大權作用は天皇の直接の行動たる政務であるからである。

第二節　行政組織

行政には官治行政と、自治行政との二つある、官治行政は國家が官廳に命じて行はしむる行政であつて、自治行政は國家の或る團体に人格を與へ其隨意に權利を定め機關を設くることを許し以て自由に行動せしむる行政を云ふ。又觀察の方法を異にして中央行政と地方行政とに區別することが出來る。

第二章　官廳

第一節　官廳及官吏

官治行政の行動に關する機關を官廳と云ふ、官廳は自己の權限を行ふのではないのであつて國家の權力に關する行動を爲すものである。故に官廳の行動は之を權限と稱して權利とは云はないのである。

官廳は外部に對して國家の意思を決定的に表示するものであつて、此意思決定力のないものは官廳ではない、又官廳は一人又は數人に依りて組織せらる。內閣の如きは後者の場合である、又其權限が一區域に限らるゝものあり、之を地方官廳と云ふ。其區域の制限なきものは之を中央官廳と云ふのである。

官廳を組織する人を官吏と云ふ、官吏の性質は國家の命令に出るものである。然れども國家は個人を强制して官吏と爲すことは出來ない、先づ個人の意思を問ひ官吏と爲るの意思あることを確めて後初めて任命して行政の事務を執行せしむるのである。

官吏は官吏服務紀律に從はねばならぬ。即ち（一）忠順勤勉を盡すこと（二）其職務上の事に付本屬長官の命令を遵守すること（三）職務に關し他人の贈遺を受くるを得ざること（四）外國の元首又は政府より勳章、榮賜、贈遺を受くるには天皇の裁可を要すること（五）所屬官吏より贈遺を受くべからざること（六）官吏も其家族も本屬長官の許可を受けざれば商業を營むを得ざること（七）本屬長官の許可を得ざれば本職の外に給料を得て他の事務を行ふを得ざること（八）官廳の工事を請負ふ者、官廳の爲替方又は出納を引受る者、官廳の補助金を受る起業者、官廳の用品を調達する者官廳と諸般の契約を結ぶ者より饗應を受くるを得ざること、（九）本屬長官の許可を得ざれば職務を離れ又は職務上居住の地を離るゝ能はざること、本屬長官の許可を得ざれば營利會社の社長又は役員と爲ること能はざること（十官）の秘密を守るべきとこ等である。官吏は其職務に妨なき限り國會議員を兼ることを得、但宮内官、判事、檢事、行政裁判所長官及評定官、會計檢査官、收稅官吏及警察官吏は此限にあらず、府縣の官吏、檢事、警察官吏、收稅官吏は地方議會の議員となることが出來ない。

官吏が職務に違反した場合には（一）懲戒を受くること（二）刑事上の制裁を受く

ること（三）民事上の制裁を受くることの三つである。懲戒の方法種類、懲戒の機關に付ては文官懲戒令、其外各種の官吏に特別なる懲戒令があるのである、刑事上の制裁に付ては刑法、陸軍刑法、海軍刑法、其他特別なる刑罰法規を見る。

官吏が違法の處分を爲して私人に損害を加ふるときは官吏は民事上の責任を負ひて損害の賠償を爲すべきものであるかどうかに付ては種々の議論があるけれども、我國に於ては左の場合に限り特に明文を設けてあるが故に、其他の場合に付ては賠償の責任がないものと解釋せなければならぬ。

一、刑事訴訟法第十四條　被告人無罪ノ言渡ヲ受ケタリト雖モ判事、檢事、裁判所書記、執達吏、司法警察官又ハ巡査憲兵兵卒ニ對シ要償ノ訴ヲ爲スコトヲ得ス。

二、戸籍法第四條　市町村長カ其職務ノ執行ニ付キ届出人其他ノ者ニ損害ヲ加ヘタルトキハ其損害カ市町村長ノ故意又ハ重大ナル過失ニ因リテ生シタル場合ニ限リ之ヲ賠償スル責ニ任ス。

三、不動産登記法第十三條　登記官吏カ其職務ノ執行ニ付キ申請人其他ノ者ニ損害ヲ加ヘタルトキハ其損害カ登記官吏ノ故意又ハ重大ナル過失ニ因リ生シタル場合ニ限リ之ヲ賠償スル責ニ任ス。

官吏が個人に對して爲したる不法行爲に關し官吏を機關として使用する所の國家が賠償を爲すべきや否やも亦一つの問題である。民法第七百十五條に「或事業ノ爲メニ他人ヲ使用スル者ハ被用者カ其事業ノ執行ニ付キ第三者ニ加ヘタル損害ヲ賠償スル責ニ任ス云々」とあるけれども、民法の規定は國家と官吏との間の關係に類推することは出來ないのであるから此規定のために國家に賠償の責任ありと云ふことは出來ぬ。而し特に法文の上に於て國家が個人に賠償すべき旨を定めたる場合に付ては其責あること論を竢たない、例ば郵便法第三十三條の規定の如くである。

官吏は位階を受くるの權、勳章を受くる權、官吏たる分限を保有する權、俸給、恩給、遺族扶助料を受くる權利を有す。

第二節　中央官廳

第一款　內閣、內閣總理大臣

內閣は國務大臣を以て組織し內閣總理大臣を各大臣の首班として機務を奏宣し旨を受けて行政各部の統一を保持せしむるものである。

必ず閣議に付すべき事項は左の如くてある。

一、法律案及豫算決算案
二、外國條約及重要なる國際條約
三、官制又は規則及法律施行に係る勅令
四、諸省の間主管權限の爭議
五、天皇より下附せられ又は帝國議會より送致する人民の請願
六、豫算外の支出

七、勅任官及地方長官の任命及進退

八、主任大臣より內閣總理に提出し閣議を求めたる事件

九、軍機軍令に係ることにして內閣へ天皇より下附せられたる件

十、土地收用及使用の認定を爲すこと

內閣總理大臣は行政各部の處分又は命令を中止せしむることが出來る、又行政一般に關する勅令に副署すべく又閣令を發することが出來る。

第二欵　各省大臣

各省とは外務、內務、大藏、陸軍、海軍、司法、農林、商工、遞信、鐵道を云ふ。各省大臣は其省の事務を擔任して其責に任するのである。各省大臣若し其主任の事務に付て法律命令を制定變更廢止せんとするときには案を具して閣議に提出するのである。各省大臣は其主任の事務に付き省令を發する事が出來る、其命令には法律を以て特に規定せられた場合の外廿五圓以內の罰金又は廿五日以下の禁錮の罰則を附するこ

とが出來る。各省大臣は其主任の事務に付き警視總監、北海道長官、府縣知事を監督し又此等の者に指令又は訓令を發することが出來る、又此等の者が發したる命令又は爲したる處分が成規に違反し公益を害し又は權限を犯すものであると認むるときは之が停止又は取消を命ずることが出來る。各省大臣は奏任官の進退及所部の官吏の敍位敍勳に付ては内閣總理大臣を經て上奏し、判任官以下の進退に付ては之を專行するのである。

第三款　其他の中央官廳

其他の中央官廳としては樞密院、會計檢査院、行政裁判所等がある。樞密院の事に付ては憲法中に略述してあるし又行政裁判所に付ては後段に之を說明する。

會計檢査院は天皇に直屬し國務大臣に對しては獨立の地位を有し、官金の收入及支出、官有物件及國債に關する計算を檢査確定して會計を監督する所の合議制の機關である。院長、部長及檢査官は司法官と同一である分限上の保障を爲され、刑事裁判又は懲戒裁判に因るのでなければ其意思に反して退官轉官又は休職を命ぜらるゝことはないのである。

會計檢査院は二部に分れ部長一人、檢査官四人を以て各部を組織し、其議事は部會議又は總會議の議決に依りて決せらるゝのである。

第三節　地方官廳

第一欵　府縣知事

府縣知事は其職務の全部に付ては內務大臣の指揮監督を承け、各省の主務に關する各部分に付ては各省大臣の指揮監督を承け法律命令を執行し部內の行政事務を管理するのである。故に府縣知事の職權は其管轄する所の範圍を限りとして一切の事務を行ふのである。

知事の補助機關としては內務部長、警察部長、理事官、技師、警視、屬、視學、警部、警部補、工塲監督官補、通譯、技手等がある。

知事は自巳の下級官吏を監督するの權限を有する、非常急變の場合に臨み兵力を用ふるの必要あるか又は兵備を要するときには知事は師團長又は旅團長に移牒して出兵を請ふことが出來るのである。

島司は知事の指揮監督を承けて自己の管轄區域内の町村長を指揮監督する、若し町村長の處分が成規に違ひ公益を害し權限を犯すものありと認むるときには之を取消し又は停止することを得るのである。

島司は又法律命令に依り若しくは知事より委任せられたる事件に付き島廳令を發することが出來る。

第二欵　警視總監

警視總監は内務大臣の指揮監督を承け東京府下の警察消防及特に内務大臣の指定する衛生事務を管理し、各省の主務に關する警察事務に付ては各省大臣の指揮監督を承けるのである。總監は部内の行政事務に付て其職權又は特別の委任に因りて廳令を發することが出來る、總監は其主務に付て東京府下の島司、市長、區長及町村長を指揮監督するのである。

警視廳の事務を警務、保安、衛生、消防の四部に分ち各部長が其事務を分掌するのである。警視總監は警察署長、警察分署長又は島司の爲したる處分又は命令が成規に違ひ公益を害し又は權限を犯すものありと認むるときには之を取消し又停止することが出來る。又非常急變の場合に鑑み東京衛戍總督又は師團長に出兵を請ふことが出來るのである。

第三款　北海道廳長官及支廳長

北海道廳長官は府縣知事と同じく其職務の全部に付ては内務大臣の監督を承け、各省の主務に關しては各省大臣の監督を承け法律命令を執行し、北海道の拓地殖民並に部内の行政事務を總理するのである。此外北海道廳長官は廳令を發することを得ること、師團長、旅團長に移牒して出兵を請ふを得ること。支廳長が爲し又は發したる處分又は命令が成規に違ふか公益を害するか又は命令を犯すものありと認むるときは之を取消し又は停止することが出來るのは府縣知事と同じである。此職務を行ふが爲に補助機關として內務部長、警察部長、拓殖部長、土木部長、理事官、技師、屬、視學技手、警部、通譯等がある。

支廳長は一方に於ては長官の補助機關であつて一方又獨立したる下級官廳である。其地位及權限は恰かも島司と同一である。

第四款　樺太廳長官及支廳長

樺太廳長官は內務大臣の指揮監督を承けて法律命令を執行し部內の行政事務を管理するけれども、郵便、電信及電話に關する事務に付ては遞信大臣の監督を受け、貨幣銀行及關稅に關する事務に付ては大藏大臣の監督を受けるのである。長官は非常急變の場合に臨み兵力を要し又は警護の爲兵備を要するときには師團長に移牒して出兵を請ふことが出來る。長官は其職權又は特別の委任に依りて廳令を發し之に二ヶ月以下の懲役、禁錮、若くは拘留又は七十圓以下の罰金又は科料の罰則を附することが出來る、長官は所轄官廳の處分又は命令が成規に違ひ公益を害し又は權限を犯すものありと認むるときには其處分又は命令を取消し又は停止することが出來る。

樺太廳管内に支廳を置く、支廳長は理事官又は屬を以て之に充て、其地位權限等は北海道支廳長と同じである。

第五欵　朝鮮總督、知事、府尹、郡守、島司及島支廳長

朝鮮總督は朝鮮に關する諸般の政務を管掌する處の廣汎なる職權を有し、內閣總理大臣を經て上奏し且裁可を受くるのである。

總督は勅裁を經て法律に代るべき効力を有する制令を發することが出來る、又其職權又は特別の委任に依り朝鮮總督府令を發し之に一年以下の懲役、若くは禁錮、拘留二百圓以下の罰金又は科料の罰則を附することが出來る、又所轄官廳の命令又は處分

にして成規に違ひ公益を害し又は權限を犯すものありと認むるときには其命令又は處分を取消し又は停止することが出來る。

總督は所部の官吏を統督し奏任文官の進退は内閣總理大臣を經て之を上奏し、判任文官以下の進退は之を專行するのである。

朝鮮總督府の下に屬する下級官廳として道知事、府尹、郡守、島司及島支廳長がある。

第六欵　臺灣總督、州知事及支廳長

臺灣總督府は普通一般の地方官廳と異にして臺灣、膨湖列島を管轄する所の特別官府である。臺灣總督は臺灣に關する諸般の政務を掌理するの職權を有し又勅裁を經て法律に代るべき効力を有する律令を發する權限を有する、又總督は其管轄區域内の保安上必要と認むる場合には陸海軍の司令官に對して兵力の使用を請求することが出來る、若し又總督が陸軍武官であるときは軍司令官を兼ねしむることが出來るのである

臺灣總督は其職權若くは特別の委任に依り總督府令を發し之に禁錮一年以下又は罰金二百圓以內の罰則を附することが出來る。

總督の下級官廳として州知事及支廳長があり、其地位權限は路府縣知事に均しい。

第七款　關東長官及民政署長

關東廳は關東洲に在つて關東長官は關東洲を管轄し南滿洲に於ける鐵道線路の警務上の取締の事を掌る者であつて、內閣總理大臣の監督を承け諸般の政務を統理するのである。但し涉外事項に關しては外務大臣の監督を承くる。

關東長官は其管轄區域內の安寧秩序を保持し又は鐵道線路の警護の爲めに必要あるときは關東軍司令官に兵力の使用を請求することが出來る。關東長官は其職權又は特別の委任に依り廳令を發し之に一年以下の懲役、禁錮若くは拘留又は二百圓以內の罰金若くは科料の罰則を附することが出來る、尙ほ安寧秩序を保持する爲め臨時緊急を要する場合には其範圍を超ゆる罰則を附したる命令を發することも出來る。但し其場合には發布後直ちに內閣總理大臣を經て勅裁を仰ぐこと必要とす、若し勅裁を得ざるときには直に其命令が將來に向つて効力がないと云ふ事を公布せなければならぬ。

關東洲を三區に分ち各區に民政署を置く、民政署長は關東廳事務官を以て之に充つる、關東長官の指揮監督を承け法律命令を施行し部內の行政事務を管理するものであつて、關東長官の補助機關であると同時に一方獨立したる下級官廳である。

第三章 自治行政

第一節 自治の觀念

一般に自治と云ふときは人が國家の事務に參與する總ての場合を稱することが出來るけれども、行政法上の所謂自治と云ふのは此の如く廣い意味のものではない。公共團体が國家の委任を受けて其區域內に於て自から行政事務を行ふことを謂ふものである、斯くの如く自治の主体と認められたる公共團体は一般に之を自治團体と云ふのである。

自治團体の成立要素は凡そ左の如くである。

一、團体が統治者の委任を受け自巳の費用を以て團体內の行政事務を行ふこと統治者の委任に出ると云ふけれども其自治事務は團体自身の事務として之を行ふものである、是れ官廳が國家直接の事務を行ふのと異なる所である。

二、團体が自巳の機關に依りて事務を行ふこと其機關には團体の意思を決定するものと外部に對して事務を執行するものとある、是等の機關たる議員は多く團体員の選擧に依つて出るのであるけれども我地方制度に於て一面官吏である府縣知事の如きも亦自治團体の機關である。

三、國家の監督の下に其事務を行ふこと

自治は公共團体の行政であるけれども其行政權は元來國家の委任に基くものである從て國家の監督の下に其事務を行ふことを要するのである。

自治團体として認めらるゝものは地方團体と公共組合の二つである。地方團体は一定の土地と住民とを要素として成立する府縣市町村等であつて、公共組合は土地を基礎とすることなく唯だ一定の人を以て組織する水利組合、重要物産同業組合、商業會議所等である、けれども本書に於ては公共組合の事は省略し專ら地方團体に付て說くのである。

第二節　府　縣（府縣制參照）

府縣は法人にして官の監督を受け法律命令の範圍内に於て其公共事務並に從來法律命令又は慣例に依り及將來法律勅令に依り府縣に屬する事務を處理するのである。

府縣の機關は府縣會及府縣參事會である、府縣會議員の選擧權を有する者は府縣内の市町村公民であつて市町村會議員の選擧權を有し且つ其府縣内に於て一年以來直接國税年額三圓以上を納むる者に限る。府縣會議員の被選擧權を有する者は府縣内の市町村公民であつて市町村會議員の選擧權を有し且つ其府縣內に於て一年以來直接國税十圓以上納むる者に限るのである。右の資格を具ふるも（一）其府縣の官吏及有給吏員（二）檢事、警察官吏、收税官吏（三）神官、僧侶其他諸宗敎師（四）小學校敎員（五）府縣の爲めに請負を爲す者の五者は被選擧權を有せないのである、衆議院議員が府縣會議員と爲らんとするときには衆議院議員たることを辭さなければならない。

府縣會議員の數は人口の多少に因りて定まる、人口七十萬未滿の縣は三十人を定員とし、七十万萬以上百萬以下は五萬人を增加する每に一人を增し百萬以上は七萬を加ふる每に一人を增すのである。

府縣會の議決すべき事項は左の如し

一、歲出入豫算を定むる事

二、決算報告に關する件
三、法律命令に定むるものを除く外使用料、手數料、府縣稅、地租の附加稅、營業稅、雜種稅、家屋稅、戶數割及夫役現品の賦課徵收に關する事
四、不動產の處分並に買受讓受に關する事
五、積立金穀等の設置及處分に關する事
六、歲出豫算を以て定むるものを除く外新に義務の負擔を爲し及權利の拋棄を爲すこと
七、財產及營造物の管理方法を定むる事但し法律命令中別段の規定あるものは此限に在らず
八、其他法律命令に依り府縣會の權限に屬する事項
府縣は前に述べたるが如く法人である故に自ら財產を所有することが出來る自己の財產に依つて自己の行政を經營することが出來るのである。府縣が若し府縣財產の收

入に依りて行政を爲すことが出來ないときには、府縣内に住所を有する者及府縣内に三箇月以上滯在する者に對して府縣税を課することが出來る、又住所を有せず又は滯在をも爲さないが府縣内に土地家屋物件を所有し又は營業を爲し又は特定の行爲を爲す者に對し地税、營業税、家屋税等を課することが出來る。右の外府縣の收入と爲るものは市町村の分賦金、夫役現品、國庫の補助金、過怠金、寄附金、手數料、府縣債一時借入金等である。

府縣の行政は内務大臣の監督する所である、故に内務大臣は府縣行政の監督に關し必要なる命令を發し又處分を爲すの權利を有し、又府縣行政が法律命令に違反せざるや又は公益を害せざるや否やを監視し、又府縣の豫算中不適當なりと認むべきものがあれば之を削減することが出來る、又勅裁を經て府縣會を解散することも出來る。

左記の事項に關しては許否を與ふるの權利を有するのである。

一、學藝美術又は歴史上貴重なる物件を處分し若くは大なる變更を爲すこと

二、使用料を新設し増額し又は變更すること
三、不動産の處分に關すること
四、繼續費を定め若くは變更すること
又府縣債を起し並に起債の方法利息の定率及償還の方法を定め若くは變更するときは内務大臣及大藏大臣の許可を受けなければならぬ。

第三節　市町村（市制及町村制參照）

市町村と云ふ法人の要素は定まりたる土地と住民である。住民とは市町村内に住居を有する者である、然れども皇族及治外法權を有する者は此内には含まないのである住民に公民と非公民との二種がある、公民とは市町村の機關の選擧權及被選擧權を有する。

公民たるの要件を擧ぐれば左の如し。

一、日本臣民であること
二、二年以上其市町村内の住民なること
三、年齢滿二十五歲以上なること
四、獨立の生計を營むこと
五、六年の懲役又は禁錮以上の刑に處せられざること
六、禁治產者又は準禁治產者ならざること
七、二年以來其市町村の直稅を納むること
八、貧困の爲め公費の救助を受けたる後二年以上を經たること
市町村は自から條例及規則を設くることが出來る。（市制一二條町村制一〇條）市町村の機關は市會、町村會、市參事會及町村長である。

市會議員の數は人口五萬未滿の市では三十人、五萬以上十五萬未滿の市では三十六人、十五萬以上二十萬未滿の市では四十人、二十萬以上三十萬未滿の市では四十四人

三十萬以上の市では四十八人、三十四萬を超ゆる市では十萬、五十萬を超ゆる市では二十萬を加ふる毎に議員四人を増加するのである。但し市條例を以て議員の定數を增減することが出來る。

町村會議員の數は人口千五百未滿の町村では八人、千五百以上五千未滿の町村では十二人、五千以上一萬の町村では十八人、一萬以上二萬未滿の町村では二十四人、二萬以上の町村では三十人とす。町村條例で議員の定數を増減することが出來る。

市町村會議員の選擧方法は選擧人を市に於ては二級とし、町村に於ては町村條例で二級とすることが出來る。市に於ては選擧人の總數を以て選擧人の納むる直接市稅總額を除し其平均以上を納むる者を一級とし其他の選擧人を二級とするのである、一級選擧人の數議員定數の二分の一より少いときは納稅額最も多き者議員定數の二分の一と同數を以て一級とするのである。町村に於ては町村條例を以て選擧人を二級に分ちた場合には市制の例に依るのである。（市制一五條 町村制一三條）

市町村會議員の選擧權被選擧權を有する者は原則として公民であるけれども、例外として被選擧權を有せない者がある即ち左の如くである。

一、所屬府縣の官吏及有給吏員
二、其市、町村の有給吏員
三、檢事、警察官吏及收稅官吏
四、神官、神職、僧侶及其他諸宗敎師
五、小學校敎員
六、其他一般の官吏（一般の官吏が議員となるには所屬長官の許可を要す）
七、父子兄弟たる緣故ある者は同時に市町村會議員たることが出來ない、若し父子兄弟が同時に選擧せられたときは投票の多き者を當選者とし投票同數なるとき又は等級又は選擧區を異にして選擧せられたときは年長者を當選とし、年齡同じきときは市町村長抽籤して當選者を定むるのである。

八、市、町村に對し請負を爲す者及其支配人又は主として同一行爲を爲す法人の無限責任社員、役員支配人（役員とは取締役、監査役及之に準ずべき者）

九、其町村長、助役と父子兄弟の緣故あるもの

市町村會の權限

一、市町村會の決議事項（市制四二條町村制四〇條）

1、市町村條例及規則を設け又は改廢すること

2、市費町村費を以て支辨すべき事業に關する事（但市制九十三條、町村制七十七條の事務及法律勅令に規定あるものは此限にあらず）

3、歲入出豫算を定むる事

4、決算報告を認定する事

5、法令に定むるものを除く外使用料、手數料、加入金、市町村稅及夫役、現品の賦課徵收に關する事

6、不動産の管理、處分及取得に關する事

7、基本財産及積立金穀等の設置及管理處分に關する事

8、歳入出豫算を以て定むるものを除く外新に義務の負擔を爲し及權利の抛棄を爲すこと

9、市町村有の財産及營造物の管理方を定むる事（法律勅令に規定するものを除く）

10、市町村吏員の身元保證に關する事

11、市町村に係る訴訟及和解に關する事

二、市町村吏員の選擧を爲す事

三、市町村の事務に關する書類及計算書を檢閲すること及市町村長の報告を請求して事務の管理、決議の執行及出納を檢査する事

四、市町村の公益に關することに付監督官廳へ意見書を提出すること

五、行政廳の諮問に應じ意見を答申すること

市參事會は市長、助役、名譽職參事會員の三者を以て組織し、參事會員は定員を六人とし市會に於て其議員中より選擧するのである、市吏員として市長は市會に於て推薦し内務大臣より上奏し勅裁を得て任ぜらるゝもので其任期は四年である、助役は市長の推薦に依り市會之を定め、市長職に在らざるときは市會之を選擧し府縣知事之を認可す其任期は矢張り四年である、市參與は名譽職とし市會に於て之を選擧し内務大臣の認可を受けなければならぬ、名譽職市參與は市公民中選擧權を有する者に限る。

市參事會の職權は左の如くである。

一、市會の權限に屬する事件にして其委任を受けたるものを議決する事

二、市長より市會に提出する議案に付き市長に對し意見を述ぶる事

三、其他法令に依り市參事會の權限に屬する事

町村長は町村會之を選擧し府縣知事之を認可し其任期は四年である。

町村長の職權は左の如くである。

一、町村會の議決を經べき事件には其議案を發し及其議決を執行すること
二、財産及營造物を管理すること但し特に之が管理者を置きたるときは其事務を監督すること
三、收入支出を命令し會計及出納を監督すること
四、證書及公文書類を保管すること
五、法令又は町村會の議決に依り手數料、使用料。加入金、町村稅又は夫役現品を賦課徵收すること
六、其他法令に依り町村長の職權に屬する事項

市制(町村制)第二條に「市(町村)ハ法人トス官ノ監督ヲ承ケ法令ノ範圍內ニ於テ其公共事務並從來法令又ハ慣例ニ依リ及將來法律勅令ニ依リ市ニ(町村ニ)屬スル事務ヲ處理ス」と規定する、故に市町村は公共事業の外の營利事業を爲すことは出來ないと解釋せなければならぬ。公共事業と云ふは營利を目的とせずして市町村の住民の幸福

を增進する事務であると解するのが適當である、水道は必ず市町村の公費を以て布設せなければならぬ。（水道條例二條）

市町村の收入は左の如くである。

一、財産より生ずる收入　二、使用料　三、手數料

四、科料　五、過怠金　六、加入金

七、市町村税　八、夫役現品　九、公債

以上の內市町村税は一乃至六に揭げた所のものを以て足らざる場合に徵收するものであつて此點は即ち普通税と異なる所である。

市町村税を納附すべき者は　一、住民　二、三箇月以上の滯在者　三、土地家屋物件の所有者　四、營業を爲す者の四者である。

市町村税の免除を受くる者は左の如くである。

一、所得税法第五條の規定に依る者即ち一、軍人從軍中の俸給　二、扶助料及傷痍

疾病者の恩給　三、旅費、學資金及法定扶養料　四、營利を目的とせざる法人の所得　五、營利の事業に屬せざる一時の所得　六、外國又は此法律を施行せざる地に於ける資産、營業又は職業に依る所得（但此法律施行地に本店を有する法人所得を除く）七、此法律に依り所得税を課せられたる法人より受くる配當金及制賦賞與金

二、市制第百二十條、第百二十一條、第百二十八條、町村制第百八條第二項に規せ定るもの

第四節　行政訴訟及訴願

行政訴訟は違法なる行政處分に因りて個人の權利を害したる場合に被害者より提起する訴訟である、此の如き訴訟を裁判する裁判所を行政裁判所と謂ふ、行政裁判所の設けらるゝ所以は行政を不當ならざらしめんが爲めに之を監督せんと欲するに在るの

である。

訴願は不當なる行政處分に因りて個人の利益が害せられたる場合に於て、此の處分に關係を有する者より之が救濟を得んが爲めに利益を害する行爲を爲したる行政官の處分を變更する權限を有する上級の行政廳に對して爲す所の一種の請願である。但各省大臣の爲したる處分に對して、訴願を爲すには必ず其省に向つて之を爲すべきものである。

請願の方式に付ては特別の規定あるものゝ外、請願令の定むる所に從ふのである、訴願も亦一定の形式要件を具備せなければならない、一定の形式要件と云ふのは文書を以てすること、行政處分を受けたる後六十日以内にすること、訴願書に不服の要點理由、要求及訴願人の身分職業、年齡を記載し署名捺印すること等である。

訴願は法律勅令に別段の規定あるものを除く外左の事項に付て提起する事が出來る。

一、租稅及手數料の賦課に關する事件

二、租税怠納處分に關する事件
三、營業免許の拒否又は取消に關する事件
四、水利及土木に關する事件
五、土地の官民有區分に關する事件
六、地方警察に關する事件

行政訴訟に關することは行政裁判法及明治二十三年十月法律第百六號行政廳の違法處分に關する行政裁判の件に依りて規定する所である。

行政訴訟を提起することを得る事項は法律勅令に特別の規定ある場合を除く外次の五件である。

一、海關稅を除く外租稅及手數料の賦課に關する事件
二、租稅滯納處分に關する事件
三、營業免許の拒否又は取消に關する事件

四、水利及土木に關する事件

五、土地の官民有區分の査定に關する事件

我國に於ける行政裁判所は特別裁判所にして東京に唯一個あるのみである、且一審にして再審を求むることを禁じてある。裁判は裁判長及評定官を合せ五人以上の奇數に依り會議の上之を爲すのである。若し偶數となりたるときは官等の最も低き評定官を除く、除かるべき評定官の官等が同等なるときは任官の新らしき者を除くべきものである、議決は過半數に依る。

行政訴訟は特別の規定あるものを除くの外地方上級行政廳に訴願を爲し、其決定を經たる後にあらざれば之を提起することが出來ない。但し各省大臣の處分又は內閣直轄官廳又は地方上級行政廳の處分に對しては訴願を爲さず、直ちに行政訴訟を提起することが出來る、而して各省又は內閣に訴願を爲したるときは行政訴訟を提起することを得ないのである。行政裁判所は損害賠償の訴を受理せず、行政裁判所の判決の執行は之を普通裁判所に囑託することが出來る。

第五節　行政行爲

行政行爲とは行政處分と云ふ意義である。即ち個々の事實に對して法令を適用し執行する行政上の行爲を云ふのである。命令、禁止、(例へば營業の禁止)停止、認可、公用徴收、特許等てある。許可とは一般人に禁ずる事項を或る特定の人に許すことを云ふ。認可とは一般人に禁ぜられたる事項を特定人に許す事を云ふのである。

第四章　內務行政

內務行政と云ふのは公共の安寧秩序を維持し、臣民の幸福を增進し危害を防止する爲めの行政である、之を警察行政と福利行政との二つに區別することが出來る。內務行政の範圍内に於て强制力を以て人の自由を制限することを警察と云ふのである。行政官廳は警察權を行使することが出來るけれども其行使の準則がなければならぬ、所謂準則とは法律又は命令を以て如何なる範圍を限りて警察權を行使することが出來るかと云ふ事を定めたるものであつて行政執行法(行政警察規則參照)即ち是である。

第一節　警察行政

第一欵　集會及結社

集會とは法令の定むる所に依らずして共同の目的の爲めに一定の塲所に二人以上の人が會合することを云ふのである。屋外の集會は安寧秩序を保持せんが爲めに制限し禁止し解散せらるゝことがあるのである、屋外集會を爲すには集會の時より十二時間以前に發起人より塲所、年月日、通過の線路、目的を具して屆出を爲さなければならぬ、政治上の集會は發起人より開會三時間前に屆出を爲さなければならぬ、例外として議員選擧投票前五十日以內にありては選擧準備の爲め集會及選擧權を有する者の集會には屆出を要せずに出來る、集會の演說論議が秩序安寧を害し風俗を紊るときには之を中止することが出來る。又席上喧擾し狂暴する者に對しては臨監の警察官は退場を命ずることが出來るのである。一般集會の制限として見るべきものは（一）銃器、兇器を携帶すべからざること（二）舊刑法の重罪輕罪の豫審に關する事項、傍聽を禁じたる訴訟事件に關する事項、犯罪を曲庇すること、刑事被告人を賞恤若くは救護し或は陷害することを論議すべからざること（三）警察官臨監するときは其求むる所の席を與ふべきこと等である。

結社とは一定の目的の爲めに多數の人が自由意思の合致に依つて爲す所の結合である、不法の目的を有し又は公の秩序を害し風俗を害する結社は之を禁止することが出來る、政治上の結社には主幹者を定めなければならない、結社を組織したる後三日以內に社名、社則、事務所及主幹者の氏名を事務所所在地の所轄警察署に屆出なければならぬ、政治上の結社にあらずと雖も秩序を維持するの必要あるときは其屆出を爲さしめ、政治上の結社と同一の規則の下に立たしめることが出來る。

政治上の結社に加入することの出來ない者は（一）現役及召集中の豫備後備の陸海軍人（二）警察官（三）神官僧侶其他凡て諸宗教師（四）學校の教員學生生徒（五）女子（六）未成年者（七）公權剝奪又は停止中の者（八）外國人である。

第二款　兇器の取締

明治九年三月二十八日太政官布告第三十八號を以て大禮服着用並に軍人及警察官吏等制規ある服着用の節を除く外帶刀を禁じたのである。

暴行、鬪爭其他公安を害する虞ある者を豫防する爲に武器、兇器の假領置を爲すことが出來る、又戎器、爆發物又は銃器を仕込みたる物件を携帶することを禁ずることが出來る。

軍用の銃砲、火藥類は官廳の許可又は委託を受けたる者の外製造することが出來ない、銃砲火藥の販賣を爲すには行政官廳の許可を受くることを必要とする。

銃砲火藥類は之を行商することが出來ぬ、又露店、市場及屋外にて販賣することを許さない。行政官廳は必要に應じて時を限り場所を限りて銃砲火藥の輸入、輸出、授受、運搬及携帶を禁止又は制限する事を得べく授受、運搬、携帶の禁止又は制限に關する命令に違反したる者は一年以下の懲役若くは禁錮又は三百圓以下の罰金に處す。

泥醉者、瘋癲者、自殺を企る者、其他救護を要すると認むる者に對しては必要なる檢束を加へ戎器、兇器其他危險の虞ある物件の假領置を爲すことが出來る、生命身体又は財産に對し危害切迫せりと認むるとき又は博奕、密婬賣の現行ありと認むるときは現居住者の意に反して其邸宅内に入ることが出來る、旅店、割烹店其他衆人の出入する場所には其公開時間内に入ることを得べく、密婬賣の罪を犯したる者に對しては其健康を診斷し必要と認むるときには本人若くは媒合者の費用を以て病院に入らしむることが出來る。但本人又は媒合者に費用を負擔するの資力がないときは廳府縣警察費を以て之を支辨するのである。

客の來集を目的とする浴場に於ては十二歳以上の男女を混浴せしめてはならぬ。

娼妓に對しては强制に檢病することが出來る、精神病者に對しては急迫の事情あるときは行政廳は假に之を監置することを得べく、又必要と認むるときには其指定したる醫師をして精神病者の檢診を爲さしめ又は官吏若くは醫師をして精神病者に關し必要なる尋問を爲さしめ又は精神病者ある家宅病院其他の場所に臨檢せしむることが出來るのである。

未成年者の喫煙を禁ずる、又左に該當する者は强制的に感化院に入らしむることが出來る。

一、滿八歳以上十八歳未滿の者で不良行爲を爲すの虞あり且適當に親權を行ふ者なくして地方長官に於て入院を必要と認めた者

二、十八歳未滿の者にして親權者又は後見人より入院を出願し地方長官に於て其必

要ありと認めた者

三、裁判所の許可を經て懲戒場に入るべき者

第三款　出版

機械舍密其他何等の方法を以てするを問はず、文書圖書を印刷して之を發賣し又は頒布することを出版と云ふのである、出版物は發行の日より三日前に製本二部を添へ著作者又は其相續人及發行者連印にて內務省に屆出なければならぬ、犯罪者を曲庇し又は刑罰に觸れたる者、若しくは刑事裁判中の者を救護し又は賞恤するの文書を出版することは出來ぬ、外交、軍事其他官廳の機密に關し公にせざる官の文書及官廳の議事は當該官廳の許可を得た後でなければ出版するが出來ない、安寧秩序を害し風俗を壞亂する文書圖書を出版すれば內務大臣は其發賣頒布を禁じ刻版及印本を差押することが出來る。豫約出版に關しては尙ほ特別の規定がある。

新聞紙を發行するには發行十日前に發行地の管轄地方廳を經て內務大臣に屆出なけ

ればならぬ、發行毎に毎號内務省に二部、管轄地方廳、地方裁判所、檢事局、區裁判所、檢事局に各一部を納めなければならぬ、新聞紙に記載したることに關して正誤又は辯駁書の掲載を求められたるときは之を掲載すべく、尤も該正誤文は辯駁書が原文の文字を超過すれば新聞の定めた所の普通廣告料を請求することが出來る。

外務大臣、陸海軍大臣は特に命令を發して外交又は軍事に關する事項の記載を禁ずることが出來る。

新聞紙に記載したる事項に付き名譽に對する罪の公訴を提起した塲合に於て其私行に渉るものを除くの外裁判所に於て惡意に出でずして、專ら公益の爲にするものと認むるときには被告人に事實を証明することを許し、若し其証明の確定を得たときは之を罰せない、公訴に關聯する損害賠償の訴に對しては其義務を免れるのである、皇室の尊嚴を冒瀆し政体を變改し又は朝憲を紊亂せんとするの事項、社會の秩序又は風俗を壞亂する事項、又は犯罪人刑事被告人を賞恤救護し刑事被告人を陷害する事項を記載するときは發行人編輯人に刑罰の制裁がある。其他新聞紙に記載せられたる取締規則の違反に對しては發行禁止、發賣の禁止及輕重刑罰の制裁を規定してある。

第四款　戰時及事變に於ける取締

戰時又は事變に際し兵備を以て全國若くは一地方を警戒することを戒嚴と云ふのである、戒嚴の目的は安寧秩序を保つにある、戒嚴を宣言する者は天皇である、例外として戰時に際し鎭臺、營所、要塞、海軍港、鎭守府、海軍造船所等が遽かに包圍若くは攻擊を受くるときは其地の司令官は臨時戒嚴を宣告することが出來る、戒嚴の効力に付ては戒嚴令に詳細記されてある。

第二節　福利行政

第一款　衞生

衞生に關する行政を分ちて健康を維持するの行政、醫療を爲すの行政の二種とす。

前者を保健行政と云ひ後者を醫療行政と云ふのである、保健行政に付ては傳染病豫防法、海港檢疫法、汽車檢疫規則、船舶檢疫規則、種痘法、飮食物其他衛生上危險の物品取締規則、有害性著色料取締規則、牛乳營業取締規則、淸涼飮料水營業取締規則、氷雪營業取締規則、飮食物用器具取締規則、人工甘味質取締規則、飮食物防腐劑取締規則、木精取締規則、汚物掃除法、下水道法、屠場法、墓地及埋葬取締規則等を參照すべく、又醫療行政に付ては醫師法、齒科醫師法、獸醫免許規則、產婆規則、看護婦規則、藥品營業並藥品取扱規則、阿片法、賣藥法等を參照せらるべし。

第二款　交　通

交通に陸上の交通と水上の交通とある、水上交通機關の重なるものは船舶である、船舶とは水の上に他の物を運搬する器械を云ふのである。

日本の船舶でなければ日本各港の間に於て物品又は旅客の運送を爲すことが出來ない、日本の船舶でなくして國籍を許る目的を以て日本の國旗を掲げたるときには船長を百圓以上千圓以下の罰金に處し、情狀重きときは其船舶を沒收するのである。

船舶及船員の取締の事に付ては船舶法の外に尙ほ造船奬勵法、船舶檢査法、船員法海員懲戒法、水先法、海上衝突豫防法、水難救護法等を參照せらるべし。

陸上の交通機關には鐵道、電信、電話、郵便等あり。鐵道敷設法、鐵道國有法、私設鐵道法、鐵道營業法、軌道條例、郵便法、電信法、電話規則等を參照せらるべし。

第三欵　其他の福利行政

以上の外森林法、種牡馬檢查法、馬匹去勢法、產牛馬組合法、狩獵法、漁業法、保險業法、耕地整理法、害蟲驅除豫防法、肥料取締法、蠶種檢查法、鑛業法、銀行條例商業會議所法、度量衡法、貨幣法等は總て福利行政に屬する法規であつて、或は之を產業行政と總稱することを得る、又小學校敎育より高等專門敎育に至るまで之が助長發達を目的とする諸法規がある。此等學事宗敎に關する行政は一に之を敎化行政とも云ふ、是亦福利行政中の重なるものに屬するのである。

第三節　軍務行政

軍務行政と云ふのは軍務に關し天皇大權の執行に關して直接に臣民の權利義務を定むるの行政である。

第一款　兵役

兵役とは國民が國家の徵集に應じて陸海軍の軍隊に編入せらるゝ法律上の一般的義務を云ふのである、兵役の種類は常備兵役、後備兵役、補充兵役、國民兵役及志願兵役に區別する。

又常備兵役を分つて現役及豫備役とする、常備兵役を終りたるものは後備兵役に服する、徵兵に合格したる者で每年所要の現役兵員に超過する者は補充兵とする。

以上三種の兵役にあらざる者で滿十七歲以上四十歲以下の者は國民兵に服す、國民兵役を分ちて第一國民兵役、第二國民兵役とする。志願兵の種類は（一）滿十七歲に達したる者が志願に依り三年兵役に服する者　(二)一年志願兵　(三)一年現役兵(四)海軍志願兵の四種であつて、各々志願の要件及服役年限が異なるのである。癈疾又は不具の者は兵役を免除される。左の八種の者は徴集の延期を受くる、但延期を受けたる者は翌年再び徴集に應じなければならぬ。

一、身幹定尺に滿たざる者

二、疾病又は病後にして勞役に堪へざる者

三、禁錮の刑に該るべき犯罪の爲め豫審若くは公判中の者、犯罪の爲め拘禁中の者刑の執行停止中の者、又は假出獄中の者

四、徴集に應ずる時は家族自活すること能はざる者は本人の願に由り徴集を延期す

五、一年志願兵として服役すべき者にして滿二十歳以上にして師範學校に在校し滿二十三歳まで之を卒業すべき者は卒業まで入營を延期す、滿二十三歳までに卒業せざるに至りたるときは抽籤の法に依らずして徴集せらる。

六、一年志願として服役すべき者にして官立學校府縣立師範學校中學校若くは勅令の定むる所に依り中學校の學科程度と同等以上と認めたる學校に在學の者二十二歲未滿迄に卒業又は修了し入營することを得る者は卒業又は修了まで入營を延期す滿二十二歲以上に非ざれば卒業し又は修了し入營することを得ざるに至りたるときは抽籤の法に依らずして徵集す。

七、一年志願兵として服役すべき者にして勅令の定むる所に依り修業年限三箇年以上の專門學校若くは之と同等以上と認むる學校又は高等學校に在學する者に對しては本人の願出に由り其學校の修業年限に應じ滿二十七歲まで入營を延期す一年志願兵として服役すべき者其服役を爲さざるときは徵集す但滿二十一歲以上の者の徵集は抽籤の法に依らず。

八、滿二十歲に至らざる前より露國領沿海州、露國領薩哈嗹、支那、香港、澳門以外の外國に在る者は本人の願に由り滿三十七歲まで徵集を延期す三十七歲未滿にして歸朝せば抽籤に依らずして徵集す。

次に徵集を免除せらるゝ者は左の如くである。

一、以上の(一)(二)に當るものにして次年にも尙ほ徵集に適せざる者

二、以上の(四)に當るものにして三箇年を經過するも尙ほ事故の止まざる者

三、以上の(八)に當るものにして延期の事由消滅することなくして滿三十六歲を過ぎたる者

他人を以て代ふることの出來ない職務を奉ずる官吏、市町村長、助役、收入役及法律を以て設立したる議會の議員は開會中豫備兵に在ると陸軍補充兵に在るとを問はず勤務演習簡閱點呼の爲め召集せらるゝことはないのである。

第二款　軍事負擔

軍事負擔とは軍事上の必要にて個人が財產上の給付を爲し又は財產權上の制限を受くる所の法律上の强制的負擔である。

一、徴　發

徴發とは平時又は戰時に於て國家命令權の作用に由りて軍務行政官廳が軍事上の必要なる財產又は勞力を人民より使用徴收することを云ふのである。

二、要塞地帶內の財產の制限

要塞地帶とは國防の爲めに建設したる諸般の防禦營造物の周圍の區域を云ふのである。其地帶內に於ける財產に制限を設くるは國防上の功力を全ふせんが爲めである、此制限は法律に依りて發生するものであつて行政處分に依りて發生するものでない、故に國家は制限を受けたる財產の所有者に對して損害の賠償を爲すことはないのである。

第五章　財務行政

豫算は當該年度に於てのみ効力があるのであるからして毎年之を定めなければならない、而し此原則に對しては二つの例外がある。

一、特別の須要に因り政府より豫め年限を定め繼續費として帝國議會の協賛を經たるもの

二、皇室の經費は増額を要する場合の外帝國議會の協賛を要せず

豫算が成立せざるときは前年度の豫算を施行するのである。

豫算は會計法に依りて初めて行はるゝものである。

國家の收入は　（一）國有財產より生ずるもの　（二）官業より生ずるもの　（三）租稅手數料、使用料、罰金、科料、國債となす。

官業と云ふのは直接に國家の收入を目的とする營利事業であつて煙草、粗製樟腦、樟腦油、鹽等の專賣事業を指稱するのである。

租稅と云ふのは國家又は公共團体が其經費に充る爲めに國の財政權を以て一般の標

準を定めて個人より强制且つ無償にて徴收する所の金錢であつて必ず法律を以て定むるものである、納税義務、徴收のことは國稅徴収法を以て定める、納付期を經過するも納付しなければ督促狀を發し尙ほ納付せざる者は納稅義務者の財產を差押ふることが出來る。

使用料と云ふのは一私人が國家の營造物を使用するに對して拂ふ所の報償である。

手數料とは國家が一私人に利益を與へたるに對して其一私人から國家に拂ふ所の報償である、手數料の新設及變更は必ずしも法律に依ることを必要とせない。租稅は納稅義務者の資力を標準とするけれども手數料は必ずしも左樣でない、又手數料は官廳の行爲を要求し又は官廳の營造物を使用する特種の人のみより徵收するのであるけれども租稅一般の人より徵收する。

國債と云ふのは國家が租稅其他の收入のみにては國家の經費を支辨することが出來ない場合に負擔する所の債務である、國債を起し及豫算に定めたるものを除く外に國庫の負擔となるべき契約を爲すには帝國議會の協賛を經なければならない。

第六章　外務行政

外務行政のことは外務省官制、外交官及領事官官制、領事官職務規則、領事官の職務に關する制其他領事職務條約、開港々則、外國旅劵規則、移民保護法等を參照すべきである。

財政理論の大要

第一章　財政の意義

人類が相依り相集まりて共同生活を營み、漸次發達して社會を形成し、途に進んで國家其他の公共團体をなすや、其團体を維持し發達するために各種の行動を爲すには財貨を要する、例へば國家としては議會、裁判所、行政官衙等の機關を設け又陸海軍等の兵備を必要とす、市町村としては役場及學校等を經理する、斯の如く國家及公共團体の存在を維持せんが爲に財貨を取得し、之を支出する經濟を財政と云ふのである財政は公經濟にして私經濟と等しく經濟の原則に支配せらるゝけれども、公經濟は原則としては權力關係にして强制取得を爲す點に於て私經濟と異なる。

一、私經濟は其目的私人の利益を計るにあるけれども公經濟にありては其目的公益を計るにある。

二、收入支出の關係に於て國家其他の公共團体の公經濟は出るを計りて入るを制する即ち團体維持の爲に財貨を要するが爲に之に應ずべき收入を計り收支を適合せしむるを原則とする、之に反して私經濟は個人が多少の餘裕の財を蓄積して欲望を充すものであるから、入るを計りて出るを制するのである、故に收支に於て全く相反するのである。

三、財貨の取得方法の點より見れば國家公共團体は租税徵收の如く必要に應じ强制的に取得するけれども、個人の財貨取得の方法は生產、交換等によるの外强制的に取得する事は出來ない。

四、公經濟は權力關係であつて、私經濟は權利關係であることを原則とする。

第二章　歲　出

歲出とは經費を云ふのであるが經費とは國家及公共團体が公共的職分を行ふが爲めに必要とする一切の費用を云ふのである。

財政は支出を計りて收入を制するものであるから支出は主にして收入は從である。財政學の主要とする所は、如何なる財源如何なる方法を以て既定の經費を支出すべきや、且つ如何にせば之に因りて蒙る人民の苦痛を可及的輕減することを得るや否やを知るにある、最も歲入に重きを置くものであるからして歲出の多少、要不要、利害の如何等、政治學、行政學、社會學等の研究範圍に屬すべきものである、然るに財政學に於て歲出に付て研究するのは、要するに收入と支出とは密接離るべからざるの關係を有して、之に因りて支出せらるゝ經費の如何なるものであるかと云ふことを知らなければならぬ、尚ほ經費の收入は人民の所得又は財産の一部を割きて之に充つるものであるからして其支出の程度は國民の負擔力の多少に依りて制限せらるゝ、國民の負擔力の多少に影響するが故に此等の關係を知悉するの必要がある。

第一　歳出增加の傾向

歳出は國家及公共團体の必要なる經費の總金額であるからして、日月と共に向上發展する國家の政務及び自治團体の職務の擴張は益々經費の膨脹を來し歳出增加の傾向あることは內外を通じて一般の現象である。

而して經費の增加する理由は

一、人口增加

二、國富の增進

三、國家の職分の擴張

四、國防費の增加
五、貨幣價値の下落
六、殖民政策の發達
等に因るものであるが尙ほ將來歲出の益々增加すべき趨勢は免かるべからざる事實である。

第二　經費の原則

一、國家歲出の要件は獨立せる財政監督制度の確立することを要す、即ち立憲國に於ては歲出の各經費に對して各階級の利害を代表する所の議會の協賛を經ることを必要とする。

二、節約主義、經濟主義に從がはなければならぬ、即ち最少の經費を以て最大の結果を得なければならぬ、換言すれば一定の目的を達する爲に成るべく少き經費を以てすることを努めなければならぬ、濫費を戒め節約を旨とするの原則即ち是である。

三、財政は國民經濟の基礎の上に立つものであるからして、經費の支出は國民經濟に及ぼす影響を考慮せなければならぬ、國民の經費政策と調和を保たなければ財政の必要に應ずるも國民經濟政策に背反して終に國家の他の目的を紊すに至るのである。

第三　經費の分類

財政上重要なる經費の分類は

一、時を標準とするもの、即ち經常費と、臨時費とにして經常費とは每會計年度に於て繰返さるゝ經費を云ひ、皇室費、文武官の俸給、國債の利子其他である。臨時費とは一定の期間必ずしも繰返さるべき經費ではなくして其增減も亦不規則である、戰時の費用の如きものである。此二者の區別は經常收入と臨時收入との區別と相俟つて財政學上の大原則を爲すのである、即ち經常費は經常收入に依るべく、臨時費は臨時收入に依るべしとの原則である。

二、政務の性質に因りて區別すれば、憲法費、政務費、財務費との三つとなる。

(1)、憲法費とは國權の組織に關する經費であつて即ち元首に關する經費及議會に關する經費を主なるものとする。

(2)、政務費とは國防費即ち國の內外に對し防衛するがために要する一切の經費と法務費即ち公共の安寧秩序を維持するが爲めに要する經費であつて司法費、警察費と、民福增進費即ち勸業費、社會立法に關する經費と文化費即ち敎育費、學藝の奬勵費、宗敎費等である。

(3)、財務費とは國家が政務を執行するに必要なる經費を支辦せんが爲に收入を得る場合に之に附隨して起る經費であつて即ち徵收費、經營費、出納費、公債費等である。

第三章　歳　入

國家の收入は、國家が其經費を支辨するがために收納する所の財貨である。國家の經費は出づるを計りて入るを制するのであるけれども、其支出額の多少と事業の必要の程度如何とは、支出全体を通じて財源たる所の國民經濟の狀況と對照せなければならない、故に國家の發達と共に收入と支出とは區別せられて、一定の期間內に於て收入及支出に對し豫じめ計劃を立て、期間終了後に之が收支の決算を爲す、其期間は通常一箇年であつて之を會計年度と稱するのである。

豫算上の收入は大別して之を經常歲入と、臨時歲入とに區別する、之は前段經費の分類に述べた經常費と臨時費とに相對する區別であつて、經常歲入とは每年規則正しく入り來るもので、又臨時收入は一時的のものであつて物件の賣拂、借入金の如きものである。

第一節　私經濟的收入

私經濟的收入と云ふのは國家が各個の經濟体と同等の地位に立ちて私經濟の原則に從ひて取得する所の收入を謂ふのである、主として利子を生ずる官有財產の收入と、主として利潤を目的とする官業の收入との二つありて、官有財產を更に細別すれば、土地、森林となり、官業は又工業、商業、專賣業、交通業等に別る。

封建時代に於ては官有土地の收入は主なる財源であつたが、租稅、公債制度等の發達によりて官有財產の收入率は漸次減少するに至つたが、官業の收入は近時社會政策主義の勃興に伴ひて、民間の事業の政府の手に移さるゝもの多くなり收入も亦著しく增加する樣になつたのである、而して私經濟的の收入を爲すに當りては（イ）事業が民間の事業と競爭して之を壓迫することなきこと（ロ）政府獨占を爲す必要（ハ）最も望むべきは好個の財源たるべきことの三條件を必要とする。

一、官有財産　官有財産は土地及び森林であるが、財政學上官有土地は收入財源として殆んど研究するの必要なきものである。

森林は事業の大仕掛にして之を經營するには巨大なる資本を要するけれども、利益歩合少なく且つ長年月に亘ること、木材薪炭の供給、水源の涵養問題等と關係して官有の利益を認め又公益の上より見ても、益々發達せしむべき事業と云はなければならぬ。

二、官業　官業中の重なるものは

1、鑛山官業にして大体に於て官業に適せずと認められて居る。

2、官工業も各種あるが、比較的その必要少なく我國に於て著名なるは製鐵官業である。

3、官商業には銀行官業があるが、現時多數は中央銀行を設くるが故に殆んど其必要を認めない。

4、造幣官業に付ては議論一定し、國家の直接に經營すべきものとしてある、其理由は貨幣の本質に基けることゝは云ふ迄もないのである。

5、富籤官業は收入の好財源をなし、射倖遊戯に關するものであつて國家の獨占事業として之を行ふ國も二三あるけれども、弊害の甚だしきものあるが爲め現今文明國に於ては何れも之を禁制して居る。

6、交通官業は官業中に於ても重要且つ有望なるものであつて、鐵道、運河、郵便電信、電話、保險等は皆之に屬する。

7、專賣業とは消費物の生産販賣を國家が獨占するものであつて、我國にては煙草及鹽、樟腦を專賣とする。

第二節　公經濟的收入

公經濟的收入と云ふのは國家が其目的を强制的に遂行するが爲めに、各個經濟体に對して主權の力に因りて收入の方法を定め、之を納付せしむるによりて生ずるものである、之を租稅と手數料との二つに區別する。

一、租稅

租稅とは國家並に公共團体が收入を得るの目的を以て財政權により一般人民より强制的に徵收する公課である。

租稅は公經濟的收入として主要なるばかりでなく、實に國家又は公共團体の存立に必要なる經財は殆んど租稅收入が其主要なるものである、故に租稅は財政歲入上に最も重要なる地位を占めるのである。

租稅は如何なる理由に依りて賦課徵收せらるゝのであるかと云ふに、即ち課稅權の觀念の變遷に因りて異なるのである、或は人權主義の盛なる時代には租稅は人民が國家に對して支拂ふ所の報酬であるとて、契約課稅說、對價說、保險說等の利益交換説もあつたが何れも皆妥當を缺いて居る。國民は國民たるが故に國家に對して各自の負擔力に應じ納稅すべしと云ふ所の國民義務説の觀念は國家の觀念發達と共に廣く行はるゝに至つたのである。

第一項　租稅に關する術語

一、稅源　租稅を支拂ふ基金であつて私人の收入を云ふのである。

二、租稅の主体　法律上租稅を納付すべき者であつて之を被稅者と云ひ、直接租稅を支拂ふ納稅者と其租稅を負擔する稅源の所有者即ち負稅者とある。

三、租稅の客躰　租稅賦課の標準となる人、物又は事實を云ふのであつて一般に之を課稅物件と稱する。

四、課稅標準　稅源の數量的表示を云ふのであつて租稅算定の基礎となるのである、即ち地租に於ける地價、所得稅に於ける所得額等である。

五、租稅臺帳　租稅の主体、客体、負擔額等を算出すべき材料を集錄せる帳簿である

第二項　租稅の原則

租稅は國家又は公共團体の歲出の大部分を支辨する收入の源であるから、之を賦課徵收するに當りては利害得失を講究して標準を立つる法則を租稅の原則と云ふのである、分ちて財政上、經濟上、社會上の三とす。

一、財政上の原則　租稅は國庫に必要且つ充分なる收入を成可く經費を少なくして確實に供給せしむるものである、故に　(1)租稅は收入の多額且つ確實なることを要す　(2)收入に屈伸力を有し社會の發達と共に收入額の增加すべきものを選ぶ　(3)成可く徵收費の少なきを要す之を財政上の原則と云ふ。

二、經濟上の原則　租稅は之を賦課徵收するに經濟上の損害を生ぜざる樣注意することを要す即ち　(1)租稅は所得より徵收して財產に賦課せず、若し財產に課稅するときは財產次第に減少して稅源枯渴し國家の疲弊を來すに至る處がある、反之財產の所得より徵收すれば此の憂はないのである。(2)產業の進步發展を阻害せしむべからず故に課税物件の選擇を愼重にし、徴收手續を簡易にすること之れを經濟上の原則と云ふ。

三、社會上の原則　租税の負擔は國民は國家の生存に對し個人的資力に應じ財政上の需用に貢献すべき國民義務に基き一般且平等に分擔せなければならぬ、之を社會上の原則又は公正の原則とも云ふのである即ち　(1)課税は一般的なるべしと云ふは國民の身分階級を問はず等しく同一條件の下に納税力あるものに對しては不當に免税の特權を與へず且つ納税力ある義務者は成る可く網羅すべきものである。(2)租税は平等なるべしとは各自の納税負擔額が各其納税力に對して權衡を保つべきことを云ふのである。

第三項　租税の分類

租税の分類は其標準の異なるに從つて種々に別れる左に其主要なるものを擧ぐれば

一、課税物件の種類を標準とすれば、人税、物税（地租所得税の如し）行爲税（交迦

税の如し）

二、租税徴收の場所を標準とするときは　(1)國内に於ける一切の税を國内税と云ひ即ち國税、地方税に別る。(2)内外間に課税物件の移動するものに對して徴收するものを國境税又は關税と稱す。

三、租税賦課の方法を標準とするときは　(1)配付税にて所要金額を定め地方に分配する者と、(2)定率にて單に課税物件に對する税率を一定して徴收するとの二あり各國概ね定率税による、其内更に税率一定し増減なき比例税と課税物件の分量増加に從ひ税率の増進する累進税とに別る、例へば我國の地租は前者であつて所得税は後者である、兩者の優劣は學者間に議論の存する所であるが累進税を以て勝れりとする者の方が多いのである。

四、租税負担の所在を標準とする時は、直接税（地租、所得税の如し）と間接税（消費税の如し）とに區別する租税分類中重要なる者である。直接税とは納税者をして同時に負担者たらしめ其負担を他人に轉嫁せしめざることを豫期し。間接税とは納税者をして其負担を他人に轉嫁することを豫期する者である、蓋し兩税は各特色を有し相俟つて租税の原則に副ふが爲めに各國共此の兩者を並行して實施して居るのである。

五、租税の特質より分類すれば(1)納税者の所得又は財産の一部を徴收する收益税(所得税、營業税の如し)(2)財若しくは個人の權利が移轉する者に對して徴收する者を移轉税又は交通税と云ふ(印紙税、相續税の如し)(3)消費せらるゝ財貨に對して賦課する消費税(酒税)とに區別さる。

第四項　租税の負担

納税者が租税の納付に依りて受けたる負担は、或は納税者自身に歸結することあり又は轉嫁して納税者以外の者に歸着することもありて常に一定せないのである、而して歸着には豫期の歸著と豫期せざる歸著とある。前者は直接税が納付者の許に歸著し後者たる場合、及び間接税が豫期の如く轉嫁して納稅者以外に歸著せし場合を云ひ、後者は直接稅が納稅者以外に歸著し若しくは間接稅が納稅者の許に歸著し或は豫期せざる納稅者以外に歸著せる場合である、蓋し人は利己心を有し常に租稅を免れんとするもの故負担轉嫁に就ては　(1)負担を免れんとする觀念と、(2)免れんとする實力に因りて左右せらるゝ故に負担を免れんとする觀念には大差なきも之が實力に至りては强者、富者は貧者、弱者より力强く、除却力大なれば優勝劣敗の通則に依り租稅の負擔は概して經濟上の弱者に多いのである。

第五項　各種の租稅

一國の租稅制度は如何に定むべきかに就ては單稅主義と復稅主義とある、前者は單一の租稅を以て一國の租稅制度を組織すべしとするもので、土地又は財産を以て課稅物件とするものである、然れども此說は學理上に於ては充分根據あるに拘はらず、不便なるを以て古來より實行せられた事はない、現今各國に於ては各種の租稅を以て一國の租稅制度を組織せる復稅主義に依らざるものはないのである、以下我國の租稅制度を主として各種の租稅中重要なるものを說明する。

一、地　租

地租は最も古くより行はれた租稅であつて、土地の所有より生ずる收益に課稅し收益を生ずべき土地を課稅物件とし、地主の收得する土地の收益を稅源とし、地主又は使用者を納稅者とするものである、其特色は課稅物件の土地なるが故に確實不動なるに存する、又其缺點は課稅物件算定の困難なるにあるも、概して良好なる租稅の一つである。

元來地租は土地の總收入の中より耕作費を控除したる殘額に對し課稅することを原則とするも、其算出困難なる爲に或は面積のみにより又は收獲高の多少等による種々の算出方法があるも、我國の地租は土地臺帳を作り地味、地勢、其他の事情を參酌し總收入を査定して、之が耕作費を精算し以て差引殘高を課稅の標準とする之を地價と稱するのである。

我現行の地租は明治十七年三月布告第七號地租條例によりて規定せらる、此條例に依れば有地租を二類とし、第一類は田畑、宅地、鹽田、鑛泉地にして、第二類は池沼、山林、牧場、原野、雜種地である。其課稅標準は明治五年地租の改革に於ける大量及び檢査によりて算定したる土地台帳上の法定地價を名義上の課稅標準として宅地は百分の二個半、田畑は四個七、其他の土地は五個半を普通稅率とし、北海道の宅地以外の土地は當分の内田畑百分の三個四、其他の土地は百分の四個を課稅したのである。

二、家屋稅

家屋稅とは家屋の所有より生ずる收益に對して課する所の租稅である、但し產業用の家屋は地租、營業稅と重復する故に之を除外し又は其稅率を輕減するを本則とする、住居用の家屋は賃貸用の家屋と自巳の使用に供する家屋とを區別すべきものてあるが、其區別は實際に困難である故に、家主の收益に屬する場合も家主の消費に屬する場合も等しく家屋稅として課稅することが多いのである、家屋の收益を算定する外形上の標準より家屋稅を區別すれば、賃貸料稅、家屋等級稅、地坪稅、家屋價格稅、門窓稅等の五種がある。我國に於ては國稅としては未だ家屋稅はない、只地租中に宅地稅を存し、營業稅中建物の賃貸價格を標準とする稅率の存するのみである。

三、所得稅

所得稅は法人と自然人とを問はず、又其所得が動產より生ずると不動產より生ずると或は營業の所得より生ずるとに論なく其所得の總額に對して課稅する租稅を云ふのである、地租、營業稅、家屋稅の如き直接稅は何れも地主營業者又は家主等一部の階級に限りて賦課せらるゝものであるが、所得稅は其純收入を得る總ての階級に對して賦課せらるゝものである、沿革上所得稅の前身は財產稅であつて單に財產收入のみに限定せられ、勤勞收入を含まなかつたのは缺點であつた、然るに今より約百二十八年前英國に於て初めて勤勞所得にも課稅する所得稅を實施して以來近時各國に於て何れも此制度を採用することになり、其伸縮力を有すると一般平等に賦課し得る點とよりして漸次重きを爲す樣になつたのである、而し若干の收入あるものを皆悉く納稅者たらしめずして、各國の制度に於て大概下級民保護の目的より收入の最低限度を設け其以下には課稅せず、我國にては、百圓未滿のものには所得稅を課せない、而して所得稅の缺點とする所は國家の所要に向つて豐富にして確實の財源たる能はざる點である、累進法又は累退法は此缺點を除去し得るとするも、一定の限界以下には稅率を減ずることが出來ないと共に、高率を加ふれば加ふるだけ徵稅方法は納稅義務者の申告による外なき爲申告高は減少するの傾向あると、事業の盛衰に因りて收入の不確實とを免れない、且各個人の所得を精細に調査し能はざるの困難がある、而して各國の制度皆區々にして累進稅率の適用、負稅者の範圍等、各種体様を異にして居る。

我現行の所得税法に於ては本法施行地にある者は皆納税義務者とし、千二百圓以下の所得を免除し、其以上は累進率を以て課税することになつて居る。

四、營業收益税

營業收入税とは營業の收益に對し營業者に賦課する租税である、其營業と云ふのは資本を基礎とし收益を目的とする營業を指すのである、從つて醫師、辯護士、官吏敎員等の業務は營業の範圍外である、又農業は土地を基礎とするも別に地租を以て課税する故に之を除外した、又會社税、鐵道税、鑛業税等は其の性質營業収益税たるも特に獨立の科目を爲して營業の範圍外とした、故に所謂營業收益税とは主として商工業者に賦課せらるゝものに極限せられたのである。其の課税方法は從來營業税に於て外形標準に依り課税したのを營業の純益を標準として法人にはその百分の三•六、個人には百分の二•八の税率により課税する、但し法人に就てはその納付せる地租と資本利子税に相當する金額を本税額から控除し、個人に就てはその納付せる營業用土地に對する地租に相當する金額を本税額から控除する外、一ヶ年の純益四百圓に滿たざる個人には本税を賦課しない。

五、資本利子税

資本利子税は地租及營業收益税に對する權衡上より新設され配當金以外の資本利子即ち（甲）公債、社債、產業債券、銀行預金等の利子又は貸付信託の利益（乙）所得税法の第三種所得中營業に非ざる貸金又は預金の利子にその利子の百分の二を標準として課税し甲種に就ては利子支拂者を經て徵收し、乙種に於ては利子所得者より徵收する。但し所得税法其他に依り第二種所得税を課せられざるもの丶利子並に貯蓄債券、復興貯蓄債券の利子には本税を課しない。

六、登錄税

登錄税とは財產の權利設定又は移轉の効力を確實にする目的を以て官簿に登錄を申

請する者に對し、其件數又は事項の大小を標準として賦課する租稅である。

而して此等の權利設定移轉には戶籍登錄土地及び抵當登記、商業登記、特許登錄、組合登記、船舶登錄、資格登錄等の種類がありて、何れも將來に收益を生ずべき有形無形の資本と爲すものであるから、登錄の際に於て租稅を賦課するは正當の理由があるのである、而して本稅の利益とする所は有償的の納付として利益に附隨するが故に納稅上の苦痛を感ずることなく、經濟界の發展と共に收入增加し而も賦課の手數なく印紙によりて納附するの方法であるからして、其徵收の費用も亦甚だ少なき利益がある。

我國の登錄稅の課稅方法は主として登記事項別によりて率を異にして居る。

七、印紙稅

印紙稅は法規の定むる所の證書帳簿に對し其件數又は事項の大小を標準として賦課する租稅である、故に其性質登錄稅に相似たるも、前者は後者よりも租稅の性質を帶ぶるの度が稍大なるものである、即ち或場合には印紙を貼用せざるべからずと雖も登記の場合には只第三者に對して効力がないと云ふに止まるものもある、又印紙税は納税者に對し利益を與ふることはないのと純然たる收入を目的とする點に於て手數料と相違するのである、其賦課方法に就ては周密なる注意を要する、税率を輕くして階級を單純にして繁雜を避けなければならぬ、又印紙税の徵收方法には押印用紙に官印あるものを賣渡すものと、印紙貼用の方法によると、封包押印するものと、打印する方法との四種あり、印紙貼用法最も簡易なるを以て廣く行はるゝのである、印紙税の範圍に就ては、我國は證書及び帳簿に限定せられて居る。即ち各權利の設定變更によりて税率を異にし定額印紙税と、步合印紙税との二種となし、徵收方法は印紙貼用と印紙押捺との兩方を用ひ、政府は一切の印紙公課を徵收する目的を以て、印紙類賣下規則を制定し印紙を收入印紙に統一したのである。

八、取引税

取引税は取引所に於て取引せらるゝ有價証券及び商品の移轉に關する媒介取引に賦課する租税である、取引は相場に由りて價格を決定するものである故に、有價証券又は商品の一切の移轉其他貨幣、公債等の發行に課し、又富籤の如きも各個の賣買行爲に對し課税するときは本税の一となるのである、徴收方法は多くは証印税であつて打印、印紙貼用を執り、又賦課方法には課税物件の發行せらるゝ場合に歩合税として賦課することがある、又取引行爲に付き証書作成を强制し、其証書面を標準として課税し、其他取引所の取引高を推定して賦課する方法もある。

我國の取引所税は、有價証券及び商品の各取引に於ける賣買取引方に對する取引証書課税にして、税率は有價証券及び商品は約定高の萬分の十二、國債及び地方債は萬分の五である。

九、相續税

相續税は人の死去又は隱居等即ち相續と云ふ原因によりて相續人は勞せずして不時

に財産を取得したる事實に基き、其財産の價格を標準として賦課する租税である、之を認めた理由は個人の經濟が人の死亡其の他之に類似せる一定の原因によりて、財産を移轉せられ偶然に利得する增富に對しては當然政費を分担せしめなければならんと云ふ根據に基いたものである、而して其親等の遠近に從ひて税率に高低の差等を設け、近き者を低率とせしは、此等の親族は死者と經濟關係が密なると且人情の點とよりせしもので、又親等の遠き者の財産の取得は全く豫想せざる不時の利得なりと云ふにある、本税の缺點は財産價格算出の困難なることゝ事由發生の際動産及債權は賦課を免れ易く又脱税の方法容易なるとにある、併し近時社會政策主義の發展に伴ひ本税は各國に於て皆採用するに至つたのである。

我國に於ては相續開始と同時に一切の相續財産を課税物件とし、課税價格を算出して之を課税の標準とし、相續の種類と親等の遠近とに從ひて差等を設け、超過額累進法の税率を定めて徵收するものである。

十、消費稅

所得稅及び各種の收益稅に依りて收入を得る事は不完全を免れない、其補足として支出の方面に於て課稅物件を求め消費物件に對して課稅するのが消費稅である。

消費稅の便利なることは所得稅の如く個人の經濟狀態に立入りて調査して後始めて課稅するのでなく、消費貨物に對して賦課するを以て足る點にある。消費稅に直接稅と間接稅との別がある、直接消費稅とは畜犬稅、車馬稅等其種類極めて多いけれども概ね地方稅に屬し稅額少なきも、間接消費稅は酒、砂糖、鹽、醬油、煙草、織物等を通して何れも巨額の收入を得ることが出來る、即ち通常消費稅とは此間接消費稅を云ふのである、又間接消費稅は內國消費稅と外國消費稅との二つに區別する其徵收の方法場所等に依つて生產稅と運送稅とに別る、前者は生產中又は生產の行爲の完了すると同時に賦課せらるゝものであつて間接消費稅は何れも此生產稅に屬す、關稅は運送稅に屬す、而して我國現在の制度に在りては關稅には直接消費稅なく間接消費稅中にて鹽及び煙草は政府の專賣として經營せらるゝを以て課稅問題より除外せられ、一般生産課稅として主要なるものは酒、醬油、砂糖、織物の四稅である。

一、酒稅。　酒稅は其含有主成分の酒精が飮料として衛生上有害なるに拘はらず、古來人生の嗜好に適し需用の絶ゆることなきと又其性質が奢侈品に屬する點よりし稅率を高くするも尙需用を減ぜざる爲に各國を通じて最も重要なる稅源となつて居るのである、而して其課稅方法は原料課稅法、製造課稅法、製品課稅法等があるも、製品課稅法に依るものが最も多い、又酒稅は前述の如く單純なる國家稅政上巨額の收入を期する外に尙ほ既製品に對する課稅の關係上人体に有害なる惡酒の豫防取締をも目的とし又一面には酒精及び酒精含有飮料の取締と密接の關係を有するものとする、我國に於ける酒稅制度は酒造稅、酒精及酒精含有飮料稅、麥酒稅及び沖繩縣出港稅の四種であつて地租に次ぐ最大の稅源である。賦課の稅率は種類の異なるに依りて差等あり且含有酒精分量の多少によりて異なる、賦課方法は既製品に課する方法により造石高に對して課税する。

二、砂糖消費稅　砂糖消費稅は鹽其他の日用品の課稅の如く甚しき苦痛を感せず、且課稅上便利にして財政上巨額の收入を期するを以て各國を通じ或は關稅に依り或は國內消費稅に依りて何れも課稅制度を認めて居るのである。

砂糖の課稅方法は製造原料に賦課するのと又製造する器具設備に課するのと或は半製品に賦課するあり、又精製品に賦課するもある而し多くは精製品に對し含有糖分の多少を檢して賦課するのを普通とする。

我國に於ては砂糖消費稅法に依り內地消費の目的を以て製造場、稅關、又は課稅倉庫より引取らるゝ砂糖蜜に對して課稅し、其輸出目的を以て引取らるゝ砂糖を免稅とせり、其課稅方法は和蘭製造の砂糖標本を以て色相に依り之を分類し粗糖は稅率低く精糖は高くしたのである。

三、織物消費稅　織物は衣類を作る原料にして人生生活の必要品である、從て之に課税するは生活必要費に立入るの傾あり、絹織物は幾分奢侈的の性質を帯るも、木綿織物に課税するは全く惡税なり故に大正十五年度より木綿織物に對して課税を癈止せる所以である、織物税は毛織物たると絹織物たるとに區別なく從價一割とせる製品課税である。

第三章　公　債

第一節　總　論

國家の財政は通常一箇年の會計期間を以て豫算を編制し歳出歳入の權衡を維持するものであるけれども、實際に複雜多端なる國家の政務は到底其正確を保つと云ふ事は困難である、時に剩餘を生じ、或は不足を告ぐるを例とし殆んど平均を保つことは出來ない、而して不足の生ずる場合には（一）收入支出の時期の前後する爲一時の不足となる表面上又は出納上の不足と（二）會計年度を通じて收入が豫定より少なきか又は支出が豫定より多きかの爲に生づる實際上の不足とある、之がため如何なる政府と雖も必ず臨時收支の準備をして置かなければならない、即ち（一）の場合には國庫手形である大藏証劵を發行して一時補塡し、年度中の收入あるを待つて返還するを通例とする。（二）の場合には豫備金支出を普通とするも若し其額大に且急施を要すべき戰爭、天災、地變等の非常臨時支出の場合、若しくは財政計劃上或る期間に限り一時に巨額の支出を要する軍備擴張であるとか若しくは鐵道改良等の臨時支出等に對しては豫備金の能くし得ざる所であるから必ず別種の財源を要するのである、其方法には(1)官有財產の賣却　(2)非常準備法　(3)增稅　(4)公債に因ると雖も(1)より(3)迄は種々なる缺點ありて一概に之に依ることは出來ない、故に通例公債によるのを最良の方法として普く認められ臨時收入の主要なる財源を爲すのである。斯くの如く公債は臨時の支出に應ぜんが爲他日償還の目的を以てなす所の國家又は公共團体の債務であるから恰も個人の負債と同一の性質を有し信用を以て基とするのである。

第二節　公債の分類

公債の分類は標準の異るに從ひて種々あり、今其主要なるものを擧ぐれば左の如し

一、公債に應じたる財源の所在により、內國債、外國債

二、主要にして廣く行はるゝ分類は流動公債と確定公債となる。而して兩者の區別は流動公債は償還期限短く、確定公債は長期である。又流動公債の起債目的は短期間の不足又は少額の經費に充つるものであるが、確定公債は長期間の支出又は巨額の經費に充つるものである。

1、流動公債　の主なるものは郵便貯金、供託金、保証金等の國庫金、之を行政上の流動公債と稱し、又財政上の流動公債は短期公債と大藏省証劵とある、就中六

藏証券は主要にして年度内の不足を補ふ爲め國庫の一時的融通として利附又は割引にて發行し年度內に償還する公債証書である。

2、確定公債は法規を以て募集額、償還方法等を確定せし所の公債である其種類は左の如し。

一時拂公債　期限に至り一度に元金を償還するもの

有期定額支拂公債　年々一定の金額を必ず支拂するもの

有期隨時支拂公債　償還の期限のみを定め置き其年限內に隨時に支拂ふものである、公債の多くは此類である。

此外確定公債の變形せしもので割增公債と年金公債とあり、前者は元利金の償還の外に籤札を附し、當選者に割增金を與ふる公債で人生の射倖心に乘じ募集するものである。勸業債券の如きは卽ち此類である、後者は債權者に元利金を以て償還する公債であつて、一定の期間の償還と債權者の生存中償還するとに依りて有期年金と終身年金とに區別する。

第三項　公債の發行及募集

公債發行の形式に於ては、公債の原簿に記名登錄する登錄公債と証券を發行する証券公債とある。前者は權利の移轉上不便多きを以て、近時証券公債によるを例とする而して其募集方法は一般より任意に募集し、証券を記名、無記名孰れをも其選擇を自由ならしめて居る。

又公債の發行方法には、政府直接に發行すると間接に發行するとの別あり、前者は政府自から其局に當るものと、唯其條件を規定し執行の手續を主として銀行に代理せしめ、銀行は其一定の手數料によりて之が募集の媒介を爲すに止まるものとの別がある後者は之を代理發行と云ふ。

間接發行は政府が銀行其他と特約して公債總額を引受けせしめ、銀行をして起債の危險を負擔せしめ公衆より募集するものであるから又之を請負發行とも云ふ。小額の募集は政府直接の募集を便なりとするも、巨額の公債募集は是非請負發行に依らなければならぬ、其政府は幾多發行の煩と且募集の結果如何を顧慮するに及ばず、此等の危險は初めより銀行其他の請負者に負はしめ政府は只手取り實收額に於て最初より判明するの便があるからである。

公債發行の條件に平價發行と呼價發行との別がある、平價發行とは証券額面と發行價格と同一なるもの、呼價發行とは平價發行より利子を低くし代りに發行價格を額面より低下せしものである、兩者の優劣については、呼價發行は低利借換に甚だ不利不便なる缺點あり、平價發行を以て優れるものとなすは定論である。併しながら實際に各國の公債發行は呼價に依らざるものなきは畢竟應募者が發行價格と償還價格との差額に依り不確實ながらも利得し得べしと云ふ一の投機心より之を好むと且公債利子の一定の必要とより之に依れるものである。

第四節　公債の借換

公債の借換とは、既に發行したる高利の公債を低利に借換ふる事を云ふものである公債利子を輕減して經費の節約を圖るは蓋し當然の手段であらねばならぬ。經濟界の發達に伴ふて資本の增加を來し、一般金利の次第に低下す可きは言ふまでもなく、政府は常に經濟界の動靜に細心の注意を怠らず、利率低下の形勢を見て公債の借換を行ひ以て公債費を減少せしめ國庫の負擔を輕減せしむることに努力せなければならぬ。

即ち公債の低利借換は、之に依りて國庫の利得する所頗る大なるを以て各國とも等しく之を實行せざるものなく、財界の趨勢を看取して之が轉換を行ふことは、實に財政上最も重要なる事項の一つである。

第五節　公債償還

公債は國家の負債であるから他日必ず償還せなければならぬ、然れども其償還に就ては財政の狀態、金融市場の狀況等に就て精細に注意しなければならぬ、輕々に之を行ふときは財政の困難市場の混亂を惹起することになる、故に償還執行に先たつ減債の必要と事業擴張の程度如何とを比較對照し、其緩急を斟酌して後減債の可否を決定するのである、償還には拂戾しと買上との二つの方法があるけれども、前者の抽籤方法最も廣く行はるゝのである。

公債償還法中有名なるは減債基金法であつて政府は年々若干額を基金として支出し之を以て公債を償還し、其償還したる公債の利子は又之を基金に編入して償還金に充つる方法である、我國の國債整理金により年々五千萬圓づゝ償還するが如きは即ち是である、然れども此方法は一般の學者は減債基金法の効果少なきものと認めて、寧ろ國債の整理は組換と借換とに據るの便利なることを主張するのである。

政治理論の大要

第一節　政治の意義

政治と云ふことは形式的に云へば國家の目的を達するために執るべき方針を定むることである、それであるから國家の目的を打算して政治を指導するものを政治家と稱するのである、既に國家の目的を遂行する方針が定まつて之に準據して法令を制定する之を立法と云ふ、而して此制定された法令に基き國家の意思を具体的に實行せんとするのが即ち行政である。故に政治は立法、司法、行政の上に超然たるものである。政治が國家の目的より出るものであるとすれば政治の目的も亦國家の目的を達するに外ならないのである、而し之は積極的の政治の目的である、政治を消極的方面より觀察すれば多數國民の幸福を圖るにありと云ふことが出來る、併しながら凡そ一國内には自己の勢力團体の權威を利用して自己の利益をのみ圖らんとする幾多の社會的勢力團体がある、例へば農商工業の勢力團体であるとか又は資本家の勢力團体とか或は勞働者の勢力團体の如き即ち之である。之等の團体は自己の利益若しくは其他の目的を達せんが爲に自己の都合のよき種々の要求を國家に向つてなすのである、併しながら國民各部の利益は往々にして互に相反することあり又國家の目的上より見て許すべからざるものもある、斯くの如き場合には、政治の要は是等幾多の要求中に於て最も國家の目的を達する上に有益にして且つ便利なるものを擧げて政治を行ふのである。

第二節　專制政治と立憲政治

專制政治と云ふのは、主權者が一切の政治を親らして他の者をして政治に參與せしめざる政治を云ふのである、例へば一個人が或る事業を自から經營するのと變りはない、從て勢ひ主權者の專擅に流れ若しも主權者が暴君であつたならば、民心を拘束し個人の自由は壓迫せられ個人の權利は侵害せられ恰も奴隷と同じ境遇に置かれねばならぬ、斯くの如くにして多年民心を抑壓の結果は終に何れの所にか爆發を來たさねばならぬ、叛亂革命等の例は專制國の歷史に點々指摘することが出來る、併し主權者に其人を得れば民は仁政を謳歌し國權の活動も敏活にして爲に國運の進展見るべきものがある、例へば或る問題の起る度每に一々議會を召集して協賛を經るの必要なく主權者の考一つでドシ〳〵國務を處理して行くのである、故に專制政治は國民の政治思想の發達せざる國に最も適したる政治であるが現今文明國中に專制政治を行ふ國は殆んどないのである。

立憲政治と云ふのは主權の行動の根本法たる憲法を定め此憲法に準據して凡ての政治が行はるゝのである、例へば立法は必ず帝國議會の協賛を經なければならぬ、司法は裁判所をして行はしめ、又行政は行政官廳をして行はしむると云ふ様に憲法に規定されてあるのである、若し政府が此憲法の規定を無視して自己の意思を随意に行はゞ忽ち憲法違反となつて其責任問題が起るのである、以上は形式上より見た立憲政治であるが、立憲政治の精神は人民の意思を代表する機關即ち帝國議會が政治の中心になること、換言すれば人民の意思代表機關を政治の中樞にして其國の政治を遂行することが即ち立憲政治の要諦である。

第三節　輿論政治

立憲政治は一面輿論政治である、從て輿論と云ふことに付て略說するの必要がある輿論と云ふのは或る一定の政治問題に關する國民公同の意見である、從て輿論の對象となるものは一定の政治問題である、而し輿論なるものは決議等と異なり只政治問題に對する漠然たる意見である、理想から言へば、輿論は國民全体の合致したる意見であらねばならぬ。併しながら國民全体が一致したる一定の意見を表示すると云ふことは實際に有り得ない事である。故に新聞雜誌或は其他の出版物等に現はれたる思潮、或は公開演説等の論調を通觀しそれに依りて國民一般の意思のある所を推測するに過ぎないものである。勿論輿論に對しては若干の反對意見を唱へるものもあるが大体に於て一般國民の主張する所即ち之を輿論なりと云ふに外ならぬ。又輿論は或る問題に對する贊成又は反對の意見に依りて現はるゝ、例へば戰爭をするかしないかの問題に對して開戰爭と非戰爭となり、或は普通選擧を實行するか否の問題に對して贊成とか反對とか云ふ事に現はれて來る、此場合に反對論が强力であつて一般に宣傳せらるゝ樣であれば寧ろ反對意見が即ち輿論であると見なければならぬ。故に此點に於て輿論の歸趨を察することは政治家の最も緊要とするところである。又政治の當局に方る者は或る塲合に於ては輿論に反抗しなければならぬ事もあるのである、何となれば煽動政治家、職業政治家、或は煽動的新聞記事等に依りて輿論が左右せらるゝことが屢々あるからである、斯かる場合に於て政治の局にある者は眞に國民の意思の嚮ふ所を察して適當に政治を行はなければならぬのである輿論政治の大体は此の如きである。

第四節　政黨政治

政黨政治と云ふのは衆議院に於て多數を制する一政黨若くは數政黨の聯合に依りて支持せらるゝ政府が其支持を受くる間は安全に政權を掌握するけれども、一朝何等かの機會に其支持を失はゞ新たに多數を制したる黨派に其政權を讓渡せねばならぬのである、政黨政治に於て衆議院内に有する味方の多寡に依り時の政府の交代するのは多くの場合に於て總選擧の成績に依るのである、此總選擧の結果當選したる議員の敵と味方とを區別し勝敗を通算して議會に於て多數を制したる黨派が立ちて自己の政府を組織することになる、之に反して選擧に味方を失ひたる黨派は昨日まで政府黨として自家の政府を支持して來たものも今日は下りて在野黨となるのである。

議會に於ける多數黨の支持を受ける政府とは議會に於て信任を有する政府である、議會に於て信任を有する政府とは國民多數の信任を有する政府と云ふに外ならぬ、國民多數の信任を有する政府が代る〲朝に立ちて政權を掌握することが政黨政治の本領である。

政黨政治に於ては政府の政策は常に多數黨の主張と大体に於て一致しなければならぬ、政府の政策が多數黨の主張と一致すると云ふのは即ち國民大多數の主張と一致するとの意味に外ならぬから政府の政策即ち國民大多數の主張であると云ふ事になるのである、政治は本來人民自身の政治であるとするならば政黨政治は此意味に於て政治の要を得たものと云へるのである、人民の政治的自覺が進むに從つて結局政治は政黨政治まで進まなければならぬのである。

凡そ國に憲法を設け國會を開いて文明の政治を行ふ以上、國會に政黨が生れ政治の實權が自から其政黨の手に歸するやうになるのは實に止を得ざる勢なのである、元來國會は多數決で裁定するのであるから國會で自家の意見を貫徹せんとするには必ず自家の味方に多數を得なければ其目的を達することは出來ないのである、此に於て人々同趣味同意嚮のもの相集つて團體を作り國會の議塲に其勢力を爭ふに至りて始めて政黨なるものが起つたのである、是れは人心自然の作用で寧ろ當然の歸結である、世間には政黨の弊を指摘して政黨政治を非難するものもあるが國に國會ある以上政黨の發生は止を得ないのである、既に國會あり國會に政黨あること已むを得ざる勢なりとすれば多數決に依る國會の議事に多數黨の主張が常に重きを爲すこと是れ又餘儀なき次第である、勿論國會の議事が多數黨に依りて左右せらるゝの弊は固より之を無視することは出來ないが全世界何處の國の國會でも議事は總て多數決で裁定するの慣例である以上多數黨が獨り其勢力を專らにするのは實際に致方なき次第と云はねばならぬ、政府の豫算及び諸般の法律案は必ず國會の協賛を經なければならぬ以上例へ政黨の弊害乃至危險がどんなであらうとも政黨に依るにあらざれば事を天下に爲し得ざるの今は國會の多數黨が政治の實權を掌握するのが本來當然の事理なのである。世界に於て政黨政治の最も發達して居る國は英國である、英國に於ては以上述べた所に依つて政黨政治が圓滿に行はれて居るが、日本に於ては元老であるとか若しくは官僚政治家と云ふ樣な者が政界に重きをなして居る間は政黨政治の發達は遺憾ながら前途尙遼遠と云はねばならぬ。

第五節　政黨と議會との關係

政府は常に國會に對して責任を負ふと云ふのが政黨政治の根本義である、但し爰に云ふ國會と云ふのは衆議院の意味であつて貴族院に對しては政府は其責任を負ふの限りではない、故に若し衆議院で反對決議をせらるゝときは政府は常に必ず辭職するか然らざれば議會を解散して直接に國民の判斷に訴へねばならぬ。けれども貴族院に於ける反對は決して同樣の效力を有するものではない。唯だ其内閣をして反省再考せし

む る位の程度に止まるのである、是れは英國を初め政黨政治の行はるゝ國に於ける動かすべからざる古來の定則である、であるから內閣は其地位を保持せんが爲には是非とも衆議院に於ける大多數の信任と支持とを有せねばならぬ、其信任と支持とを失ふとき內閣の運命は自ら決せらるゝのであるが其運命の決せらるゝに色々の場合がある其主なる場合を擧ぐれば、

一、不信任を決議せられたるとき
二、多數を以て彈劾問責せられたるとき
三、內閣の重要政策を否決せられたるとき
四、內閣の所見に反する政策を可決せられたるとき
五、補缺選擧に內閣の與黨の連敗したるとき

等であるが其何れの場合たるを問はず內閣は議會に信任なきものとして直ちに辭職するか又は議會を解散するか孰れかの手段に訴へなければならぬと共に、又この內閣を

倒したる政黨は何時にても自から代つて內閣を組織するの覺悟と準備がなければならぬ、自から代り立つの實力なくして漫りに他の內閣を顚覆せんとするものは政界に於ける秩序破壞者であつて政黨政治の圓滑なる運用を妨ぐるものであると同時に、又現に議會に於いて信任を失へるに拘はらず尙依然として其職に留まらんとする內閣は議會を輕蔑し議會に對する責任を無視したる無法の沙汰である。

故に一內閣が現に議會に於て其信任を失ひ若くは失はんとしつゝあるときは之に處するの途は唯二つある、即ち議會を解散して總選擧を行ひ其結果が自黨に不利なるとき初めて總辭職を爲すか、又は先づ總辭職を爲し新內閣をして解散を宣し總選擧を行はしむるか二者其孰れかである。第一の手段は內閣の信任が果して確實に國民中に缺乏しつゝありや否やが不明なるときに行はるゝ所であつて、第二の手段は國民中に其信任を失墜せること充分明白なるを自覺するときに斷行する所である、內閣にして第二の手段に出づるものは其總選擧に於て到底再び多數を占むる能はざること明確であるが、第一の手段に依るものにして總選擧の結果尙は多數を制するときは依然その地位に留まるのである。

第六節　普通選擧の根本觀念

我國の衆議院議員選擧法は明治二十三年甫めて制定せられて以來數回の改正が行はれ、最後に大正八年原內閣に於て納稅額三圓に低下するまでに進んで來たが何れも租稅納付と云ふことが選擧權附與の一要件となつて、所謂制限選擧主義の範圍を出なかつたのである、而し何故に選擧資格が納稅と云ふ事と關係があるかと云ふに、我國の議會制度は範を英國に取つたのであるが、英國に於ける議會制度の歷史を見るに昔は國務に關する一切の費用は總て國王の私產の收入に依りて支辨されて來たのであるが段々世の進むに連れ國費多端となり、王室財產の收入のみを以ては到底支辨し切れなくなつて來た、そこで新たに負擔を大名小名から地方の豪族にまで命ずることになる之が最初の一度や二度なら兎に角段々と度重なるにつれて貴族豪族も簡單に之に應じなくなる、斯くして時には上下の間に不幸なる衝突を見る事もある、そこで政府に於ては民間に貢納を命ぜんとする際に穩便に之を承諾せしめんが爲に彼等の代表者を一堂に會して國費の支途を明白にするの慣例が開かれて來た、斯くして特別の貢納を負擔するものは政府の財政問題に容嘴する權利を得、此權利實行の爲に代表者を選んで中央に送ると云ふ事に進んで來た、之が即ち民選議員の發生を見た因緣である、此沿革より見れば代議士は租稅負擔に承諾を與ふる爲のもので、選擧權は則ち租稅納付に對する報償に外ならぬのである、從て租稅を納めぬ人は選擧權を有すべき謂れはない租稅を拂ふが故に選擧權があつたのである、我國に於て從來選擧權の資格を一定の稅額に置くの制度は實に此沿革に基いたものであつた、畢竟選擧權の根據を租稅負擔の報償と見た時代の遺制である、勿論國民の政治上の智識が未だ幼稚であつて立憲政治の運用上尚ほ氣遣るゝ時代にあつては租稅に關する選擧資格の制限を設け漸を追ふて議會制度の穩健なる發達を期することは誠に適當なる措置と云はねばならぬ、併しながら敎育の普及其他時代の進運に伴ひ、國民の政治能力並に訓練また相當に進步せりと認めらるべき今日、單に納稅と云ふ事實のみを以て選擧權の重要なる一條件としたる從來の制限選擧制度は不合理と云はなければならぬ、若し選擧權に特別の制限を認むべき根據ありとすれば夫は租稅納付の有無若しくは多少にあらずして、國政に參與する能力の有無乃至高低を標準としなければならぬのである。

凡そ政治は國民最大多數の最大幸福を理想とせなければならぬのであるから、この理想を達する爲にはなるべく多數の國民をして政治上の責任に參加せしめ以て國運發達の衝に當らしめなければならぬ、それには選擧權を國民的に普及せしむることを第一義とする普通選擧を實施するのである。

普通選擧の根本の觀念としては、吾々人類は今日國家と云ふ團体生活に於て其生存の目的を果して居るのである。この團体生活を離れては吾々の生活は考へられない、從つて吾々が吾々の生活を充實すると云ふことは、其前提として又は同時に團体其物を充實することでなければならぬ。こゝに國家と個人との微妙なる有機的關係が成立つのである、此有機的關係を根基として個人は十分に國家の充實に努力せなければならず又國家は十分に個人の發達を助長せしめなければならぬ、斯くして一方に吾々國民は各々其積極的の責任として進んで國家を經營すべき直接の分擔を有すとの見解も起り、また吾々はこの國家經營の積極的持ち分を十分果し得る樣な地位を與へられんことを要求すべしとの見解も生ずるのである、以上は君主國と民主國とに拘はらず個人と國家との間に共通する理論である。

果して然らば吾々は一方に於て國家經營に關する積極的責任を完ふする爲の物質上精神上の保障を要求するの權利あると共に、又國家が自ら其運命を決せんとするに當り其意思決定に參加するの固有の權利を主張する事も出來ねばならぬ、又國家の方から言つても國家を組織する各員を物質的に且つ精神的に充實せしむるのみならず、更に彼等をして國家の爲に意識的に行動せしむる事が得策であり必要である、此點が實に選擧權の據て以て生ずる所の淵源である。

第七節　婦人參政權問題

婦人參政權獲得運動は今より約百三十六年前の一七八九年頃甫めて佛國に婦人の權利を主張する婦人の一團が現れ「國家は男女より成る國民を基礎とす、國法は國民全般の意志に據らざるべからず、故に女子も亦男子同樣躬から若しくは其代表者によつて政權に參與する權利あり」と主張し大に運動を起して一世の輿論を喚起した、之が英國に波及し一八六七年經濟學者ジョン、スチュアート、ミルが婦人參政權を認めたる選擧法改正案を英國議會に提出して直ちに多數を以て否決せられたが此影響を受けて婦人參政論者が續々現はれ數多き團体の中には狂暴派と呼ばれた「社會及び政治婦人同盟會」と云ふバンクハースト夫人を頭目とし激烈亂暴なる直接行動を唯一の武器とする婦人團体も現れて來た、彼等は目的の爲には手段を選ばず、如何なる政府にも反對すると云ふ猛烈な綱領の下に議會に亂入して暴行を企て、或は警官と亂鬪し遂には鐵鎚を振つて大商店を破壞し狂暴の限りを盡した、爲めに世間からは憎惡と嘲笑を以て迎へられたが、歐洲大戰の勃發と共に態度を一變して種々なる社會的大活動を開始して戰爭を助勢し大に婦人の價値を認められ遂に一九一七年五月婦人參政權は英國の議會を通過したのである。

米國に於ても佛英と同じく婦人の獨立運動或は男女對等要求運動等中々激しい運動が行はれたのである、彼等は曰く「神は男と女を同等に造り、男女に同一の權利、即ち生存と幸福とに對する努力の權利を賦與した、此權利を保証する爲に政府は組織されるもので、從て政府の種々の權能は被治者の合意から出たものでなければならぬ、如何なる政府でも以上の目的を破壞した場合には、それに同意することを拒否し、如上の原理に基いた新らしい政府を組織するは被治者の權利である」とて即ち男女の同權を主張し婦人の參政權あることを力說して運動したのである、其結果一八六九年ワイオミング州に於て殆めて婦人に參政權が與へられ其後他の諸州も漸次相續いて之を與ふることゝなつたのである。

婦人參政權運動は獨り英米に止まらず今日は殆んど世界的になつて來た、和蘭に開かれた國際婦人參政權同盟であるとか又巴里に於ける萬國婦人參政權同盟會などは即ちそれである。今日世界に於て婦人に參政權を附與して居る國はニユージーランド、チエツクスロヴアキア、波蘭、和蘭、露西亞、セルビヤ、瑞典、諾威、カナダ、デンマーク、オーストラリヤ聯邦、英吉利、北米合衆國、獨乙、墺地利、匈牙利、佛國、西班牙等二十五ケ國に及んで居るが併し其國の事情に依つて今も尙ほ婦人參政權を認めない國も少くない。

純理論から云へば選擧權の國民的普及即ち普通選擧主張の論據は亦移して婦人にも參政權を與ふべしと云ふことにもなるのである、併しながら歐米に於ける婦人參政權の要求は「婦人も獨立の人格にして男子と同樣なる社會組織の一單位なり」と云ふことを背景として叫ばれ、而も五十年百年と云ふ年月を經て漸く認容されたのである、之に反しかゝる社會的背景なく又歐米の個人主義と異なり家族主義を以て立つ我國に於て、僅かに男子の普通選擧が漸く實施の曙光を認めたばかりの今日であるから、婦人參政權の附與されるまでには、まだ餘程の距離があると云はねばならぬ。

第八節　地方自治と政黨

我日本の政黨は未だ其發達不充分である、從つて政黨政治の運用は前途遼遠であることは前述の如くである、然るに府縣會議員及市町村會議員の選擧は常に政黨の爭ひである、從つて地方自治に深く政黨趣味が浸潤して、府縣會議員の選擧は衆議院議員選擧の前提でもあるかの如くに扱はれ、市町村會議員の選擧はまた府縣會議員選擧の前提であるかの觀がある、恰も我國の學校敎育が小學校が中學校の豫備敎育、中學校が專門學校又は高等學校の豫備教育であると同樣に、府縣會議員の選擧の如きは激烈なる政黨戰を見る、市町村會議員の運動又然りで、それが府縣會に反映し更に衆議院に反映して行き政黨に關係し、中央政權の獲得に影響する、元來市町村にしても府縣にしても各地方住民の福利を增進するが地方自治の目的であるのに、政黨の主義方針を爭ふのと同じ觀念を以て地方議員の選擧を爭ふのは、全く地方の發達と云ふことよりも政黨の消長を目的として働くことになり、衆議院議員の選擧と何等撰む所はない府縣の如き今日の實情は殆んど政黨の爭ひであつて、何所に中學校を置き何處に師範學校を置くと云ふことなどを互に相爭ふ、其他戶數割の決定、選擧の効力の裁定等皆政黨員の爭鬪の種子とならざるはない、要するに地方自治を以て政權爭奪の具に供して居るのである、中央議會に於ける政黨の主義政策の爭ひは素より結構であるが、地方自治に於て斯かる狀態では眞面目なる自治は行はれないのである。

社會問題の大要

第一章　總　　論

太古蒙昧の時代から開華文明の現代に至る迄、苟くも人類の集團生活を爲せる處、必ず一種の社會問題は醸成された。唯だ上古に於ける、人口稀薄にして沃野千里、勞せずして彼等の生活を充し得たる時代は、所謂社會問題として判然たる意識を有せざりしと雖も、弱肉强食、適者生存の自然律は、强者をして治者たらしめ弱者をして被治者たるの餘儀なきに至らしめた。一は即ち領主たり酋長たり地主たり、他は即ち走卒たり奴隷たり傭人たり、斯くて階級は嚴乎犯す可らざるの城壁をなしたが、弱者も其の數を増加するに從つて勢力を生じ、遂には階級闘爭を起して、治者の領域を犯し其地位を轉倒して全然社會組織を變革せる事稀ならず、此の世をば我が世とぞ思ふ望月の藤原氏の榮華も、鐵骨稜々、風流韻事を解せざる野武士の爲めに覆され、徳川氏三百年の太平も、遂に王政復古の大革新を來した。是れ即ち太平久しきに亘りて、上下の感情次第に疎隔し社會革命の動因を爲せるに他ならず。

今や、社會組織は益々複雜の度を加へて、到る處に治者と被治者との闘爭が起り、改造運動は澎湃として各方面に勃興しつゝある。勞働問題然り、小作爭議然り、日々の新聞紙上を賑はすもの、一として社會問題の反映にあらざるは無い。されば急激なる社會革命を未然に防ぎ、上下の均衡を保ちて、徐ろに社會組織の改善發達を圖ることは、何人と雖も深く考究すべき重要なる問題である。

第二章　資本主義

第一節　産業上の自由主義

社會問題の最も顯著なるは資本主義と社會主義との論爭である。資本主義とは所謂金儲け本位の經濟組織を云ひ、總ての幸福は先づ富の蓄積に依つて得られる、富即ち資本さへ充實すれば、何事も意の儘に出來る、斯して個人が富み、萬人が富めば天國は其處に來ると爲す、是が資本主義の考へである。

然るに社會主義者は、全然正反對の思想を懷いて居る。富が一方に集注され、資本が特定の人々にのみ壟斷される結果、貧富の懸隔が益々甚しくなる、貧乏人は一生苦勞させられて、其の利益は殆んど無條件で資本主に捲上げられる、是では孫子の代まで働いても貧乏に貧乏を重ねるばかりである。然るに資本主は何等勞せずして富を重ね、安逸遊惰の生活を送つて居る。資本主義の弊呪ふべし、宜しく社會萬人等しく享樂し得る理想世界を將來せしめんが爲めに、先づ資本主義を打破し、總ての階級を撤廢せねばならぬと說くのである。

惟ふに、原始時代の人類の生活は所謂社會主義的な共產組織ではなかつたか、それが次第に發達して現在の生活から將來の幸福を希ふやうになり、所有物の蓄積が起つて來た、一方に財貨が蓄積されると他方には缺乏を感ずる者が出來、優勝劣敗の競爭は漸次濃厚となり各種の階級戰が行はれ、社會組織は幾度か變轉して、以て今日に至つたのである。

資本主義の發達は機械の發明に負ふ處頗る大、十八世紀の中葉、彼のワットが蒸汽機關を發明せると前後して、幾多產業上の重要なる機械が提供され、產業組織は一躍して大規模の機械生產となり、商工業の面目一新するに至つた。加るに近世經濟學の父と呼ばるゝアダム・スミスの自由主義經濟學の提唱は、產業革命の機運に對し燃ゆる火に油を注ぐ程の勢ひを以て、産業上の自由主義を謳歌せしむるに至つた。スミスの學說に依れば、萬人が自分自身の利益を求めんが爲めに活動する事は、各人の利益を進めると同時に其所屬する社會一般の利益をも增進するのである。故に各人思ふが儘に利益を追求するが善い、如何なる制限も加へてはならぬ。自由に放任するがよい、彼等は自己の幸福を獲ると同時に、最大多數の幸福をも齎らすで有う、一切の生產活動みな自由に放任せよと說くのである。

第二節　近代工業の特長

機械力の利用は、工業組織を變革して分業制度となし、從來の家庭工業に於ける全業は、其の能率に於て殆んど問題にならず、自然彼等を驅つて工場に働かしむるに至つた。昔は消費を目的とする生產即ち主として消費者の注文に應じて生產したものであるが、近代工業に於ては單なる消費を目的とせず、商品製造を目的とする。從つて一定の企業計劃を樹て、豊富なる資本を投下し機械力を應用して有利なる生産手段を講ずるのである。

資本主義の工業にありては、商品の製造が目的とされて居る結果、幸に其製造品が市場に歡迎を受くれば、莫大なる利潤を占め得るが、同時に新なる競爭者が現はれて同種の製品は市場に山積される、物價は下落する、事業は疲弊する、失業者は續出する事になる。是れ即ち資本主義の特長であり、また病弊でもある。

第三節　階級の不均衡

自由主義の經濟學說には凡そ三つの特色がある。(一)企業の自由即ち資本さへ有れば何でも出來る(二)消費の自由即ち金のある者は何に使つても自由である(三)勞働の自由即ち勤勞は各人の自由であると說く。かるが故に資本の有る者は金儲けの途は幾らでも有るが、無資本の者は、唯資本家の奴隷となつて勞働に從事するより外に方法がない、それも賃銀は豫め資本主の定むる所に從はねばならぬ、賃銀が安くて厭なら働かなくとも自由だとある、階級の不均衡實に斯の如し。

是では眞の自由を得る者は資本家ばかり、彼等は企業、消費、勞働の三大自由を持つ大工場を經營し贅澤三昧に暮し毎日遊んで居る事が出來る、が併し、無資産階級に在りては此の三大自由の内たゞ勞働の自由を有するだけ、働かねば生活が出來ぬ、即ち賃銀奴隷となつて働くより致方が無い、其れでも自由と謂ひ得るか、否彼等には何の自由も無い、强いて是を求むれば、唯一つ『餓ゆる事の自由』ある已耳。

茲に於てか、資本主義に對する反動は、勞働者の自覺と共に漸次濃厚となり、社會主義運動となつて、今や從來の支配階級を戰慄せしめつゝある。

第三章　社會主義

第一節　社會主義とは何ぞ

資本主義の發達は、人類生活の文化に偉大なる貢献を遂げたけれども、一面には富の分配を不公平にし貧富の懸隔を甚だしからしめた、昔者封建制度の時代に領民は領主の頤使に從ひ、殆んど何等の自由をも持たなかつた。封建制度は破壞されて、萬民平等自由主義の時代は來た。然しながら個人本位の自由主義は、個人の利益は軈て社會全躰の幸福を來すと云ふアダム●スミスの考へを根本から覆して、新なる階級は資本家と勞働者とに別れて截然分離され、富は資本家の壟斷する處となり、勞働者は商品市場の需給關係が如何に其の工場に影響するかさへも想像する事なく、明日の運命をも圖り知れぬ暗澹たる工場に營々として働いて居るだけ、所謂賃銀奴隷となつて終つた。其處に彼等の生活に封建時代と何の異る所があるか。

此の缺陷を救ふ爲めには、現在の個人本位の自由放任の資本主義を排斥して、全人類の眞の幸福を目的とする理想郷を建設すべく社會主義的經濟組織を創始し、人類生活に必要なる生産事業は私人の經營に一任する事なく、社會共同の事業として、社會全員の協力に基く生産と消費との關係を構成せんとする運動、是が即ち社會主義の本旨とする處である。

第二節　唯物史觀と剩餘價値説

近世社會主義の權威はカール・マルクスである、彼の經濟思想は遷して以て近代社會主義者の理想と見る事が出來るのである。

彼の有名なる經濟學説を唯物史觀といふ。人間一切の生活は物質的事情即ち經濟關係の如何に依つて決定される、政治も宗教も文藝も道德も、總て其時代の經濟組織を中心として變化する。即ち人の意識が人の生活を決定するのでは無くて、人の社會生活が自然に人の意識を決定するのである。然るに社會の物質的生産力は其の發達の階段に於て、生産關係の矛盾を來し、經濟的基礎が變化すると共に、必然的に社會革新の時代が始まる。現在の資本主義の經濟組織の中に社會主義の胚種があり、資本主義は社會進化の必然の結果として崩壞し、其處に新たなる經濟組織としての社會は生れる是が史變の一階梯であつて、人力を以て抑止する事の出來ぬ因果關係であると、マルクスは主張して居る。

彼はまた剩餘價値說を述べて、勞働者が自己の勞力を賃銀に代へて一定時間其の勤勞を資本主に委ねると、資本主は彼に支拂ふ賃銀と其他の生產費との總和を以て製品の價値を定め、是に一定の利益を加算して商品市場に送る。其の利益こそは生產費の剩餘價値であつて、資本主は勞せずして不當の利益を占めて居る。資本主が勞働者の勞働から私かに掠め取つた此の剩餘價値は當然勞働者に取戾すべきで、階級鬪爭の眞意義は即ち此處に在ると說いて居る。

第三節　社會主義の分類

一概に社會主義と稱するも、其の主義主張の內容には幾多の相違がある、或は全然氷炭相容れざる主張を持して對立するもあるが、大躰に於て次の各派に分つことが出來る。

イ、空想的社會主義

社會主義が實際運動として現はれた事は極めて新しい事であるが、社會主義的思想は極めて古い。希臘の大哲プラトンは所謂空想的社會主義の鼻祖と稱される程で『財産が私有せられるに依つて盜賊が起り、婦人が私有せらるゝに依つて姦通が起る』と說き、アテネ市民の財産共有を主張し進んで女子。小兒の公有をさへ當然と見て居た其の他マルクス以前の學徒は概ね空想的社會主義を奉じ哲學の眞理または宗敎の本質に基礎を置いて社會組織の缺陷を難じ人間の罪惡と社會の不幸とを脫却せん事を理想として居たのである。

ロ、科學的社會主義

第十九世紀の初頭、カール・マルクスは科學的社會主義の創設者として現はれ、從來の總ての社會主義學說を合流集中して、科學的基礎に立脚し新社會の建設は徹頭徹尾利害相反する資本階級と勞働階級との鬪爭に據つて顯現する事を力設し、近代社會運動に確固たる科學的根據を與へた。今日社會主義に幾多の分派を有するも、其多くはマルクスの唯物史觀、剩餘價値說、階級鬪爭論の如き思想學說に刺激され又は釀成されたものである。

ハ、修正派社會主義

マルクスの唯物史觀は餘りに人間を機械的に見過る、人の精神生活は物質條件に依つて影響を受くる事もあるが、人の精神的努力も亦社會制度に幾多の反映を現はす。殊に近代國家の社會政策的努力は資本家と勞働者との階級的反感を薄くするの傾向があり、階級鬪爭に據る急激なる社會革命よりも政治的手段を以て平和的進化の道程を經て社會主義社會に到達する事は困難で無いと說くのが修正派社會主義で、獨乙社會民主黨は此の修正派の精神を奉じて政治的デモクラシーを高潮して居る。

ニ、サンヂカリズム

サンヂカリズム即ち組合主義は資本主義の支配を脱して共同生活体の社會とし産業組合の支配を實現せんとするに在る。修正派の穩健なるに對し組合主義は無産階級の直接行動に依つて社會改造の目的を達成し、聽て來る可き社會制度の內容を生産階級即ち勞働者の組合自治に委ねやうとするので、佛國に於ける社會主義者の多くは此派に屬する。

ホ、ギルド社會主義

ギルド社會主義は生産者組合を本位とする經濟組織を招來せんとするもので『產業自治』を標語とし、英國に發達せる社會運動である。

ギルドの組合員は筋肉勞働者たると精神勞働者たるとに論なく一切平等の權利を有し其の生活はギルドに依つて保證される、勞働條件は總て民主的自立的に決定され富の分配を公平にし產業の支配權を掌握するけれども國家の權能を無視せず、經濟關係以外の文化的施設は擧げて是を國家に委ねると云ふ點がサンヂカリズムと相違するのである。

ヘ、共産主義

共産主義即ちボルセビズムは夙に露國に發達し世界大戰を動機として遂に大革命を成就し、今や有産階級を一掃して無産者プロレタリアの獨裁政治を實行しつゝある、共産主義の天下では有産階級を政治及び産業の圏外に驅逐し、彼等が無産階級の精神に同じて來るのを待ちて徐ろに政治上産業上の自由を與へんとするので、現在は勞働者獨裁の中央集權的政治の下に生産分配を統一し共産主義の實行に努力して居る。

ト、無政府主義

無政府主義はトルストイの所謂『權力なき世界』を理想とし個人の自由を社會經濟組織の上に確保せんとする。即ち貧富の懸隔を無くし階級特權を排斥し財産私有制度に反對する事は他の社會主義と同樣であるが、彼等は中央政府の干渉を一切無用とし斯る權力的干渉に反對する。唯だ『すべての人の物はまた咸な總ての人のもの』だとて財貨の萬人共有を强調するのである。

第四章　勞働問題

第一節　階級戰爭

稼ぐに追付く貧乏なしと云ふ俚諺は昔の事である。今の勞働者は稼げば稼ぐ程貧乏になる、何故貧乏になるか、機械工業の發達は家内工業を驅逐し、勞働者は總て工場に集まり、資本家の頤使に甘んじて働く、彼等が働けば働く程生産が增加する。生産過剩の結果は不景氣來となる。勞働者は折角働いて却つて自分の職業を失ふ樣な結果になるのである。

資本家は儲かる丈け儲けて、不景氣になれば工塲を閉鎖し、資本は直ちに他の有利な事業に投資せらるゝから失業と云ふ事がない。是は現在の社會組織が不完全なからである、この經濟組織を打破して勞資ともに機會均等の利益を得なければ勞働者は稼げば稼ぐ程貧乏すると云ふ結果に陷るのである。其處で資本家と勞働者とは常に利害相反する地位に置かれて、階級鬪爭を餘儀なくされる、今日矢釜ましい勞働問題は即ち此に發足して居るのである。

第二節　勞働運動の戰術

一、ストライキ

資本家の暴戾に對抗すべき勞働者の戰術としてはストライキ即ち同盟罷業がある。近時勞働組合の發達に伴ふて各種團體の聯盟が出來、或る工場に罷業が起ると全國的に所謂同情罷業と稱して就業を拒む、是では一資本家の問題でなく實に國家の問題となるので、其が不當の要求で無い限り多くは勞働者の勝利に歸するのである。

二、サボターヂユ

同盟罷業よりも更に惡質な策戰としてサボターヂユ即ち怠業がある。彼等は其の要求の容れられぬ時は、作業に就いても一定の能率を擧げずグズ〱して資本家に損害を與へやうと云ふのである、是等の運動は資本家に取つては誠に厄介な行爲であるが勞働者の要求貫徹手段としては已を得ざる戰術として肯定されて居る。

第三節　勞働組合

勞働組合は賃銀勞働者の利益を保護する目的を以て組織され、雇傭契約の保障、失業に對する救濟等を眼目として居る。彼等は進んで團體交渉權を獲得し、資本主と雇傭契約を締結するに際して勞働者個人の交渉を避け、團體として資本家と契約を結び最低賃銀の協定、勞働時間の制限或は組合員外の勞働者を雇傭せざる事など組合員の利益擁護の爲めに全力を盡して居る。

我國の勞働組合は明治十五六年頃から既に其の萠芽を見たが多くは社會主義者の運動で官憲の壓迫甚だしく、其の發達も頗る遲々たるものであつたが大正初頭に入りて今の勞働總同盟の前身たる友愛會及び東京印刷勞働組合の前身たる信友會が組織され本邦勞働運動の先驅として活動し、世界戰爭の終熄後は無產階級の世界的擡頭に伴ふて勞働組合の組織せらるゝもの多く現在に於ては組合數約六十、組合員約二十萬人と稱せらる。

勿論、全國勞働者總數四百五十萬人の比率としては未だ微々たるものであるが、勞働階級の自覺と共に侮る可らざる勢力を扶殖しつゝある。每年五月一日メーデー即ち勞働祭と稱して一齊に業を休み示威運動を爲すは西暦千八百九十年、亞米利加勞働聯合會が八時間制要求の記念として行ふたに始まり今日では世界的の年中行事となり。我國に於ても大正九年以來每年之を擧行し勞働者團体の爲に萬丈の氣を吐いて居る。

第四節　社會政策

一、工　場　法

階級鬪爭を緩和する爲には下層階級を救濟して資本階級の暴壓を抑制せねばならぬ政府は大正五年工塲法を實施して勞働年齡及び勞働時間を制限し工場監督官を設けて工塲設備の監督を爲して居る。即ち工塲主は十二歳未滿の者をして工塲に於て就業せしむる事が出來ず、十五歳以下の男子及び一般の女子は每日十二時間以上使用する事を許さぬ、また是等の者をして午後十時から午前四時に至る間は就業せしむる事を得ないのである。

其他、休業時間やら休業日やら、傷害疾病に對する手當など、勞働條件の改善に就いては相當に注意を拂はれて居る。

二、職　業　紹　介

家庭工業に於ては如何に不景氣でも全然失職すると言ふ事は無いが、工場勞働者は工業上の都合で解傭されると其日から働く事が出來ぬ。また地方農村から職を求めて都會に集まる者も漸次增加するので是等勞働者の需給關係を圓滑ならしめて可及的失業者を無くする事は重要なる社會政策の一である。されば現今では如何なる都市にも職業紹介所の設け在りて求人求職の斡旋を爲して居る。

三、簡易保險

勞働者の資本は體力一つである。若し不幸にして負傷疾病若くは老衰の爲めに勞働に從事する事が出來ぬとなれば彼は其の日から生活に窮するのである。幸に體力旺盛如何なる勞働にも堪え得るとしても不景氣に依る工場閉鎖の厄に遭へば矢張り生活が怪しくなる。茲に於て彼等の爲めに簡易なる失業保險、養老保險、傷害保險等の施設を要するのである。我が國に於ても逐次是等の保險事業を實施しつゝあるが、大正十五年七月から健康保險法を實行し五百人以上を使用する資本主に對しては强制的に、二百人以上に對しては任意的に保健組合を組織せしめ救濟事業に一歩を進めて來た。

四、公　營　質　屋

下層階級に於ける金融機關は質屋の利用である。有産階級が銀行を利用して低利の資金を運轉し得るに比して、細民の質屋利用は餘りに高利であり且つ貸付額が極端に低率である。質屋の如きは單なる營利事業でなく細民の利益を主眼としての金融機關で無くてはならぬ、此意味に於て歐米各國ともに公營質局の設備が整ふて居る。本邦に於ても大都市の質屋公營を爲すもの漸次增加の傾向を示して居るが、下層階級の金融機關たる質屋は社會政策として等閑視すべからざる重要施設であらねばならぬ。

第五章　農村問題

第一節　農村の衰退

一、人口の都會集中

近年農村の青年が都會に集まりて、田園耕作に從事する者が漸次減退して行く、之は世界各國を通じての現象で工業の發達に伴ふ必然の結果ではあるが、人口の都會集中は農村勞働者の減少となり、從つて收穫の減退を來たす。

二、自作農の減少

斯くて小農業者は收穫の收支缺損を重ねて次第に驅逐せられ祖先傳來の耕地を賣却して小作人の地位に甘んずるか然らざれば農村を捨て丶都會に出稼ぎする樣になる。最近の統計に見るも大正元年我が國農業戶數五百五十萬戶に對する自作農の比率は三二・四四％であつたものが漸次減少して大正九年に於ては三〇・六八％となつて居る自作農は即ち農村の中流階級であつて上下の緩衝地帶である、此の自作農が自然に減退すると云ふ事は社會政策上輕視する事を許さぬ問題である。

三、農業の收益問題

我が國の耕地面積は約六百萬町步、農家戶數は約五百五十萬、即ち一戶當り耕地は僅かに一町一反歩である。此の耕地からする收穫は到底農家の生活を豊潤ならしめ得るものでは無い。故に農村青年は收入多き都會の繁榮に憧れて離村する、農村は主要なる耕作勞働者を失ふて益々疲弊するに至るのである。

第二節　小作爭議

一、經濟的原因

農村の中産者即ち自作農の減退は軈て土地の兼併となり、大地主對小作人の對立となり。小作人は農業收益の如何に拘らず豫め契約せる小作料は用捨なく徵集される、豊作の時は問題で無いが、さらでだに貧弱なる小作人が不作の歲の年貢に不平を起すは無理も無い。昔は地主對小作は頗る溫情に富んだものであるが、今は互に打算的となり、權利義務の法律一點張りで、其處に何等の溫情も發見し得ぬ樣になつた。

二、社會的原因

加ふるに、社會主義的思想の傳播するに從つて、舊來の地主對小作關係より自然に資本家對勞働者と言ふが如き思想に感染し、地主は常に傳來の土地を貸す已耳で、小作人が種子を播き肥料を施し全力を傾けて生產せる收穫の大部分を徵集するは不當であるとて、小作料の低減、小作契約の更正等を主張して地主に對抗する樣になつた。

三、小作組合

小作人が地主に對抗する爲には小作組合を組織して團体行動を取る、之に對して地主側も亦地主組合を作つて結束し、相對して讓らぬ。小作組合の目的とする處は小作料の輕減で、地主組合は一致の步調を取つて之に對抗せんとして居る。

第三節　農村問題の對策

一、爭議調定

小作爭議の極は小作人の同盟せる土地返還となり、地主の訴訟、强制處分となる。

斯くては農村をして益々衰退せしむる許りなので、政府は大正十三年小作調停法を設けて、調停委員會に於て爭議の調停を爲す事とした。

二、米券倉庫

農村振興の爲めには消極的に地主對小作人の關係を圓滿ならしむるだけで無く、進んで積極的に幾多の施設を爲して農民生活の向上を期する必要がある。

米券倉庫は農業生産物を寄託して是を保管せしめ、適當の時機に於て有利に販賣し或は倉庫証券の利用に依つて資本の融通を爲す等、農村施設として缺く可からざる事業である。

三、產業組合

產業經濟の發達を企圖する爲めに信用組合、購買組合、販賣組合等の組織せらるゝ事は頗る喜ぶ可きで、政府は特に是等組合に低利資金を融通して其の發達を助成して居るが、近年更に產業組合中央金庫を設けて金融機關の中樞となし以て農村資金の流通を圓滑ならしめつゝある。

四、自作農制定

自作農が農村の中流階級として重要な地位にある事は曩きに說いた。小作農が他人の土地を耕すよりも自作農が其の自巳の土地に愛着して耕耘を懇にするは理の當然で農業收益の增進、農村自治の平和を速進する爲めに、一定の補助規定を設けて自作農業者の增加を圖るの必要は識者の等しく認むる處である。

五、耕地整理

耕地を整理して水利の便を圖り區劃を正しくして耕耘に便し、散在せる各自の耕地を可及的一個所に集める事は農耕上頗る歡迎す可きであるが、自己の小利害に因はれて往々公共の利害に反對する者の稀ならず、當局の奬勵も其の効果の顯著ならざるは遺憾とすべきである。

六、副業奬勵

農家經濟の不足を補ふ爲めには其の地の狀況に應じて農閑期を利用し得る副業を奬勵し、特に生產組合を設けて副業生產の共同販賣を爲し其の收益を增加するが如き企ては農村振興の爲めに緊要な問題である。

七、農用機械の利用

農村人口の減退に對應すべく農用機械の利用がある。近來幾多の農器具が發明された結果、一人にて從來の數人乃至十數人の仕事を農機一臺の利用に依つて完全に果し得るやうになつた、唯だ高價にして貧弱なる農家の之が購入を困難とする傾きあるも組合又は數人の共同にて購入する事は決して難事でない。

八、農村文化

農村問題の對策としては、提供さる可き幾多の案件があるけれども、要するに自作農の增加、農家經濟の增進及農村文化の設備である。農村の敎育機關を充實し、娛樂機關を豊富にして靑年子女を大地に親ましむればゞ農村は期せずして振興し繁榮する。

第六章　其他の社會問題

第一章　婦人問題

婦人は人の妻となり、家庭の主婦となり、男子に隷屬して良妻賢母たれば其れで足りたのは昔の事である。今や婦人は家庭より街頭に出た。見よ夥しき職業婦人の增加は、妻たり母たる婦人よりも先づ男子と同等なる人間としての婦人の地位を贏ち得んと希ふて居る。

婦人參政權も、職業上の男女同權も、機會均等も、職業婦人の增加と共に今日では可否の問題では無くて寧ろ時の問題となつて居る。男子の職業が漸次婦人の爲に蠶食されて、將來男女間の職業問題が如何に調節されるかゞ實際問題として重大化しつゝあるのだ。

第二章　人口問題

職業婦人の增加は、彼等の家庭生活にも幾多の影響を及ぼし、產兒制限問題即ち新マルサス主義なるものが唱導されるやうになつた。「貧乏人の兒澤山」で彼等の多產は自然に婦人の職業を奪ひ家族諸共營養不良に陷り母體を害し子女の敎養充分ならず、國民多產の結果は國際問題を生じ戰爭を誘發する又優生學上から見ても劣惡兒を多產するよりも小數の優種を得る事が人類の幸福であると稱して居る。勿論この產兒制限論には有力なる反對論もあるが經濟上から見た職業婦人問題、產兒制限問題は將來最も重大視さる可き社會問題の萠芽である。

第三章　共存か鬪爭か

上來社會問題の大要を觀ずるに何れも支配階級に對する新興勢力の對抗であつて、

社會は何時か新舊勢力の變轉を免れぬのであるが、唯だ急激なる鬪爭に依らず共存共榮、上下ともに協調して其の地位を擁護し漸を逐ふて社會組織の改善を企て人類愛の大局に立つて絢爛たる文化の享樂を共にす可きではないか。

自治關係法規

衆議院議員選擧法

第一章　選擧ニ關スル區域

第一條　衆議院議員ハ各選擧區ニ於テ之ヲ選擧ス
選擧區及各選擧區ニ於テ選擧スヘキ議員ノ數ハ別表ヲ以テ之ヲ定ム

第二條　投票區ハ市町村ノ區域ニ依ル
地方長官特別ノ事情アリト認ムルトキハ市町村ノ區域ヲ分チテ數投票區ヲ設ケ又ハ數町村ノ區域ヲ合セテ一投票區ヲ設クルコトヲ得
前項ノ規定ニ依リ投票區ヲ設ケタルトキハ地方長官ハ直ニ之ヲ告示スヘシ
第二項ノ規定ニ依リ設クル投票區ノ投票ニ關シ本法ノ規定ヲ適用シ難キ事項ニ付テハ勅令ヲ以テ特別ノ規定ヲ設クルコトヲ得

第三條　開票區ハ郡市ノ區域ニ依ル
地方長官特別ノ事情アリト認ムルトキハ郡市ノ區域ヲ分チテ數開票區ヲ設クルコトヲ得
前項ノ規定ニ依リ開票區ヲ設ケタルトキハ地方長官ハ直ニ之ヲ告示スヘシ
第二項ノ規定ニ依リ設クル開票區ノ開票ニ關シ本法ノ規定ヲ適用シ難キ事項ニ付テハ勅令ヲ以テ特別ノ規定ヲ設クルコトヲ得

第四條　行政區畫ノ變更ニ因リ選擧區ニ異動ヲ生スルモ現任議員ハ其ノ職ヲ失フコトナシ

第二章　選擧權及被選擧權

第五條　帝國臣民タル男子ニシテ年齡二十五年以上ノ

者ハ選擧權ヲ有ス
帝國臣民タル男子ニシテ年齡三十年以上ノ者ハ被選擧權ヲ有ス
第六條　左ニ掲クル者ハ選擧權及被選擧權ヲ有セス
一　禁治產及準禁治產者
二　破產者ニシテ復權ヲ得サル者
三　貧困ニ因リ生活ノ爲公私ノ救助ヲ受ケ又ハ扶助ヲ受クル者
四　一定ノ住居ヲ有セサル者
五　六年ノ懲役又ハ禁錮以上ノ刑ニ處セラレタル者
六　刑法第二編第一章、第三章、第九章、第十六章乃至第二十一章、第二十五章又ハ第三十六章乃至第三十九章ニ掲クル罪ヲ犯シ六年未滿ノ懲役ニ處セラレ其ノ執行ヲ終リ又ハ執行ヲ受クルコトナキニ至リタル後其ノ刑期ノ二倍ニ相當スル期間ヲ經過スルニ至ル迄ノ者但シ其ノ期間五年ヨリ短キトキハ五年トス
七　六年未滿ノ禁錮ノ刑ニ處セラレ又ハ前號ニ掲クル罪以外ノ罪ヲ犯シ六年未滿ノ懲役ノ刑ニ處セラレ其ノ執行ヲ終リ又ハ執行ヲ受クルコトナキニ至ル迄ノ者
第七條　華族ノ戸主ハ選擧權及被選擧權ヲ有セス
陸海軍軍人ニシテ現役中ノ者（未タ入營セサル者及歸休下士官兵ヲ除ク）及戰時若ハ事變ニ際シ召集中ノ者ハ選擧權ヲ有セス兵籍ニ編入セラレタル學生生徒（勅令ヲ以テ定ムル者ヲ除ク）及志願ニ依リ國民軍ニ編入セラレタル者亦同シ
第八條　選擧事務ニ關係アル官吏及吏員ハ其ノ關係區域内ニ於テ被選擧權ヲ有セス
第九條　在職ノ宮内官、判事、朝鮮總督府判事、臺灣總督府法院判官、關東廳法院判官、南洋廳判事、檢事、朝鮮總督府檢事、臺灣總督府法院檢察官、關東廳法院檢察官、南洋廳檢事、陸軍法務官、海軍法務官、行政裁判所長官、行政裁判所評定官、會計檢査官、收稅官吏及警察官吏ハ被選擧權ヲ有セス
第十條　官吏及待遇官吏ハ左ニ掲クル者ヲ除クノ外在職中議員ト相兼ヌルコトヲ得ス
一　國務大臣
二　內閣書記官長

三　法制局長官
四　各省政務次官
五　各省參與官
六　內閣總理大臣秘書官
七　各省秘書官
第十一條　北海道會議員及府縣會議員ハ衆議院議員ト相兼ヌルコトヲ得ス

第三章　選擧人名簿

第十二條　町村長ハ毎年九月十五日ノ現在ニ依リ其ノ日迄引續一年以上其ノ町村內ニ住居ヲ有スル者ノ選擧資格ヲ調査シ選擧人名簿二本ヲ調製シ十月十五日迄ニ之ヲ郡長ニ送付スヘシ
郡長ハ町村長ヨリ送付シタル名簿ヲ調査シ其ノ修正スヘキモノハ修正ヲ加ヘ一本ハ十月三十一日迄ニ之ヲ町村長ニ返付スヘシ
市長ハ毎年九月十五日ノ現在ニ依リ其ノ日迄引續キ一年以上其ノ市內ニ住居ヲ有スル者ノ選擧資格ヲ調査シ十月三十一日迄ニ選擧人名簿ヲ調製スヘシ

第一項又ハ前項ノ住居ニ關スル要件ヲ具備セサル者ハ選擧人名簿ニ登錄セラルヽコトヲ得ス
選擧人名簿ニハ選擧人ノ氏名、住居及生年月日等ヲ記載スヘシ
第一項又ハ第三項ノ住居ニ關スル期間ハ行政區畫變更ノ爲中斷セラルヽコトナシ
第十三條　郡長及市町村長ハ十一月五日ヨリ十五日間郡市役所、町村役場又ハ其ノ指定シタル場所ニ於テ選擧人名簿ヲ縱覽ニ供スヘシ
郡長及市町村長ハ縱覽開始ノ日ヨリ少クトモ三日前ニ縱覽ノ場所ヲ告示スヘシ
第十四條　選擧人名簿ニ脫漏又ハ誤載アリト認ムルトキハ選擧人ハ理由書及證憑ヲ具ヘ其ノ修正ヲ郡市長ニ申立ツルコトヲ得
縱覽期限ヲ經過シタルトキハ前項ノ申立ヲ爲スコトヲ得ス
第十五條　郡市長ニ於テ前條ノ申立ヲ受ケタルトキハ其ノ理由及證憑ヲ審査シ申立ヲ受ケタル日ヨリ二十日以內ニ之ヲ決定スヘシ其ノ申立ヲ正當ナリト決定

シタルトキハ直ニ選擧人名簿ヲ修正シ其ノ旨ヲ申立人、關係人ニ通知シ併セテ之ヲ告示スヘシ其ノ申立ヲ正當ナラスト決定シタルトキハ其ノ旨ヲ申立人ニ通知スヘシ

前項ノ規定ニ依リ名簿ヲ修正シタルトキハ郡長ハ直ニ其ノ旨ヲ關係町村長ニ通知スヘシ

前項ノ通知ヲ受ケタルトキハ町村長ハ直ニ名簿ヲ修正シ其ノ旨ヲ告示スヘシ

第十六條　前條郡市長ノ決定ニ不服アル申立人又ハ關係人ハ郡市長ヲ被告トシ決定ノ通知ヲ受ケタル日ヨリ七日以内ニ地方裁判所ニ出訴スルコトヲ得

前項ノ裁判所ノ判決ニ對シテハ控訴スルコトヲ得ス但シ大審院ニ上告スルコトヲ得

第十七條　選擧人名簿ハ十二月二十日ヲ以テ確定ス

選擧人名簿ハ次年ノ十二月十九日迄之ヲ据置クヘシ

但シ確定判決ニ依リ修正スヘキモノハ郡市長ニ於テ直ニ之ヲ修正シ其ノ旨ヲ告示スヘシ

前項ノ規定ニ依リ名簿ヲ修正シタルトキハ郡長ハ直ニ其ノ旨ヲ關係町村長ニ通知スヘシ

前項ノ通知ヲ受ケタルトキハ町村長ハ直ニ名簿ヲ修正シ其ノ旨ヲ告示スヘシ

天災事變其ノ他ノ事故ニ因リ必要アルトキハ更ニ選擧人名簿ヲ調製スヘシ

前項選擧人名簿ノ調製及其ノ期日、縦覽確定ニ關スル期日期間等ハ命令ノ定ムル所ニ依ル

第四章　選擧投票、及投票所

第十八條　總選擧ハ議員ノ任期終リタル日ノ翌日之ヲ行フヲ例トス但シ特別ノ事情アル場合ニ於テハ議員ノ任期終リタル日ヨリ五日以内ニ之ヲ行フコトヲ妨ケス議會開會中又ハ議會閉會ノ日ヨリ二十五日以内ニ議員ノ任期終ル場合ニ於テハ總選擧ハ議會閉會ノ日ヨリ二十六日以後三十日以内ニ之ヲ行フ

衆議院解散ヲ命セラレタル場合ニ於テハ總選擧ハ解散ノ日ヨリ三十日以内ニ之ヲ行フ

總選擧ノ期日ハ勅令ヲ以テ之ヲ定メ少クトモ二十五日前ニ之ヲ公布ス

第十九條　選擧ハ投票ニ依リ之ヲ行フ

投票ハ一人一票ニ限ル

第二十條　市町村長ハ投票管理者ト爲リ投票ニ關スル事務ヲ擔任ス

第二十一條　投票所ハ市役所、町村役場又ハ投票管理者ノ指定シタル場所ニ之ヲ設ク

第二十二條　投票管理者ハ選擧ノ期日ヨリ少クトモ五日前ニ投票所ヲ告示スヘシ

第二十三條　投票所ハ午前七時ニ開キ午後六時ニ閉ツ

第二十四條　議員候補者ハ各投票區ニ於ケル選擧人名簿ニ記載セラレタル者ノ中ヨリ本人ノ承諾ヲ得テ投票立會人一人ヲ定メ選擧ノ期日ノ前日迄ニ投票管理者ニ屆出ツルコトヲ得但シ議員候補者死亡シ又ハ議員候補者タルコトヲ辭シタルトキハ其ノ屆出テタル投票立會人ハ其ノ職ヲ失フ

前項ノ規定ニ依ル投票立會人三人ニ達セサルトキ若ハ三人ニ達セサルニ至リタルトキ又ハ投票立會人ニシテ參會スル者投票所ヲ開クヘキ時刻ニ至リ三人ニ達セサルトキ若ハ其ノ後三人ニ達セサルニ至リタルトキハ投票管理者ハ其ノ投票區ニ於ケル選擧人名簿ニ記載セラレタル者ノ中ヨリ三人ニ達スル迄ノ投票立會人ヲ選任シ直ニ之ヲ本人ニ通知シ投票ニ立會ハシムヘシ

投票立會人ハ正當ノ事故ナクシテ其ノ職ヲ辭スルコトヲ得ス

第二十五條　選擧人ハ選擧ノ當日自ラ投票所ニ到リ選擧人名簿ノ對照ヲ經テ投票ヲ爲スヘシ

投票管理者ハ投票ヲ爲サムトスル選擧人ノ本人ナリヤ否ヤヲ確認スルコト能ハサルトキハ其ノ本人ナル旨ヲ宣言セシムヘシ其ノ宣言ヲ爲サヽル者ハ投票ヲ爲スコトヲ得ス

第二十六條　投票用紙ハ選擧ノ當日投票所ニ於テ之ヲ選擧人ニ交付スヘシ

第二十七條　選擧人ハ投票所ニ於テ投票用紙ニ自ラ議員候補者一人ノ氏名ヲ記載シテ投函スヘシ

投票用紙ニハ選擧人ノ氏名ヲ記載スルコトヲ得ス

第二十八條　投票ニ關スル記載ニ付テハ勅令ヲ以テ定ムル點字ハ之ヲ文字ト看做ス

第二十九條　選擧人名簿ニ登錄セラレサル者ハ投票ヲ爲スコトヲ得ス但シ選擧人名簿ニ登錄セラルヘキ確

定判決書ヲ所持シ選擧ノ當日投票所ニ到ル者アルトキハ投票管理者ハ之ヲシテ投票ヲ爲サシムヘシ

第三十條　選擧人名簿ニ登錄セラレタル者選擧人名簿ニ登錄セラル丶コトヲ得サル者ナルトキハ投票ヲ爲スコトヲ得ス選擧ノ當日選擧權ヲ有セサル者ナルトキ亦同シ

自ラ議員候補者ノ氏名ヲ書スルコト能ハサル者ハ投票ヲ爲スコトヲ得ス

第三十一條　投票ノ拒否ハ投票立會人ノ意見ヲ聽キ投票管理者之ヲ決定スヘシ

前項ノ決定ヲ受ケタル選擧人不服アルトキハ投票管理者ハ假ニ投票ヲ爲サシムヘシ

前項ノ投票ハ選擧人ヲシテ之ヲ封筒ニ入レ封緘シ表面ニ自ラ其ノ氏名ヲ記載シ投函セシムヘシ

投票立會人ニ於テ異議アル選擧人ニ對シテモ亦前二項ニ同シ

第三十二條　投票所ヲ閉ツヘキ時刻ニ到リタルトキハ投票管理者ハ其ノ旨ヲ告ケテ投票所ノ入口ヲ鎖シ投票所ニ在ル選擧人ノ投票結了スルヲ待チテ投票函ヲ閉鎖スヘシ

投票函閉鎖後ハ投票ヲ爲スコトヲ得ス

第三十三條　選擧人ニシテ勅令ノ定ムル事由ニ因リ選擧ノ當日自ラ投票所ニ到リ投票ヲ爲シ能ハサルヘキコトヲ證スル者ノ投票ニ關シテハ第二十五條、第二十六條、第二十七條第一項、第二十九條但書及第三十一條ノ規定ニ拘ラス勅令ヲ以テ特別ノ規定ヲ設クルコトヲ得

第三十四條　投票管理者ハ投票錄ヲ作リ投票ニ關スル顚末ヲ記載シ投票立會人ト共ニ之ニ署名スヘシ

第三十五條　投票管理者ハ一人又ハ數人ノ投票立會人ト共ニ町村ノ投票區ニ於テハ投票ノ翌日迄ニ市ノ區ニ於テハ投票ノ當日投票函、投票錄及選擧人名簿ヲ開票管理者ニ送致スヘシ

第三十六條　島嶼其ノ他交通不便ノ地ニシテ前條ノ期日ニ投票函ヲ送致スルコト能ハサル情況アリト認ムルトキハ地方長官ハ適宜ニ其ノ投票ノ期日ヲ定メ開票ノ期日迄ニ其ノ投票函、投票錄及選擧人名簿ヲ送致セシムルコトヲ得

第三十七條　天災其ノ他避クヘカラサル事故ニ因リ投票ヲ行フコトヲ得サルトキ又ハ更ニ投票ヲ行フノ必要アルトキハ投票管理者ハ選擧長ヲ經テ地方長官ニ其ノ旨ヲ屆出ツヘシ此ノ場合ニ於テハ地方長官ハ更ニ期日ヲ定メ投票ヲ行ハシムヘシ但シ其ノ期日ハ少クトモ五日前ニ之ヲ告示セシムヘシ

第三十八條　第七十五條又ハ第七十九條ノ選擧ヲ同時ニ行フ場合ニ於テハ一ノ選擧ヲ以テ合併シテ之ヲ行フ

第三十九條　何人ト雖選擧人ノ投票シタル被選擧人ノ氏名ヲ陳述スルノ義務ナシ

第四十條　投票管理者ハ投票所ノ秩序ヲ保持シ必要ナル場合ニ於テハ警察官吏ノ處分ヲ請求スルコトヲ得

第四十一條　選擧人投票所ノ事務ニ從事スル者投票所ヲ監視スル職權ヲ有スル者及警察官吏ニ非サレハ投票所ニ入ルコトヲ得ス

第四十二條　投票所ニ於テ演說討論ヲ爲シ若ハ喧騷ニ渉リ又ハ投票ニ關シ協議若ハ勸誘ヲ爲シ其ノ他投票所ノ秩序ヲ紊ル者アルトキハ投票管理者ハ之ヲ制止シ命ニ從ハサルトキハ投票所外ニ退出セシムヘシ

第四十三條　前條ノ規定ニ依リ投票所外ニ退出セシメラレタル者ハ最後ニ至リ投票ヲ爲スコトヲ得但シ投票管理者ハ投票所ノ秩序ヲ紊ルノ虞ナシト認ムル場合ニ於テ投票ヲ爲サシムルコトヲ妨ケス

第五章　開票及開票所

第四十四條　郡市長ハ開票管理者ト爲リ開票ニ關スル事務ヲ擔任ス

第四十五條　開票所ハ郡市役所又ハ開票管理者ノ指定シタル場所ニ之ヲ設ク

第四十六條　開票管理者ハ豫メ開票ノ場所及日時ヲ告示スヘシ

第四十七條　第二十四條ノ規定ハ開票立會人ニ之ヲ準用ス

第四十八條　開票管理者ハ總テノ投票函ノ送致ヲ受ケタル日ノ翌日開票所ニ於テ開票立會人立會ノ上函ヲ開キ投票ノ總數ト投票人ノ總數トヲ計算スヘシ

第四十九條　前條ノ計算終リタルトキハ開票管理者ハ

先ツ第三十一條第二項及第四項ノ投票ヲ調査シ開票立會人ノ意見ヲ聽キ其ノ受理如何ヲ決定スヘシ

開票管理者ハ各投票所ノ投票ヲ混同シ開票立會人ト共ニ投票ヲ點檢スヘシ

投票ノ點檢終リタルトキハ開票管理者ハ直ニ其ノ結果ヲ選擧長ニ報告スヘシ

第五十條　選擧人ハ其ノ開票所ニ就キ開票ノ參觀ヲ求ムルコトヲ得

第五十一條　投票ノ効力ハ開票立會人ノ意見ヲ聽キ開票管理者之ヲ決定スヘシ

第五十二條　左ノ投票ハ之ヲ無効トス

一　成規ノ用紙ヲ用ヒサルモノ

二　議員候補者ニ非サル者ノ氏名ヲ記載シタルモノ

三　一投票中二人以上ノ議員候補者ノ氏名ヲ記載シタルモノ

四　被選擧權ナキ議員候補者ノ氏名ヲ記載シタルモノ

五　議員候補者ノ氏名ノ外他事ヲ記載シタルモノ但シ官位、職業、身分、住居又ハ敬稱ノ類ヲ記入シタルモノハ此ノ限ニ在ラス

六　議員候補者ノ氏名ヲ自書セサルモノ

七　議員候補者ノ何人ヲ記載シタルカヲ確認シ難キモノ

八　衆議院議員ノ職ニ在ル者ノ氏名ヲ記載シタルモノ

前項第八號ノ規定ハ第七十五條又ハ第七十九條ノ規定ニ依ル選擧ノ場合ニ限リ之ヲ適用ス

第五十三條　投票ハ有効無効ヲ區別シ議員ノ任期間開票管理者ニ於テ投票區毎ニ之ヲ保存スヘシ

第五十四條　開票管理者ハ開票錄ヲ作リ開票ニ關スル顚末ヲ記載シ開票立會人ト共ニ署名シ投票錄ト併セテ議員ノ任期間之ヲ保存スヘシ

第五十五條　選擧ノ一部無効ト爲リ更ニ選擧ヲ行ヒタル場合ノ開票ニ於テハ其ノ投票ノ効力ヲ決定スヘシ

第五十六條　第三十七條ノ規定ハ但書ヲ除キ開票ニ之ヲ準用ス

第五十七條　開票所ノ取締ニ付テハ第四十條乃至第四十二條ノ規定ヲ準用ス

第六章　選擧會

第五十八條　地方長官ハ各選擧區內ニケル郡市長ノ中ニ就キ選擧長ヲ定ムヘシ但シ一縣一選擧區タル場合ニ於テハ其ノ地方長官ヲ一市一選擧區タル場合ニ於テハ其ノ市長ヲ選擧長トス選擧長ハ選擧會ニ關スル事務ヲ擔任ス

第五十九條　選擧會ハ選擧長ノ屬スル縣廳又ハ郡市役所又ハ選擧長ノ指定シタル場所ニ之ヲ開ク

第六十條　選擧長ハ豫メ選擧會ノ場所及日時ヲ告示スヘシ

第六十一條　第二十四條ノ規定ハ選擧立會人ニ之ヲ準用ス

第六十二條　選擧長ハ總テノ開票管理者ヨリ第四十九條第三項ノ報告ヲ受ケタル日又ハ其ノ翌日選擧會ヲ開キ選擧立會人立會ノ上其ノ報告ヲ調査スヘシ

選擧ノ一部無効ト爲リ更ニ選擧ヲ行ヒタル場合ニ於テ第四十九條第三項ノ報告ヲ受ケタルトキハ選擧長ハ前項ノ例ニ依リ選擧會ヲ開キ他ノ部分ノ報告ト共ニ更ニ之ヲ調査スヘシ

第六十三條　選擧人ハ其ノ選擧會ノ參觀ヲ求ムルコトヲ得

第六十四條　選擧長ハ選擧錄ヲ作リ選擧會ニ關スル顚末ヲ記載シ選擧立會人ト共ニ署名シ第四十九條第三項ノ報告ニ關スル書類ト併セテ議員ノ任期間之ヲ保存スヘシ

第六十五條　第三十七條ノ規定ハ但書ヲ除キ選擧會ニ之ヲ準用ス

第六十六條　選擧會場ノ取締ニ付テハ第四十條乃至第四十二條ノ規定ヲ準用ス

第七章　議員候補者及當選人

第六十七條　議員候補者タラムトスル者ハ選擧ノ期日ノ公布又ハ告示アリタル日ヨリ選擧ノ期日前七日迄ニ其ノ旨ヲ選擧長ニ屆出ツヘシ

選擧人名簿ニ記載セラレタル者他人ヲ議員候補者ト爲サムトスルトキハ前項ノ期間內ニ其ノ推薦ノ屆出ヲ爲スコトヲ得

前二項ノ期間內ニ屆出アリタル議員候補者其ノ選擧ニ於ケル議員ノ定數ヲ超ユル場合ニ於テ其ノ期間ヲ經過シタル後議員候補者死亡シ又ハ議員候補者タルコトヲ辭シタルトキハ前二項ノ例ニ依リ選擧ノ期日ノ前日迄議員候補者ノ屆出又ハ推薦屆出ヲ爲スコトヲ得

議員候補者ハ選擧長ニ屆出ヲ爲スニ非サレハ議員候補者タルコトヲ辭スルコトヲ得ス

前四項ノ屆出アリタルトキ又ハ議員候補者ノ死亡シタルコトヲ知リタルトキハ選擧長ハ直ニ其ノ旨ヲ告示スヘシ

第六十八條　議員候補者ノ屆出又ハ推薦屆出ヲ爲サムトスル者ハ議員候補者一人ニ付二千圓又ハ之ニ相當スル額面ノ國債證書ヲ供託スルコトヲ要ス

議員候補者ノ得票數其ノ選擧區內ノ議員ノ定數ヲ以テ有效投票ノ總數ヲ除シテ得タル數ノ十分ノ一ニ達セサルトキハ前項ノ供託物ハ政府ニ歸屬ス

議員候補者選擧ノ期日前十日以內ニ議員候補者タルコトヲ辭シタルトキハ前項ノ規定ヲ準用ス但シ被選擧權ヲ有セサルニ至リタル爲議員候補者タル事ヲ辭シタル時ハ此限ニ在ラス

第六十九條　有效投票ノ最多數ヲ得タル者ヲ以テ當選人トス但シ其ノ選擧區內ノ議員ノ定數ヲ以テ有效投票ノ總數ヲ除シテ得タル數ノ四分ノ一以上ノ得票アルコトヲ要ス

當選人ヲ定ムルニ當リ得票數同シキトキハ年齡多キ者ヲ取リ年齡モ亦同シキトキハ選擧會ニ於テ選擧長抽籤シテ之ヲ定ム

第八十一條又ハ第八十三條ノ規定ニ依ル訴訟ノ結果更ニ選擧ヲ行フコトナクシテ當選人ヲ定メ得ル場合ニ於テハ選擧會ヲ開キ之ヲ定ムヘシ

當選人當選ヲ辭シタルトキ死亡者ナルトキ又ハ第七十條ノ規定ニ依リ當選ヲ失ヒタルトキハ直ニ選擧會ヲ開キ第一項但書ノ得票者ニシテ當選人ト爲ラサリシ者ノ中ニ就キ當選人ヲ定ムヘシ

當選人第八十四條ノ規定ニ依ル訴訟ノ結果又ハ第百三十六條ノ規定ニ依リ當選無效ト爲リタルトキハ選擧會ヲ開キ其ノ第七十四條ノ規定ニ依ル當選承諾屆

出期限前ナル場合ニ於テハ前項ノ例ニ依リ其ノ屆出期限經過後ナル場合ニ於テハ第二項ノ規定ノ適用ヲ受ケタル得票者ニシテ當選人ト爲ラサリシ者ノ中ニ就キ當選人ヲ定ムヘシ

前三項ノ場合ニ於テ第一項但書ノ得票者ニシテ當選人ト爲ラサリシ者選擧ノ期日後ニ於テ被選擧權ヲ有セサルニ至リタルトキハ之ヲ當選人ト定ムルコトヲ得ス

第七十條　當選人選擧ノ期日後ニ於テ被選擧權ヲ有セサルニ至リタルトキハ當選ヲ失フ

第七十一條　第六十七條第一項乃至第三項ノ規定ニ依ル屆出アリタル議員候補者其ノ選擧ニ於ケル議員ノ定數ヲ超エサルトキハ其ノ選擧區ニ於テハ投票ヲ行ハス

前項ノ規定ニ依リ投票ヲ行フコトヲ要セサルトキハ選擧長ハ直ニ其ノ旨ヲ投票管理者ニ通知シ併セテ之ヲ告示シ且地方長官ニ報告スヘシ

投票管理者前項ノ通知ヲ受ケタルトキハ直ニ其ノ旨ヲ告示スヘシ

第一項ノ場合ニ於テハ選擧長ハ選擧ノ期日ヨリ五日以内ニ選擧會ヲ開キ議員候補者ヲ以テ當選人ト定ムヘシ

前項ノ場合ニ於テ議員候補者ノ被選擧權ノ有無ハ選擧立會人ノ意見ヲ聽キ選擧長之ヲ決定スヘシ

第七十二條　當選人定リタルトキハ選擧長ハ直ニ當選人ニ當選ノ旨ヲ告知シ同時ニ當選人ノ氏名ヲ告示シ且ツ當選人ノ氏名得票數及其ノ選擧ニ於ケル有效投票ノ總數其ノ他選擧ノ顛末ヲ地方長官ニ報告スヘシ

當選人ナキトキ又ハ當選人其ノ選擧ニ於ケル議員ノ定數ニ達セサルトキハ選擧長ハ直ニ其ノ旨ヲ告示シ且之ヲ地方長官ニ報告スヘシ

第七十三條　當選人當選ノ告知ヲ受ケタルトキハ其ノ當選ヲ承諾スルヤ否ヤヲ選擧長ニ屆出ツヘシ

一人ニシテ數選擧區ノ當選ヲ承諾スルコトヲ得ス

選擧長第一項ノ規定ニ依ル屆出ヲ受ケタルトキハ直ニ其ノ旨ヲ地方長官ニ報告スヘシ

第七十四條　當選人當選ノ告知ヲ受ケタル日ヨリ二十日以内ニ當選承諾ノ屆出ヲ爲サヽルトキハ其ノ當選

ヲ辭シタルモノト看做ス

第七十五條　左ニ掲クル事由ノ一ニ該當スル場合ニ於テハ更ニ選擧ヲ行フコトナクシテ當選人ヲ定メ得ルトキヲ除クノ外地方長官ハ選擧ノ期日ヲ定メ少クトモ十四日前ニ之ヲ告示シ更ニ選擧ヲ行ハシムヘシ但シ同一人ニ關シ左ニ掲クル其ノ他ノ事由ニ依リ又ハ第七十九條第六項ノ規定ニ依リ選擧ノ期日ヲ告示シタルトキハ此ノ限ニ在ラス

一　當選人ナキトキ又ハ當選人其ノ選擧ニ於ケル議員ノ定數ニ達セサルトキ

二　當選人當選ヲ辭シタルトキ又ハ死亡者ナルトキ

三　當選人第七十條ノ規定ニ依リ當選ヲ失ヒタルトキ

四　第八十一條又ハ第八十三條ノ規定ニ依ル訴訟ノ結果當選人ナキニ至リ又ハ當選人其ノ選擧ニ於ケル議員ノ定數ニ達セサルニ至リタルトキ

五　當選人第八十四條ノ規定ニ依ル訴訟ノ結果當選無効ト爲リタルトキ

六　當選人第百三十六條ノ規定ニ依リ當選無効ト爲リタルトキ

第九章ノ規定ニ依ル訴訟ノ出訴期間ハ前項ノ規定ニ依ル選擧ヲ行フコトヲ得ス其ノ出訴アリタル場合ニ於テ訴訟繫屬中亦同シ

第一項ノ選擧ノ期日ハ第九章ノ規定ニ依ル訴訟ノ出訴期間經了ノ日其ノ出訴アリタル場合ニ於テハ第八十六條第一項ノ規定ニ依ル訴訟繫屬セサルニ至リタル旨ノ大審院長ノ通知ヲ受ケタル日又ハ第百四十三條ノ規定ニ依ル通知ヲ受ケタル日ヨリ二十日ヲ超ユルコトヲ得ス

第一項各號ノ一ニ該當スル事由議員ノ任期ノ終ル前六月以内ニ生シタルトキハ第一項ノ選擧ハ之ヲ行ハス

第七十六條　當選人當選ヲ承諾シタルトキハ地方長官ハ直ニ當選證書ヲ付與シ其ノ氏名ヲ告示シ且之ヲ内務大臣ニ報告スヘシ

第七十七條　第九章ノ規定ニ依ル訴訟ノ結果選擧若ハ當選無効ト爲リタルトキ又ハ當選人第百三十六條ノ規定ニ依リ當選無効ト爲リタルトキハ地方長官ハ直

ニ其ノ旨ヲ告示スヘシ

第八章　議員ノ任期及補闕

第七十八條　議員ノ任期ハ四年トシ總選擧ノ期日ヨリ之ヲ起算ス但シ議會開會中ニ任期終ルモ閉會ニ至ル迄在任ス

第七十九條　議員ニ闕員ヲ生スルモ其ノ闕員ノ數同一選擧區ニ於テ二人ニ達スル迄ハ補闕選擧ハ之ヲ行ハス

議員ニ闕員ヲ生シタルトキハ内務大臣ハ議院法第八十四條ノ規定ニ依ル衆議院議長ノ通牒ヲ受ケタル日ヨリ五日以内ニ地方長官ニ對シ其ノ旨ヲ通知スヘシ

地方長官ハ前項ノ規定ニ依ル通知ヲ受ケタルトキハ其ノ闕員ト爲リタル議員カ第七十四條ノ規定ニ依ル當選承諾届出ノ期限前ニ於テ闕員ト爲リタル者ナル場合ニ於テ第六十九條第一項但書ノ得票者ニシテ當選人ト爲ラサリシ者アルトキ又ハ其ノ期限經過後ニ於テ闕員ト爲リタル者ナル場合ニ於テ第六十九條第二項ノ規定ノ適用ヲ受ケタル得票者ニシテ當選人ト爲ラサリシ者アルトキハ直ニ議員闕員ト爲リタル旨ヲ選擧長ニ通知スヘシ

選擧長ハ前項ノ規定ニ依ル通知ヲ受ケタル日ヨリ二十日以内ニ第六十九條第四項乃至第六項ノ規定ヲ準用シ當選人ヲ定ムヘシ

地方長官ハ第二項ノ規定ニ依ル通知ヲ受ケタル場合ニ於テ第三項ノ規定ノ適用アルトキ及同一人ニ關シ第七十五條ノ規定ニ依リ選擧ノ期日ヲ告示シタルトキヲ除クノ外其ノ闕員ノ數同一選擧區ニ於テ二人ニ達スルヲ待チ最後ニ第二項ノ規定ニ依ル通知ヲ受ケタル日ヨリ二十日以内ニ補闕選擧ヲ行ハシムヘシ

補闕選擧ノ期日ハ地方長官少クトモ十四日前ニ之ヲ告示スヘシ

第七十五條第二項乃至第四項ノ規定ハ補闕選擧ニ之ヲ準用ス

第八十條　補闕議員ハ其ノ前任者ノ殘任期間在任ス

第九章　訴訟

第八十一條　選擧ノ効力ニ關シ異議アル選擧人又ハ議

員候補者ハ選擧長ヲ被告トシ選擧ノ日ヨリ三十日以内ニ大審院ニ出訴スルコトヲ得

第八十二條　選擧ノ規定ニ違反スルコトアルトキハ選擧ノ結果ニ異動ヲ及ホスノ虞アル場合ニ限リ裁判所ハ其ノ選擧ノ全部又ハ一部ノ無効ヲ判決スヘシ

第八十三條ノ規定ニ依ル訴訟ニ於テモ其ノ選擧前項ノ場合ニ該當スルトキハ裁判所ハ其ノ全部又ハ一部ノ無効ヲ判決スヘシ

第八十三條　當選ヲ失ヒタル者當選ノ効力ニ關シ異議アルトキハ當選人ヲ被告トシ第七十二條第一項及第二項ノ告示ノ日ヨリ三十日以内ニ大審院ニ出訴スルコトヲ得但シ第六十九條第一項但書ニ定メタル得票ニ達シタリトノ理由、第六十九條第六項若ハ第七十條ノ規定ニ該當セストノ理由又ハ第七十一條第五項ノ決定違法ナリトノ理由ニ因リ出訴スル場合ニ於テハ選擧長ヲ被告トスヘシ

前項ノ規定ニ依ル訴訟ノ裁判確定前當選死亡シタルトキハ檢事ヲ被告トス

第八十四條　第百十條ノ規定ニ依リ當選ヲ無効ナリト認ムル選擧人又ハ議員候補者ハ當選人ヲ被告トシ第七十二條第一項ノ告示ノ日ヨリ三十日以内ニ大審院ニ出訴スルコトヲ得

第百三十六條ノ規定ニ依リ選擧事務長カ第百十二條又ハ第百十三條ノ罪ヲ犯シ刑ニ處セラレタルニ因リ當選ヲ無効ナリト認ムル選擧人又ハ議員候補者ハ當選人ヲ被告トシ其ノ裁判確定ノ日ヨリ三十日以内ニ大審院ニ出訴スルコトヲ得

第八十五條　裁判所ハ本章ノ規定ニ依ル訴訟ヲ裁判スルニ當リ檢事ヲシテ口頭辯論ニ立會ハシムヘシ

第八十六條　本章ノ規定ニ依ル訴訟ノ提起アリタルトキハ大審院長ハ其ノ旨ヲ内務大臣及關係地方長官ニ通知スヘシ訴訟ノ繋屬セサルニ至リタルトキ亦同シ

本章ノ規定ニ依ル訴訟ニ付判決アリタルトキハ大審院長ハ其ノ判決書ノ謄本ヲ内務大臣ニ送付スヘシ帝國議會開會中ナルトキハ併セテ之ヲ衆議院議長ニ送付スヘシ

第八十七條　本章ノ規定ニ依ル訴訟ヲ提起セムトスル者ハ保證金トシテ三百圓又ハ之ニ相當スル額面ノ國

償證書ヲ供託スルコトヲ要ス
原告敗訴ノ場合ニ於テ裁判確定ノ日ヨリ七日以内ニ裁判費用ヲ完納セサルトキハ保證金ヲ以テ之ニ充當シ仍足ラサルトキハ之ヲ追徵ス

第十章　選擧運動

第八十八條　議員候補者ハ選擧事務長一人ヲ選任スヘシ但シ議員候補者自ラ選擧事務長ト爲リ又ハ推薦屆出者（推薦屆出者數人アルトキハ其ノ代表者）議員候補者ノ承諾ヲ得テ選擧事務長ヲ選任シ若ハ自ラ選擧事務長ト爲ルコトヲ妨ケス
議員候補者ノ承諾ヲ得スシテ其ノ推薦ノ屆出ヲ爲シタル者ハ前項但書ノ承諾ヲ得ルコトヲ要セス
議員候補者ハ文書ヲ以テ通知スルコトニ依リ選擧事務長ヲ解任スルコトヲ得選擧事務長ヲ選任シタル推薦屆出者ニ於テ議員候補者ノ承諾ヲ得タルトキ亦同シ
選擧事務長ハ文書ヲ以テ議員候補者及選任者ニ通知スルコトニ依リ辭任スルコトヲ得
選擧事務長ノ選任者（自ラ選擧事務長ト爲リタル者ヲ含ム以下之ニ同シ）ハ直ニ其ノ旨ヲ選擧區內警察官署ノ一ニ屆出ツヘシ
選擧事務長ニ異動アリタルトキハ前項ノ規定ニ依リ屆出ヲ爲シタル者直ニ其ノ屆出ヲ爲シタル警察官署ニ其ノ旨ヲ屆出ツヘシ
第九十五條ノ規定ニ依リ選擧事務長ニ代リテ其ノ職務ヲ行フ者ハ前項ノ例ニ依リ屆出ツヘシ其ノ之ヲ罷メタルトキ亦同シ

第八十九條　選擧事務長ニ非サレハ選擧事務所ヲ設置シ又ハ選擧委員若ハ選擧事務員ヲ選任スルコトヲ得ス
選擧事務長ハ文書ヲ以テ通知スルコトニ依リ選擧委員又ハ選擧事務員ヲ解任スルコトヲ得
選擧委員又ハ選擧事務員ハ文書ヲ以テ選擧事務長ニ通知スルコトニ依リ辭任スルコトヲ得
選擧事務長選擧事務所ヲ設置シ又ハ選擧委員若ハ選擧事務員ヲ選任シタルトキハ直ニ其ノ旨ヲ前條第五項ノ屆出アリタル警察官署ニ屆出ツヘシ選擧事務所

又ハ選擧委員若ハ選擧事務員ニ異動アリタルトキ亦同シ

第九十條　選擧事務所ハ議員候補者一人ニ付七箇所ヲ超ユルコトヲ得ス

選擧ノ一部無効ト爲リ更ニ選擧ヲ行フ場合又ハ第三十七條ノ規定ニ依リ投票ヲ行フ場合ニ於テハ選擧事務所ハ前項ニ掲クル數ヲ超エサル範圍内ニ於テ地方長官（東京府ニ在リテハ警視總監）ノ定メタル數ヲ超ユルコトヲ得ス

地方長官（東京府ニ在リテハ警視總監）前項ノ規定ニ依リ選擧事務所ノ數ヲ定メタル場合ニ於テハ選擧ノ期日ノ告示アリタル後直ニ之ヲ告示スヘシ

第九十一條　選擧事務所ハ選擧ノ當日ニ限リ投票所ヲ設ケタル場所ノ入口ヨリ三町以内ノ區域ニ之ヲ置クコトヲ得ス

第九十二條　休憩所其ノ他之ニ類似スル設備ハ選擧運動ノ爲之ヲ設クルコトヲ得ス

第九十三條　選擧委員及選擧事務員ハ議員候補者一人ニ付通シテ五十人ヲ超ユルコトヲ得ス

第九十條第二項及第三項ノ規定ハ選擧委員及選擧事務員ニ關シテ之ヲ準用ス

第九十四條　選擧事務長選擧權ヲ有セサル者ナルトキ又ハ第九十九條第二項ノ規定ニ依リ選擧運動ヲ爲スコトヲ得サル者ナルトキハ地方長官（東京府ニ在リテハ警視總監）ハ直ニ其ノ解任又ハ退任ヲ命スヘシ

第八十九條第一項ノ規定ニ違反シテ選擧事務所ノ設置アリト認ムルトキハ地方長官（東京府ニ在リテハ警視總監）ハ直ニ其ノ選擧事務所ノ閉鎖ヲ命スヘシ第九十條第一項又ハ第二項ノ規定ニ依ル定數ヲ超エテ選擧事務所ノ設置アリト認ムルトキハ其ノ超過シタル數ノ選擧事務所ニ付亦同シ

前條ノ規定ニ依ル定數ヲ超エテ選擧委員又ハ選擧事務員ノ選任アリト認ムルトキハ地方長官（東京府ニ在リテハ警視總監）ハ直ニ其ノ超過シタル數ノ選擧委員又ハ選擧事務員ノ解任ヲ命スヘシ選擧委員又ハ選擧事務員選擧權ヲ有セサル者ナルトキ又ハ第九十九條第二項ノ規定ニ依リ選擧運動ヲ爲スコトヲ得サル者ナルトキ其ノ選擧委員又ハ選擧事務員ニ付亦同

シ

第九十五條　選擧事務長故障アルトキハ選任者代リテ其ノ職務ヲ行フ

推薦屆出者タル選任者モ亦故障アルトキハ議員候補者ノ承諾ヲ得スシテ其ノ推薦ノ屆出ヲ爲シタル場合ヲ除クノ外議員候補者代リテ其ノ職務ヲ行フ

第九十六條　議員候補者、選擧事務長、選擧委員又ハ選擧事務員ニ非サレハ選擧運動ヲ爲スコトヲ得ス但シ演說又ハ推薦狀ニ依ル選擧運動ハ此ノ限ニ在ラス

第九十七條　選擧事務長、選擧委員又ハ選擧事務員ハ選擧運動ノ爲ニ要スル飲食物、船車馬等ノ供給又ハ旅費、休泊料其ノ他ノ實費ノ辨償ヲ受クルコトヲ得

演說又ハ推薦狀ニ依リ選擧運動ヲ爲ス者其ノ運動ヲ爲スニ付亦同シ

選擧事務員ハ選擧運動ヲ爲スニ付報酬ヲ受クルコトヲ得

第九十八條　何人ト雖投票ヲ得若ハ得シメ又ハ得シメサルノ目的ヲ以テ戶別訪問ヲ爲スコトヲ得ス

何人ト雖前項ノ目的ヲ以テ連續シテ個々ノ選擧人ニ對シ面接シ又ハ電話ニ依リ選擧運動ヲ爲スコトヲ得ス

第九十九條　選擧權ヲ有セサル者ハ選擧事務長、選擧委員又ハ選擧事務員ト爲ルコトヲ得ス

選擧事務ニ關係アル官吏及吏員ハ其ノ關係區域內ニ於ケル選擧運動ヲ爲スコトヲ得ス

第百條　內務大臣ハ選擧運動ノ爲頒布シ又ハ揭示スル文書圖畫ニ關シ命令ヲ以テ制限ヲ設クルコトヲ得

第十一章　選擧運動ノ費用

第百一條　立候補準備ノ爲ニ要スル費用ヲ除クノ外選擧運動ノ費用ハ選擧事務長ニ非サレハ支出スルコトヲ得ス但シ議員候補者、選擧委員又ハ選擧事務員ハ選擧事務長ノ文書ニ依ル承諾ヲ得テ之ヲ支出スルコトヲ妨ケス

議員候補者、選擧事務長、選擧委員又ハ選擧事務員ニ非サル者ハ選擧運動ノ費用ヲ支出スルコトヲ得ス但シ演說又ハ推薦狀ニ依ル選擧運動ノ費用ハ此ノ限ニ在ラス

第百二條　選擧運動ノ費用ハ議員候補者一人ニ付左ノ各號ノ額ヲ超ユルコトヲ得ス

一　選擧區內ノ議員ノ定數ヲ以テ選擧人名簿確定ノ日ニ於テ之ニ記載セラレタル者ノ總數ヲ除シテ得タル數ヲ四十錢ニ乘シテ得タル額

二　選擧ノ一部無効ト爲リ更ニ選擧ヲ行フ場合ニ於テハ選擧區內ノ議員ノ定數ヲ以テ選擧人名簿確定ノ日ニ於テ關係區域ノ選擧人名簿ニ記載セラレタル者ノ總數ヲ除シテ得タル數ヲ四十錢ニ乘シテ得タル額

三　第三十七條ノ規定ニ依リ投票ヲ行フ場合ニ於テハ前號ノ規定ニ準シテ算出シタル額但地方長官（東京府ニ在リテハ警視總監）必要アリト認ムルトキハ之ヲ減額スルコトヲ得

地方長官（東京府ニ在リテハ警視總監）ハ選擧ノ期日ノ公布又ハ告示アリタル後直ニ前項ノ規定ニ依ル額ヲ告示スヘシ

第百三條　選擧運動ノ爲財產上ノ義務ヲ負擔シ又ハ建物、船車馬、印刷物、飮食物其ノ他ノ金錢以外ノ財產上ノ利益ヲ使用シ若ハ費消シタル場合ニ於テハ其ノ義務又ハ利益ヲ時價ニ見積リタル金額ヲ以テ選擧運動ノ費用ト看做ス

第百四條　左ノ各號ニ揭クル費用ハ之ヲ選擧運動ノ費用ニ非サルモノト看做ス

一　議員候補者カ乘用スル船車馬等ノ爲ニ要シタル費用

二　選擧ノ期日後ニ於テ選擧運動ノ殘務整理ノ爲ニ要シタル費用

三　選擧委員又ハ選擧事務員ノ支出シタル費用ニシテ議員候補者又ハ選擧事務長ト意思ヲ通シテ支出シタル費用以外ノモノ但シ第百一條第一項ノ規定ノ適用ニ付テハ此ノ限ニ在ラス

四　第六十七條第一項乃至第三項ノ屆出アリタル後議員候補者、選擧事務長、選擧委員又ハ選擧事務員ニ非サル者ノ支出シタル費用ニシテ議員候補者又ハ選擧事務長ト意思ヲ通シテ支出シタル費用以外ノモノ但シ第百一條第二項ノ規定ノ適用ニ付テハ此ノ限ニ在ラス

五　立候補準備ノ爲ニ要シタル費用ニシテ議員候補

者若ハ選擧事務長ト爲リタル者ノ支出シタル費用又ハ其ノ者ト意思ヲ通シテ支出シタル費用以外ノモノ

第百五條　選擧事務長ハ勅令ノ定ムル所ニ依リ帳簿ヲ備ヘ之ニ選擧運動ノ費用ヲ記載スヘシ

第百六條　選擧事務長ハ勅令ノ定ムル所ニ依リ選擧運動ノ費用ヲ精算シ選擧ノ期日ヨリ七日以内ニ第八十八條第五項ノ屆出アリタル警察官署ヲ經テ之ヲ地方長官（東京府ニ在リテハ警視總監）ニ屆出ツヘシ

地方長官（東京府ニ在リテハ警視總監）ハ前項ノ規定ニ依リ屆出アリタル選擧運動ノ費用ヲ告示スヘシ

第百七條　選擧事務長ハ前條第一項ノ屆出ヲ爲シタル日ヨリ一年間選擧運動ノ費用ニ關スル帳簿及書類ヲ保存スヘシ

前項ノ帳簿及書類ハ勅令ヲ以テ之ヲ定ム

第百八條　警察官吏ハ選擧ノ期日後何時ニテモ選擧事務長ニ對シ選擧運動ノ費用ニ關スル帳簿又ハ書類ノ提出ヲ命シ、之ヲ檢査シ又ハ之ニ關スル說明ヲ求ムルコトヲ得

第百九條　選擧事務長辭任シ又ハ解任セラレタル場合ニ於テハ遲滯ナク選擧運動ノ費用ノ計算ヲ爲シ新ニ選擧事務長ト爲リタル者ニ對シ、新ニ擧選事務長ト爲リタル者ナキトキハ第九十五條ノ規定ニ依リ選擧事務長ノ職務ヲ行フ者ニ對シ選擧事務所、選擧委員、選擧事務員其ノ他ニ關スル事務ト共ニ其ノ引繼ヲ爲スヘシ第九十五條ノ規定ニ依リ選擧事務長ノ職務ヲ行フ者事務ノ引繼ヲ受ケタル後新ニ選擧事務長ノ定リタルトキ亦同シ

第百十條　議員候補者ノ爲支出セラレタル選擧運動ノ費用カ第百二條第二項ノ規定ニ依リ告示セラレタル額ヲ超エタルトキハ其ノ議員候補者ノ當選ヲ無効トス但シ議員候補者及推薦屆出者カ選擧事務長又ハ之ニ代リテ其ノ職務ヲ行フ者ノ選任及監督ニ付相當ノ注意ヲ爲シ且ツ選擧事務長又ハ之ニ代リテ職務ヲ行フ者ニ於テ選擧運動ノ費用ノ支出ニ付キ過失ナカリシトキハ此ノ限ニ在ラス

第十二章　罰　則

第百十一條　詐僞ノ方法ヲ以テ選擧人名簿ニ登錄セラ

レタル者又ハ第二十五條第二項ノ場合ニ於テ虛僞ノ宣言ヲ爲シタル者ハ百圓以下ノ罰金ニ處ス

第百十二條　左ノ各號ニ揭クル行爲ヲ爲シタル者ハ二年以下ノ懲役若ハ禁錮又ハ千圓以下ノ罰金ニ處ス

一　當選ヲ得若ハ得シメサル目的ヲ以テ選擧人又ハ選擧運動者ニ對シ金錢、物品其ノ他ノ財產上ノ利益若ハ公私ノ職務ノ供與、其ノ供與ノ申込若ハ約束ヲ爲シ又ハ饗應接待、其ノ申込若ハ約束ヲ爲シタルトキ

二　當選ヲ得若ハ得シメ又ハ得シメサル目的ヲ以テ選擧人又ハ選擧運動者ニ對シ其ノ者又ハ其ノ者ノ關係アル社寺、學校、會社、組合、市町村等ニ對スル用水、小作、債權、寄附其ノ他特殊ノ直接利害關係ヲ利用シテ誘導ヲ爲シタルトキ

三　投票ヲ爲シ若ハ爲ササルコト、選擧運動ヲ爲シ若ハ止メタルコト又ハ其ノ周旋勸誘ヲ爲シタルコトノ報酬ト爲ス目的ヲ以テ選擧人又ハ選擧運動者ニ對シ第一號ニ揭クル行爲ヲ爲シタルトキ

四　第一號若ハ前號ノ供與、饗應接待ヲ受ケ若ハ要

求シ、第一號若ハ前號ノ申込ヲ承諾シ又ハ第二號ノ誘導ニ應シ若ハ之ヲ促シタルトキ

五　前各號ニ揭クル行爲ニ關シ周旋又ハ勸誘ヲ爲シタルトキ

第百十三條　左ノ各號ニ揭クル行爲ヲ爲シタル者ハ三年以下ノ懲役若ハ禁錮又ハ二千圓以下ノ罰金ニ處ス

一　議員候補者タルコト若クハ議員候補者タラムトスルコトヲ止メシムル目的ヲ以テ議員候補者若ハ議員候補者タラムトスル者ニ對シ又ハ當選ヲ辭セシムル目的ヲ以テ當選人ニ對シ前條第一號又ハ第二號ニ揭クル行爲ヲ爲シタルトキ

二　議員候補者タルコト若ハ議員候補者タラムトスルコトヲ止メタルコト、當選ヲ辭シタルコト又ハ其ノ周旋勸誘ヲ爲シタルコトノ報酬ト爲ス目的ヲ以テ議員候補者タリシ者、議員候補者タラムトシタル者又ハ當選人タリシ者ニ對シ前條第一號ニ揭クル行爲ヲ爲シタルトキ

三　前二號ノ供與、饗應接待ヲ受ケ若ハ要求シ、前二號ノ申込ヲ承諾シ又ハ第一號ノ誘導ニ應シ若ハ之

ヲ促シタルトキ

四　前各號ニ掲クル行爲ニ關シ周旋又ハ勸誘ヲ爲シタルトキ

第百十四條　前二條ノ場合ニ於テ收受シタル利益ハ之ヲ沒收ス其ノ全部又ハ一部ヲ沒收スルコト能ハサルトキハ其ノ價額ヲ追徴ス

第百十五條　選擧ニ關シ左ノ各號ニ掲クル行爲ヲ爲シタル者ハ三年以下ノ懲役若ハ禁錮又ハ二千圓以下ノ罰金ニ處ス

一　選擧人、議員候補者、議員候補者タラムトスル者、選擧運動者又ハ當選人ニ對シ暴行若ハ威力ヲ加ヘ又ハ之ヲ拐引シタルトキ

二　交通若ハ集會ノ便ヲ妨ケ又ハ演説ヲ妨害シ其ノ他僞計詐術等不正ノ方法ヲ以テ選擧ノ自由ヲ妨害シタルトキ

三　選擧人、議員候補者、議員候補者タラムトスル者、選擧運動者若ハ當選人又ハ其ノ關係アル社寺、學校、會社、組合、市町村等ニ對スル用水、小作、債權、寄附其ノ他特殊ノ利害關係ヲ利用シテ選擧人、議員候補者、議員候補者タラムトスル者、選擧運動者又ハ當選人ヲ威逼シタルトキ

第百十六條　選擧ニ關シ官吏又ハ吏員故意ニ其ノ職務ノ執行ヲ怠リ又ハ職權ヲ濫用シテ選擧ノ自由ヲ妨害シタルトキハ三年以下ノ禁錮ニ處ス

官吏又ハ吏員選擧人ニ對シ其ノ投票セムトシ又ハ投票シタル被選擧人ノ氏名ノ表示ヲ求メタルトキハ三月以下ノ禁錮又ハ百圓以下ノ罰金ニ處ス

第百十七條　選擧事務ニ關係アル官吏、吏員、立會人又ハ監視者選擧人ノ投票シタル被選擧人ノ氏名ヲ表示シタルトキハ二年以下ノ禁錮又ハ千圓以下ノ罰金ニ處ス其ノ表示シタル事實虚僞ナルトキ亦同シ

第百十八條　投票所又ハ開票所ニ於テ正當ノ事由ナクシテ選擧人ノ投票ニ關渉シ又ハ被選擧人ノ氏名ヲ認知スルノ方法ヲ行ヒタル者ハ一年以下ノ禁錮又ハ五百圓以下ノ罰金ニ處ス

法令ノ規定ニ依ラスシテ投票函ヲ開キ又ハ投票函中ノ投票ヲ取出シタル者ハ三年以下ノ懲役若ハ禁錮又ハ二千圓以下ノ罰金ニ處ス

第百十九條　投票管理者、開票管理者、選擧長、立會人若ハ選擧監視者ニ暴行若ハ脅迫ヲ加ヘ、選擧會場開票所若ハ投票所ヲ騷擾シ又ハ投票、投票函其ノ他關係書類ヲ抑留、毀壞若ハ奪取シタル者ハ四年以下ノ懲役又ハ禁錮ニ處ス

第百二十條　多衆聚合シテ第百十五條第一號又ハ前號ノ罪ヲ犯シタル者ハ左ノ區別ニ從テ處斷ス

一　首魁ハ一年以上七年以下ノ懲役又ハ禁錮ニ處ス

二　他人ヲ指揮シ又ハ他人ニ率先シテ勢ヲ助ケタル者ハ六月以上五年以下ノ懲役又ハ禁錮ニ處ス

三　附和隨行シタル者ハ百圓以下ノ罰金又ハ科料ニ處ス

第百十五條第一號又ハ前條ノ罪ヲ犯ス爲多衆聚合シ當該公務員ヨリ解散ノ命ヲ受クルコト三回以上ニ及フモ仍解散セサルトキハ首魁ハ二年以下ノ禁錮ニ處シ其ノ他ノ者ハ百圓以下ノ罰金又ハ科料ニ處ス

第百二十一條　選擧ニ關シ銃砲、刀劍、棍棒其ノ他人ヲ殺傷スルニ足ルヘキ物件ヲ携帶シタル者ハ二年以下ノ禁錮又ハ千圓以下ノ罰金ニ處ス

警察官吏又ハ憲兵ハ必要ト認ムル場合ニ於テ前項ノ物件ヲ領置スルコトヲ得

第百二十二條　前條ノ物件ヲ携帶シテ選擧會場、開票所又ハ投票所ニ入リタル者ハ三年以下禁錮又ハ二千圓以下ノ罰金ニ處ス

第百二十三條　前二條ノ罪ヲ犯シタル場合ニ於テハ其ノ携帶シタル物件ヲ沒收ス

第百二十四條　選擧ニ關シ多衆集合シ又ハ隊伍ヲ組ミテ往來シ又ハ煙火、松明ノ類ヲ用ヒ若ハ鐘鼓、喇叭ノ類ヲ鳴ラシ旗幟其ノ他ノ標章ヲ用フル等氣勢ヲ張ルノ行爲ヲ爲シ警察官吏ノ制止ヲ受クルモ仍其ノ命ニ從ハサル者ハ六月以下ノ禁錮又ハ三百圓以下ノ罰金ニ處ス

第百二十五條　演說又ハ新聞紙、雜誌、引札、張札等ノ他何等ノ方法ヲ以テスルニ拘ラス第百十二條、第百十三條、第百十五條、第百十八條乃至第百二十二條及前條ノ罪ヲ犯サシムル目的ヲ以テ人ヲ煽動シタル者ハ一年以下ノ禁錮又ハ五百圓以下ノ罰金ニ處ス但シ新聞紙及雜誌ニ在リテハ仍其ノ編輯人及實際編

輯ヲ擔當シタル者ヲ罰ス

第百二十六條　演說又ハ新聞紙、雜誌、引札、張札、其ノ他何等ノ方法ヲ以テスルニ拘ラス左ノ各號ニ掲クル行爲ヲ爲シタル者ハ二年以下ノ禁錮又ハ千圓以下ノ罰金ニ處ス新聞紙及雜誌ニ在リテハ前條但書ノ例ニ依ル

一　當選ヲ得又ハ得シムル目的ヲ以テ議員候補者ノ身分、職業又ハ經歷ニ關シ虛僞ノ事項ヲ公ニシタルトキ

二　當選ヲ得シメサル目的ヲ以テ議員候補者ニ關シ虛僞ノ事項ヲ公ニシタルトキ

第百二十七條　選擧人ニ非サル者投票ヲ爲シタルトキハ一年以下ノ禁錮又ハ五百圓以下ノ罰金ニ處ス

氏名ヲ詐稱シ其ノ他詐僞ノ方法ヲ以テ投票ヲ爲シタル者ハ二年以下ノ禁錮又ハ千圓以下ノ罰金ニ處ス投票ヲ僞造シ又ハ其ノ數ヲ增減シタル者ハ三年以下ノ懲役若ハ禁錮又ハ二千圓以下ノ罰金ニ處ス

選擧事務ニ關係アル官吏、吏員、立會人又ハ監視者前項ノ罪ヲ犯シタルトキハ五年以下ノ懲役若ハ禁錮又ハ二千圓以下ノ罰金ニ處ス

第百二十八條　立會人正當ノ事故ナクシテ本法ニ定メタル義務ヲ缺クトキハ百圓以下ノ罰金ニ處ス

第百二十九條　第九十六條若ハ第九十八條ノ規定ニ違反シタル者又ハ第九十四條ノ規定ニ依ル命令ニ從ハサル者ハ一年以下ノ禁錮又ハ五百圓以下ノ罰金ニ處ス

第百三十條　第九十條第一項第二項ノ規定ニ依ル定數ヲ超エ若ハ第九十一條ノ規定ニ違反シテ選擧事務所ヲ設置シタルモノ又ハ第九十二條ノ規定ニ違反シテ休憩所其ノ他之ニ類似スル設備ヲ設ケタル者ハ三百圓以下ノ罰金ニ處ス

第九十三條ノ規定ニ依ル定數ヲ超エテ選擧委員又ハ選擧事務員ノ選任ヲ爲シタル者亦前項ニ同シ

第百三十一條　第八十九條第一項、第九十九條又ハ第百九條ノ規定ニ違反シタル者ハ六月以下ノ禁錮又ハ三百圓以下ノ罰金ニ處ス

第百三十二條　第八十八條第五項乃至第七項又ハ第八十九條第四項ノ屆出ヲ怠リタル者ハ百圓以下ノ罰金

ニ處ス
第百條ノ規定ニ依ル命令ニ違反シタル者亦前項ニ同シ

第百三十三條　選擧事務長又ハ選擧事務長ニ代リ其ノ職務ヲ行フ者第百二條第二項ノ規定ニ依リ告示セラレタル額ヲ超エ選擧運動ノ費用ヲ支出シ又ハ第百一條第一項但書ノ規定ニ依ル承諾ヲ與ヘテ支出セシメタルトキハ一年以下ノ禁錮又ハ五百圓以下ノ罰金ニ處ス

第百三十四條　第百一條ノ規定ニ違反シテ選擧運動ノ費用ヲ支出シタル者ハ一年以下ノ禁錮ニ處ス

第百三十五條　左ノ各號ニ揭クル行爲ヲ爲シタル者ハ六月以下ノ禁錮又ハ三百圓以下ノ罰金ニ處ス

一　第百五條ノ規定ニ違反シテ帳簿ヲ備ヘス又ハ帳簿ニ記載ヲ爲サス若ハ之ニ虛僞ノ記入ヲ爲タルトキ

二　第百六條第一項ノ屆出ヲ怠リ又ハ虛僞ノ屆出ヲ爲シタルトキ

三　第百七條第一項ノ規定ニ違反シテ帳簿又ハ書類ヲ保存セサルトキ

四　第百七條第一項ノ規定ニ依リ保存スヘキ帳簿又ハ書類ニ虛僞ノ記入ヲ爲シタルトキ

五　第百八條ノ規定ニ依ル帳簿若ハ書類ノ提出ハ者檢査ヲ拒ミ若ハ之ヲ妨ケ又ハ說明ノ求ニ應セサルトキ

第百三十六條　當選人其ノ選擧ニ關シ本章ニ揭クル罪ヲ犯シ刑ニ處セラレタルトキハ其ノ當選ヲ無効ニス選擧事務長第百十二條又ハ第百十三條ノ罪ヲ犯シ六ニ處セラレタルトキ亦同シ
但シ選擧事務長ノ選任及監督ニ付キ相當ノ注意ヲ爲シタルトキハ此ノ限ニ在ラス

第百三十七條本章ニ揭クル罪ヲ犯シタル者ニシテ罰金ノ刑ニ處セラレタル者ニ在リテハ其ノ裁判確定ノ後五年間、禁錮以上ノ刑ニ處セラレタル者ニ在リテハ其裁判確定ノ後刑ノ執行ヲ終ル迄間又ハ刑ノ時効ニ因ル場合ヲ除クノ外刑ノ執行ノ免除ヲ受クル迄ノ間及其ノ後五年間衆議院議員及選擧ニ付本章ノ規定ヲ準用スル議會ノ議員ノ選擧權及被選擧權ヲ有セス禁錮以上ノ刑ニ處セラレタル者ニ付其裁判確定ノ後刑

ノ執行ヲ受クルコトナキニ至ル迄ノ間亦同シ
前項ニ規定スル者ト雖情狀ニ因リ裁判所ハ刑ノ言渡ト同時ニ前項ノ規定ヲ適用セス又ハ其ノ期間ヲ短縮スル旨ノ宣告ヲ爲スコトヲ得
前二項ノ規定ハ第六條第二號ノ規定ニ該當スル者ニハ之ヲ適用セス
第百三十八條　第百二十七條第三項及第四項ノ罪ノ時効ハ一年ヲ經過スルニ因リテ完成ス
前項ニ掲クル罪以外ノ本章ノ罪ノ時効ハ六月ヲ經過スルニ因リテ完成ス但シ犯人逃亡シタルトキハ其ノ期間ハ一年トス

第十三章　補則

第百三十九條　選擧ニ關スル費用ニ付テハ勅令ヲ以テ之ヲ定ム
第百四十條　議員候補者又ハ推薦届出者ハ勅令ノ定ムル所ニ依リ其ノ選擧區内ニ在ル選擧人ニ對シ選擧運動ノ爲ニスル通常郵便物ヲ選擧人一人ニ付一通ヲ限リ無料ヲ以テ差出スコトヲ得公立學校其ノ他勅令ヲ以テ定ムル營造物ノ設備ハ勅令ノ定ムル所ニ依リ演説ニ依ル運動ノ爲其ノ使用ヲ許可スヘシ
第百四十一條　選擧ニ關スル訴訟ニ付テハ本法ニ規定シタルモノヲ除クノ外民事訴訟ノ例ニ依ル選擧ニ關スル訴訟ニ付テハ裁判所ハ他ノ訴訟ノ順序ニ拘ラス速ニ其ノ裁判ヲ爲スヘシ
第百四十二條　第十二章ニ掲クル罪ニ關スル刑事訴訟ニ付テハ上告裁判所ハ刑事訴訟法第四百二十二條第一項ノ期間ニ依ラサルコトヲ得
第百四十三條　當選人其ノ選擧ニ關シ第十二章ニ掲クル罪ヲ犯シ刑ニ處セラレタルトキ又ハ選擧事務長第百十二條若ハ第百十三條ノ罪ヲ犯シ刑ニ處セラレタルトキハ裁判所長ハ其ノ旨ヲ內務大臣及關係地方長官ニ通知スヘシ
第百四十四條　町村組合ニシテ町村ノ事務ノ全部又ハ役場事務ヲ共同處理スルモノハ本法ノ適用ニ付テハ之ヲ一町村、其ノ組合管理者ハ之ヲ町村長、其組合役場ハ之ヲ町村役場ト看做ス
第百四十五條　郡長ヲ置カサル地ニ於テハ本法中郡ニ

關スル規定ハ島司又ハ北海道廳支廳長ノ管轄區域ニ、郡長ニ關スル規定ハ島司又ハ北海道廳支廳長ニ、郡役所ニ關スル規定ハ島廳又ハ北海道廳支廳ニ之ヲ適用ス

市制第六條ノ市ニ於テハ本法中市ニ關スル規定ハ區ニ、市長ニ關スル規定ハ區長ニ、市役所ニ關スル規定ハ區役所ニ之ヲ適用ス

町村制ヲ施行セサル地ニ於テハ本法中町村ニ關スル規定ハ町村ニ準スヘキモノニ、町村長ニ關スル規定ハ町村長ニ準スヘキ者ニ、町村役場ニ關スル規定ハ町村役場ニ準スヘキモノニ之ヲ適用ス

第百四十六條　交通至難ノ島嶼其ノ他ノ地ニ於テ本法ノ規定ヲ適用シ難キ事項ニ付テハ勅令ヲ以テ特別ノ規定ヲ設クルコトヲ得

第百四十七條　第三十三條ノ規定ニ依ル投票ニ付テハ其ノ投票ヲ管理スヘキ者ハ之ヲ投票管理者、其ノ投票ヲ記載スヘキ場所ハ之ヲ投票所、其ノ投票ニ立會フヘキ者ハ之ヲ投票立會人ト看做シ第十二章ノ規定ヲ適用ス

第百四十八條　本法ノ適用ニ付テハ明治十三年第三十六號布告刑法ノ重罪ノ刑ニ處セラレタル者ハ之ヲ六年ノ懲役又ハ禁錮以上ノ刑ニ處セラレタル者、同法ノ禁錮ノ刑ニ處セラレタル者ハ之ヲ六年未滿ノ懲役又ハ禁錮ノ刑ニ處セラレタル者ト看做ス

第百四十九條　明治十三年第三十六號布告刑法第二編第四章第九節ノ規定ハ衆議院議員ノ選擧ニ關シテハ之ヲ適用セス

第百五十條　本法ハ東京府小笠原島並北海道廳根室支廳管内占守郡、新知郡、得撫郡及色丹郡ニハ當分ノ内之ヲ施行セス

附　則

本法ハ次ノ總選擧ヨリ之ヲ施行ス

本法ニ依リ初テ議員ヲ選擧スル場合ニ於テ第十八條ノ規定ニ依リ難キトキハ勅令ヲ以テ別ニ總選擧ノ期日ヲ定ムルコトヲ得

前項ノ規定ニ依ル總選擧ニ必要ナル選擧人名簿ニ關シ第十二條、第十三條、第十五條又ハ第十七條ニ規

定スル期日又ハ期間ニ依リ難キトキハ勅令ヲ以テ別ニ其ノ期日又ハ期間ヲ定ム但シ其ノ選擧人名簿ハ次ノ選擧人確定迄其ノ効力ヲ有ス

（別表略ス）

府縣制

第一章　總則

第一條　府縣ハ從來ノ區域ニ依リ郡市及島嶼ヲ包括ス

第二條　府縣ハ法人トシ官ノ監督ヲ承ケ法律命令ノ範圍内ニ於テ其ノ公共事務並從來法律命令又ハ慣例ニ依リ及將來法律勅令ニ依リ府縣ニ屬スル事務ヲ處理ス

第三條　府縣ノ廢置分合又ハ境界變更ヲ要スルトキハ法律ヲ以テ之ヲ定ム

府縣ノ境界ニ渉リテ郡市町村境界ノ變更アリタルトキハ府縣ノ境界モ亦自ラ變更ス所屬未定地ヲ市町村ノ區域ニ編入シタルトキ亦同シ本條ノ處分ニ付財産處分ヲ要スルトキハ内務大臣ハ關係アル府縣郡市參事會及町村會ノ意見ヲ徴シテ之ヲ定ム但シ特ニ法律ノ規定アルモノハ此ノ限ニ在ラス

第二章　府縣會

第一款　組織及選擧

第四條　府縣會議員ハ各選擧區ニ於テ之ヲ選擧ス

選擧區ハ郡市ノ區域ニ依ル但シ東京市京都市大阪市其ノ他勅令ヲ以テ指定シタル市ニ於テハ區ノ區域ニ依ル

府縣知事ハ府縣會ノ議決ヲ經内務大臣ノ許可ヲ受ケ前項ノ規定ニ依ル選擧區ヲ分チテ數選擧區ト爲スコトヲ得

前項ノ規定ニ依リ選擧區ヲ分ツ場合ニ付テ必要ナル規定ハ勅令ヲ以テ之ヲ定ム

第五條　府縣會議員ハ府縣ノ人口七十萬未滿ハ議員三十人ヲ以テ定員トシ七十萬以上百萬未滿ハ五萬ヲ加フル毎ニ一人ヲ増シ百萬以上ハ七萬ヲ加フル毎ニ一人ヲ増ス

各選擧區ニ於テ選擧スヘキ府縣會議員ノ數ハ府縣會ノ議決ヲ經テ府縣知事之ヲ定ム

議員ノ配當ニ關シ必要ナル事項ハ內務大臣之ヲ定ム

議員ノ定數ハ總選擧ヲ行フ場合ニ非サレハ之ヲ增減セス

第六條　府縣內ノ市町村公民ニシテ一年以來其ノ府縣內ニ於テ直接國稅ヲ納ムル者ハ府縣會議員ノ選擧權及被選擧權ヲ有ス

家督相續ニ依リ財產ヲ取得シタル者ニ付テハ其ノ財產ニ付被相續人ノ爲シタル納稅ヲ以テ其ノ者ノ爲シタル納稅ト看做ス

確定名簿ニ登錄セラレタル者ハ其ノ名簿調製期日後選擧權ノ納稅要件ヲ闕クニ至リタル場合ト雖其ノ確定名簿据置ノ期間內仍選擧權ヲ有ス

府縣會議員ハ住所ヲ移シタル爲市町村ノ公民權ヲ失フコトアルモ其ノ住所同府縣內ニ在ルトキハ之カ爲其ノ職ヲ失フコトナシ

府縣會議員ノ選擧權及被選擧權ノ要件中其ノ年限ニ關スルモノハ府縣郡市町村ノ廢置分合若ハ境界變更ノ爲中斷セラルヽコトナシ

陸海軍軍人ニシテ現役中ノ者及戰時又ハ事變ニ際シ召集中ノ者ハ府縣會議員ノ選擧權及被選擧權ヲ有セス

市町村公民權停止中ノ者ハ府縣會議員ノ選擧權及被選擧權ヲ有セス

左ニ揭クル者ハ府縣會議員ノ被選擧權ヲ有セス其ノ之ヲ罷メタル後一箇月ヲ經過セサル者亦同シ

一　其ノ府縣ノ官吏及有給吏員

二　檢事警察官吏及收稅官吏

三　神官神職僧侶其ノ他諸宗敎師

四　小學校敎員

前項ノ外ノ官吏ニシテ當選シ之ニ應セントスルトキハ所屬長官ノ許可ヲ受クヘシ

選擧事務ニ關係アル官吏、吏員ハ其ノ關係區域內ニ於テ被選擧權ヲ有セス其ノ之ヲ罷メタル後一箇月ヲ經過セサル者亦同シ

府縣ニ對シ請負ヲ爲シ若ハ府縣ニ於テ費用ヲ負擔スル事業ニ付府縣知事又ハ其ノ委任ヲ受ケタル者ニ對

シ請負ヲ爲ス者及其ノ支配人又ハ主トシテ同一ノ行爲ヲ爲ス法人ノ無限責任社員、役員及支配人ハ其ノ府縣ニ於テ被選擧權ヲ有セス
前項ノ役員トハ取締役、監査役及之ニ準スヘキ者並清算人ヲ謂フ
第七條　府縣會議員ハ名譽職トス
府縣會議員ハ衆議院議員ト相兼ヌルコトヲ得ス
議員ノ任期ハ四年トシ總選擧ノ日ヨリ之ヲ起算ス
第八條　府縣會議員中闕員アルトキハ三箇月以內ニ補闕選擧ヲ行フヘシ
議員闕員ト爲リタルトキ其ノ議員カ第二十九條第二項ノ規定ノ適用ニ依リ當選者ト爲リタル者ナル場合ハ本條本項、第三十二條第一項但書若クハ第三十六條第一項但書ノ規定ニ依ル第二十九條第二項ノ規定ノ準用ニ依リ當選者ト爲リタル者ナル場合ニ於テハ選擧長ハ直ニ第二十九條第二項ノ規定ノ適用又ハ準用ヲ受ケタル他ノ得票者ニ就キ當選者ヲ定ムヘシ此ノ場合ニ於テハ第二十九條第二項及第三十一條ノ規定ヲ準用ス
補闕議員ハ其ノ前任者ノ殘任期間在任ス
第九條　町村長ハ每年九月十五日ヲ期トシ其ノ日ノ現在ニ依リ其ノ町村內ノ選擧人名簿二本ヲ調製シ其ノ一本ヲ十月一日マテニ郡長ニ送付スヘシ
郡長ハ町村長ヨリ送付シタル名簿ヲ合シ每年十月十五日マテニ其ノ選擧區ノ選擧人名簿ヲ調製スヘシ
第十條　市長ハ每年九月十五日ヲ期トシ其ノ日ノ現在ニ依リ十月十五日マテニ其ノ選擧區ノ選擧人名簿ヲ調製スヘシ
第十一條　選擧人其ノ住所ヲ有スル市町村外ニ於テ直接國稅ヲ納ムルトキハ命令ノ定ムル所ニ依リ其ノ證明ヲ得テ九月二十日マテニ其ノ住所地ノ市町村長ニ屆出ツヘシ其ノ期限內ニ屆出ヲ爲サヽルトキハ其ノ納稅ハ選擧人名簿ニ記載セラルヘキ要件ニ算入セス
第十二條　郡市町村長ハ十月二十日ヨリ十五日間其ノ郡市役所町村役場ニ於テ選擧人名簿ヲ關係者ノ縱覽ニ供スヘシ若關係者ニ於テ異議アルトキ又ハ正當ノ事故ニ依リ前條ノ手續ヲ爲スコト能ハスシテ名簿ニ登錄セラレサルトキハ縱覽期限內ニ之ヲ郡市長ニ申

立ルコトヲ得此ノ場合ニ於テハ郡市長ハ其ノ申立ヲ受ケタル日ヨリ十日以内ニ之ヲ決定スヘシ

前項郡市長ノ決定ニ不服アル者ハ府縣參事會ニ訴願シ其ノ裁決ニ不服アル者ハ行政裁判所ニ出訴スルコトヲ得

前項ノ裁決ニ關シテハ府縣知事郡市長ヨリモ亦訴訟ヲ提起スルコトヲ得

選擧人名簿ハ十二月十五日ヲ以テ確定期限トシ確定名簿ハ次年ノ十二月十四日マテ之ヲ据置クヘシ

府縣參事會ノ裁決確定シ又ハ訴訟ノ判決ニ依リ名簿ノ修正ヲ要スルトキハ郡市長ニ於テ直ニ之ヲ修正スヘシ

本條ニ依リ郡市長ニ於テ名簿ヲ修正シタルトキハ其ノ要領ヲ告示シ郡長ハ本人住所地ノ町村長ニ通知シ町村長ハ名簿ヲ修正シ之ヲ告示スヘシ

確定名簿ニ登錄セラレサル者ハ選擧ニ參與スルコトヲ得ス但シ選擧人名簿ニ記載セラルヘキ確定裁決書若ハ判決書ヲ所持シ選擧ノ當日投票所ニ到ル者ハ此ノ限ニ在ラス

確定名簿ニ登錄セラレタル者選擧權ヲ有セサルトキハ選擧ニ參與スルコトヲ得ス但シ名簿ハ之ヲ修正スル限ニ在ラス

異議ノ決定若ハ訴願ノ裁決確定シ又ハ訴訟ノ判決アリタルニ依リ名簿無効トナリタルトキハ九月十五日ノ現在ニ依リ更ニ名簿ヲ調製スヘシ但シ名簿調製ノ期日マテニ選擧權ヲ失ヒタル者ハ名簿ニ登錄スル限ニ在ラス

天災事變等ノ爲必要アルトキハ更ニ選擧人名簿ヲ調製シ又ハ之ヲ縱覽ニ供スヘシ

前二項ノ名簿調製期日縱覽修正及確定ニ關スル期限等ハ府縣知事ノ定ムル所ニ依ル

府縣郡市町村ノ廢置分合境界變更ノ場合ニ於ケル名簿ノ分合ニ關シテハ命令ヲ以テ之ヲ定ム

第十三條　府縣會議員ノ選擧ハ府縣知事ノ告示ニ依リ之ヲ行フ其ノ告示ニハ選擧ヲ行フヘキ選擧區投票ヲ行フヘキ日時及選擧スヘキ議員ノ員數ヲ記載シ選擧ノ日ヨリ少クトモ二十日前ニ之ヲ發スヘシ

天災事變等ノ爲投票ヲ行フコトヲ得サルトキ又ハ更

ニ投票ヲ行フノ必要アルトキハ府縣知事ハ當該選擧區又ハ投票區ニ付投票ヲ行フヘキ日時ヲ定メ少クトモ七日前ニ之ヲ告示スヘシ

第十四條　府縣會議員ノ選擧ハ郡市長之ヲ管理ス

第十五條　投票區ハ市町村ノ區域ニ依ル但シ第四條第三項ノ規定ノ適用ニ依リ市ノ區域內ニ數選擧區アルトキハ其ノ選擧區ノ區域ニ依ル

府縣知事ハ命令ノ定ムル所ニ依リ前項ノ規定ニ依ル投票區ノ區域內ニ二箇以上ノ投票區ヲ設ケ又ハ數町村ノ區域ニ依リ一投票區ヲ設クルコトヲ得

投票所ハ市役所町村役場又ハ市町村長ノ指定シタル場所ニ之ヲ設ケ市町村長其ノ事務ヲ管理ス

投票所ハ市町村長ニ於テ選擧ノ日ヨリ少クトモ五日前ニ之ヲ告示スヘシ

第二項ノ場合ニ於テ投票ニ關シ本法ヲ適用シ難キトキハ命令ヲ以テ特別ノ規定ヲ設クルコトヲ得

第十六條　市町村長ハ臨時ニ其ノ管理スル投票區域內ニ於ケル選擧人中ヨリ投票立會人二名乃至四名ヲ選任スヘシ

投票立會人ハ名譽職トス

第十七條　選擧人ニ非サル者ハ投票所ニ入ルコトヲ得ス但シ投票所ノ事務ニ從事スル者投票所ヲ監視スル職權ヲ有スル者又ハ警察官吏ハ此ノ限ニ在ラス

投票所ニ於テ演說討論ヲ爲シ若ハ喧擾ニ涉リ投票ニ關シ協議若ハ勸誘ヲ爲シ其ノ他投票所ノ秩序ヲ紊ス者アルトキハ投票管理者ハ之ヲ制止シ命ニ從ハサルトキハ之ヲ投票所外ニ退出セシムヘシ

前項ノ規定ニ依リ退出セシメラレタル者ハ最後ニ至リ投票ヲ爲スコトヲ得但シ投票管理者投票所ノ秩序ヲ紊スノ虞ナシト認ムル場合ニ於テ投票ヲ爲サシムルヲ妨ケス

第十八條　選擧ハ投票ニ依リ之ヲ行フ

投票ハ一人一票ニ限ル

選擧人ハ選擧ノ當日投票時間內ニ自ラ投票所ニ到リ選擧人名簿ノ對照ヲ經又ハ確定裁決書若ハ判決書ヲ提示シテ投票ヲ爲スヘシ

投票時間內ニ投票所ニ入リタル選擧人ハ其ノ時間ヲ過クルモ投票ヲ爲スコトヲ得

選擧人ハ投票所ニ於テ投票用紙ニ自ラ被選擧人一名ノ氏名ヲ記載シテ投函スヘシ

投票用紙ニハ選擧人ノ氏名ヲ記載スルコトヲ得ス

自ラ被選擧人ノ氏名ヲ書スルコト能ハサル者ハ投票ヲ爲スコトヲ得ス

投票用紙ハ府縣知事ノ定ムル所ニ依リ一定ノ式ヲ用ウヘシ

選擧人名簿調製ノ後選擧人其ノ投票區域外ニ住所ヲ移シタル場合ニ於テ仍選擧權ヲ有スルトキハ前住所地ノ投票所ニ於テ投票ヲ爲スヘシ

第三十二條第一項若ハ第三十六條ノ選擧又ハ補闕選擧ヲ同時ニ行フ場合ニ於テハ一ノ選擧ヲ以テ合併シテ之ヲ行フ

第十九條　投票ノ拒否ハ投票立會人之ヲ議決ス可否同數ナルトキハ市町村長之ヲ決スヘシ

第二十條　市町村長ハ投票錄ヲ製シ投票ニ關スル顚末ヲ記載シ投票立會人ト共ニ之ニ署名スヘシ

第二十一條　投票ヲ終リタルトキハ町村長ハ其ノ指定シタル投票立會人ト共ニ直ニ投票函及投票錄ヲ選擧會場ニ送致スヘシ

第二十二條　島嶼其ノ他交通不便ノ地ニ對シテハ府縣知事ハ適宜ニ其ノ投票期日ヲ定メ選擧會ノ期日マテニ其ノ投票函ヲ送致セシムルコトヲ得

第二十三條　選擧會ハ郡役所市役所又ハ郡市長ノ指定シタル場所ニ於テ之ヲ開クヘシ

前項選擧會ノ場所及日時ハ郡市長豫メ之ヲ告示スヘシ

第二十四條　郡市長ハ選擧人中ヨリ選擧立會人二名乃至六名ヲ選任スヘシ

選擧立會人ハ名譽職トス

第二十五條　郡市長ハ選擧長ト爲リ郡ニ於テハ投票函ノ總テ到達シタル翌日市ニ於テハ投票ノ翌日選擧立會人立會ノ上投票函ヲ開キ投票ノ總數ト投票人ノ總數トヲ計算スヘシ若投票ト投票人トノ總數ニ差異ヲ生シタルトキハ其ノ由ヲ選擧錄ニ記載スヘシ但シ場合ニ依リ選擧會ハ郡ニ於テハ投票函到達ノ日市ニ於テハ投票ノ日之ヲ開クコトヲ得

天災事變等ノ爲所定ノ期日ニ選擧會ヲ開クコトヲ得

サルトキハ郡市長ハ前項ノ規定ニ拘ラス更ニ其ノ期日ヲ定ムヘシ

第一項ノ計算終リタルトキハ選擧長ハ選擧立會人ト共ニ投票ヲ點檢スヘシ

第二十六條　選擧人ハ其ノ選擧會ニ參觀ヲ求ムルコトヲ得

第二十七條　左ノ投票ハ之ヲ無効トス

一　成規ノ用紙ヲ用ヰサルモノ

二　一投票中ニ人以上ノ被選擧人ヲ記載シタルモノ

三　被選擧人ノ何人タルヲ確認シ難キモノ

四　被選擧權ナキ者ノ氏名ヲ記載シタルモノ

五　被選擧人ノ氏名ノ外他事ヲ記入シタルモノ但シ爵位職業身分住所又ハ敬稱ノ類ヲ記入シタルモノハ此ノ限ニ在ラス

六　被選擧人ノ氏名ヲ自書セサルモノ

七　現ニ府縣會議員ノ職ニ在ル者ノ氏名ヲ記載シタルモノ

前項第七條ノ規定ハ總選擧ノ場合ニ於テ第二十二條ノ規定ニ依リ投票期日ヲ定メタルトキハ之ヲ適用セス

第二十八條　投票ノ効力ハ選擧立會人之ヲ議決ス可否同數ナルトキハ選擧長之ヲ決スヘシ

第二十九條　府縣會議員ノ選擧ハ有効投票ノ最多數ヲ得タル者ヲ以テ當選者トス但シ其ノ選擧區ニ配當セラレタル議員定數ヲ以テ選擧人名簿ニ登錄セラレタル人員數ヲ除シテ得タル數ノ七分ノ一以上ノ得票アルコトヲ要ス

當選者ヲ定ムルニ當リ得票ノ數同シキトキハ年長者ヲ取リ年齡同シキトキハ選擧長抽籤シテ之ヲ定ム

第三十條　選擧長ハ選擧錄ヲ製シテ選擧ノ顛末ヲ記載シ選擧ヲ終リタル後之ヲ朗讀シ選擧立會人二名以上ト共ニ之ニ署名シ投票選擧人名簿其ノ他ノ關係書類ト共ニ選擧及當選ノ効力確定スルニ至ルマテ之ヲ保存スヘシ

第三十一條　選擧ヲ終リタルトキハ選擧長ハ直ニ當選者ニ當選ノ旨ヲ告知シ同時ニ選擧錄ノ寫ヲ添ヘ當選者ノ住所氏名ヲ府縣知事ニ報告スヘシ

當選者當選ノ告知ヲ受ケタルトキハ十日以內ニ其ノ

當選ヲ承諾スルヤ否ヲ府縣知事ニ申立ツヘシ

一人ニシテ數選擧區ノ選擧ニ當リタルトキハ最終ニ當選ノ告知ヲ受ケタル日ヨリ十日以內ニ何レノ選擧ニ應スヘキカヲ府縣知事ニ申立ツヘシ

前二項ノ申立ヲ其ノ期限內ニ爲ササルトキハ當選ヲ辭シタルモノト看做ス

第六條第九項ノ官吏ニシテ當選シタル者ニ關シテハ本條ニ定ムル期間ヲ二十日以內トス

第三十二條　當選者當選ヲ辭シタルトキ數選擧區ノ選擧ニ當リ前條第三項ノ規定ニ依リ一ノ選擧區ノ選擧ニ應シタル爲他ノ選擧區ニ於テ當選者タラサルニ至リタルトキ死亡者ナルトキ又ハ選擧ニ關スル犯罪ニ依リ刑ニ處セラレ其ノ當選無効トナリタルトキハ更ニ選擧ヲ行フヘシ但シ其ノ當選者第二十九條第二項ノ規定ノ適用又ハ準用ニ依リ當選者ト爲リタル者ナル場合ニ於テハ第八條第二項ノ例ニ依ル

當選者選擧ニ關スル犯罪ニ依リ刑ニ處セラレ其當選無効トナリタルトキ其ノ前ニ其ノ者ニ關スル補闕選擧若ハ前項ノ選擧ノ告示ヲ爲シタル場合又ハ更ニ選擧ヲ行フコトナクシテ當選者ヲ定メタル場合ニ於テハ前項ノ規定ヲ適用セス

第三十三條　當選者其ノ當選ヲ承諾シタルトキハ府縣知事ハ直ニ當選證書ヲ付與シ及其ノ住所氏名ヲ告示スヘシ

第三十四條　選擧人選擧若ハ當選ノ効力ニ關シ異議アルトキハ選擧ニ關シテハ選擧ノ日ヨリ當選ニ關シテハ前條告示ノ日ヨリ十四日以內ニ之ヲ府縣知事ニ申立ツルコトヲ得

前項ノ異議ハ之ヲ府縣參事會ノ決定ニ付スヘシ

府縣知事ニ於テ選擧若ハ當選ノ効力ニ關シ異議アルトキハ第一項申立ノ有無ニ拘ラス選擧ニ關シテハ第三十一條第一項ノ報告ヲ受ケタル日ヨリ當選ニ關シテハ同條第二項又ハ第三項ノ申立アリタル日ヨリ三十日以內ニ府縣參事會ノ決定ニ付スルコトヲ得

前二項ノ場合ニ於テハ府縣參事會ハ其ノ送付ヲ受ケタル日ヨリ十四日以內ニ之ヲ決定スヘシ

本條府縣參事會ノ決定ニ不服アル者ハ行政裁判所ニ出訴スルコトヲ得

前項ノ決定ニ關シテハ府縣知事郡市長ヨリモ亦訴訟ヲ提起スルコトヲ得

第八條、第三十二條又ハ第三十六條第二項ノ選擧ハ之ニ關係アル選擧又ハ當選ニ關スル異議申立期間、異議ノ決定確定セサル間又ハ訴訟ノ繫屬スル間之ヲ行フコトヲ得ス

府縣會議員ハ選擧又ハ當選ニ關スル決定確定シ又ハ判決アルマテハ會議ニ參與スルノ權ヲ失ハス

第三十五條　選擧ノ規定ニ違反スルコトアルトキハ選擧ノ結果ニ異動ヲ生スルノ虞アル場合ニ限リ其ノ選擧ノ全部又ハ一部ヲ無效トス

當選者ニシテ被選擧權ヲ有セサルトキハ其ノ當選ヲ無效トス

第三十六條　選擧若ハ當選無效ト確定シタルトキハ更ニ選擧ヲ行フヘシ但シ更ニ選擧ヲ行フコトナクシテ當選者ヲ定メ得ヘキ場合ニ於テハ第二十九條第二項及第三十一條ノ規定ヲ準用ス

議員ノ定數ニ足ル當選者ヲ得ルコト能ハサルトキハ其ノ不足ノ員數ニ付更ニ選擧ヲ行フヘシ此ノ場合ニ於テハ第二十九條第一項但書ノ規定ヲ適用セス

第三十七條　府縣會議員ニシテ被選擧權ヲ有セサル者ハ其ノ職ヲ失フ其ノ被選擧權ノ有無ニ關シテハ府縣會議員カ左ノ各號ノ一ニ該當スルニ因リ被選擧權ヲ有セサル場合ヲ除ク外府縣參事會其ノ異議ヲ決定ス

一　禁治產者又ハ準禁治產者ト爲リタルトキ

二　家資分散又ハ破產ノ宣告ヲ受ケ其ノ宣告確定シタルトキ

三　禁錮以上ノ刑ニ處セラレタルトキ

四　選擧ニ關スル犯罪ニ依リ罰金ノ刑ニ處セラレタルトキ

府縣會ニ於テ其ノ議員中被選擧權ヲ有セサル者アリト認ムルトキハ之ヲ府縣知事ニ通知スヘシ但シ議員ハ自己ノ資格ニ關スル會議ニ於テ辯明スルコトヲ得ルモ其ノ議決ニ加ハルコトヲ得ス

府縣知事ハ前項ノ通知ヲ受ケタルトキハ之ヲ府縣參事會ノ決定ニ付スヘシ府縣知事ニ於テ被選擧權ヲ有セサル者アリト認ムルトキ亦同シ

第三十四條第四項ノ規定ハ前項ノ場合ニ之ヲ準用ス

本條府縣參事會ノ決定ニ不服アル者ハ行政裁判所ニ出訴スルコトヲ得

前項ノ決定ニ關シテハ府縣知事ヨリモ亦訴訟ヲ提起スルコトヲ得

府縣會議員ハ其ノ被選擧權ヲ有セストスル決定確定シ又ハ判決アルマテハ會議ニ參與スルノ權ヲ失ハス

第三十八條　本款ニ規定スル異議ノ決定及訴願ノ裁決ハ其ノ決定書若ハ裁決書ヲ交付シタルトキ直ニ之ヲ告示スヘシ

第三十九條　第四條第二項但書ノ市ニ於テハ市長トアルハ區長又市トアルハ區、市役所トアルハ區役所ト看做シ本款ノ規定ヲ準用ス

町村組合ニシテ町村ノ事務ノ全部又ハ役場事務ヲ共同處理スルモノハ之ヲ一町村其ノ組合ノ管理者ハ之ヲ町村長ト看做シ本款ノ規定ヲ準用ス

第四十條　府縣會議員ノ選擧ニ付テハ衆議院議員選擧ニ關スル罰則ヲ準用ス

第二款　職務權限及處務規程

第四十一條　府縣會ノ議決スヘキ事件左ノ如シ

一　歲入出豫算ヲ定ムル事

二　決算報告ニ關スル事

三　法律命令ニ定ムルモノヲ除ク外使用料手數料府縣稅及夫役現品ノ賦課徵收ニ關スル事

四　不動產ノ處分並買受讓受ニ關スル事

五　積立金穀等ノ設置及處分ニ關スル事

六　歲入出豫算ヲ以テ定ムルモノヲ除ク外新ニ義務ノ負擔ヲ爲シ及權利ノ拋棄ヲ爲ス事

七　財產及營造物ノ管理方法ヲ定ムル事但シ法律命令中別段ノ規定アルモノハ此ノ限ニ在ラス

八　其ノ他法律命令ニ依リ府縣會ノ權限ニ屬スル事項

第四十二條　府縣會ハ其ノ權限ニ屬スル事項ヲ府縣參事會ニ委任スルコトヲ得

第四十三條　府縣會ハ法律命令ニ依リ選擧ヲ行フヘシ

第四十四條　府縣會ハ府縣ノ公益ニ關スル事件ニ付意見書ヲ府縣知事若ハ内務大臣ニ呈出スルコトヲ得

第四十五條　府縣會ハ官廳ノ諮問アルトキハ意見ヲ答申スヘシ

府縣會ノ意見ヲ徴シテ處分ヲ爲スヘキ場合ニ於テ府縣會招集ニ應セス若ハ成立セス又ハ意見ヲ呈出セサルトキハ當該官廳ハ其ノ意見ヲ俟タスシテ直ニ處分ヲ爲スコトヲ得

第四十六條　府縣會議員ハ選擧人ノ指示若ハ委囑ヲ受クヘカラス

第四十七條　府縣會ハ議員中ヨリ議長副議長各一名ヲ選擧スヘシ

議長及副議長ノ任期ハ議員ノ任期ニ依ル

第四十八條　議長故障アルトキハ副議長之ニ代ハリ議長副議長共ニ故障アルトキハ臨時ニ議員中ヨリ假議長ヲ選擧スヘシ

前項假議長ノ選擧ニ付テハ年長ノ議員議長ノ職務ヲ代理ス年齡同シキトキハ抽籤ヲ以テ之ヲ定ム

第四十九條　府縣知事及其ノ委任若ハ囑託ヲ受ケタル官吏吏員ハ會議ニ列席シテ議事ニ參與スルコトヲ得

但シ議決ニ加ハルコトヲ得ス

前項ノ列席者ニ於テ發言ヲ求ムルトキハ議長ハ直ニ之ヲ許スヘシ但シ之カ爲議員ノ演說ヲ中止セシムルコトヲ得ス

第五十條　府縣會ハ通常會及臨時會トス

通常會ハ毎年一回之ヲ開ク其ノ會期ハ三十日以內トス臨時會ハ必要アル場合ニ於テ其ノ事件ニ限リ之ヲ開ク其ノ會期ハ七日以內トス

臨時會ニ付スヘキ事件ハ豫メ之ヲ告示スヘシ但シ其ノ開會中急施ヲ要スル事件アルトキハ府縣知事ハ直ニ之ヲ其ノ會議ニ付スルコトヲ得

第五十一條　府縣會ハ府縣知事之ヲ招集ス

招集ハ開會ノ日ヨリ少クトモ十四日前ニ告示スヘシ但シ急施ヲ要スル場合ハ此ノ限ニ在ラス

府縣會ハ府縣知事之ヲ開閉ス

第五十二條　府縣會ハ議員定員ノ半數以上出席スルニ非サレハ會議ヲ開クコトヲ得ス

第五十三條　府縣會ノ議事ハ過半數ヲ以テ決ス可否同數ナルトキハ議長ノ決スル所ニ依ル

第五十四條　議長及議員ハ自己又ハ父母祖父母妻子孫兄弟姉妹ノ一身上ニ關スル事件ニ付テハ其ノ議事ニ參與スルコトヲ得ス但シ府縣會ノ同意ヲ得タルトキ

ハ會議ニ出席シ發言スルコトヲ得
第五十五條　法律命令ノ規定ニ依リ府縣會ニ於テ選擧ヲ行フトキハ本法中別段ノ規定アル場合ヲ除ク外一名毎ニ無記名投票ヲ爲シ有効投票ノ過半數ヲ得タル者ヲ以テ當選トス若過半數ヲ得タル者ナキトキハ最多數ヲ得タル者二名ヲ取リ之ニ就キ決選投票ヲ爲サシム其ノ二名ヲ取ルニ當リ同數者アルトキハ年長者ヲ取リ年齡同シキトキハ議長抽籤シテ之ヲ定ム此ノ決選投票ニ於テハ最多數ヲ得タル者ヲ以テ當選トス若同數ナルトキハ年長者ヲ取リ年齡同シキトキハ議長抽籤シテ之ヲ定ム
前項ノ場合ニ於テハ第十八條及第二十七條ノ規定ヲ準用ス其ノ投票ノ効力ニ關シ異議アルトキハ府縣會之ヲ議決ス
第一項ノ選擧ニ付テハ府縣會ハ其ノ議決ヲ以テ指名推薦ノ法ヲ用ウルコトヲ得
第五十六條　府縣會ノ會議ハ公開ス但シ左ノ場合ハ此ノ限ニ在ラス
一　府縣知事ヨリ傍聽禁止ノ要求ヲ受ケタルトキ

二　議長若ハ議員三名以上ノ發議ニ依リ傍聽禁止ヲ可決シタルトキ
前項議長若ハ議員ノ發議ハ討論ヲ須ヒス其ノ可否ヲ決スヘシ
第五十七條　議長ハ會議ノ事ヲ總理シ會議ノ順序ヲ定メ其ノ日ノ會議ヲ開閉シ議場ノ秩序ヲ保持ス
議員定數ノ半數以上ヨリ請求アルトキハ議長ハ其ノ日ノ會議ヲ開クコトヲ要ス此ノ場合ニ於テ議長仍會議ヲ開カサルトキハ第四十八條ノ例ニ依ル
前項議員ノ請求ニ依リ會議ヲ開キタルトキ又ハ議員中異議アルトキハ議長ハ會議ノ議決ニ依ルニ非サレハ其ノ日ノ會議ヲ閉チ又ハ中止スルコトヲ得ス
第五十八號　府縣會議員ハ會議中無禮ノ語ヲ用ヰ又ハ他人ノ身上ニ涉リ言論スルコトヲ得ス
第五十九條　會議中此ノ法律若ハ會議規則ニ違ヒ其ノ他議場ノ秩序ヲ紊ル議員アルトキハ議長ハ之ヲ制止シ若ハ發言ヲ取消サシメ命ニ從ハサルトキハ議長ハ當日ノ會議ヲ終ルマテ發言ヲ禁止シ又ハ議場ノ外ニ退去セシメ必要ナル場合ニ於テハ警察官吏ノ處分ヲ

求ムルコトヲ得

議場騒擾ニシテ整理シ難キトキハ議長ハ當日ノ會議ヲ中止シ又ハ之ヲ閉ツルコトヲ得

第六十條　傍聽人公然可否ヲ表シ又ハ喧騒ニ渉リ其ノ他會議ノ妨害ヲ爲ストキハ議長ハ之ヲ制止シ命ニ從ハサルトキハ之ヲ退場セシメ必要ナル場合ニ於テハ警察官吏ノ處分ヲ求ムルコトヲ得

傍聽席騒擾ナルトキハ議長ハ總テノ傍聽人ヲ退場セシメ必要ナル場合ニ於テハ警察官吏ノ處分ヲ求ムルコトヲ得

第六十一條　議場ノ秩序ヲ紊リ又ハ會議ノ妨害ヲ爲ス者アルトキハ議員若ハ第四十九條ノ列席者ハ議長ノ注意ヲ喚起スルコトヲ得

第六十二條　府縣會ニ書記ヲ置キ議長ニ隷屬シテ庶務ヲ處理セシム

書記ハ議長之ヲ任免ス

第六十三條　議長ハ書記ヲシテ會議録ヲ製シ會議ノ顛末並出席議員ノ氏名ヲ記載セシムヘシ會議録ハ議長及議員二名以上之ニ署名スルヲ要ス其ノ議員ハ府縣會ニ於テ之ヲ定ムヘシ

議長ハ會議録ヲ添ヘ會議ノ結果ヲ府縣知事ニ報告スヘシ

第六十四條　府縣會ハ會議規則及傍聽人取締規則ヲ設クヘシ

會議規則ハ内務大臣ノ許可ヲ受クルコトヲ要ス

會議規則ニハ此ノ法律並會議規則ニ違背シタル議員ニ對シ府縣會ノ議決ニ依リ五日以内出席ヲ停止スル規定ヲ設クルコトヲ得

第三章　府縣參事會

第一款　組織及選擧

第六十五條　府縣ニ府縣參事會ヲ置キ府縣知事府縣高等官二名及名譽職參事會員ヲ以テ之ヲ組織ス

府ノ名譽職參事會員ハ十名トシ縣ノ名譽職參事會員ハ七名トス

府縣高等官ニシテ府縣參事會員タルヘキ者ハ内務大臣之ヲ命ス

第六十六條　名譽職參事會員ハ府縣會ニ於テ議員中ヨ

リ之ヲ選擧スヘシ
府縣會ハ名譽職參事會員ト同數ノ補充員ヲ選擧スヘシ
前二項ノ場合ニ於テハ第十八條第二十七條及第二十九條ノ規定ヲ準用ス其ノ投票ノ效力ニ關シ異議アルトキハ府縣會之ヲ議決ス
名譽職參事會員中闕員アルトキハ府縣知事ハ補充員ノ中ニ就キ之ヲ補闕ス其ノ順序ハ選擧ノ時ヲ異ニスルトキハ選擧ノ前後ニ依リ選擧同時ナルトキハ得票數ニ依リ得票同數ナルトキハ年長者ヲ取リ年齡同シキトキハ抽籤ニ依ル仍闕員アル場合ニ於テハ臨時補闕選擧ヲ行フヘシ
名譽職參事會員及其ノ補充員ハ毎年之ヲ選擧スヘシ
名譽職參事會員ハ後任者就任ノ前日マテ在任ス府縣會議員ノ任期滿了シタルトキ亦同シ
第六十七條　府縣參事會ハ府縣知事ヲ以テ議長トス府縣知事故障アルトキハ高等官參事會員議長ノ職務ヲ代理ス

第二款　職務權限及處務規定

第六十八條　府縣參事會ノ職務權限左ノ如シ
一　府縣會ノ權限ニ屬スル事件ニシテ其ノ委任ヲ受ケタルモノヲ議決スル事
二　府縣會ノ權限ニ屬スル事件ニシテ臨時急施ヲ要シ府縣知事ニ於テ之ヲ招集スルノ暇ナシト認ムルトキ府縣會ニ代テ議決スル事
三　府縣知事ヨリ府縣會ニ提出スル議案ニ付府縣知事ニ對シ意見ヲ述フル事
四　府縣會ノ議決シタル範圍内ニ於テ財產及營造物ノ管理ニ關シ重要ナル事項ヲ議決スル事
五　府縣費ヲ以テ支辨スヘキ工事ノ執行ニ關スル規定ヲ議決スル事但シ法律命令中別段ノ規定アルモノハ此ノ限ニ在ラス
六　府縣ニ係ル訴願訴訟及和解ニ關スル事項ヲ議決スル事
七　其ノ他法律命令ニ依リ府縣參事會ノ權限ニ屬スル事項
第六十九條　府縣參事會ハ名譽職參事會員中ヨリ委員ヲ選擧シ之ヲシテ府縣ニ係ル出納ヲ檢査セシムルコ

トヲ得

前項ノ檢査ニハ府縣知事又ハ其ノ指命シタル官吏若ハ吏員之ニ立會フコトヲ要ス

第七十條　第四十四條第四十五條第四十九條第五十一條第三項第五十五條第五十七條第一項及第六十二條ノ規定ハ府縣參事會ニ之ヲ準用ス

第七十一條　府縣參事會ハ府縣知事之ヲ招集ス

若名譽職參事會員半數以上ノ請求アル場合ニ於テ相當ノ理由アリト認ムルトキハ府縣知事ハ府縣參事會ヲ招集スヘシ

府縣參事會ノ會期ハ府縣知事之ヲ定ム

第七十二條　府縣參事會ノ會議ハ傍聽ヲ許サス

第七十三條　府縣參事會ハ議長又ハ其ノ代理者及名譽職參事會員定員ノ半數以上出席スルニ非サレハ會議ヲ開クコトヲ得ス

第六十八條第二ノ議決ヲ爲ストキハ府縣知事高等官參事會員ハ其ノ議決ニ加ハルコトヲ得ス

府縣參事會ノ議事ハ過半數ヲ以テ決ス可否同數ナルトキハ議長ノ決スル所ニ依ル

會議ノ顚末ハ之ヲ議事錄ニ記載シ議長及參事會員二名以上之ニ署名スヘシ

第七十四條　第五十四條ノ規定ハ府縣參事會員ニ之ヲ準用ス但シ同條ノ規定ニ依リ會員ノ數減少シテ前條第一項ノ數ヲ得サルトキハ府縣知事ハ補充員ニシテ其ノ事件ニ關係ナキ者ヲ以テ第六十六條第四項ノ順序ニ依リ臨時之ニ充テ仍其ノ數ヲ得サルトキハ府縣會議員ニシテ其ノ事件ニ關係ナキ者ヲ臨時ニ指名シ其ノ闕員ヲ補充スヘシ

議長及其ノ代理者共ニ除席セラレタルトキハ年長ノ會員ヲ以テ假議長ト爲スヘシ

第四章　府縣行政

第一款　府縣吏員ノ組織及任免

第七十五條　府縣ニ有給ノ府縣吏員ヲ置クコトヲ得

前項ノ府縣吏員ハ知事之ヲ任免ス

第七十六條　府縣ニ府縣出納吏ヲ置キ官吏吏員ノ中ニ就キ府縣知事之ヲ命ス

第七十七條　府縣ハ府縣會ノ議決ヲ經テ臨時若ハ常設

ノ委員ヲ置クコトヲ得
委員ハ名譽職トス
委員ノ組織選任任期等ニ關スル事項ハ府縣會ノ議決ヲ經テ府縣知事之ヲ定ム

第二款　府縣官吏府縣吏員ノ職務權限及處務規程

第七十八條　府縣知事ハ府縣ヲ統轄シ府縣ヲ代表ス
府縣知事ノ擔任スル事務ノ概目左ノ如シ
一　府縣費ヲ以テ支辨スヘキ事件ヲ執行スル事
二　府縣會及府縣參事會ノ議決ヲ經ヘキ事件ニ付其ノ議案ヲ發スル事
三　財産及營造物ヲ管理スル事但シ特ニ之カ管理者アルトキハ其ノ事務ヲ監督スル事
四　收入支出ヲ命令シ及會計ヲ監督スル事
五　證書及公文書類ヲ保管スル事
六　法律命令又ハ府縣會若ハ府縣參事會ノ議決ニ依リ使用料手數料府縣税及夫役現品ヲ賦課徴收スル事
七　其ノ他法律命令ニ依リ府縣知事ノ職權ニ屬スル事項

第七十九條　府縣知事ハ議案ヲ府縣會ニ提出スル前之ヲ府縣參事會ノ審査ニ付シ若府縣參事會ト其ノ意見ヲ異ニスルトキハ府縣參事會ノ意見ヲ議案ニ添ヘ府縣會ニ提出スヘシ
前項ノ規定ニ依リ府縣參事會ノ審査ニ付シタル場合ニ於テ府縣參事會意見ヲ述ヘサルトキハ府縣知事ハ其ノ意見ヲ俟タスシテ議案ヲ府縣會ニ提出スルコトヲ得

第八十條　府縣知事ハ府縣ノ行政ニ關シ其ノ職權ニ屬スル事務ノ一部ヲ郡島ノ官吏吏員又ハ市町村吏員ニ補助執行セシメ若ハ委任スルコトヲ得
府縣知事ハ府縣ノ行政ニ關シ其ノ職權ニ屬スル事務ノ一部ヲ府縣官吏吏員ニ委任シ又ハ府縣吏員ニ臨時代理セシムルコトヲ得

第八十一條　府縣知事ハ府縣吏員ヲ監督シ懲戒處分ヲ行フコトヲ得其ノ懲戒處分ハ譴責二十五圓以下ノ過怠金及解職トス
府縣知事ハ府縣吏員ノ懲戒處分ヲ行ハントスル前其

ノ吏員ノ停職ヲ命シ並給料ヲ支給セサルコトヲ得
懲戒ニ依リ解職セラレタル者ハ二年間其ノ府縣ノ公職ニ選擧セラレ若ハ任命セラルルコトヲ得ス

第八十二條　府縣會若ハ府縣參事會ノ議決若ハ選擧其ノ權限ヲ越エ又ハ法律命令若ハ會議規則ニ背クト認ムルトキハ府縣知事ハ自己ノ意見ニ依リ又ハ內務大臣ノ指揮ニ依リ理由ヲ示シテ直ニ其ノ議決若ハ選擧ヲ取消シ又ハ議決ニ付テハ再議ニ付シタル上仍其ノ議決ヲ改メサルトキハ之ヲ取消スヘシ
前項ノ取消處分ハ府縣會又ハ府縣參事會開會中ニ非サルトキハ之ヲ告示スヘシ
第一項ノ取消處分ニ不服アル府縣會若ハ府縣參事會ハ行政裁判所ニ出訴スルコトヲ得
府縣會若ハ府縣參事會ノ議決公益ニ害アリト認ムルトキハ府縣知事ハ自己ノ意見ニ依リ又ハ內務大臣ノ指揮ニ依リ理由ヲ示シテ之ヲ再議ニ付シ仍其ノ議決ヲ改メサルトキハ內務大臣ニ具狀シテ指揮ヲ請フヘシ

第八十三條　府縣會若ハ府縣參事會ニ於テ府縣ノ收支ニ關シ不適當ノ議決ヲ爲シタルトキハ府縣知事ハ自己ノ意見ニ依リ又ハ內務大臣ノ指揮ニ依リ理由ヲ示シテ之ヲ再議ニ付シ仍其ノ議決ヲ改メサルトキハ內務大臣ニ具狀シテ指揮ヲ請フヘシ但シ場合ニ依リ再議ニ付セスシテ直ニ內務大臣ノ指揮ヲ請フコトヲ得

第八十四條　府縣知事ハ期日ヲ定メテ府縣會ノ停會ヲ命スルコトヲ得

第八十五條　府縣會若ハ府縣參事會招集ニ應セス又ハ成立セサルトキハ府縣知事ハ內務大臣ニ具狀シテ指揮ヲ請ヒ其ノ議決スヘキ事件ヲ處分スルコトヲ得第五十四條第七十四條ノ場合ニ於テ會議ヲ開クコト能ハサルトキ亦同シ
府縣會又ハ府縣參事會ニ於テ其ノ議決スヘキ事件ヲ議決セサルトキハ前項ノ例ニ依ル
府縣參事會ノ決定若ハ裁決スヘキ事項ニ關シテハ本條第一項第二項ノ例ニ依ル此ノ場合ニ於ケル府縣知事ノ處分ニ關シテハ各本條ノ規定ニ準シ訴願及訴訟ヲ提起スルコトヲ得
本條ノ處分ハ次ノ會期ニ於テ之ヲ府縣會若ハ府縣參

事會ニ報告スヘシ

第八十六條　府縣參事會ノ權限ニ屬スル事件ニシテ臨時急施ヲ要シ府縣知事ニ於テ之ヲ招集スルノ暇ナシト認ムルトキハ府縣知事ハ專決處分シ次ノ會期ニ於テ其ノ處分ヲ府縣參事會ニ報告スヘシ

第八十七條　府縣參事會ノ權限ニ屬スル事項ハ其ノ議決ニ依リ府縣知事ニ於テ專決處分スルコトヲ得

第八十八條　官吏ノ府縣行政ニ關スル職務關係ハ此ノ法律中規定アルモノヲ除ク外國ノ行政ニ關スル其ノ職務關係ノ例ニ依ル

第八十九條　府縣出納吏ハ出納事務ヲ掌ル

第九十條　府縣吏員ハ府縣知事ノ命ヲ承ケ事務ニ從事ス

第九十一條　委員ハ府縣知事ノ指揮監督ヲ承ケ財產若ハ營造物ヲ管理シ他ノ府縣行政事務ノ一部ヲ調査シ又ハ一時ノ委託ニ依リ事務ヲ處辨ス

第九十二條　府縣ノ事務ニ關スル處務規程ハ府縣知事之ヲ定ム

第三款　給料及給與

第九十三條　有給府縣吏員ノ給料額竝旅費及其ノ支給方法ハ府縣知事之ヲ定ム

第九十四條　府縣會議員名譽職參事會員其ノ他名譽職員ハ職務ノ爲要スル費用ノ辨償ヲ受クルコトヲ得

費用辨償額及其ノ支給方法ハ府縣會ノ議決ヲ經テ府縣知事之ヲ定ム

第九十五條　有給府縣吏員ノ退隱料退職給與金死亡給與金遺族扶助料及其ノ支給方法ハ前條第二項ノ例ニ依リテ之ヲ定ム

第九十六條　退隱料退職給與金死亡給與金遺族扶助料及費用辨償ノ給與ニ關シ異議アルトキハ之ヲ府縣知事ニ申立ツルコトヲ得

前項ノ異議ハ之ヲ府縣參事會ノ決定ニ付スヘシ其ノ決定ニ不服アル者ハ行政裁判所ニ出訴スルコトヲ得

前項ノ決定ニ關シテハ府縣知事ヨリモ亦訴訟ヲ提起スルコトヲ得

第九十七條　給料旅費退隱料退職給與金死亡給與金遺族扶助料費用辨償其ノ他諸給與ハ府縣ノ負擔トス

第五章　府縣ノ財務

第一款　財産營造物及府縣

第九十八條　府縣ハ積立金穀等ヲ設クルコトヲ得

第九十九條　府縣ハ營造物若ハ公共ノ用ニ供シタル財産ノ使用ニ付使用料ヲ徴收シ又ハ特ニ一個人ノ爲ニスル事務ニ付手數料ヲ徴收スルコトヲ得

第百條　本法中別ニ規定アルモノヲ除ク外使用料手數料ニ關スル細則ハ府縣會ノ議決ヲ經テ府縣知事之ヲ定ム其ノ細則ニハ過料五圓以下ノ罰則ヲ設クルコトヲ得

過料ニ處シ及之ヲ徴收スルハ府縣知事之ヲ掌ル其ノ處分ニ不服アル者ハ行政裁判所ニ出訴スルコトヲ得

第百一條　府縣ハ其ノ公益上必要アル場合ニ於テハ寄附若ハ補助ヲ爲スコトヲ得

第百二條　府縣ハ其ノ必要ナル費用及法律勅令又ハ從來ノ慣例ニ依リ府縣ノ負擔ニ屬スル費用ヲ支辨スル義務ヲ負フ

第百三條　府縣税及其ノ賦課徴收方法ニ關シテハ法律ニ規定アルモノヲ除ク外勅令ノ定ムル所ニ依ル

府縣ハ勅令ノ定ムル所ニ依リ其ノ費用ヲ市町村ニ分賦スルコトヲ得

第百四條　府縣内ニ住所ヲ有スル者ハ府縣税ヲ納ムル義務ヲ負フ

第百五條　三箇月以上府縣内ニ滯在スル者ハ其ノ滯在ノ初ニ遡リ府縣税ヲ納ムル義務ヲ負フ

第百六條　府縣内ニ住所ヲ有セス又ハ三箇月以上滯在スルコトナシト雖府縣内ニ於テ土地家屋物件ヲ所有シ使用シ若ハ占有シ又ハ營業所ヲ定メテ營業ヲ爲シ又ハ府縣内ニ於テ特定ノ行爲ヲ爲ス者ハ其ノ土地家屋物件營業若ハ其ノ收入ニ對シ又ハ行爲ニ對シテ賦課スル府縣税ヲ納ムル義務ヲ負フ但シ國ノ事業若ハ行爲ニ對シテハ此ノ限ニ在ラス

第百七條　納税者ノ府縣外ニ於テ所有シ使用シ占有スル土地家屋物件若ハ其ノ收入又ハ府縣外ニ於テ營業所ヲ定メタル營業若ハ其ノ收入ニ對シテハ府縣税ヲ賦課スルコトヲ得ス

住所滯在同時ニ府縣ノ内外ニ渉ル者ノ前項以外ノ收

入ニ對シ府縣稅ヲ賦課スルトキハ其ノ收入ヲ各府縣ニ平分シ其ノ一部ニノミ賦課スヘシ

第百八條　府縣ノ內外ニ渉リ營業所ヲ定メテ爲ス營業又ハ其ノ收入ニ對シ本稅ヲ分別シテ納メサル者ニ對シ關係府縣ニ於テ營業稅附加稅所得稅附加稅又ハ鑛產稅附加稅ヲ賦課スルトキハ關係府縣知事協議ノ上其ノ步合ヲ定ム若協議調ハサルトキハ內務大臣及大藏大臣之ヲ定ム

鑛區又ハ砂鑛區カ府縣ノ內外ニ渉ル場合ニ於テ鑛區稅又ハ砂鑛區稅ノ附加稅ヲ賦課スルトキハ鑛區又ハ砂鑛區ノ屬スル地表ノ面積ニ依リ本稅額ヲ分割シ其ノ一部ニノミ賦課スヘシ

第百九條　府縣稅賦課ノ細目ニ係ル事項ハ府縣會ノ議決ニ依リ關係市町村會ノ議決ニ付スルコトヲ得

市町村會ニ於テ府縣會ノ議決ニ依リ定マリタル期限內ニ其ノ議決ヲ爲ササルトキ若ハ不適當ノ議決ヲ爲シタルトキハ府縣參事會之ヲ議決スヘシ

第百十條　府縣稅ヲ賦課スルコトヲ得サルモノニ關シテハ法律勅令ヲ以テ別段ノ規定ヲ設クルモノヲ除ク外市町村稅ノ例ニ依ル

第百十一條　府縣內ノ一部ニ對シ特ニ利益アル事件ニ關シテハ勅令ノ定ムル所ニ依リ不均一ノ賦課ヲ爲スコトヲ得

第百十二條　府縣ハ其ノ必要ニ依リ夫役及現品ヲ府縣內一部ノ市町村其ノ他公共團體若ハ一部ノ納稅義務者ニ賦課スルコトヲ得但シ學藝美術及手工ニ關スル勞役ヲ課スルコトヲ得ス

夫役及現品ハ急迫ノ場合ヲ除ク外金額ニ算出シテ賦課スヘシ

夫役ヲ課セラレタル者ハ其ノ便宜ニ從ヒ本人自ラ之ニ當リ又ハ適當ノ代人ヲ出スコトヲ得又夫役及現品ハ急迫ノ場合ヲ除ク外金錢ヲ以テ之ニ代フルコトヲ得

第百十三條　府縣稅ノ減免若ハ納稅ノ延期ハ特別ノ事情アル者ニ限リ府縣知事ハ府縣參事會ノ議決ヲ經テ之ヲ許スコトヲ得

第百十四條　市制施行ノ府縣ニ於テハ郡廳舍建築修繕費及郡役所費ハ郡ニ屬スル部分ノ負擔トス

第百十五條　府縣稅ノ賦課ヲ受ケタル者其ノ賦課ニ付違法若ハ錯誤アリト認ムルトキハ徴稅令書又ハ徴稅傳令書ノ交付後三箇月以内ニ府縣知事ニ異議ノ申立ヲ爲スコトヲ得

第百三條第二項ノ場合ニ於テ市町村ハ府縣費ノ分賦ニ關シ違法若ハ錯誤アリト認ムルトキハ其ノ告知ヲ受ケタル時ヨリ三箇月以内ニ府縣知事ニ異議ノ申立ヲ爲スコトヲ得

前二項ノ異議ハ之ヲ府縣參事會ノ決定ニ付スヘシ其ノ決定ニ不服アル者ハ行政裁判所ニ出訴スルコトヲ得

使用料及手數料ノ徴收竝夫役及現品ノ賦課ニ關シテモ亦第一項及第三項ノ例ニ依ル

本條ノ決定ニ關シテハ府縣知事郡島ノ官吏吏員市町村吏員モ亦訴訟ヲ提起スルコトヲ得

第百十六條　府縣稅ノ賦課ニ關シ必要アル場合ニ於テハ當該行政廳ハ日出ヨリ日沒マテノ間營業者ニ關シテハ仍其ノ營業時間家宅若ハ營業所ニ臨檢シ又ハ帳簿物件ノ檢査ヲ爲スコトヲ得

府縣稅、使用料、手數料、夫役又ハ現品ニ代フル金錢、過料其ノ他ノ府縣ノ收入ヲ定期内ニ納メサル者アルトキハ期限ヲ指定シテ之ヲ督促スヘシ

急迫ノ場合ニ於テ夫役又ハ現品ノ賦課ヲ受ケタル者其ノ履行ヲ爲ササルトキハ更ニ之ヲ金額ニ換算シ期限ヲ指定シテ其ノ納付ヲ命スヘシ

第二項ノ規定ニ依ル督促又ハ前項ノ規定ニ依ル命令ヲ受ケタル者其ノ指定ノ期限マテニ完納セサルトキハ國稅滯納處分ノ例ニ依リ處分スヘシ

第二項及第三項ニ規定スル府縣ノ徴收金ノ先取特權ノ順位ハ國ノ徴收金ニ次クモノトス

府縣ノ收入金及支拂金ニ關スル時效ニ付テハ國ノ收入金及支拂金ノ例ニ依ル

府縣知事ノ委任ヲ受ケタル官吏吏員カ第四項ノ規定ニ依リ爲シタル處分ニ不服アル者ハ府縣參事會ニ訴願シ其ノ裁決又ハ府縣知事ノ處分ニ不服アル者ハ行政裁判所ニ出訴スルコトヲ得

前項ノ裁決ニ關シテハ府縣知事又ハ其ノ委任ヲ受ケタル官吏吏員ヨリモ亦訴訟ヲ提起スルコトヲ得

第四項ノ規定ニ依ル處分ニ係ル差押物件ノ公賣ハ處分ノ確定ニ至ルマテ執行ヲ停止ス

第百十七條　府縣ハ其ノ負債ヲ償還スル爲又ハ府縣ノ永久ノ利益ト爲ルヘキ支出ヲ要スル爲又ハ天災事變等ノ爲必要アル場合ニ限リ府縣會ノ議決ヲ經テ府縣債ヲ起スコトヲ得

府縣債ヲ起スニ付府縣會ノ議決ヲ經ルトキハ併セテ起債ノ方法利息ノ定率及償還ノ方法ニ付議決ヲ經ヘシ

府縣ハ豫算內ノ支出ヲ爲ス爲本條ノ例ニ依ラス府縣參事會ノ議決ヲ經テ一時ノ借入金ヲ爲スコトヲ得

第二款　歲入出豫算及決算

第百十八條　府縣知事ハ每會計年度歲入出豫算ヲ調製シ年度開始前府縣會ノ議決ヲ經ヘシ

府縣ノ會計年度ハ政府ノ會計年度ニ同シ

豫算ヲ府縣會ニ提出スルトキハ府縣知事ハ併セテ財產表ヲ提出スヘシ

第百十九條　府縣知事ハ府縣會ノ議決ヲ經テ既定豫算ノ追加若ハ更正ヲ爲スコトヲ得

第百二十條　府縣費ヲ以テ支辨スル事件ニシテ數年ヲ期シテ施行スヘキモノ又ハ數年ヲ期シテ其ノ費用ヲ支出スヘキモノハ府縣會ノ議決ヲ經テ其ノ年期間各年度ノ支出額ヲ定メ繼續費ト爲スコトヲ得

第百二十一條　豫算外ノ支出若ハ豫算超過ノ支出ニ充ツル爲豫備費ヲ設クヘシ但シ府縣會ノ否決シタル費途ニ充ツルコトヲ得ス

特別會計ニハ豫備費ヲ設ケサルコトヲ得

第百二十二條　豫算ハ議決ヲ經タル後直ニ之ヲ內務大臣ニ報告シ並其ノ要領ヲ告示スヘシ

第百二十三條　府縣知事ハ府縣會ノ議決ヲ經テ特別會計ヲ設クルコトヲ得

第百二十四條　決算ハ翌翌年ノ通常會ニ於テ之ヲ府縣會ニ報告スヘシ

府縣知事ハ決算ヲ府縣參事會ノ審査ニ付スヘシ若府縣知事ト府縣參事會ト意見ヲ異ニスルトキハ府縣知事ハ府縣參事會ノ意見ヲ決算ニ添ヘ府縣會ニ提出スヘシ第七十九條第二項ノ規定ハ前項ノ場合ニ之ヲ準用ス

決算ハ之ヲ內務大臣ニ報告シ並其ノ要領ヲ告示スヘシ

第百二十五條　豫算調製ノ式並費目流用其ノ他財務ニ關スル必要ナル規定ハ內務大臣之ヲ定ム

第百二十六條　府縣出納吏及府縣吏員ノ身元保證及賠償責任ニ關スル規定ハ勅令ヲ以テ之ヲ定ム

第五章ノ二　府縣組合

第百二十六條ノ二　府縣ハ其ノ事務ノ一部ヲ共同處理スル爲其ノ協議ニ依リ規約ヲ定メ內務大臣ノ許可ヲ得テ府縣組合ヲ設クルコトヲ得

府縣組合ハ法人トス

第百二十六條ノ三　府縣組合ノ規約ニハ其ノ名稱組合ヲ組織スル府縣組合ノ共同事務組合會ノ組織事務ノ管理費用ノ支辨方法其ノ他必要ナル事項ヲ定ムヘシ

府縣組合ノ事務ハ內務大臣ノ指定シタル府縣知事之ヲ管理ス

第百二十六條ノ四　府縣組合ノ組合府縣數ヲ增減シ共同事務ノ變更ヲ爲シ其ノ他規約ヲ變更セムトスルトキ又ハ府縣組合ヲ解カムトスルトキハ關係府縣ノ協議ニ依リ內務大臣ノ許可ヲ受クヘシ此ノ場合ニ於テ財産處分ヲ要スルトキハ其ノ財産處分ニ付亦同シ

第百二十六條ノ五　前三條ノ場合ニ於テハ府縣知事ハ府縣會ノ議決ヲ經ルコトヲ要ス

第百二十六條ノ六　公益上必要アル場合ニ於テハ內務大臣ハ關係アル府縣會ノ意見ヲ徵シ府縣組合ヲ設ケ若ハ之ヲ解キ組合規約ヲ定メ若ハ之ヲ變更シ又ハ財産處分ノ方法ヲ定ムルコトヲ得

第百二十六條ノ七　府縣組合ニ關シテハ法律勅令中別段ノ規定アル場合ヲ除ク外府縣ニ關スル規定ヲ準用ス但シ府縣組合ニハ參事會ヲ置カス其ノ權限ニ屬スヘキ事項ハ組合事務ヲ管理スル府縣知事之ヲ行フ

第六章　府縣行政ノ監督

第百二十七條　府縣ノ行政ハ內務大臣之ヲ監督ス

第百二十八條　異議ノ申立又ハ訴願ノ提起ハ處分ヲ受ケ又ハ決定書若ハ裁決書ノ交付ヲ受ケタル日ヨリ二十一日以內ニ之ヲ爲スヘシ但シ本法中別ニ期間ヲ定

メタルモノハ此ノ限ニ在ラス

行政訴訟ノ提起ハ處分ヲ受ケ又ハ決定書若ハ裁決書ノ交付ヲ受ケタル日ヨリ三十日以內ニ之ヲ爲スヘシ但シ第八十二條第二項ノ規定ニ依リ告示ヲ爲シタル場合ニ於テハ告示ノ日ヲ以テ處分ヲ受ケタル日ト看做ス

決定書又ハ裁決書ノ交付ヲ受ケサル者ニ關シテハ前二項ノ期間ハ告示ノ日ヨリ起算ス

異議ノ申立ニ關スル期間ノ計算ニ付テハ訴願法ノ規定ニ依ル

異議ノ申立ハ期限經過後ニ於テモ宥恕スヘキ事由アリト認ムルトキハ仍之ヲ受理スルコトヲ得

異議ノ決定ハ文書ヲ以テ之ヲ爲シ其ノ理由ヲ附シ之ヲ申立人ニ交付スヘシ

異議ノ申立アルモ處分ノ執行ハ之ヲ停止セス但シ行政廳ハ其ノ職權ニ依リ又ハ關係者ノ請求ニ依リ必要ト認ムルトキハ之ヲ停止スルコトヲ得

第百二十九條　內務大臣ハ府縣行政ノ法律命令ニ背戾セサルヤ又ハ公益ヲ害セサルヤ否ヤヲ監視スヘシ內務大臣ハ之カ爲行政事務ニ關シテ報告ヲ爲サシメ書類帳簿ヲ徵シ竝實地ニ就キ事務ヲ視察シ出納ヲ檢閱スルノ權ヲ有ス

內務大臣ハ府縣行政ノ監督上必要ナル命令ヲ發シ處分ヲ爲スノ權ヲ有ス

第百三十條　內務大臣ハ府縣ノ豫算中不適當ト認ムルモノアルトキハ之ヲ削減スルコトヲ得

第百三十一條　內務大臣ハ勅裁ヲ經テ府縣會ノ解散ヲ命スルコトヲ得

府縣會解散ノ場合ニ於テハ三箇月以內ニ議員ヲ選擧スヘシ

解散後始メテ府縣會ヲ招集スルトキハ府縣知事ハ第五十條第二項ノ規定ニ拘ラス內務大臣ノ許可ヲ得テ別ニ會期ヲ定ムルコトヲ得

第百三十二條　府縣吏員ノ服務規律ハ內務大臣之ヲ定ム

第百三十三條　左ニ掲クル事件ハ內務大臣ノ許可ヲ受クルコトヲ要ス

一　學藝美術又ハ歷史上貴重ナル物件ヲ處分シ若ハ

大ナル變更ヲ爲ス事
二 使用料ヲ新設シ增額シ又ハ變更スル事
四 不動産ノ處分ニ關スル事
六 繼續費ヲ定メ若ハ變更スル事
第百三十四條 府縣債ヲ起シ又ハ起債ノ方法利息ノ定率若ハ償還ノ方法ヲ定メ若ハ變更セムトスルトキハ內務大臣及大藏大臣ノ許可ヲ受クヘシ但シ第百十七條第三項ノ借入金ハ此ノ限ニ在ラス
第百三十五條 府縣ノ行政ニ關シ主務大臣ノ許可ヲ要スヘキ事項ニ付テハ主務大臣ハ許可申請ノ趣旨ニ反セスト認ムル範圍內ニ於テ更正シテ許可ヲ與フルコトヲ得
第百三十六條 府縣ノ行政ニ關シ主務大臣ノ許可ヲ要スヘキ事項中其ノ輕易ナルモノハ勅令ノ規定ニ依リ許可ヲ經スシテ處分スルコトヲ得

第七章 附則

第百三十七條 此ノ法律ハ明治二十三年法律第三十五號府縣制ヲ施行シタル府縣ニハ明治三十二年七月一日ヨリ之ヲ施行シ其ノ他ノ府縣ニ關スル施行ノ時期ハ府縣知事ノ具申ニ依リ內務大臣之ヲ定ム
第百三十八條 島嶼ニ關スル府縣ノ行政ニ付テハ勅令ヲ以テ特例ヲ設クルコトヲ得
町村制ヲ施行セサル島嶼ヨリ選出スヘキ府縣會議員ノ選擧ニ關スル事項ハ勅令ノ定ムル所ニ依ル
沖繩縣ニ於テハ第十三條中二十日トアルハ三十日、七日トアルハ十日、第十五條中五日トアルハ十日、第三十一條中十日トアルハ二十日、二十日トアルハ三十日、第三十四條及第五十一條中十四日トアルハ二十五日トス
第百三十九條 島司ヲ置ク地ニ於テハ本法中郡ニ關スル規定ハ島嶼ニ、郡長ニ關スル規定ハ島司ニ、郡役所ニ關スル規定ハ島廳ニ之ヲ適用ス
町村制ヲ施行セサル地ニ於テハ本法中町村ニ關スル規定ハ町村ニ準スヘキモノニ、町村長ニ關スル規定ハ町村長ニ準スヘキモノニ、町村吏員ニ關スル規定ハ町村吏員ニ準スヘキモノニ、町村役場ニ關スル規定ハ町村役場ニ準スヘキモノニ之ヲ準用ス

第百三十九條ノ二　第四十九條及第七十六條ノ規定ニ依ル府縣知事ノ職權ハ東京府ニ在リテハ警視總監亦之ヲ行フ

第百四十條　從前郡市經濟ヲ異ニシタル府縣ノ財產處分ニ關スル規定ハ內務大臣之ヲ定ム

特別ノ事情アル府縣ニ於テハ勅令ノ定ムル所ニ依リ市部郡部ノ經濟ヲ分別シ市部會郡部會市部參事會郡部參事會ヲ置キ其他必要ナル事項ニ關シ別段ノ規定ヲ設クルコトヲ得

第百四十一條　明治二十三年法律第八十八號府縣稅徵收法及地方稅ニ關スル從前ノ規定ハ此ノ法律ニ依リ變更シタルモノヲ除ク外勅令ヲ以テ別段ノ規定ヲ設クルマテ其ノ効力ヲ有ス

第百四十二條　明治二十三年法律第三十五號府縣制ノ規定ニ依リ選擧セラレタル府縣會議員府縣參事會員ハ此ノ法律施行ノ日ヨリ其ノ職ヲ失フ

本法發布後施行ノ日ニ至ルマテノ間ニ明治二十三年法律第三十五號府縣制ヲ施行シタル府縣ニ於テハ府縣會議員ノ改選ヲ要スルコトアルモ其ノ改選ヲ行ハス議員ハ本法施行ノ日マテ在任ス

第百四十三條　此ノ法律施行ノ際府縣會及府縣參事會ノ職務ニ屬スル事項ニシテ急施ヲ要スルモノハ其ノ成立ニ至ルマテノ間府縣知事之ヲ行フ

第百四十四條　此ノ法律施行ノ際議員ヲ選擧スルニ必要ナル選擧人名簿ノ調製ニ限リ第九條乃至第十二條ノ期日及期間ハ勅令ヲ以テ別ニ之ヲ定ムルコトヲ得

但シ其ノ選擧人名簿ハ翌年調製スル選擧人名簿確定ノ日マテ其ノ効力ヲ有ス

第百四十五條　此ノ法律ニ定ムル直接稅ノ種類ハ內務大臣及大藏大臣之ヲ告示ス

第百四十六條　明治十三年第十五號布告府縣會規則明治十四年第八號布告區郡部會規則明治二十二年法律第六號府縣會議員選擧規則其ノ他此ノ法律ニ牴觸スル法規ハ此ノ法律施行ノ府縣ニ於テハ其ノ効力ヲ失フ

第百四十七條　此ノ法律ヲ施行スル爲必要ナル事項ハ命令ヲ以テ之ヲ定ム

附　則

本法施行ノ期日ハ勅令ヲ以テ之ヲ定ム
名譽職參事會員及其ノ補充員ノ任期ニ關シテハ次ノ總選擧マテ仍從前ノ規定ニ依ル

附　則

本法中選擧ニ關スル規定ハ次ノ總選擧ヨリ之ヲ施行シ其ノ他ノ規定ノ施行ノ期日ハ勅令ヲ以テ之ヲ定ム（大正十二年勅令第二百五十五號ヲ以テ選擧ニ關スル以外ノ規定ハ同年五月十五日ヨリ之ヲ施行ス）
大正十年法律第五十八號又ハ法律第五十九號中公民權ニ關スル規定ハ之ヲ施行セサル市町村ニ於テハ府縣制中市町村公民ニ關スル規定ノ適用ニ付之ヲ施行シタルモノト看做ス
本法ニ依リ初テ議員ヲ選擧スルニ必要ナル選擧人名簿ニ關シ第九條乃至第十二條ニ規定スル期日又ハ期間ニ依リ難キトキハ勅令ヲ以テ別ニ期日又ハ期間ヲ定ム但シ其ノ選擧人名簿ハ次ノ選擧人名簿確定ノ日迄其ノ效力ヲ有ス

●府縣會議員選擧區分區令

第一條　府縣制第四條第三項ノ規定ニ依リ選擧區ヲ分ツハ總選擧ヲ行フ場合ニ非サレハ之ヲ爲スコトヲ得ス分チタル選擧區ヲ廢止シ又ハ其ノ區域ヲ變更スルモ亦同シ但シ郡市町村ノ廢置分合又ハ境界變更ニ因リ分チタル選擧區ノ區域ノ變更ヲ要スル場合ハ此ノ限ニ在ラス
第二條　分チタル選擧區ヲ廢止シ又ハ其ノ區域ヲ變更セムトスルトキハ府縣制第四條第三項ノ例ニ依ルヘシ
第三條　選擧區ヲ分チ又ハ分チタル選擧區ヲ廢止シ若ハ其ノ區域ヲ變更シタルトキハ府縣知事之ヲ告示スヘシ
第四條　郡市町ハ分チタル選擧區ノ一選擧區ノ選擧長ト爲リ他ノ選擧區ノ選擧長ハ郡市ノ官吏吏員ノ中ヨリ郡市長之ヲ選任スヘシ
郡市長ノ選任シタル選擧長故障アルトキハ郡市長ハ臨時ニ郡市ノ官吏吏員ヲシテ其ノ事務ヲ管掌セシムヘシ

第五條　選擧立會人ハ分チタル選擧區每ニ之ヲ選任スヘシ
郡市長選擧立會人ヲ選任シタルトキハ郡市長ノ選任シタル選擧長ニ其ノ選擧區ノ選擧立會人ノ住所氏名ヲ通知スヘシ
選擧立會人指定ノ時刻ニ至リ參會セサルトキ又ハ參會シタルモ中途ヨリ定數ヲ缺キタルトキハ郡市長ノ選任シタル選擧長ハ臨時ニ選擧人中ヨリ選擧立會人ヲ選任スヘシ
第六條　郡市長ハ其ノ選任シタル選擧長ニ選擧前其ノ選擧區ノ選擧人名簿ヲ送致スヘシ
第七條　郡市長ノ選任シタル選擧長ハ選擧錄、投票、選擧人名簿其ノ他關係書類ヲ郡市長ニ送致スヘシ
選擧錄、投票、選擧人名簿其ノ他關係書類ハ郡市長ニ於テ之ヲ保存スヘシ
第八條　府縣制第二十五條第一項ノ規定ハ本令ニ依ル選擧會ニ、府縣制第三十四條第六項ノ規定ハ郡市長ノ選任シタル選擧長ニ之ヲ準用ス
第八條ノ二　市長ノ選任シタル市吏員カ選擧長タル選擧區ニ在リテハ其市吏員投票所ノ事務ヲ管理シ府縣制第十六條、第十九條及第二十條ニ規定スル市長ノ職務ヲ行フ
第九條　本令中郡ニ關スル規定ハ島嶼ニ、郡長ニ關スル規定ハ島司ニ之ヲ適用ス
府縣制第四條第二項但書ノ市ニ在リテハ本令中市ニ關スル規定ハ區ニ、市長ニ關スル規定ハ區長ニ之ヲ適用ス

附　則

本令ハ次ノ總選擧ヨリ之ヲ施行ス

◎府縣郡島嶼市區町村ノ人口及府縣制第五條第三項議員配當ノ件

第一條　府縣制市制町村制明治四十四年勅令第二百四十四號及本令ニ規定セル府縣郡島嶼市區町村ノ人口ハ內閣ニ於テ官報ヲ以テ公示シタル最近ノ人口ニ依ル但シ部隊艦船及監獄內ニ在リタル人員ハ之ヲ除ク
前項公示ノ人口現在ノ日以後ニ於テ市區町村ノ廢置

分合、境界變更ヲ爲シ又ハ所屬未定地ヲ市區町村ノ區域ニ編入シタルトキハ關係市區町村ノ人口ハ左ノ區別ニ依リ府縣知事ノ告示シタル人口ニ依ル但シ市區町村ノ境界變更又ハ所屬未定地編入ノ區域ニ現住者ナキトキハ此ノ限ニ在ラス

一　市區町村ノ廢置分合ニシテ市區町村全部ノ區域ニ係ルトキハ内閣ニ於テ官報ヲ以テ公示シ又ハ本令ノ規定ニ依リ府縣知事ノ告示シタル關係市區町村ノ最近ノ人口ヲ集計シタルモノ但市區町村ノ廢置分合前ノ日ニ屬スル最近ノ人口ヲ内閣ニ於テ官報ヲ以テ公示アリタルトキハ更ニ其ノ公示ニ係ル關係市區町村ノ人口ヲ集計シタルモノ

二　前號以外ノ場合ニ於テハ府縣知事ノ調査シタル市區町村ノ廢置分合、境界變更又ハ所屬未定地編入ヲ爲シタル日ノ現在人口

前項ノ規定ハ市區町村ノ境界確定シタル爲關係市區町村ノ人口ニ異動アル場合ニ之ヲ準用ス

府縣制第四條第三項ノ規定ニ依リ市區ノ區域ニ依ル選擧區ヲ分チタル選擧區ノ人口ハ府縣知事ニ於テ告示シタル最近ノ人口ニ依ル分チタル選擧區ヲ變更シタルトキ亦同シ

前項ノ規定ニ依ル人口ハ爾後内閣ニ於テ人口ノ公示ヲ爲ス都度府縣知事之ヲ告示スヘシ

第二條　前條第二項第二號及第三項ノ告示ヲ爲ストキハ府縣知事ハ同時ニ府縣郡島嶼ノ人口ヲ告示スヘシ其ノ人口ハ郡島嶼ニ在リテハ町村ノ人口ヲ集計シタルモノトシ府縣ニ在リテハ郡島嶼市區ノ人口ヲ集計シタルモノトス

第三條　府縣郡島嶼ヲ廢置分合シ若ハ其ノ境界ヲ變更シタルトキハ前二條ノ例ニ依ル

第四條　府縣制第五條ニ依リ各選擧區ニ於テ選擧スヘキ府縣會議員ノ數ハ人口ニ比例シテ之ヲ定ムヘシ

第五條　新ニ市ヲ置キタル爲之ニ配當スヘキ府縣會議員ハ從前其ノ市ノ屬シタル選擧區ヨリ選出シタル議員ノ中ニ就キ府縣知事抽籤ヲ以テ之ヲ定ム但シ市ニ住所ヲ有スル議員アルトキハ其ノ議員ヲ以テ市選出ノ議員トス若シ市ニ住所ヲ有スル議員市ノ配當議員數ヨリ多キトキハ其ノ議員ノ中ニ就キ抽籤ヲ以テ之ヲ定ム

附　則

本令ハ大正三年七月一日ヨリ之ヲ施行ス

明治四十年八月内務省令第二十二號府縣郡市町村ノ人口及府縣制第五條第三項郡制第五條第四項議員配當ノ件ハ之ヲ廢止ス

附　則

本令ハ次ノ府縣會議員總選擧ヨリ之ヲ施行ス

●府縣制第十二條ニ依リ選擧人名簿ノ分合ニ關スル件

第一條　府縣郡市町村ノ境界變更アリタル爲選擧人名簿ノ分割ヲ要スルトキハ郡市町村長ハ其ノ管理ニ屬スル選擧人名簿ヲ分割シ郡市長ニ在リテハ其ノ部分ヲ新ニ屬シタル郡市ノ郡市長ニ町村長ニ在リテハ其ノ部分ヲ新ニ屬シタル町村ノ町村長ニ送付スヘシ

市町村ノ廢置分合アリタル爲選擧人名簿ノ分割ヲ要スルトキハ前項ノ例ニ依ル

第二條　前條ニ依リ郡長ニ於テ市長ヨリ選擧人名簿ノ送付ヲ受ケタルトキハ直ニ其ノ謄本ヲ調製シ之ヲ關係町村長ニ送付スヘシ

第三條　郡市町村長ニ於テ選擧人名簿ノ送付ヲ受ケタルトキハ直ニ其ノ旨ヲ告示スヘシ

第四條　本令中市、市長トアルハ府縣制第四條第二項但書ノ市ニ在リテハ區、區長トシ郡長トアルハ島嶼ニ在リテハ島司トス

附　則

本令ハ大正三年七月一日ヨリ之ヲ施行ス

●府縣制第十五條ニ依リ投票區及投票ニ關スル件

第一條　府縣制第十五條第一項ノ規定ニ依ル投票區ノ區域内ニ二箇以上ノ投票區ヲ設ケ又ハ數町村ノ區域ニ依リ一投票區ヲ設クルコトヲ要スルトキハ府縣知事之ヲ定メ管内ニ告示スヘシ

第二條　二箇以上ノ投票區ヲ設ケタル場合ニ於テハ左ノ規定ニ依ル

一　選擧人名簿ハ毎投票區各別ニ之ヲ調製スヘシ
二　投票所ノ一ハ市町村長之ヲ管理シ他ノ投票所ハ市町村長ノ指名シタル市町村吏員之ヲ管理ス
但シ府縣制第四條第三項ノ規定ニ依リ市ノ區域内ニ數選擧區ヲ設ケタル場合ニ於テハ市長ノ選任シタル市吏員カ選擧長タル選擧區ノ投票所ノ一ハ其ノ選擧長タル市吏員之ヲ管理ス
三　市町村長及選擧長タル市吏員ハ選擧前選擧人名簿ヲ關係管理者ニ送致スヘシ
四　市町村長ニアラサル市町村吏員ノ管理スル投票所ニ關シテハ府縣制第十六條第十九條第二十條ノ規定ニ依ル市町村長ノ職務ハ管理者之ヲ行フ
五　投票ヲ終リタルトキハ市町村長ノ指名シタル管理者ハ其ノ指定シタル投票立會人ト共ニ直ニ投票函投票錄及選擧人名簿ヲ市町村長ノ管理スル投票所ニ送致スヘシ
但シ府縣制第四條第三項ノ規定ニ依リ市ノ區域内ニ數選擧區ヲ設ケタル場合ニ於テ市長ノ選任シタル市吏員カ選擧長タル選擧區ニ在リテハ選擧長タル市吏員ノ管理スル投票所ニ送致スヘシ
町村長ニ於テ前項ノ送致ヲ受ケタルトキハ投票函及投票錄ハ其ノ管理ニ係ル投票函及投票錄ト共ニ之ヲ選擧會場ニ送致スヘシ
六　市ニ於テハ投票函ノ總テ到達シタル後ニ非サレハ選擧會ヲ開クコトヲ得ス
前項第六號ノ規定ハ府縣制第四條第三項ノ規定ニ依リ分チタル選擧區ノ選擧會ニ之ヲ準用ス
第三條　數町村ノ區域ニ依リ一投票區ヲ設ケタル場合ニ於テハ左ノ規定ニ依ル
一　投票所ヲ管理スヘキ者ハ郡長ニ於テ關係町村長又ハ町村長ノ職務ヲ行フ者ノ中ニ就キ之ヲ指名ス
二　府縣制第十五號第三項第四項第十六條第十九條第二十條及第二十一條ノ規定ニ依ル町村長ノ職務ハ管理者之ヲ行フ
三　町村長ハ選擧前選擧人名簿ヲ管理者ニ送致スヘシ
四　投票ヲ終リタルトキハ管理者ハ選擧人名簿ヲ關

係町村長ニ返送スヘシ

五　町村費ヲ以テ支辨スヘキ投票所ノ費用ハ之ヲ關係町村ニ平分スヘシ

第四條　本令中市、市長トアルハ府縣制第四條第二項但書ノ市ニ在リテハ區、區長トシ郡長トアルハ島嶼ニ在リテハ島司トス

附　則

本令ハ大正三年七月一日ヨリ施行ス

明治三十二年五月內務省令第十九號府縣會議員選舉投票ニ關スル件ハ之ヲ廢止ス

附　則

本令ハ次ノ總選舉ヨリ之ヲ施行ス

●改選後ノ府縣會ニ於テ議長選舉ノ場合會議閉止又ハ中止方

改選後ノ府縣會ニ於テ始メテ議長ヲ選舉スル場合ニハ會議ノ決議ニ依ルニ非サレハ其ノ日ノ會議ヲ閉チ又ハ中止スルコトヲ得ス

本令ハ發布ノ日ヨリ之ヲ施行ス

●市部會郡部會等ノ特例ニ關スル件

第一條　從來市部郡部ノ經濟ヲ分別シタル府縣ニ於テハ內務大臣ハ其ノ區域ニ依リ市部郡部ノ經濟ヲ分別シ市部會郡部會市部參事會郡部參事會ヲ設ケシムルコトヲ得

第二條　市部會郡部會ハ各市部郡部ニ於テ選出シタル府縣會議員ヲ以テ之ヲ組織ス

市部又ハ郡部ニ於テ選出スヘキ府縣會議員ノ數十二名ニ滿タサルトキハ府縣制第五條ノ定員ニ拘ラス之ヲ十二名トス

第三條　府縣會ノ權限ニ屬スル事件ニシテ府縣會ノ議決ヲ經ヘキ事件ト市部會郡部會ノ議決ヲ經ヘキ事件トノ分別ハ府縣會ノ議決ヲ經內務大臣ノ許可ヲ得テ府縣知事之ヲ定ム若許可スヘカラスト認ムルトキハ內務大臣之ヲ定ム

第四條　市部會郡部會ヲ設ケタル縣ニ於テハ名譽職參

事會員ノ定員ヲ十名トス
市部會郡部會ヲ設ケタル府縣ノ名譽職參事會員ハ各會ニ於テ其ノ定員ノ半數ヲ選擧ス
市部參事會郡部參事會ハ府縣知事府縣高等官參事會員及各部會ニ於テ選擧シタル府縣名譽職參事會員ヲ以テ組織ス
第五條　府縣費ニ關スル市部郡部ノ分擔及收入ノ割合ハ府縣會ノ議決ヲ經内務大臣ノ許可ヲ得テ府縣知事之ヲ定ム若許可スヘカラスト認ムルトキハ内務大臣之ヲ定ム
第六條　第三條第五條ノ事件ニ付テハ議員定員ノ五分ノ四以上出席スルニ非サレハ會議ヲ開クコトヲ得ス
第七條　本令ニ規定スルモノヲ除ク外總テ府縣制ノ規定ヲ準用ス
第八條　市部會又ハ郡部會解散ヲ命セラレタルトキハ其ノ議員ハ府縣會議員ノ職ヲ失フ

附　則

第九條　本令ニ依リ市部會郡部會ヲ設クル府縣ニ於テハ從來市部若ハ郡部ニ關スル事件及市郡部連帶ニ關スル事件ハ本令ニ於テモ亦其ノ効力ヲ有ス
第十條　本令ハ明治三十二年七月一日ヨリ施行ス

●府縣制第十一條ニ依リ市町村外ニ於テ納ムル直接國稅證明ニ關スル件

府縣制第十一條ニ依リ市町村外ニ於テ納ムル直接國稅證明ニ關スル件左ノ通定ム
府縣制第十一條ニ依リ選擧人ニ於テ納稅ノ屆出ヲ爲ストキハ其ノ稅ヲ徵收スル行政廳、公共ノ團體若ハ組合又ハ銀行會社ノ證明ヲ得ルコトヲ要ス
前項證明ノ請求ヲ受ケタル行政廳、公共ノ團體若ハ組合又ハ銀行會社ハ遲滯ナク之ヲ證明スヘシ

附　則

本令ハ次ノ總選擧ヨリ之ヲ施行ス
明治三十二年内務省令第三十一號中府縣會議員ニ關スル規定ヲ廢止ス

市制

第一章 總則

第一款 市及其ノ區域

第一條 市ハ從來ノ區域ニ依ル

第二條 市ハ法人トス官ノ監督ヲ承ケ法令ノ範圍内ニ於テ其ノ公共事務竝從來法令又ハ慣例ニ依リ及將來法律勅令ニ依リ市ニ屬スル事務ヲ處理ス

第三條 市ノ廢置分合ヲ爲サムトスルトキハ關係アル市町村會及府縣參事會ノ意見ヲ徵シテ内務大臣之ヲ定ム

前項ノ場合ニ於テ財産アルトキハ其ノ處分ハ關係アル市町村會ノ意見ヲ徵シ府縣參事會ノ議決ヲ經内務大臣ノ許可ヲ得テ府縣知事之ヲ定ム

第四條 市ノ境界變更ヲ爲サムトスルトキハ府縣知事ハ關係アル市町村會ノ意見ヲ徵シ府縣參事會ノ議決ヲ經内務大臣ノ許可ヲ得テ之ヲ定ム所屬未定地ヲ市

ノ區域ニ編入セムトスルトキ亦同シ

前項ノ場合ニ於テ財産アルトキ其ノ處分ニ關シテハ前項ノ例ニ依ル

第五條 市ノ境界ニ關スル爭論ハ府縣參事會之ヲ裁定ス其ノ裁定ニ不服アル市町村ハ行政裁判所ニ出訴スルコトヲ得

市ノ境界判明ナラサル場合ニ於テ前項ノ爭論ナキトキハ府縣知事ハ府縣參事會ノ決定ニ付スヘシ其ノ決定ニ不服アル市町村ハ行政裁判所ニ出訴スルコトヲ得

第一項ノ裁定及前項ノ決定ハ文書ヲ以テ之ヲ爲シ其ノ理由ヲ附シ之ヲ關係市町村ニ交付スヘシ

第一項ノ裁定及第二項ノ決定ニ付テハ府縣知事ヨリモ訴訟ヲ提起スルコトヲ得

第六條 勅令ヲ以テ指定スル市ノ區ハ之ヲ法人トス其ノ財産及營造物ニ關スル事務其ノ他法令ニ依リ區ニ屬スル事務ヲ處理ス

區ノ廢置分合又ハ境界變更其ノ他區ノ境界ニ關シテハ前二條ノ規定ヲ準用ス但シ第四條ノ規定ヲ準用ス

ル場合ニ於テハ關係アル市會ノ意見ヲモ徵スヘシ

第七條　市ハ其ノ名稱ヲ變更セムトスルトキハ内務大臣ノ許可ヲ受クヘシ

市役所ノ位置ヲ定メ又ハ之ヲ變更セムトスルトキハ市ハ府縣知事ノ許可ヲ受クヘシ

前條ノ市カ其ノ區ノ名稱ヲ變更シ又ハ區役所ノ位置ヲ定メ若ハ之ヲ變更セムトスルトキハ前項ノ例ニ依ル

第二款　市住民及其ノ權利義務

第八條　市内ニ住所ヲ有スル者ハ其ノ市住民トス

市住民ハ本法ニ從ヒ市ノ財産及營造物ヲ共用スル權利ヲ有シ市ノ負擔ヲ分任スル義務ヲ負フ

第九條　市住民ニシテ左ノ要件ヲ具備スル者ハ市公民トス但シ貧困ノ爲公費ノ救助ヲ受ケタル後二年ヲ經サル者、禁治産者、準禁治産者及六年ノ懲役又ハ禁錮以上ノ刑ニ處セラレタル者ハ此ノ限ニ在ラス

一　帝國臣民タル男子ニシテ年齡二十五年以上ノ者

二　獨立ノ生計ヲ營ム者

三　二年以上其ノ市住民タル者

四　二年以來其ノ市ノ直接市税ヲ納ムル者

市ハ前項二年ノ制限ヲ特免スルコトヲ得

家督相續ニ依リ財産ヲ取得シタル者ニ付テハ其ノ財産ニ付被相續人ノ爲シタル納税ヲ以テ其ノ者ノ爲シタル納税ト看做ス

市公民ノ要件中其ノ年限ニ關スルモノハ市町村ノ廢置分合又ハ境界變更ノ爲中斷セラルルコトナシ

第十條　市公民ハ市ノ選擧ニ參與シ市ノ名譽職ニ選擧セラルル權利ヲ有シ市ノ名譽職ヲ擔任スル義務ヲ負フ

左ノ各號ノ一ニ該當セサル者ニシテ名譽職ノ當選ヲ辭シ又ハ其ノ職ヲ辭シ若ハ其ノ職務ヲ實際ニ執行セサルトキハ市ハ一年以上四年以下其ノ市公民權ヲ停止シ場合ニ依リ其ノ停止期間以内其ノ者ノ負擔スヘキ市税ノ十分ノ一以上四分ノ一以下ヲ增課スルコトヲ得

一　疾病ニ罹リ公務ニ堪ヘサル者

二　業務ノ爲常ニ市内ニ居ルコトヲ得サル者

三　年齡六十年以上ノ者

四　官公職ノ爲市ノ公務ヲ執ルコトヲ得サル者

五　四年以上名譽職市吏員、名譽職參事會員、市會議員又ハ區會議員ノ職ニ任シ爾後同一ノ期間ヲ經過セサル者

六　其ノ他市會ノ議決ニ依リ正當ノ理由アリト認ムル者

前項ノ處分ヲ受ケタル者其ノ處分ニ不服アルトキハ府縣參事會ニ訴願シ其ノ裁決ニ不服アルトキハ行政裁判所ニ出訴スルコトヲ得

第二項ノ處分ハ其ノ確定ニ至ル迄執行ヲ停止ス

第三項ノ裁決ニ付テハ府縣知事又ハ市長ヨリモ訴訟ヲ提起スルコトヲ得

第十一條　市公民第九條第一項ニ揭ケタル要件ノ一ヲ闕キ又ハ同項但書ニ當ルニ至リタルトキハ其ノ公民權ヲ失フ

市公民租稅滯納處分中ハ其ノ公民權ヲ停止ス家資分散若ハ破產ノ宣告ヲ受ケ其ノ確定シタルトキヨリ復權ノ決定確定スルニ至ル迄又ハ六年未滿ノ懲役又ハ禁錮ノ刑ニ處セラレタルトキヨリ其ノ執行ヲ終リ若ハ其ノ執行ヲ受クルコトナキニ至ル迄亦同シ

陸海軍ノ現役ニ服スル者ハ市ノ公務ニ參與スルコトヲ得ス其ノ他ノ兵役ニ在ル者ニシテ戰時又ハ事變ニ際シ召集セラレタルトキ亦同シ

第三款　市條例及市規則

第十二條　市ハ市住民ノ權利義務又ハ市ノ義務ニ關シ市條例ヲ設クルコトヲ得

市ハ市ノ營造物ニ關シ市條例ヲ以テ規定スルモノノ外市規則ヲ設クルコトヲ得

市條例及市規則ハ一定ノ公告式ニ依リ之ヲ告示スヘシ

第二章　市會

第一款　組織及選擧

第十三條　市會議員ハ其ノ被選擧權アル者ニ就キ選擧人之ヲ選擧ス

議員ノ定數左ノ如シ

一　人口五萬未滿ノ市　三十人

二　人口五萬以上十五萬未滿ノ市　三十六人

三　人口十五萬以上二十萬未滿ノ市　四十人
四　人口二十萬以上三十萬未滿ノ市　四十四人
五　人口三十萬以上ノ市　四十八人

人口三十萬ヲ超ユル市ニ於テハ人口十万、人口五十万ヲ超ユル市ニ於テハ人口二十万ヲ加フル每ニ議員四人ヲ増加ス

議員ノ定數ハ市條例ヲ以テ特ニ之ヲ増減スルコトヲ得

議員ノ定數ハ總選擧ヲ行フ場合ニ非サレハ之ヲ増減セス但シ著シク人口ノ増減アリタル場合ニ於テ內務大臣ノ許可ヲ得タルトキハ此ノ限ニ在ラス

第十四條　市公民ハ總テ選擧權ヲ有ス但シ公民權停止中ノ者又ハ第十一條第三項ノ場合ニ當ル者ハ此ノ限ニ在ラス

第十五條　選擧人ハ分チテ二級トス

選擧人中選擧人ノ總數ヲ以テ選擧人ノ納ムル直接市稅總額ヲ除シ其ノ平均額以上ヲ納ムル者ヲ一級トシ其ノ他ノ選擧人ヲ二級トス但シ一級選擧人ノ數議員定數ノ二分ノ一ヨリ少キトキハ納稅額最多キ者議員定數ノ二分ノ一ト同數ヲ以テ一級トス兩級ノ間ニ同額ノ納稅者二人以上アルトキハ其ノ市內ニ住所ヲ有スル年數ノ多キ者ヲ以テ上級ニ入ル住所ヲ有スル年數同シキトキハ年長者ヲ以テシ年齡ニ依リ難キトキハ市長抽籤シテ之ヲ定ムヘシ

選擧人ハ每級各別ニ議員定數ノ二分ノ一ヲ選擧ス但シ選擧區アル場合ニ於テ議員ノ數二分シ難キトキハ其ノ配當方法ハ第十六條ノ市條例中ニ之ヲ規定スヘシ

被選擧人ハ各級ニ通シテ選擧セラルルコトヲ得

第二項ノ直接市稅ノ納額ハ選擧人名簿調製期日ノ屬スル會計年度ノ前年度ノ賦課額ニ依ルヘシ

第十六條　市ハ市條例ヲ以テ選擧區ヲ設クルコトヲ得二級選擧ノ爲ノミニ付亦同シ

選擧區ノ數及其ノ區域竝各選擧區ヨリ選出スル議員數ハ前項ノ市條例中ニ之ヲ規定スヘシ

第六條ノ市ニ於テハ區ヲ以テ選擧區トス其ノ各選擧區ヨリ選出スル議員數ハ市條例ヲ以テ之ヲ定ムヘシ

選擧人ハ住所ニ依リ所屬ノ選擧區ヲ定ム第七十六條

又ハ第七十九條第二項ノ規定ニ依リ市公民タル者ニシテ市内ニ住所ヲ有セサル者ニ付テハ市長ハ本人ノ申出ニ依リ其ノ申出ナキトキハ職權ニ依リ其ノ選擧區ヲ定ムヘシ

選擧區ニ於テハ前條ノ規定ニ準シ選擧人ノ等級ヲ分ツヘシ但シ一級選擧人ノ數其ノ選出スヘキ議員配當數ヨリ少キトキハ納額最多キ者議員配當數ト同數ヲ以テ一級トス

被選擧人ハ各選擧區ニ通シテ選擧セラルルコトヲ得

第十七條　特別ノ事情アルトキハ市ハ府縣知事ノ許可ヲ得區劃ヲ定メテ選擧分會ヲ設クルコトヲ得二級選擧ノ爲ノミニ付亦同シ

第十八條　選擧權ヲ有スル市公民ハ被選擧權ヲ有ス

左ニ揭クル者ハ被選擧權ヲ有セス其ノ之ヲ罷メタル後一月ヲ經過セサル者亦同シ

一　所屬府縣ノ官吏及有給吏員

二　其ノ市ノ有給吏員

三　檢事警察官吏及收稅官吏

四　神官神職僧侶其ノ他諸宗敎師

五　小學校敎員

市ニ對シ請負ヲ爲ス者及其ノ支配人又ハ主トシテ同一ノ行爲ヲ爲ス法人ノ無限責任社員、役員及支配人ハ被選擧權ヲ有セス

前項ノ役員トハ取締役、監査役及之ニ準スヘキ者竝淸算人ヲ謂フ

父子兄弟タル緣故アル者ハ同時ニ市會議員ノ職ニ在ルコトヲ得ス其ノ同時ニ選擧セラレタルトキハ同級ニ在リテハ得票ノ數ニ依リ其ノ多キ者一人ヲ當選者トシ同數ナルトキ又ハ等級若ハ選擧區ヲ異ニシテ選擧セラレタルトキハ年長者ヲ當選者トシ年齡同シキトキハ市長抽籤シテ當選者ヲ定ム其ノ時ヲ異ニシテ選擧セラレタルトキハ後ニ選擧セラレタル者議員タルコトヲ得ス

議員ト爲リタル後前項ノ緣故ヲ生シタル場合ニ於テハ年少者其ノ職ヲ失フ年齡同シキトキハ市長抽籤シテ失職者ヲ定ム

市長市參與又ハ助役ト父子兄弟タル緣故アル者ハ市會議員ノ職ニ在ルコトヲ得ス

第十九條　市會議員ハ名譽職トス

議員ノ任期ハ四年トシ總選擧ノ第一日ヨリ之ヲ起算ス

議員ノ定數ニ異動ヲ生シタル爲解任ヲ要スル者アルトキハ毎級各別ニ市長抽籤シテ之ヲ定ム選擧區アル場合ニ於テハ第十六條ノ市條例中ニ其ノ解任ヲ要スル者ノ選擧區及等級ヲ規定シ市長抽籤シテ之ヲ定ムヘシ但シ解任ヲ要スル選擧區及等級ニ闕員アルトキハ其ノ闕員ヲ以テ之ニ充ツヘシ

議員ノ定數ニ異動ヲ生シタル爲新ニ選擧セラレタル議員ハ總選擧ニ依リ選擧セラレタル議員ノ任期滿了ノ日迄在任ス

選擧區又ハ其ノ配當議員數ノ變更アリタル場合ニ於テ之ニ關シ必要ナル事項ハ第十六條ノ市條例中ニ之ヲ規定スヘシ

第二十條　市會議員中闕員ヲ生シ其ノ闕員議員定數ノ三分ノ一以上ニ至リタルトキ又ハ府縣知事市長若ハ市會ニ於テ必要ト認ムルトキハ補闕選擧ヲ行フヘシ

議員闕員ト爲リタルトキ其ノ議員カ第三十條第二項ノ規定ノ適用ニ依リ當選者ト爲リタル者ナル場合又ハ本條本項若ハ第三十三條ノ規定ニ依ル第三十條第二項ノ規定ノ準用ニ依リ當選者ト爲リタル者ナル場合ニ於テハ市長ハ直ニ第三十條第二項ノ規定ノ適用又ハ準用ヲ受ケタル他ノ得票者ニ就キ當選者ヲ定ムヘシ此ノ場合ニ於テハ第三十條第二項ノ規定ヲ準用ス

補闕議員ハ其ノ前任者ノ殘任期間在任ス

補闕議員ハ前任者ノ選擧セラレタル等級及選擧區ニ於テ之ヲ選擧スヘシ

第二十一條　市長ハ選擧期日前六十日ヲ期トシ其ノ日ノ現在ニ依リ選擧人ノ資格ヲ記載セル選擧人名簿ヲ調製スヘシ但シ選擧區アルトキハ選擧區毎ニ名簿ヲ調製スヘシ

第六條ノ市ニ於テハ市長ハ區長ヲシテ前項ノ名簿ヲ調製セシムヘシ

市長ハ選擧期日前四十日ヲ期トシ其ノ日ヨリ七日間毎日午前八時ヨリ午後四時迄市役所（第六條ノ市ニ於テハ區役所）又ハ告示シタル場所ニ於テ選擧人名

簿ヲ關係者ノ縱覽ニ供スヘシ關係者ニ於テ異議アルトキハ縱覽期間內ニ之ヲ市長（第六條ノ市ニ於テハ區長ヲ經テ）ニ申立ツルコトヲ得此ノ場合ニ於テハ市長ハ縱覽期間滿了後三日以內ニ市會ノ決定ニ付スヘシ市會ハ其ノ送付ヲ受ケタル日ヨリ七日以內ニ之ヲ決定スヘシ

前項ノ決定ニ不服アル者ハ府縣參事會ニ訴願シ其ノ裁決又ハ第五項ノ裁決ニ不服アル者ハ行政裁判所ニ出訴スルコトヲ得

第三項ノ決定及前項ノ裁決ニ付テハ市長ヨリモ訴願又ハ訴訟ヲ提起スルコトヲ得

前二項ノ裁決ニ付テハ府縣知事ヨリモ訴訟ヲ提起スルコトヲ得

前四項ノ場合ニ於テ決定若ハ裁決確定シ又ハ判決アリタルニ依リ名簿ノ修正ヲ要スルトキハ市長ハ其ノ確定期日前ニ修正ヲ加ヘ第六條ノ市ニ於テハ區長ヲシテ修正セシムヘシ

選擧人名簿ハ選擧期日前三日ヲ以テ確定ス

確定名簿ハ第三條又ハ第四條ノ處分アリタル場合ニ於テ府縣知事ノ指定スルモノヲ除クノ外其ノ確定シタル日ヨリ一年以內ニ於テ行フ選擧ニ之ヲ用ウ選擧區アル場合ニ於テハ各選擧區ニ涉リ同時ニ調製シタルモノハ確定シタル日ヨリ一年以內ニ於テ行フ選擧ニ之ヲ用ヰ一部ノ選擧區限リ調製シタルモノハ確定シタル日ヨリ一年以內ニ該選擧區ニ於テノミ行フ選擧ニ之ヲ用ウ但シ名簿確定後裁決確定シ又ハ判決アリタルニ依リ名簿ノ修正ヲ要スルトキハ選擧ヲ終リタル後ニ於テ次ノ選擧期日前四日迄ニ之ヲ修正スヘシ

選擧人名簿ヲ修正シタルトキハ市長ハ直ニ其ノ要領ヲ告示シ第六條ノ市ニ於テハ區長ヲシテ之ヲ告示セシムヘシ

選擧分會ヲ設クルトキハ市長ハ確定名簿ニ依リ分會ノ區劃每ニ名簿ノ抄本ヲ調製スヘシ第六條ノ市ニ於テハ區長ヲシテ之ヲ調製セシムヘシ

確定名簿ニ登錄セラレサル者ハ選擧ニ參與スルコトヲ得ス但シ選擧人名簿ニ登錄セラルヘキ確定裁決書ヲ所持シ選擧ノ當日選擧會場ニ到ル者ハ此ノ限ニ在

ラス

前項但書ノ選擧人ハ等級ノ標準タル直接市税ニ依リ其ノ者ノ納額ニシテ名簿ニ登錄セラレタル一級選擧人中ノ最少額ヨリ多キトキハ一級ニ於テ其ノ他ハ二級ニ於テ選擧ヲ行フヘシ

確定名簿ニ登錄セラレタル者選擧權ヲ有セサルトキハ選擧ニ參與スルコトヲ得ス但シ名簿ハ之ヲ修正スル限ニ在ラス

第三項乃至第六項ノ場合ニ於テ決定若ハ裁決確定シ又ハ判決アリタルニ依リ名簿無効ト爲リタルトキハ更ニ名簿ヲ調製スヘシ其ノ名簿ノ調製、縱覽、修正確定及異議ノ決定ニ關スル期日期限及期間ハ府縣知事ノ定ムル所ニ依ル名簿ノ喪失シタルトキ亦同シ

選擧人名簿調製後ニ於テ選擧期日ヲ變更スルコトアルモ其ノ名簿ヲ用キ縱覽、修正、確定及異議ノ決定ニ關スル期日、期限及期間ハ前選擧期日ニ依リ之ヲ算定ス

第二十二條　市長ハ選擧期日前少クトモ七日間選擧會場、投票ノ日時及各級ヨリ選擧スヘキ議員數ヲ告示スヘシ選擧區アル場合ニ於テハ各級ヨリ選擧スヘキ議員數ヲ選擧區毎ニ分別シ選擧分會ヲ設クル場合ニ於テハ併セテ其ノ等級及區劃ヲ告示スヘシ

各選擧區ノ選擧ハ同日時ニ之ヲ行ヒ選擧分會ノ選擧ハ本會ト同日時ニ之ヲ行フヘシ天災事變等ニ依リ同日時ニ選擧ヲ行フコト能ハサルトキハ市長ハ其ノ選擧ヲ終ラサル選擧會又ハ選擧分會ノミニ關シ更ニ選擧會場及投票ノ日時ヲ告示シ選擧ヲ行フヘシ

選擧ヲ行フ順序ハ先ツ二級ノ選擧ヲ行ヒ次ニ一級ノ選擧ヲ行フヘシ天災事變等ニ依リ選擧ヲ行フコト能ハサルニ至リタルトキハ市長ハ其ノ選擧ヲ終ラサル等級ノミニ關シ更ニ選擧會場及投票ノ日時ヲ告示シ選擧ヲ行フヘシ

第二十三條　市長ハ選擧長ト爲リ選擧會ヲ開閉シ其ノ取締ニ任ス

各選擧區ノ選擧會ハ市長又ハ其ノ指名シタル吏員（第六條ノ市ニ於テハ區長）選擧長ト爲リ之ヲ開閉シ其ノ取締ニ任ス

選擧分會ハ市長ノ指名シタル吏員選擧分會長ト爲リ

之ヲ開閉シ其ノ取締ニ任ス

市長（第六條ノ市ニ於テハ區長）ハ選擧人中ヨリ二人乃至四人ノ選擧立會人ヲ選任スヘシ但シ選擧區アルトキ又ハ選擧分會ヲ設ケタルトキハ各別ニ選擧立會人ヲ設クヘシ

選擧立會人ハ名譽職トス

第二十四條　選擧人ニ非サル者ハ選擧會場ニ入ルコトヲ得ス但シ選擧會場ノ事務ニ從事スル者、選擧會場ヲ監視スル職權ヲ有スル者又ハ警察官吏ハ此ノ限ニ在ラス

選擧會場ニ於テ演說討論ヲ爲シ若ハ喧擾ニ渉リ又ハ投票ニ關シ協議若ハ勸誘ヲ爲シ其ノ他選擧會場ノ秩序ヲ紊ス者アルトキハ選擧長又ハ分會長ハ之ヲ制止シ命ニ從ハサルトキハ之ヲ選擧會場外ニ退出セシムヘシ

前項ノ規定ニ依リ退出セシメラレタル者ハ最後ニ至リ投票ヲ爲スコトヲ得但シ選擧長又ハ分會長會場ノ秩序ヲ紊スノ虞ナシト認ムル場合ニ於テ投票ヲ爲サシムルヲ妨ケス

第二十五條　選擧ハ無記名投票ヲ以テ之ヲ行フ

投票ハ一人一票ニ限ル

選擧人ハ選擧ノ當日投票時間內ニ自ラ選擧會場ニ到リ選擧人名簿又ハ其ノ抄本ノ對照ヲ經テ投票ヲ爲スヘシ

投票時間內ニ選擧會場ニ入リタル選擧人ハ其ノ時間ヲ過クルモ投票ヲ爲スコトヲ得

選擧人ハ選擧會場ニ於テ投票用紙ニ自ラ被選擧人一人ノ氏名ヲ記載シテ投函スヘシ但シ確定名簿ニ登錄セラレタル每級選擧人ノ數其ノ選擧スヘキ議員數ノ三倍ヨリ少キ場合ニ於テハ連名投票ノ法ヲ用ヰヘシ

自ラ被選擧人ノ氏名ヲ書スルコト能ハサル者ハ投票ヲ爲スコトヲ得ス

投票用紙ハ市長ノ定ムル所ニ依リ一定ノ式ヲ用ウヘシ

選擧區アル場合ニ於テ選擧人名簿ノ調製後選擧人ノ所屬ニ異動ヲ生スルコトアルモ其ノ選擧人ハ前所屬ノ選擧區ニ於テ投票ヲ爲スヘシ

選擧分會ニ於テ爲シタル投票ハ分會長少クトモ一人

ノ選擧立會人ト共ニ投票函ノ儘之ヲ本會ニ送致スヘシ
第二十六條　第三十三條若ハ第三十七條ノ選擧、増員選擧又ハ補闕選擧ヲ同時ニ行フ場合ニ於テハ一ノ選擧ヲ以テ合併シテ之ヲ行フ
第二十七條（削除）
第二十八條　左ノ投票ハ之ヲ無効トス
一　成規ノ用紙ヲ用ヰサルモノ
二　現ニ市會議員ノ職ニ在ル者ノ氏名ヲ記載シタルモノ
三　一投票中二人以上ノ被選擧人ノ氏名ヲ記載シタルモノ
四　被選擧人ノ何人タルカヲ確認シ難キモノ
五　被選擧權ナキ者ノ氏名ヲ記載シタルモノ
六　被選擧人ノ氏名ノ外他事ヲ記入シタルモノ但シ爵位職業身分住所又ハ敬稱ノ類ヲ記入シタルモノハ此ノ限ニ在ラス
七　被選擧人ノ氏名ヲ自書セサルモノ
連名投票ノ法ヲ用ヰタル場合ニ於テハ前項第一號第六號及第七號ニ該當スルモノ並其ノ記載ノ人員選擧スヘキ定數ニ過キタルモノハ之ヲ無効トシ前項第二號第四號及第五號ニ該當スルモノハ其ノ部分ノミヲ無効トス
第二十九條　投票ノ拒否及効力ハ選擧立會人之ヲ決定ス可否同數ナルトキハ選擧長之ヲ決スヘシ
選擧分會ニ於ケル投票ノ拒否ハ其ノ選擧立會人之ヲ決定ス可否同數ナルトキハ分會長之ヲ決スヘシ
第三十條　市會議員ノ選擧ハ有効投票ノ最多數ヲ得タル者ヲ以テ當選者トス但シ各級ニ於テ選擧スヘキ議員數ヲ以テ選擧人名簿ニ登錄セラレタル各級ノ人員數ヲ除シテ得タル數ノ七分ノ一以上ノ得票アルコトヲ要ス
前項ノ規定ニ依リ當選者ヲ定ムルニ當リ得票ノ數同シキトキハ年長者ヲ取リ年齡同シキトキハ選擧長抽籤シテ之ヲ定ムヘシ
第三十一條　選擧長又ハ分會長ハ選擧錄ヲ調製シテ選擧又ハ投票ノ顚末ヲ記載シ選擧又ハ投票ヲ終リタル後之ヲ朗讀シ選擧立會人二人以上ト共ニ之ニ署名ス

ヘシ

各選擧區ノ選擧長ハ選擧錄（第六條ノ市ニ於テハ其ノ謄本）ヲ添ヘ當選者ノ住所氏名ヲ市長ニ報告スヘシ

選擧分會長ハ投票函ト同時ニ選擧錄ヲ本會ニ送致スヘシ

選擧錄ハ投票、選擧人名簿其ノ他ノ關係書類ト共ニ選擧及當選ノ効力確定スルニ至ル迄之ヲ保存スヘシ

第三十二條　當選者定マリタルトキハ市長ハ直ニ當選者ニ當選ノ旨ヲ告知シ第六條ノ市ニ於テハ區長ヲシテ之ヲ告知セシムヘシ

當選者當選ヲ辭セムトスルトキハ當選ノ告知ヲ受ケタル日ヨリ五日以内ニ之ヲ市長ニ申立ツヘシ

一人ニシテ數級又ハ數選擧區ニ於テ當選シタルトキハ最終ニ當選ノ告知ヲ受ケタル日ヨリ五日以内ニ何レノ當選ニ應スヘキカヲ市長ニ申立ツヘシ其ノ期間内ニ之ヲ申立テサルトキハ市長抽籤シテ之ヲ定ム

第十八條第二項ニ揭ケサル官吏ニシテ當選シタル者ハ所屬長官ノ許可ヲ受クルニ非サレハ之ニ應スルコトヲ得ス

前項ノ官吏ハ當選ノ告知ヲ受ケタル日ヨリ二十日以内ニ之ニ應スヘキ旨ヲ市長ニ申立テサルトキハ其ノ當選ヲ辭シタルモノト看做ス第三項ノ場合ニ於テ何レノ當選ニ應スヘキカヲ申立テサルトキハ總テ之ヲ辭シタルモノト看做ス

第三十三條　當選者當選ヲ辭シタルトキ、數級若ハ數選擧區ニ於テ當選シタル場合ニ於テ前條第三項ノ規定ニ依リ一ノ級若ハ選擧區ノ當選ニ應シ若ハ抽籤ニ依リ一ノ級若ハ選擧區ノ當選者ト定マリタル爲他ノ級若ハ選擧區ニ於テ當選者タラサルニ至リタルトキ死亡者ナルトキ又ハ選擧ニ關スル犯罪ニ依リ刑ニ處セラレ其ノ當選無効ト爲リタルトキハ更ニ選擧ヲ行フヘシ但シ其ノ當選者第三十條第二項ノ規定ノ適用又ハ準用ニ依リ當選者ト爲リタル者ナル場合ニ於テハ第二十條第二項ノ例ニ依ル

當選者選擧ニ關スル犯罪ニ依リ刑ニ處セラレ其ノ當選無効ト爲リタルトキ其ノ前ニ其ノ者ニ關スル補闕選擧若ハ前項ノ選擧ノ告示ヲ爲シタル場合又ハ更ニ

選擧ヲ行フコトナクシテ當選者ヲ定メタル場合ニ於テハ前項ノ規定ヲ適用セス

第三十四條　選擧ヲ終リタルトキハ市長ハ直ニ選擧錄ノ謄本ヲ添ヘ之ヲ府縣知事ニ報告スヘシ

第三十二條第二項ノ期間ヲ經過シタルトキ、同條第三項若ハ第五項ノ申立アリタルトキ又ハ同條第三項ノ規定ニ依リ抽籤ヲ爲シタルトキハ市長ハ直ニ當選者ノ住所氏名ヲ告知シ併セテ之ヲ府縣知事ニ報告スヘシ

第三十五條　選擧ノ規定ニ違反スルコトアルトキハ選擧ノ結果ニ異動ヲ生スルノ虞アル場合ニ限リ其ノ選擧ノ全部又ハ一部ヲ無效トス

第三十六條　選擧人選擧又ハ當選ノ效力ニ關シ異議アルトキハ選擧ニ關シテハ選擧ノ日ヨリ當選ニ關シテハ第三十四條第二項ノ告示ノ日ヨリ七日以內ニ之ヲ市長ニ申立ツルコトヲ得此ノ場合ニ於テハ市長ハ七日以內ニ市會ノ決定ニ付スヘシ市會ハ其ノ送付ヲ受ケタル日ヨリ十四日以內ニ之ヲ決定スヘシ

前項ノ決定ニ不服アルモノハ府縣參事會ニ訴願スルコトヲ得

府縣知事ハ選擧又ハ當選ノ效力ニ關シ異議アルトキハ選擧ニ關シテハ第三十四條第一項ノ報告ヲ受ケタル日ヨリ當選ニ關シテハ同條第二項ノ報告ヲ受ケタル日ヨリ二十日以內ニ之ヲ府縣參事會ノ決定ニ付スルコトヲ得

前項ノ決定アリタルトキハ同一事件ニ付爲シタル異議ノ申立及市會ノ決定ハ無效トス

第二項若ハ第六項ノ裁決又ハ第三項ノ決定ニ不服アル者ハ行政裁判所ニ出訴スルコトヲ得

第一項ノ決定ニ付テハ市長ヨリモ訴願ヲ提起スルコトヲ得

第二項若ハ前項ノ裁決又ハ第三項ノ決定ニ付テハ府縣知事又ハ市長ヨリモ訴訟ヲ提起スルコトヲ得

第二十條、第三十三條又ハ第三十七條第三項ノ選擧ハ之ニ關係アル選擧又ハ當選ニ關スル異議申立期間、異議ノ決定若ハ訴願ノ裁決確定セサル間又ハ訴訟ノ繫屬スル間之ヲ行フコトヲ得ス

市會議員ハ選擧又ハ當選ニ關スル決定若ハ裁決確定

シ又ハ判決アル迄ハ會議ニ列席シ議事ニ參與スルノ權ヲ失ハス

第三十七條　當選無効ト確定シタルトキハ市長ハ直ニ第三十條ノ例ニ依リ更ニ當選者ヲ定ムヘシ
選擧無効ト確定シタルトキハ更ニ選擧ヲ行フヘシ
議員ノ定數ニ足ル當選者ヲ得ルコト能ハサルトキハ其ノ不足ノ員數ニ付更ニ選擧ヲ行フヘシ此ノ場合ニ於テハ第三十條第一項但書ノ規定ヲ適用セス

第三十八條　市會議員ニシテ被選擧權ヲ有セサル者ハ其ノ職ヲ失フ其ノ被選擧權ノ有無ハ市會議員カ左ノ各號ノ一ニ該當スルニ因リ被選擧權ヲ有セサル場合ヲ除クノ外市會之ヲ決定ス

一　禁治產者又ハ準禁治產者ト爲リタルトキ

二　家資分散又ハ破產ノ宣告ヲ受ケ其ノ宣告確定シタルトキ

三　禁錮以上ノ刑ニ處セラレタルトキ

四　選擧ニ關スル犯罪ニ依リ罰金ノ刑ニ處セラレタルトキ

市長ハ市會議員中被選擧權ヲ有セサル者アリト認ムルトキハ之ヲ市會ノ決定ニ付スヘシ市會ハ其ノ送付ヲ受ケタル日ヨリ十四日以內ニ之ヲ決定スヘシ
第一項ノ決定ヲ受ケタル者其ノ決定ニ不服アルトキハ府縣參事會ニ訴願シ其ノ裁決又ハ第四項ノ裁決ニ不服アルトキハ行政裁判所ニ出訴スルコトヲ得
第一項ノ決定及前項ノ裁決ニ付テハ市長ヨリモ訴願又ハ訴訟ヲ提起スルコトヲ得
前二項ノ裁決ニ付テハ府縣知事ヨリモ訴訟ヲ提起スルコトヲ得
第三十六條第九項ノ規定ハ第一項及第三項ノ場合ニ之ヲ準用ス
第一項ノ決定ハ文書ヲ以テ之ヲ爲シ其ノ理由ヲ附シ之ヲ本人ニ交附スヘシ

第三十九條　第二十一條及第三十六條ノ場合ニ於テ府縣參事會ノ決定及裁決ハ府縣知事、市會ノ決定ハ市長ニ之ヲ告示スヘシ

第四十條　本法又ハ本法ニ基キテ發スル勅令ニ依リ設置スル議會ノ議員ノ選擧ニ付テハ衆議院議員選擧ニ關スル罰則ヲ準用ス

第二欵　職務權限

第四十一條　市會ハ市ニ關スル事件及法律勅令ニ依リ其ノ權限ニ屬スル事件ヲ議決ス

第四十二條　市會ノ議決スヘキ事件ノ概目左ノ如シ

一　市條例及市規則ヲ設ケ又ハ改廢スル事

二　市費ヲ以テ支辨スヘキ事業ニ關スル事但シ第九十三條ノ事務及法律勅令ニ規定アルモノハ此ノ限ニ在ラス

三　歲入出豫算ヲ定ムル事

四　決算報告ヲ認定スル事

五　法令ニ定ムルモノヲ除クノ外使用料、手數料、加入金、市稅又ハ夫役現品ノ賦課徵收ニ關スル事

六　不動產ノ管理處分及取得ニ關スル事

七　基本財產及積立金穀等ノ設置管理及處分ニ關スル事

八　歲入出豫算ヲ以テ定ムルモノヲ除クノ外新ニ義務ノ負擔ヲ爲シ及權利ノ拋棄ヲ爲ス事

九　財產及營造物ノ管理方法ヲ定ムル事但シ法律勅令ニ規定アルモノハ此ノ限ニ在ラス

十　市吏員ノ身元保證ニ關スル事

十一　市ニ係ル訴願訴訟和解ニ關スル事

第四十三條　市會ハ其ノ權限ニ屬スル事項ノ一部ヲ市參事會ニ委任スルコトヲ得

第四十四條　市會ハ法律勅令ニ依リ其ノ權限ニ屬スル選擧ヲ行フヘシ

第四十五條　市會ハ市ノ事務ニ關スル書類及計算書ヲ檢閱シ市長ノ報告ヲ請求シテ事務ノ管理、議決ノ執行及出納ヲ檢査スルコトヲ得

市會ハ議員中ヨリ委員ヲ選擧シ市長又ハ其ノ指名シタル吏員立會ノ上實地ニ就キ前項市會ノ權限ニ屬スル事件ヲ行ハシムルコトヲ得

第四十六條　市會ハ市ノ公益ニ關スル事件ニ付意見書ヲ市長又ハ監督官廳ニ提出スルコトヲ得

第四十七條　市會ハ行政廳ノ諮問アルトキハ意見ヲ答申スヘシ

市會ノ意見ヲ徵シテ處分ヲ爲スヘキ場合ニ於テ市會成立セス、招集ニ應セス若ハ意見ヲ提出セス又ハ市會ヲ招集スルコト能ハサルトキハ當該行政廳ハ其ノ

意見ヲ俟タスシテ直ニ處分ヲ爲スコトヲ得

第四十八條　市會ハ議員中ヨリ議長及副議長一人ヲ選擧スヘシ

議長及副議長ノ任期ハ議員ノ任期ニ依ル

第四十九條　議長故障アルトキハ副議長之ニ代ハリ議長及副議長共ニ故障アルトキハ年長ノ議員議長ノ職務ヲ代理ス年齡同シキトキハ抽籤ヲ以テ之ヲ定ム

第五十條　市長及其ノ委任又ハ囑託ヲ受ケタル者ハ會議ニ列席シテ議事ニ參與スルコトヲ得但シ議決ニ加ハルコトヲ得ス

前項ノ列席者發言ヲ求ムルトキハ議長ハ直ニ之ヲ許スヘシ但シ之カ爲議員ノ演説ヲ中止セシムルコトヲ得ス

第五十一條　市會ハ市長之ヲ招集ス議員定數三分ノ一以上ノ請求アルトキハ市長ハ之ヲ招集スヘシ

市長ハ必要アル場合ニ於テハ會期ヲ定メテ市會ヲ招集スルコトヲ得

招集及會議ノ事件ハ開會ノ日ヨリ少クトモ三日前ニ之ヲ告示スヘシ但シ急施ヲ要スル場合ハ此ノ限ニ在ラス

市會開會中急施ヲ要スル事件アルトキハ市長ハ直ニ之ヲ其ノ會議ニ付スルコトヲ得三日前迄ニ告知ヲ爲シタル事件ニ付亦同シ

市會ハ市長之ヲ開閉ス

第五十二條　市會ハ議員定數ノ半數以上出席スルニ非サレハ會議ヲ開クコトヲ得ス但シ第五十四條ノ除斥ノ爲半數ニ滿タサルトキ、同一ノ事件ニ付招集再回ニ至ルモ仍半數ニ滿タサルトキ又ハ招集ニ應スルモ出席議員定數ヲ闕キ議長ニ於テ出席ヲ催告シ仍半數ニ滿タサルトキハ此ノ限ニ在ラス

第五十三條　市會ノ議事ハ過半數ヲ以テ決ス可否同數ナルトキハ議長ノ決スル所ニ依ル

第五十四條　議長及議員ハ自己又ハ父母、祖父母、妻子孫、兄弟姉妹ノ一身上ニ關スル事件ニ付テハ其ノ議事ニ參與スルコトヲ得ス但シ市會ノ同意ヲ得タルトキハ會議ニ出席シ發言スルコトヲ得

第五十五條　法律勅令ニ依リ市會ニ於テ選擧ヲ行フトキハ本法中別段ノ規定アル場合ヲ除クノ外一人毎ニ

無記名投票ヲ爲シ有効投票ノ過半數ヲ得タル者ヲ以テ當選者トス過半數ヲ得タル者ナキトキハ最多數ヲ得タル者二人ヲ取リ之ニ就キ決選投票ヲ爲サシム其ノ二人ヲ取ルニ當リ同數者アルトキハ年長者ヲ取リ年齢同シキトキハ議長抽籤シテ之ヲ定ム此ノ決選投票ニ於テハ多數ヲ得タル者ヲ以テ當選者トス同數ナルトキハ年長者ヲ取リ年齢同シキトキハ議長抽籤シテ之ヲ定ム

前項ノ場合ニ於テハ第二十五條及第二十八條ノ規定ヲ準用シ投票ノ効力ニ關シ異議アルトキハ市會之ヲ決定ス

第一項ノ選擧ニ付テハ市會ハ其ノ議決ヲ以テ指名推選又ハ連名投票ノ法ヲ用ヰルコトヲ得其ノ連名投票ノ法ヲ用ヰル場合ニ於テハ前二項ノ例ニ依ル

第五十六條　市會ノ會議ハ公開ス但シ左ノ場合ハ此ノ限ニ在ラス

一　市長ヨリ傍聽禁止ノ要求ヲ受ケタルトキ

二　議長又ハ議員三人以上ノ發議ニ依リ傍聽禁止ヲ可決シタルトキ

前項議長又ハ議員ノ發議ハ討論ヲ須ヰス其ノ可否ヲ決スヘシ

第五十七條　議長ハ會議ヲ總理シ會議ノ順序ヲ定メ其ノ日ノ會議ヲ開閉シ議場ノ秩序ヲ保持ス

議員定數ノ半數以上ヨリ請求アルトキハ議長ハ其ノ日ノ會議ヲ開クコトヲ要ス此ノ場合ニ於テ議長仍會議ヲ開カサルトキハ第四十九條ノ例ニ依ル

前項議員ノ請求ニ依リ會議ヲ開キタルトキ又ハ議員中異議アルトキハ議長ハ會議ノ議決ニ依ルニ非サレハ其ノ日ノ會議ヲ閉チ又ハ中止スルコトヲ得ス

第五十八條　議員ハ選擧人ノ指示又ハ委囑ヲ受クヘカラス

議員ハ會議中無禮ノ語ヲ用ヰ又ハ他人ノ身上ニ渉リ言論スルコトヲ得ス

第五十九條　會議中本法又ハ會議規則ニ違ヒ其ノ他議場ノ秩序ヲ紊ス議員アルトキハ議長ハ之ヲ制止シ又ハ發言ヲ取消サシメ命ニ從ハサルトキハ當日ノ會議ヲ終ル迄發言ヲ禁止シ又ハ議場外ニ退去セシメ必要アル場合ニ於テハ警察官吏ノ處分ヲ求ムルコトヲ得

議場騷擾ニシテ整理シ難キトキハ議長ハ當日ノ會議ヲ中止シ又ハ之ヲ閉ツルコトヲ得

第六十條　傍聽人公然可否ヲ表シ又ハ喧騷ニ渉リ其ノ他會議ノ妨害ヲ爲ストキハ議長ハ之ヲ制止シ命ニ從ハサルトキハ之ヲ退場セシメ必要アル場合ニ於テハ警察官吏ノ處分ヲ求ムルコトヲ得

傍聽席騷擾ナルトキハ議長ハ總テノ傍聽人ヲ退場セシメ必要アル場合ニ於テハ警察官吏ノ處分ヲ求ムルコトヲ得

第六十一條　市會ニ書記ヲ置キ議長ニ隷屬シテ庶務ヲ處理セシム

書記ハ議長之ヲ任免ス

第六十二條　議長ハ書記ヲシテ會議錄ヲ調製シ會議ノ顚末及出席議員ノ氏名ヲ記載セシムヘシ

會議錄ハ議長及議員二人以上之ニ署名スルコトヲ要ス其ノ議員ハ市會ニ於テ之ヲ定ムヘシ

議長ハ會議錄ヲ添ヘ會議ノ結果ヲ市長ニ報告スヘシ

第六十三條　市會ハ會議規則及傍聽人取締規則ヲ設クヘシ

會議規則ニハ本法及會議規則ニ違反シタル議員ニ對シ市會ノ議決ニ依リ三日以內出席ヲ停止シ又ハ二圓以下ノ過怠金ヲ科スル規定ヲ設クルコトヲ得

第三章　市參事會

第一款　組織及選擧

第六十四條　市ニ市參事會ヲ置キ左ノ職員ヲ以テ之ヲ組織ス

一　市長

二　助役

三　名譽職參事會員

前項ノ外市參與ヲ置ク市ニ於テハ市參與ハ參事會員トシテ其ノ擔任事業ニ關スル場合ニ限リ會議ニ例席シ議事ニ參與ス

第六十五條　名譽職參事會員ノ定數ハ六人トス但シ第六條ノ市ニ在リテハ市條例ヲ以テ十二人迄之ヲ增加スルコトヲ得

名譽職參事會員ハ市會ニ於テ其ノ議員中ヨリ之ヲ選擧スヘシ其ノ選擧ニ關シテハ第二十五條第二十八條

及第三十條ノ規定ヲ準用シ投票ノ効力ニ關シ異議アルトキハ市會之ヲ決定ス

名譽職參事會員中闕員アルトキハ直ニ補闕選擧ヲ行フヘシ

名譽職參事會員ノ任期ハ市會議員ノ任期ニ依ル但シ市會議員ノ任期滿了ノ場合ニ於テハ後任名譽職參事會員選擧ノ日迄在任ス

第六十六條　市參事會ハ市長ヲ以テ議長トス市長故障アルトキハ市長代理者之ヲ代理ス

第二款　職務權限

第六十七條　市參事會ノ職務權限左ノ如シ

一　市會ノ權限ニ屬スル事件ニシテ其ノ委任ヲ受ケタルモノヲ議決スル事

二　市長ヨリ市會ニ提出スル議案ニ付市長ニ對シ意見ヲ述フル事

三　其ノ他法令ニ依リ市參事會ノ權限ニ屬スル事件

第六十八條　市參事會ハ市長之ヲ招集ス名譽職參事會員定數ノ半數以上ノ請求アルトキハ市長ハ之ヲ招集スヘシ

第六十九條　市參事會ノ會議ハ傍聽ヲ許サス

第七十條　市參事會ハ議長又ハ其ノ代理者及名譽職參事會員定數ノ半數以上出席スルニ非サレハ會議ヲ開クコトヲ得ス但シ第二項ノ除斥ノ爲名譽職參事會員其ノ半數ニ滿タサルトキ、同一ノ事件ニ付招集再回ニ至ルモ仍名譽職參事會員其ノ半數ニ滿タサルトキ又ハ招集ニ應スルモ出席名譽職參事會員定數ヲ闕キ議長ニ於テ出席ヲ催告シ仍半數ニ滿タサルトキハ此ノ限ニ在ラス

議長及參事會員ハ自已又ハ父母、祖父母、妻、子孫兄弟姉妹ノ一身上ニ關スル事件ニ付テハ其ノ議事ニ參與スルコトヲ得ス但シ市參事會ノ同意ヲ得タルトキハ會議ニ出席シ發言スルコトヲ得

議長及其ノ代理者共ニ前項ノ場合ニ當ルトキハ年長ノ名譽職參事會員議長ノ職務ヲ代理ス

第七十一條　第四十六條第四十七條第五十條第五十一條第二項及第五項第五十三條第五十五條第五十七條乃至第五十九條第六十一條並第六十二條第一項及第二項ノ規定ハ市參事會ニ之ヲ準用ス

第四章　市吏員

第一款　組織選擧及任免

第七十二條　市ニ市長及助役一人ヲ置ク但シ第六條ノ市ノ助役ノ定數ハ內務大臣之ヲ定ム
助役ノ定數ハ市條例ヲ以テ之ヲ增加スルコトヲ得
特別ノ必要アル市ニ於テハ市條例ヲ以テ市參與ヲ設クヨトヲ得其ノ定數ハ其ノ市條例中ニ之ヲ規定スヘシ

第七十三條　市長ハ有給吏員トシ其ノ任期ハ四年トス
內務大臣ハ市會ヲシテ市長候補者三人ヲ選擧推薦セシメ上奏裁可ヲ請フヘシ
市長ハ內務大臣ノ認可ヲ受クルニ非サレハ任期中退職スルコトヲ得ス

第七十四條　市參與ハ名譽職トス但シ定數ノ全部又ハ一部ヲ有給吏員ト爲スコトヲ得此ノ場合ニ於テハ第七十二條第三項ノ市條例中ニ之ヲ規定スヘシ
市參與ハ市會ニ於テ之ヲ選擧シ內務大臣ノ認可ヲ受クヘシ

名譽職市參與ハ市公民中選擧權ヲ有スル者ニ限ル

第七十五條　助役ハ有給吏員トシ其ノ任期ハ四年トス
助役ハ市長ノ推薦ニ依リ市會之ヲ定メ市長職ニ在ラサルトキハ市會ニ於テ之ヲ選擧シ府縣知事ノ認可ヲ受クヘシ
前項ノ場合ニ於テ府縣知事ノ不認可ニ對シ市長又ハ市會ニ於テ不服アルトキハ內務大臣ニ具狀シテ認可ヲ請フコトヲ得
助役ハ府縣知事ノ認可ヲ受クルニ非サレハ任期中退職スルコトヲ得ス

第七十六條　市長有給市參與及助役ハ第九條第一項ノ規定ニ拘ラス在職ノ間其ノ市ノ公民トス

第七十七條　市長市參與及助役ハ第十八條第二項ニ揭ケタル職ト兼ヌルコトヲ得ス又其ノ市ニ對シ請負ヲ爲シ及同一ノ行爲ヲ爲ス者ノ支配人又ハ主トシテ同一ノ行爲ヲ爲ス法人ノ無限責任社員タルコトヲ得ス
市長ト父子兄弟タル緣故アル者ハ市參與又ハ助役ノ任ニ在ルコトヲ得ス
市參與ト父子兄弟タル緣故アル者ハ助役ノ職ニ在ル

コトヲ得ス
父子兄弟タル緣故アル者ハ同時ニ市參與又ハ助役ノ職ニ在ルコトヲ得ス第十八條第六項ノ規定ハ此ノ場合ニ之ヲ準用ス

七十八條　市長有給市參與及助役ハ府縣知事ノ許可ヲ受クルニ非サレハ他ノ報償アル業務ニ從事スルコトヲ得ス

市長有給市參與及助役ハ會社ノ取締役監査役若ハ之ニ準スヘキ者、清算人又ハ支配人其ノ他ノ事務員タルコトヲ得ス

第七十九條　市ニ收入役一人ヲ置ク但シ市條例ヲ以テ副收入役ヲ置クコトヲ得

第七十五條第一項乃至第三項第七十七條第一項及第四項並前條ノ規定ハ收入役及副收入役ニ第七十六條ノ規定ハ收入役ニ之ヲ準用ス

市長市參與又ハ助役ト父子兄弟タル緣故アル者ハ收入役又ハ副收入役ノ職ニ在ルコトヲ得ス收入役ト父子兄弟タル緣故アル者ハ副收入役ノ職ニ在ルコトヲ得ス

第八十條　第六條ノ市ノ區ニ區長一人ヲ置キ市有給吏員トシ市長之ヲ任免ス

第七十七條第一項及第七十八條ノ規定ハ區長ニ之ヲ準用ス

第八十一條　第六條ノ市ノ區ニ區收入役一人又ハ區收入役及區副收入役各一人ヲ置ク

區收入役及區副收入役ハ第八十六條ノ吏員中市長、助役、市收入役、市副收入役又ハ區長トノ間及其ノ相互ノ間ニ父子兄弟タル緣故アラサル者ニ就キ市長之ヲ命ス

區收入役又ハ區副收入役ト爲リタル後市長、助役、市收入役、市副收入役又ハ區長トノ間ニ父子兄弟タル緣故生シタルトキハ區收入役又ハ區副收入役ハ其ノ職ヲ失フ

前項ノ規定ハ區收入役區副收入役相互ノ間ニ於テ區副收入役ニ之ヲ準用ス

第八十二條　第六條ノ市ヲ除キ其ノ他ノ市ハ處務便宜ノ爲區ヲ劃シ區長及其ノ代理者一人ヲ置クコトヲ得

前項ノ區長及其ノ代理者ハ名譽職トス市會ニ於テ市

公民中選擧權ヲ有スル者ヨリ之ヲ選擧ス

內務大臣ハ前項ノ規定ニ拘ラス區長ヲ有給吏員ト爲スヘキ市ヲ指定スルコトヲ得

前項ノ區ニ付テハ第八十條第八十一條第九十四條第二項第九十七條第四項第九十八條及第九十九條ノ規定ヲ準用スルノ外必要ナル事項ハ勅令ヲ以テ之ヲ定ム

第八十三條　市ハ臨時又ハ常設ノ委員ヲ置クコトヲ得

委員ハ名譽職トス市會ニ於テ市會議員、名譽職參事會員又ハ市公民中選擧權ヲ有スル者ヨリ之ヲ選擧ス但シ委員長ハ市長又ハ其ノ委任ヲ受ケタル市參與若ハ助役ヲ以テ之ニ充ツ

常設委員ノ組織ニ關シテハ市條例ヲ以テ別段ノ規定ヲ設クルコトヲ得

第八十四條　市公民ニ限リテ擔任スヘキ職務ニ在ル吏員ニシテ市公民權ヲ喪失シ若ハ停止セラレタルトキ又ハ第十一條第三項ノ場合ニ當ルトキハ其ノ職ヲ失フ職ニ就キタルカ爲市公民タル者ニシテ禁治產若ハ準禁治產ノ宣告ヲ受ケタルトキ又ハ第十一條第二項若ハ第三項ノ場合ニ當ルトキ亦同シ

前項ノ職務ニ在ル者ニシテ禁錮以上ノ刑ニ當ルヘキ罪ノ爲豫審又ハ公判ニ付セラレタルトキハ監督官廳ハ其ノ職務ノ執行ヲ停止スルコトヲ得此ノ場合ニ於テハ其ノ停止期間報酬又ハ給料ヲ支給スルコトヲ得ス

第八十五條　前數條ニ定ムル者ノ外市ニ必要ノ有給吏員ヲ置キ市長之ヲ任免ス

前項吏員ノ定數ハ市會ノ議決ヲ經テ之ヲ定ム

第八十六條　前數條ニ定ムル者ノ外第六條及第八十二條第三項ノ市ノ區ニ必要ノ有給吏員ヲ置キ區長ノ申請ニ依リ市長之ヲ任免ス

前項吏員ノ定數ハ市會ノ議決ヲ經テ之ヲ定ム

第二款　職務權限

第八十七條　市長ハ市ヲ統轄シ市ヲ代表ス

市長ノ擔任スル事務ノ概目左ノ如シ

一　市會及市參事會ノ議決ヲ經ヘキ事件ニ付其ノ議案ヲ發シ及其ノ議決ヲ執行スル事

二　財產及營造物ヲ管理スル事但シ特ニ之カ管理者

ヲ置キタルトキハ其ノ事務ヲ監督スル事
三　收支出ヲ命令シ及會計ヲ監督スル事
四　證書及公文書類ヲ保管スル事
五　法令又ハ市會ノ議決ニ依リ使用料、手數料、加入金、市税又ハ夫役現品ヲ賦課徴收スル事
六　其ノ他法令ニ依リ市長ノ職權ニ屬スル事項
第八十八條　市長ハ議案ヲ市會ニ提出スル前之ヲ市參事會ノ審査ニ付シ其ノ意見ヲ議案ニ添ヘ市會ニ提出スヘシ
前項ノ規定ニ依リ市參事會ノ審査ニ付シタル場合ニ於テ市參事會意見ヲ述ヘサルトキハ市長ハ其ノ意見ヲ俟タスシテ議案ヲ市會ニ提出スルコトヲ得
第八十九條　市長ハ市吏員ヲ指揮監督シ之ニ對シ懲戒ヲ行フコトヲ得其ノ懲戒處分ハ譴責及十圓以下ノ過怠金トス
第九十條　市會又ハ市參事會ノ議決又ハ選擧其ノ權限ヲ越エ又ハ法令若ハ會議規則ニ背クト認ムルトキハ市長ハ其ノ意見ニ依リ又ハ監督官廳ノ指揮ニ依リ理由ヲ示シテ之ヲ再議ニ付シ又ハ再選擧ヲ行ハシムヘシ其ノ執行ヲ要スルモノニ在リテハ之ヲ停止スヘシ
前項ノ場合ニ於テ市會又ハ市參事會其ノ議決ヲ改メサルトキハ市長ハ府縣參事會ノ裁決ヲ請フヘシ但シ特別ノ事由アルトキハ再議ニ付セスシテ直ニ裁決ヲ請フコトヲ得
監督官廳ハ第一項ノ議決又ハ選擧ヲ取消スコトヲ得但シ裁決ノ申請アリタルトキハ此ノ限ニ在ラス
第二項ノ裁決又ハ前項ノ處分ニ不服アル市長市會又ハ市參事會ハ行政裁判所ニ出訴スルコトヲ得
市會又ハ市參事會ノ議決公益ヲ害シ又ハ市ノ收支ニ關シ不適當ナリト認ムルトキハ市長ハ其ノ意見ニ依リ又ハ監督官廳ノ指揮ニ依リ理由ヲ示シテ之ヲ再議ニ付スヘシ其ノ執行ヲ要スルモノニ在リテハ之ヲ停止スヘシ
前項ノ場合ニ於テ市會又ハ市參事會其ノ議決ヲ改メサルトキハ市長ハ府縣參事會ノ裁決ヲ請フヘシ
前項ノ裁決ニ不服アル市長市會又ハ市參事會ハ内務大臣ニ訴願スルコトヲ得
第六項ノ裁決ニ付テハ府縣知事ヨリモ訴願ヲ提起ス

ルコトヲ得
第二項ノ裁決ニ付テハ府縣知事ヨリモ訴訟ヲ提起スルコトヲ得

第九十一條　市會成立セサルトキ、第五十二條但書ノ場合ニ於テ仍會議ヲ開クコト能ハサルトキ又ハ市長ニ於テ市會ヲ招集スルノ暇ナシト認ムルトキハ市長ハ市會ノ權限ニ屬スル事件ヲ市參事會ノ議決ニ付スルコトヲ得
前項ノ規定ニ依リ市參事會ニ於テ議決ヲ爲ストキハ市長市參與及助役ハ其ノ議決ニ加ハルコトヲ得ス
市參事會成立セサルトキ又ハ第七十條第一項但書ノ場合ニ於テ仍會議ヲ開クコト能ハサルトキハ市長ハ其ノ議決スヘキ事件ニ付府縣參事會ノ議決ヲ請フコトヲ得
市會又ハ市參事會ニ於テ其ノ議決スヘキ事件ヲ議決セサルトキハ前項ノ例ニ依ル
市會又ハ市參事會ノ決定スヘキ事件ニ關シテハ前四項ノ例ニ依ル此ノ場合ニ於ケル市參事會又ハ府縣參事會ノ決定ニ關シテハ各本條ノ規定ニ準シ訴願又ハ訴訟ヲ提起スルコトヲ得
第一項及前三項ノ規定ニ依ル處置ニ付テハ次回ノ會議ニ於テ之ヲ市會又ハ市參事會ニ報告スヘシ

第九十二條　市參事會ニ於テ議決又ハ決定スヘキ事件ニ關シ臨時急施ヲ要スル場合ニ於テ市參事會成立セサルトキ又ハ市長ニ於テ之ヲ招集スルノ暇ナシト認ムルトキハ市長ハ之ヲ專決シ次回ノ會議ニ於テ之ヲ市參事會ニ報告スヘシ
前項ノ規定ニ依リ市長ノ爲シタル處分ニ關シテハ各本條ノ規定ニ準シ訴願又ハ訴訟ヲ提起スルコトヲ得

第九十三條　市長其ノ他市吏員ハ法令ノ定ムル所ニ依リ國府縣其ノ他公共團體ノ事務ヲ掌ル
前項ノ事務ヲ執行スル爲要スル費用ハ市ノ負擔トス但シ法令中別段ノ規定アルモノハ此ノ限ニ在ラス

第九十四條　市長ハ府縣知事ノ許可ヲ得テ其ノ事務ノ一部ヲ助役ニ分掌セシムルコトヲ得但シ市ノ事務ニ付テハ豫メ市會ノ同意ヲ得ルコトヲ要ス
第六條ノ市ノ市長ハ前項ノ例ニ依リ其ノ事務ノ一部ヲ區長ニ分掌セシムルコトヲ得

市長ハ市吏員ヲシテ其ノ事務ノ一部ヲ臨時代理セシムルコトヲ得

第九十五條　市參與ハ市長ノ指揮監督ヲ承ケ市ノ經營ニ屬スル特別ノ事業ヲ擔任ス

第九十六條　助役ハ市長ノ事務ヲ補助ス

助役ハ市長故障アルトキ之ヲ代理ス助役數人アルトキハ豫メ市長ノ定メタル順序ニ依リ之ヲ代理ス

第九十七條　收入役ハ市ノ出納其ノ他ノ會計事務及第九十三條ノ事務ニ關スル國府縣其ノ他公共團體ノ出納其ノ他ノ會計事務ヲ掌ル但シ法令中別段ノ規定アルモノハ此ノ限ニ在ラス

副收入役ハ收入役ノ事務ヲ補助シ收入役故障アルトキ之ヲ代理ス副收入役數人アルトキハ豫メ市長ノ定メタル順序ニ依リ之ヲ代理ス

市長ハ府縣知事ノ許可ヲ得テ收入役ノ事務ノ一部ヲ副收入役ニ分掌セシムルコトヲ得但シ市ノ出納其ノ他ノ會計事務ニ付テハ豫メ市會ノ同意ヲ得ルコトヲ要ス

第六條ノ市ノ市長ハ前項ノ例ニ依リ收入役ノ事務ノ一部ヲ區收入役ニ分掌セシムルコトヲ得

副收入役ヲ置カサル場合ニ於テハ市ハ收入役故障アルトキ之ヲ代理スヘキ吏員ヲ定メ府縣知事ノ認可ヲ受クヘシ

第九十八條　第六條ノ市ノ區長ハ市長ノ命ヲ承ケ又ハ法令ノ定ムル所ニ依リ區內ニ關スル市ノ事務及區ノ事務ヲ掌ル

區長其ノ他區所屬ノ吏員ハ市長ノ命ヲ承ケ又ハ法令ノ定ムル所ニ依リ國府縣其ノ他公共團體ノ事務ヲ掌ル

區長故障アルトキハ區收入役及區副收入役ニ非サル區所屬ノ吏員中上席者ヨリ順次之ヲ代理ス

第一項及第二項ノ事務ヲ執行スル爲要スル費用ハ市ノ負擔トス但シ法令中別段ノ規定アルモノハ此ノ限ニ在ラス

第九十九條　第六條ノ市ノ區收入役ハ市收入役ノ命ヲ承ケ又ハ法令ノ定ムル所ニ依リ市及區ノ出納其ノ他ノ會計事務竝國府縣其ノ他公共團體ノ出納其ノ他ノ會計事務ヲ掌ル

區長ハ市長ノ許可ヲ得テ區收入役ノ事務ノ一部ヲ區副收入役ニ分掌セシムルコトヲ得但シ區ノ出納其ノ他ノ會計事務ニ付テハ豫メ區會ノ同意ヲ得ルコトヲ要ス

市長ハ市ノ出納其ノ他ノ會計事務ニ付前項ノ許可ヲ爲ス場合ニ於テハ豫メ市會ノ同意ヲ得ルコトヲ要ス

區副收入役ヲ置カサル場合ニ於テハ區長ハ區收入役故障アルトキ之ヲ代理スヘキ吏員ヲ定ムヘシ

區收入役及區副收入役ノ職務權限ニ關シテハ前四項ニ規定スルモノノ外市收入役及市副收入役ニ關スル規定ヲ準用ス

第百條　名譽職區長ハ市長ノ命ヲ承ケ市長ノ事務ニシテ區內ニ關スルモノヲ補助ス

名譽職區長代理者ハ區長ノ事務ヲ補助シ區長故障アルトキ之ヲ代理ス

第百一條　委員ハ市長ノ指揮監督ヲ承ケ財產又ハ營造物ヲ管理シ其ノ他委託ヲ受ケタル市ノ事務ヲ調査シ又ハ之ヲ處辨ス

第百二條　第八十五條ノ吏員ハ市長ノ命ヲ承ケ事務ニ從事ス

第百三條　第八十六條ノ吏員ハ區長ノ命ヲ承ケ事務ニ從事ス

區長ハ前項ノ吏員ヲシテ其ノ事務ノ一部ヲ臨時代理セシムルコトヲ得

第五章　給料及給與

第百四條　名譽職市參與、市會議員、名譽職參事會員其ノ他ノ名譽職員ハ職務ノ爲要スル費用ノ辨償ヲ受クルコトヲ得

名譽職市參與、名譽職區長、名譽職區長代理者及委員ニハ費用辨償ノ外勤務ニ相當スル報酬ヲ給スルコトヲ得

費用辨償額、報酬額及其ノ支給方法ハ市會ノ議決ヲ經テ之ヲ定ム

第百五條　市長、有給市參與、助役其ノ他ノ有給吏員ノ給料額、旅費額及其ノ支給方法ハ市會ノ議決ヲ經テ之ヲ定ム

第百六條　有給吏員ニハ市條例ノ定ムル所ニ依リ退隱

料、退職給與金、死亡給與金又ハ遺族扶助料ヲ給スルコトヲ得

第百七條　費用辨償、報酬、給料、旅費、退隱料、退職給與金、死亡給與金又ハ遺族扶助料ノ給與ニ付關係者ニ於テ異議アルトキハ之ヲ市長ニ申立ツルコトヲ得

前項ノ異議ハ之ヲ市參事會ノ決定ニ付スヘシ關係者其ノ決定ニ不服アルトキハ府縣參事會ニ訴願シ其ノ裁決又ハ第三項ノ裁決ニ不服アルトキハ行政裁判所ニ出訴スルコトヲ得

前項ノ決定及裁決ニ付テハ市長ヨリモ訴願又ハ訴訟ヲ提起スルコトヲ得

前二項ノ裁決ニ付テハ府縣知事ヨリモ訴訟ヲ提起スルコトヲ得

第百八條　費用辨償、報酬、給料、旅費、退隱料、退職給與金、死亡給與金、遺族扶助料其ノ他ノ給與ハ市ノ負擔トス

第六章　市ノ財務

第一款　財務營造物及市稅

第百九條　收益ノ爲ニスル市ノ財産ハ基本財産トシ之ヲ維持スヘシ

市ハ特定ノ目的ノ爲特別ノ基本財産ヲ設ケ又ハ金穀等ヲ積立ツルコトヲ得

第百十條　舊來ノ慣行ニ依リ市住民中特ニ財産又ハ營造物ヲ使用スル權利ヲ有スル者アルトキハ其ノ舊慣ニ依ル舊慣ヲ變更又ハ廢止セムトスルトキハ市會ノ議決ヲ經ヘシ

前項ノ財産又ハ營造物ヲ新ニ使用セムトスル者アルトキハ市ハ之ヲ許可スルコトヲ得

第百十一條　市ハ前條ニ規定スル財産ノ使用方法ニ關シ市規則ヲ設クルコトヲ得

第百十二條　市ハ第百十條第一項ノ使用者ヨリ使用料ヲ徴收シ同條第二項ノ使用ニ關シテハ使用料若ハ一時ノ加入金ヲ徴收シ又ハ使用料及加入金ヲ共ニ徴收スルコトヲ得

第百十三條　市ハ營造物ノ使用ニ付使用料ヲ徴收スルコトヲ得

市ハ特ニ一個人ノ爲ニスル事務ニ付手數料ヲ徵收スルコトヲ得

第百十四條　財產ノ賣却貸與、工事ノ請負及物件勞力其ノ他ノ供給ハ競爭入札ニ付スヘシ但シ臨時急施ヲ要スルトキ、入札ノ價額其ノ費用ニ比シテ得失相償ハサルトキ又ハ市會ノ同意ヲ得タルトキハ此ノ限ニ在ラス

第百十五條　市ハ其ノ公益上必要アル場合ニ於テハ寄附又ハ補助ヲ爲スコトヲ得

第百十六條　市ハ其ノ必要ナル費用及從來法令ニ依リ又ハ將來法律勅令ニ依リ市ノ負擔ニ屬スル費用ヲ支辨スル義務ヲ負フ

市ハ其ノ財產ヨリ生スル收入、使用料、手數料、過料、過怠金其ノ他法令ニ依リ市ニ屬スル收入ヲ以テ前項ノ支出ニ充テ仍不足アルトキハ市稅及夫役現品ヲ賦課徵收スルコトヲ得

第百十七條　市稅トシテ賦課スルコトヲ得ヘキモノ左ノ如シ

一　國稅府縣稅ノ附加稅

二　特別稅

直接國稅又ハ直接府縣稅ノ附加稅ハ均一ノ稅率ヲ以テ之ヲ徵收スヘシ但シ第百六十七條ノ規定ニ依リ許可ヲ受ケタル場合ハ此ノ限ニ在ラス

國稅ノ附加稅タル府縣稅ニ對シテハ附加稅ヲ賦課スルコトヲ得ス

特別稅ハ別ニ稅目ヲ起シテ課稅スルノ必要アルトキ賦課徵收スルモノトス

第百十八條　三月以上市內ニ滯在スル者ハ其ノ滯在ノ初ニ遡リ市稅ヲ納ムル義務ヲ負フ

第百十九條　市內ニ住所ヲ有セス又ハ三月以上滯在スルコトナシト雖市內ニ於テ土地家屋物件ヲ所有シ使用シ若ハ占有シ、市內ニ營業所ヲ設ケテ營業ヲ爲シ又ハ市內ニ於テ特定ノ行爲ヲ爲ス者ハ其ノ土地家屋物件營業若ハ其ノ行爲ニ對シ又ハ其ノ收入ニ對シテ賦課スル市稅ヲ納ムル義務ヲ負フ

第百二十條　納稅者ノ市外ニ於テ所有シ使用シ占有スル土地家屋物件若ハ其ノ收入又ハ市外ニ於テ營業所ヲ設ケタル營業若ハ其ノ收入ニ對シテハ市稅ヲ賦課

スルコトヲ得ス

市ノ内外ニ於テ營業者ヲ設ケ營業ヲ爲ス者ニシテ其ノ營業又ハ收入ニ對スル本税ヲ分別シテ納メサルモノニ對シ附加税ヲ賦課スル場合及住所滯在市ノ内外ニ涉ル者ノ收入ニシテ土地家屋物件又ハ營業所ヲ設ケタル營業ヨリ生スル收入ニ非サルモノニ對シ市税ヲ賦課スル場合ニ付テハ勅令ヲ以テ之ヲ定ム

第百二十一條　所得税法第十八條ニ揭クル所得ニ對シテハ市税ヲ賦課スルコトヲ得ス

神社寺院祠宇佛堂ノ用ニ供スル建物及其ノ境内地竝教會所説教所ノ用ニ供スル建物及其ノ構内地ニ對シテハ市税ヲ賦課スルコトヲ得ス但シ有料ニテ之ヲ使用セシムル者及住宅ヲ以テ教會所説教所ノ用ニ充ツル者ニ對シテハ此ノ限ニ在ラス

國府縣市町村其ノ他公共團體ニ於テ公用ニ供スル家屋物件及營造物ニ對シテハ市税ヲ賦課スルコトヲ得ス但シ有料ニテ之ヲ使用セシムル者及使用收益者ニ對シテハ此ノ限ニ在ラス

國ノ事業又ハ行爲及國有ノ土地家屋物件ニ對シテハ國ニ市税ヲ賦課スルコトヲ得ス

前四項ノ外市税ヲ賦課スルコトヲ得サルモノハ別ニ法律勅令ノ定ムル所ニ依ル

第百二十二條　數人ヲ利スル營造物ノ設置維持其ノ他ノ必要ナル費用ハ其ノ關係者ニ負擔セシムルコトヲ得

市ノ一部ヲ利スル營造物ノ設置維持其ノ他ノ必要ナル費用ハ其ノ部内ニ於テ市税ヲ納ムル義務アル者ニ負擔セシムルコトヲ得

前二項ノ場合ニ於テ營造物ヨリ生スル收入アルトキハ先ツ其ノ收入ヲ以テ其ノ費用ニ充ツヘシ前項ノ場合ニ於テ其ノ一部ノ收入アルトキ亦同シ

數人又ハ市ノ一部ヲ利スル財産ニ付テハ前三項ノ例ニ依ル

第百二十三條　市税及其ノ賦課徴收ニ關シテハ本法其ノ他ノ法律ニ規定アルモノノ外勅令ヲ以テ之ヲ定ムルコトヲ得

第百二十四條　數人又ハ市ノ一部ニ對シ特ニ利益アル事件ニ關シテハ市ハ不均一ノ賦課ヲ爲シ又ハ數人若

ハ市ノ一部ニ對シ賦課ヲ爲スコトヲ得

第百二十五條　夫役又ハ現品ハ直接市稅ヲ準率ト爲シ且之ヲ金額ニ算出シテ賦課スヘシ但シ第百六十七條ノ規定ニ依リ許可ヲ受ケタル場合ハ此ノ限ニ在ラス

學藝美術及手工ニ關スル勞務ニ付テハ夫役ヲ賦課スルコトヲ得ス

夫役ヲ賦課セラレタル者ハ本人自ラ之ニ當リ又ハ適當ノ代人ヲ出スコトヲ得

夫役又ハ現品ハ金錢ヲ以テ之ニ代フルコトヲ得

第一項及前項ノ規定ハ急迫ノ場合ニ賦課スル夫役ニ付テハ之ヲ適用セス

第百二十六條　非常災害ノ爲必要アルトキハ市ハ他人ノ土地ヲ一時使用シ又ハ其ノ土石竹木其ノ他ノ物品ヲ使用シ若ハ收用スルコトヲ得但シ其ノ損失ヲ補償スヘシ

前項ノ場合ニ於テ危險防止ノ爲必要アルトキハ市長警察官吏又ハ監督官廳ハ市內ノ居住者ヲシテ防禦ニ從事セシムルコトヲ得

第一項但書ノ規定ニ依リ補償スヘキ金額ハ協議ニ依リ之ヲ定ム協議調ハサルトキハ鑑定人ノ意見ヲ徵シ府縣知事之ヲ決定ス決定ヲ受ケタル者其ノ決定ニ不服アルトキハ內務大臣ニ訴願スルコトヲ得

前項ノ決定ハ文書ヲ以テ之ヲ爲シ其ノ理由ヲ附シ之ヲ本人ニ交付スヘシ

第一項ノ規定ニ依リ土地ノ一時使用ノ處分ヲ受ケタル者其ノ處分ニ不服アルトキハ府縣知事ニ訴願シ其ノ裁決ニ不服アルトキハ內務大臣ニ訴願スルコトヲ得

第百二十七條　市稅ノ賦課ニ關シ必要アル場合ニ於テハ當該吏員ハ日出ヨリ日沒迄ノ間營業者ニ關シテハ仍其ノ營業時間內家宅若ハ營業所ニ臨檢シ又ハ帳簿物件ノ檢査ヲ爲スコトヲ得

前項ノ場合ニ於テハ當該吏員ハ其ノ身分ヲ證明スヘキ證票ヲ携帶スヘシ

第百二十八條　市長ハ納稅者中特別ノ事情アル者ニ對シ納稅延期ヲ許スコトヲ得其ノ年度ヲ越ユル場合ハ市參事會ノ議決ヲ經ヘシ

市ハ特別ノ事情アル者ニ限リ市稅ヲ減免スルコトヲ

得

第百二十九條　使用料手數料及特別稅ニ關スル事項ニ付テハ市條例ヲ以テ之ヲ規定スヘシ其ノ條例中ニハ五圓以下ノ過料ヲ科スル規定ヲ設クルコトヲ得

財產又ハ營造物ノ使用ニ關シテハ市條例ヲ以テ五圓以下ノ過料ヲ科スル規定ヲ設クルコトヲ得

過料ノ處分ヲ受ケタル者其ノ處分ニ不服アルトキハ府縣參事會ニ訴願シ其ノ裁決ニ不服アルトキハ行政裁判所ニ出訴スルコトヲ得

前項ノ裁決ニ付テハ府縣知事又ハ市長ヨリモ訴訟ヲ提起スルコトヲ得

第百三十條　市稅ノ賦課ヲ受ケタル者其ノ賦課ニ付違法又ハ錯誤アリト認ムルトキハ徵稅令書ノ交付ヲ受ケタル日ヨリ三月以內ニ市長ニ異議ノ申立ヲ爲スコトヲ得

財產又ハ營造物ヲ使用スル權利ニ關シ異議アル者ハ之ヲ市長ニ申立ツルコトヲ得

前二項ノ異議ハ之ヲ市參事會ノ決定ニ付スヘシ決定ヲ受ケタル者其ノ決定ニ不服アルトキハ府縣參事會ニ訴願シ其ノ裁決又ハ第五項ノ裁決ニ不服アルトキハ行政裁判所ニ出訴スルコトヲ得

第一項及前項ノ規定ハ使用料手數料及加入金ノ徵收竝夫役現品ノ賦課ニ關シ之ヲ準用ス

前二項ノ規定ニ依ル決定及裁決ニ付テハ市長ヨリモ訴願又ハ訴訟ヲ提起スルコトヲ得

前三項ノ規定ニ依ル裁決ニ付テハ府縣知事ヨリモ訴訟ヲ提起スルコトヲ得

第百三十一條　市稅、使用料、手數料、加入金、過料過怠金其ノ他ノ市ノ收入ヲ定期內ニ納メサル者アルトキハ市長ハ期限ヲ指定シテ之ヲ督促スヘシ

夫役現品ノ賦課ヲ受ケタル者定期內ニ其ノ履行ヲ爲サス又ハ夫役現品ニ代フル金錢ヲ納メサルトキハ市長ハ期限ヲ指定シテ之ヲ督促スヘシ急迫ノ場合ニ賦課シタル夫役ニ付テハ更ニ之ヲ金額ニ算出シ期限ヲ指定シテ其ノ納付ヲ命スヘシ

前二項ノ場合ニ於テハ市條例ノ定ムル所ニ依リ手數料ヲ徵收スルコトヲ得

滯納者第一項又ハ第二項ノ督促又ハ命令ヲ受ケ其ノ

指定ノ期限內ニ之ヲ完納セサルトキハ國稅滯納處分ノ例ニ依リ之ヲ處分スヘシ

第一項乃至第三項ノ徵收金ハ府縣ノ徵收金ニ次テ先取特權ヲ有シ其ノ追徵還付及時效ニ付テハ國稅ノ例ニ依ル

前三項ノ處分ヲ受ケタル者其ノ處分ニ不服アルトキハ府縣參事會ニ訴願シ其ノ裁決ニ不服アルトキハ行政裁判所ニ出訴スルコトヲ得

前項ノ裁決ニ付テハ府縣知事又ハ市長ヨリモ訴訟ヲ提起スルコトヲ得

第四項ノ處分中差押物件ノ公賣ハ處分ノ確定ニ至ル迄執行ヲ停止ス

第百三十二條　市ハ其ノ負擔ヲ償還スル爲、市ノ永久ノ利益ト爲ルヘキ支出ヲ爲ス爲又ハ天災事變等ノ爲必要アル場合ニ限リ市債ヲ起スコトヲ得

市債ヲ起スニ付市會ノ議決ヲ經ルトキハ併セテ起債ノ方法、利息ノ定率及償還ノ方法ニ付議決ヲ經ヘシ

市長ハ豫算內ノ支出ヲ爲ス爲市參事會ノ議決ヲ經テ一時ノ借入金ヲ爲スコトヲ得

前項ノ借入金ハ其ノ會計年度內ノ收入ヲ以テ償還スヘシ

第二款　歲入出豫算及決算

第百三十三條　市長ハ每會計年度歲入出豫算ヲ調製シ遲クトモ年度開始ノ一月前ニ市會ノ議決ヲ經ヘシ

市ノ會計年度ハ政府ノ會計年度ニ依ル

豫算ヲ市會ニ提出スルトキハ市長ハ併セテ事務報告書及財產表ヲ提出スヘシ

第百三十四條　市長ハ市會ノ議決ヲ經テ既定豫算ノ追加又ハ更正ヲ爲スコトヲ得

第百三十五條　市費ヲ以テ支辨スル事件ニシテ數年ヲ期シテ其ノ費用ヲ支出スヘキモノハ市會ノ議決ヲ經テ其ノ年期間各年度ノ支出額ヲ定メ繼續費ト爲スコトヲ得

第百三十六條　市ハ豫算外ノ支出又ハ豫算超過ノ支出ニ充ツル爲豫備費ヲ設クヘシ

特別會計ニハ豫備費ヲ設ケサルコトヲ得

豫備費ハ市會ノ否決シタル費途ニ充ツルコトヲ得ス

第百三十七條　豫算ハ議決ヲ經タル後直ニ之ヲ府縣知

事ニ報告シ且其ノ要領ヲ告示スヘシ
第百三十八條　市ハ特別會計ヲ設クルコトヲ得
第百三十九條　市會ニ於テ豫算ヲ議決シタルトキハ市長ヨリ其ノ謄本ヲ收入役ニ交付スヘシ
收入役ハ市長又ハ監督官廳ノ命令アルニ非サレハ支拂ヲ爲スコトヲ得ス命令ヲ受クルモ支出ノ豫算ナク且豫備費支出費目流用其ノ他財務ニ關スル規定ニ依リ支出ヲ爲スコトヲ得サルトキ亦同シ
第百四十條　市ノ支拂金ニ關スル時効ニ付テハ政府ノ支拂金ノ例ニ依ル
第百四十一條　市ノ出納ハ毎月例日ヲ定メテ之ヲ檢査シ且毎會計年度少クトモ二回臨時檢査ヲ爲スヘシ
檢査ハ市長之ヲ爲シ臨時檢査ニハ名譽職參事會員ニ於テ互選シタル參事會員二人以上ノ立會ヲ要ス
第百四十二條　市ノ出納ハ翌年度六月三十日ヲ以テ閉鎖ス
決算ハ出納閉鎖後一月以內ニ證書類ヲ併セテ收入役ヨリ之ヲ市長ニ提出スヘシ市長ハ之ヲ審査シ意見ヲ付シテ次ノ通常豫算ヲ議スル會議迄ニ之ヲ市會ノ認定ニ付スヘシ
決算ハ其ノ認定ニ關スル市會ノ議決ト共ニ之ヲ府縣知事ニ報告シ且其ノ要領ヲ告示スヘシ
決算ヲ市參事會ノ會議ニ付スル場合ニ於テハ市長市參與及助役ハ其ノ議定ニ加ハルコトヲ得ス
第百四十三條　豫算調製ノ式、費目流用其ノ他財務ニ關シ必要ナル規定ハ內務大臣之ヲ定ム

第七章　市ノ一部ノ事務

第百四十四條　市ノ一部ニシテ財產ヲ有シ又ハ營造物ヲ設ケタルモノアルトキハ其ノ財產又ハ營造物ノ管理及處分ニ付テハ本法中市ノ財產又ハ營造物ニ關スル規定ニ依ル但シ法律勅令中別段ノ規定アル場合ハ此ノ限ニ在ラス
前項ノ財產又ハ營造物ニ關シ特ニ要スル費用ハ其ノ財產又ハ營造物ノ屬スル市ノ一部ノ負擔トス
前二項ノ場合ニ於テハ市ノ一部ハ其ノ會計ヲ分擔スヘシ
第百四十五條　前條ノ財產又ハ營造物ニ關シ必要アリ

ト認ムルトキハ府縣知事ハ市會ノ意見ヲ徴シ府縣參事會ノ議決ヲ經テ市條例ヲ設定シ區會ヲ設ケテ市會ノ議決スヘキ事項ヲ議決セシムルコトヲ得

第百四十六條　區會議員ハ市ノ名譽職トス其ノ定數、任期、選擧權及被選擧權ニ關スル事項ハ前條ノ市條例中ニ之ヲ規定スヘシ

區會議員ノ選擧ニ付テハ市會議員ニ關スル規定ヲ準用ス但シ選擧人名簿又ハ選擧若ハ當選ノ効力ニ關スル異議ノ決定及被選擧權ノ有無ノ決定ハ市會ニ於テ之ヲ爲スヘシ

區會議員ノ選擧ニ付テハ前條ノ市條例ヲ以テ選擧人ノ等級ヲ設ケサルコトヲ得

區會ニ關シテハ市會ニ關スル規定ヲ準用ス

第百四十七條　第百四十四條ノ場合ニ於テ市ノ一部府縣知事ノ處分ニ不服アルトキハ内務大臣ニ訴願スルコトヲ得

第百四十八條　第百四十四條ノ市ノ一部ノ事務ニ關シテハ本法ニ規定スルモノノ外勅令ヲ以テ之ヲ定ム

第八章　市町村組合

第百四十九條　市町村ハ其ノ事務ノ一部ヲ共同處理スル爲其ノ協議ニ依リ府縣知事ノ許可ヲ得テ市町村組合ヲ設クルコトヲ得

公益上必要アル場合ニ於テハ府縣知事ハ關係アル市町村會ノ意見ヲ徴シ府縣參事會ノ議決ヲ經内務大臣ノ許可ヲ得テ前項ノ市町村組合ヲ設クルコトヲ得

市町村組合ハ法人トス

第百五十條　市町村組合ニシテ其ノ組合市町村ノ數ヲ増減シ又ハ共同事務ノ變更ヲ爲サムトスルトキハ關係市町村ノ協議ニ依リ府縣知事ノ許可ヲ受クヘシ

公益上必要アル場合ニ於テハ府縣知事ハ關係アル市町村會ノ意見ヲ徴シ府縣參事會ノ議決ヲ經内務大臣ノ許可ヲ得テ組合市町村ノ數ヲ増減シ又ハ共同事務ノ變更ヲ爲スコトヲ得

第百五十一條　市町村組合ヲ設クルトキハ關係市町村ノ協議ニ依リ組合規約ヲ定メ府縣知事ノ許可ヲ得クヘシ組合規約ヲ變更セムトスルトキ亦同シ

公益上必要アル場合ニ於テハ府縣知事ハ關係アル市町村會ノ意見ヲ徵シ府縣參事會ノ議決ヲ經內務大臣ノ許可ヲ得テ組合規約ヲ定メ又ハ變更スルコトヲ得

第百五十二條　組合規約ニハ組合ノ名稱、組合ヲ組織スル市町村、組合ノ共同事務、組合役場ノ位置、組合會ノ組織及組合會議員ノ選擧、組合吏員ノ組織及選任並組合費用ノ支辨方法ニ付規定ヲ設クヘシ

第百五十三條　市町村組合ヲ解カムトスルトキハ關係市町村ノ協議ニ依リ府縣知事ノ許可ヲ受クヘシ

公益上必要アル場合ニ於テハ府縣知事ハ關係アル市町村會ノ意見ヲ徵シ府縣參事會ノ議決ヲ經內務大臣ノ許可ヲ得テ市町村組合ヲ解クコトヲ得

第百五十四條　第百五十條第一項及前條第一項ノ場合ニ於テ財產ノ處分ニ關スル事項ハ關係市町村ノ協議ニ依リ府縣知事ノ許可ヲ受クヘシ

第百五十條第二項及前條第二項ノ場合ニ於テ財產ノ處分ニ關スル事項ハ關係アル市町村會ノ意見ヲ徵シ府縣參事會ノ議決ヲ經內務大臣ノ許可ヲ得テ府縣知事之ヲ定ム

第百五十五條　第百四十九條第一項第百五十條第一項第百五十一條第一項第百五十三條第一項及前條第一項ノ規定ニ依ル府縣知事ノ處分ニ不服アル市町村又ハ市町村組合ハ內務大臣ニ訴願スルコトヲ得

組合費ノ分賦ニ關シ違法又ハ錯誤アリト認ムル市町村ハ其ノ告知アリタル日ヨリ三月以內ニ組合ノ管理者ニ異議ノ申立ヲ爲スコトヲ得

前項ノ異議ハ之ヲ組合會ノ決定ニ付スヘシ其ノ決定ニ不服アル市町村ハ府縣參事會ニ訴願シ其ノ裁決又ハ第四項ノ裁決ニ不服アルトキハ行政裁判所ニ出訴スルコトヲ得

前項ノ決定及裁決ニ付テハ組合ノ管理者ヨリモ訴願又ハ訴訟ヲ提起スルコトヲ得

前二項ノ裁決ニ付テハ府縣知事ヨリモ訴訟ヲ提起スルコトヲ得

第百五十六條　市町村組合ニ關シテハ法律勅令中別段ノ規定アル場合ヲ除クノ外市ニ關スル規定ヲ準用ス

第九章　市ノ監督

第百五十七條　市ハ第一次ニ於テ府縣知事之ヲ監督シ第二次ニ於テ内務大臣之ヲ監督ス

第百五十八條　本法中別段ノ規定アル場合ヲ除クノ外市ノ監督ニ關スル府縣知事ノ處分ニ不服アル市ハ内務大臣ニ訴願スルコトヲ得

第百五十九條　本法中行政裁判所ニ出訴スルコトヲ得ヘキ場合ニ於テハ内務大臣ニ訴願スルコトヲ得ス

第百六十條　異議ノ申立又ハ訴願ノ提起ハ處分決定又ハ裁決アリタル日ヨリ二十一日以内ニ之ヲ爲スヘシ但シ本法中別ニ期間ヲ定メタルモノハ此ノ限ニ在ラス

行政訴訟ノ提起ハ處分決定裁決又ハ裁決アリタル日ヨリ三十日以内ニ之ヲ爲スヘシ

異議ノ申立ニ關スル期間ノ計算ニ付テハ訴願法ノ規定ニ依ル

異議ノ申立ハ期限經過後ニ於テモ宥恕スヘキ事由アリト認ムルトキハ仍之ヲ受理スルコトヲ得

異議ノ決定ハ文書ヲ以テ之ヲ爲シ其ノ理由ヲ附シ之ヲ申立人ニ交付スヘシ

異議ノ申立アルモ處分ノ執行ハ之ヲ停止セス但シ行政廳ハ其ノ職權ニ依リ又ハ關係者ノ請求ニ依リ必要ト認ムルトキハ之ヲ停止スルコトヲ得

第百六十一條　監督官廳ハ市ノ監督上必要アル場合ニ於テハ事務ノ報告ヲ爲サシメ、書類帳簿ヲ徵シ及實地ニ就キ事務ヲ視察シ又ハ出納ヲ檢閲スルコトヲ得

監督官廳ハ市ノ監督上必要ナル命令ヲ發シ又ハ處分ヲ爲スコトヲ得

上級監督官廳ハ下級監督官廳ノ市ノ監督ニ關シテ爲シタル命令又ハ處分ヲ停止シ又ハ取消スコトヲ得

第百六十二條　内務大臣ハ市會ノ解散ヲ命スルコトヲ得

市會解散ノ場合ニ於テハ三月以内ニ議員ヲ選擧スヘシ

第百六十三條　市ニ於テ法令ニ依リ負擔シ又ハ當該官廳ノ職權ニ依リ命スル費用ヲ豫算ニ載セサルトキハ府縣知事ハ理由ヲ示シテ其ノ費用ヲ豫算ニ加フルコトヲ得

市長其ノ他ノ吏員其ノ執行スヘキ事件ヲ執行セサル

トキハ府縣知事又ハ其ノ委任ヲ受ケタル官吏吏員之ヲ執行スルコトヲ得但シ其ノ費用ハ市ノ負擔トス

第二項ノ處分ニ不服アル市又ハ市長其ノ他ノ吏員ハ行政裁判所ニ出訴スルコトヲ得

第百六十四條　市長、助役、收入役又ハ副收入役ニ故障アルトキハ監督官廳ハ臨時代理者ヲ選任シ又ハ官吏ヲ派遣シ其ノ職務ヲ管掌セシムルコトヲ得但シ官吏ヲ派遣シタル場合ニ於テハ其ノ旅費ハ市費ヲ以テ辨償セシムヘシ

臨時代理者ハ有給ノ市吏員トシ其ノ給料額旅費額等ハ監督官廳之ヲ定ム

第百六十五條　左ニ掲クル事件ハ内務大臣ノ許可ヲ受クヘシ

一　市條例ヲ設ケ又ハ改廢スル事

二　學藝美術又ハ歴史上貴重ナル物件ヲ處分シ又ハ之ニ大ナル變更ヲ加フル事

第百六十六條　左ニ掲クル事件ハ内務大臣及大藏大臣ノ許可ヲ受クヘシ

一　市債ヲ起シ並起債ノ方法、利息ノ定率及償還ノ方法ヲ定メ又ハ之ヲ變更スル事但シ第百三十二條第三項ノ借入金ハ此ノ限ニ在ラス

二　特別税ヲ新設シ増額シ又ハ變更スル事

三　間接國税ノ附加税ヲ賦課スル事

四　使用料手數料及加入金ヲ新設シ増額シ又ハ變更スル事

第百六十七條　左ニ掲クル事件ハ府縣知事ノ許可ヲ受クヘシ

一　基本財産ノ管理及處分ニ關スル事

二　特別基本財産及積立金穀等ノ管理及處分ニ關スル事

三　第百十條ノ規定ニ依リ舊慣ヲ變更又ハ廢止スル事

四　寄附又ハ補助ヲ爲ス事

五　不動産ノ管理及處分ニ關スル事

六　均一ノ税率ニ依ラスシテ國税又ハ府縣税ノ附加税ヲ賦課スル事

七　第百二十二條第一項第二項及第四項ノ規定ニ依リ數人若ハ市ノ一部ニ費用ヲ負擔セシムル事

八　第百二十四條ノ規定ニ依リ不均一ノ賦課ヲ爲シ又ハ數人若ハ市ノ一部ニ對シ賦課ヲ爲ス事

九　第百二十五條ノ準率ニ依ラスシテ夫役現品ヲ賦課スル事但シ急迫ノ場合ニ賦課スル夫役ニ付テハ此ノ限ニ在ラス

十　繼續費ヲ定メ又ハ變更スル事

第百六十八條　監督官廳ノ許可ヲ要スル事件ニ付テハ監督官廳ハ許可申請ノ趣旨ニ反セスト認ムル範圍内ニ於テ更正シテ許可ヲ與フルコトヲ得

第百六十九條　監督官廳ノ許可ヲ要スル事件ニ付テハ勅令ノ定ムル所ニ依リ其ノ許可ノ職權ヲ下級監督官廳ニ委任シ又ハ輕易ナル事件ニ限リ許可ヲ受ケシメサルコトヲ得

第百七十條　府縣知事ハ市長、市參與、助役、收入役、副收入役、區長、區長代理者、委員其ノ他ノ市吏員ニ對シ懲戒ヲ行フコトヲ得其ノ懲戒處分ハ譴責、二十五圓以下ノ過怠金及解職トス但シ市長、市參與、助役、收入役、副收入役及第六條又ハ第八十二條第三項ノ市ノ區長ニ對スル解職ハ懲戒審査會ノ議決ヲ經市長ニ付テハ勅裁ヲ經ルコトヲ要ス

懲戒審査會ハ內務大臣ノ命シタル府縣高等官三人及府縣名譽職參事會員ニ於テ互選シタル者三人ヲ以テ其ノ會員トシ府縣知事ヲ以テ會長トス知事故障アルトキハ其ノ代理者會長ノ職務ヲ行フ

府縣名譽職參事會員ノ互選スヘキ會員ノ選擧補闕及任期竝懲戒審査會ノ招集及會議ニ付テハ府縣制中名譽職參事會員及府縣參事會ニ關スル規定ヲ準用ス但シ補充員ハ之ヲ設クルノ限ニ在ラス

解職ノ處分ヲ受ケタル者其ノ處分ニ不服アルトキハ內務大臣ニ訴願スルコトヲ得但シ市長ニ付テハ此ノ限ニ在ラス

府縣知事ハ市長、市參與、助役、收入役、副收入役及第六條又ハ第八十二條第三項ノ市ノ區長ノ解職ヲ行ハムトスル前其ノ停職ヲ命スルコトヲ得此ノ場合ニ於テハ其ノ停職期間報酬又ハ給料ヲ支給スルコトヲ得ス

懲戒ニ依リ解職セラレタル者ハ二年間市町村ノ公職ニ選擧セラレ又ハ任命セラルルコトヲ得ス

第百七十一條　市吏員ノ服務紀律、賠償責任、身元保證及事務引繼ニ關スル規定ハ命令ヲ以テ之ヲ定ム

前項ノ命令ニハ事務引繼ヲ拒ミタル者ニ對シ二十五圓以下ノ過料ヲ科スル規定ヲ設クルコトヲ得

第十章　雜則

第百七十二條　府縣知事又ハ府縣參事會ノ職權ニ屬スル事件ニシテ數府縣ニ渉ルモノアルトキハ內務大臣ハ關係府縣知事ノ具狀ニ依リ其ノ事件ヲ管理スヘキ府縣知事又ハ府縣參事會ヲ指定スヘシ

第百七十三條　本法ニ規定スルモノノ外第六條ノ市ノ有給吏員ノ組織任用分限及其ノ區ニ關シ必要ナル事項ハ勅令ヲ以テ之ヲ定ム

第百七十四條　第十三條ノ人口ハ內務大臣ノ定ムル所ニ依ル

第百七十五條　本法ニ於ケル直接稅及間接稅ノ種類ハ內務大臣及大藏大臣之ヲ定ム

第百七十六條　市又ハ市町村組合ノ廢置分合又ハ境界變更アリタル場合ニ於テ市ノ事務ニ付必要ナル事項ハ本法ニ規定スルモノノ外勅令ヲ以テ之ヲ定ム

第百七十七條　本法中府縣、府縣制、府縣知事、府縣參事會、府縣名譽職參事會員、府縣高等官、所屬府縣ノ官吏若ハ有給吏員、府縣稅又ハ直接府縣稅ニ關スル規定ハ北海道ニ付テハ各地方費、道會法、道廳長官、道參事會、道名譽職參事會員、道廳高等官、道廳ノ官吏若ハ地方費ノ有給吏員、北海道地方稅又ハ直接北海道地方稅ニ、町村又ハ町村會ニ關スル規定ハ北海道ニ付テハ各町村又ハ町村會ニ該當スルモノニ關シ之ヲ適用ス

附　則

第百七十八條　本法施行ノ期日ハ勅令ヲ以テ之ヲ定ム

（明治四十四年勅令第二百三十八號ヲ以テ同年十月一日ヨリ之ヲ施行ス）

第百七十九條　本法施行ノ際現ニ市會議員又ハ區會議員ノ職ニ在ル者ハ從前ノ規定ニ依ル最近ノ定期改選期ニ於テ總テ其ノ職ヲ失フ

本法施行ノ際現ニ市長助役又ハ收入役ノ職ニ在ル者ハ從前ノ規定ニ依ル任期滿了ノ日ニ於テ其ノ職ヲ失

ア

第百八十條　舊刑法ノ重罪ノ刑ニ處セラレタル者ハ本法ノ適用ニ付テハ六年ノ懲役又ハ禁錮以上ノ刑ニ處セラレタル者ト看做ス但シ復權ヲ得タル者ハ此ノ限ニ在ラス

舊刑法ノ禁錮以上ノ刑ハ本法ノ適用ニ付テハ禁錮以上ノ刑ト看做ス

第百八十一條　本法施行ノ際必要ナル規定ハ命令ヲ以テ之ヲ定ム

附　則

本法中公民權及選擧ニ關スル規定ハ次ノ總選擧ヨリ之ヲ施行シ其ノ他ノ規定ノ施行ノ期日ハ勅令ヲ以テ之ヲ定ム（大正十年勅令第百八十九號ヲ以テ公民權及選擧ニ關スル規定ヲ除クノ外大正十年五月二十日ヨリ之ヲ施行ス）

沖繩縣ノ區ヲ廢シテ市ヲ置カムトスルトキハ第三條ノ例ニ依ル

附　則

本法施行ノ期日ハ勅令ヲ以テ之ヲ定ム（大正十一年勅令第二百五十五號ヲ以テ同年五月十五日ヨリ之ヲ施行ス）

北海道ノ區ヲ廢シテ市ヲ置カムトスルトキハ第三條ノ例ニ依ル

町村制

第一章　總則

第一款　町村及其ノ區域

第一條　町村ハ從來ノ區域ニ依ル

第二條　町村ハ法人トス官ノ監督ヲ承ケ法令ノ範圍内ニ於テ其ノ公共事務並從來法令又ハ慣例ニ依リ及將來法律勅令ニ依リ町村ニ屬スル事務ヲ處理ス

第三條　町村ノ廢置分合又ハ境界變更ヲ爲サムトスルトキハ府縣知事ハ關係アル市町村會ノ意見ヲ徴シ府縣參事會ノ議決ヲ經内務大臣ノ許可ヲ得テ之ヲ定ム

所屬未定地ヲ町村ノ區域ニ編入セムトスルトキ亦同

シ
前項ノ場合ニ於テ財産アルトキハ其ノ處分ニ關シテハ前項ノ例ニ依ル
第一項ノ場合ニ於テ市ノ廢置分合ヲ伴フトキハ市制第三條ノ規定ニ依ル
第四條　町村ノ境界ニ關スル爭論ハ府縣參事會之ヲ裁定ス其ノ裁定ニ不服アル町村ハ行政裁判所ニ出訴スルコトヲ得
町村ノ境界判明ナラサル場合ニ於テ前項ノ爭論ナキトキハ府縣知事ハ府縣參事會ノ決定ニ付スヘシ其ノ決定ニ不服アル町村ハ行政裁判所ニ出訴スルコトヲ得
第一項ノ裁定及前項ノ決定ハ文書ヲ以テ之ヲ爲シ其ノ理由ヲ附シ之ヲ關係町村ニ交付スヘシ
第一項ノ裁定及第二項ノ決定ニ付テハ府縣知事ヨリモ訴訟ヲ提起スルコトヲ得
第五條　町村ノ名稱ヲ變更シ又ハ村ヲ町ト爲シ若ハ町ヲ村ト爲サムトスルトキハ町村ハ内務大臣ノ許可ヲ受クヘシ
町村役場ノ位置ヲ定メ又ハ之ヲ變更セムトスルトキハ町村ハ府縣知事ノ許可ヲ受クヘシ

第二款　町村住民及其ノ權利義務

第六條　町村内ニ住居ヲ有スル者ハ其ノ町村住民トス
町村住民ハ本法ニ從ヒ町村ノ財産及營造物ヲ共用スル權利ヲ有シ町村ノ負擔ヲ分任スル義務ヲ負フ
第七條　町村住民ニシテ左ノ要件ヲ具備スル者ハ町村公民トス但シ貧困ノ爲公費ノ救助ヲ受ケタル後二年ヲ經サル者、禁治産者、準禁治産者及六年ノ懲役又ハ禁錮以上ノ刑ニ處セラレタル者ハ此ノ限ニ在ラス
一　帝國臣民タル男子ニシテ年齡二十五年以上ノ者
二　獨立ノ生計ヲ營ム者
三　二年以來其ノ町村住民タル者
四　二年以來其ノ町村ノ直接町村稅ヲ納ムル者
町村ハ前項二年ノ制限ヲ特免スルコトヲ得
家督相續ニ依リ財産ヲ取得シタル者ニ付テハ其ノ財産ニ付被相續人ノ爲シタル納稅ヲ以テ其ノ者ノ爲シタル納稅ト看做ス
町村公民ノ要件中其ノ年限ニ關スルモノハ市町村ノ

廢置分合又ハ境界變更ノ爲中斷セラルルコトナシ

直接町村税ヲ賦課セサル町村ニ於テハ町村公民ノ要件中納税ニ關スル規定ヲ適用セス

第八條　町村公民ハ町村ノ選擧ニ參與シ町村ノ名譽職ニ選擧セラルル權利ヲ有シ町村ノ名譽職ヲ擔任スル義務ヲ負フ

左ノ各號ノ一ニ該當セサル者ニシテ名譽職ノ當選ヲ辭シ又ハ其ノ職ヲ辭シ若ハ其ノ職務ヲ實際ニ執行セサルトキハ町村ハ一年以上四年以下其ノ町村公民權ヲ停止シ場合ニ依リ其ノ停止期間以内其ノ者ノ負擔スヘキ町村税ノ十分ノ一以上四分ノ一以下ヲ増課スルコトヲ得

一　疾病ニ罹リ公務ニ堪ヘサル者

二　業務ノ爲常ニ町村内ニ居ルコトヲ得サル者

三　年齡六十年以上ノ者

四　官公職ノ爲町村ノ公務ヲ執ルコトヲ得サル者

五　四年以上名譽職町村吏員、町村會議員又ハ區會議員ノ職ニ任シ爾後同一ノ期間ヲ經過セサル者

六　其ノ他町村會ノ議決ニ依リ正當ノ理由アリト認ムル者

前項ノ處分ヲ受ケタル者其ノ處分ニ不服アルトキハ府縣參事會ニ訴願シ其ノ裁決ニ不服アルトキハ行政裁判所ニ出訴スルコトヲ得

第二項ノ處分ハ其ノ確定ニ至ル迄執行ヲ停止ス

第三項ノ裁決ニ付テハ府縣知事又ハ町村長ヨリモ訴訟ヲ提起スルコトヲ得

第九條　町村公民第七條第一項ニ掲ケタル要件ノ一ヲ闕キ又ハ同項但書ニ當ルニ至リタルトキハ其ノ公民權ヲ失フ

町村公民租税滯納處分中ハ其ノ公民權ヲ停止ス家資分散若ハ破産ノ宣告ヲ受ケ其ノ確定シタルトキヨリ復權ノ決定確定スルニ至ル迄又ハ六年未滿ノ懲役又ハ禁錮ノ刑ニ處セラレタルトキヨリ其ノ執行ヲ終リ若ハ其ノ執行ヲ受クルコトナキニ至ル迄亦同シ

陸海軍ノ現役ニ服スル者ハ町村ノ公務ニ參與スルコトヲ得ス其ノ他ノ兵役ニ在ル者ニシテ戰時又ハ事變ニ際シ召集セラレタルトキ亦同シ

第三款　町村條例及町村規則

第十條　町村ハ町村住民ノ權利義務又ハ町村ノ事務ニ關シ町村條例ヲ設クルコトヲ得
町村ハ町村ノ營造物ニ關シ町村條例ヲ以テ規定スルモノノ外町村規則ヲ設クルコトヲ得
町村條例及町村規則ハ一定ノ公告式ニ依リ之ヲ告示スヘシ

第二章　町村會

第一款　組織及選擧

第十一條　町村會議員ハ其ノ被選擧權アル者ニ就キ選擧人之ヲ選擧ス
議員ノ定數左ノ如シ
一　人口千五百未滿ノ町村　八人
二　人口千五百以上五千未滿ノ町村　十二人
三　人口五千以上一萬未滿ノ町村　十八人
四　人口一萬以上二萬未滿ノ町村　二十四人
五　人口二萬以上ノ町村　三十人
議員ノ定數ハ町村條例ヲ以テ特ニ之ヲ增減スルコトヲ得
議員ノ定數ハ總選擧ヲ行フ場合ニ非サレハ之ヲ增減セス但シ著シク人口ノ增減アリタル場合ニ於テ內務大臣ノ許可ヲ得タルトキハ此ノ限ニ在ラス
第十二條　町村公民ハ總テ選擧權ヲ有ス但シ公民權停止中ノ者又ハ第九條第三項ノ場合ニ當ル者ハ此ノ限ニ在ラス
第十三條　町村ハ町村條例ヲ以テ選擧人ヲ分チテ二級ト爲スコトヲ得此ノ場合ニ於テハ市制ノ例ニ依ル
第十四條　特別ノ事情アルトキハ町村ハ郡長ノ許可ヲ得區劃ヲ定メテ選擧分會ヲ設クルコトヲ得
第十五條　選擧權ヲ有スル町村公民ハ被選擧權ヲ有ス
左ニ揭クル者ハ被選擧權ヲ有セス其ノ之ヲ罷メタル後一月ヲ經過セサル者亦同シ
一　所屬府縣郡ノ官吏及有給吏員
二　其ノ町村ノ有給吏員
三　檢事警察官吏及收稅官吏
四　神官神職僧侶其ノ他諸宗教師
五　小學校敎員
町村ニ對シ請負ヲ爲ス者及其ノ支配人又ハ主トシテ同一ノ行爲ヲ爲ス法人ノ無限責任社員、役員及支配

人ハ被選擧權ヲ有セス
前項ノ役員トハ取締役、監査役及之ニ準スヘキ者竝清算人ヲ謂フ
父子兄弟タル緣故アル者ハ同時ニ町村會議員ノ職ニ在ルコトヲ得ス其ノ同時ニ選擧セラレタルトキハ得票ノ數ニ依リ其ノ多キ者一人ヲ當選者トシ同數ナルトキハ年長者ヲ當選者トシ年齡同シキトキハ町村長抽籤シテ當選者ヲ定ム其ノ時ヲ異ニシテ選擧セラレタルトキハ後ニ選擧セラレタル者議員タルコトヲ得ス
議員ト爲リタル後前項ノ緣故ヲ生シタル場合ニ於テハ年少者其ノ職ヲ失フ年齡同シキトキハ町村長抽籤シテ失職者ヲ定ム
町村長又ハ助役ト父子兄弟タル緣故アル者ハ町村會議員ノ職ニ在ルコトヲ得ス
第十六條　町村會議員ハ名譽職トス
議員ノ任期ハ四年トシ總選擧ノ日ヨリ之ヲ起算ス
議員ノ定數ニ異動ヲ生シタル爲解任ヲ要スル者アルトキハ町村長抽籤シテ之ヲ定ム但シ闕員アルトキハ其ノ闕員ヲ以テ之ニ充ツヘシ
議員ノ定數ニ異動ヲ生シタル爲新ニ選擧セシレタル議員ハ總選擧ニ依リ選擧セラレタル議員ノ任期滿了ノ日迄在任ス
第十七條　町村會議員中闕員ヲ生シ其ノ闕員議員定數ノ三分ノ一以上ニ至リタルトキ又ハ郡長町村長若ハ町村會ニ於テ必要ト認ムルトキハ補闕選擧ヲ行フヘシ
議員闕員ト爲リタルトキ其ノ議員カ第二十七條第二項ノ規定ノ適用ニ依リ當選者ト爲リタル者ナル場合又ハ本條本項若ハ第三十條ノ規定ニ依ル第二十七條第二項ノ規定ノ準用ニ依リ當選者ト爲リタル者ナル場合ニ於テハ町村長ハ直ニ第二十七條第二項ノ規定ノ適用又ハ準用ヲ受ケタル他ノ得票者ニ就キ當選者ヲ定ムヘシ此ノ場合ニ於テハ第二十七條第二項ノ規定ヲ準用ス
補闕議員ハ其ノ前任者ノ殘任期間在任ス
第十八條　町村長ハ選擧期日前六十日ヲ期トシ其ノ日ノ現在ニ依リ選擧人ノ資格ヲ記載セル選擧人名簿ヲ

調製スヘシ

町村長ハ選擧期日前四十日ヲ期トシ其ノ日ヨリ七日間毎日午前八時ヨリ午後四時迄町村役場又ハ告示シタル場所ニ於テ選擧人名簿ヲ關係者ノ縱覽ニ供スヘシ關係者ニ於テ異議アルトキハ縱覽期間内ニ之ヲ町村長ニ申立ツルコトヲ得此ノ場合ニ於テハ町村長ハ縱覽期間滿了後三日以内ニ町村會ノ決定ニ付スヘシ町村會ハ其ノ送付ヲ受ケタル日ヨリ七日以内ニ之ヲ決定スヘシ

前項ノ決定ニ不服アル者ハ府縣參事會ニ訴願シ其ノ裁決又ハ第四項ノ裁決ニ不服アル者ハ行政裁判所ニ出訴スルコトヲ得

第二項ノ決定及前項ノ裁決ニ付テハ町村長ヨリモ訴願又ハ訴訟ヲ提起スルコトヲ得

前二項ノ裁決ニ付テハ府縣知事ヨリモ訴訟ヲ提起スルコトヲ得

前四項ノ場合ニ於テ決定若ハ裁決確定シ又ハ判決アリタルニ依リ名簿ノ修正ヲ要スルトキハ町村長ハ其ノ確定期日前ニ修正ヲ加フヘシ

選擧人名簿ハ選擧期日前三日ヲ以テ確定ス

確定名簿ハ第三條ノ處分アリタル場合ニ於テ府縣知事ノ指定スルモノヲ除クノ外其ノ確定シタル日ヨリ一年以内ニ於テ行フ選擧ニ之ヲ用ウ但シ名簿確定後裁決確定シ又ハ判決アリタルニ依リ名簿ノ修正ヲ要スルトキハ選擧ヲ終リタル後ニ於テ次ノ選擧期日前四日迄ニ之ヲ修正スヘシ

選擧人名簿ヲ修正シタルトキハ町村長ハ直ニ其ノ要領ヲ告示スヘシ

選擧分會ヲ設クルトキハ町村長ハ確定名簿ニ依リ分會ノ區劃毎ニ名簿ノ抄本ヲ調製スヘシ

確定名簿ニ登錄セラレサル者ハ選擧ニ參與スルコトヲ得ス但シ選擧人名簿ニ登錄セラルヘキ確定裁決書又ハ判決書ヲ所持シ選擧ノ當日選擧會場ニ到ル者ハ此ノ限ニ在ラス

確定名簿ニ登錄セラレタル者選擧權ヲ有セサルトキハ選擧ニ參與スルコトヲ得ス但シ名簿ハ之ヲ修正スル限ニ在ラス

第二項乃至第五項ノ場合ニ於テ決定若ハ裁決確定シ

又ハ判決アリタルニ依リ名簿無效ト爲リタルトキハ更ニ名簿ヲ調製スヘシ其ノ名簿ノ調製、縱覽、修正確定及異議ノ決定ニ關スル期日、期限及期間ハ郡長ノ定ムル所ニ依ル名簿ノ喪失シタルトキ亦同シ

選擧人名簿調製後ニ於テ選擧期日ヲ變更スルコトアルモ其ノ名簿ヲ用ヰ縱覽、修正、確定及異議ノ決定ニ關スル期日、期限及期間ハ前選擧期日ニ依リ之ヲ算定ス

第十九條　町村長ハ選擧期日前少クトモ七日間選擧會場、投票ノ日時及選擧スヘキ議員數ヲ告示スヘシ選擧分會ヲ設クル場合ニ於テハ併セテ其ノ區劃ヲ告示スヘシ

選擧分會ノ選擧ハ本會ト同日時ニ之ヲ行フヘシ

天災事變等ニ依リ選擧ヲ行フコト能ハサルニ至リタルトキハ町村長ハ其ノ選擧ヲ終ラサル選擧會又ハ選擧分會ノミニ關シ更ニ選擧會場及投票ノ日時ヲ告示シ選擧ヲ行フヘシ

第二十條　町村長ハ選擧長ト爲リ選擧會ヲ開閉シ其ノ取締ニ任ス

選擧分會ハ町村長ノ指名シタル吏員選擧分會長ト爲リ之ヲ開閉シ其ノ取締ニ任ス

町村長ハ選擧人中ヨリ二人乃至四人ノ選擧立會人ヲ選任スヘシ但シ選擧分會ヲ設ケタルトキハ各別ニ選擧立會人ヲ設クヘシ

選擧立會人ハ名譽職トス

第二十一條　選擧人ニ非サル者ハ選擧會場ニ入ルコトヲ得ス但シ選擧會場ノ事務ニ從事スル者、選擧會場ヲ監視スル職權ヲ有スル者又ハ警察官吏ハ此ノ限ニ在ラス

選擧會場ニ於テ演說討論ヲ爲シ若ハ喧擾ニ涉リ又ハ投票ニ關シ協議若ハ勸誘ヲ爲シ其ノ他選擧會場ノ秩序ヲ紊ス者アルトキハ選擧長又ハ分會長ハ之ヲ制止シ命ニ從ハサルトキハ之ヲ選擧會場外ニ退出セシムヘシ

前項ノ規定ニ依リ退出セシメラレタル者ハ最後ニ至リ投票ヲ爲スコトヲ得但シ選擧長又ハ分會長會場ノ秩序ヲ紊スノ虞ナシト認ムル場合ニ於テ投票ヲ爲サシムルヲ妨ケス

第二十二條　選擧ハ無記名投票ヲ以テ之ヲ行フ

投票ハ一人一票ニ限ル

選擧人ハ選擧ノ當日投票時間内ニ自ラ選擧會場ニ到リ選擧人名簿又ハ其ノ抄本ノ對照ヲ經テ投票ヲ爲スヘシ

投票時間内ニ選擧會場ニ入リタル選擧人ハ其ノ時間ヲ過クルモ投票ヲ爲スコトヲ得

選擧人ハ選擧會場ニ於テ投票用紙ニ自ラ被選擧人一人ノ氏名ヲ記載シテ投函スヘシ

自ラ被選擧人ノ氏名ヲ書スルコト能ハサル者ハ投票ヲ爲スコトヲ得ス

投票用紙ハ町村長ノ定ムル所ニ依リ一定ノ式ヲ用ウヘシ

選擧分會ニ於テ爲シタル投票ハ分會長少クトモ一人ノ選擧立會人ト共ニ投票函ノ儘之ヲ本會ニ送致スヘシ

第二十三條　第三十條若ハ第三十四條ノ選擧、増員選擧又ハ補闕選擧ヲ同時ニ行フ場合ニ於テハ一ノ選擧ヲ以テ合併シテ之ヲ行フ

第二十四條　（削除）

第二十五條　左ノ投票ハ之ヲ無効トス

一　成規ノ用紙ヲ用ヰサルモノ

二　現ニ町村會議員ノ職ニ在ル者ノ氏名ヲ記載シタルモノ

三　一投票中二人以上ノ被選擧人ノ氏名ヲ記載シタルモノ

四　被選擧人ノ何人タルカヲ確認シ難キモノ

五　被選擧權ナキ者ノ氏名ヲ記載シタルモノ

六　被選擧人ノ氏名ノ外他事ヲ記入シタルモノ但シ爵位職業身分住所又ハ敬稱ノ類ヲ記入シタルモノハ此ノ限ニ在ラス

七　被選擧人ノ氏名ヲ自書セサルモノ

第二十六條　投票ノ拒否及効力ハ選擧立會人之ヲ決定シ可否同數ナルトキハ選擧長之ヲ決スヘシ

選擧分會ニ於ケル投票ノ拒否ハ其ノ選擧立會人之ヲ決定シ可否同數ナルトキハ分會長之ヲ決スヘシ

第二十七條　町村會議員ノ選擧ハ有効投票ノ最多數ヲ得タル者ヲ以テ當選者トス但シ選擧スヘキ議員數ヲ

以テ選擧人名簿ニ登錄セラレタル人員數ヲ除シテ得タル數ノ七分ノ一以上ノ得票アルコトヲ要ス
前項ノ規定ニ依リ當選者ヲ定ムルニ當リ得票ノ數同シキトキハ年長者ヲ取リ年齡同シキトキハ選擧長抽籤シテ之ヲ定ムヘシ
第二十八條　選擧長又ハ分會長ハ選擧錄ヲ調製シテ選擧又ハ投票ノ顚末ヲ記載シ選擧又ハ投票ヲ終リタル後之ヲ朗讀シ選擧立會人二人以上ト共ニ之ニ署名スヘシ
選擧分會長ハ投票函ト同時ニ選擧錄ヲ本會ニ送致スヘシ
選擧錄ハ投票、選擧人名簿其ノ他ノ關係書類ト共ニ選擧及當選ノ效力確定スルニ至ル迄之ヲ保存スヘシ
第二十九條　當選者定マリタルトキハ町村長ハ直ニ當選者ニ當選ノ旨ヲ告知スヘシ
當選者當選ヲ辭セムトスルトキハ當選ノ告知ヲ受ケタル日ヨリ五日以內ニ之ヲ町村長ニ申立ツヘシ
第十五條第二項ニ揭ケサル官吏ニシテ當選シタル者ハ所屬長官ノ許可ヲ受クルニ非サレハ之ニ應スルコトヲ得ス
前項ノ官吏ハ當選ノ告知ヲ受ケタル日ヨリ二十日以內ニ之ニ應スヘキ旨ヲ町村長ニ申出テサルトキハ其ノ當選ヲ辭シタルモノト看做ス
第三十條　當選者當選ヲ辭シタルトキ、死亡者ナルトキ又ハ選擧ニ關スル犯罪ニ依リ刑ニ處セラレ其ノ當選無效ト爲リタルトキハ更ニ選擧ヲ行フヘシ但シ其ノ當選者第二十七條第二項ノ規定ノ適用又ハ準用ニ依リ當選者ト爲リタル者ナル場合ニ於テハ第十七條第二項ノ例ニ依ル
當選者選擧ニ關スル犯罪ニ依リ刑ニ處セラレ其ノ當選無效ト爲リタルトキ其ノ前ニ其ノ者ニ關スル補闕選擧若ハ前項ノ選擧ノ告示ヲ爲シタル場合又ハ更ニ選擧ヲ行フコトナクシテ當選者ヲ定メタル場合ニ於テハ前項ノ規定ヲ適用セス
第三十一條　選擧ヲ終リタルトキハ町村長ハ直ニ選擧錄ノ謄本ヲ添ヘ之ヲ郡長ニ報告スヘシ
第二十九條第二項ノ期間ヲ經過シタルトキ又ハ同條第四項ノ申立アリタルトキハ町村長ハ直ニ當選者ノ

住所氏名ヲ告示シ併セテ之ヲ郡長ニ報告スヘシ

第三十二條　選擧ノ規定ニ違反スルコトアルトキハ選擧ノ結果ニ異動ヲ生スルノ虞アル場合ニ限リ其ノ選擧ノ全部又ハ一部ヲ無効トス

第三十三條　選擧人選擧又ハ當選ノ効力ニ關シ異議アルトキハ選擧ニ關シテハ選擧ノ日ヨリ當選ニ關シテハ第三十一條第二項ノ告示ノ日ヨリ七日以内ニ之ヲ町村長ニ申立ツルコトヲ得此ノ場合ニ於テハ町村長ハ七日以内ニ町村會ノ決定ニ付スヘシ町村會ハ其ノ送付ヲ受ケタル日ヨリ十四日以内ニ之ヲ決定スヘシ

前項ノ決定ニ不服アル者ハ府縣參事會ニ訴願スルコトヲ得

郡長ハ選擧又ハ當選ノ効力ニ關シ異議アルトキハ府縣知事ノ指揮ヲ受ケ選擧ニ關シテハ第三十一條第一項ノ報告ヲ受ケタル日ヨリ當選ニ關シテハ同條第二項ノ報告ヲ受ケタル日ヨリ二十日以内ニ之ヲ處分スルコトヲ得

前項ノ處分アリタルトキハ同一事件ニ付爲シタル異議ノ申立及町村會ノ決定ハ無効トス

第三項ノ處分ニ不服アル者ハ府縣參事會ニ訴願シ其ノ裁決又ハ第二項若ハ第六項ノ裁決ニ不服アル者ハ行政裁判所ニ出訴スルコトヲ得

第一項ノ決定及第二項又ハ前項ノ裁決ニ付テハ町村長ヨリモ訴願又ハ訴訟ヲ提起スルコトヲ得

第二項第五項又ハ前項ノ裁決ニ付テハ府縣知事ヨリモ訴訟ヲ提起スルコトヲ得

第十七條、第三十條又ハ第三十四條第三項ノ選擧ハ之ニ關係アル選擧又ハ當選ニ關スル異議申立期間、異議ノ決定若ハ訴願ノ裁決確定セサル間又ハ訴訟ノ繫屬スル間之ヲ行フコトヲ得ス

町村會議員ハ選擧又ハ當選ニ關スル處分、決定若ハ裁決確定シ又ハ判決アル迄ハ會議ニ列席シ議事ニ參與スルノ權ヲ失ハス

第三十四條　當選無効ト確定シタルトキハ町村長ハ直ニ第二十七條ノ例ニ依リ更ニ當選者ヲ定ムヘシ

選擧無効ト確定シタルトキハ更ニ選擧ヲ行フヘシ

議員ノ定數ニ足ル當選者ヲ得ルコト能ハサルトキハ其ノ不足ノ員數ニ付更ニ選擧ヲ行フヘシ此ノ場合ニ

於テハ第二十七條第一項但書ノ規定ヲ適用セス

第三十五條　町村會議員ニシテ被選擧權ヲ有セサル者ハ其ノ職ヲ失フ其ノ被選擧權ノ有無ハ町村會議員カ左ノ各號ノ一ニ該當スルニ因リ被選擧權ヲ有セサル場合ヲ除クノ外町村會之ヲ決定ス

一　禁治産者又ハ準禁治産者ト爲リタルトキ

二　家資分散又ハ破産ノ宣告ヲ受ケ其ノ宣告確定シタルトキ

三　禁錮以上ノ刑ニ處セラレタルトキ

四　選擧ニ關スル犯罪ニ依リ罰金ノ刑ニ處セラレタルトキ

町村長ハ町村會議員中被選擧權ヲ有セサル者アリト認ムルトキハ之ヲ町村會ノ決定ニ付スヘシ町村會ハ其ノ送付ヲ受ケタル日ヨリ十四日以内ニ之ヲ決定スヘシ

第一項ノ決定ヲ受ケタル者其ノ決定ニ不服アルトキハ府縣參事會ニ訴願シ其ノ裁決又ハ第四項ノ裁決ニ不服アルトキハ行政裁判所ニ出訴スルコトヲ得

第一項ノ決定及前項ノ裁決ニ付テハ町村長ヨリモ訴願又ハ訴訟ヲ提起スルコトヲ得

前二項ノ裁決ニ付テハ府縣知事ヨリモ訴訟ヲ提起スルコトヲ得

第三十三條第九項ノ規定ハ第一項及前三項ノ場合ニ之ヲ準用ス

第一項ノ決定ハ文書ヲ以テ之ヲ爲シ其ノ理由ヲ附シ之ヲ本人ニ交付スヘシ

第三十六條　第十八條及第三十三條ノ場合ニ於テ府縣參事會ノ決定及裁決ハ府縣知事、郡長ノ處分ハ郡長町村會ノ決定ハ町村長直ニ之ヲ告示スヘシ

第三十七條　本法又ハ本法ニ基キテ發スル勅令ニ依リ設置スル議會ノ議員ノ選擧ニ付テハ衆議院議員選擧ニ關スル罰則ヲ準用ス

第三十八條　特別ノ事情アル町村ニ於テハ郡長ハ府縣知事ノ許可ヲ得テ其ノ町村ヲシテ町村會ヲ設ケス選擧權ヲ有スル町村公民ノ總會ヲ以テ之ニ充テシムルコトヲ得

町村總會ニ關シテハ町村會ニ關スル規定ヲ準用ス

第二款　職務權限

第三十九條　町村會ハ町村ニ關スル事件及法律勅令ニ依リ其ノ權限ニ屬スル事件ヲ議決ス

第四十條　町村會ノ議決スヘキ事件ノ概目左ノ如シ

一　町村條例及町村規則ヲ設ケ又ハ改廢スル事

二　町村費ヲ以テ支辨スヘキ事業ニ關スル事但シ第七十七條ノ事務及法律勅令ニ規定アルモノハ此ノ限ニ在ラス

三　歳入出豫算ヲ定ムル事

四　決算報告ヲ認定スル事

五　法令ニ定ムルモノヲ除クノ外使用料、手數料、加入金、町村稅又ハ夫役現品ノ賦課徴收ニ關スル事

六　不動産ノ管理處分及取得ニ關スル事

七　基本財産及積立金穀等ノ設置管理及處分ニ關スル事

八　歳入出豫算ヲ以テ定ムルモノヲ除クノ外新ニ義務ノ負擔ヲ爲シ及權利ノ抛棄ヲ爲ス事

九　財産及營造物ノ管理方法ヲ定ムル事但シ法律勅令ニ規定アルモノハ此ノ限ニ在ラス

十　町村吏員ノ身元保證ニ關スル事

十一　町村ニ係ル訴願訴訟及和解ニ關スル事

第四十一條　町村會ハ法律勅令ニ依リ其ノ權限ニ屬スル選擧ヲ行フヘシ

第四十二條　町村會ハ町村ノ事務ニ關スル書類及計算書ヲ檢閲シ町村長ノ報告ヲ請求シテ事務ノ管理、議決ノ執行及出納ヲ檢査スルコトヲ得

町村會ハ議員中ヨリ委員ヲ選擧シ町村長又ハ其ノ指名シタル吏員立會ノ上實地ニ就キ前項町村會ノ權限ニ屬スル事件ヲ行ハシムルコトヲ得

第四十三條　町村會ハ町村ノ公益ニ關スル事件ニ付意見書ヲ町村長又ハ監督官廳ニ提出スルコトヲ得

第四十四條　町村會ハ行政廳ノ諮問アルトキハ意見ヲ答申スヘシ

町村會ノ意見ヲ徴シテ處分ヲ爲スヘキ場合ニ於テ町村會成立セス、招集ニ應セス若ハ意見ヲ提出セス又ハ町村會ヲ招集スルコト能ハサルトキハ當該行政廳ハ其ノ意見ヲ俟タスシテ直ニ處分ヲ爲スコトヲ得

第四十五條　町村會ハ町村長ヲ以テ議長トス町村長故

障アルトキハ其ノ代理者議長ノ職務ヲ代理ス町村長及其ノ代理者共ニ故障アルトキハ年長ノ議員議長ノ職務ヲ代理ス年齡同シキトキハ抽籤ヲ以テ之ヲ定ム

第四十六條　町村長及其ノ委任又ハ囑託ヲ受ケタル者ハ會議ニ列席シテ議事ニ參與スルコトヲ得但シ議決ニ加ハルコトヲ得ス

前項ノ列席者發言ヲ求ムルトキハ議長ハ直ニ之ヲ許スヘシ但シ之カ爲議員ノ演說ヲ中止セシムルコトヲ得ス

第四十七條　町村會ハ町村長之ヲ招集ス議員定數三分ノ一以上ノ請求アルトキハ町村長ハ之ヲ招集スヘシ

町村長ハ必要アル場合ニ於テハ會期ヲ定メテ町村會ヲ招集スルコトヲ得

招集及會議ノ事件ハ開會ノ日ヨリ少クトモ三日前ニ之ヲ告知スヘシ但シ急施ヲ要スル場合ハ此ノ限ニ在ラス

町村會開會中急施ヲ要スル事件アルトキハ町村長ハ直ニ之ヲ其ノ會議ニ付スルコトヲ得三日前迄ニ告知ヲ爲シタル事件ニ付亦同シ

町村會ハ町村長之ヲ開閉ス

第四十八條　町村會ハ議員定數ノ半數以上出席スルニ非サレハ會議ヲ開クコトヲ得ス但シ第五十條ノ除斥ノ爲半數ニ滿タサルトキ、同一ノ事件ニ付招集再回ニ至ルモ仍半數ニ滿タサルトキ又ハ招集ニ應スルモ出席議員定數ヲ闕キ議長ニ於テ出席ヲ催告シ仍半數ニ滿タサルトキハ此ノ限ニ在ラス

第四十九條　町村會ノ議事ハ過半數ヲ以テ決ス可否同數ナルトキハ議長ノ決スル所ニ依ル

第五十條　議長及議員ハ自己又ハ父母、祖父母、妻、子孫、兄弟姉妹ノ一身上ニ關スル事件ニ付テハ其ノ議事ニ參與スルコトヲ得ス但シ町村會ノ同意ヲ得タルトキハ會議ニ出席シ發言スルコトヲ得

第五十一條　法律勅令ニ依リ町村會ニ於テ選擧ヲ行フトキハ一人毎ニ無記名投票ヲ爲シ有効投票ノ過半數ヲ得タル者ヲ以テ當選者トス過半數ヲ得タル者ナキトキハ最多數ヲ得タル者二人ヲ取リ之ニ就キ決選投票ヲ爲サシム其ノ二人ヲ取ルニ當リ同數者アルトキハ年長者ヲ取リ年齡同シキトキハ議長抽籤シテ之ヲ

定ム此ノ決選投票ニ於テハ多數ヲ得タル者ヲ以テ當選者トス同數ナルトキハ年長者ヲ取リ年齢同シキトキハ議長抽籤シテ之ヲ定ム

前項ノ場合ニ於テハ第二十二條及第二十五條ノ規定ヲ準用シ投票ノ效力ニ關シ異議アルトキハ町村會之ヲ決定ス

第一項ノ選擧ニ付テハ町村會ハ其ノ議決ヲ以テ指名推選又ハ連名投票ノ法ヲ用ウルコトヲ得其ノ連名投票ノ法ヲ用ウル場合ニ於テハ前二項ノ例ニ依ル

連名投票ノ法ヲ用ウル場合ニ於テ其ノ投票ニシテ第二十五條第一號、第六號及第七號ニ該當スルモノ竝其ノ記載ノ人員選擧スヘキ定數ニ過キタルモノハ之ヲ無効トシ同條第二號、第四號及第五號ニ該當スルモノハ其ノ部分ノミヲ無効トス

第五十二條　町村會ノ會議ハ公開ス但シ左ノ場合ハ此ノ限ニ在ラス

一　議長ノ意見ヲ以テ傍聽ヲ禁止シタルトキ

二　議員二人以上ノ發議ニ依リ傍聽禁止ヲ可決シタルトキ

前項議員ノ發議ハ討論ヲ須キス其ノ可否ヲ決スヘシ

第五十三條　議長ハ會議ヲ總理シ會議ノ順序ヲ定メ其ノ日ノ會議ヲ開閉シ議場ノ秩序ヲ保持ス

議員定數ノ半數以上ヨリ請求アルトキハ議長ハ其ノ日ノ會議ヲ開クコトヲ要ス此ノ場合ニ於テ議長仍會議ヲ開カサルトキハ第四十五條ノ例ニ依ル

前項議員ノ請求ニ依リ會議ヲ開キタルトキ又ハ議員中異議アルトキハ議長ハ會議ノ議決ニ依ルニ非サレハ其ノ日ノ會議ヲ閉チ又ハ中止スルコトヲ得ス

第五十四條　議員ハ選擧人ノ指示又ハ委囑ヲ受クヘカラス

議員ハ會議中無禮ノ語ヲ用キ又ハ他人ノ身上ニ渉リ言論スルコトヲ得ス

第五十五條　會議中本法又ハ會議規則ニ違ヒ其ノ他議場ノ秩序ヲ紊ス議員アルトキハ議長ハ之ヲ制止シ又ハ發言ヲ取消サシメ命ニ從ハサルトキハ當日ノ會議ヲ終ル迄發言ヲ禁止シ又ハ議場外ニ退去セシメ必要アル場合ニ於テハ警察官吏ノ處分ヲ求ムルコトヲ得

議場騷擾ニシテ整理シ難キトキハ議長ハ當日ノ會議

チ中止シ又ハ之ヲ閉ツルコトチ得

第五十六條　傍聽人公然可否チ表シ又ハ喧騷ニ渉リ其ノ他會議ノ妨害チ爲ストキハ議長ハ之チ制止シ命ニ從ハサルトキハ之チ退場セシメ必要アル場合ニ於テハ警察官吏ノ處分チ求ムルコトチ得

傍聽席騷擾ナルトキハ議長ハ總テノ傍聽人チ退場セシメ必要アル場合ニ於テハ警察官吏ノ處分チ求ムルコトチ得

第五十七條　町村會ニ書記チ置キ議長ニ隷屬シテ庶務チ處理セシム

書記ハ議長之チ任免ス

第五十八條　議長ハ書記チシテ會議錄チ調製シ會議ノ顚末及出席議員ノ氏名チ記載セシムヘシ

會議錄ハ議長及議員二人以上之ニ署名スルコトチ要ス其ノ議員ハ町村會ニ於テ之チ定ムヘシ

第五十九條　町村會ハ會議規則及傍聽人取締規則チ設クヘシ

會議規則ニハ本法及會議規則ニ違反シタル議員ニ對シ町村會ノ議決ニ依リ三日以内出席チ停止シ又ハ二圓以下ノ過怠金チ科スル規定チ設クルコトチ得

第三章　町村吏員

第一款　組織選擧及任免

第六十條　町村ニ町村長及助役一人チ置ク但シ町村條例チ以テ助役ノ定數チ增加スルコトチ得

第六十一條　町村長及助役ハ名譽職トス

町村ハ町村條例チ以テ町村長又ハ助役チ有給ト爲スコトチ得

第六十二條　町村長及助役ノ任期ハ四年トス

第六十三條　町村長ハ町村會ニ於テ之チ選擧ス

助役ハ町村長ノ推薦ニ依リ町村會之チ定ム町村長職ニ在ラサルトキハ前項ノ例ニ依ル

名譽職町村長及名譽職助役ハ其ノ町村公民中選擧權チ有スル者ニ限ル

有給町村長及有給助役ハ第七條第一項ノ規定ニ拘ラス在職ノ間其ノ町村ノ公民トス

第六十四條　町村長チ選擧シ又ハ助役チ定メ若ハ選擧シタルトキハ府縣知事ノ認可チ受クヘシ

前項ノ場合ニ於テ府縣知事ノ不認可ニ對シ町村長又ハ町村會ニ於テ不服アルトキハ內務大臣ニ具狀シテ認可ヲ請フコトヲ得

有給町村長及有給助役ハ三月前ニ申立ツルトキハ任意退職スルコトヲ得

第六十五條　町村長及助役ハ第十五條第二項ニ揭ケタル職ト兼ヌルコトヲ得ス又其ノ町村ニ對シ請負ヲ爲シ及同一ノ行爲ヲ爲ス者ノ支配人又ハ主トシテ同一ノ行爲ヲ爲ス法人ノ無限責任社員、取締役監査役若ハ之ニ準スヘキ者、清算人若ハ支配人タルコトヲ得ス

町村長ト父子兄弟タル緣故アル者ハ助役ノ職ニ在ルコトヲ得ス

父子兄弟タル緣故アル者ハ同時ニ助役ノ職ニ在ルコトヲ得ス第十五條第六項ノ規定ハ此ノ場合ニ之ヲ準用ス

第六十六條　有給町村長及有給助役ハ郡長ノ許可ヲ受クルニ非サレハ他ノ報償アル業務ニ從事スルコトヲ得ス

有給町村長及有給助役ハ會社ノ取締役監査役若ハ之ニ準スヘキ者、清算人又ハ支配人其ノ他ノ事務員タルコトヲ得ス

第六十七條　町村ニ收入役一人ヲ置ク但シ特別ノ事情アル町村ニ於テハ町村條例ヲ以テ副收入役一人ヲ置クコトヲ得

收入役及副收入役ハ有給吏員トシ其ノ任期ハ四年トス

收入役及副收入役ハ町村長ノ推薦ニ依リ町村會之ヲ定メ郡長ノ認可ヲ受クヘシ

前項ノ場合ニ於テ郡長ノ不認可ニ對シ町村長又ハ町村會ニ於テ不服アルトキハ府縣知事ニ具狀シテ認可ヲ請フコトヲ得

第六十三條第四項ノ規定ハ收入役ニ第六十五條第一項及前條ノ規定ハ收入役及副收入役ニ之ヲ準用ス

町村長又ハ助役ト父子兄弟タル緣故アル者ハ收入役又ハ副收入役ノ職ニ在ルコトヲ得ス收入役ト父子兄弟タル緣故アル者ハ副收入役ノ職ニ在ルコトヲ得ス

特別ノ事情アル町村ニ於テハ郡長ノ許可ヲ得テ町村

長又ハ助役ヲシテ收入役ノ事務ヲ兼掌セシムルコトヲ得

第六十八條　町村ハ處務便宜ノ爲區ヲ劃シ區長及其ノ代理者一人ヲ置クコトヲ得

區長及其ノ代理者ハ名譽職トス町村會ニ於テ町村公民中選擧權ヲ有スル者ヨリ之ヲ選擧ス

第六十九條　町村ハ臨時又ハ常設ノ委員ヲ置クコトヲ得

委員ハ名譽職トス町村會ニ於テ町村會議員又ハ町村公民中選擧權ヲ有スル者ヨリ之ヲ選擧ス但シ委員長ハ町村長又ハ其ノ委任ヲ受ケタル助役ヲ以テ之ニ充ツ

常設委員ノ組織ニ關シテハ町村條例ヲ以テ別段ノ規定ヲ設クルコトヲ得

第七十條　名譽職町村長及名譽職助役其ノ他町村公民ニ限リテ擔任スヘキ職務ニ在ル吏員ニシテ町村公民權ヲ喪失シ若ハ停止セラレタルトキ又ハ第九條第三項ノ場合ニ當ルトキ其ノ職ヲ失フ職ニ就キタルカ爲町村公民タル者ニシテ禁治產若ハ準禁治產ノ宣告ヲ受ケタルトキ又ハ第九條第二項若ハ第三項ノ場合ニ當ルトキ亦同シ

前項ノ職務ニ在ル者ニシテ禁錮以上ノ刑ニ當ルヘキ罪ノ爲豫審又ハ公判ニ付セラレタルトキハ監督官廳ハ其ノ職務ノ執行ヲ停止スルコトヲ得此ノ場合ニ於テハ其ノ停止期間報酬又ハ給料ヲ支給スルコトヲ得ス

第七十一條　前數條ニ定ムル者ノ外町村ニ必要ノ有給吏員ヲ置キ町村長之ヲ任免ス

前項吏員ノ定數ハ町村會ノ議決ヲ經テ之ヲ定ム

第二款　職務權限

第七十二條　町村長ハ町村ヲ統轄シ町村ヲ代表ス

町村長ノ擔任スル事務ノ概目左ノ如シ

一　町村會ノ議決ヲ經ヘキ事件ニ付其ノ議案ヲ發シ及其ノ議決ヲ執行スル事

二　財產及營造物ヲ管理スル事但シ特ニ之カ管理者ヲ置キタルトキハ其ノ事務ヲ監督スル事

三　收入支出ヲ命令シ及會計ヲ監督スル事

四　證書及公文書類ヲ保管スル事

五　法令又ハ町村會ノ議決ニ依リ使用料、手數料、加入金、町村税又ハ夫役現品ヲ賦課徴收スル事

六　其ノ他法令ニ依リ町村長ノ職權ニ屬スル事項

第七十三條　町村長ハ町村吏員ヲ指揮監督シ之ニ對シ懲戒ヲ行フコトヲ得其ノ懲戒處分ハ譴責及五圓以下ノ過怠金トス

第七十四條　町村會ノ議決又ハ選擧其ノ權限ヲ越エ又ハ法令若ハ會議規則ニ背クト認ムルトキハ町村長ハ其ノ意見ニ依リ又ハ監督官廳ノ指揮ニ依リ理由ヲ示シテ之ヲ再議ニ付シ又ハ再選擧ヲ行ハシムヘシ其ノ執行ヲ要スルモノニ在リテハ之ヲ停止スヘシ

前項ノ場合ニ於テ町村會其ノ議決ヲ改メサルトキハ町村長ハ府縣參事會ノ裁決ヲ請フヘシ但シ特別ノ事情アルトキハ再議ニ付セスシテ直ニ裁決ヲ請フコトヲ得

監督官廳ハ第一項ノ議決又ハ選擧ヲ取消スコトヲ得但シ裁決ノ申請アリタルトキハ此ノ限ニ在ラス

前項ノ規定ニ依ル郡長ノ處分ニ不服アル町村長又ハ町村會ハ府縣參事會ニ訴願スルコトヲ得其ノ裁決、第二項ノ裁決又ハ前項ノ規定ニ依ル府縣知事ノ處分ニ不服アル町村長又ハ町村會ハ行政裁判所ニ出訴スルコトヲ得

町村會ノ議決公益ヲ害シ又ハ町村ノ收支ニ關シ不適當ナリト認ムルトキハ町村長ハ其ノ意見ニ依リ又ハ監督官廳ノ指揮ニ依リ理由ヲ示シテ之ヲ再議ニ付スヘシ其ノ執行ヲ要スルモノニ在リテハ之ヲ停止スヘシ

前項ノ場合ニ於テ町村會其ノ議決ヲ改メサルトキハ町村長ハ郡長ノ處分ヲ請フヘシ

前項ノ處分ニ不服アル町村長又ハ町村會ハ府縣參事會ニ訴願シ其ノ裁決ニ不服アルトキハ內務大臣ニ訴願スルコトヲ得

前項府縣參事會ノ裁決ニ付テハ府縣知事ヨリモ訴願ヲ提起スルコトヲ得

第二項及第四項ノ裁決ニ付テハ府縣知事ヨリモ訴訟ヲ提起スルコトヲ得

第七十五條　町村會成立セサルトキ又ハ第四十八條但書ノ場合ニ於テ仍會議ヲ開クコト能ハサルトキハ町

村長ハ郡長ニ具狀シテ指揮ヲ請ヒ町村會ノ議決スヘキ事件ヲ處置スルコトヲ得

町村會ニ於テ其ノ議決スヘキ事件ヲ議決セサルトキハ前項ノ例ニ依ル

町村會ノ決定スヘキ事件ニ關シテハ前二項ノ例ニ依ル此ノ場合ニ於ケル町村長ノ處置ニ關シテハ各本條ノ規定ニ準シ訴願又ハ訴訟ヲ提起スルコトヲ得

前三項ノ規定ニ依ル處置ニ付テハ次回ノ會議ニ於テ之ヲ町村會ニ報告スヘシ

第七十六條　町村會ニ於テ議決又ハ決定スヘキ事件ニ關シ臨時急施ヲ要スル場合ニ於テ町村會成立セサルトキ又ハ町村長ニ於テ之ヲ招集スルノ暇ナシト認ムルトキハ町村長ハ之ヲ專決シ次回ノ會議ニ於テ之ヲ町村會ニ報告スヘシ

前項ノ規定ニ依リ町村長ノ爲シタル處分ニ關シテハ各本條ノ規定ニ準シ訴願又ハ訴訟ヲ提起スルコトヲ得

第七十七條　町村長其ノ他町村吏員ハ法令ノ定ムル所ニ依リ國府縣其ノ他公共團體ノ事務ヲ掌ル

前項ノ事務ヲ執行スル爲要スル費用ハ町村ノ負擔トス但シ法令中別段ノ規定アルモノハ此ノ限ニ在ラス

第七十八條　町村長ハ郡長ノ許可ヲ得テ其ノ事務ノ一部ヲ助役又ハ區長ニ分掌セシムルコトヲ得但シ町村ノ事務ニ付テハ豫メ町村會ノ同意ヲ得ルコトヲ要ス

町村長ハ町村吏員ヲシテ其ノ事務ノ一部ヲ臨時代理セシムルコトヲ得

第七十九條　助役ハ町村長ノ事務ヲ補助ス

助役ハ町村長故障アルトキ之ヲ代理ス助役數人アルトキハ豫メ町村長ノ定メタル順序ニ依リ之ヲ代理ス

第八十條　收入役ハ町村ノ出納其ノ他ノ會計事務及第七十七條ノ事務ニ關スル國府縣其ノ他公共團體ノ出納其ノ他ノ會計事務ヲ掌ル但シ法令中別段ノ規定アルモノハ此ノ限ニ在ラス

町村ハ收入役故障アルトキ之ヲ代理スヘキ吏員ヲ定メ郡長ノ許可ヲ受クヘシ但シ副收入役ヲ置キタル町村ハ此ノ限ニ在ラス

副收入役ハ收入役ノ事務ヲ補助シ收入役故障アルトキ之ヲ代理ス

町村長ハ郡長ノ許可ヲ得テ收入役ノ事務ノ一部ヲ副收入役ニ分掌セシムルコトヲ得但シ町村ノ出納其ノ他ノ會計事務ニ付テハ豫メ町村會ノ同意ヲ得ルコトヲ要ス

第八十一條　區長ハ町村長ノ命ヲ承ケ町村長ノ事務ニシテ區内ニ關スルモノヲ補助ス

區長代理者ハ區長ノ事務ヲ補助シ區長故障アルトキ之ヲ代理ス

第八十二條　委員ハ町村長ノ指揮監督ヲ承ケ財産又ハ營造物ヲ管理シ其ノ他委託ヲ受ケタル町村ノ事務ヲ調査シ又ハ之ヲ處辨ス

第八十三條　第七十一條ノ吏員ハ町村長ノ命ヲ承ケ事務ニ從事ス

第四章　給料及給與

第八十四條　名譽職町村長、名譽職助役、町村會議員其ノ他ノ名譽職員ハ職務ノ爲要スル費用ノ辨償ヲ受クルコトヲ得

名譽職町村長、名譽職助役、區長、區長代理者及委員ニハ費用辨償ノ外勤務ニ相當スル報酬ヲ給スルコトヲ得

費用辨償額、報酬額及其ノ支給方法ハ町村會ノ議決ヲ經テ之ヲ定ム

第八十五條　有給町村長、有給助役其ノ他ノ有給吏員ノ給料額、旅費額及其ノ支給方法ハ町村會ノ議決ヲ經テ之ヲ定ム

第八十六條　有給吏員ニハ町村條例ノ定ムル所ニ依リ退隱料、退職給與金、死亡給與金又ハ遺族扶助料ヲ給スルコトヲ得

第八十七條　費用辨償、報酬、給料、旅費、退隱料、退職給與金、死亡給與金又ハ遺族扶助料ノ給與ニ付關係者ニ於テ異議アルトキハ之ヲ町村長ニ申立ツルコトヲ得

前項ノ異議ハ之ヲ町村會ノ決定ニ付スヘシ關係者其ノ決定ニ不服アルトキハ府縣參事會ニ訴願シ其ノ裁決又ハ第三項ノ裁決ニ不服アルトキハ行政裁判所ニ出訴スルコトヲ得

前項ノ決定及裁決ニ付テハ町村長ヨリモ訴願又ハ訴

訟ヲ提起スルコトヲ得

前二項ノ裁決ニ付テハ府縣知事ヨリモ訴訟ヲ提起スルコトヲ得

第八十八條　費用辨償、報酬、給料、旅費、退隱料、退職給與金、死亡給與金、遺族扶助料其ノ他ノ給與ハ町村ノ負擔トス

第五章　町村ノ財務

第一款　財產營造物及町村稅

第八十九條　收益ノ爲ニスル町村ノ財產ハ基本財產トシ之ヲ維持スヘシ

町村ハ特定ノ目的ノ爲特別ノ基本財產ヲ設ケ又ハ金穀等ヲ積立ツルコトヲ得

第九十條　舊來ノ慣行ニ依リ町村住民中特ニ財產又ハ營造物ヲ使用スル權利ヲ有スル者アルトキハ其ノ舊慣ニ依ル舊慣ヲ變更又ハ廢止セムトスルトキハ町村會ノ議決ヲ經ヘシ

前項ノ財產又ハ營造物ヲ新ニ使用セムトスル者アルトキハ町村ハ之ヲ許可スルコトヲ得

第九十一條　町村ハ前條ニ規定スル財產ノ使用方法ニ關シ町村規則ヲ設クルコトヲ得

第九十二條　町村ハ第九十條第一項ノ使用者ヨリ使用料ヲ徵收シ同條第二項ノ使用ニ關シテハ使用料若ハ一時ノ加入金ヲ徵收シ又ハ使用料及加入金ヲ共ニ徵收スルコトヲ得

第九十三條　町村ハ營造物ノ使用ニ付使用料ヲ徵收スルコトヲ得

町村ハ特ニ一個人ノ爲ニスル事務ニ付手數料ヲ徵收スルコトヲ得

第九十四條　財產ノ賣却貸與、工事ノ請負及物件勞力其ノ他ノ供給ハ競爭入札ニ付スヘシ但シ臨時急施ヲ要スルトキ、入札ノ價額其ノ費用ニ比シテ得失相償ハサルトキ又ハ町村會ノ同意ヲ得タルトキハ此ノ限ニ在ラス

第九十五條　町村ハ其ノ公益上必要アル場合ニ於テハ寄附又ハ補助ヲ爲スコトヲ得

第九十六條　町村ハ其ノ必要ナル費用及從來法令ニ依リ又ハ將來法律勅令ニ依リ町村ノ負擔ニ屬スル費用

ヲ支辨スル義務ヲ負フ

町村ハ其ノ財産ヨリ生スル收入、使用料、手數料、過料、過怠金其ノ他法令ニ依リ町村ニ屬スル收入ヲ以テ前項ノ支出ニ充テ仍不足アルトキハ町村税及夫役現品ヲ賦課徴收スルコトヲ得

第九十七條　町村税トシテ賦課スルコトヲ得ヘキモノ左ノ如シ

一　國税府縣税ノ附加税

二　特別税

直接國税又ハ直接府縣税ノ附加税ハ均一ノ税率ヲ以テ之ヲ徴收スヘシ但シ第百四十七條ノ規定ニ依リ許可ヲ受ケタル場合ハ此ノ限ニ在ラス

國税ノ附加税タル府縣税ニ對シテハ附加税ヲ賦課スルコトヲ得ス

特別税ハ別ニ税目ヲ起シテ課税スルノ必要アルトキハ賦課徴收スルモノトス

第九十八條　三月以上町村内ニ滯在スル者ハ其ノ滯在ノ初ニ遡リ町村税ヲ納ムル義務ヲ負フ

第九十九條　町村内ニ住所ヲ有セス又ハ三月以上滯在スルコトナシト雖町村内ニ於テ土地家屋物件ヲ所有シ使用シ若ハ占有シ、町村内ニ營業所ヲ設ケテ營業ヲ爲シ又ハ町村内ニ於テ特定ノ行爲ヲ爲ス者ハ其ノ土地家屋物件營業若ハ其ノ收入ニ對シ又ハ其ノ行爲ニ對シテ賦課スル町村税ヲ納ムル義務ヲ負フ

第百條　納税者ノ町村外ニ於テ所有シ使用シ占有スル土地家屋物件若ハ其ノ收入又ハ町村外ニ於テ營業所ヲ設ケタル營業若ハ其ノ收入ニ對シテハ町村税ヲ賦課スルコトヲ得ス

町村ノ内外ニ於テ營業所ヲ設ケ營業ヲ爲ス者ニシテ其ノ營業又ハ收入ニ對スル本税ヲ分別シテ納メサルモノニ對シ附加税ヲ賦課スル場合及住所滯在町村ノ内外ニ渉ル者ノ收入ニシテ土地家屋物件又ハ營業所ヲ設ケタル營業ヨリ生スル收入ニ非サルモノニ對シ町村税ヲ賦課スル場合ニ於テハ勅令ヲ以テ之ヲ定ム

第百一條　所得税法第十八條ニ掲クル所得ニ對シテハ町村税ヲ賦課スルコトヲ得ス

神社寺院祠宇佛堂ノ用ニ供スル建物及其ノ境内地並教會所説教所ノ用ニ供スル建物及其ノ構内地ニ對シ

ヲハ町村税ヲ賦課スルコトヲ得ス但シ有料ニテ之ヲ使用セシムル者及住宅ヲ以テ敎會所說敎所ノ用ニ充ツル者ニ對シテハ此ノ限ニ在ラス

國府縣市町村其ノ他公共團體ニ於テ公用ニ供スル家屋物件及營造物ニ對シテハ町村税ヲ賦課スルコトヲ得ス但シ有料ニテ之ヲ使用セシムル者及使用收益者ニ對シテハ此ノ限ニ在ラス

國ノ事業又ハ行爲及國有ノ土地家屋物件ニ對シテハ國ニ町村税ヲ賦課スルコトヲ得ス

前四項ノ外町村税ヲ賦課スルコトヲ得サルモノハ別ニ法律勅令ノ定ムル所ニ依ル

第百二條　數人ヲ利スル營造物ノ設置維持其ノ他ノ必要ナル費用ハ其ノ關係者ニ負擔セシムルコトヲ得

町村ノ一部ヲ利スル營造物ノ設置維持其ノ他ノ必要ナル費用ハ其ノ部分ニ於テ町村税ヲ納ムル義務アル者ニ負擔セシムルコトヲ得

前二項ノ場合ニ於テ營造物ヨリ生スル收入アルトキハ先ツ其ノ收入ヲ以テ其ノ費用ニ充ツヘシ前項ノ場合ニ於テ其ノ一部ノ收入アルトキ亦同シ

數人又ハ町村ノ一部ヲ利スル財産ニ付テハ前三項ノ例ニ依ル

第百三條　町村税及其ノ賦課徴收ニ關シテハ本法其ノ他ノ法律ニ規定アルモノノ外勅令ヲ以テ之ヲ定ムルコトヲ得

第百四條　數人又ハ町村ノ一部ニ對シ特ニ利益アル事件ニ關シテハ町村ハ不均一ノ賦課ヲ爲シ又ハ數人若ハ町村ノ一部ニ對シ賦課ヲ爲スコトヲ得

第百五條　夫役又ハ現品ハ直接町村税ヲ準率ト爲シ直接町村税ヲ賦課セサル町村ニ於テハ直接國税ヲ準率ト爲シ且之ヲ金額ニ算出シテ賦課スヘシ但シ第百四十七條ノ規定ニ依リ許可ヲ受ケタル場合ハ此ノ限ニ在ラス

學藝美術及手工ニ關スル勞務ニ付テハ夫役ヲ賦課スルコトヲ得ス

夫役ヲ賦課セラレタル者ハ本人自ラ之ニ當リ又ハ適當ノ代人ヲ出スコトヲ得

夫役又ハ現品ハ金錢ヲ以テ之ニ代フルコトヲ得

第一項及前項ノ規定ハ急迫ノ場合ニ賦課スル夫役ニ

付テハ之ヲ適用セス

第百六條　非常災害ノ爲必要アルトキハ町村ハ他人ノ土地ヲ一時使用シ又ハ其ノ土石竹木其ノ他ノ物品ヲ使用シ若ハ收用スルコトヲ得但シ其ノ損失ヲ補償スヘシ

前項ノ場合ニ於テ危險防止ノ爲必要アルトキハ町村長、警察官吏又ハ監督官廳ハ町村內ノ居住者ヲシテ防禦ニ從事セシムルコトヲ得

第一項但書ノ規定ニ依リ補償スヘキ金額ハ協議ニ依リ之ヲ定ム協議調ハサルトキハ鑑定人ノ意見ヲ徵シ府縣知事之ヲ決定ス決定ヲ受ケタル者其ノ決定ニ不服アルトキハ內務大臣ニ訴願スルコトヲ得

前項ノ決定ハ文書ヲ以テ之ヲ爲シ其ノ理由ヲ附シ之ヲ本人ニ交付スヘシ

第一項ノ規定ニ依リ土地ノ一時使用ノ處分ヲ受ケタル者其ノ處分ニ不服アルトキハ郡長ニ訴願シ其ノ裁決ニ不服アルトキハ府縣知事ニ訴願シ其ノ裁決ニ不服アルトキハ內務大臣ニ訴願スルコトヲ得

第百七條　町村稅ノ賦課ニ關シ必要アル場合ニ於テハ當該吏員ハ日出ヨリ日沒迄ノ間營業者ニ關シテハ仍其ノ營業時間內家宅若ハ營業所ニ臨檢シ又ハ帳簿物件ノ檢査ヲ爲スコトヲ得

前項ノ場合ニ於テハ當該吏員ハ其ノ身分ヲ證明スヘキ證票ヲ携帶スヘシ

第百八條　町村長ハ納稅者中特別ノ事情アル者ニ對シ納稅延期ヲ許スコトヲ得其ノ年度ヲ越ユル場合ハ町村會ノ議決ヲ經ヘシ

町村ハ特別ノ事情アル者ニ限リ町村稅ヲ減免スルコトヲ得

第百九條　使用料手數料及特別稅ニ關スル事項ニ付テハ町村條例ヲ以テ之ヲ規定スヘシ其ノ條例中ニハ五圓以下ノ過料ヲ科スル規定ヲ設クルコトヲ得

財產又ハ營造物ノ使用ニ關シテハ町村條例ヲ以テ五圓以下ノ過料ヲ科スル規定ヲ設クルコトヲ得

過料ノ處分ヲ受ケタル者其ノ處分ニ不服アルトキハ府縣參事會ニ訴願シ其ノ裁決ニ不服アルトキハ行政裁判所ニ出訴スルコトヲ得

前項ノ裁決ニ付テハ府縣知事又ハ町村長ヨリモ訴訟

ヲ提起スルコトヲ得

第百十條　町村稅ノ賦課ヲ受ケタル者其ノ賦課ニ付違法又ハ錯誤アリト認ムルトキハ徵稅令書ノ交付ヲ受ケタル日ヨリ三月以內ニ町村長ニ異議ノ申立ヲ爲スコトヲ得

財產又ハ營造物ヲ使用スル權利ニ關シ異議アル者ハ之ヲ町村長ニ申立ツルコトヲ得

前二項ノ異議ハ之ヲ町村會ノ決定ニ付スヘシ決定ヲ受ケタル者其ノ決定ニ不服アルトキハ府縣參事會ニ訴願シ其ノ裁決又ハ第五項ノ裁決ニ不服アルトキハ行政裁判所ニ出訴スルコトヲ得

第一項及前項ノ規定ハ使用料手數料及加入金ノ徵收竝夫役現品ノ賦課ニ關シ之ヲ準用ス

前二項ノ規定ニ依ル決定及裁決ニ付テハ町村長ヨリモ訴願又ハ訴訟ヲ提起スルコトヲ得

前三項ノ規定ニ依ル裁決ニ付テハ府縣知事ヨリモ訴訟ヲ提起スルコトヲ得

第百十一條　町村稅、使用料、手數料、加入金、過料過怠金其ノ他ノ町村ノ收入ヲ定期內ニ納メサル者アルトキハ町村長ハ期限ヲ指定シテ之ヲ督促スヘシ

夫役現品ノ賦課ヲ受ケタル者定期內ニ其ノ履行ヲ爲サス又ハ夫役現品ニ代フル金錢ヲ納メサルトキハ町村長ハ期限ヲ指定シテ之ヲ督促スヘシ急迫ノ場合ニ賦課シタル夫役ニ付テハ更ニ之ヲ金額ニ算出シ期限ヲ指定シテ其ノ納付ヲ命スヘシ

前二項ノ場合ニ於テハ町村條例ノ定ムル所ニ依リ手數料ヲ徵收スルコトヲ得

滯納者第一項又ハ第二項ノ督促又ハ命令ヲ受ケ其ノ指定ノ期限內ニ之ヲ完納セサルトキハ國稅滯納處分ノ例ニ依リ之ヲ處分スヘシ

第一項乃至第三項ノ徵收金ハ府縣ノ徵收金ニ次テ先取特權ヲ有シ其ノ追徵還付及時效ニ付テハ國稅ノ例ニ依ル

前三項ノ處分ヲ受ケタル者其ノ處分ニ不服アルトキハ府縣參事會ニ訴願シ其ノ裁決ニ不服アルトキハ行政裁判所ニ出訴スルコトヲ得

前項ノ裁決ニ付テハ府縣知事又ハ町村長ヨリモ訴訟ヲ提起スルコトヲ得

第四項ノ處分中差押物件ノ公賣ハ處分ノ確定ニ至ル迄執行ヲ停止ス

第百十二條　町村ハ其ノ負債ヲ償還スル爲、町村ノ永久ノ利益ト爲ルヘキ支出ヲ爲ス爲又ハ天災事變等ノ爲必要アル場合ニ限リ町村債ヲ起スコトヲ得

町村債ヲ起スニ付町村會ノ議決ヲ經ルトキハ併セテ起債ノ方法、利息ノ定率及償還ノ方法ニ付議決ヲ經ヘシ

町村ハ豫算内ノ支出ヲ爲ス爲一時ノ借入金ヲ爲スコトヲ得

前項ノ借入金ハ其ノ會計年度内ノ收入ヲ以テ償還スヘシ

第二款　歳入出豫算及決算

第百十三條　町村長ハ毎會計年度歳入出豫算ヲ調製シ遲クトモ年度開始ノ一月前ニ町村會ノ議決ヲ經ヘシ

町村ノ會計年度ハ政府ノ會計年度ニ依ル

豫算ヲ町村會ニ提出スルトキハ町村長ハ併セテ事務報告書及財産表ヲ提出スヘシ

第百十四條　町村長ハ町村會ノ議決ヲ經テ既定豫算ノ追加又ハ更正ヲナスコトヲ得

第百十五條　町村費ヲ以テ支辨スル事件ニシテ數年ヲ期シテ其ノ費用ヲ支出スヘキモノハ町村會ノ議決ヲ經テ其ノ年期間各年度ノ支出額ヲ定メ繼續費ト爲スコトヲ得

第百十六條　町村ハ豫算外ノ支出又ハ豫算超過ノ支出ニ充ツル爲豫備費ヲ設クヘシ

特別會計ニハ豫備費ヲ設ケサルコトヲ得

豫備費ハ町村會ノ否決シタル費途ニ充ツルコトヲ得ス

第百十七條　豫算ハ議決ヲ經タル後直ニ之ヲ郡長ニ報告シ且其ノ要領ヲ告示スヘシ

第百十八條　町村ハ特別會計ヲ設クルコトヲ得

第百十九條　町村會ニ於テ豫算ヲ議決シタルトキハ町村長ヨリ其ノ謄本ヲ收入役ニ交付スヘシ

收入役ハ町村長又ハ監督官廳ノ命令アルニ非サレハ支拂ヲ爲スコトヲ得ス命令ヲ受クルモ支出ノ豫算ナク且豫備費支出、費目流用其ノ他財務ニ關スル規定ニ依リ支出ヲ爲スコトヲ得サルトキ亦同シ

前二項ノ規定ハ收入役ノ事務ヲ兼掌シタル町村長又ハ助役ニ之ヲ準用ス

第百二十條　町村ノ支拂金ニ關スル時効ニ付テハ政府ノ支拂金ノ例ニ依ル

第百二十一條　町村ノ出納ハ每月例日ヲ定メテ之ヲ檢査シ且每會計年度少クトモ二回臨時檢査ヲ爲スヘシ

檢査ハ町村長之ヲ爲シ臨時檢査ニハ町村會ニ於テ選擧シタル議員二人以上ノ立會ヲ要ス

第百二十二條　町村ノ出納ハ翌年度六月三十日ヲ以テ閉鎖ス

決算ハ出納閉鎖後一月以內ニ證書類ヲ併セテ收入役ヨリ之ヲ町村長ニ提出スヘシ町村長ハ之ヲ審査シ意見ヲ付シテ次ノ通常豫算ヲ議スル會議迄ニ之ヲ町村會ノ認定ニ付スヘシ

第六十七條第八項ノ場合ニ於テハ前項ノ例ニ依ル但シ町村長ニ於テ兼掌シタルトキハ直ニ町村會ノ認定ニ付スヘシ

決算ハ其ノ認定ニ關スル町村會ノ議決ト共ニ之ヲ郡長ニ報告シ且其ノ要領ヲ告示スヘシ

決算ノ認定ニ關スル會議ニ於テハ町村長及助役共ニ議長ノ職務ヲ行フコトヲ得ス

第百二十三條　豫算調製ノ式、費目流用其ノ他財務ニ關シ必要ナル規定ハ內務大臣之ヲ定ム

第六章　町村ノ一部ノ事務

第百二十四條　町村ノ一部ニシテ財産ヲ有シ又ハ營造物ヲ設ケタルモノアルトキハ其ノ財産又ハ營造物ノ管理及處分ニ付テハ本法中町村ノ財産又ハ營造物ニ關スル規定ニ依ル但シ法律勅令中別段ノ規定アル場合ハ此ノ限ニ在ラス

前項ノ財産又ハ營造物ニ關シ特ニ要スル費用ハ其ノ財産又ハ營造物ノ屬スル町村ノ一部ノ負擔トス

前二項ノ場合ニ於テハ町村ノ一部ハ其ノ會計ヲ分別スヘシ

第百二十五條　前條ノ財産又ハ營造物ニ關シ必要アリト認ムルトキハ郡長ハ町村會ノ意見ヲ徵シテ町村條例ヲ設定シ區會又ハ區總會ヲ設ケテ町村會ノ議決スヘキ事項ヲ議決セシムルコトヲ得

第百二十六條　區會議員ハ町村ノ名譽職トス其ノ定數任期、選擧權及被選擧權ニ關スル事項ハ前條ノ町村條例中ニ之ヲ規定スヘシ區總會ノ組織ニ關スル事項ニ付亦同シ

區會議員ノ選擧ニ付テハ町村會議員ニ關スル規定ヲ準用ス但シ選擧人名簿又ハ選擧若ハ當選ノ効力ニ關スル異議ノ決定及被選擧權ノ有無ノ決定ハ町村會ニ於テ之ヲ爲スヘシ

區會又ハ區總會ニ關シテハ町村會ニ關スル規定ヲ準用ス

第百二十七條　第百二十四條ノ場合ニ於テ町村ノ一部郡長ノ處分ニ不服アルトキハ府縣知事ニ訴願スルコトヲ得

第百二十八條　第百二十四條ノ町村ノ一部ノ事務ニ關シテハ本法ニ規定スルモノノ外勅令ヲ以テ之ヲ定ム

第七章　町村組合

第百二十九條　町村ハ其ノ事務ノ一部ヲ共同處理スル爲其ノ協議ニ依リ府縣知事ノ許可ヲ得テ町村組合ヲ設クルコトヲ得此ノ場合ニ於テ組合内各町村ノ町村會又ハ町村吏員ノ職務ニ屬スル事項ナキニ至リタルトキハ其ノ町村會又ハ町村吏員ハ組合成立ト同時ニ消滅ス

町村ハ特別ノ必要アル場合ニ於テハ其ノ協議ニ依リ府縣知事ノ許可ヲ得テ其ノ事務ノ全部ヲ共同處理スル爲町村組合ヲ設クルコトヲ得此ノ場合ニ於テハ組合内各町村ノ町村會及町村吏員ハ組合成立ト同時ニ消滅ス

公益上必要アル場合ニ於テハ府縣知事ハ關係アル町村會ノ意見ヲ徵シ府縣參事會ノ議決ヲ經内務大臣ノ許可ヲ得テ前二項ノ町村組合ヲ設クルコトヲ得

町村組合ハ法人トス

第百三十條　前條第一項ノ町村組合ニシテ其ノ組合町村ノ數ヲ增減シ又ハ公同事務ノ變更ヲ爲サムトスルトキハ關係町村ノ協議ニ依リ府縣知事ノ許可ヲ受クヘシ

前條第二項ノ町村組合ニシテ其ノ組合町村ノ數ヲ減少セムトスルトキハ組合會ノ議決ニ依リ其ノ組合町

村ノ數ヲ增加セムトスルトキハ其ノ町村組合ト新ニ加ハラムトスル町村トノ協議ニ依リ府縣知事ノ許可ヲ受クヘシ

公益上必要アル場合ニ於テハ府縣知事ハ關係アル町村會又ハ組合會ノ意見ヲ徴シ府縣參事會ノ議決ヲ經内務大臣ノ許可ヲ得テ組合町村ノ數ヲ增減シ又ハ一部事務ノ爲設クル組合ノ共同事務ノ變更ヲ爲スコトヲ得

第百三十一條　町村組合ヲ設クルトキハ關係町村ノ協議ニ依リ組合規約ヲ定メ府縣知事ノ許可ヲ受クヘシ

組合規約ヲ變更セムトスルトキハ一部事務ノ爲ニ設クル組合ニ在リテハ關係町村ノ協議ニ依リ全部事務ノ爲ニ設クル組合ニ在リテハ組合會ノ議決ヲ經府縣知事ノ許可ヲ受クヘシ

公益上必要アル場合ニ於テハ府縣知事ハ關係アル町村會又ハ組合會ノ意見ヲ徴シ府縣參事會ノ議決ヲ經内務大臣ノ許可ヲ得テ組合規約ヲ定メ又ハ變更スルコトヲ得

第百三十二條　組合規約ニハ組合ノ名稱、組合ヲ組織スル町村、組合ノ共同事務及組合役場ノ位置ヲ定ムヘシ

一部事務ノ爲ニ設クル組合ノ組合規約ニハ前項ノ外組合會ノ組織及組合會議員ノ選擧、組合吏員ノ組織及選任並組合費用ノ支辨方法ニ付規定ヲ設クヘシ

第百三十三條　町村組合ヲ解カムトスルトキハ一部事務ノ爲ニ設クル組合ニ於テハ關係町村ノ協議ニ依リ全部事務ノ爲ニ設クル組合ニ於テハ組合會ノ議決ニ依リ府縣知事ノ許可ヲ受クヘシ

公益上必要アル場合ニ於テハ府縣知事ハ關係アル町村會又ハ組合會ノ意見ヲ徴シ府縣參事會ノ議決ヲ經内務大臣ノ許可ヲ得テ町村組合ヲ解クコトヲ得

第百三十四條　第百三十條第一項第二項及前條第一項ノ場合ニ於テ財産ノ處分ニ關スル事項ハ關係町村ノ協議、關係町村ト組合トノ協議又ハ組合會ノ議決ニ依リ府縣知事ノ許可ヲ受クヘシ

第百三十條第三項及前條第二項ノ場合ニ於テ財産ノ處分ニ關スル事項ハ關係アル町村會又ハ組合會ノ意見ヲ徴シ府縣參事會ノ議決ヲ經内務大臣ノ許可ヲ得

ヲ府縣知事之ヲ定ム

第百三十五條　第百二十九條第一項及第二項第百三十條第一項及第二項第百三十一條第一項及第二項第百三十三條第一項竝前條第一項ノ規定ニ依ル府縣知事ノ處分ニ不服アル町村又ハ町村組合ハ內務大臣ニ訴願スルコトヲ得

組合費ノ分賦ニ關シ違法又ハ錯誤アリト認ムル町村ハ其ノ告知アリタル日ヨリ三月以內ニ組合ノ管理者ニ異議ノ申立ヲ爲スコトヲ得

前項ノ異議ハ之ヲ組合會ノ決定ニ付スヘシ其ノ決定ニ不服アル町村ハ府縣參事會ニ訴願シ其ノ裁決又ハ第四項ノ裁決ニ不服アルトキハ行政裁判所ニ出訴スルコトヲ得

前項ノ決定及裁決ニ付テハ組合ノ管理者ヨリモ訴願又ハ訴訟ヲ提起スルコトヲ得

前二項ノ裁決ニ付テハ府縣知事ヨリモ訴訟ヲ提起スルコトヲ得

第百三十六條　町村組合ニ關シテハ法律勅令中別段ノ規定アル場合ヲ除クノ外町村ニ關スル規定ヲ準用ス

第八章　町村ノ監督

第百三十七條　町村ハ第一次ニ於テ郡長之ヲ監督シ第二次ニ於テ府縣知事之ヲ監督シ第三次ニ於テ內務大臣之ヲ監督ス

第百三十八條　本法中別段ノ規定アル場合ヲ除クノ外町村ノ監督ニ關スル郡長ノ處分ニ不服アル町村ハ府縣知事ニ訴願シ其ノ裁決ニ不服アルトキハ內務大臣ニ訴願スルコトヲ得

第百三十九條　本法中行政裁判所ニ出訴スルコトヲ得ヘキ場合ニ於テハ內務大臣ニ訴願スルコトヲ得ス

第百四十條　異議ノ申立又ハ訴願ノ提起ハ處分決定又ハ裁決アリタル日ヨリ二十一日以內ニ之ヲ爲スヘシ但シ本法中別ニ期間ヲ定メタルモノハ此ノ限ニ在ラス

行政訴訟ノ提起ハ處分決定裁定又ハ裁決アリタル日ヨリ三十日以內ニ之ヲ爲スヘシ

異議ノ申立ニ關スル期間ノ計算ニ付テハ訴願法ノ規定ニ依ル

異議ノ申立ハ期間經過後ニ於テモ宥恕スヘキ事由アリト認ムルトキハ仍之ヲ受理スルコトヲ得

異議ノ決定ハ文書ヲ以テ之ヲ爲シ其ノ理由ヲ附シ之ヲ申立人ニ交付スヘシ

異議ノ申立アルモ處分ノ執行ハ之ヲ停止セス但シ行政廳ハ其ノ職權ニ依リ又ハ關係者ノ請求ニ依リ必要ト認ムルトキハ之ヲ停止スルコトヲ得

第百四十一條　監督官廳ハ町村ノ監督上必要アル場合ニ於テハ事務ノ報告ヲ爲サシメ、書類帳簿ヲ徴シ及實地ニ就キ事務ヲ視察シ又ハ出納ヲ檢閲スルコトヲ得

監督官廳ハ町村ノ監督上必要ナル命令ヲ發シ又ハ處分ヲ爲スコトヲ得

上級監督官廳ハ下級監督官廳ノ町村ノ監督ニ關シテ爲シタル命令又ハ處分ヲ停止シ又ハ取消スコトヲ得

第百四十二條　内務大臣ハ町村會ノ解散ヲ命スルコトヲ得

町村會解散ノ場合ニ於テハ三月以内ニ議員ヲ選擧スヘシ

第百四十三條　町村ニ於テ命令ニ依リ負擔シ又ハ當該官廳ノ職權ニ依リ命スル費用ヲ豫算ニ載セサルトキハ郡長ハ理由ヲ示シテ其ノ費用ヲ豫算ニ加フルコトヲ得

町村長其ノ他ノ吏員其ノ執行スヘキ事件ヲ執行セサルトキハ郡長又ハ其ノ委任ヲ受ケタル官吏吏員之ヲ執行スルコトヲ得但シ其ノ費用ハ町村ノ負擔トス

前二項ノ處分ニ不服アル町村又ハ町村長其ノ他ノ吏員ハ府縣知事ニ訴願シ其ノ裁決ニ不服アルトキハ行政裁判所ニ出訴スルコトヲ得

第百四十四條　町村長、助役、收入役又ハ副收入役ニ故障アルトキハ監督官廳ハ臨時代理者ヲ選任シ又ハ官吏ヲ派遣シ其ノ職務ヲ管掌セシムルコトヲ得但シ官吏ヲ派遣シタル場合ニ於テハ其ノ旅費ハ町村費ヲ以テ辨償セシムヘシ

臨時代理者ハ有給ノ町村吏員トシ其ノ給料額旅費額等ハ監督官廳之ヲ定ム

第百四十五條　左ニ掲クル事件ハ内務大臣ノ許可ヲ受クヘシ

一　町村條例ヲ設ケ又ハ改廢スル事
二　學藝美術又ハ歷史上貴重ナル物件ヲ處分シ又ハ之ニ大ナル變更ヲ加フル事

第百四十六條　左ニ掲クル事件ハ内務大臣及大藏大臣ノ許可ヲ受クヘシ
一　町村債ヲ起シ並起債ノ方法、利息ノ定率及償還ノ方法ヲ定メ又ハ之ヲ變更スル事但シ第百十二條第三項ノ借入金ハ此ノ限ニ在ラス
二　特別稅ヲ新設シ增額シ又ハ變更スル事
三　間接國稅ノ附加稅ヲ賦課スル事
四　使用料手數料及加入金ヲ新設シ增額シ又ハ變更スル事

第百四十七條　左ニ掲クル事件ハ郡長ノ許可ヲ受クヘシ
一　基本財產ノ管理及處分ニ關スル事
二　特別基本財產及積立金穀等ノ管理及處分ニ關スル事
三　第九十條ノ規定ニ依リ舊慣ヲ變更又ハ廢止スル事
四　寄附又ハ補助ヲ爲ス事
五　不動產ノ管理及處分ニ關スル事
六　均一ノ稅率ニ依ラスシテ國稅又ハ府縣稅ノ附加稅ヲ賦課スル事
七　第百二條第一項第二項及第四項ノ規定ニ依リ數人又ハ町村ノ一部ニ費用ヲ負擔セシムル事
八　第百四條ノ規定ニ依リ不均一ノ賦課ヲ爲シ又ハ數人若ハ町村ノ一部ニ對シ賦課ヲ爲ス事
九　第百五條ノ準率ニ依ラスシテ夫役現品ヲ賦課スル事但シ急迫ノ場合ニ賦課スル夫役ニ付テハ此ノ限ニ在ラス
十　繼續費ヲ定メ又ハ變更スル事

第百四十八條　監督官廳ノ許可ヲ要スル事件ニ付テハ監督官廳ハ許可申請ノ趣旨ニ反セスト認ムル範圍内ニ於テ更正シテ許可ヲ與フルコトヲ得

第百四十九條　監督官廳ノ許可ヲ要スル事件ニ付テハ勅令ノ定ムル所ニ依リ其ノ許可ノ職權ヲ下級監督官廳ニ委任シ又ハ輕易ナル事件ニ限リ許可ヲ受ケシメサルコトヲ得

第百五十條　府縣知事又ハ郡長ハ町村長、助役、收入役、副收入役、區長、區長代理者、委員其ノ他ノ町村吏員ニ對シ懲戒ヲ行フコトヲ得其ノ懲戒處分ハ譴責、二十五圓以下ノ過怠金及解職トス但シ町村長、助役、收入役及副收入役ニ對スル解職ハ懲戒審査會ノ議決ヲ經テ府縣知事之ヲ行フ

懲戒審査會ハ內務大臣ノ命シタル府縣高等官三人及府縣名譽職參事會員ニ於テ互選シタル者三人ヲ以テ其ノ會員トシ府縣知事ヲ以テ會長トス知事故障アルトキハ其ノ代理者會長ノ職務ヲ行フ

府縣名譽職參事會員ノ互選スヘキ會員ノ選擧補闕及任期竝懲戒審査會ノ招集及會議ニ付テハ府縣制中名譽職參事會員及府縣參事會ニ關スル規定ヲ準用ス但シ補充員ハ之ヲ設クルノ限ニ在ラス

解職ノ處分ヲ受ケタル者其ノ處分ニ不服アルトキハ郡長ノ處分ニ付テハ府縣知事ニ訴願シ其ノ裁決ニ不服アルトキ又ハ府縣知事ノ處分ニ付テハ內務大臣ニ訴願スルコトヲ得

府縣知事ハ町村長、助役、收入役及副收入役ノ解職ヲ行ハムトスル前其ノ停職ヲ命スルコトヲ得此ノ場合ニ於テハ其ノ停職期間報酬又ハ給料ヲ支給スルコトヲ得ス

懲戒ニ依リ解職セラレタル者ハ二年間市町村ノ公職ニ選擧セラレ又ハ任命セラルルコトヲ得ス

第百五十一條　町村吏員ノ服務紀律、賠償責任、身元保證及事務引繼ニ關スル規定ハ命令ヲ以テ之ヲ定ム

前項ノ命令ニハ事務引繼ヲ拒ミタル者ニ對シ二十五圓以下ノ過料ヲ科スル規定ヲ設クルコトヲ得

第九章　雜則

第百五十二條　郡長ノ職權ニ屬スル事件ニシテ數郡ニ涉ルモノアルトキハ府縣知事ハ關係郡長ノ具狀ニ依リ其ノ事件ヲ管理スヘキ郡長ヲ指定スヘシ其ノ數府縣ニ涉ルモノアルトキハ內務大臣ハ關係府縣知事ノ具狀ニ依リ其ノ事件ヲ管理スヘキ郡長ヲ指定スヘシ

第百五十三條　府縣知事又ハ府縣參事會ノ職權ニ屬スル事件ニシテ數府縣ニ涉ルモノアルトキハ內務大臣ハ關係府縣知事ノ具狀ニ依リ其ノ事件ヲ管理スヘキ

府縣知事又ハ府縣參事會ヲ指定スヘシ

第百五十三條ノ二　島司ヲ置ク地ニ於テハ本法中郡長ニ關スル規定ハ島司ニ、郡ノ官吏ニ關スル規定ハ島廳ノ官吏ニ、郡ニ關スル規定ハ島廳管轄區域ニ關シ之ヲ適用ス

第百五十四條　第十一條ノ人口ハ內務大臣ノ定ムル所ニ依ル

第百五十五條　本法ニ於ケル直接稅及間接稅ノ種類ハ內務大臣及大藏大臣之ヲ定ム

第百五十六條　町村又ハ町村組合ノ廢置分合又ハ境界變更アリタル場合ニ於テ町村ノ事務ニ付必要ナル事項ハ本法ニ規定スルモノノ外勅令ヲ以テ之ヲ定ム

第百五十七條　本法ハ北海道其ノ他勅令ヲ以テ指定スル島嶼ニ之ヲ施行セス

前項ノ地域ニ付テハ勅令ヲ以テ別ニ本法ニ代ハルヘキ制ヲ定ムルコトヲ得

附　則

第百五十八條　本法施行ノ期日ハ勅令ヲ以テ之ヲ定ム（明治四十四年勅令第二百三十八號ヲ以テ同年十月一日ヨリ之ヲ施行ス）

第百五十九條　本法施行ノ際現ニ町村會議員、區會議員又ハ全部事務ノ爲ニ設クル町村組合會議員ノ職ニ在ル者ハ從前ノ規定ニ依ル最近ノ定期改選期ニ於テ其ノ職ヲ失フ

第百六十條　舊刑法ノ重罪ノ刑ニ處セラレタル者ハ本法ノ適用ニ付テハ六年ノ懲役又ハ禁錮以上ノ刑ニ處セラレタル者ト看做ス但シ復權ヲ得タル者ハ此ノ限ニ在ラス

舊刑法ノ禁錮以上ノ刑ハ本法ノ適用ニ付テハ禁錮以上ノ刑ト看做ス

第百六十一條　本法施行ノ際必要ナル規定ハ命令ヲ以テ之ヲ定ム

附　則

本法中公民權及選擧ニ關スル規定ハ次ノ總選擧ヨリ之ヲ施行シ其ノ他ノ規定ノ施行ノ期日ハ勅令ヲ以テ之ヲ定ム（大正十年勅令第百八十九號ヲ以テ公民選擧ニ關スル規定ヲ除クノ外大正十年五月二十日ヨリ之ヲ施行ス）

●市制町村制ノ施行ニ關スル件

第一條　市制町村制施行前舊市制町村制ニ依リ爲シタル手續其ノ他ノ行爲ハ本令ニ別段ノ規定アル場合ヲ除クノ外之ヲ市制町村制ニ依リ爲シタルモノト看做ス

第二條　町村ノ境界ニ關スル爭論ニシテ郡參事會ニ於テ受理シタルモノハ之ヲ府縣參事會ニ於テ受理シタルモノト看做ス其ノ郡參事會ニ於テ爲シタル裁決ニ不服アル者ハ從前ノ規定ニ依ル訴願期間内ニ府縣參事會ノ裁定ヲ請フコトヲ得

郡參事會ノ裁決ニ不服アルカ爲府縣參事會ニ爲シタル訴願ハ之ヲ其ノ裁定ヲ請ヒタルモノト看做ス

市町村ノ境界ニ關スル爭論ニ付府縣參事會ノ爲シタル裁決ハ之ヲ裁定ト看做ス

第三條　町村名譽職ノ當選ヲ辭シ又ハ其ノ職ヲ辭シ若ハ其ノ職務ヲ實際ニ執行セサルカ爲受ケタル町村公民權停止及町村費增課ノ處分ニ關スル訴願ニシテ郡參事會ニ於テ受理シタルモノハ之ヲ府縣參事會ニ於テ受理シタルモノト看做ス其ノ郡參事會ニ於テ爲シタル裁決ニ不服アル者ハ從前ノ規定ニ依ル訴願期間内ニ府縣參事會ニ訴願スルコトヲ得

市制町村制施行前市町村ニ於テ爲シタル市町村公民權停止及市町村費增課ノ處分ニ對スル訴願ノ期間ニ付テハ前項ノ規定ヲ準用ス

第四條　市町村營造物ニ關スル從前ノ市町村規則中市町村條例ヲ以テ規定スヘキ事項ニ關スル規定ハ市町村條例ト同一ノ效力ヲ有ス

第五條　市會議員ノ定數市制第十三條ノ議員ノ定數ニ滿タサルニ依リ其ノ不足ヲ補フカ爲選擧シタル議員ハ從前ノ規定ニ依ル最近ノ定期改選期ニ於テ其ノ職ヲ失フ

第六條　市町村會議員、區會議員又ハ全部事務ノ爲ニ設ケタル町村組合會議員ノ補闕又ハ增員ニ付從制ノ規定ニ依ル最近ノ定期改選期前ニ於テ其ノ選擧ヲ行ヒタルトキハ其ノ補闕議員又ハ增員議員ハ從前ノ規定ニ依ル最近ノ定期改選期ニ於テ其ノ職ヲ失フ當選ヲ辭シ又ハ選擧若ハ當選無效ト爲リタルカ爲選擧セ

ラレタル議員ニ付亦同シ

第七條　市制町村制施行前ノ選擧ニ關スル選擧人名簿又ハ選擧若ハ當選ノ効力ニ付テハ從前ノ規定ニ依ル

選擧人名簿又ハ選擧若ハ當選ノ効力ニ關スル訴願ニシテ市制町村制施行前市町村長ニ於テ受理シタルモノ又ハ市町村會ニ付議シタルモノハ之ヲ市町村會ノ決定ニ付シタルモノト看做ス其ノ決定及市町村會ニ於テ爲シタル裁決ハ之ヲ異議ノ決定ト看做シ其ノ市制町村制施行前ニ爲シタル裁決ニ對スル訴願ハ從前ノ規定ニ依ル訴願期間內ニ之ヲ提起スヘシ

市制町村制施行前ニ於ケル選擧又ハ當選ノ効力ニ關スル異議ハ從前ノ規定ニ依ル訴願期間內ニ之ヲ申立ツヘシ

第二項ノ裁決ニ不服アル者ノ提起シタル訴願ニシテ郡參事會ニ於テ受理シタルモノハ之ヲ府縣參事會ニ於テ受理シタルモノト看做ス其ノ郡參事會ニ於テ爲シタル裁決ニ不服アル者ハ從前ノ規定ニ依ル訴願期間內ニ府縣參事會ニ訴願スルコトヲ得

第八條　市制町村制施行前家資分散若ハ破産ノ宣告ヲ受ケ又ハ禁錮以上ノ刑ニ當ルヘキ罪ノ爲公判ニ付セラレタル者ノ選擧權及被選擧權ノ有無ニ關シテハ前條ノ規定ヲ準用ス

第九條　選擧又ハ當選ノ効力ニ關スル府縣知事ノ異議ニシテ市制施行前府縣參事會ニ付議シタルモノハ之ヲ府縣參事會ノ決定ニ付シタルモノト看做シ其ノ府縣參事會ニ於テ爲シタル裁決ハ之ヲ決定ト看做ス

選擧又ハ當選ノ効力ニ關スル郡長ノ異議ニシテ町村制施行前郡參事會ニ付議シタルモノアルトキハ郡長ニ於テ直ニ府縣知事ノ指揮ヲ受ケ之ヲ處分スヘシ其ノ郡參事會ニ於テ爲シタル裁決ハ之ヲ郡長ノ處分ト看做シ之ニ對スル訴願ハ從前ノ規定ニ依ル訴願期間內ニ之ヲ提起スヘシ

第十條　市制施行ノ際現ニ市會議員及其ノ代理者タル者ノ任期ハ從前ノ規定ニ依ル

前項ノ議長代理者ハ之ヲ副議長ト看做ス

第十一條　從前ノ規定ニ依ル市町村助役ノ選擧及收入役ノ選任ニ付テハ市町村長ノ推薦ニ依リ市町村會ニ於テ定リタルモノト看做ス

第十二條　町村長ニ於テ町村會ノ議決其ノ權限ヲ超エ又ハ法令ニ背クト認メ裁決ノ申請ヲ爲シ郡參事會ニ於テ受理シタルモノハ之ヲ府縣參事會ニ於テ受理シタルモノト看做ス其ノ郡參事會ニ於テ爲シタル裁決ニ不服アル者ハ從前ノ規定ニ依ル訴願期間內ニ府縣參事會ニ訴願スルコトヲ得

町村長ニ於テ町村會ノ議決公衆ノ利益ヲ害スト認メ裁決ノ申請ヲ爲シ郡參事會ニ於テ受理シタルモノハ之ヲ郡長ニ於テ受理シタルモノト看做ス其ノ郡參事會ニ於テ爲シタル裁決ハ之ヲ郡長ノ處分ト看做シ之ニ對スル訴願ハ從前ノ規定ニ依ル訴願期間內ニ之ヲ提起スヘシ

前項ノ事件ニ付町村制施行前府縣參事會ノ爲シタル裁決ニ不服アルモノハ從前ノ規定ニ依ル訴願期間內ニ內務大臣ニ訴願スルコトヲ得

市參事會ニ於テ市會ノ議決公衆ノ利益ヲ害スト認メ府縣參事會ニ爲シタル裁決ノ申請ハ之ヲ市長ノ申請ト看做ス市制施行前其ノ府縣參事會ニ於テ爲シタル裁決ニ不服アル者ニ付テハ前項ノ規定ヲ準用ス

第十三條　市制施行前市ノ有給吏員ノ給料若ハ退隱料又ハ名譽職員ノ實費辨償若ハ報酬ノ給與ニ關シ府縣參事會ニ於テ受理シタル異議ハ之ヲ訴願ト看做シ其ノ府縣參事會ニ於テ爲シタル異議ノ裁決ハ之ヲ訴願ノ裁決ト看做ス

町村ノ有給吏員ノ給料若ハ退隱料、名譽職員ノ實費辨償若ハ報酬又ハ町村長ノ書記料ノ給與ニ關スル異議ノ申立ニシテ郡參事會ニ於テ受理シタルモノハ之ヲ府縣參事會ニ於テ受理シタルモノト看做ス其ノ郡參事會ニ於テ爲シタル裁決ニ不服アル者ハ從前ノ規定ニ依ル訴願期間內ニ府縣參事會ニ訴願スルコトヲ得

町村長ノ書記料ノ給與ニ關スル異議、訴願及訴訟ニ付テハ給料ニ關スル規定ヲ準用ス

市制町村制施行前前三項ノ給與ニ關シ爲シタル處分ニ對スル異議ノ申立期間ハ市制町村制施行ノ日ヨリ之ヲ起算ス

第十四條　從前ノ使用料、手數料及特別稅ニシテ市町村條例ニ依ラサルモノハ之ヲ市町村條例ヲ以テ規定

シタルモノト看做ハ
使用料、手數料及特別税ニ關シ從前市町村條例ニ規定シタル科料ハ之ヲ過料ト看做ス但シ市制町村制施行前科料ノ處分ヲ受ケタル者ノ出訴ニ付テハ從前ノ規定ニ依ル

第十五條　市制町村制施行前市町村税ノ賦課又ハ市町村ノ營造物、市町村有財産若ハ其ノ所得ヲ使用スル權利ニ關シ市參事會又ハ町村長ニ申立テタル訴願ハ之ヲ市長又ハ町村長ニ爲シタル異議ノ申立ト看做シ其ノ爲シタル裁決ニ不服アル者ハ從前ノ規定ニ依ル訴願期間内ニ府縣參事會ニ訴願スルコトヲ得
前項ノ事件ニ關スル訴願ニシテ郡參事會ニ於テ受理シタルモノハ之ヲ府縣參事會ニ於テ受理シタルモノト看做シ其ノ郡參事會ニ於テ爲シタル裁決ニ不服アル者ハ從前ノ規定ニ依ル訴願期間内ニ府縣參事會ニ訴願スルコトヲ得
市制町村制施行前市町村ノ營造物、市町村有財産又ハ其ノ所得ヲ使用スル權利ニ付爲シタル處分ニ對スル異議ハ從前ノ規定ニ依ル訴願期間内ニ之ヲ申立ツヘシ

第十六條　手數料ノ徴收及市町村税ノ滯納處分ニ關スル訴願ニシテ郡長又ハ府縣知事ニ於テ受理シタルモノハ之ヲ府縣參事會ニ於テ受理シタルモノト看做ス其ノ内務大臣ノ受理シタルモノニ付テハ從前ノ規定ニ依ル
市制町村制施行前ノ手數料ノ徴收ニ付テハ從前ノ規定ニ依ル訴願期間内ニ市町村長ニ異議ノ申立ヲ爲スコトヲ得其ノ郡長ニ於テ爲シタル訴願ノ裁決ニ不服アル者ハ從前ノ規定ニ依ル訴願期間内ニ府縣參事會ニ訴願スルコトヲ得其ノ府縣知事ニ於テ爲シタル裁決ハ府縣參事會ニ於テ爲シタル裁決ト看做ス
市制町村制施行前ノ市町村税ノ滯納處分又ハ町村税ノ滯納處分ニ關スル郡長ノ裁決ニ不服アル者ニ付テハ前項ノ規定ヲ準用ス

第十七條　市町村ノ一部ニ屬スル財産又ハ營造物ニ關シ區會又ハ區總會ヲ設クルカ爲市町村條例ノ設定ニ付府縣參事會又ハ郡參事會ヨリ内務大臣ニ提出シタル申請ハ之ヲ府縣知事又ハ郡長ノ申請ト看做ス

第十八條　町村組合ヲ解カムトスルノ申請ニシテ郡長ニ於テ受理シタルモノハ之ヲ府縣知事ニ於テ受理シタルモノト看做ス

第十九條　舊市制第百十六條第一項ノ府縣參事會ノ處分又ハ裁決ニ不服アル者ハ從前ノ規定ニ依ル訴願期間內ニ內務大臣ニ訴願スルコトヲ得

舊町村制第百二十條第一項ノ郡參事會ノ處分又ハ裁決ニ對スル訴願ニシテ府縣參事會ニ於テ受理シタルモノハ府縣知事ニ於テ受理シタルモノト看做ス其ノ府縣參事會ニ於テ爲シタル裁決ニ不服アル者ニ付テハ前項ノ規定ヲ準用ス

前項郡參事會ノ處分又ハ裁決ハ郡長ニ於テ爲シタル處分ト看做シ之ニ不服アル者ハ從前ノ規定ニ依ル訴願期間內ニ府縣知事ニ訴願スルコトヲ得

舊市制第百十六條第一項又ハ舊町村制第百二十條第一項ノ郡長又ハ府縣知事ノ處分又ハ裁決ニ不服アルカ爲提起スル訴願ノ期間ニ付テハ從前ノ規定ニ依ル

舊市制第百十六條第五項又ハ市町村制第百二十條第五項ノ執行ノ停止ニ付テハ從前ノ規定ニ依ル

第二十條　舊町村制第百二十二條ノ規定ニ依リ郡長ノ爲シタル處分ニ對スル訴願ニシテ府縣參事會ニ於テ受理シタルモノハ府縣知事ニ於テ受理シタルモノト看做シ府縣參事會ニ於テ爲シタル裁決ハ之ヲ府縣知事ノ裁決ト看做ス

前項郡長ノ處分ニ不服アル者ノ提起スル訴願ノ期間ニ付テハ從前ノ規定ニ依ル

第二十一條　市町村會ノ議決ニ付許可ヲ要スル事件市府縣參事會又ハ郡參事會ニ申請シタルモノニシテ府縣知事又ハ郡長ノ職權ト爲リタルモノハ之ヲ府縣知事又ハ郡長ニ申請シタルモノト看做ス

第二十二條　市制町村制施行前ニ爲シタル市町村吏員ノ解職ニ付テハ總テ從前ノ規定ニ依ル

第二十三條　第三條第七條第四項第十二條第一項第十三條第二項第十五條第一項若ハ第二項又ハ第十六條第二項若ハ第三項ノ規定ニ依リ府縣參事會ニ提起シタル訴願ハ之ヲ市制又ハ町村制ニ依リタルモノト看做ス

第二十四條　市制町村制施行前ノ處分決定裁定又ハ議

決ニ對スル行政訴訟ノ提起期間ハ從前ノ規定ニ依ル

附　則

本令ハ明治四十四年十月一日ヨリ之ヲ施行ス

●市制町村制中直接税及間接税ノ種類

明治四十五年五月内務省告示第四十三號市制町村制中直接税間接税ノ種類ノ件左ノ通改正ス

市制第百七十五條町村制第百五十五條直接税及間接税ノ種類左ノ通定ム

一國税ハ左ノ諸税ヲ直接税トシ其ノ他ヲ間接税トス

地租　所得税（所得税法第三條第二種ノ所得中無記名債券ノ所得ニ係ル所得税ヲ除ク）營業税　鑛業税　砂鑛區税　賣藥營業税　取引所營業税

一府縣税ハ左ノ諸税ヲ直接税トシ其ノ他ヲ間接税トス

戸數割　家屋税　營業税　雜種税（遊興税、觀覽税ヲ除ク）

一市町村税ハ左ノ諸税ヲ間接税トシ其ノ他ヲ直接税トス

遊興税　觀興税　宴席消費税　特別消費税　觀覽税　入湯税　遊興税附加税　觀覽税附加税

●市町村財務規程

第一條　市町村税其ノ他一切ノ收入ヲ歳入トシ一切ノ經費ヲ歳出トシ歳入歳出ハ豫算ニ編入スヘシ

第二條　各年度ニ於テ決定シタル歳出ヲ以テ他ノ年度ニ屬スヘキ歳入ニ充ツルコトヲ得ス

第三條　歳入ノ年度所屬ハ左ノ區分ニ依ル

一　納期ノ一定シタル收入ハ其ノ納期末日ノ屬スル年度

二　定期ニ賦課スルコトヲ得サルカ爲特ニ納期ヲ定メタル收入又ハ隨時ノ收入ニシテ徴税令書、賦課令書又ハ納額告知書ヲ發スルモノハ令書又ハ告知書ヲ發シタル日ノ屬スル年度

三　隨時ノ收入ニシテ徵稅令書、賦課令書又ハ納額告知書ヲ發セサルモノハ領收ヲ爲シタル日ノ屬スル年度但シ市町村債、交付金、補助金、寄附金、請負金其ノ他之ニ類スル收入ニシテ其ノ收入ヲ豫算シタル年度ノ出納閉鎖前ニ領收シタルモノハ其ノ豫算ノ屬スル年度

第四條　歲出ノ所屬年度ハ左ノ區分ニ依ル

一　費用辨償、報酬、給料、旅費、退隱料、退職給與金、死亡給與金、遺族扶助料其ノ他ノ給與、傭人料ノ類ハ其ノ支給スヘキ事實ノ生シタル時ノ屬スル年度但シ別ニ定マリタル支拂期日アルトキハ其ノ支拂期日ノ屬スル年度

二　通信運搬費、土木建築費其ノ他物件ノ購入代價ノ類ハ契約ヲ爲シタル時ノ屬スル年度但シ契約ニ依リ定メタル支拂期日アルトキハ其ノ支拂期日ノ屬スル年度

三　缺員補顚ハ其ノ補顚ノ決定ヲ爲シタル日ノ屬スル年度

四　前各號ニ揭クルモノヲ除クノ外ハ總テ支拂命令ヲ發シタル日ノ屬スル年度

第五條　各年度ニ於テ歲計ニ剩餘アルトキハ翌年度ノ歲入ニ編入スヘシ但シ市町村條例ノ規定又ハ市町村會ノ議決ニ依リ剩餘金ノ全部又ハ一部ヲ基本財產ニ編入スル場合ニ於テハ繰越ヲ要セス之カ支出ヲ爲スコトヲ得

第六條　市町村稅ハ徵稅令書ニ依リ夫役現品ハ賦課令書ニ依リ負擔金、使用料、手數料、加入金、過料、過怠金及物件ノ賃貸料ハ納額告知書ニ依リ之ヲ徵收シ其ノ他ノ收入ハ納付書ニ依リ收入スヘシ但シ大正九年勅令第百六十八號第二條ノ規定ニ依リ徵收スル市町村稅及急迫ノ場合ニ賦課スル夫役竝納額告知書又ハ納付書ニ依リ難キモノニ付テハ此ノ限ニ在ラス

第七條　支出ハ債主ニ對スルニ非サレハ之ヲ爲スコトヲ得ス

第八條　左ノ經費ハ現金前渡ヲ爲スコトヲ得

一　市町村債ノ元利支拂

二　外國ニ於テ物品ヲ購入スル爲必要ナル經費

三　市町村外遠隔ノ地ニ於テ支拂ヲ必要トスル經費

前項ノ現金前渡ハ市町村吏員以外ノ者ニ之ヲ為スコトヲ得

第九條　左ノ經費ハ概算拂ヲ為スコトヲ得

一　旅費

二　訴訟費用

第十條　官報其ノ他前金支拂ニ非サレハ購入又ハ借入ノ契約ヲ為シ難キモノニ限リ前金拂ヲ為スコトヲ得

第十一條　前三條ニ掲クルモノノ外必要アルトキハ市町村ハ府縣知事ノ許可ヲ得テ現金前渡、概算拂又ハ前金拂ヲ為スコトヲ得

第十二條　歳入ノ誤納過納ト為リタル金額ノ拂戻ハ各之ヲ收入シタル歳入ヨリ支拂フヘシ

歳出ノ誤拂過渡ト為リタル金額、現金前渡、前金拂概算拂及繰替拂ノ返納ハ各之ヲ支拂ヒタル經費ノ定額ニ戻入スヘシ

第十三條　出納閉鎖後ノ收入支出ハ之ヲ現年度ノ歳入歳出ト為スヘシ前條ノ拂戻金、戻入金ノ出納閉鎖後ニ係ルモノ亦同シ

第十四條　繼續費ハ毎年度ノ支拂殘額ヲ繼續年度ノ終リ迄遞次繰越使用スルコトヲ得

第十五條　歳入歳出豫算ハ必要アルトキハ經常臨時ノ二部ニ別ツヘシ

歳入歳出豫算ハ之ヲ款項ニ區分スヘシ

第十六條　歳入歳出豫算ニハ豫算說明ヲ付スヘシ

第十七條　特別會計ニ屬スル歳入歳出ハ別ニ其ノ豫算ヲ調製スヘシ

第十八條　豫算ハ會計年度經過後ニ於テ更正又ハ追加ヲ為スコトヲ得ス

第十九條　豫算ニ定メタル各款ノ金額ハ彼是流用スルコトヲ得ス豫算各項ノ金額ハ市町村會ノ議決ヲ經テ之ヲ流用スルコトヲ得

第二十條　決算ハ豫算ト同一ノ區分ニ依リ之ヲ調製シ豫算ニ對スル過不足ノ說明ヲ付スヘシ

第二十一條　會計年度經過後ニ至リ歳入ヲ以テ歳出ニ充ツルニ足ラサルトキハ第一次監督官廳ノ許可ヲ得テ翌年度ノ歳入ヲ繰上ケ之ニ充用スルコトヲ得

第二十二條　市ハ其ノ歳入歳出ニ屬スル公金ノ受拂ニ付郵便振替貯金ノ法ニ依ルコトヲ得

第二十三條　市町村ハ現金ノ出納及保管ノ爲市町村金庫ヲ置クコトヲ得

第二十四條　金庫事務ノ取扱ヲ爲サシムヘキ銀行ハ市町村會之ヲ定ム

第二十五條　金庫ハ收入役ノ通知アルニ非サレハ現金ノ出納ヲ爲スコトヲ得ス

第二十六條　金庫事務ノ取扱ヲ爲ス者ハ現金ノ出納保管ニ付市町村ニ對シテ責任ヲ有ス

第二十七條　金庫事務ノ取扱ヲ爲ス者ノ保管スル現金ハ市町村ノ歳入歳出ニ屬スルモノニ限リ支出ニ妨ケナキ限度ニ於テ市町村ハ其ノ運用ヲ許スコトヲ得

前項ノ場合ニ於テハ金庫事務ノ取扱ヲ爲ス者ハ市町村ノ定ムル所ニ依リ利子ヲ市町村ニ納付スヘシ

第二十八條　市町村ハ金庫事務ノ取扱ヲ爲ス者ヨリ擔保ヲ徴スヘシ其ノ種類、價格及程度ニ關シテハ第一次監督官廳ノ許可ヲ受クルコトヲ要ス

第二十九條　收入役ハ定期及臨時ニ金庫ノ現金帳簿ヲ檢査スヘシ

第二十九條ノ二　市町村ハ收入役ヲシテ其ノ保管ニ屬スル市町村歳計現金ヲ郵便官署又ハ銀行若ハ信用組合ニ預入セシムルコトヲ得

前項ノ銀行及信用組合ニ付テハ第一次監督官廳ノ許可ヲ受クルコトヲ要ス

第三十條　本令ニ規定スルモノノ外市町村ハ府縣知事ノ許可ヲ得テ必要ナル規定ヲ設クルコトヲ得

附　則

本令ハ明治四十四年十月一日ヨリ施行ス

地方税ニ關スル件

第一條　北海道、府縣ハ本法ニ依リ特別地税、家屋税營業税及雜税ヲ賦課スルコトヲ得

第二條　特別地税ハ地租條例第十三條ノ二ノ規定ニ依リテ地租ヲ徴收セサル田畑ニ對シ地租條例第一條ノ地價ヲ標準トシテ之ヲ賦課ス

特別地税ノ徴收ニ關シテハ地租條例第十三條ノ規定ヲ準用ス

第三條　特別地税ノ賦課率ハ北海道ニ在リテハ地價百分ノ二。六以内府縣ニ在リテハ地價百分ノ三•七以内トス

特別地税ニ對シ市町村其ノ他ノ公共團體ニ於テ賦課スヘキ附加税ノ賦課率ハ前項ニ規定スル制限ノ百分ノ八十以内トス

第四條　府縣費ヘ全部ノ分賦ヲ受ケタル市ハ第二條ノ例ニ依リ地價百分ノ二•九ノ外其ノ分賦金額以内ニ限リ前條第一項ニ規定スル制限ニ達スル迄特別地税ヲ賦課スルコトヲ得

北海道地方費又ハ府縣費ノ一部ノ分賦ヲ受ケタル市町村ハ前條第二項ニ規定スル制限ノ外其ノ分賦金額以内ニ限リ特別地税附加税ヲ賦課スルコトヲ得但シ北海道、府縣ノ賦課額ト市町村ノ賦課額トノ合算額ハ前條第一項ニ規定スル制限ヲ超ユルコトヲ得ス

第五條　特別地税又ハ其ノ附加税ト段別割トヲ併課スル場合ニ於テハ段別割ノ總額ハ第三條又ハ前條ノ規定ニ依リテ其ノ地目ノ土地ニ對シ賦課シ得ヘキ制限額ト特別地税又ハ其ノ附加税額トノ差額ヲ超ユルコトヲ得ス

第六條　特別地税又ハ其ノ附加税ノ賦課カ第三條乃至前條ニ規定スル制限ニ達シタル場合ニ非サレハ明治四十一年法律第三十七號第五條ノ規定ニ依ル地租、營業收益税又ハ所得税ノ附加税ノ制限外課税ヲ爲スコトヲ得ス

特別地税又ハ其ノ附加税ト段別割トヲ併課シタル場合ニ於テ一地目ニ對スル賦課カ前條ニ規定スル制限ニ達シタルトキハ前項ノ適用ニ付テハ特別地税又ハ其ノ附加税カ制限ニ達シタルモノト看做ス

第七條　特別ノ必要アル場合ニ於テハ内務大臣及大藏大臣ノ許可ヲ受ケ第三條乃至第五條ニ規定スル制限ヲ超過シ其ノ百分ノ十二以内ニ於テ特別地税又ハ其ノ附加税ヲ賦課スルコトヲ得

左ニ掲クル場合ニ於テハ特ニ内務大臣大藏大臣ノ許可ヲ受ケ前項ニ規定スル制限ヲ超過シテ課税スルコトヲ得

一　内務大臣及大藏大臣ノ許可ヲ受ケテ起シタル負債ノ元利償還ノ爲費用ヲ要スルトキ

二　非常ノ災害ニ因リ復舊工事ノ爲費用ヲ要スルトキ
三　水利ノ爲費用ヲ要スルトキ
四　傳染病豫防ノ爲費用ヲ要スルトキ
前二項ノ規定ニ依リ制限ヲ超過シテ課税スルハ營業收益税及所得税ノ附加税ノ賦課カ明治四十一年法律第三十七號第二條及第三條ニ規定スル制限ニ達シタルトキニ限ル
第八條　特別地税及其ノ附加税ノ賦課率ハ當該年度ノ豫算ニ於テ定メタル田畑ニ對スル地租附加税ノ賦課率ヲ以テ算定シタル地租附加税額ノ當該田畑ノ地價ニ對スル比率ヲ超ユルコトヲ得ス
第九條　家屋税ハ家屋ノ賃貸價格ヲ標準トシテ家屋ノ所有者ニ之ヲ賦課ス
第十條　家屋ノ賃貸價格ハ家屋税調査委員ノ調査ニ依リ北海道ニ在リテハ北海道廳長官、府縣ニ在リテハ府縣知事之ヲ決定ス
第十一條　左ニ掲クル家屋ニ對シテハ命令ノ定ムル所ニ依リ家屋税ヲ賦課セサルコトヲ得
一　一時ノ使用ニ供スル家屋
二　賃貸價格一定額以下ノ家屋
三　公益上其ノ他ノ事由ニ因リ課税ヲ不適當トスル家屋
第十二條　府縣費ノ全部ノ分賦ヲ受ケタル市ハ第九條乃至前條ノ例ニ依リ家屋税ヲ賦課スルコトヲ得此ノ場合ニ於テハ府縣知事ノ職務ハ市長之ヲ行フ
第十三條　家屋税及其ノ附加税ノ賦課率及賦課ノ制限並家屋ノ賃貸價格ノ算定及家屋税調査委員ノ組織ニ關シテハ勅令ヲ以テ之ヲ定ム
第十四條　營業税ハ營業收益税ノ賦課ヲ受ケサル營業者及營業收益税ヲ賦課セサル營業ヲ爲ス者ニ之ヲ賦課ス
第十五條　營業税ヲ賦課スヘキ營業ノ種類ハ營業收益税法第二條ニ掲クルモノ及勅令ヲ以テ定ムルモノニ限ル
第十六條　府縣費ノ全部ノ分賦ヲ受ケタル市ハ第十四條及前條ノ例ニ依リ營業税ヲ賦課スルコトヲ得
第十七條　第十一條第三號ノ規定ハ營業税ニ之ヲ準用

ス

第十八條　營業稅ノ課稅標準竝營業稅及其ノ附加稅ノ賦課ノ制限ニ關シテハ勅令ヲ以テ之ヲ定ム

第十九條　雜種稅ヲ賦課スルコトヲ得ヘキモノノ種類ハ勅令ヲ以テ定ムルモノ竝内務大臣及大藏大臣ノ許可ヲ受ケタルモノニ限ル

第二十條　第十一條第三號ノ規定ハ雜種稅ニ之ヲ準用ス

第二十一條　雜種稅ノ課稅標準竝雜種稅及其ノ附加稅ノ賦課ノ制限ニ關シテハ勅令ヲ以テ之ヲ定ム

第二十二條　市町村ハ本法ニ依リ戶數割ヲ賦課スルコトヲ得

第二十三條　戶數割ハ一戶ヲ構フル者ニ之ヲ賦課ス戶數割ハ一戶ヲ構ヘサルモ獨立ノ生計ヲ營ム者ニ之ヲ賦課スルコトヲ得

第二十四條　戶數割ハ納稅義務者ノ資力ヲ標準トシテ之ヲ賦課ス

第二十五條　戶數割ノ課稅標準タル資力ハ納稅義務者ノ所得額及資產ノ狀況ニ依リ之ヲ算定ス

第二十六條　第十一條第三號ノ規定ハ戶數割ニ之ヲ準用ス

第二十七條　戶數割ノ賦課ノ制限、納稅義務者ノ資產ノ狀況ニ依リ資力ヲ算定シテ賦課スヘキ額其ノ他納稅義務者ノ資力算定ニ關シテハ勅令ヲ以テ之ヲ定ム

第二十八條　北海道府縣以外ノ公共團體ニ對スル第七條ノ許可ノ職權ハ勅令ノ定ムル所ニ依リ之ヲ地方長官ニ委任スルコトヲ得

附　則

本法ハ大正十五年度分ヨリ之ヲ適用ス但シ家屋稅營業稅及雜種稅其ノ附加稅竝戶數割ニ關スル規定ハ大正十六年度分ヨリ之ヲ適用ス

明治十三年第十六號布告及同年第十七號布告ハ大正十五年度限リ之ヲ廢止ス

第六條及第七條中營業收益稅トアルハ大正十五年度分特別地租及其ノ附加稅ニ付テハ國稅營業稅トス

家屋稅ハ大正十八年度分迄ニ限リ第九條乃至第十二條ノ規定ニ拘ラス別ニ勅令ノ定ムル所ニ依リ之ヲ賦課スルコトヲ得

府縣稅戶數割規則

第一條　戶數割ハ一戶ヲ構フル者ニ之ヲ賦課ス
戶數割ハ一戶ヲ構ヘサルモ獨立ノ生計ヲ營ムモノニ之ヲ賦課スルコトヲ得
第二條　戶數割ハ納稅義務者ノ資力ニ對シ之ヲ賦課ス
第三條　資力ハ戶數割納稅義務者ノ所得額及住家坪數ニ依リ之ヲ算定ス但シ所得額及住家坪數ノミニ依ルヲ適當ナラスト認ムル場合ニ於テハ納稅義務者ノ資産ノ狀況ヲ斟酌シテ之ヲ算定スルコトヲ得
第四條　戶數割總額ハ豫算ノ屬スル年度ノ前前年度ニ於テ市町村住民（法人ヲ除ク）ノ賦課ヲ受ケタル直接國稅及直接府縣稅ノ稅額竝前年度始ニ於ケル戶數割納稅義務者ノ數ヲ標準トシ市町村ニ之ヲ配當ス但シ戶數割納稅義務者ノ數ヲ標準トスル配當額ハ戶數割總額ノ十分ノ五ヲ超ユルコトヲ得ス
特別ノ事情アルトキハ府縣知事ハ府縣會ノ議決ヲ經內務大臣及大藏大臣ノ許可ヲ得テ前項ノ規定ニ拘ラス別ニ標準ヲ設クルコトヲ得
配當額ハ配當後標準ニ異動ヲ生スルモ之ヲ更正　ス
但シ配當ノ標準ニ錯誤アリタルトキハ當該市町村ニ限リ當初ノ配當率ヲ以テ其ノ配當額ヲ更正スルコトヲ得
第五條　前條ノ規定ニ依リ市町村ニ配當セラレタル戶數割ノ總額中住家坪數ニ依リ資力ヲ算定シテ課スヘキモノハ其ノ總額ノ十分ノ一ヲ、納稅義務者ノ資産ノ狀況ヲ斟酌シテ資力ヲ算定シ課スヘキモノハ其ノ總額ノ十分ノ二ヲ超ユルコトヲ得ス
第六條　納稅義務者ト生計ヲ共ニスル同居者ノ所得ハ之ヲ其ノ納稅義務者ノ所得ト看做ス但シ其ノ納稅義務者ヨリ受クル所得ハ此ノ限ニ在ラス
第七條　同一人ニ對シ數府縣ニ於テ戶數割ヲ賦課スル場合ニ於テハ各其ノ府縣ニ於ケル所得ヲ以テ其ノ者ノ資力算定ノ標準タル所得トス其ノ所得ニシテ分別シ難キモノアルトキハ關係府縣ニ平分ス
戶數割ヲ納ムル府縣以外ノ地ニ於ケル所得ハ納稅義務

務者ノ資力算定ニ付住所地府縣ニ於ケル所得ト看做ス
前二項ノ規定ハ府縣內ノ市町村間ニ於ケル所得ノ計算方法ニ付之ヲ準用ス
前三項ニ規定スル所得計算ニ付府縣內關係市町村異議アル場合ニ於テ其ノ郡內ニ止マルモノハ郡長、其ノ郡市又ハ數郡市ニ渉ルモノハ府縣知事之ヲ定メ關係府縣知事異議アルトキハ內務大臣之ヲ定ム
島司ヲ置ク地ニ於テハ前項中郡長ニ關スル規定ハ島司ニ、郡ニ關スル規定ハ島廳管轄區域ニ關シ之ヲ適用ス
第八條　二人以上ノ納稅義務者カ同一住家ヲ使用スル場合ニ於テハ各使用者ニ專屬スル部分ノ住家坪數ヲ以テ資力算定ノ標準タル住家坪數トス其ノ共同シテ住家又ハ其ノ一部分ヲ使用スル場合ニ於テハ其ノ住家坪數ハ之ヲ平分ス
第九條　住家ノ附屬建物ハ住家坪數ニ之ヲ算入ス
住家坪數ニ依ル資力算定ニ付テハ建物ノ構造、用途及敷地ノ地位ニ依リ等差ヲ設クルコトヲ得
第十條　前二條ニ定ムルモノヲ除クノ外住家坪數ノ計算方法ニ付テハ府縣ノ賦課規則ノ定ムル所ニ依ル
第十一條　戶數割ノ賦課期日後納稅義務ノ發生シタル者ニ對シテハ發生ノ翌月ヨリ月割ヲ以テ賦課ス但シ一ノ府縣ニ於テ納稅義務消滅シ他ノ府縣ニ於テ納稅義務發生シタル場合ニ於テハ納稅義務ノ發生シタル府縣ハ他ノ府縣ノ賦課セサル部分ニ付テノミ賦課ス
賦課期日後新ニ納稅義務ノ發生シタル者ニ對スル賦課額ハ第二條、第三條及第五條ノ規定ニ依リ定メタル他ノ納稅者ノ賦課額ニ比準シテ之ヲ定ム
戶數割ノ賦課期日後納稅義務ノ消滅シタル者ニ對シテハ其ノ消滅シタル月迄月割ヲ以テ賦課ス但シ既ニ徵稅令書ヲ發シタル場合ニ於テハ其ノ賦課額ハ之ヲ變更セス
第十二條　府縣ハ特別ノ事情アル者ニ對シ戶數割ヲ課セサルコトヲ得
第十三條　市町村長ハ其ノ市町村住民ニ非サル者（法人ヲ除ク）ノ當該市町村內ニ於テ生スル其ノ年度分所得及其ノ所得ノ基本タル事實竝當該市町村ニ於テ

賦課ヲ受ケタル前年度ノ直接國稅及直接府縣稅ノ稅額ヲ每年五月末日迄ニ其ノ住所地市町村長ニ通報スヘシ但シ所得及其ノ所得ノ基本タル事實ニ付テハ其ノ當該市町村ニ於テ其ノ者ニ戶數割ヲ賦課スルトキ又ハ其ノ住所地市町村ニ於テ戶數割ノ賦課ナキトキハ此ノ限ニ在ラス

第十四條　左ノ制限ヲ超エ戶數割又ハ戶數割附加稅ヲ賦課セムトスルトキハ內務大臣及大藏大臣ノ許可ヲ受クヘシ

一　戶數割總額カ當該年度ニ於ケル府縣稅豫算總額ノ百分ノ三十ヲ超ユルトキ

二　戶數割附加稅總額カ市ニ在リテハ當該年度ニ於ケル市稅豫算總額ノ百分ノ五十、町村ニ在リテハ當該年度ニ於ケル町村稅豫算總額ノ百分ノ八十ヲ超ユルトキ

第十五條　前條ノ規定ノ適用ニ付テハ府縣稅家屋稅又ハ家屋稅附加稅若ハ市町村稅家屋稅ハ之ヲ戶數割又ハ戶數割附加稅ト看做ス

第十五條ノ二　市町村ニ對スル第十四條ニ規定スル許可ノ職權ハ內務大臣及大藏大臣ノ定ムル所ニ依リ之ヲ府縣知事ニ委任スルコトヲ得

第十五條ノ三　本令ノ適用ニ付テハ町村組合ニシテ町村ノ事務ノ全部ヲ共同處理スルモノハ之ヲ一町村ト看做ス

第十六條　所得ニ依ル資力算定方法、直接稅ノ種類其ノ他本令施行上必要ナル事項ハ內務大臣及大藏大臣之ヲ定ム

附　則

本令ハ大正十三年度分ヨリ之ヲ施行ス

◎府縣稅戶數割ニ關スル件

府縣稅戶數割規則第四條ノ規定ニ依リ市町村ニ配當セラレタル戶數割總額中納稅義務者ノ資產ノ狀況ヲ斟酌シテ資力ヲ算定シ課スヘキモノハ特別ノ事情アル府縣ニ於テハ當分ノ內之ヲ其ノ總額ノ十分ノ四以內ト爲スコトヲ得

附　則

本令ハ大正十一年度分ヨリ之ヲ適用ス

●府縣稅戶數割規則施行細則

第一條　府縣稅戶數割規則ニ於テ直接國稅ト稱スルハ地租、第三種ノ所得ニ依ル所得稅、營業稅、鑛業稅砂鑛區稅及賣藥營業稅ヲ謂ヒ直接府縣稅ト稱スルハ本條ノ直接國稅ニ對スル附加稅、營業稅及雜種稅（遊與稅及觀覽稅ヲ除ク）ヲ謂フ

第二條　戶數割ヲ賦課スヘキ年度ノ前前年度ニ於テ市町村ノ廢置分合又ハ境界變更アリタルトキハ關係市町村ニ於ケル府縣稅戶數割規則第四條ニ規定スル戶數割配當標準中直接國稅及直接府縣稅ノ稅額ハ府縣知事之ヲ定ム

戶數割ヲ賦課スヘキ年度ノ前年度ニ於テ市町村ノ廢置分合又ハ境界變更アリタルトキハ關係市町村ニ於ケル府縣稅戶數割規則第四條ニ規定スル戶數割配當標準ハ府縣知事之ヲ定ム

戶數割ノ配當前市町村ノ廢置分合又ハ境界變更アリタルトキ亦同シ

第三條　戶數割納稅義務者ノ資力算定ノ標準タル所得額ハ左ノ各號ノ規定ニ依リ計算ス

一　田又ハ畑ノ所得ハ前三年間每年ノ總收入金額ヨリ必要ノ經費ヲ控除シタルモノノ平均ニ依リ算出シタル收入豫算年額但シ前三年以來引續キ自作セス小作セス又ハ小作ニ附セサル田又ハ畑ニ在リテハ近傍類地ノ所得ニ依リ算出シタル收入豫算年額

二　山林ノ所得ハ前年ノ總收入金額ヨリ必要ノ經費ヲ控除シタル金額

三　俸給給料歲費年金恩給退隱料及此等ノ性質ヲ有スル給與、營業ニ非サル貸金ノ利子竝公債社債預金ノ利子ハ其ノ收入豫算年額

四　賞與又ハ賞與ノ性質ヲ有スル給與ハ前年四月一日ヨリ其ノ年三月末日ニ至ル期間ノ收入金額

五　法人ヨリ受クル利益若ハ利息ノ配當又ハ剩餘金ノ分配ハ前年四月一日ヨリ其ノ年三月末日ニ至ル期間ノ收入金額但シ無記名式ノ株式ヲ有スル

者ノ受クル配當ハ同期間内ニ於テ支拂ヲ受ケタル金額

法人ノ社員其ノ退社ニ因リ持分ノ拂戻トシテ受クル金額ガ其ノ退社當時ニ於ケル出資金額ヲ超過スルトキハ其ノ超過金額ハ之ヲ其ノ法人ヨリ受クル利益ノ配當ト看做ス株式ノ消却ニ因リ支拂ヲ受クル金額カ其ノ株式ノ拂込濟金額ヲ超過スルトキハ其ノ超過金額亦同シ

六　前各號以外ノ所得ハ總收入金額ヨリ必要ノ經費ヲ控除シタル收入豫算年額

年度開始ノ日ノ屬スル年ノ翌年ニ戸數割ヲ賦課スル場合ニ於テハ最近ノ戸數割賦課ノ時ニ算定シタル所得額ヲ以テ其ノ資力算定ノ標準トス但シ未タ其ノ所得ノ算定ナカリシ者ニ關シテハ年度開始ノ日ノ屬スル年ヲ基準トシ前各號ノ規定ニ依リ之ヲ算定ス

第四條　前條ノ規定ニ依リ總收入金額ヨリ控除スヘキ經費ハ種苗蠶種肥料ノ購買費、家畜其ノ他ノモノノ飼養料、仕入品ノ原價、原料品ノ代價、場所物件ノ修繕料又ハ借入料、場所物件又ハ業務ニ係ル公課、雇人ノ給料其他收入ヲ得ルニ必要ナルモノニ限ル但シ家事上ノ費用及之ニ關聯スルモノハ之ヲ控除セス

第五條　第三條第一號又ハ第六號ノ規定ニ依ル所得計算ニ付損失アルトキハ同條第一號、第三號及第六號ノ規定ニ依ル所得ノ合算額ヨリ之ヲ差引計算ス

第六條　前三條ノ規定ニ依リ算出シタル金額一萬二千圓以下ナルトキハ其ノ所得中俸給給料歳費年金恩給退隱料賞與及此等ノ性質ヲ有スル給與ニ付テハ其ノ十分ノ一、六千圓以下ナルトキハ同十分ノ二、三千圓以下ナルトキハ同十分ノ三、千五百圓以下ナルトキハ同十分ノ四、八百圓以下ナルトキハ同十分ノ五ニ相當スル金額ヲ控除ス

第七條　前四條ノ規定ニ依リ算出シタル金額三千圓以下ナル場合ニ於テ納税義務者及之ト生計ヲ共ニスル同居者中年度開始ノ日ニ於テ年齡十四歳未滿若ハ六十歳以上ノ者又ハ不具癈疾者アルトキハ納税義務者ノ申請ニ依リ其ノ所得ヨリ左ノ各號ノ規定ニ依ル金額ヲ控除ス

一　所得千圓以下ナルトキ

年齡十四歲未滿若ハ六十歲
以上ノ者又ハ不具癈疾者

一人ニ付百圓以內

二 所得二千圓以下ナルトキ

同

一人ニ付六十圓以內

三 所得三千圓以下ナルトキ

同

一人ニ付五十圓以內

前項ノ不具癈疾トハ心神喪失ノ常況ニ在ル者、聾者啞者、盲者其他重大ナル傷痍ヲ受ケ又ハ不治ノ疾患ニ罹リ常ニ介護ヲ要スルモノヲ謂フ

第八條 左ノ各號ノ一ニ該當スルモノハ戶數割納稅義務者ノ資力算定ノ標準タル所得額ニ算入セス

一 軍人從軍中ノ俸給及手當

二 扶助料及傷痍疾病者ノ恩給又ハ退隱料

三 旅費、學資金、法定扶養料及救助金

四 營利ノ事業ニ屬セサル一時ノ所得

五 日本ノ國籍ヲ有セサル者ノ外國ニ於ケル資産、營業又ハ職業ヨリ生スル所得

六 乘馬ヲ有スル義務アル軍人カ政府ヨリ受クル馬糧緊畜料及馬匹保續料

第九條 市町村ニ於テ府縣稅戶數割規則第十四條ノ制限ヲ超エ戶數割附加稅ヲ賦課スルトキ其ノ戶數割附加稅總額カ市ニ在リテハ當該年度ニ於ケル市稅豫算總額ノ百分ノ六十以內、町村ニ在リテハ當該年度ニ於ケル町村稅豫算總額ノ百分ノ九十以內ノモノニ付テハ其ノ許可ノ職權ヲ府縣知事ニ委任ス

附 則

本令ハ府縣稅戶數割規則施行ノ日ヨリ之ヲ施行ス

府縣稅戶數割規則第四條ノ標準中戶數割納稅義務者ノ數ハ大正十一年度ニ限リ戶數ヲ以テ之ニ代フ

附 則

本令ハ大正十三年度分ヨリ之ヲ適用ス

●地方稅ニ關スル寄附及雜收入ノ件

第一條 地方稅ヲ以テ支辨スヘキ事業ニ關シ寄附スル金穀物件ハ府縣會ノ議決ヲ經テ寄附者ノ指定シタル費途又ハ使用ニ充ツヘシ

第二條　地方税ノ雜收入ハ他ノ收入豫算ト同シク府縣會ノ議定ニ附スヘシ
第三條　本令ハ明治二十一年度ヨリ施行ス

●府縣税家屋税ニ關スル件

府縣知事ハ府縣會ノ議決ヲ經テ其ノ府縣ノ全部若ハ一部ノ地ニ於ケル家屋ニ對シ家屋税ヲ賦課スルコトヲ得
但シ家屋税賦課ノ地ニ於テハ戸數割ヲ賦課スルコトヲ得ス

附　則

本令ハ明治三十二年七月一日ヨリ施行ス

●府縣税徴收ニ關スル件

第一條　市町村ハ其ノ市町村内ノ府縣税ヲ徴收シ之ヲ府縣ニ納入スルノ義務ヲ負フ
前項徴收ノ費用トシテ地租附加税ニ對シテハ其ノ徴收金額ノ千分ノ七其ノ他府縣税ニ對シテハ其ノ徴收

金額ノ百分ノ四ヲ其ノ市町村ニ交付スヘシ
府縣ハ内務大臣及大藏大臣ノ指定シタル府縣税ニ付テハ第一項ノ規定ニ拘ラス其ノ徴收ノ便宜ヲ有スル者ヲシテ之ヲ徴收セシムルコトヲ得
第二條　市町村ハ避クヘカラサル災害ニ因リ既收ノ税金ヲ失ヒタルトキハ其ノ税金納入義務ノ免除ヲ府縣知事ニ申請スルコトヲ得
第三條　府縣知事前條ノ申請ヲ受ケタルトキハ之ヲ府縣參事會ノ決定ニ付スヘシ其ノ決定ニ不服アル者ハ決定書ノ交付ヲ受ケタル翌日ヨリ起算シ十四日以内ニ内務大臣ニ訴願スルコトヲ得
前項ノ規定ニ關シテハ府縣知事ヨリモ亦訴願ヲ提起スルコトヲ得
第四條　府縣税ヲ徴收セムトスルトキハ府縣知事又ハ其ノ委任ヲ受ケタル官吏吏員ハ市町村ニ對シ徴税令書ヲ發シ市町村長ハ徴税令書ニ依リ徴税傳令書ヲ調製シ之ヲ納税人ニ交付スヘシ
府縣知事又ハ其ノ委任ヲ受ケタル官吏吏員ハ直ニ納税人ニ對シ徴税令書ヲ發スルコトヲ得

第一條第三項ノ府縣稅ニ付テハ前二項ノ例ニ依ラス徵收セシムルコトヲ得

第一條第二項、第二條、條三條及第五條第四項第五項ノ規定ハ前項ノ規定ニ依リ徵收スル府縣稅ニ關シ之ヲ準用ス

府縣ハ內務大臣及大藏大臣ノ許可ヲ得タル場合ニ限リ第一項及第二項ノ例ニ依ラス其ノ府縣ニ於テ發行スル證紙ヲ以テ府縣稅ヲ納入セシムルコトヲ得

第五條　徵稅傳令書ヲ受ケタル納稅人ハ其ノ稅金ヲ市町村ニ拂込ミ其ノ領收證ヲ得テ納稅ノ義務ヲ了ス

徵稅令書ヲ受ケタル納稅人ハ其ノ稅金ヲ府縣金庫ニ拂込ミ其ノ領收證ヲ得テ納稅ノ義務ヲ了ス但シ府縣知事ハ市町村吏員ヲシテ納稅人ニ對シ徵稅令書ヲ發セシムル場合ニ於テハ前項ノ例ニ依ラシムルコトヲ得

第一條第三項ノ府縣稅納稅人ハ其ノ稅金ヲ徵收義務者ニ拂込ムニ依リテ納稅ノ義務ヲ了ス

市町村ハ其ノ徵收シタル府縣稅ヲ府縣金庫ニ拂込ミ其ノ領收證ヲ得テ稅金納入ノ義務ヲ了ス

稅金ノ拂込又ハ其ノ拂込金ノ納入ニ付郵便振替貯金ノ方法ニ依リタル場合ニ於テハ納稅人又ハ市町村ハ稅金ヲ郵便官署ニ拂込ミ又ハ納入スルニ依リテ其ノ義務ヲ了ス

第五條ノ二　第四條第二項ノ規定ニ依リ市町村吏員ヲシテ徵稅令書ヲ發セシメタル場合ニ於テハ府縣知事ノ定ムル所ニ依リ其ノ市町村ニ對シ取扱費ヲ交付スルコトヲ得

第六條　徵稅傳令書ヲ受ケタル納稅人納期內ニ稅金ヲ完納セサルトキハ市町村長ハ其ノ滯納ノ稅目、金額及滯納人ノ住所氏名其ノ他必要ナル事項ヲ記載シ之ヲ徵稅令書ヲ發シタル官吏吏員ニ報告スヘシ

徵稅令書ヲ發シタル官吏吏員前項ノ報告ヲ受ケタルトキハ直ニ督促狀ヲ發スヘシ徵稅令書ヲ受ケタル納稅人納期內ニ稅金ヲ完納セサルトキ亦同シ

督促狀ニハ府縣知事ノ定メタル期間內ニ於テ相當ノ期限ヲ指定スヘシ

第一條第三項ノ規定ニ依ル徵收義務者ハ徵收スヘキ府縣稅ヲ府縣知事ノ指定シタル期日迄ニ府縣金庫又

ハ郵便官署ニ拂込ムヘシ
前項ノ府縣稅ヲ定期內ニ拂込マサルトキハ府縣知事又ハ其ノ委任ヲ受ケタル官吏吏員ハ相當ノ期限ヲ指定シ督促狀ヲ發スヘシ
第七條ノ二乃至第十條ノ規定ハ第四項ノ規定ニ依ル拂込金ニ關シ之ヲ準用ス
第七條　督促狀ヲ發シタルトキハ手數料ヲ徵收ス
手數料ノ額ハ府縣知事之ヲ定ム
市町村吏員ヲシテ督促狀ヲ發セシメタル場合ニ於ケル手數料ハ其ノ市町村ノ收入トス
第七條ノ二　督促ヲ爲シタル場合ニ於テハ一日ニ付稅金額ノ萬分ノ四以內ニ於テ府縣知事ノ定ムル割合ヲ以テ納期日ノ翌日ヨリ稅金完納又ハ財產差押ノ日ノ前日迄ノ日數ニ依リ計算シタル延滯金ヲ徵收ス但シ左ノ各號ノ一ニ該當スル場合又ハ滯納ニ付酌量スヘキ事狀アリト認ムルトキハ此ノ限ニ在ラス
一　令書一通ノ稅金額五圓未滿ナルトキ
二　納期ヲ繰上ケ徵收ヲ爲ストキ
三　納稅者ノ住所、居所カ帝國內ニ在ラサル爲又ハ其ノ住所、居所共ニ不明ナル爲公示送達ノ方法ニ依リ納稅ノ命令又ハ督促ヲ爲シタルトキ
督促狀ノ指定期限迄ニ稅金及督促手數料ヲ完納シタルトキハ延滯金ハ之ヲ徵收セス
第八條　納稅人左ノ場合ニ該當スルトキハ徵稅令書又ハ徵稅傳令書ヲ交付シタル府縣稅ニ限リ納期前ト雖之ヲ徵收スルコトヲ得
一　國稅徵收法ニ依ル滯納處分ヲ受クルトキ
二　强制執行ヲ受クルトキ
三　破產ノ宣告ヲ受ケタルトキ
四　競賣ノ開始アリタルトキ
五　法人カ解散ヲ爲シタルトキ
六　納稅人脫稅又ハ逋稅ヲ謀ルノ所爲アリト認ムルトキ
第九條　相續開始ノ場合ニ於テハ府縣稅、督促手數料延滯金及滯納處分費ハ相續財團又ハ相續人ヨリ之ヲ徵收ス但シ戶主ノ死亡以外ノ原因ニ依リ家督相續ノ開始アリタルトキハ被相續人ヨリモ之ヲ徵收スルコトヲ得

國籍喪失ニ因ル相續人又ハ限定承認ヲ爲シタル相續人ハ相續ニ因リテ得タル財産ヲ限度トシテ府縣税、督促手數料、延滯金及滯納處分費ヲ納付スルノ義務ヲ有ス

第十條　共有物、共同事業、共同事業ニ因リ生シタル物件又ハ共同行爲ニ係ル府縣税、督促手數料、延滯金及滯納處分費ハ納税者連帶シテ其ノ義務ヲ負擔ス

第十一條　同一年度ノ府縣税ニシテ既納ノ税金過納ナルトキハ爾後ノ納期ニ於テ徴收スヘキ同一税目ノ税金ニ充ツルコトヲ得

第十二條　納税義務者納税地ニ住所又ハ居所ヲ有セサルトキハ納税ニ關スル事項ヲ處理セシムル爲納税管理人ヲ定メ市町村長ニ申告スヘシ其ノ納税管理人ヲ變更シタルトキ亦同シ

第十三條　徴税令書、徴税傳令書、督促狀及滯納處分ニ關スル書類ハ名宛人ノ住所又ハ居所ニ送達ス名宛人カ相續財團ニシテ財産管理人アルトキハ財産管理人ノ住所又ハ居所ニ送達ス

納税管理人アルトキハ納税ノ告知及督促ニ關スル書類ニ限リ其ノ住所又ハ居所ニ送達ス

第十四條　書類ノ送達ヲ受クヘキ者其ノ住所又ハ居所ニ於テ書類ノ受取ヲ拒ミタルトキ又ハ帝國內ニ住所居所アラサルトキ若ハ其ノ住所、居所共ニ不明ナルトキハ書類ノ要旨ヲ公告シ公告ノ初日ヨリ七日ヲ經過シタルトキハ書類ノ送達アリタルモノト看做ス

第十五條　府縣税ノ徴收期ハ府縣知事之ヲ定ム

第十六條　市制町村制ヲ施行セサル地ニ於ケル府縣税ノ徴收ニ關シテハ本令ノ規定ヲ準用ス其ノ準用シ難キ事項ハ內務大臣ノ許可ヲ得テ府縣知事之ヲ定ム

第十七條　本令ニ關スル細則ハ府縣知事之ヲ定ム

附　則

本令ハ明治三十三年四月一日ヨリ之ヲ施行ス

附　則

本令ハ公布ノ日ヨリ之ヲ施行ス但シ本令中延滯金ニ關スル規定ハ本令施行後ニ於テ納期ノ開始スル府縣税ヨリ之ヲ適用ス

●府縣稅徵收ニ關スル規定ニ依ル府縣稅指定ノ件

明治三十三年勅令第八十一號第一條第三項ノ規定ニ依リ左ノ府縣稅ヲ指定ス

遊興稅
觀覽稅

附　則

本令ハ大正九年六月一日ヨリ之ヲ施行ス

●地方稅制限ニ關スル件

第一條　北海道、府縣其ノ他ノ公共團體ハ左ノ制限以內ノ地租附加稅又ハ段別割ヲ課スルノ外土地ニ對シテ課稅スルコトヲ得ス

一　北海道、府縣

附加稅ノミヲ課スルトキ
宅地地租百分ノ三十四
其ノ他ノ土地地租百分ノ八十三

段別割ノミヲ課スルトキ
一段步ニ付　每地目平均金一圓

附加稅及段別割ヲ併課スル場合ニ於テハ段別割ノ總額ハ其ノ地目ノ地租額宅地ニ在リテハ百分ノ三十四、其ノ他ノ土地ニ在リテハ百分ノ八十三ト附加稅額トノ差額ヲ超ユルコトヲ得ス

二　其ノ他ノ公共團體

附加稅ノミヲ課スルトキ
宅地地租百分ノ二十八
其ノ他ノ土地地租百分ノ六十六

段別割ノミヲ課スルトキ
一段步ニ付　每地目平均金一圓

附加稅及段別割ヲ併課スル場合ニ於テハ段別割ノ總額ハ其ノ地目ノ地租額宅地ニ在リテハ百分ノ二十八、其ノ他ノ土地ニ在リテハ百分ノ六十六ト附加稅額トノ差額ヲ超ユルコトヲ得ス

第二條　北海道、府縣其ノ他ノ公共團體ハ左ノ制限以

內ノ營業收益稅附加稅ヲ課スルノ外營業收益稅ヲ納ムル者ノ營業ニ對シ課稅スルコトヲ得ス

一　北海道、府縣　營業收益稅百分ノ四十一

二　其ノ他ノ公共團體　營業收益稅百分ノ六十

營業收益附加稅ノ賦課ニ付テハ營業收益稅法第十條第二項ノ規定ニ依ル資本利子稅額ノ控除ヲ爲サザルモノヲ以テ營業收益稅額ト看做ス

第三條　北海道、府縣ハ所得稅百分ノ二十四以內ノ所得稅附加稅ヲ課スルノ外所得稅ヲ納ムル者ノ所得ニ對シ課稅スルコトヲ得ス

北海道、府縣以外ノ公共團體ハ府縣費ノ全部又ハ一部ノ分賦ヲ受ケタル場合ヲ除クノ外所得稅ヲ納ムル者ノ所得ニ對シ課稅スルコトヲ得ス

戶數割ヲ賦課シ難キ市町村ニ於テハ前項ノ規定ニ拘ラス內務大藏兩大臣ノ許可ヲ受ケ所得稅附加稅ヲ課スルコトヲ得但シ其ノ賦課率ハ所得稅百分ノ七ヲ超ユルコトヲ得ス

所得稅附加稅ノ賦課ニ付テハ所得稅法第二十一條第二項ノ規定ニ依ル第二種ノ所得稅額ノ控除ヲ爲サザルモノヲ以テ第一種ノ所得稅額ト看做ス

一　北海道、府縣　所得稅百分ノ三、六

二　其ノ他ノ公共團體　所得稅百分ノ十四

第二種ノ所得ニ對シテハ附加稅ヲ課スルコトヲ得ス

第四條　府縣費ノ全部ヲ市ニ分賦シタル場合ニ於テハ市ハ前三條ノ市稅制限ノ外其ノ分賦金額以內ニ限リ府縣稅制限ニ達スル迄課稅スルコトヲ得

府縣費ノ一部ヲ市町村ニ分賦シタル場合ニ於テハ市町村ハ前三條ノ市町村稅制限ノ外其ノ分賦金額以內ニ限リ課稅スルコトヲ得但シ府縣ノ賦課額ト市町村ノ賦課額トノ合算額ハ府縣稅ノ制限ヲ超過スルコトヲ得ス

第五條　特別ノ必要アル場合ニ於テハ內務大藏兩大臣ノ許可ヲ受ケ第一條乃至第三條ノ制限ヲ超過シ其ノ百分ノ十二以內ニ於テ課稅スルコトヲ得

左ニ揭クル場合ニ於テハ特ニ內務大藏兩大臣ノ許可ヲ受ケ前項ノ制限ヲ超過シテ課稅スルコトヲ得

一　內務大藏兩大臣ノ許可ヲ受ケテ起シタル負債ノ元利償還ノ爲費用ヲ要スルトキ

二　非常ノ災害ニ因リ復舊工事ノ爲費用ヲ要スルトキ
三　水利ノ爲費用ヲ要スルトキ
四　傳染病豫防ノ爲費用ヲ要スルトキ

前二項ニ依リ制限ヲ超過シテ課税スルハ第一條乃至第三條ニ定メタル各税目ニ對スル賦課カ各其ノ制限ニ達シタルトキニ限ル但シ地租附加税及段別割ヲ併課シタル場合ニ於テハ一地目ニ對スル賦課カ制限ニ達シタルトキハ附加税カ制限ニ達シタルモノト看做ス其ノ段別割ノミヲ賦課シタル場合ニ於テ一地目ニ對スル賦課カ制限ニ達シタルトキ亦同シ

前三項ノ規定ハ前條ノ場合ニ之ヲ準用ス

第六條　北海道府縣以外ノ公共團體ニ對スル前條ノ許可ノ職權ハ勅令ノ定ムル所ニ依リ之ヲ地方長官ニ委任スルコトヲ得

第七條　本法ノ規定ハ特ニ賦課率ヲ定メタル特別法令ノ適用ヲ妨ケス

附　則

本法ハ明治四十一年度ヨリ之ヲ施行ス

非常特別税法中地租、營業税及所得税ノ地方税制限ニ關スル規定ハ之ヲ廢止ス

附　則

本法ハ大正九年度分ヨリ之ヲ適用ス

大正八年法律第二十九號ハ大正八年度分限リ其ノ效力ヲ失フ

大正九年七月三十一日迄ニ制限外課税ノ許可ヲ受ケタル大正九年度分ノ地租附加税、營業税附加税、所得税附加税又ハ段別割ノ賦課率又ハ賦課額ハ從前ノ規定ニ依ル制限率又ハ制限額ヲ超過シテ本法ニ依ル制限ヲ超過セサルトキハ之ヲ制限内ノ賦課率又ハ賦課額ト看做シ其ノ制限ヲ超過スルトキハ其ノ超過部分ニ限リ之ヲ本法ニ依リ許可ヲ受ケタル制限外ノ賦課率又ハ賦課額ト看做ス但シ大正八年法律第二十九條ニ依リ制限外課税ノ許可ヲ受ケタル所得税附加税ニ付テハ前項ノ規定ヲ適用ス

附　則

本法ハ大正十二年度分ヨリ之ヲ適用ス

本法公布ノ日迄ニ北海道、府縣其ノ他ノ公共團體カ營

業稅附加稅ニ付制限外課稅ノ許可ヲ受ケタル場合ニ於テ其ノ制限外ノ賦課率ハ之ヲ本法ニ依リテ許可ヲ受ケタル制限外賦課率ト看做ス

◎市稅及町村稅ノ賦課ニ關スル件

第一條　市町村ノ内外ニ於テ營業所ヲ設ケ營業ヲ爲ス者ニシテ其ノ營業又ハ收入ニ對スル本稅ヲ分別シテ納メサル者ニ對シ附加稅ヲ賦課セムトスルトキハ市町村長ハ關係市長(北海道、沖繩縣ノ區長ヲ含ム)又ハ町村長(戸長又ハ之ニ準スヘキモノヲ含ム)ト協議ノ上其ノ本稅額ノ步合ヲ定ムヘシ

前項ノ協議調ハサルトキハ其ノ郡内ニ止マルモノハ郡長之ヲ定メ其ノ郡(島ヲ含ム以下之ニ倣フ)市又ハ數郡若ハ數市ニ渉ルモノハ府縣知事之ヲ定メ其ノ數府縣(北海道ヲ含ム以下之ニ倣フ)ニ渉ルモノハ內務大臣及大藏大臣之ヲ定ムヘシ

第一項ノ場合ニ於テ直接ニ收入ヲ生スルコトナキ營業所アルトキハ他ノ營業所ト收入ヲ共通スルモノト認メ前二項ノ規定ニ依リ本稅額ノ步合ヲ定ムヘシ

府縣ニ於テ數府縣ニ渉ル營業又ハ其ノ收入ニ對シ營業稅附加稅又ハ所得稅附加稅賦課ノ步合ヲ定メタルモノアルトキハ其ノ步合ニ依ル本稅額ヲ以テ其ノ府縣ニ於ケル本稅額ト看做ス

第二條　鑛區(砂礦區域ヲ含ム以下之ニ倣フ)カ市町村ノ内外ニ渉ル場合ニ於テ鑛區稅(砂礦區稅ヲ含ム)ノ附加稅ヲ賦課セムトスルトキハ鑛區ノ屬スル地表ノ面積ニ依リ其ノ本稅額ヲ分割シ其ノ一部ニノミ賦課スヘシ

市町村ノ内外ニ於テ鑛業ニ關スル事務所其ノ他ノ營業所ヲ設ケタル場合ニ於テ鑛產稅ノ附加稅ヲ賦課セムトスルトキハ前條ノ例ニ依ル鑛區カ營業所所在ノ市町村ノ内外ニ渉ル場合亦同シ

第三條　住所滯在市町村ノ内外ニ渉ル者ノ收入ニシテ土地家屋物件又ハ營業所ヲ設ケタル營業ヨリ生スル收入ニ非サルモノニ對シ市町村稅ヲ賦課セムトスルトキハ其ノ收入ヲ平分シ其ノ一部ニノミ賦課スヘシ

前項ノ住所又ハ滯在其ノ時ヲ異ニシタルトキハ納稅

義務ノ發生シタル翌月ノ初ヨリ其ノ消滅シタル月ノ終迄月割ヲ以テ賦課スヘシ但シ賦課後納稅義務者ノ住所又ハ滯在ニ異動ヲ生スルモ賦課額ハ之ヲ變更セス其ノ新ニ住所ヲ有シ又ハ滯在スル市町村ニ於テハ賦課ナキ部分ニノミ賦課スヘシ

府縣內ニ於テ住所滯在市町村ノ內外ニ涉ル者ノ住所又ハ滯在其ノ時ヲ異ニシタル場合ニ於テ其ノ者ニ對シ戶數割附加稅ヲ賦課セムトスルトキハ前項ノ規定ヲ準用ス

附　則

本令ハ明治四十四年十月一日ヨリ之ヲ施行ス但シ明治四十四年度ノ課稅ニ關シテハ從前ノ例ニ依ル

●市稅及町村稅ノ徵收ニ關スル件

第一條　市稅及町村稅徵收ニ關シテハ明治三十三年勅令第八十一號第七條ノ二乃至第十四條ノ規定ヲ準用ス但シ同令第七條ノ二ニ規定スル延滯金ノ割合ハ府縣知事之ヲ定メ滯納ニ付酌量スヘキ情狀アル場合ハ市町村長之ヲ決定ス

第二條　市町村ハ內務大臣及大藏大臣ノ指定シタル市稅及町村稅ニ付テハ其ノ徵收ノ便宜ヲ有スル者ヲシテ之ヲ徵收セシムルコトヲ得

前項ノ規定ニ依ル徵收義務者ハ徵收スヘキ市稅及町村稅ヲ市町村長ノ指定シタル期日迄ニ市町村長ニ拂込ムヘシ

第三條　市町村ハ前條ノ規定ニ依ル徵收ノ費用トシテ拂込金額ノ百分ノ四ヲ徵收義務者ニ交付スヘシ

第四條　第二條第一項ノ規定ニ依ル徵收義務者避クヘカラサル災害ニ依リ既收ノ稅金ヲ失ヒタルトキハ其ノ稅金拂込義務ノ免除ヲ市町村長ニ申請スルコトヲ得

市町村長前項ノ申請ヲ受ケタルトキハ之ヲ市參事會又ハ町村會ノ決定ニ付スヘシ其ノ決定ニ不服アル者ハ決定書ノ交付アリタル日ノ翌日ヨリ起算シ十四日以內ニ府縣參事會ニ訴願スルコトヲ得

市參事會又ハ町村會ノ決定ニ不服アル市町村長亦前項ニ同シ

府縣參事會ノ裁決ニ不服アル者、市町村長又ハ府縣知事ハ府縣參事會ノ裁決書ノ交付アリタル日ノ翌日ヨリ起算シ十四日以內ニ內務大臣ニ訴願スルコトヲ得

第五條　明治三十三年勅令第八十一號第七條ノ二乃至第十條ノ規定ハ第二條第二項ノ規定ニ依ル拂込金ニ關シ之ヲ準用ス但シ同令第七條ノ二ニ規定スル延滯金ノ割合ハ府縣知事之ヲ定メ滯納ニ付酌量スヘキ情狀アル場合ハ市町村長之ヲ決定ス

第六條　前各條ノ規定ハ北海道及沖繩縣ノ區ノ區稅ノ徵收竝町村制ニ代ル制ヲ施行シタル地ノ町村稅ノ徵收ニ付之ヲ準用ス但シ市參事會トアルハ北海道及沖繩縣ニ付テハ區會トシ府縣參事會トアルハ北海道ニ付テハ北海道廳長官トス

附　則

本令ハ大正九年六月一日ヨリ之ヲ施行ス

○市稅區稅及町村稅指定ノ件

大正九年勅令第百六十八號第二條第一項及第六條ノ規定ニ依リ左ノ市稅、區稅及町村稅ヲ指定ス

遊興稅
歡興稅
宴席消費稅
特別消費稅
觀覽稅
入湯稅
遊興稅附加稅
觀覽稅附加稅

附　則

本令ハ大正九年六月一日ヨリ之ヲ施行ス

○遊興稅ノ義ニ付依命通牒

道府縣市區町村ニ於テ賦課スル遊興稅ニ關シテハ自今左記ノ通リ御取扱相成度

追テ大正八年十一月二十五日發乙第五八八號同九年五月二十七日發地第一一七號同九年十一月十日發地第一八二號同十年七月二日發地第二七二號通牒ハ本文ニ依リ自然消滅ノ義ト御承知相成度從來許可濟ノモノニシテ本通牒ニ牴觸スルモノハ適當ノ時期ニ於テ更正スルコトニ致度尙觀覽稅ニ付テモ本通牒ノ趣旨ニ依リ御取扱相成度

記

一　遊興稅ノ課率ハ左ノ範圍内ニ於テ定ムルコト

道府縣ニ在リテハ

課稅標準タル消費金額ノ　　百分ノ五

市區町村ニ在リテハ

イ、道府縣ニ於テ遊興稅ヲ賦課セサル場合

同　　百分ノ十

ロ、市區町村カ北海道地方稅府縣稅ノ附加稅トシテ賦課スル場合

同　北海道地方稅又ハ府縣稅ノ稅率ヲ通算シテ　　百分ノ十

ハ、道府縣ニ於テ遊興稅ヲ賦課シ市區町村モ亦遊興稅トシテ賦課スル場合

同　　同　　百分ノ十

二　課稅標準ハ消費金額ノ全部ニ依ルカ將タ其ノ一部例ヘハ花代ノミニ依ルカハ實際ノ情況ニ依リ適宜決定可然モ同一團體ニ於テハ同一ノ課稅標準ニ依ルコト

三　遊興稅ニアリテハ課稅標準タル消費金額ハ一人一回貳圓以上觀覽稅ニアリテハ入場料ハ一人一回拾五錢以上タルコト

四　遊興稅ハ元來道府縣ニ於テ課稅スルヨリモ市區町村稅トナス方適當ト被認ニ付道府縣ノ課稅ハ其ノ財政上餘儀ナキ等特殊ノ事情アル場合ニ限ルコト

五　道府縣カ遊興稅ヲ設ケタルトキハ市區町村ハ原則トシテ從前ノ遊興稅條例ヲ停止シ北海道地方稅府縣稅遊興稅ニ對スル附加稅トシテ賦課スルコト

六　道府縣ノ遊興稅ト市區町村ノ遊興稅トカ各其ノ課稅標準ヲ異ニスル場合ニ於テハ市區町村ハ特別稅トシテ賦課スルモ任意トス

七　道府縣ノ遊興稅ト市區町村ノ遊興稅ト免稅點異ナ

市區町村ノ免税點道府縣ヨリ低キ場合ニ於テハ市區町村ハ其ノ北海道地方税、府縣税遊興税ノ範圍外ニ關スル部分ニ付テノミ特別税ヲ設クルコトヲ得ルモノトス

八 府縣税徴收ニ關スル勅令第一條第三項ノ規定ニ依リ徴收義務者ヲ定メタル場合ニ於テハ市區町村長ヲシテ徴收金ノ拂込ヲ受ケシメ之ヲ取纏メ府縣金庫ニ拂込マシムルカ如キ規定ヲ設ケサルコト

九 徴收義務者ヲ定メタルトキハ遊興税ノ拂込ハ證紙ヲ以テスルコトヲ得サルモノトス

◎市町村ニ於テ徴收スヘキ國税ニ關スル件

左ノ諸税ハ市町村ニ於テ徴收スヘシ

一 所得税

二 營業税

三 自家用酒税

四 賣藥營業税

五 個人ノ利得ニ係ル戰時利得税

附 則

本令ハ明治三十年七月一日ヨリ施行ス

地方學事通則

第一條 市町村ハ勅令ノ定ムル所ニ依リ教育事務ノ爲之ヲ學區ニ分賦スルコトヲ得

市ノ學區ニ關シテハ市制第百四十五條乃至第百四十七條及市ノ財産營造物ニ關スル規定ヲ町村ノ學區ニ關シテハ町村制第百二十五條乃至第百二十七條及町村ノ財産營造物ニ關スル規定ヲ準用ス但シ勅令ヲ以テ別段ノ規定ヲ設クルコトヲ得

第二條 學區カ市制第六條ノ市ノ區市制第百四十四條ノ市ノ一部又ハ町村制第百二十四條ノ町村ノ一部ト區域ヲ同シクスル場合ニ於テ其ノ區又ハ一部ニ區會又ハ區總會ノ設アルトキハ學區ニ關スル事件ハ其ノ區會又ハ區總會之ヲ議決ス

第三條　學區ニ於テ專ラ使用スル學校幼稚園ニ關スル使用ハ其ノ學區內ニ於テ市稅町村稅ヲ納ムル義務アル者之ヲ負擔ス財產ヨリ生スル收入又ハ學校幼稚園ニ屬スル收入アルトキハ先ツ其ノ收入ヲ以テ其ノ費用ニ充ツヘシ

特別ノ事情アル場合ニ於テハ前項ノ規定ニ拘ラス監督官廳ノ許可ヲ受ケ市町村ニ於テ其ノ費用ノ一部ヲ負擔スルコトヲ得

第四條　學區ヲ廢止セムトスル場合ニ於テ學區ノ財產ノ處分ニ付テハ關係アル市町村會及學區ノ區會又ハ區總會ノ意見ヲ徵シ府縣參事會ノ議決ヲ經テ府縣知事之ヲ定ム

前項ノ府縣知事ノ處分ニ不服アル市町村又ハ學區ハ文部大臣ニ訴願スルコトヲ得

第五條　市町村又ハ其ノ學區ハ勅令ノ定ムル所ニ依リ他ノ市町村又ハ學區ノ兒童敎育事務ノ委託ニ應スヘシ

前項ノ委託ニ對スル報償其ノ他必要ノ事項ニ付關係市町村又ハ學區ノ協議整ハサルトキハ府縣參事會ノ議決ヲ經テ府縣知事之ヲ定ム

前條第二項ノ規定ハ前項ノ處分ニ付之ヲ準用ス

第六條　市町村ハ勅令ノ定ムル所ニ依リ學務委員ヲ置クヘシ

學區ハ勅令ノ定ムル所ニ依リ學務委員ヲ置クコトヲ得

第七條　敎育事務ノ爲ニ設クル市町村組合町村組合ハ之ヲ市町村學校組合町村學校組合ト稱ス

市町村學校組合町村學校組合ニ關シテハ勅令ヲ以テ別段ノ規定ヲ設クルコトヲ得

第八條　本法中市及其ノ學區ニ關スル規定ハ市町村組合及其ノ學區ニ町村及其ノ學區ニ關スル規定ハ町村組合及其ノ學區ニ之ヲ準用ス

第九條　府縣郡ハ勅令ノ定ムル所ニ依リ學校圖書館ノ爲基本財產又ハ積立金ヲ設クルコトヲ得

基本財產積立金ノ管理及處分ハ監督官廳ノ許可ヲ受クヘシ

第十條　府縣制郡制市制町村制ニ規定シタル內務大臣ノ職務ハ敎育ニ關スル事項ニ付テハ內務大臣及文部

大臣ニ屬ス

附　則

本法ハ大正三年四月一日ヨリ之ヲ施行ス

本法ハ市制町村制ヲ施行セサル地ニハ之ヲ施行セス

從前ノ規定ニ依リ教育事務ノ爲分賦セラレタル市町村及町村學校組合ノ區ハ本法ニ依ル學區、從前ノ規定ニ依リ設ケタル町村學校組合ハ本法ニ依ル町村學校ト看做ス

從前ノ規定ニ依リ設ケタル市町村ノ基本財産及積立金ハ市制町村制ニ依リ設ケタルモノト看做ス

●市町村義務教育費國庫負擔法

第一條　市町村立尋常小學校教員ノ俸給ニ要スル經費ノ一部ハ國庫之ヲ負擔ス

第二條　前條ノ規定ニ依リ國庫ノ負擔トシテ支出スヘキ金額ハ毎年度七千萬圓ヲ下ラサルモノトス

第三條　國庫支出金ハ第五條ノ交付金額ヲ除キ其ノ三分ノ二ハ市町村ニ、三分ノ一ハ第四條ノ交付金額ヲ除キ町村ニ、各其ノ半額ヲ前年六月一日ニ於ケル市町村立尋常小學校ノ教員數ニ、他ノ半額ヲ前年六月一日ニ於ケル市町村ノ就學兒童數ニ比例シテ交付ス

第四條　政府ハ勅令ノ定ムル所ニ從ヒ資力其ノ他ノ事情ニ依リ必要アリト認メタル市ニ對シ前條ノ規定ニ依リ當該市ノ受クル金額ノ二分ノ一ヲ超エサル範圍内ニ於テ特ニ交付金額ヲ增加スルコトヲ得

前項ノ增加交付金ノ總額ハ前條ノ規定ニ依リ市ニ交付スル金額ノ十五分ノ一ヲ超ユルコトヲ得ス

第五條　政府ハ勅令ノ定ムル所ニ從ヒ資力其ノ他ノ事情ニ依リ必要アリト認メタル町村ニ對シ國庫支出金ノ十分ノ一ヲ超エサル範圍内ニ於テ特ニ交付金額ヲ增加スルコトヲ得

第六條　本法ニ定ムル市町村立尋常小學校教員中ニ算入スヘキ代用教員ノ範圍ハ文部大臣之ヲ定ム

第七條　本法ノ適用ニ付テハ市町村組合ハ之ヲ市、町村組合及町村制ヲ施行セサル地域ニ於ケル町村ニ準スヘキ公共團體、其ノ組合又ハ小學校設置區域ハ之ヲ町村ト看做ス

本法ノ適用ニ付テハ市町村立尋常高等小學校ニ於テ尋常小學校ノ教科ヲ授クヘキ部分ハ之ヲ市町村立尋常小學校ト看做ス

附　則

本法ハ大正十五年四月一日ヨリ之ヲ施行ス

◎市町村義務教育費國庫負擔法ノ施行ニ關スル件

第一條　文部大臣ハ左ノ各號ニ該當スル市ニ對シテハ市町村義務教育費國庫負擔法第四條ノ規定ニ依リ交付金額ヲ增加スルコトヲ得

一　前前年度ニ於ケル直接國稅調定濟額ノ一戶平均額カ同年末現在ニ於ケル人口三萬以上ノ全國町村ノ同年度直接國稅調定濟額ノ一戶平均額ニ達セサルコト

二　前前年度ニ於ケル戶數割附加稅調定濟額ノ一戶平均額カ同年末現在ニ於ケル人口三萬以上ノ全國町村ノ同年度戶數割附加稅調定濟額ノ一戶平均額ヲ超過スルコト

第二條　文部大臣ハ左ノ各號ニ該當スル町村ニ對シテハ市町村義務敎育費國庫負擔法第五條ノ規定ニ依リ交付金額ヲ增加スルコトヲ得

一　前前年度ニ於ケル直接國稅調定濟額ノ一戶平均額カ全國町村ノ同年度直接國稅調定濟額ノ一戶平均額ニ達セサルコト

二　前前年度ニ於ケル戶數割附加稅調定濟額ノ一戶平均額カ全國町村ノ同年度戶數割附加稅調定濟額ノ一戶平均額ヲ超過スルコト

第三條　前二條ノ規定ニ依リ增加スヘキ交付金額ハ當該市町村ノ前前年度ニ於ケル直接國稅調定濟額ノ一戶平均額及戶數割附加稅調定濟額ノ一戶平均額其ノ他財政ノ狀況ヲ參酌シ前前年度ニ於ケル小學校教員俸給決算額ニ應シテ文部大臣之ヲ定ム

第四條　文部大臣ハ市町村ニ於ケル財政上特ニ困難ナル事情アリト認ムルトキハ前三條ニ規定スル標準ニ依ラス當該市町村ニ對スル交付金額ヲ增加スルコトヲ得

第五條　本令ニ於テ直接國稅トハ地租、所得稅（第二種ノ所得ニ對スル所得稅ヲ除ク）、營業稅、鑛業稅、砂鑛區稅、賣藥營業稅及取引所營業稅ヲ謂フ

第六條　本令ノ適用ニ付テハ家屋稅附加稅及特別稅戶別割、特別稅家屋割其ノ他之ニ準スヘキ特別稅ハ之ヲ戶數割附加稅ト看做ス

第七條　國庫支出金ハ左ノ時期ニ於テ之ヲ市町村ニ交付ス

一　市町村義務敎育費國庫負擔法第三條ノ規定ニ依リ市町村ニ交付スル金額

五月、八月、十一月及二月　　各其ノ四分ノ一

二　同法第三條ノ規定ニ依リ町村ノミニ交付スル金額

十一月及二月各　　其ノ二分ノ一

三　同法第四條又ハ第五條ノ規定ニ依リ市又ハ町村ニ交付スル金額

二月又ハ三月　　金額

第八條　文部大臣ハ市町村義務敎育費國庫負擔法第三條乃至第五條ノ規定ニ依リ國庫支出金ヲ交付スル場合ニ於テ其ノ費途ニ關シ必要ナル事項ヲ市町村ニ命スルコトヲ得

地方長官ハ文部大臣ノ委任ニ依リ前項ノ事項ヲ市町村ニ命スルコトヲ得

附　則

本令ハ公布ノ日ヨリ之ヲ施行ス

第七條第一號ニ規定スル五月ハ大正十二年度分ニ限リ之ヲ六月トス

大正七年勅令第七十五號ハ之ヲ廢止ス

青年訓練所令

第一條　青年訓練所ハ青年ノ心身ヲ鍛錬シテ國民タルノ資質ヲ向上セシムルヲ以テ目的トス

第二條　青年訓練所ニ於テ訓練ヲ受クルコトヲ得ル者ハ概ネ十六歲ヨリ二十歲迄ノ男子トス

第三條　市町村、市町村學校組合及町村學校組合ハ青年訓練所ヲ設置スルコトヲ得

第四條　私人ハ文部大臣ノ定ムル所ニ依リ青年訓練所ヲ設置スルコトヲ得

第五條　青年訓練所ノ訓練項目ハ修身及公民科、教練普通學科、職業科トス

普通學科及職業科ノ科目ハ文部大臣之ヲ定ム

特別ノ事情アル者ニハ文部大臣ノ定ムル所ニ依リ訓練項目ノ一部ヲ課セサルコトヲ得

第六條　青年訓練所ニ主事及指導員ヲ置ク

第七條　青年訓練所ニ於テハ訓練ヲ受クル者ヨリ費用ヲ徴收スルコトヲ得ス但シ地方長官ノ認可ヲ受ケタル場合ハ此ノ限ニ在ラス

第八條　青年訓練所ハ地方長官之ヲ監督ス

第九條　青年訓練所ノ設置廢止、訓練ノ課程其ノ他必要ナル事項ハ文部大臣之ヲ定ム

●青年訓練所規程

第一條　青年訓練所ノ訓練期間ハ四年トス

第二條　青年訓練所ニ入所スルコトヲ得ル者ハ前年十一月三十日ニ於テ十六歳以上十七歳未滿ノ者トス但シ特別ノ事情アル者ハ十七歳以上ニシテ入所スルコトヲ得

第三條　青年訓練所ノ入所期ハ毎年一月トス但シ特別ノ事情アル者ハ中途之ヲ入所セシムルコトヲ得

第四條　青年訓練所ノ訓練項目中普通學科竝職業科ノ科目及其ノ程度ハ高等小學校卒業ノ程度ヲ基準トシ地方ノ情況ニ應シ實際生活ニ適切ナル事項ヲ選ヒテ之ヲ授クルモノトス

第五條　青年訓練所ノ訓練時數ハ四年ヲ通シテ修身及公民科百時、教練四百時、普通學科二百時、職業科百時ヲ下ラサルモノトス

第六條　市町村、市町村學校組合又ハ町村學校組合ノ區域內ニ於テ青年訓練ヲ受クルコトヲ得ル者概ネ其ノ區域內ノ公立實業補習學校ニ在學シ且地方長官ニ於テ當該實業補習學校ノ課程ヲ青年訓練所ノ課程ト同等以上ト認ムル場合ハ當該實業補習學校ヲ以テ青年訓練所ニ充ツルコトヲ得

第七條　現ニ學校ニ在學スル者若ハ相當ノ學力アリト

認メラレタル者又ハ特別ノ事由アル者ニ對シテハ一部ノ訓練項目ヲ課セサルコトヲ得

第八條　現ニ學校ニ在學シ地方長官ニ於テ青年訓練所ノ課程ト同等以上ト認ムル課程ヲ修ムル者ハ之ヲ青年訓練所ノ訓練ヲ受クル者ト看做ス

第九條　公立青年訓練所ハ當該市町村、市町村學校組合又ハ町村學校組合ノ區域內ニ居住スル者ヲ入所セシムルヲ常例トス

第十條　公立青年訓練所ハ實業補習學校又ハ小學校ニ併置スルヲ常例トス

第十一條　青年訓練所ノ訓練ハ土地ノ情況ニ應シ適當ナル季節ヲ選ヒテ之ヲ行フコトヲ得

第十二條　私人ハ工場、鑛山、商店等ニ於テ青年訓練ヲ受クルコトヲ得ル者ヲ多數ニ使傭スル場合ニ限リ青年訓練所ヲ設置スルコトヲ得

第十三條　青年訓練所ヲ設置セムトスルトキハ左記事項ヲ具シ公立青年訓練所ニ在リテハ管理者ニ於テ、私立青年訓練所ニ在リテハ其ノ設立者ニ於テ地方長官ノ認可ヲ受クヘシ

一　名稱
二　位置
三　規則
四　青年訓練ヲ受クル者ノ概數
五　開設年月日
六　經費及維持ノ方法

前項第一號乃至第三號ノ變更ハ地方長官ニ開申スヘシ

第十四條　青年訓練所ヲ廢止セムトスルトキハ其ノ事由ヲ具シ地方長官ノ認可ヲ受クヘシ

第十五條　青年訓練所ノ主事ハ所務ヲ掌理シ指導員ハ主事ノ指揮ヲ受ケ訓練ヲ擔當ス

第十六條　公立青年訓練所ノ主事ハ實業補習學校長又ハ小學校長ニ、指導員ハ實業補習學校又ハ小學校ノ教員、在鄕軍人其ノ他適當ト認メタル者ニ地方長官之ヲ囑託ス

公立青年訓練所ノ主事及指導者ニハ手當ヲ給スルコトヲ得

私立青年訓練所ノ主事及指導者ハ設立者ニ於テ地方

長官ノ認可ヲ受ケ之ヲ定ムヘシ

第十七條　青年訓練所ハ別表ノ樣式ニ依リ青年訓練名簿ヲ調製スヘシ

第十八條　青年訓練所ハ訓練ヲ受クル者ノ出席簿ヲ作リ其ノ出席缺席ヲ明ニスヘシ

第十九條　青年訓練所ハ訓練ヲ受クル者ヲシテ青年訓練手帳ヲ所持セシムヘシ

青年訓練手帳ノ樣式ハ別ニ之ヲ定ム

第二十條　青年訓練所ハ青年訓練ノ課程ヲ修了シタル者ニ修了證ヲ授與スヘシ

附　則

大正十五年ニ限リ大正十五年七月一日迄ニ入所シタル者ハ同年一月入所シタルモノト看做ス

（別表略之）

●青年訓練所ニ於ケル教練査閲ニ關スル件

陸軍大臣ハ現役將校ヲシテ青年訓練所令ニ依リ設置シタル青年訓練所ニ於ケル教練ヲ査閲セシムルコトヲ得

道路法

第一章　總則

第一條　本法ニ於テ道路ト稱スルハ一般交通ノ用ニ供スル道路ニシテ行政廳ニ於テ第二章ニ依ル認定ヲ爲シタルモノヲ謂フ

第二條　左ニ掲クルモノハ道路ノ附屬物トシ道路ニ關スル本法ノ規定ニ從フ但シ命令ヲ以テ特別ノ定ヲ爲スコトヲ得

一　道路ヲ接續スル橋梁及渡船場

二　道路ニ附屬スル溝、並木、支壁、柵、道路元標里程標及道路標識

三　道路ニ接スル道路修理用材料ノ常置場

四　前各號ノ外命令ヲ以テ道路ノ附屬物ト定メタルモノ

第三條　本法ニ於テ橋梁又ハ渡船場ト稱スルハ前條第一號ノ橋梁又ハ渡船場ヲ謂フ
本法ニ於テ渡船場ト稱スルハ渡船ヲ包含ス
第四條　本法ニ於テ他ノ工作物ト稱スルハ堤防、堰堤護岸、鐵道用橋梁其ノ他命令ヲ以テ定ムル工作物ヲ謂フ
第五條　本法ニ於テ道路ニ關スル工事ト稱スルハ道路ノ新設、改築及修繕ニ關スル工事ヲ謂フ
第六條　道路ヲ構成スル敷地其ノ他ノ物件ニ付テハ私權ヲ行使スルコトヲ得ス但シ所有權ノ移轉又ハ抵當權ノ設定若ハ移轉ヲ爲スハ此ノ限ニ在ラス
第七條　道路、沿道又ハ道路ノ附屬物ニ關スル本法ノ規定ハ命令ヲ定ムル所ニ依リ新ニ道路、沿道又ハ道路ノ附屬物ト爲ルヘキモノニ關シ之ヲ準用スルコトヲ得

第二章　道路ノ種類、等級及路線ノ認定

第八條　道路ヲ分チテ左ノ四種トス
一　國道
二　府縣道
三　市道
四　町村道
第九條　道路ノ等級ハ前條記載ノ順序ニ依ル
第十條　國道ノ路線ハ左ノ路線ニ就キ主務大臣之ヲ認定ス
一　東京市ヨリ神宮、府縣廳所在地、師團司令部所在地、鎭守府所在地又ハ樞要ノ開港ニ達スル路線
二　主トシテ軍事ノ目的ヲ有スル路線
第十一條　府縣道ノ路線ハ左ノ路線ニシテ府縣内ノモノニ就キ府縣知事之ヲ認定ス
一　府縣廳所在地ヨリ隣接府縣廳所在地ニ達スル路線
二　府縣廳所在地ヨリ府縣内郡市役所所在地ニ達スル路線
三　府縣廳所在地ヨリ府縣内樞要ノ地、港津又ハ鐵道停車場ニ達スル路線
四　府縣内樞要ノ地ヨリ之ト密接ノ關係ヲ有スル樞

要ノ地、港津又ハ鐵道停車場ニ達スル路線
五 府縣內樞要ノ港津ヨリ之ト密接ノ關係ヲ有スル樞要ノ地又ハ鐵道停車場ニ達スル路線
六 府縣內樞要ノ鐵道停車場ヨリ之ト密接ノ關係ヲ有スル樞要ノ地又ハ港津ニ達スル路線
七 數市町村ヲ連結スル重要ナル幹線ニシテ其ノ沿線地方ト密接ノ關係ヲ有スル樞要ノ地、港津又ハ鐵道停車場ニ達スル路線
八 樞要ノ港津又ハ鐵道停車場ヨリ之ト密接ノ關係ヲ有スル國道又ハ府縣道ニ連結スル路線
九 地方開發ノ爲必要ニシテ將來前各號ノ一ニ該當スヘキ路線

第十二條 削除

第十三條 市道ノ路線ハ市內ノ路線ニ就キ市長之ヲ認定ス

第十四條 町村道ノ路線ハ町村內ノ路線ニ就キ町村長之ヲ認定ス

第十五條 市町村長ハ市町村ノ爲特ニ必要アル場合ニ限リ市町村外ノ路線ニ就キ地元市町村長ノ意見ヲ聞キ路線ノ認定ヲ爲スコトヲ得

前項ノ路線ニシテ市長ノ認定シタルモノハ市道ノ路線、町村長ノ認定シタルモノハ町村道ノ路線トス

第十六條 上級ノ道路ト下級ノ道路ト路線カ重復スル場合ニ於テハ其ノ重復スル部分ハ上級ノ道路トス

第三章 道路ノ管理

第十七條 國道ハ府縣知事、其ノ他ノ道路ハ其ノ路線ノ認定者ヲ以テ管理者トス但シ勅令ヲ以テ指定スル市ニ於テハ其ノ市內ノ國道及府縣道ハ市長ヲ以テ管理者トス

第十八條 道路ニシテ行政區劃ノ境界ニ係ルモノハ命令ノ定ムル所ニ依リ前條ノ規定ニ依ル管理者タル關係行政廳ノ一ヲ以テ管理者ト爲スコトヲ得

道路ト他ノ工作物ト効用ヲ兼ヌル場合ニ於テハ其ノ道路及工作物ノ管理ニ付前項ノ規定ヲ準用ス但シ私人ヲ管理者ト爲スコトヲ得ス

第十九條 道路ノ區域ハ管理者之ヲ定ム

第二十條 道路ノ新設、改築、修繕及維持ハ管理者之

ヲ爲スヘシ
主務大臣必要アリト認ムルトキハ國道ノ新設又ハ改築ヲ爲スコトヲ得此ノ塲合ニ於テ道路管理者ノ權限ハ命令ノ定ムル所ニ依リ主務大臣之ヲ行フ

第二十一條　道路ト他ノ工作物ト效用ヲ兼ヌル塲合ニ於テハ管理者ハ其ノ工作物ノ管理者ヲシテ道路ニ關スル工事ヲ執行セシメ又ハ道路ノ維持ヲ爲サシムルコトヲ得但シ河川法第十條第一項ノ規定ニ該當スル塲合ニ於テハ其ノ規定ニ依ル

第二十二條　他ノ工事又ハ行爲ノ爲必要ヲ生シタル道路ニ關スル工事ハ管理者其ノ工事執行者又ハ行爲者ヲシテ之ヲ執行セシムルコトヲ得

第二十三條　前二條ノ規定ニ依ル塲合ノ外特別ノ事由アル塲合ニ於テハ管理者タル行政廳ハ下級行政廳又ハ私人ヲシテ道路ノ修繕ニ關スル工事ヲ執行セシメ又ハ道路ノ維持ヲ爲サシムルコトヲ得

第二十四條　管理者ニ非サル者ハ管理者ノ許可又ハ承認ヲ得テ道路ニ關スル工事ヲ執行シ又ハ道路ノ維持ヲ爲スコトヲ得

第二十五條　道路ニ關スル工事ノ爲必要ヲ生シタル他ノ工事ハ管理者道路ニ關スル工事ト共ニ之ヲ執行スルコトヲ得

第二十六條　管理者ニ非サル者ハ管理者ノ許可又ハ承認ヲ得テ一定ノ期間橋錢又ハ渡錢ヲ徴收スルコトヲ得ル橋梁又ハ渡船塲ヲ設クルコトヲ得
前項ノ許可又ハ承認ヲ得タル者ハ徴收期間內橋梁又ハ渡船塲ノ維持及修繕ヲ爲スヘシ

第二十七條　管理者ハ特別ノ事由アル塲合ニ限リ橋錢又ハ渡錢ヲ徴收スル橋梁又ハ渡船塲ヲ設クルコトヲ得

第二十八條　管理者ハ交通ヲ妨ケサル限度ニ於テ道路ノ占用ヲ許可又ハ承認スルコトヲ得
國ノ事業ニ付テハ當該官廳ハ主務大臣ト協議シテ前項道路ノ占用ヲ爲スコトヲ得
前項ノ規定ニ依ル主務大臣ノ職權ノ一部ハ之ヲ地方長官ニ委任スルコトヲ得
管理者ハ道路ノ占用ニ付占用料ヲ徴收スルコトヲ得
但シ前二項ノ規定ニ依ル占用ニ付テハ此ノ限ニ在ラ

ス

第二十九條　前條第一項ノ規定ニ依ル占用ガ法令ニ依リ土地ヲ收用又ハ使用スルコトヲ得ル公共ノ利益トナルヘキ事業ニ係ルモノナル場合ニ於テ管理者正當ノ事由ナクシテ其ノ許可若ハ承認ヲ拒ミ又ハ不相當ナル占用料ヲ定メタルトキハ主務大臣ハ事業者ノ申請ニ依リ占用ヲ許可若ハ承認シ又ハ占用料ヲ定ムルコトヲ得

第三十條　管理者ハ其ノ管理ニ屬スル道路ノ臺帳ヲ調製スヘシ

臺帳ニ記載スヘキ事項ハ命令ヲ以テ之ヲ定ム

第三十一條　道路ノ構造、維持、修繕及工事執行方法ニ關シテハ命令ヲ以テ之ヲ定ム

第三十二條　道路ノ管理ノ爲必要ナル吏員ノ設置及其ノ職務權限ニ關シテハ勅令ヲ以テ之ヲ定ム

第四章　道路ニ關スル費用及義務

第三十三條　主トシテ軍事ノ目的ヲ有スル國道其ノ他主務大臣ノ指定スル國道ノ新設又ハ改築ニ要スル費用ハ國庫ノ負擔トス第二十條第二項ノ規定ニ依ル道路ノ新設又ハ改築ニ要スル費用ニ付亦同シ

前項ニ規定スルモノヲ除クノ外道路ニ關スル費用ハ管理者タル行政廳ノ統轄スル公共團體ノ負擔トス但シ行政區劃ノ境界ニ係ル道路ニ關スル費用ノ負擔ニ付テハ關係行政廳ノ協議ニ依ル協議調ハサルトキハ主務大臣之ヲ決定ス

第二十條第二項ノ規定ニ依ル道路ノ新設又ハ改築ニ要スル費用ハ命令ノ定ムル所ニ依リ管理者タル行政廳ノ統轄スル公共團體ヲシテ其ノ一部ヲ負擔セシムルコトヲ得

第三十四條　前條ノ場合ニ於テ道路ト他ノ工作物ト効用ヲ兼ヌルモノナルトキハ其ノ費用ノ負擔ニ付テハ前條第二項但書ノ規定ヲ準用ス但シ河川法第三十條ノ規定ニ該當スル場合ニ於テハ其ノ規定ニ依ル

第三十五條　第三十三條第二項ニ規定スル費用ニシテ道路ノ新設又ハ改築ニ要スルモノハ其ノ一部ヲ國庫ヨリ補助スルコトヲ得特別ノ事由アル場合ニ於テ府縣道以下ノ道路ノ新設又ハ改築ニ要スル費用ニ付亦

同シ

第三十六條　第二十四條ノ規定ニ依ル道路ニ關スル工事若ハ道路ノ維持ニ要スル費用又ハ第二十六條ノ規定ニ依リ設クル橋梁若ハ渡船場ニ關スル費用ハ許可又ハ承認ヲ得タル者ノ負擔トス

第三十七條　他ノ工事又ハ行爲ノ爲必要ヲ生シタル道路ニ關スル工事ノ費用ハ管理者他ノ工事又ハ行爲ニ付費用ヲ負擔スル者ヲシテ其ノ全部又ハ一部ヲ負擔セシム

第三十八條　特別ノ事由アル場合ニ於テハ第二十三條ノ規定ニ依ル道路ノ修繕ニ關スル工事又ハ道路ノ維持ニ要スル費用ハ管理者同條ノ下級行政廳ノ統轄スル公共團體又ハ同條ノ私人ヲシテ其ノ全部又ハ一部ヲ負擔セシムルコトヲ得

第三十九條　道路ニ關スル工事ニ因リ著シク利益ヲ受クル者アルトキハ管理者ハ其ノ者ヲシテ利益ヲ受クル限度ニ於テ道路ニ關スル工事ノ費用ノ一部ヲ負擔セシムルコトヲ得

第四十條　特ニ道路ヲ損傷スル原因ト爲ルヘキ事業ヲ爲ス者アル場合ニ於テ管理者ハ之カ爲ニ要スル道路ノ維持又ハ修繕ノ費用ノ一部ヲ其ノ事業者ニ負擔セシムルコトヲ得

第四十一條　道路ニ關スル工事ノ爲必要ヲ生シタル他ノ工事ノ費用ハ管理者特別ノ事由アル場合ニ於テ他ノ工事ニ付費用ヲ負擔スル者ヲシテ其ノ全部又ハ一部ヲ負擔セシムル場合ヲ除クノ外道路ニ關スル工事ノ費用ヲ負擔スル者ヲシテ之ヲ負擔セシム

第四十二條　本法若ハ本法ニ基キテ發スル命令又ハ之ニ依リテ爲ス處分ニ依ル義務ヲ履行スル爲必要ナル費用ハ法令ニ別段ノ定アル場合ヲ除クノ外義務者ノ負擔トス

第四十三條　道路ニ關スル費用ノ負擔金ハ費用負擔者カ道路ニ關スル工事ノ執行又ハ道路ノ維持ヲ爲ス場合ヲ除クノ外第三十三條第一項ノ主トシテ軍事ノ目的ヲ有スル國道其ノ他主務大臣ノ指定スル國道ノ新設又ハ改築ニ要スルモノニ在リテハ國庫、其ノ他ノモノニ在リテハ管理者タル行政廳ノ統轄スル公共團體ノ收入トス前項ノ費用負擔者カ公共團體ナル場合ニ於テ之ヲ統轄スル行政廳又ハ行政廳タル管理者カ道路ニ關スル工事ノ執行又ハ道路ノ維持ヲ爲ストキハ前項ノ規定ノ適用ニ付テハ費用負擔者之ヲ爲スモノト看做ス

第四十一條ノ規定ニ依ル負擔金ハ前二項ノ例ニ依リ國庫又ハ公共團體ノ收入トス

第四十四條　道路ノ占用料其ノ他道路ヨリ生スル收益ハ管理者タル行政廳ノ統轄スル公共團體ノ收入トス

但シ第二十六條ノ規定ニ依リ許可又ハ承認ヲ得テ徵收スル橋錢又ハ渡錢ハ其ノ許可又ハ承認ヲ得タル者ノ收入トス

第四十五條　道路ニ關スル工事ノ爲必要アルトキハ管理者ハ沿道ノ土地ニ立入リ又ハ其ノ土地ヲ一時材料置場トシテ使用スルコトヲ得

前項ノ規定ニ依ル立入又ハ使用ヲ爲サムトスルトキハ已ムヲ得サル場合ヲ除クノ外豫メ土地ノ占有者ニ通知スルコトヲ要ス

第四十六條　非常災害ノ爲必要アルトキハ管理者ハ道路附近ニ居住スル者ヲ使役シ、道路附近ノ土地ヲ一時使用シ又ハ土石、竹木其ノ他物品ヲ使用若ハ收用スルコトヲ得

第四十七條　前二條ノ規定ニ依ル立入、使用、使役又ハ收用ニ因リ現ニ生シタル損害ハ立入、使用、使役又ハ收用ノ後三月內ニ管理者之ヲ補償スヘシ

第四十八條　沿道ノ土地竹木又ハ工作物ノ管理者ハ其ノ土地、竹木又ハ工作物ノ道路ニ及ホスヘキ損害ヲ豫防スル爲必要ナル施設ヲ爲スヘシ

第四十九條　道路ノ使用又ハ道路若ハ其ノ交通ノ保全ニ關スル規定ハ命令ヲ以テ之ヲ定ム沿道ノ土地ニ於ケル工作物ノ建設其ノ他ノ作爲又ハ不作爲ノ制限ニシテ道路又ハ其ノ交通ノ保全ノ目的ヲ以テスルモノニ付亦同シ

第五十條　沿道ノ區域ハ管理者之ヲ定ム

第五章　監督及罰則

第五十一條　左ニ掲クル場合ニ於テハ管理者ハ本法若ハ本法ニ基キテ發スル命令ニ依リテ其ノ爲シタル許可承認ヲ取消シ其ノ效力ヲ停止シ若ハ其ノ條件ヲ變

更シ、道路ニ存スル工作物其ノ他ノ物件ヲ改築除却セシメ若ハ之ニ因リテ生スヘキ損害ヲ豫防スル爲必要ナル施設ヲ爲サシメ又ハ原狀回復ヲ爲サシムルコトヲ得

一 道路ニ關スル法令ノ規定ニ違反シタルトキ
二 道路ニ關スル法令ノ規定ニ依ル許可又ハ承認ノ條件ニ違反シタルトキ
三 詐欺ノ手段ヲ以テ道路ニ關スル法令ノ規定ニ依ル許可ヲ得タルトキ
四 道路ニ關スル工事ノ爲必要アルトキ
五 公益上必要ト認ムルトキ

前項第五號ノ場合ニ於テ損害ヲ受ケタル者アルトキハ管理者ハ道路ニ關スル工事ノ費用ヲ負擔スル者ヲシテ其ノ損害ノ全部又ハ一部ヲ補償セシムルコトヲ得

前二項ノ規定ハ主務大臣カ第二十九條ノ規定ニ依リテ其ノ爲シタル許可若ハ承認ヲ取消シ、其ノ効力ヲ停止シ又ハ其ノ條件ヲ變更スル場合ニ之ヲ準用ス

第五十二條 左ニ掲クル事項又ハ其ノ變更廢止若ハ取消ハ第一號ニ在リテハ行政廳ニ於テ、其ノ他ニ在リテハ管理者ニ於テ監督官廳ノ認可ヲ受クヘシ但シ主務大臣ハ輕易ナル事件ニ限リ命令ヲ以テ認可ヲ受ケシメサルノ定ヲ爲スコトヲ得

一 國道以外ノ道路ノ路線ヲ認定スルコト
二 道路又ハ沿道ノ區域ヲ定ムルコト
三 道路ノ新設又ハ改築ヲ爲スコト
四 第二十一條乃至第二十三條ノ規定ニ依リ道路ニ關スル工事ヲ執行セシメ又ハ道路ノ維持ヲ爲サシムルコト
五 第二十四條又ハ第二十六條ノ規定ニ依ル許可又ハ承認ヲ爲スコト
六 第二十五條ノ規定ニ依リ他ノ工事ヲ執行スルコト
七 第二十七條ノ規定ニ依リ橋錢又ハ渡錢ヲ徵收スル橋梁又ハ渡船場ヲ設クルコト
八 第二十八條ノ規定ニ依リ道路ノ占用ヲ許可若ハ承認シ又ハ道路ノ占用料ヲ徵收スルコト
九 第三十七條乃至第四十一條ノ規定ニ依リ費用ヲ

負擔セシムルコト

十　前條第一項又ハ第二項ノ規定ニ依ル處分ヲ爲スコト

第五十三條　監督官廳ハ監督上必要ト認ムルトキハ前條ノ行政廳又ハ管理者ニ對シ前條各號ニ揭クル事項又ハ其ノ變更廢止若ハ取消ヲ命シ其ノ他命令ヲ發シ又ハ處分ヲ爲スコトヲ得

第五十四條　行政執行法第五條及第六條ノ規定竝之ニ基キテ發スル命令ハ本法若ハ本法ニ基キテ發スル命令又ハ之ニ依リテ爲ス處分ニ依リ行フヘキ作爲又ハ不作爲ヲ管理者カ强制スル場合ニ之ヲ準用ス

第五十五條　本法若ハ本法ニ基キテ發スル命令又ハ之ニ依リテ爲ス處分ニ依リ義務ニ屬スル負擔金、占用料、橋錢、渡錢其ノ他ノ費用ハ管理者國稅滯納處分ノ例ニ依リ之ヲ徵收スルコトヲ得

前項ノ規定ニ依ル徵收金ノ先取特權ノ順位竝其ノ追徵還付及時效ニ付テハ管理者タル行政廳ノ統轄スル公共團體ノ徵收金ノ例ニ依ル

第五十六條　左ノ各號ノ一ニ該當スル者ハ三百圓以下ノ罰金又ハ科料ニ處ス

一　許可ヲ得スシテ道路若ハ其ノ附屬物ニ關スル工事ヲ執行シ又ハ道路若ハ其ノ附屬物ヲ占用シタル者

二　許可ヲ得スシテ橋梁又ハ渡船場ノ使用ニ對シ橋錢、渡錢其ノ他ノ財物ノ交付ヲ請求シタル者

三　道路ノ使用ニ對シ路錢其ノ他ノ財物ノ交付ヲ請求シタル者

四　詐欺ノ手段ヲ以テ許可ヲ得タル者

五　正當ノ理由ナクシテ第四十六條ノ規定ニ依ル管理者ノ命ニ從ハサル者

六　第四十八條又ハ第二條及第四十八條ノ規定ニ違反シテ道路又ハ其ノ附屬物ニ及ホスヘキ損害ヲ豫防スル爲必要ナル施設ヲ爲ササル者

第六章　訴願及訴訟

第五十七條　本法又ハ本法ニ基キテ發スル命令ニ規定シタル事項ニ付主務大臣又ハ管理者ノ爲シタル處分ニ不服アル者ハ訴願スルコトヲ得

本法ニ依リ行政裁判所ニ出訴スルコトヲ得ル場合ニ於テハ主務大臣ニ訴願スルコトヲ得ス

第五十八條　本法又ハ本法ニ基キテ發スル命令ニ規定シタル事項ニ付主務大臣又ハ管理者ノ爲シタル違法處分ニ因リ權利ヲ毀損セラレタリトスル者ハ行政裁判所ニ出訴スルコトヲ得

第五十九條　第四十七條ノ規定ニ依リ補償ヲ受クヘキ者同條ノ規定スル期間内ニ其ノ決定ノ通知ヲ受ケタル場合ニ於テ補償ニ不服アルトキハ通知後六月内ニ同條ノ規定スル期間内ニ其ノ決定ノ通知ヲ受ケサル場合ニ於テハ其ノ期間經過後六月内ニ通常裁判所ニ出訴スルコトヲ得此ノ場合ニ於テハ訴願シ又ハ行政裁判所ニ出訴スルコトヲ得ス

第七章　雜則

第六十條　本法中府縣、府縣知事、府縣廳又ハ府縣道ニ關スル規定ハ北海道ニ付テハ道、道廳長官、道廳又ハ地方費道ニ關シ市、市長、市役所又ハ市道ニ關スル規定ハ北海道ニ付テハ區、區長、區役所又ハ區道ニ關シ郡役所ニ關スル規定ハ北海道ニ付テハ支廳島ニ付テハ島廳ニ關シ之ヲ適用ス

第六十一條　北海道ニ付テハ道路ノ種類、等級及路線ノ認定並第三十三條乃至第三十六條、第四十三條、第四十四條及第五十二條ノ規定ニ關シ勅令ヲ以テ特別ノ定ヲ爲スコトヲ得

第六十二條　道路ノ路線ノ認定ノ變更廢止其ノ他ノ場合ニ於テ不用ニ歸シタル道路及其ノ附屬物ヲ構成シタル物件並材料器具機械等ノ管理及處分ニ付テハ勅令ヲ以テ特別ノ定ヲ爲スコトヲ得

前項ノ變更廢止ノ場合ニ於テ道路及其ノ附屬物ヲ構成シタル物件ハ勅令ヲ以テ定ムル期間ノ滿了スル迄第六條ノ規定ヲ之ニ準用シ土地收用法中第六十六條ノ規定及之ヲ準用スル規定ノ適用ニ付テハ不用ニ歸セサルモノト看做ス

第六十三條　左ニ掲クル法令ノ規定ハ本法ニ依ル道路ニ關シ之ヲ適用セス

一　明治四年十二月十四日布告治水修路架橋等運輸ノ便利ヲ興ス者ニ税金取立方許可ニ關スル件

二　明治十一年七月二十二日達郡區町村編制府縣會規則地方税規則施行順序ニ關スル件第十二項
三　明治十二年二月二十七日達河港道路堤防橋梁費ヲ舊慣ニ因リ支辨シ得ル件
四　陸地測量標條例第二條
五　水路測量標條例第二條
六　電信線電話線建設條例第一條、第四條及第五條
七　軍用電信法第四條第二項ノ規定ニ依リ準用スル電信線電話線建設條例第一條、第四條及第五條
八　河川法第十條第二項、第十一條及第三十二條
九　砂防法第八條及第十六條
十　私設鐵道法第四十二條
十一　輕便鐵道法第五條ノ規定ニ依リ準用スル私設鐵道法第四十二條
十二　電氣事業法第九條
十三　大正十三年法律第三十七號

附　則

第六十四條　本法施行ノ期日ハ勅令ヲ以テ之ヲ定ム
（大正八年勅令第四百五十九號ヲ以テ大正九年四月一日ヨリ之ヲ施行ス）

第六十五條　左ニ掲クル法令ハ之ヲ廢止ス
一　明治五年第三百二十五號布告
二　明治六年第百四十六號布告
三　明治六年第四百十三號達
四　明治九年第六十號達
五　明治十八年第一號布達
六　明治二十年勅令第二十八號

第六十六條　本法施行前爲シタル處分及之ニ附シタル條件ハ本法又ハ本法ニ基キテ發スル命令ニ牴觸セサル限リ本法ニ依リ爲シタル處分及之ニ附シタル條件ト看做ス

第六十七條　本法ニ依リ管理者ノ許可又ハ承認ヲ受クヘキ事項ニシテ本法施行ノ際現ニ存スルモノハ本法ニ依リ管理者ノ許可又ハ承認ヲ受ケタルモノト看做ス但シ管理者ハ本法施行ノ日ヨリ三月内ニ六月ヲ下ラサル期間ヲ指定シ其ノ期間經過後ハ許可又ハ承認ノ効力ヲ失フヘキ旨ヲ告示スルコトヲ得

第六十八條　本法施行前爲シタル處分ニ關スル訴願又

ハ行政訴訟ニ付テハ仍從前ノ例ニ依ル

附　則

本法中第二十條、第三十三條、第四十三條及第六十條ノ改正規定ノ施行期日ハ勅令ヲ以テ之ヲ定ム其ノ他ノ規定ハ大正十年法律第六十三號第一條施行ノ日ヨリ之ヲ施行ス但シ同法附則但書ノ規定ニ依リ別ニ其ノ施行ノ期日ヲ定ムル府縣ニ於テハ其ノ日ヨリ之ヲ施行ス

（大正十一年勅令第三百八十三號ヲ以テ第二十條、第三十三條、第四十三條及第六十條ノ改正規定ハ大正十二年四月一日ヨリ之ヲ施行ス）

土地收用法

第一章　總則

第一條　公共ノ利益ト爲ルヘキ事業ノ爲之ニ要スル土地ヲ收用又ハ使用スルノ必要アルトキハ其ノ土地ハ本法ノ規定ニ依リ之ヲ收用又ハ使用スルコトヲ得

本ニ法於テ使用ト稱スルハ權利ノ制限ヲ包含ス

第二條　土地ヲ收用又ハ使用スルコトヲ得ル事業ハ左ノ各號ノ一ニ該當スルモノナルコトヲ要ス

一　國防其ノ他軍事ニ關スル事業

二　官廳又ハ公署建設ニ關スル事業

三　教育、學藝又ハ慈善ニ關スル事業

四　鐵道、軌道、索道、道路、橋梁、河川、堤防、砂防、運河、用惡水路、溜池、船渠、港灣、埠頭、水道、下水、市場、電氣裝置、瓦斯裝置、又ハ火葬場ニ關スル事業

五　衛生、測候、航路標識、防風、防火、水害豫防其ノ他公用ノ目的ヲ以テ國府縣郡市町村其ノ他公共團體ニ於テ施設スル事業

第三條　本法又ハ本法ニ基ツキテ發スル命令ニ規定シタル起業者ノ權利義務ハ事業ト共ニ其ノ承繼人ニ移轉ス

第四條　本法又ハ本法ニ基ツキテ發スル命令ノ規定ニ依リ爲シタル手續其ノ他ノ行爲ハ起業者、土地所有者又ハ關係人ノ承繼人ニ對シテモ其ノ效力ヲ有ス

第五條　本法ニ於テ土地所有者ト稱スルハ收用又ハ使用スヘキ土地ノ所有者ヲ謂フ
本法ニ於テ關係人ト稱スルハ收用又ハ使用スヘキ土地ニ關シテ權利ヲ有スル者ヲ謂フ
第十九條ノ地方長官ノ公告又ハ通知ノ後其ノ土地ニ關シテ權利ヲ取得シタル者ハ關係人ト看做サス但シ既存ノ權利ヲ承繼シタル者ハ此ノ限ニ在ラス
第六條　本法又ハ本法ニ基ツキテ發スル命令ニ規定シタル期間ノ計算法、通知ノ方法及書類ノ送達ニ關シテハ勅令ヲ以テ之ヲ定ム
第七條　本法ノ規定ハ水ノ使用ニ關スル權利其ノ他土地ニ關スル所有權以外ノ權利ノ收用又ハ使用ヲ爲ス場合ニ之ヲ準用ス
第八條　本法ノ規定ハ土地ニ屬スル土石砂礫ノ收用ヲ爲ス場合ニ之ヲ準用ス

第二章　事業ノ準備

第九條　事業ノ準備ノ爲必要アルトキハ起業者ハ事業ノ種類及立入ルヘキ土地ノ區域ヲ定メ地方長官ノ許可ヲ得テ土地ニ立入リ測量又ハ檢査ヲ爲スコトヲ得
但シ此ノ場合ニ於テ宮內省又ハ國ノ起業ニ係ルトキハ宮內大臣又ハ主務大臣ハ之ヲ地方長官ニ通知スヘシ
地方長官前項ノ許可ヲ與ヘ又ハ通知ヲ受ケタルトキハ起業者、事業ノ種類及立入ルヘキ土地ノ區域ヲ公告シ又ハ之ヲ其ノ土地占有者ニ通知スヘシ
第十九條ノ地方長官ノ公告又ハ通知ノ後起業者カ事業ノ準備ノ爲其ノ土地ニ立入リ測量又ハ檢査ヲ爲ス場合ニ於テハ本條ノ許可又ハ通知ヲ要セス
第十條　前條ノ場合ニ於テハ起業者ハ立入ルヘキ日ヨリ五日前ニ其ノ日時及場所ヲ市町村長ニ通知スヘシ
市町村長ハ之ヲ公告シ又ハ其ノ土地占有者ニ通知スヘシ
邸內ニ立入ル場合ニ於テハ起業者ハ豫メ其ノ占有者ニ通知スヘシ
日出前日沒後邸內ニ立入ル場合ニ於テハ起業者ハ特ニ行政廳ノ許可ヲ受クヘシ
第十一條　第九條ノ規定ニ依ル測量又ハ檢査ノ爲必要

アルトキハ起業者ハ行政廳ノ許可ヲ得テ障害物ヲ除却スルコトヲ得

前項ノ規定ニ依リ障害物ノ除却ヲ爲ス場合ニ於テハ起業者ハ三日前ニ其ノ所有者及占有者ニ通知スヘシ

第三章　事業ノ認定

第十二條　土地ヲ收用又ハ使用スルコトヲ得ル事業ハ内閣之ヲ認定ス但シ軍機ニ關スル事業ハ此ノ限ニ在ラス

第十三條　起業者カ内閣ノ認定ヲ受ケムトスルトキハ事業計畫書及圖面ヲ添ヘ地方長官ヲ經由シテ内務大臣ニ申請スヘシ内務大臣ハ之ヲ審査シ内閣ニ提出スヘシ

宮内省又ハ國ノ起業ニ係ルトキハ宮内大臣又ハ主務大臣ハ事業計畫書及圖面ヲ添ヘ内務大臣ニ協議ヲ爲シ之ヲ内閣ニ提出スヘシ

第十四條　内閣カ認定ヲ爲シタルトキハ起業者及事業ノ種類並起業地ヲ公告スヘシ

第十五條　天災事變ニ際シ急施ヲ要スル事業ノ爲土地ヲ使用スルトキハ郡市長ハ其ノ事業ノ認定ヲ爲スコトヲ得

前項ノ使用ノ期間ハ六箇月ヲ超ユルコトヲ得ス

軍事上臨時急施ヲ要スル事業ノ爲土地ヲ使用スルトキハ主務大臣ハ使用スヘキ土地ノ區域ヲ郡市長ニ通知スヘシ

第十六條　起業者カ郡市長ノ認定ヲ受ケムトスルトキハ事業ノ種類、使用スヘキ土地ノ區域及使用ノ期間ヲ定メ郡市長ニ申請スヘシ

第十七條　郡市長カ認定ヲ爲シタルトキハ起業者、事業ノ種類、使用スヘキ土地ノ區域及使用ノ期間ヲ土地所有者及占有者ニ通知スヘシ

郡市長カ第十五條第三項ノ通知ヲ受ケタルトキハ使用スヘキ土地ノ區域ヲ土地所有者及占有者ニ通知スヘシ

第十八條　起業者カ内閣ノ認定ノ公告ノ後三箇年内ニ第十九條ノ申請ヲ爲ササルトキハ其ノ認定ハ效力ヲ失フ

第四章　收入ノ手續

第十九條　內閣ノ認定ノ公告ノ後起業者ノ申請ニ依リ地方長官ハ收用又ハ使用スヘキ土地ノ細目ヲ公告シ又ハ之ヲ土地所有者及關係人ニ通知スヘシ

軍機ニ關スル事業ニ付テハ主務大臣ハ地方長官ニ收用又ハ使用スヘキ土地ノ細目ヲ通知シ地方長官ハ之ヲ土地所有者及關係人ニ通知スヘシ

第二十條　前條ノ地方長官ノ公告又ハ通知ノ後ハ起業者ハ其ノ土地ニ立入リ土地物件ヲ調査スルコトヲ得

前項ノ場合ニ於テハ起業者ハ立入ルヘキ日ヨリ三日前ニ其ノ日時及場所ヲ其ノ土地占有者ニ通知スヘシ日出前日沒後ハ占有者ノ承諾アルニ非サレハ邸內ニ立入ルコトヲ得ス

第二十一條　第十九條ノ地方長官ノ公告又ハ通知ノ後起業者カ必要ト認ムルトキハ土地所有者又ハ關係人ト共ニ土地物件ニ關スル調書ヲ作ルコトヲ得

前項ノ場合ニ於テ土地所有者又ハ關係人カ調書ヲ作ルコトヲ拒ミタルトキハ起業者ハ市町村長ノ立會ヲ以テ之ヲ作ルコトヲ得但シ市町村長カ起業者ナルトキ又ハ起業者ニ對シ第四十條第二項ニ揭ケタル關係ヲ有スルトキハ此ノ限ニ在ラス

土地所有者又ハ關係人カ調書ノ必要ヲ認メタルトキハ前二項ノ規定ヲ準用ス

起業者、土地所有者及關係人ハ本條ノ規定ニ依リ作リタル調書ノ記載事項ニ對シテ異議ヲ述フルコトヲ得ス

第二十二條　第十九條ノ地方長官ノ公告又ハ通知ノ後起業者ハ其ノ土地ニ關スル權利ヲ取得スル爲土地所有者及關係人ニ協議ヲ爲スヘシ

前項ノ協議調ハサルトキ又ハ協議ヲ爲スコト能ハサルトキハ起業者ハ收用審査會ノ裁決ヲ求ムルコトヲ得

第二十三條　收用審査會ノ裁決ヲ求メムトスルトキハ起業者ハ其ノ申請書ニ左ニ揭ケタル書類ヲ添ヘ地方長官ニ差出スヘシ但シ軍機ニ關スル事業ニ付テハ事業計畫書及圖面ヲ添フルコトヲ要セス

一　事業計畫書及圖面

二　市區町村別ニ左ニ掲ケタル事項ヲ記載シタル書類
收用又ハ使用スヘキ土地ノ番號、地目
收用又ハ使用スヘキ土地ノ面積及其ノ土地ニ在ル物件ノ種類、數量但シ土地物件カ分割ヲ來スヘキ場合ニ於テハ其ノ全部ノ面積建坪等ヲ併記スヘシ
損失補償ノ見積金額及内譯
收用ノ時期又ハ使用ノ時期、期間
土地所有者及關係人ノ氏名、住所
收用審査會ノ裁決ヲ求メタルトキハ起業者ハ同時ニ土地所有者及關係人ニ通知スヘシ

第二十四條　前條ノ書類ヲ受ケタルトキハ地方長官ハ之ヲ市町村長ニ下付スヘシ市町村長ハ豫メ公告ヲ爲シ一週間之ヲ公衆ノ縱覽ニ供スヘシ

第二十五條　土地所有者及關係人ハ前條縱覽期間ノ初日ヨリ二週間内ニ地方長官ニ意見書ヲ差出スコトヲ得

第二十六條　地方長官ハ前條ノ期間ヲ經過シタル後收用審査會ヲ開クヘシ

第二十七條　收用審査會ハ開會ノ日ヨリ一週間内ニ裁決ヲ爲スヘシ但シ地方長官ハ必要ト認ムルトキハ二週間内ノ延期ヲ爲スコトヲ得

第二十八條　收用審査會カ前條ノ期間内ニ裁決ヲ爲ササルトキハ地方長官ハ事情ヲ具シ内務大臣ノ指揮ヲ請フヘシ内務大臣ハ收用審査會ニ一定ノ期間内ニ裁決ヲ爲スヘキコトヲ命シ又ハ之ニ代テ裁決ヲ爲スヘキコトヲ地方長官ニ命スルコトヲ得
收用審査會カ前項ノ期間内ニ裁決ヲ爲ササルトキハ地方長官ハ之ニ代テ裁決ヲ爲スヘシ

第二十九條　收用審査會カ招集ニ應セス又ハ成立セサルトキハ地方長官ハ内務大臣ノ認可ヲ得テ之ニ代テ裁決ヲ爲スコトヲ得事業ノ急施ヲ要スルトキ亦同シ

第三十條　收用審査會カ裁決ヲ爲シタルトキハ其ノ裁決書ノ謄本ヲ添ヘ地方長官ニ報告スヘシ

第三十一條　前條ノ報告ヲ受ケ又ハ收用審査會ニ代テ裁決ヲ爲シタルトキハ地方長官ハ裁決書ノ謄本ヲ起業者、土地所有者及關係人ニ送達スヘシ

第三十二條　軍機ニ關スル事業又ハ内閣ノ認定シタル事業ノ施行ニ因リテ必要ヲ生シタル道路、堤防其ノ他公用ニ供スル工作物ノ新築、改築又ハ增築ノ爲土地ヲ收用又ハ使用スルトキハ地方長官ノ許可ヲ得テ直ニ本章ノ規定ニ依ルコトヲ得

第三十三條　郡市長カ認定ヲ爲シ又ハ第十五條第三項ノ通知ヲ受ケタルトキハ第十七條ノ通知ノ後起業者ヲシテ直ニ其ノ土地ヲ使用セシムルコトヲ得但シ損失ノ補償ニ關シテハ本法ノ規定ニ依ルヘシ

第三十四條　起業者カ第十九條ノ地方長官ノ公告又ハ通知ノ後一箇年内ニ收用審査會ノ裁決ヲ求メサルトキハ其ノ公告又ハ通知ハ効力ヲ失フ

第五章　收用審査會

第三十五條　收用審査會ハ内務大臣ノ監督ニ屬シ左ニ揭ケタル事項ヲ定メテ收用又ハ使用ノ裁決ヲ爲スモノトス

一　收用又ハ使用スヘキ土地ノ區域

二　損失ノ補償

三　收用ノ時期又ハ使用ノ時期、期間

起業者ノ申請カ本法又ハ本法ニ基ツキテ發スル命令ノ規定ニ違反スルトキハ收用審査會ハ却下ノ裁決ヲ爲スヘシ

第三十六條　收用審査會ハ會長一人委員六人ヲ以テ之ヲ組織ス

第三十七條　會長ハ地方長官ヲ以テ之ニ充ツ議事其ノ他ノ會務ヲ統理シ會ヲ代表ス

第三十八條　委員ハ高等文官及府縣名譽職參事會員各三人ヲ以テ之ニ充ツ

高等文官ニシテ委員タルヘキ者ハ内務大臣之ヲ命シ府縣名譽職參事會員ニシテ委員タルヘキ者ハ其ノ互選トス

第三十九條　收用審査會ハ委員半數以上出席スルニ非サレハ會議ヲ開クコトヲ得ス

收用審査會ノ議事ハ過半數ヲ以テ決ス可否同數ナルトキハ會長ノ決スル所ニ依ル

第四十條　委員カ起業者、土地所有者又ハ關係人ナルトキハ收用審査會ノ議事ニ參與スルコトヲ得ス

委員カ起業者、土地所有者若ハ關係人ノ配偶者、四親等内ノ親族、戸主、家族、代理人及保佐人ナルトキ又ハ起業者、土地所有者若ハ關係人タル市町村ノ市參事會員、町村長、合名會社ノ社員、合資會社及株式合資會社ノ無限責任社員、株式會社ノ取締役及監査役其ノ他法人ノ理事及監事ナルトキ亦前項ニ同シ

本條ノ規定ニ依リ委員ノ數減少シテ前條第一項ノ數ヲ得サルトキハ地方長官ハ左ニ掲ケタル順序ニ從ヒ其ノ本條ノ規定ニ牴觸セサル者ノ内ヨリ臨時ニ指名シテ之ヲ補充スヘシ

一 府縣名譽職參事會員
二 府縣名譽職參事會員ノ補充員
三 府縣會議員

第四十一條 收用審査會ノ裁決ハ起業者、土地所有者及關係人ノ申立タル範圍ヲ超ユルコトヲ得ス

第四十二條 收用審査會ハ必要ト認ムルトキハ鑑定人ヲ選ヒ其ノ意見ヲ聽クコトヲ得

前項ノ鑑定人ニ付テハ第四十條ノ規定ヲ準用ス

第四十三條 收用審査會ハ必要ト認ムルトキハ起業者土地所有者又ハ關係人ヲ呼出シ其ノ意見ヲ聽クコトヲ得

收用審査會ハ事實參考ノ爲必要ト認ムルトキハ收用又ハ使用スヘキ土地所有者ヲ呼出シ其ノ供述ヲ聽クコトヲ得

第四十四條 裁決ハ文書ヲ以テ之ヲ爲シ其ノ理由ヲ附シ會長之ニ署名捺印スヘシ

裁決書ノ謄本ニハ會ノ印章ヲ押捺スヘシ

第四十五條 鑑定人及事實參考人ハ旅費及手當ヲ請求スルコトヲ得

第四十六條 二府縣以上ニ渉ル事業ニ係ルトキハ關係地方長官ハ勅令ノ定ムル所ニ從ヒ合同シテ收用審査會ヲ開クコトヲ得

第六章 損失ノ補償

第四十七條 土地所有者及關係人ノ受クル損失ハ起業者之ヲ補償スヘシ

損失ノ補償ハ各人別ニ之ヲ爲スヘシ但シ其ノ各人別ニ見積リ難キトキハ此ノ限ニ在ラス

第四十八條　收用スヘキ土地物件ニ付テハ相當ノ價格ニ依リ其ノ損失ヲ補償スヘシ
使用スヘキ土地ニ付テハ其ノ土地及近傍類地ノ料金ニ依リ其ノ損失ヲ補償スヘシ
第四十九條　土地ノ一部ヲ收用又ハ使用スルニ因リテ殘地ノ價格ヲ減シ其ノ他殘地ニ關シ損失ヲ生スヘキトキハ其ノ損失ヲ補償スヘシ
第五十條　土地ノ一部ヲ收用スルニ因リテ殘地ヲ從來用キタル目的ニ供スルコト能ハサルトキハ土地所有者ハ其ノ全部ノ收用ヲ請求スルコトヲ得
第五十一條　收用又ハ使用スヘキ土地ニ在ル物件ハ移轉料ヲ補償シテ移轉セシムヘシ但シ物件ノ分割ヲ來シ其ノ全部ヲ移轉スルニ非サレハ從來用キタル目的ニ供スルコト能ハサルトキハ所有者ハ其ノ全部ノ移轉料ヲ請求スルコトヲ得
前項ノ場合ニ於テ物件ヲ移轉スルニ因リテ從來用キタル目的ニ供スルコト能ハサルトキハ所有者ハ其ノ收用ヲ請求スルコトヲ得
第五十二條　前條ノ移轉料ニシテ其ノ物件ノ相當價格ヲ超ユル場合ニ於テハ起業者ハ其ノ收用ヲ請求スルコトヲ得
第五十三條　土地ヲ收用又ハ使用スルニ因リテ通路、溝渠、墻柵其ノ他ノ工作物ノ新築、改築、增築又ハ修繕ヲ爲ス必要ヲ生スルトキハ其ノ費用ヲ補償スヘシ
第五十四條　前數條ニ規定シタルモノノ外土地ヲ收用又ハ使用スルニ因リテ土地所有者及關係人ノ通常受クヘキ損失ハ之ヲ補償スヘシ
第五十五條　土地ノ使用カ三個年以上ニ亘ルトキ又ハ土地ノ形質ヲ變更スルトキ若ハ使用スヘキ土地ニ建物アルトキハ所有者ハ其ノ土地ノ收用ヲ請求スルコトヲ得但シ空間ヲ使用スル場合ニ於テ土地ノ使用ヲ妨ケサルトキハ此ノ限ニ在ラス
第五十六條　第十九條ノ地方長官ノ公告又ハ通知ノ後行政廳ノ許可ヲ得スシテ土地ノ形質ヲ變更シ又ハ工作物ノ新築改築、增築、若ハ大修繕ヲ爲シ又ハ物件ヲ附加增置シタル土地所有者又ハ關係人ハ之ニ關スル土地ノ補償ヲ請求スルコトヲ得ス
第五十七條　第九條又ハ第二十條ノ規定ニ依リ土地ニ

立入リ測量、檢査又ハ調査ヲ爲スニ因リテ他人ニ及ホシタル損失ハ起業者之ヲ補償スヘシ

第五十八條　第十九條ノ地方長官ノ公告又ハ通知ノ後起業者カ事業ヲ廢止變更シタルニ因リテ土地所有者又ハ關係人ノ受ケタル損失ハ之ヲ補償スヘシ

第五十九條　前二條ノ補償ニ付キ協議調ハサルトキハ地方長官ノ決定ヲ求ムルコトヲ得此ノ場合ニ於テハ第三十一條及第四十一條乃至第四十五條ノ規定ヲ準用ス

第七章　收用ノ効果

第六十條　起業者ハ收用又ハ使用ノ時期迄ニ補償金ヲ拂渡スヘシ

左ニ掲ケタル場合ニ於テハ補償金ヲ供託スルコトヲ得

一　補償金ヲ受クヘキ者カ其ノ受領ヲ拒ミタルトキ又ハ之ヲ受領スルコト能ハサルトキ

二　起業者カ過失ナクシテ補償金ヲ受クヘキ者ヲ確知スルコト能ハサルトキ

三　起業者カ收用審査會ノ裁決中補金金額ノ決定ニ對シテ不服アルトキ但シ補償金ヲ受クヘキ者ノ請求アルトキハ起業者ハ自己ノ見積金額ヲ拂渡スヘシ

四　起業者カ補償金拂渡ノ差押又ハ假差押ヲ受ケタルトキ

第六十一條　土地所有者及關係人ハ收用又ハ使用ノ時期迄ニ土地物件ヲ引渡シ又ハ物件ヲ移轉スヘシ但シ左ニ掲ケタル場合ニ於テハ起業者ノ請求ニ依リ市町村長ハ土地所有者及關係人ニ代ルモノトス

一　土地所有者及關係人カ土地物件ヲ引渡シ又ハ物件ヲ移轉スルコト能ハサルトキ

二　起業者ノ過失ナクシテ土地所有者及關係人ヲ確知スルコト能ハサルトキ

第六十二條　起業者カ收用又ハ使用ノ時期迄ニ補償金ノ拂渡又ハ供託ヲ爲ササルトキハ收用審査會ノ裁決ハ其ノ効力ヲ失フ但シ土地所有者及關係人カ損害賠償ノ請求ヲ爲スコトヲ妨ケス

第六十三條　土地物件ヲ收用スルトキハ收用ノ時期ニ

於テ所有權ハ起業者之ヲ取得シ其ノ他ノ權利ハ消滅ス
土地ヲ使用スルトキハ其ノ權利ハ使用ノ時期ニ於テ起業者之ヲ取得シ其ノ他ノ權利ハ使用ノ期間其ノ行使ヲ停止セラル但シ使用ヲ妨ケサルモノハ此ノ限ニ在ラス
第六十四條　收用審査會ノ裁決ノ後收用又ハ使用スヘキ土地物件カ土地所有者又ハ關係人ノ責ニ歸スヘカラサル事由ニ依リテ滅失又ハ毀損シタルトキハ其ノ滅失又ハ毀損ハ起業者ノ負擔ニ歸ス
第六十五條　先取特權、質權又ハ抵當權ハ其ノ目的物ノ收用又ハ使用ニ因リテ債務者カ受クヘキ補償金ニ對シテモ之ヲ行フコトヲ得但シ其ノ拂渡前ニ差押ヲ爲スヘシ
第六十六條　收用ノ時期ヨリ二十個年内ニ事業ノ廢止其ノ他ノ事故ニ因リテ收用シタル土地ノ全部又ハ一部カ不用ニ歸シタルトキハ舊所有者又ハ其ノ相續人ハ補償價格ヲ以テ之ヲ買受ルコトヲ得但シ第五十條ノ規定ニ依リテ收用シタル殘地ハ其ノ接續部分ノ不用ニ歸シタル時ニ非サレハ之ヲ買受ルコトヲ得ス
前項ノ場合ニ於テ買受ハ第三條ニ對シテモ其ノ效力ヲ有ス
第一項ノ期間内ニ於テ收用シタル土地ヲ他ノ軍機ニ關スル事業又ハ内閣ノ認定シタル事業ニ供スルトキハ不用ニ歸シタルモノト看做サス
第六十七條　前條ノ不用ノ土地アルトキハ起業者ハ舊所有者又ハ其ノ相續人ニ通知スヘシ但シ起業者ノ過失ナクシテ之ヲ確知スルコト能ハサルトキハ少クトモ三回ノ公告ヲ爲スヘシ
前項ノ通知ヲ受ケタル日ヨリ二個月内又ハ第三回ノ公告終了ノ日ヨリ六個月内ニ舊所有者又ハ其ノ相續人カ買受ノ通知ヲ爲ササルトキハ其ノ權利ヲ失フ

第八章　費用ノ負擔

第六十八條　起業者、土地所有者及關係人カ本法又ハ本法ニ基ツキテ發スル命令ニ規定シタル手續其ノ他ノ行爲ヲ爲シ又ハ義務ヲ履行スル爲ニ要シタル費用ハ各其ノ負擔トス

第六十九條　收用審査會ニ要シタル費用ハ命令ヲ以テ別ニ負擔者ヲ定メタルモノヲ除クノ外府縣ノ負擔トス第五十九條ノ場合ニ要シタル費用ニ付テ亦同シ
第七十二條ノ規定ニ依リ收用審査會ノ裁決ヲ取消シタル場合ニ於テ更ニ開クヘキ收用審査會ニ要シタル費用ハ之ヲ起業者、土地所有者及關係人ニ負擔セシムルコトヲ得

第七十條　第七十三條第一項ノ規定ニ依リ地方長官カ義務者ノ爲スヘキ事項ヲ自ラ執行シ又ハ他人ヲシテ執行セシメタル爲ニ要シタル費用ハ府縣ノ負擔トス
府縣ハ前項ノ費用ヲ各其ノ義務者ヨリ徴收スルコトヲ得但シ其ノ義務者ノ受領スヘキ補償金ヲ以テ之ニ充ツルコトヲ得

第七十一條　土地所有者又ハ關係人ノ負擔スヘキ費用ハ第六十一條但書ノ場合ニ於テハ市町村ノ負擔トス
前項ノ場合ニ於テハ前條第二項ノ規定ヲ準用ス

第九章　監督、强制及罰則

第七十二條　收用審査會カ其ノ權限ヲ越エ又ハ法令ノ規定ニ違反シテ爲シタル裁決ハ內務大臣之ヲ取消スコトヲ得

第七十三條　義務者カ本法又ハ本法ニ基ツキテ發スル命令ノ規定ニ依ル義務ヲ履行セス又ハ之ヲ履行スルモ一定ノ期間內ニ終了スル見込ナキトキハ地方長官ハ自ラ之ヲ執行シ又ハ他人ヲシテ之ヲ執行セシムルコトヲ得
義務者カ本法又ハ本法ニ基ツキテ發スル命令ノ規定ニ依ル義務ヲ履行セサル場合ニ於テ前項ノ規定ニ依ルコト能ハサルトキハ地方長官ハ直接ニ之ヲ强制スルコトヲ得

第七十四條　前章ノ規定ニ依リ私人ノ負擔スヘキ費用ヲ支出セサル者アルトキハ行政廳ハ國稅滯納處分ノ例ニ依リ之ヲ徴收スルコトヲ得
前項ノ費用ニ付テハ行政廳ハ國稅ニ次キ先取特權ヲ有ス

第七十五條　收用審査會員人ノ囑託ヲ受ケ賄賂ヲ收受シ又ハ之ヲ聽許シタルトキハ一年以下ノ重禁錮ニ處シ四十圓以下ノ罰金ヲ附加ス其ノ賄賂ヲ贈與シ又ハ

贈與スルコトヲ約シタル者亦同シ

第七十六條　第十一條ノ規定ニ違反シ行政廳ノ許可ヲ得スシテ障害物ヲ除却シタル者ハ五十圓以下ノ罰金ニ處ス

第七十七條　第九條又ハ第十條ノ規定ニ違反シ行政廳ノ許可ヲ得スシテ土地ニ立入リタル者ハ三十圓以下ノ罰金ニ處ス

第七十八條　故ナク鑑定人タルコトヲ拒ミタル者又ハ鑑定人カ故ナク鑑定ヲ爲スコトヲ拒ミタルトキハ四十圓以下ノ罰金ニ處ス

第七十九條　鑑定人トシテ收用審査會ニ呼出サレタル者ハ詐僞ノ陳述ヲ爲シタルトキハ一年以下ノ重禁錮ニ處シ五十圓以下ノ罰金ヲ附加ス賄賂其ノ他ノ方法ヲ以テ人ニ囑托シテ詐僞ノ鑑定ヲ爲サシメタル者亦同シ

第八十條　鑑定人又ハ第四十三條第二項若ハ第五十九條ノ規定ニ依リ呼出ヲ受ケタル者故ナク出頭セサルトキハ二十圓以下ノ罰金ニ處ス

第十章　訴願及訴訟

第八十一條　收用審査會ノ裁決ニ對シテ不服アル者ハ內務大臣ニ訴願スルコトヲ得

收用審査會ノ違法裁決ニ由リ權利ヲ傷害セラレタリトスル者ハ行政裁判所ニ出訴スルコトヲ得

前二項ノ規定ニ依ル訴願訴訟ハ裁決書謄本ノ交付ヲ受ケタル日ヨリ二週間ヲ經過シタルトキハ之ヲ提起スルコトヲ得ス

本法ノ規定ニ依リ通常裁判所ニ出訴ヲ許シタル事項ニ關シテハ訴願又ハ行政訴訟ヲ提起スルコトヲ得ス

第八十二條　收用審査會ノ裁決中補償金額ノ決定ニ對シテ不服アル者ハ通常裁判所ニ出訴スルコトヲ得但シ裁決書謄本ノ交付ヲ受ケタル日ヨリ三箇月ヲ經過シタルトキハ此ノ限ニ在ラス

前項ノ訴訟ハ收用審査會ニ對シテ之ヲ提起スルコトヲ得ス

第五十九條ノ規定ニ依ル地方長官ノ決定ニ付テハ前二項ノ規定ヲ準用ス

第八十三條　本法ノ規定ニ依ル訴願訴訟ハ事業ノ遂行及土地ノ收用又ハ使用ヲ停止セス

附　則

第八十四條　本法ハ明治三十三年四月一日ヨリ施行ス
第八十五條　明治二十二年法律第十九號土地收用法ノ規定ニ依リ收用又ハ使用ニ關シテ爲シタル手續其ノ他ノ行爲ハ本法ノ規定ニ依リテ爲シタルモノト看做ス
明治二十二年法律第十九號土地收用法ノ規定ニ依リ收用シタル土地ニ關シテハ第六十六條ノ期間ハ本法施行ノ日ヨリ之ヲ起算ス
明治八年太政官達第百三十二號公用土地買上規則ニ依リ買上ケ現ニ國有タル土地ハ命令ノ定ムル所ニ依リ本法ノ規定ヲ準用ス
第八十六條　收用審査會ノ爲スヘキ職務ハ北海道及沖繩縣ニ於テハ地方長官之ヲ行フ
郡長ノ爲スヘキ職務ハ支廳長又ハ島司ヲ置キタル地ニ於テハ支廳長又ハ島司之ヲ行ヒ支廳長又ハ島司ヲ置カサル地ニ於テハ支廳長又ハ島司ニ準スヘキ吏員之ヲ行ヒ支廳長又ハ島司ニ準スヘキ吏員ヲ置カサル地ニ於テハ町村長ニ準スヘキ吏員之ヲ行フ
市長ノ爲スヘキ職務ハ北海道及沖繩縣ニ於テ區長ヲ置キタル地ニ於テハ區長之ヲ行フ
町村長ノ爲スヘキ職務ハ町村制ヲ施行セサル地ニ於テハ町村長ニ準スヘキ吏員之ヲ行ヒ町村長ニ準スヘキ吏員ヲ置カサル地ニ於テハ郡長ニ準スヘキ吏員之ヲ行フ
第八十七條　明治二十二年勅令第五號東京市區改正土地建物處分規則其ノ他別段ノ定アルモノハ各其ノ定ムル所ニ依ル
第八十八條　明治二十二年法律第十九號土地收用法明治二十三年法律第五十四號土地收用協議會規則及明治三十二年法律第七十二號ハ之ヲ廢止ス

耕地整理法

第一章　總　則

第一條　本法ニ於テ耕地整理ト稱スルハ土地ノ農業上ノ利益ヲ增進スル目的ヲ以テ本法ニ依リ左ノ各號ノ一ニ該當スル事項ヲ行フヲ謂フ

一　土地ノ交換、分合、開墾、地目變換其ノ他區劃形質ノ變更、湖海ノ埋立、干拓若ハ道路、堤塘畦畔、溝渠、溜池等ノ變更廢置又ハ之ニ伴フ灌漑排水ニ關スル設備若ハ工事

二　前項ノ事業施行ノ爲若ハ施行ノ結果必要ナル工作物ノ設置其ノ他ノ設備又ハ其ノ維持管理

三　開墾又ハ湖海ノ埋立若ハ干拓ニ依ル耕地整理ニ附隨シテ行フ整理施行地ノ利用ニ關スル必要ナル工作物ノ設置其ノ他ノ施設

四　前三號ノ事項ニ關シ必要アルトキハ國、府縣、郡、市町村其ノ他公共團體ノ認許ヲ得テ行フ營造物ノ修繕

第二條　本法ニ於テ關係人ト稱スルハ整理施行地ニ付所有權以外ノ登記シタル權利ヲ有スル者ヲ謂フ

第二條ノ二　登記シタル地上權、永小作權、土地賃借權ヲ有スル者又ハ國有林野法若ハ官有地取扱規則ニ依ル豫約開墾者ハ土地ノ所有者及賃貸人ノ同意ヲ得タルトキハ其ノ土地ニ付第三條ノ規定ニ依ル整理施行者若ハ耕地整理組合ノ組合員ト爲ルコトヲ得

前項ノ場合ニ於テハ土地ノ所有者及賃貸人ハ其ノ土地ニ付テハ整理施行者若ハ組合員タルコトヲ得ス

第二條ノ三　官有地取扱規則ニ依リ埋立又ハ干拓ノ許可ヲ受ケタル者ハ本法ノ適用ニ付テハ之ヲ土地ノ所有者ト看做ス

耕地整理組合ノ組合員ト爲リ又ハ爲ルヘキ地上權者永小作權者、賃借權者又ハ豫約開墾者ハ第三十四條第四十七條乃至第五十條、第五十五條、第五十六條及第五十九條ノ適用ニ付テハ之ヲ土地ノ所有者ト看做ス

第三條　耕地整理ヲ施行セムトスルトキハ設計書ヲ作リ關係人ノ同意書竝第二條ノ二ノ場合ニ於ケル土地ノ所有者及賃貸人ノ同意書ヲ添ヘ數人共同シテ施行セムトスルモノニ在リテハ尙規約ヲ作リ地方長官ノ認可ヲ受クヘシ但シ關係人ノ同意ヲ得ルコト能ハサルトキハ其ノ事由ヲ記載シタル書面ヲ添附スヘシ

設計書、規約若ハ整理施行地區ヲ變更シ若ハ一人ニテ施行スル耕地整理ヲ變シテ數人共同ノ施行ト爲シ又ハ事業ヲ停止若ハ廢止セムトスルトキハ之ニ關スル必要ノ事項ヲ定メ地方長官ノ認可ヲ受クヘシ但シ耕地整理施行ノ爲爲シタル借入金アルトキハ債權者ノ同意ヲ得ルニ非サレハ事業ヲ廢止シ、整理施行地區ヲ減少シ又ハ債務ノ分擔ニ關スル規約ヲ變更スルコトヲ得ス

前項整理施行地區ノ變更ニ依リ新ニ整理施行地區ニ編入セラルヘキ土地ニ付テハ第一項ノ同意書ニ關スル規定ヲ準用ス

地方長官第一項又ハ第二項ノ認可ヲ與ヘタルトキハ其ノ旨ヲ告示スヘシ

設計書、規約若ハ整理施行地區ノ變更又ハ事業ノ停止若ハ廢止ハ前項ノ告示アル迄之ヲ以テ第三者ニ對抗スルコトヲ得ス

前五項ノ規定ハ耕地整理組合ニ之ヲ適用セス

第四條　本法又ハ本法ニ基キテ發スル命令ノ規定ニ依リ爲シタル處分、手續其ノ他ノ行爲ハ整理施行地ノ所有者、占有者又ハ關係人ノ承繼人ニ對シテモ其ノ効力ヲ有ス

第五條　整理施行地ノ所有者ニ屬スル耕地整理ニ關スル權利義務ハ土地ノ所有權ト共ニ其ノ承繼人ニ移轉ス

第二條ノ二第一項ノ規定ニ依リ整理施行者又ハ組合員ト爲リタル者ノ耕地整理ニ關スル權利義務ハ其ノ地上權、永小作權、賃借權又ハ國有林野法若ハ官有地取扱規則ニ依ル權利ト共ニ其ノ承繼人ニ移轉シ地上權、永小作權又ハ賃借權消滅シタルトキハ帝室及國ヲ除クノ外土地ノ所有者又ハ賃貸人ニ移轉ス

第六條　本法中別ニ規定アル場合ヲ除クノ外土地ノ所有者、占有者、關係人其ノ他整理施行地ニ付權利ヲ有スル者ハ耕地整理ノ施行ニ對シテ異議ヲ述フルコトヲ得ス

第七條　主務大臣、地方長官又ハ郡長耕地整理ニ關スル調査ヲ爲ス爲必要アルトキハ整理又ハ吏員ヲシテ他人ノ土地ニ立入リ測量又ハ檢査ヲ爲シ障害ノ竹木土石等ヲ移轉若ハ除却セシムルコトヲ得但シ之ニ依

リ生シタル損害ハ之ヲ補償スヘシ
前項ノ場合ニ於テハ豫メ其ノ土地ノ占有者ニ之ヲ通知スヘシ
前項ノ通知ヲ爲スコト能ハサル場合ニ於テハ公告ヲ以テ之ニ代フルコトヲ得

第八條　前條ノ規定ハ耕地整理施行若ハ耕地整理組合設立ノ認可ヲ申請セムトスル者又ハ整理施行者カ管理施行ノ爲必要ナル準備ヲ爲ス場合ニ之ヲ準用ス
前項ノ場合ニ於テハ市町村長ノ許可ヲ受クヘシ

第九條　耕地整理施行若ハ耕地整理組合設立ノ認可ヲ申請セムトスル者又ハ整理施行者ハ整理施行地ヲ管轄スル登記所、漁業ニ關スル登錄官廳、土地臺帳所管廳、市役所又ハ町村役場ニ就キ無償ニテ耕地整理ニ關シ必要ナル簿書ノ閲覽又ハ謄寫ヲ求ムルコトヲ得但シ登記所、漁業ニ關スル登記官廳又ハ土地臺帳所官廳ハ必要アリト認ムルトキハ耕地整理組合若ハ耕地整理組合聯合會ノ組合長組合副長若ハ聯合會會長聯合會副會長又ハ臨時代理者以外ノ者ニ付其ノ資格ニ關スル市町村長ノ證明書ヲ提出セシムルコトヲ得

第十條　耕地整理施行ノ爲土地又ハ建物ニ付登記又ハ登錄ヲ爲ストキハ登錄税ヲ免除ス
前項ノ規定ハ耕地整理ノ施行ニ伴ヒ大字若ハ字ノ名稱又ハ其ノ區域ニ變更アリタル場合ニ之ヲ準用ス

第十一條　耕地整理ヲ施行スル爲國有ニ屬スル道路、堤塘、溝渠、溜池等ノ全部又ハ一部ヲ廢止シタルニ依リ不用ニ歸シタル土地ハ無償ニテ之ヲ整理施行地ノ所有者ニ交付ス
耕地整理ノ施行ニ依リ開設シタル道路、堤塘、溝渠溜池等ニシテ前項廢止シタルモノニ代ルヘキモノハ無償ニテ之ヲ國有地ニ編入ス

第十二條　本法ニ依ル開地、地目變換其ノ他土地ノ區劃形質ノ變更又ハ道路、堤塘、溝渠、溜池等ノ變更廢置ニ關シテハ地租條例第十條、第十一條及第十六條乃至第十九條ノ規定ヲ適用セス埋立地又ハ干拓地ニ付亦同シ

第十三條　耕地整理ヲ施行シタル土地ノ地價ハ整理施行地區内土地ノ現地價ノ合計額ヲ毎筆相當ニ配賦シテ之ヲ定ム但シ第十一條第二項ニ依リ國有地ニ編入

シタル土地ノ面積カ同條第一項ニ依リ交付シタル土地ノ面積ヨリ多キ場合ニ於テハ整理施行地ノ現地價ノ平均額ヲ其ノ面積ノ差額ニ乘シタル金額ヲ現地價ノ合計額ヨリ控除シタル額ヲ以テ現地價ノ合計額ト看做ス

前項ノ場合ニ於テ地租ノ税率同一ナラサル土地アルトキハ現地價ニ依リ算出シタル地租ノ合計額ヲ税率相當ニ配賦シ當該地目ノ税率ヲ以テ除シタル金額ヲ其ノ配賦地價トス但シ第十一條第二項ニ依リ國有地ニ編入シタル土地ノ面積カ同條第一項ニ依リ交付シタル土地ノ面積ヨリ多キ場合ニ於テハ現地價ニ依リ算出シタル地租ノ平均額ヲ其ノ面積ノ差額ニ乘シタル金額ヲ地租ノ合計額ヨリ控除シタル額ヲ以テ地租ノ合計額ト看做ス

前二項ノ規定ハ國有ノ森林、原野若ハ荒蕪地ヲ第一類地ニ開拓シタル土地、埋立地又ハ干拓地ニ付テハ之ヲ適用セス

整理施行地ノ地租ハ其ノ整理施行地區ノ全部ニ付土地臺帳ノ整理ヲ完了スル迄從前ノ地域、地目及地價ニ依リ之ヲ徴收ス

規約ヲ以テ整理施行地區ヲ數區ニ分チタル場合ニ於テハ其ノ各區ヲ以テ第一項、第二項及第四項ノ整理施行地區ト看做ス

第十四條　耕地整理ヲ施行スルニ當リ其ノ地區内ノ民有土地總面積ノ五分ノ一以上ニ當ル土地ニ付開墾又ハ地目變換ヲ爲シタル場合ニ於テハ工事完了ノトキ開墾又ハ變換シタル土地ニ對シ從前ノ地域ニ依リ其ノ地價ヲ修正シ修正地價總額ト之ニ對スル原地價總額トノ差額ノ平均額ヲ五分ノ一ヲ超過スル面積ニ乘シタル額ヲ原地價總額ニ加ヘタルモノヲ以テ前條第一項ノ現地價トス

前項ノ場合ニ於テハ開墾シタル土地ニ付テハ工事著手ノ年ヨリ四十年、變換シタル土地ニ付テハ工事完了ノ年ヨリ六年ノ耕地整理地價据置年期ヲ許可シ年期明ノ年ヨリ修正地價ニ依リ其ノ地租ヲ徴收ス但シ開墾シタル土地ニシテ年期明ニ至リ工事完了又ハ地味成熟セサルトキハ更ニ工事完了迄又ハ十年以内ノ年期延長ヲ許可スルコトヲ得

前二項ノ場合ニ於テ開墾ニ等シキ勞費ヲ要スル地目變換ハ之ヲ開墾ト看做ス

地租ヲ課セサル土地ヲ整理施行地區ニ編入シ地租ヲ課スヘキ土地ト爲シタルトキハ第十一條第一項ニ依リ交付シタル土地ヲ除クノ外工事完了ノトキ從前ノ地域ニ依リ其ノ地價ヲ設定シ前條第一項ノ現地價トス

第二項ノ規定ハ地目變換ヲ爲シタル場合ニ於テ修正地價ニ依リ算出シタル地租額カ原地價ニ依リ算出シタル地租額ヨリ少キ土地ニ付テハ之ヲ適用セス

第十四條ノ二　耕地整理ノ施行ニ依リ其ノ地區内ノ國有ノ森林、原野若ハ荒蕪地ヲ開拓シテ第一類地ト爲シタルトキ又ハ國有ノ水面ヲ埋立テ若ハ干拓シテ民有地ト爲シタルトキハ埋立地又ハ干拓地ニ付テハ六十年、其ノ他ノ土地ニ付テハ二十年ノ耕地整理新開免租年期ヲ許可ス但シ年期明ニ至リ地味成熟セサルトキハ更ニ十年以内ノ年期延長ヲ許可スルコトヲ得

前項ノ場合ニ於テハ年期明ニ至リ其ノ地價ヲ設定シ其ノ年ヨリ地租ヲ徵收ス

第十五條　整理施行地區内ノ土地中開墾著手後二十年ヲ經過セサルモノ又ハ地租ノ免除若ハ輕減ニ關スル各種ノ年期ヲ有スルモノアルトキハ左ノ各號ノ定ムル所ニ依ル

一　開墾ヲ爲シタル土地又ハ鍬下年期、新開免租年期、地價据置年期ヲ有スル土地ハ工事著手ノ際地價ヲ修正シ又ハ設定ス但シ工事完了ノトキニ於テ地價ノ修正又ハ設定當時ノ現況ヨリ第一類地ノ地目ニ變更シタル場合ニ於テハ開墾又ハ地目變換ヲ爲シタルモノト看做シ第十四條第一項ノ規定ヲ準用ス

二　荒地免租年期又ハ低價年期ヲ有スル土地ハ工事完了ノトキ從前ノ地域ニ依リ其ノ地價ヲ修正ス

三　第一號ニ依リ地價ヲ修正シ又ハ設定シタル土地ニ付テハ開墾著手後二十一年目又ハ年期明ニ至リ修正地價又ハ設定地價ニ依リ地租ヲ徵收ス但シ工事完了シタルトキハ此ノ限ニ在ラス

四　工事完了シタルトキハ第一號若ハ第二號ニ記載シタル土地ニ付テハ修正地價又ハ設定地價ヲ以

ヲ第十三條第一項ノ現地價トス

第十六條　工事完了シタルトキニ於テ開墾著手後二十年ヲ經過セサル土地若ハ前條ニ記載スル年期ヲ有スルモノニシテ年期ノ終了セサル土地又ハ第十四條ニ依リ年期ヲ許可シタル土地アルトキハ事業關係者ハ其ノ協議ヲ以テ修正地租ト從前ノ地租トノ差額ノ利益若ハ負擔又ハ地租ノ免除ヲ受クヘキ土地及金額ヲ定メ政府ニ申告シ殘年期間又ハ第十四條ニ依ル年期中ハ其ノ金額ヲ加除シテ其ノ土地ノ地租ヲ納ムヘシ

但シ協議一致セサルトキハ政府ニ於テ之ヲ定ム

第十七條　換地ハ別ニ規定アル場合ヲ除クノ外第三十條第四項ノ告示ノ日ヨリ之ヲ從前ノ土地ト看做ス

前項ノ規定ハ行政上又ハ裁判上ノ處分ニシテ從前ノ土地ニ專屬スルモノニ影響ヲ及ホサス

第十八條　賃借地ニ付耕地整理施行ノ爲賃借ヲ爲シタル目的ヲ達スルコト能ハサルトキハ賃借人ハ契約ノ解除ヲ爲スコトヲ得

前項ノ場合ニ於テ賃借人ハ整理施行者ニ對シ解除ニ依リ生シタル損害ノ補償ヲ請求スルコトヲ得但シ整理施行者ハ規約ノ定ムル所ニ依リ賃貸人ニ對シ求償スルコトヲ得

第十九條　耕地整理施行ノ爲賃借地ノ利用ヲ妨ケラルルトキハ賃借人ハ借賃ノ相當ノ減額又ハ前拂シタル借賃ノ相當ノ拂戻ヲ請求スルコトヲ得

第二十條　耕地整理施行ノ爲著シク賃貸地ノ利用ヲ増シタルトキハ賃貸人ハ借賃ノ相當ノ增額ヲ請求スルコトヲ得

前項ノ請求アリタル場合ニ於テ賃借人ハ契約ノ解除ヲ爲シ其ノ義務ヲ免ルルコトヲ得

第二十一條　耕地整理施行ノ爲地上權、永小作權又ハ地役權ヲ設定シタル目的ヲ達スルコト能ハサルトキハ地上權者、永小作權者又ハ地役權者ハ其ノ權利ヲ拋棄スルコトヲ得

第十八條第二項ノ規定ハ前項ノ場合ニ之ヲ準用ス

第二十二條　整理施行地ノ上ニ存スル地役權ハ耕地整理施行ノ後仍從前ノ土地ノ上ニ存ス

耕地整理施行ノ爲地役權者カ其ノ權利ヲ行使スル利益ヲ受クムコトヲ要セサルニ至リタルトキハ其ノ地

役權ハ消滅ス

耕地整理施行ノ爲從前ト同一ノ利益ヲ受クルコト能ハサルニ至リタル地役權者ハ其ノ利益ヲ保存スル範圍內ニ於テ地役權ノ設定ヲ請求スルコトヲ得

第二十三條　第十九條及第二十條ノ規定ハ地上權、永小作權又ハ地役權ニ之ヲ準用ス

第二十四條　前六條ノ規定ニ依ル賃貸借ノ解除、地上權若ハ永小作權ノ拋棄、地役權ノ拋棄若ハ設定又ハ借賃、地代、小作料若ハ地役ノ對價ノ減額、拂戾若ハ增額ノ請求ハ第三十條第四項ノ告示ノ日ヨリ三十日ヲ經過シタルトキハ之ヲ爲スコトヲ得ス

第二十四條ノ二　第十八條乃至第二十一條及前二條ノ規定ハ地上權者、永小作權者又ハ賃借權者ニシテ整理施行者又ハ組合員ト爲リタル者ニ之ヲ適用セス第二條ノ二第一項ノ規定ニ依リ同意ヲ爲シタル者ニ付亦同シ

第二十五條　整理施行地又ハ之ニ存スル建物ニシテ先取特權、質權又ハ抵當權ノ目的タル場合ニ於テ第二十七條、第二十八條、第三十條第一項、第二項又ハ第四十四條第二項ノ規定ニ依リ拂渡スヘキ金錢アルトキハ整理施行者ハ其ノ金額ヲ供託スヘシ但シ關係人ノ同意ヲ得タルトキハ此ノ限ニ在ラス

前項ノ規定ハ整理施行地又ハ之ニ屬スル建物カ訴訟ノ目的タル爲訴訟當事者ヨリ請求アリタル場合ニ之ヲ準用ス

先取特權者、質權者、抵當權者又ハ訴訟當事者ハ前二項ノ規定ニ依リ供託シタル金錢ニ對シテモ其ノ權利ヲ行フコトヲ得

第二十五條ノ二　整理施行地ニ付存スル漁業權カ登錄シタル先取特權又ハ抵當權ノ目的タル場合ニ於テ第二十七條ノ二ノ規定ニ依リ補償金ヲ拂渡スヘキトキハ整理施行者ハ其ノ金額ヲ供託スヘシ但シ先取特權者又ハ抵當權者ノ同意ヲ得タルトキハ此ノ限ニ在ラス

前項ノ規定ハ整理施行地ニ付存スル漁業權又ハ入漁權カ訴訟ノ目的タル爲訴訟當事者ヨリ請求アリタル場合ニ之ヲ準用ス

登錄シタル先取特權者ハ抵當權ヲ有スル者又ハ訴訟

當事者ハ前二項ノ規定ニ依リ供託シタル金錢ニ對シテモ其ノ權利ヲ行フコトヲ得

第二十六條　第三條ノ規定ニ依ル整理施行者カ其ノ事業ノ爲借入レタル金額及其ノ利息其ノ他耕地整理ノ施行ニ依リ生シタル債務ニ付テハ共同施行者連帶シテ其ノ責ニ任ス但シ規約ニ別段ノ規定アルトキハ此ノ限ニ在ラス

帝室及國ハ前項ノ責ニ任セス

第二十七條　整理施行者ハ耕地整理施行ノ爲必要アルトキハ整理施行地區內ノ工作物又ハ木石等ヲ移轉シ除却シ又ハ破毀スルコトヲ得但シ之ニ依リ生シタル損害ハ之ヲ補償スヘシ

第二十七條ノ二　整理施行地ニ付漁業權存スル場合ニ於テハ漁業權者ニ對シ、漁業權及入漁權存スル場合ニ於テハ漁業權者及入漁權者ニ對シ整理行施者ハ整理施行ニ依リ生スヘキ損害ヲ補償スルコトヲ要ス

前項ノ規定ニ依ル補償ヲ受クル權利ハ漁業權者及入漁權者共同シテ之ヲ有スルモノトス

整理施行者ハ前二項ノ規定ニ依リ損害ノ補償ヲ爲シタル後ニ非サレハ工事ニ著手スルコトヲ得ス但シ其ノ損害ノ補償ヲ受クル權利者ノ同意ヲ得タルトキ、第二十五條ノ二ノ規定ニ依リ供託ヲ爲シタルトキ又ハ第八十七條第三項ノ規定ニ依リ決定ヲ得タル金額ヲ供託シタルトキハ此ノ限ニ在ラス

第二十八條　第三條ノ規定ニ依ル整理施行者又ハ耕地整理組合員ハ耕地整理施行ノ爲受ケタル損害ニ對シ第七條、第八條又ハ第二十七條ノ場合ヲ除クノ外補償ノ請求ヲ爲スコトヲ得但シ規約ニ別段ノ規定アル場合ハ此ノ限ニ在ラス

第二十九條　整理施行地ニ付權利ヲ有スル者耕地整理施行ノ認可若ハ整理施行地區變更ノ認可又ハ耕地整理組合ノ設立若ハ組合地區變更ノ認可ノ告示アリタル後ニ於テ監督官廳ノ許可ヲ得スシテ土地ノ形質ヲ變更シ又ハ工作物ノ新築、改築、增築若ハ大修繕ヲ爲シ又ハ物件ヲ附加增置シタルトキハ之ニ關スル損害ノ補償ヲ請求スルコトヲ得ス

前項告示ノ後ニ於テ土地ニ付權利ヲ取得シタル者ハ從前ノ權利者ノ爲シ得ヘキ範圍內ニ於テノミ損害ノ

補償ヲ請求スルコトヲ得

第三十條　換地ハ從前ノ土地ノ地目、面積、等位等ヲ標準トシテ之ヲ交付スヘシ但シ地目、面積、等位等ヲ以テ相殺ヲ爲スコト能ハサル部分ニ關シテハ金錢ヲ以テ之ヲ淸算スヘシ

特別ノ事情ノ爲前項ノ規定ニ依ルコト能ハサルモノノ處分ニ關シテハ規約ノ定ムル所ニ依ル

前二項ノ規定ニ依ル處分ハ地方長官ノ認可ヲ受クヘシ

地方長官前項ノ認可ヲ與ヘタルトキハ之ヲ告示シ直ニ其ノ旨ヲ管轄登記所ニ通知スヘシ

第三十一條　前條ノ規定ニ依ル處分ハ整理施行地ノ全部ニ付工事完了シタル後ニ非サレハ之ヲ爲スコトヲ得ス但シ規約ニ別段ノ規定アル場合ハ此ノ限ニ在ラス

第三十二條　整理施行地二以上ノ市町村、大字又ハ字ニ渉ル場合ニ於テ一筆ノ土地ノ區域カ二以上ノ市町村、大字又ハ字ニ渉リテ之ヲ定ムルコトヲ得ス

第三十三條　從前ノ土地ノ全部又ハ一部ニ付既登記ノ所有權以外ノ權利又ハ處分ノ制限アルトキハ之ニ對スル換地ノ交付ハ其ノ權利又ハ處分ノ制限ノ目的タル土地又ハ其ノ部分ヲ指定シテ之ヲ爲スヘシ

第三十四條　本法中土地所有者ノ數ヲ計算スル場合ニ於テハ共有者ハ之ヲ一人ト看做ス但シ共有者ノミ共同シテ耕地整理ヲ施行スル場合ニ於テハ此ノ限ニ在ラス

前項但書ノ場合ニ於テ第五十條、第五十五條第二項第五十六條第二項、第六十五條第二項、又ハ第六十八條第二項中土地ノ面積又ハ地價ハ共有者ノ持分ニ依リ之ヲ定ム

第三十五條　住所又ハ居所ノ不分明其ノ他ノ事由ニ依リ耕地整理ニ關スル書類ノ送付ヲ爲スコト能ハサル場合ニ於テ命令ノ定ムル所ニ依リ整理施行者又ハ監督官廳カ公告ヲ爲ストキハ其ノ公告ノ日ヲ以テ書類ヲ發送シタルモノト看做シ二十日ヲ經過スルトキハ其ノ末日ニ於テ書類ノ送付ヲ了リタルモノト看做ス

第三十六條　第三十條第三項ノ認可ヲ受ケタルトキハ整理施行者ハ遲滯ナク既登記ノ土地及建物ニ付登記

ヲ申請スヘシ
第三十七條　整理施行地區內ノ土地及其ノ上ニ存スル建物ノ登記ニ付テハ勅令ヲ以テ特例ヲ設クルコトヲ得
第三十八條　共同施行又ハ耕地整理組合ニ依ル耕地整理ノ事業ニシテ郡、市町村又ハ水利組合ニ依リ施行スルコトヲ得ルニ至リタルトキハ特別ノ事情アル場合ヲ除クノ外命令ノ定ムル所ニ依リ其ノ事業ヲ郡、市町村若ハ水利組合ニ引繼キ又ハ耕地整理組合ヲ普通水利組合ニ變更スヘシ
前項ノ規定ニ依ル引繼又ハ變更アリタルトキハ地方長官ハ其ノ旨ヲ告示スヘシ
第三條第五項ノ規定ハ前二項ノ場合ニ之ヲ準用ス
第三十九條　監督官廳ハ主務大臣ノ定ムル所ニ從ヒ本法ノ規定ニ依ル職權ノ一部ヲ下級監督官廳ニ委任スルコトヲ得
第四十條　本法中府縣、郡、市町村、郡長、市町村長市役所又ハ町村役場トアルハ府縣制、郡制、市制、町村制ヲ施行セサル地ニ於テハ之ニ準スヘキモノニ該當ス
第四十條ノ二　整理施行地區カ數府縣ニ涉ル場合ニ於テハ本法中地方長官ノ職權ニ屬スル事項ハ關係地方長官中主務大臣ノ指定スルモノ之ヲ行フ

第二章　耕地整理組合

第一款　總則

第四十一條　耕地整理ヲ施行スル爲必要アルトキハ耕地整理組合ヲ設立スルコトヲ得
耕地整理組合ハ法人トス
第四十二條　耕地整理組合ハ整理施行地ヲ以テ其ノ地區トス
第四十二條ノ二　耕地整理施行ノ爲土地ヲ分割スルノ必要アル場合ニ於テハ組合ハ其ノ所有者ニ代リ之ニ關スル手續ヲ爲スコトヲ得
第四十三條　左ニ掲クル土地ハ之ヲ耕地整理組合ノ地區ニ編入スルコトヲ得ス但シ第一號乃至第三號ノ土地ニ付テハ主務官廳又ハ公共團體ノ認許、第四號乃至第八號ノ土地ニ付テハ土地所有者、關係人及建物

ニ付登記シタル權利ヲ有スル者ノ同意ヲ得タルトキハ此ノ限リニ在ラス

一　御料地、國有地

二　官ノ用ニ供スル土地

三　府縣、郡、市町村其ノ他勅令ヲ以テ指定スル公共團體ノ公用又ハ公共ニ供スル土地

四　名勝地、舊蹟地

五　古墳墓地、墳墓地

六　社寺境内地

七　鐵道用地、軌道用地

八　建物アル宅地

登記シタル地上權又ハ永小作權ノ目的タル御料地又ハ國有地ニ付主務官廳ノ認許ヲ得タルトキハ其ノ地上權者又ハ永小作權者ヲ組合員ト爲シ其ノ土地ヲ組合ノ地區ニ編入スルコトヲ得但シ地上權又ハ永小作權ノ殘存期間カ耕地整理組合設立ノ認可申請ノ日ヨリ二十年未滿ナルモノニ付テハ此ノ限ニ在ラス

第二條ノ二第二項及第五條第二項ノ規定ハ前項ノ規定ニ依リ地上權者又ハ永小作權者カ組合員ト爲リタル場合ニ之ヲ準用ス

第四十四條　特別ノ價値又ハ用途アル土地ハ土地所有者及關係人ノ同意ヲ得ルニ非サレハ之ヲ耕地整理組合ノ地區ニ編入スルコトヲ得ス但シ之ヲ編入スルニ非サレハ耕地整理ヲ適當ニ施行スルコト能ハサルトキハ此ノ限ニ在ラス

土地收用法第四十七條乃至第四十九條、第五十一條乃至第五十四條、第五十六條、第五十八條、第六十條及第六十一條ノ規定ハ前項但書ノ場合ニ之ヲ準用ス但シ組合ノ設立又ハ地區變更ノ認可ノ告示ヲ以テ土地收用法第十九條ノ規定ニ依ル公告又ハ通知ト看做ス

第一項但書ノ場合ニ於テ補償金ノ拂渡又ハ供託ヲ爲ササルトキハ土地所有者又ハ關係人ハ其ノ土地ニ付工事ノ施行ヲ拒ムコトヲ得但シ第八十七條第一項ノ規定ニ依リ決定ヲ得タル金額ヲ供託シタルトキハ此ノ限ニ在ラス

第四十五條　耕地整理組合設立ノ認可アリタルトキハ其ノ地區内ニ土地ヲ所有スル者ハ總テ之ヲ組合員ト

ス但シ第十一條第一項ノ土地ニ關シテハ此ノ限ニ在ラス

第四十六條　耕地整理組合ノ名稱中ニハ耕地整理組合ナル文字ヲ用ウヘシ

耕地整理組合ニ非サルモノハ耕地整理組合タルコトヲ示スヘキ文字ヲ用ウルコトヲ得ス

第四十七條　土地ノ共有者ハ耕地整理ニ關スル一切ノ行爲ヲ爲サシムル爲其ノ一人ヲ以テ代表者ト爲シ之ヲ組合ニ通知スヘシ

前項ノ代表者ノ權限ニ加ヘタル制限ハ之ヲ以テ第三者ニ對抗スルコトヲ得ス

第四十八條　前條ノ委任ノ終了ハ組合ニ通知アル迄之ヲ以テ善意ノ第三者ニ對抗スルコトヲ得ス

第四十九條　第四十七條第一項ノ手續ヲ爲ササル土地共有者ニ對スル書類ノ送付ハ其ノ一人ニ對シ之ヲ發送シタル時ニ於テ完了シタルモノト看做ス

第二款　組合ノ設立及解散

第五十條　耕地整理組合ヲ設立セムトスルトキハ組合ノ地區タルヘキ區域內ノ土地所有者總數ノ二分ノ一以上ニシテ其ノ區域內ノ土地ノ總面積及總地價ノ各三分ノ二以上ニ當ル土地所有者ノ同意ヲ得テ設計書及規約ヲ作リ地方長官ノ認可ヲ受クヘシ

前項ノ土地所有者中共有者アル場合ニ於テハ各共有地ニ付共有者總數ノ二分ノ一以上ニシテ其ノ持分ノ三分ノ二以上ニ當ル者ノ同意ヲ得タルトキハ其ノ共有地ニ付同意アリタルモノト看做ス

第五十一條　耕地整理組合ハ前條地方長官ノ認可ニ依リ成立ス

前項ノ場合ニ於テハ地方長官ハ組合設立ノ旨ヲ告示スヘシ

組合ハ前項ノ告示アル迄其ノ成立ヲ以テ他人ニ對抗スルコトヲ得ス

第五十二條　組合設立ニ關スル費用ハ組合設立ノ後組合ノ負擔トス

第五十三條　組合ハ左ノ事由ニ依リ解散ス但シ第二號ノ場合ニ於テ還了セサル組合債アルトキハ此ノ限ニ在ラス

一　規約ニ定メタル事由ノ發生

二　目的タル事項ノ完成又ハ完成ノ不能
三　總會ノ議決
四　合併
五　事業ヲ郡、市町村又ハ水利組合ニ引繼キタルトキ
六　普通水利組合ニ變更シタルトキ
七　組合員一人ト爲リタルトキ
八　監督官廳ノ處分
前項ノ場合ニ於テ地方長官ハ第三號又ハ第四號ニ該當スルトキヲ除クノ外其ノ旨ヲ告示スヘシ

第五十四條　組合ニ於テ設計書若ハ規約ノ變更、組合ノ解散、合併、地區ノ變更又ハ事業ノ停止ヲ爲サムトスルトキハ之ニ關スル必要ノ事項ヲ定メ總會ノ議決ヲ經テ地方長官ノ認可ヲ受クヘシ但シ組合債ヲ負擔スルトキハ債權者ノ同意ヲ得ルニ非サレハ組合ノ解散、合併、地區ノ減少又ハ債務分擔ニ關スル規約ノ變更ヲ爲スコトヲ得ス
地方長官前項ノ認可ヲ與ヘタルトキハ其ノ旨ヲ告示スヘシ

第五十五條　組合ノ地區ヲ變更スル場合ニ於テ新ニ組合ノ地區ニ編入セラルヘキ土地アルトキハ組合長ハ設計書案及規約案ヲ作リ編入區域ノ土地所有者ノ總會議ニ付シ其ノ議決ヲ前條ノ總會ノ議決ニ添附スヘシ
前項ノ總會議ノ議決ヲ爲スニハ第五十條ノ條件ヲ具備スルコトヲ要ス但シ命令ノ定ムル所ニ依リ土地所有者ノ代理人ヲ許スコトヲ得
第六十六條ノ規定ハ第一項ノ總會議ニ之ヲ準用ス

第五十六條　前條ノ總會議ハ編入區域ノ土地所有者ノ同意ヲ以テ之ニ代フルコトヲ得
第五十條ノ規定ハ前項ノ同意ニ之ヲ準用ス

第五十七條　設計書若ハ規約ノ變更組合ノ解散、合併地區ノ變更又ハ事業ノ停止ハ第五十三條第二項又ハ第五十四條第二項ノ告示アル迄之ヲ以テ他人ニ對抗スルコトヲ得ス

第五十八條　組合ヲ合併シタルトキハ合併ニ依リ解散シタル組合ニ屬スル權利義務ハ合併後存續シ又ハ合併ニ依リ設立シタル組合ニ移轉ス

第五十九條　組合員一人ト爲リタル爲組合解散ノ場合ニ於テハ其ノ事業ハ一切ノ權利義務ト共ニ土地所有者ニ移轉ス

前項ノ土地所有者ハ之ヲ第三條ノ規定ニ依ル整理施行者ト看做ス

第六十條　組合解散シタルトキハ第五十三條第一項第四號、第六號又ハ第七號ノ場合ヲ除クノ外淸算ヲ爲スヘシ

組合ハ解散ノ後ト雖淸算ノ目的ノ範圍其ニ於テハ仍存續スルモノト看做ス

第三款　組合ノ會議

第六十一條　別ニ規定アルモノノ外左ニ揭クル事項ハ總會ノ議決ヲ經ヘシ

一　第三十條第一項、第二項ノ規定ニ依ル處分ヲ爲ス事

二　組合債ヲ起シ、起債ノ方法、利息ノ定率若ハ償還ノ方法ヲ定メ又ハ之ヲ變更スル事

三　經費ノ收支豫算ヲ定ムル事

四　豫算ヲ以テ定ムルモノヲ除クノ外新ニ義務ノ負擔ヲ爲シ又ハ權利ノ拋棄ヲ爲ス事

五　組合長、組合副長若ハ評議員ヲ選任シ又ハ解任スル事

六　組合費、夫役現品ノ分賦收入ニ關スル事

七　事業報告書及收支決算書ヲ承認スル事

八　工作物又ハ設備ノ維持管理方法ヲ定ムル事

九　訴願、訴訟及和解ニ關スル事

十　耕地整理組合聯合會ヲ設ケ、聯合會ニ加入シ又ハ聯合會ヲ脫退スル事

十一　規約ニ定メタル事項

十二　其ノ他組合長ニ於テ重要ナリト認メタル事項

第六十二條　總會ハ規約ノ定ムル所ニ依リ其ノ權限ニ屬スル事項ヲ評議員會ニ委任シ又ハ組合長ヲシテ專決セシムルコトヲ得

評議員會ニ關スル事項ハ命令ヲ以テ之ヲ定ム

第六十三條　總會ノ議決ヲ經ヘキ事件ニシテ臨時急施ヲ要シ總會ヲ招集スル暇ナシト認ムルトキハ組合長ハ專決處分シ次ノ總會ニ於テ其ノ承認ヲ求ムヘシ但シ設計書、規約若ハ組合地區ノ變更又ハ組合ノ解散

若ハ合併ニ付テハ此ノ限ニ在ラス

組合長前項ノ處分ヲ爲サムトスルトキハ其ノ處分前評議員會ノ同意ヲ得ルコトヲ要ス但シ評議員ヲ置カサル場合ニ於テハ此ノ限ニ在ラス

第六十四條　總會ハ總組合員ヲ以テ之ヲ組織ス

第六十五條　總會ハ組合長之ヲ招集ス

組合員總數ノ五分ノ一以上ニ當ル者又ハ組合地區內ノ土地ノ總面積若ハ總地價ノ五分ノ一以上ニ當ル者ヨリ會議ノ目的及其ノ事由ヲ記載シタル書面ヲ提出シテ總會ノ招集ヲ請求スルトキハ組合長ハ十四日以內ニ之ヲ招集スヘシ

第六十六條　總會ヲ招集スルニハ會日ヨリ五日前ニ會議ノ日時、場所及目的ヲ記載シテ各組合員ニ通知ヲ發スヘシ但シ急施ヲ要スル場合ニ於テハ期間ヲ二日迄短縮スルコトヲ得

第六十七條　組合員ハ各一箇ノ表決權ヲ有ス但シ規約ヲ以テ表決權總數ノ五分ノ一ヲ超過セサル範圍內ニ於テ一人ニ付二箇以上ノ表決權ヲ有セシムルコトヲ得

前項ノ規定ハ第六十八條第二項ノ場合ニ之ヲ適用セス

第六十八條　總會ノ議事ハ別ニ規定アルモノヲ除クノ外組合員ノ半數以上出席シ出席者ノ表決權ノ過半數ヲ以テ之ヲ決ス

第五十四條又ハ第六十一條第一號、第二號若ハ第五號ノ事項ノ表決ヲ爲スニハ第五十條ノ條件ヲ具備スルコトヲ要ス但シ命令又ハ規約ニ別段ノ規定アル場合ハ此ノ限ニ在ラス

第六十九條　組合員ハ總會ニ於テ書面又ハ代理人ヲ以テ表決ヲ爲スコトヲ得

前項ノ規定ニ依リ表決權ヲ行フ者ハ出席者ト看做ス

第七十條　第三十一條但書ノ規定ニ依リ第三十條ノ處分ヲ爲サムトスル場合ニ於テハ其ノ處分ヲ爲サムトスル土地ニ關スル組合員ノ總會議ヲ以テ總會ト看做ス

第七十一條　組合ハ命令ノ定ムル所ニ依リ組合員ノ選擧シタル議員ヲ以テ組織スル組合會ヲ以テ總會ニ代フルコトヲ得

第七十二條　總會ニ關スル規定ハ命令ニ別段ノ規定アル場合ヲ除クノ外前二條ノ規定ニ依ル組合員ノ總會議又ハ組合會ニ之ヲ準用ス但シ組合會ニ於テハ組合ノ解散又ハ合併ノ議決ヲ爲スコトヲ得ス

第四款　組合ノ管理

第七十三條　組合ニ組合長一人及組合副長一人又ハ數人ヲ置ク
組合長又ハ組合副長ハ組合員中ヨリ之ヲ選擧ス但シ特別ノ事情アルトキハ組合員ニ非サル者ヨリ之ヲ選擧スルコトヲ得
組合長又ハ組合副長ノ選任又ハ解任ハ地方長官ノ認可ヲ受クヘシ
組合長、組合副長共ニ闕員ト爲リタルトキハ地方長官ハ臨時代理者ヲ指定スルコトヲ得
地方長官前二項ノ規定ニ依リ認可ヲ與ヘ又ハ指定ヲ爲シタルトキハ其ノ旨ヲ告示スヘシ
組合長、組合副長又ハ臨時代理者ノ就任若ハ解任ハ前項ノ告示アル迄之ヲ以テ他人ニ對抗スルコトヲ得ス

第七十四條　組合長ハ組合ヲ代表シ組合一切ノ事務ヲ管理ス
組合副長ハ組合長ヲ補佐シ組合長事故アルトキ其ノ職務ヲ代理ス組合副長數人アルトキハ其ノ代理ノ順序ハ規約ノ定ムル所ニ依ル

第七十五條　組合長ノ權限ニ加ヘタル制限ハ之ヲ以テ善意ノ第三者ニ對抗スルコトヲ得ス

第七十六條　組合ニ評議員ヲ置ク但シ特別ノ事情アル爲地方長官ノ認可ヲ得タルトキハ此ノ限ニ在ラス
評議員ハ組合員中ヨリ之ヲ選擧ス
評議員ハ組合長ノ諮詢ニ應シ並業務及財産ノ狀況ヲ監査ス
組合長ハ規約ノ定ムル所ニ依リ評議員ヲシテ組合ノ事務ノ一部ヲ分掌セシムルコトヲ得

第七十七條　組合長ハ設計書、規約、組合員名簿、會議ノ議事錄其ノ他組合ニ關スル書類及帳簿ヲ事務所ニ備ヘ置クヘシ
組合員又ハ利害關係人ヨリ前項ノ書類又ハ帳簿ノ閲覽ヲ求メタルトキハ正當ノ事由アル場合ヲ除クノ外

之ヲ拒ムコトヲ得ス

第五欵　組合ノ財務

第七十八條　組合ノ費用ハ規約ノ定ムル所ニ依リ組合員之ヲ負擔ス

夫役現品ノ分賦及之ニ代ルヘキ金額ニ關スル規定ハ規約中ニ之ヲ定ムヘシ

第七十九條　組合員ニシテ組合費、第三十條第一項、第二項ノ規定ニ依リ支拂フヘキ金錢又ハ延滯利息若ハ過怠金ヲ滯納スルトキハ市町村ハ組合長ノ請求ニ依リ市町村稅ノ例ニ依リ之ヲ處分ス

前項ノ場合ニ於テ組合ハ其ノ徴收金額中百分ノ四ヲ市町村ニ交付スヘシ

第一項ノ徴收金ハ組合地區内ノ土地ニ關シ市町村、水利組合其ノ他之ニ準スヘキモノノ徴收金ニ次テ先取特權ヲ有ス

前三項ノ規定ハ組合員カ夫役現品ニ代ルヘキ金錢ヲ滯納スル場合ニ之ヲ準用ス

第八十條　組合ニ於テ負債ヲ起シ、起債ノ方法、利息ノ定率若ハ償還ノ方法ヲ定メ又ハ之ヲ變更セムトスルトキハ地方長官ノ認可ヲ受クヘシ

前項ノ負債ハ起債ノ時ヨリ十五年以内ニ之ヲ還了スヘシ但シ特別ノ事由アル場合ニ限リ五十年以内ト爲スコトヲ得

第八十一條　組合ニシテ其ノ債務ヲ完濟スルコト能ハサルトキハ帝室及國ヲ除クノ外組合員ハ之ニ付連帶無限ノ責任ヲ負擔ス但シ規約ニ別段ノ規定アル場合ハ此ノ限ニ在ラス

第二章ノ二　耕地整理組合聯合會

第八十一條ノ二　耕地整理組合ハ登記手續ニ關スル事項ヲ除クノ外其ノ事業ノ一部ヲ他ノ耕地整理組合ト共同シテ行ハムトスル場合ニ於テ之ヲ代リ行ハシムル爲協議ニ依リ設計書及規約ヲ作リ地方長官ノ認可ヲ得テ耕地整理組合聯合會ヲ設クルコトヲ得

聯合會ハ法人トス

聯合會其ノ所屬組合ノ増減ヲ爲サムトスルトキハ各組合ノ協議ニ依リ地方長官ノ認可ヲ受クヘシ

聯合會ニ會長一人及副會長一人又ハ數人ヲ置ク

第四十二條ノ二、第四十六條、第五十一條乃至第五十四條、第五十七條乃至第五十九條第一項、第六十條、第七十三條乃至第七十五條及第七十七條乃至第八十一條ノ規定ハ聯合會ニ之ヲ準用ス但シ第五十九第條一項中土地所有者トアルハ組合、第七十三條中組合員トアルハ聯合會所屬組合ノ組合員トス

第三章　監督

第八十二條　耕地整理ハ第一次ニ郡長、第二次ニ地方長官、第三次ニ主務大臣之ヲ監督ス但シ整理施行ノ區域郡市若ハ數郡ニ涉リ又ハ市内ニ止ル場合ニ於テ第ハ一次ニ地方長官、第二次ニ主務大臣之ヲ監督ス

第八十三條　主務大臣又ハ地方長官ニ於テ會議ノ表決又ハ整理施行者ノ行爲カ設計書、規約又ハ法令ニ違反シ其ノ他公益ヲ害スルノ虞アリト認ムルトキハ會議ノ表決ヲ取消シ、組合長組合副長若ハ聯合會會長聯合會副會長ヲ解任シ、評議員若ハ組合會議員ノ改選、事業ノ停止若ハ組合組合聯合會ノ解散ヲ命シ又ハ整理施行ノ認可ヲ取消スコトヲ得

第八十四條　監督官廳ハ整理施行者ヲシテ耕地整理事業ニ關スル報告ヲ爲サシメ、書類、帳簿、出納又ハ工事ヲ檢査シ、設計書又ハ規約ノ變更ヲ命シ其ノ他監督上必要ナル命令ヲ發シ又ハ處分ヲ爲スコトヲ得

第八十五條　監督官廳ハ本法又ハ本法ニ基キテ發スル命令ノ規定ニ依ル認可申請ニ對シ申請ノ趣旨ニ反セスト認ムル範圍内ニ於テ更正シテ認可ヲ與フルコトヲ得

第八十六條　第三條ノ規定ニ係ル耕地整理ノ施行若ハ整理施行地區ノ變更ニ異議アル關係人、第四十三條若ハ第四十四條ノ規定ニ違反シテ耕地整理組合ノ地區ニ編入シタル土地ノ所有者若ハ關係人又ハ第三條第二項但書若ハ第五十四條第一項但書ノ規定ニ依リ異議アル債權者ハ各耕地整理施行ノ認可若ハ整理施行地區變更ノ認可ノ告示、耕地整理組合ノ設立若ハ組合地區變更ノ認可ノ告示又ハ第三條第四項若ハ第五十四條第二項ノ規定ニ依リ當該事項ノ告示アリタル日ヨリ六十日以内ニ主務大臣ニ訴願スルコトヲ得

前項ノ訴願アリタル場合ニ於テハ地方長官ハ其ノ裁

決アル迄目的タル土地ニ付耕地整理ノ施行ヲ停止スルコトヲ得

第八十七條　第四十四條第二項ノ規定ニ依ル補償金ニ付協議調ハサルカ又ハ協議ヲ爲スコト能ハサルトキハ地方長官ノ決定ヲ求ムヘシ

前項ノ決定ニ不服アル者ハ其ノ決定書ノ送付ヲ受ケタル日ヨリ九十日以内ニ通常裁判所ニ出訴スルコトヲ得

第二十七條ノ二第一項ノ規定ニ依ル補償金ニ付亦前二項ニ同シ

第八十八條　總會議、總會若ハ組合會ノ招集手續若ハ表決カ違法ナル場合ニ於テ之ニ對シ不服アル者又ハ地上權者、永小作權者、賃借權者若ハ豫約開墾者カ整理施行者若ハ組合員ト爲リタル場合ニ於テ第三十條第一項、第二項ノ處分ニ對シ不服アル土地ノ所有者ハ其ノ表決ノ日ヨリ十四日以内ニ地方長官ニ異議ヲ申立ツルコトヲ得

前項異議ノ申立アリタル場合ニ於テ監督官廳ハ其ノ職權ニ依リ又ハ利害關係人ノ請求ニ依リ必要ト認ムルトキハ表決又ハ處分ノ執行ヲ停止スルコトヲ得

第八十九條　監督官廳ノ處分ニシテ本法中他ノ條項ニ於テ地方長官ノ告示ヲ必要トスル事項ニ相當スルモノニ付テハ地方長官ハ之ヲ告示スヘシ

整理施行者ハ前項ノ告示アル迄其ノ受ケタル處分ヲ以テ他人ニ對抗スルコトヲ得ス

前二項ノ規定ハ監督官廳ノ命令シタル停止處分ノ解除ニ之ヲ準用ス

第四章　罰則

第九十條　耕地整理施行ニ關シ設ケタル標識ヲ移轉、汚損、毀壞又ハ除却シタル者ハ五十圓以下ノ罰金ニ處ス

第九十一條　第三條ノ規定ニ依ル整理施行者又ハ組合長組合副長若ハ聯合會長聯合會副會長本法又ハ本法ニ基キテ發スル命令ニ違反シタルトキハ五十圓以下ノ過料ニ處ス

非訟事件手續法第二百六條乃至第二百八條ノ規定ハ前項ノ過料ニ之ヲ準用ス

第九十一條ノ二　組合長、組合副長、聯合會會長、聯合會副會長、臨時代理者、評議員又ハ聯合會議員其ノ職務ニ關シ賄賂ヲ收受シ又ハ之ヲ要求若ハ約束シタルトキハ二年以下ノ懲役ニ處ス因テ不正ノ行爲ヲ爲シ又ハ相當ノ行爲ヲ爲サヽルトキハ五年以下ノ懲役ニ處ス

前項ノ場合ニ於テ收受シタル賄賂ハ之ヲ沒收ス若シ其ノ全部又ハ一部ヲ沒收スルコト能ハサルトキハ其ノ價格ヲ追徵ス

第九十一條ノ三　前條第一項ニ揭クル者ニ對シ賄賂ヲ交付、提供又ハ約束シタル者ハ二年以下ノ懲役又ハ三百圓以下ノ罰金ニ處ス

前項ノ罪ヲ犯シタル者自首シタルトキハ其ノ刑ヲ減輕又ハ免除スルコトヲ得

附　則

第九十二條　本法施行ノ期日ハ勅令ヲ以テ之ヲ定ム

（明治四十二年勅令第二百三十號ヲ以テ同年十月十六日ヨリ之ヲ施行ス）

明治三十年法律第三十九號ハ之ヲ廢止ス但シ現ニ土地ノ區劃形狀變更ノ許可ヲ得タル者ニ關シテハ仍從前ノ例ニ依ル

第九十三條　北海道ノ耕地整理ニ付テハ勅令ヲ以テ特例ヲ設クルコトヲ得

第九十四條　本法施行前耕地整理ニ關シ發起又ハ施行ノ認可ヲ得タル者ニ付テハ以下數條ニ規定スルモノヲ除クノ外舊法ノ規定ヲ適用ス

第九十五條　本法第一條、第二條、第四條、第八條、第十條、第十七條、第二十五條、第二十七條、第二十八條、第三十條、第三十一條、第三十三條、第三十五條乃至第四十條、第七十九條、第八十二條、第八十四條及第八十五條ノ規定ハ本法施行前耕地整理ニ關シ發起又ハ施行ノ認可ヲ得タル者ニ之ヲ適用ス

第九十六條　本法施行前耕地整理發起ノ認可ヲ得タル者ハ發起人又ハ整理委員ノ申請ニ依リ命令ノ定ムル所ニ從ヒ之ヲ本法ニ依ル耕地整理組合ト爲スコトヲ得

前項ノ規定ニ依リ耕地整理組合ト爲シタルトキハ耕地整理ニ關スル從前ノ設計書又ハ規約ハ本法又ハ本

法ニ基キテ發スル命令ニ反セサル範圍內ニ於テ本法ノ規定ニ依ル設計書又ハ規約ト看做ス

第一項ノ規定ニ依ル耕地整理組合ハ耕地整理ニ關スル參加土地所有者共同ノ權利義務ヲ承繼ス

第九十七條　本法施行前耕地整理發起ノ認可ヲ申請シ未タ之ヲ得ルニ至ラサル者ハ命令ノ定ムル所ニ從ヒ之ヲ本法第五十條ノ規定ニ依ル耕地整理組合設立ノ申請ト爲スコトヲ得

第九十八條　舊法又ハ明治三十年法律第三十九號ニ依リ爲シタル處分ニ對スル訴願ニ關シテハ各舊法又ハ明治三十年法律第三十九號ノ規定ニ依ル

附　則

本法施行ノ期日ハ勅令ヲ以テ之ヲ定ム（大正八年勅令第二百四十五號ヲ以テ同年六月一日ヨリ之ヲ施行ス）

本法施行前第十四條及第十四條ノ二ノ規定ニ依ル許可アリタル土地ニ關シテハ仍從前ノ例ニ依ル

開墾助成法

第一條　土地ノ農業上ノ利用ヲ增進スル目的ヲ以テ左ニ揭クル事業ヲ行フ者ニ對シ主務大臣ハ助成金ヲ交付スルコトヲ得

一　開墾、湖海ノ埋立若ハ干拓又ハ開田

二　前號ニ揭クル事業ニ伴フ灌漑排水ニ關スル施設又ハ道路堤塘ノ新設若ハ變更

第二條　助成金ハ命令ノ定ムル所ニ依リ工事開始ノ年ヨリ工事終了後四年ニ至ル期間內ニ於テ之ヲ交付ス

前項助成金ノ年額ハ命令ノ定ムル所ニ依リ事業ノ爲其ノ交付ノ日迄ニ支出シタル總金額ノ百分ノ六以內トス

第三條　主務大臣ハ助成金ノ交付ヲ受クル者ニ對シ助成金交付ノ土地、事業又ハ事業ニ依リテ生シタル設備ニ關シ報告ヲ命シ、當該官吏若ハ吏員ヲシテ書類會計物件若ハ工事ヲ檢查セシメ又ハ監督上必要ナル命令ヲ發シ若ハ處分ヲ爲スコトヲ得

第四條　左ノ各號ノ一ニ該當スルトキハ主務大臣ハ助成金ノ交付ヲ受クル者ニ對シ助成金ノ交付ヲ停止シ若ハ廢止シ又ハ助成金ノ全部若ハ一部ノ償還ヲ命スルコトヲ得

一　本法若ハ本法ニ基キテ發スル命令又ハ之ニ依リテ爲シタル處分ニ違反シタルトキ

二　事業ノ全部又ハ一部ノ停止又ハ廢止アリタルトキ

三　助成金交付ノ土地又ハ事業ニ依リテ生シタル設備ヲ農業上ニ利用セサルニ至リタルトキ

四　助成金交付ノ條件ニ違反シタルトキ

五　詐欺ノ手段ヲ以テ助成金ノ交付ヲ受ケタルトキ

第五條　私人ノ助成金償還ニ付テハ國税滯納處分ノ例ニ依リ之ヲ徴收スルコトヲ得但シ先取特權ノ順位ハ國税ニ次クモノトス

第六條　主務大臣ハ命令ノ定ムル所ニ依リ本法ニ依ル職權ノ一部ヲ地方長官ニ委任スルコトヲ得

附　則

本法施行ノ期日ハ勅令ヲ以テ之ヲ定ム（大正八年勅令第二百四十六號ヲ以テ同年六月一日ヨリ之ヲ施行ス）

本法ヲ北海道ニ之ヲ施行セス

森林法

第一章　總則

第一條　森林ハ其ノ所有者ニ依リ之ヲ分チテ御料林、國有林、公有林、社寺有林及私有林トス

前項ノ種別ニ依リ難キ森林ニ關シテハ命令ノ定ムル所ニ依リ本法ヲ適用ス

第二條　森林ノ立木竹ヲ所有スル爲地上權、賃借權其ノ他土地ニ關シ使用又ハ收益ヲ爲ス權利ヲ有スル者アルトキハ其ノ權利者ヲ以テ本法ニ依ル森林所有者ト看做ス

前項ノ權利二箇以上同一ノ土地ノ上ニ存在スル場合ニ於テハ最後ニ設定セラレタル權利ヲ有スル者ヲ以テ前項ノ森林所有者トス

第三條　本法ニ於テ開墾ト稱スルハ地租條例ニ規定スルモノノ外燒畑、切替畑其ノ他土地ノ形質ヲ變更スル行爲ヲ謂フ

第四條　本法又ハ本法ニ基キテ發スル命令ニ規定シタル森林所有者、森林立木竹所有者又ハ土地ノ所有者若ハ占有者ノ權利義務ハ森林若ハ森林立木竹又ハ土地ノ所有權若ハ占有權ト共ニ其ノ承繼人ニ移轉ス

第五條　本法又ハ本法ニ基キテ發スル命令ノ規定ニ依リ爲シタル手續其ノ他ノ行爲ハ森林所有者、森林立木竹所有者又ハ土地ノ所有者若ハ占有者ノ承繼人ニ對シテモ其ノ効力ヲ有ス

第六條　民法第二百五十六條ノ規定ハ共有ノ森林ニ之ヲ適用セス但シ各共有者持分ノ價格ニ從ヒ其ノ過半數ヲ以テ分割ノ請求ヲ爲スコトヲ妨ケス

第七條　公園、社寺境内及命令ヲ以テ定ムル土地ニ付テハ本法ヲ適用セス但シ命令ニ別段ノ規定アルトキハ此ノ限ニ在ラス

第八條　本法又ハ本法ニ基キテ發スル命令ノ規定ニ依リ書類ヲ送付スヘキ場合ニ於テ送付ヲ爲スコト能ハサルトキハ官報又ハ行政廳慣行ノ公布式ヲ以テ之ヲ公示シ其ノ公示ノ日ヨリ三十日ヲ經過シタルトキハ其ノ末日ニ於テ送付アリタルモノト看做ス

第二章　營林ノ監督

第九條　地方長官ニ於テ必要アリト認ムルトキハ公共團體又ハ社寺ノ代表者ヲシテ森林又ハ森林トシテ管理スヘキ土地ニ付施業案又ハ施業要領ヲ定メ其ノ認可ヲ受ケシムルコトヲ得

地方長官ニ於テ必要アリト認ムルトキハ前項ノ施業案又ハ施業要領ノ變更ヲ命スルコトヲ得

第十條　公有林、社寺有林又ハ私有林ニシテ荒廢ノ虞アルトキハ地方長官ニ於テ施業ノ方法ヲ指定スルコトヲ得

前項指定ノ方法ニ違反シ伐木ヲ爲シタル者ニハ地方長官其ノ伐採ヲ停止シ伐木跡地ニ造林ヲ命スルコトヲ得

第二十五條第二項ノ規定ハ前二項ノ場合ニ之ヲ準用ス

第十一條　前條第二項ニ依リ造林ノ命令ヲ受ケタル者造林ヲ怠リタルトキハ行政官廳ニ於テ自ラ義務者ノ爲スヘキ行爲ヲ爲シ又ハ公共團體ヲシテ之ヲ爲サシムルコトヲ得

前項造林ニ要シタル費用ハ行政官廳ニ於テ國稅徵收法ノ例ニ依リ之ヲ徵收スルコトヲ得

第十二條　本法施行以前ヨリ荒廢ニ屬シタル森林ニ付新ニ造林シタルトキハ其ノ納稅義務者ノ申請ニ依リ其ノ造林シタル部分ニ限リ三十年以内地租ヲ免スルコトヲ得

前項ノ規定ハ原野、山岳又ハ荒蕪地ニ新ニ造林シタル場合ニ之ヲ準用ス

府縣市町村其ノ他ノ公共團體ハ前二項ニ依リ地租ヲ免セラレタル土地ニ對シ租稅其ノ地ノ公課ヲ課スルコトヲ得ス

第十三條　公有林、社寺有林又ハ私有林ニ付地方長官ハ土地ノ狀況ニ依リ箇所及期間ヲ指定シ落葉、落枝柴草、土石、樹根、草根、切芝ノ採取若ハ採掘ニ關スル制限又ハ禁止ヲ爲スコトヲ得

第三章　保安林

第十四條　主務大臣ハ左ニ掲クル場合ニ於テ森林ヲ保安林ニ編入スルコトヲ得

一　土砂ノ壞崩、流出ノ防備ノ爲必要ナルトキ
二　飛砂ノ防備ノ爲必要ナルトキ
三　水害、風害、潮害ノ防備ノ爲必要ナルトキ
四　頽雪又ハ墜石ニ因ル危險ノ防止ノ爲必要ナルトキ
五　水源涵養ノ爲必要ナルトキ
六　魚附ノ爲必要ナルトキ
七　航行ノ目標ノ爲必要ナルトキ
八　公衆ノ衞生ノ爲必要ナルトキ
九　社寺、名所又ハ舊跡ノ風致ノ爲必要ナルトキ

第十五條　主務大臣ハ公益上必要アリト認ムルトキ又ハ保安林トシテ存置スルノ必要ナシト認ムルトキハ保安林ヲ解除スルコトヲ得

第十六條　保安林ノ編入解除ハ其ノ森林所在ノ府縣市町村又ハ之ニ準スヘキ者其ノ他直接利害ノ關係ヲ有

スル者ヨリ地方長官ヲ經由シ主務大臣ニ申請スルコトヲ得

前項ノ申請ニ係ル森林ニ付不編入又ハ不解除ノ處分アリタルトキハ實地ノ狀況ニ著シキ變更ヲ生シタル場合ニ非サレハ同一理由ニ依リ再ヒ之ヲ申請スルコトヲ得ス

第十七條　保安林ノ編入解除ノ申請アリタル場合ニ於テ前條第一項ノ條件ヲ具備セス又ハ同條第二項ノ規定ニ違反シタルモノト認ムルトキハ地方長官ハ申請書ヲ却下スルコトヲ得

前項ノ處分ニ對シ不服アル者ハ訴願ヲ提起スルコトヲ得

第十八條　保安林ノ編入解除ヲ爲サムトスルトキ又ハ地方長官其ノ申請ヲ受理シタルトキハ地方長官ニ於テ其ノ旨ヲ森林所有者、土地所有者其ノ他土地ニ付登記シタル權利ヲ有スル者ニ通知シ且慣行ノ公布式ヲ以テ之ヲ告示シ森林所在ノ市町村役場ニ之ヲ掲示スヘシ

地方長官ハ前項告示ノ日ヨリ三十日ヲ經過シタル後保安林ノ編入解除ヲ地方森林會ノ議ニ付スヘシ

第十九條　地方森林會ニ關スル規程ハ命令ヲ以テ之ヲ定ム

第二十條　第十八條ノ告示ニシテ保安林編入ニ關スルモノナルトキハ其ノ告示ノ日ヨリ第二十三條ノ告示ノ日迄其ノ森林ニ於テ木竹ノ伐採、開墾又ハ土石、切芝、樹根、草根、埋木ノ採取若ハ採掘ヲ爲スコトヲ得ス但シ地方長官ノ許可ヲ得タルトキハ此ノ限ニ在ラス

第二十一條　保安林ノ編入解除ニ關シ直接利害ノ關係ヲ有スル者其ノ編入解除ニ異議アルトキハ第十八條ノ告示ノ日ヨリ二十五日以內ニ意見書ヲ地方長官ニ提出スルコトヲ得

第二十二條　地方長官ハ保安林ノ編入解除ニ關スル地方森林會ノ決議書其ノ他ノ關係書類ニ意見書ヲ添ヘ之ヲ主務大臣ニ差出スヘシ但シ第三十七條ノ二ノ規定ニ依リ委任ヲ受ケタル場合ニ於テハ此ノ限ニ在ラス

第二十三條　主務大臣ニ於テ保安林ノ編入解除ニ關ス

ル處分ヲ爲シタルトキハ官報ヲ以テ之ヲ告示シ地方長官ヲシテ其ノ森林所有者ニ其ノ旨ヲ通知シ且所在ノ市町村役場ニ掲示セシムヘシ

地方長官ニ於テ第三十七條ノ二ノ規定ニ依リ保安林ノ編入解除ニ關スル處分ヲ爲シタルトキハ前項ノ手續ヲ爲スヘシ

第二十四條　保安林ノ編入解除ニ關シ直接利害ノ關係ヲ有スル者其ノ編入解除ニ關スル處分ニ不服アルトキハ訴願ヲ提起スルコトヲ得違法ニ權利ヲ傷害セラレタリトスルトキハ前條告示ノ日ヨリ六十日以内ニ行政訴訟ヲ提起スルコトヲ得

第二十五條　地方長官ニ於テ保安林ノ編入ニ關シ必要アリト認ムルトキハ其ノ森林ニ於ケル木竹ノ伐採ヲ停止スルコトヲ得但シ其ノ停止期間ハ一箇年ヲ超ユルコトヲ得ス

前項ニ依リ木竹ノ伐採ヲ停止セラレタル森林ト雖保育ノ爲必要ナルトキ又ハ已ムコトヲ得サル事由アルトキハ地方長官ノ許可ヲ得テ之ヲ伐採スルコトヲ得

第二十六條　保安林ニ於テハ地方長官ノ許可ヲ得ルニ非サレハ木竹ノ伐採、傷害、開墾又ハ土石、切芝、樹根、草根、埋木ノ採取若ハ採掘ヲ爲シ又ハ家畜ヲ放牧スルコトヲ得ス

第二十七條　主務大臣ハ保安林ノ所有者ニ對シ前條ノ外其ノ使用收益ヲ制限若ハ禁止シ又ハ施業若ハ保護ノ方法ヲ指定スルコトヲ得

第二十八條　木竹ノ伐採ヲ禁止セラレタル保安林ノ所有者又ハ立木竹ノ所有者ハ之ニ因リテ生シタル直接ノ損害ニ限リ其ノ補償ヲ求ムルコトヲ得

前項保安林ノ所有者カ前條ノ指定ニ依リ造林ヲ爲シタルトキハ其ノ造林ノ費用ハ前項ノ損害ト看做ス

前二項ノ損害ハ政府之ヲ補償ス但シ政府ハ保安林編入ニ因リ特ニ利益ヲ受クル公共團體若ハ私人ヲシテ其ノ全部又ハ一部ヲ負擔セシメ國税徴收法ノ例ニ依リ之ヲ徴收スルコトヲ得

第一項及第二項ノ損害ノ算定方法及其ノ補償請求期間ハ命令ヲ以テ之ヲ定ム

第二十九條　前條第三項ニ依ル政府ノ補償金額ニ付不服アル者ハ其ノ補償金額ノ通知ヲ受ケタル日ヨリ九

十日以內ニ通常裁判所ニ出訴スルコトヲ得
前條第三項但書ニ依ル負擔ニ付不服アル者ハ訴願ヲ提起スルコトヲ得
第三十條　先取特權、質權又ハ抵當權ハ第二十八條第一項ニ依リ受クヘキ補償金ニ對シテモ之ヲ行フコトヲ得但シ其ノ拂渡前ニ差押ヲ爲スヘシ
第三十一條　國有地ノ上ニ存在スル森林ニシテ保安林ニ編入セラレタルトキハ政府ハ其ノ借地料ヲ免ス
第三十二條　主務大臣國土保安上必要アリト認ムルトキハ保安林以外ノ森林ニ付區域又ハ箇所ヲ定メテ開墾ヲ制限又ハ禁止スルコトヲ得
第三十三條　第二十六條ノ規定ニ違反シ、第二十七條又ハ前條ノ制限、禁止若ハ指定ニ違反シタル者アルトキハ地方長官ハ造林其ノ他復舊ニ必要ナル行爲ヲ命スルコトヲ得
第三十四條　第十一條ノ規定ハ前條ニ依リ造林ノ命令ヲ爲シタル場合ニ之ヲ準用ス
第三十五條　保安林ノ編入解除ニ關スル調査及國土保安ニ關シ地方長官ノ行フ調査ニ要スル費用ハ府縣ノ負擔トス但シ北海道ニ於テハ北海道地方費、沖縄縣ニ於テハ國庫ノ負擔トス
第三十六條　主務大臣ニ於テ必要アリト認ムルトキハ原野、山岳其ノ他ノ土地ニシテ第十四條第一號乃至第四號ノ場合ニ該當スルモノニ付本章ノ規定ヲ準用スルコトヲ得
第三十七條　第十八條第二項、第二十八條乃至第三十條ノ規定ハ御料林及國有林ニ之ヲ適用セス
第三十七條ノ二　主務大臣ハ命令ノ定ムル所ニ依リ本章ニ規定シタル職權ノ一部ヲ地方長官ニ委任スルコトヲ得

第四章　土地ノ使用及收用

第三十八條　本章ニ於テ關係人ト稱スルハ第四十條第二項ニ依ル通知前使用又ハ收用スヘキ土地ニ關シテ權利ヲ有スル者及其ノ通知後ニ於テ通知前ヨリ既存セル權利ヲ承繼シタル者ヲ謂フ
第三十九條　本章ニ於テ補償金ト稱スルハ對價、使用料其ノ他土地所有者及關係人ノ通常受クヘキ損失ニ

對スル補償金ヲ總稱ス

第四十條　森林ヨリ其ノ產物ヲ運搬スル爲又ハ運搬ニ關スル設備ノ爲必要アルトキハ地方長官ノ許可ヲ得テ他人ノ土地ヲ使用スルコトヲ得但シ御料局又ハ政府ノ使用ニ係ルトキハ當該官廳ハ之ヲ地方長官ニ協議スヘシ

地方長官ハ前項ノ許可ヲ與ヘ又ハ協議調ヒタルトキハ之ヲ土地所有者及關係人ニ通知スヘシ

第一項ニ依リ土地ヲ使用セムトスル者ハ前項通知ノ後其ノ土地ニ關スル權利ヲ取得スル爲土地所有者及關係人ニ協議スヘシ

第四十一條　前條第二項ノ通知後一箇年以內ニ同條第三項ノ協議ヲ爲ササルトキハ同條第一項ノ許可及協議ハ其ノ效力ヲ失フ第五十五條第一項ニ依リ地方森林會ノ裁決ヲ求メサルトキ亦同シ

第四十二條　土地ノ使用三箇年以上ニ亘ルトキ又ハ土地ノ形質ヲ變更スルトキハ所有者ハ其ノ收用ヲ請求スルコトヲ得

第四十三條　土地ノ一部ヲ收用スルニ因リテ殘地ヲ從來用キタル目的ニ供スルコト能ハサルトキハ土地所有者ハ其ノ全部ノ收用ヲ請求スルコトヲ得

第四十四條　土地ヲ使用又ハ收用スルトキハ土地所有者及關係人ニ補償金ヲ拂渡スヘシ

第四十五條　土地ノ一部ヲ使用又ハ收用スルニ因リテ殘地ノ價格ヲ減シ其ノ他殘地ニ關シ損失ヲ生スヘキトキハ其ノ補償金ヲ拂渡スヘシ

第四十六條　土地ヲ使用又ハ收用スルニ因リテ通路、溝渠、墻柵其ノ他ノ工作物ノ新築、改築、增築又ハ修繕ヲ爲スノ必要ヲ生シタルトキハ其ノ補償金ヲ拂渡スヘシ

第四十七條　第四十條第二項ノ通知後土地ノ形質ヲ變更シ、工作物ノ新築、改築、增築若ハ大修繕ヲナシ又ハ物件ヲ附加增置セムトスルトキハ土地所有者又ハ關係人カ地方長官ノ許可ヲ受クヘシ許可ヲ受ケスシテ之ヲ爲シタル者ハ之ニ關スル補償金ヲ請求スルコトヲ得ス

第四十八條　第四十條第二項ノ通知後同條第一項ノ目的ニ土地ヲ使用スルコトヲ廢止シタル者ハ土地所有

者又ハ關係人ノ受ケタル損失ニ對シ其ノ補償金ヲ拂渡スヘシ

第四十九條　土地所有者及關係人ハ土地ノ使用者若ハ收用者ヲシテ補償金ニ付相當ノ擔保ヲ供セシムルコトヲ得但シ土地ノ使用者若ハ收用者カ御料局、政府府縣市町村及之ニ準スヘキモノナルトキハ此ノ限ニ在ラス

第五十條　第五十五條第一項ノ裁決アリタルトキハ土地ノ使用者又ハ收用者ハ其ノ裁決ニ依ル補償金ヲ供託シ又ハ擔保ヲ供シテ土地ヲ用ウルコトヲ得但シ土地ノ使用者又ハ收用者カ御料局、政府、府縣市町村及之ニ準スヘキモノナルトキハ補償金ノ供託及擔保ノ提供ヲ要セス

第五十一條　前數條ニ依ル補償金ノ拂渡若ハ供託ヲ爲サス又ハ擔保ヲ供セサルトキハ土地所有者及關係人ハ土地ヲ用ウルコトヲ拒ムコトヲ得

第五十二條　土地ヲ收用スルトキハ收用ノ時期ニ於テ所有權ハ收用者之ヲ取得シ其ノ他ノ權利ハ消滅ス

土地ヲ使用スルトキハ使用ノ時期ニ於テ土地ノ使用者其ノ使用權ヲ取得シ其ノ他ノ權利ハ使用ヲ妨ケサル範圍ニ制限セラルルモノトス

第五十三條　土地ノ使用者其ノ使用ヲ終リタルトキハ土地ヲ原形ニ復シ又ハ原形ニ復セサルニ因リテ生スル損失ニ對シ補償金ヲ拂渡シテ之ヲ返還スヘシ

第五十四條　第三十條ノ規定ハ本章ノ補償金ニ之ヲ準用ス

第五十五條　土地ノ使用者ハ收用、補償金又ハ擔保ニ付協議調ハサルトキ又ハ協議ヲ爲スコト能ハサルトキハ第四十條第二項ノ通知後一箇年以内ニ地方森林會ノ裁決ヲ求ムルコトヲ得

前項ノ裁決中土地ノ使用又ハ收用ニ關スルモノニ付不服アル者ハ主務大臣ニ訴願ヲ提起スルコトヲ得違法ニ權利ヲ傷害セラレタリトスルトキハ行政訴訟ヲ提起スルコトヲ得但シ裁決ノ送付ヲ受ケタル日ヨリ六十日ヲ經過シタルトキハ此ノ限ニ在ラス

第一項ノ裁決中補償金又ハ擔保ニ關スルモノニ付不服アル者ハ通常裁判所ニ出訴スルコトヲ得但シ裁決ノ送付ヲ受ケタル日ヨリ九十日ヲ經過シタルトキハ

此ノ限ニ在ラス

第五十六條　土地收用法第六十四條、第六十六條及第六十七條ノ規定ハ本章ニ依リ使用又ハ收用セラレタル土地ニ之ヲ準用ス

第五十七條　土地ノ使用、收用ニ關スル規定ハ水ノ使用ニ關スル權利其ノ他土地ニ關スル所有權以外ノ權利ノ使用又ハ收用ニ之ヲ準用ス

第五十八條　森林ヨリ其ノ産物ヲ運搬スル爲又ハ運搬ニ關スル設備ノ爲必要アルトキハ地方長官ノ許可ヲ得テ水流ニ於ケル他人ノ工作物ヲ使用シ、變更シ又ハ除却スルコトヲ得但シ御料局又ハ政府カ之ヲ行フトキハ地方長官ニ協議スヘシ

前項工作物ノ使用、變更又ハ除却ニ因リテ損害ヲ生スヘキトキハ補償金ノ拂渡ヲ爲スヘシ

第四十條第二項第三項、第四十一條、第四十六條乃至第五十一條、第五十二條第二項、第五十三條乃至第五十五條ノ規定ハ前二項ノ場合ニ之ヲ準用ス

第五十九條　流木竹ノ爲必要アル場合ニ於テハ沿岸ノ土地ニ立入ルコトヲ得此ノ場合ニ於テ損害アリタルトキハ賠償ヲ爲スヘシ

第六十條　前數條ノ外流木竹ニ付土地又ハ水ノ使用ニ關スル規定ハ命令ヲ以テ之ヲ定ム

第六十一條　森林又ハ森林ノ事業ニ關シ實地調査ノ爲必要アルトキハ地方長官ノ許可ヲ得テ他人ノ土地ニ立入リ、目標ヲ設置シ又ハ支障木竹ヲ伐採スルコトヲ得但シ御料局又ハ政府ニ於テハ地方長官ニ通知シテ之ヲ行フコトヲ得

前項ノ場合ニ於テ損害アリタルトキハ賠償ヲ爲スヘシ

第一項ノ場合ニ於テハ其ノ旨ヲ土地ノ所有者又ハ占有者ニ通知スヘシ

第五章　森林組合

第六十二條　森林組合ハ左ノ各號ノ一ニ該當スル場合ニ於テ必要ナル事業ヲ爲ス爲一定ノ地區ヲ限リ之ヲ設立スルコトヲ得

一　國土保安ノ爲又ハ森林ノ荒廢ヲ防止シ若ハ荒廢セル森林ヲ回復スル爲必要ナルトキ

二　森林カ所有者ヲ異ニシ協同シテ施業ヲ爲スニ非サレハ其ノ利用ノ目的ヲ達スルニ困難ナルトキ

三　森林產物ノ運搬ニ必要ナル工事ヲ爲シ又ハ之ヲ維持スル爲關係者ノ協同ヲ必要トスルトキ

四　森林ノ危害防止ニ付關係者ノ協同ヲ必要トスルトキ

第六十三條　森林組合ハ營利ヲ目的トセサル社團法人トス

第六十四條　森林組合ヲ設立スルニハ定款ヲ定メ地方長官ノ許可ヲ受クヘシ

第六十五條　森林組合ノ組合員ハ其ノ地區內ニ於ケル森林ノ所有者ニ限ル

第六十六條　森林組合ヲ設立スルニハ左ノ條件ヲ具備スルコトヲ要ス

一　組合員タル資格ヲ有スル者ノ三分ノ二以上ノ同意アルコト

二　前號同意者ノ所有スル森林ノ面積カ地區內ニ於ケル森林ノ總面積ノ三分ノ二以上ナルコト

第六十七條　森林組合成立シタルトキハ組合員タル資格ヲ有スル者ハ總テ組合員トス但シ命令又ハ定款ニ於テ加入ノ義務ナシト定メタル者ハ此ノ限ニ在ラス

第六十八條　定款ニハ左ノ事項ヲ記載スルコトヲ要ス

一　目的及事業

二　地區

三　名稱

四　事務所

五　出資又ハ費用分擔ノ方法

六　存立時期又ハ解散ノ事由ヲ定メタルトキハ其ノ時期又ハ事由

前項ノ外定款ニ定ムルコトヲ要スヘキ事項ハ命令ヲ以テ之ヲ定ム

定款ノ變更ハ地方長官ノ認可ヲ受クルニ非サレハ其ノ效力ヲ生セス

第六十九條　森林組合ノ設立ハ其ノ主タル事務所ノ所在地ニ於テ登記ヲ受クルニ非サレハ之ヲ以テ第三者ニ對抗スルコトヲ得ス

第七十條　組合員ハ組合ノ承諾ヲ得ルニ非サレハ新ニ地區內ノ森林又ハ森林產物ニ付組合ノ事業ヲ妨クヘ

キ行爲ヲ爲スコトヲ得ス

第七十一條　森林組合ハ主務大臣及地方長官之ヲ監督ス

監督官廳ハ何時ニテモ組合ノ事業ニ關スル報告ヲ徵シ、事業ニ付認可ヲ受ケシメ、事業及財產ノ狀況ヲ檢查シ其ノ他監督上必要ナル命令ヲ發シ又ハ處分ヲ爲スコトヲ得

第七十二條　總會ノ決議又ハ役員ノ行爲ニシテ法令、監督官廳ノ命令若ハ定款ニ違反シ又ハ公益ヲ害シ若ハ害スルノ虞アリト認ムルトキハ監督官廳ハ左ノ處分ヲ爲スコトヲ得

一　決議ノ取消

二　役員ノ解職

三　組合ノ解散

第七十三條　森林組合ニ於テ本章又ハ之ニ基キテ發スル命令ノ規定ニ違反シタルトキハ其ノ役員ヲ二圓以上百圓以下ノ過料ニ處ス

前項ノ過料ニ付テハ非訟事件手續法第二百六條乃至第二百八條ノ規定ヲ準用ス

第七十四條　造林ノ用ニ供スル土地ハ本章ノ適用上之ヲ森林ト看做ス

第七十五條　本法ニ規定スルモノノ外森林組合ノ設立管理、解散、清算其ノ他組合ニ關シ必要ナル事項ハ勅令ヲ以テ之ヲ定ム

第六章　森林警察

第七十六條　地方長官ニ於テ必要アリト認ムルトキハ左ノ命令ヲ發シ若ハ處分ヲ爲スコトヲ得

一　森林產物ニ使用スル記號又ハ印章ヲ定メ所轄警察官署ニ屆出テシメ森林產物ノ搬出前之ヲ使用セシムルコト

二　前號ニ依リ屆出テタル記號印章ト同一又ハ類似ノ記號若ハ印章ノ使用ヲ禁止スルコト

三　前二號ノ規定ニ違反シタル者ニ對シ森林產物ノ運搬ヲ停止スルコト

四　森林產物ニ關スル營業者ヲシテ帳簿ヲ設ケ其ノ產物ノ出所、種類、數量及仕向先ヲ記載セシムルコト

五　前各號ノ外森林ノ危害防止ニ關スルコト

第七十七條　森林官吏、警察官吏又ハ犯罪捜査ニ付職權ヲ有スル官吏、公吏其ノ職務ヲ行フ爲必要アリト認ムルトキハ森林産物又ハ森林産物ニ關スル營業者ノ手板、帳簿及器具ニ付檢査ヲ行フコトヲ得

第七十八條　森林、原野、山岳又ハ荒蕪地ニ於テハ地方長官ニ於テ必要ト認メ主務大臣ノ認可ヲ得テ指定シタル場合ヲ除クノ外火入ヲ爲スコトヲ得ス

前項指定ノ場合ニ於テ火入ヲ爲サムトスルトキ又ハ前項以外ノ土地ニシテ森林ニ接近セル土地ニ火入ヲ爲サムトスルトキハ森林官吏又ハ警察官吏ノ許可ヲ受クヘシ

第七十九條　前條ノ火入ヲ爲サムトスルトキハ豫メ防火ノ設備ヲ爲シ且接近セル森林ノ所有者又ハ管理者ニ其ノ旨ヲ通知スヘシ

第八十條　森林害蟲發生シ又ハ發生ノ虞アルトキハ其ノ害蟲發生シ又ハ發生ノ虞アル森林ノ所有者之ヲ驅除豫防スヘシ

前項ノ場合ニ於テ必要アルトキハ森林所有者ハ警察

官署ノ許可ヲ得テ他人ノ土地ニ立入リ森林害蟲ノ驅除豫防ヲ爲スコトヲ得

第八十一條　森林害蟲蔓延シ又ハ蔓延ノ虞アル場合ニ於テ地方長官ハ森林害蟲ノ驅除又ハ豫防ノ爲必要ナル處置ヲ利害關係アル森林ノ所有者ニ命シ又ハ自ラ之ヲ行フコトヲ得蟲類以外ノ動物又ハ黴菌ヲ驅除豫防スルニ付主務大臣ノ認可ヲ得タル場合亦同シ

前項驅除豫防ノ費用ハ其ノ利害關係アル土地ノ面積又ハ地價ヲ準率ト爲シ森林所有者ノ負擔トス但シ地方長官自ラ驅除豫防ヲ行ヒタル場合ヲ除クノ外費用ノ負擔者ニ於テ別段ノ定ヲ爲シタルトキハ此ノ限ニ在ラス

地方長官第一項ニ依リ自ラ驅除豫防ヲ行ヒタル場合ニ於ケル費用ノ徴收ニ付テハ行政執行法第六條ノ規定ヲ準用ス

第八十二條　害蟲驅除豫防法第七條及第八條ノ規定ハ前二條ニ依ル驅除豫防ニ之ヲ準用ス

第七章　罰則

第八十三條　森林ニ於テ其ノ產物ヲ竊取シタル者ハ森林竊盜トシ三年以下ノ重禁錮又ハ贓額以上贓額二倍以下ノ罰金ニ處ス其ノ產物ニシテ人工ヲ加ヘタルモノニ係ルトキ亦同シ

第八十四條　森林竊盜ニシテ左ノ各號ノ一ニ該當スルトキハ二年以上三年以下ノ重禁錮及贓額以上贓額二倍以下ノ罰金ニ處ス

一　根株ヲ堀採、毀壞、燒燬若ハ隱蔽シ其ノ他罪跡ノ湮滅ヲ圖ルノ行爲アリタルトキ

二　贓物ヲ原料トシテ木炭、樟腦、椎茸、松根油其ノ他ノ物品ヲ製シタルトキ

三　贓物ヲ燃料トシテ鑛物ノ採取、精製若ハ石灰、煉瓦石、瓦其ノ他ノ物品ノ製造ニ使用シタルトキ

四　贓物ヲ運搬スル爲馬、牛、船舶、車輛若ハ橇ヲ使用シ又ハ運搬、造材ノ設備ヲ爲シタルトキ

五　保安林ニ於テ犯シタルトキ

六　森林產物採取ノ權利ヲ行使スルニ際シ犯シタルトキ

七　二人以上共同シ又ハ他人ヲ雇使シテ犯シタルトキ

八　森林保護ノ義務ヲ有スル者犯シタルトキ

九　差押ノ贓物ヲ隱匿、消費、減却又ハ放棄シタルトキ

十　夜間犯シタルトキ

第八十五條　前條第二號ニ依リ製シタル物品ハ之ヲ森林竊盜ト看做ス

第八十六條　民法第百九十六條ノ規定ハ森林竊盜ノ贓物ノ回復ニ之ヲ適用セス但シ善意ノ取得者ニ付テハ此ノ限ニ在ラス

第八十七條　森林竊盜ノ贓物ナルコトヲ知リテ之ヲ受ケ又ハ寄藏故買シ若ハ牙保ヲ爲シタル者ハ一月以上三年以下ノ重禁錮及贓額以上贓額二倍以下ノ罰金ニ處ス

第八十八條　第八十三條、第八十四條及前條ノ贓額ノ二倍カ二圓ニ滿タサルトキト雖其ノ罰金ハ二圓以下ニ下スコトヲ得ス

第八十九條　他人ノ森林ニ放火シタル者ハ輕懲役ニ處ス因テ主產物ヲ燒燬シタル者ハ重懲役ニ處ス

自己ノ森林ニ放火シタル者ハ二月以上二年以下ノ重禁錮又ハ二百圓以下ノ罰金ニ處ス因テ他人ノ森林ノ主産物ヲ燒燬シタル者ハ五年以下ノ重禁錮ニ處ス

第九十條　第八十三條、第八十四條及前條第二項ノ罪ヲ犯サムトシテ未タ遂ケサル者ハ刑法未遂犯罪ノ例ニ照シテ處斷ス

第九十一條　森林ノ爲設ケタル標識ヲ移轉、汚損シ又ハ毀壞シタル者ハ三十圓以下ノ罰金ニ處ス但シ刑法第四百二十條ノ適用ヲ妨ケス

第九十二條　立木竹、木材又ハ根株ニ附シタル他人ノ記號印章ヲ變更又ハ消除シタル者ハ二十圓以下ノ罰金ニ處ス

第九十三條　他人ノ森林内ニ工作物ヲ設ケタル者ハ二百圓以下ノ罰金ニ處ス

他人ノ森林ヲ開墾シタル者亦同シ

前項ノ犯罪ニシテ保安林、開墾禁止ノ森林ニ係ルトキハ六月以下ノ重禁錮及二百圓以下ノ罰金ニ處ス

第九十四條　他人ノ森林内ニ於テ放牧シタル者ハ五十圓以下ノ罰金ニ處ス

第九十五條　第十三條ノ制限又ハ禁止ニ違反シタル者ハ二十圓以下ノ罰金ニ處ス

第九十六條　第二十條ニ違反シ又ハ第二十五條第一項ノ停止ニ違反シタル者ハ百圓以下ノ罰金ニ處ス

第九十七條　第二十六條ニ違反シ又ハ第三十二條ノ制限若ハ禁止ニ違反シタル者ハ二百圓以下ノ罰金ニ處ス

第九十八條　第二十七條ノ制限、禁止又ハ指定ニ違反シタル者ハ三十圓以下ノ罰金ニ處ス

第九十九條　前三條ノ場合ニ於テ木竹ヲ伐採又ハ傷害シタル者ニ對スル罰金ハ其ノ伐採又ハ傷害シタル木竹ノ價格ノ二倍ニ達セシムルコトヲ得

第百條　第七十六條第二號又ハ第三號ニ依ル命令又ハ處分ニ違反シタル者ハ二十圓以下ノ罰金ニ處ス

第百一條　第七十七條ノ檢査ヲ拒ミタル者ハ二十圓以下ノ罰金ニ處ス其ノ刑法ニ正條アルモノハ刑法ニ依ル

第百二條　第七十八條又ハ第七十九條ニ違反シタル者ハ五十圓以下ノ罰金ニ處ス因テ他人ノ森林ヲ燒燬シ

タル者ハ二百圓以下ノ罰金ニ處ス他人ノ森林内ニ於テ焚火ヲ爲シタル者亦同シ

第百三條　第七十六條第一號第四號若ハ第五號又ハ第八十一條第一項ニ依ル命令又ハ處分ニ違反シタル者ハ拘留又ハ科料ニ處ス

第百四條　第三十六條ニ依ル土地ハ本章ノ適用上之ヲ森林ト看做ス

第八章　附則

第百五條　本法施行ノ期日ハ勅令ヲ以テ之ヲ定ム（明治四十年勅令第三百四十六號ヲ以テ明治四十一年一月一日ヨリ之ヲ施行ス）

第百六條　北海道、沖繩縣其ノ他勅令ヲ以テ指定スル島嶼ニ付テハ本法中保安林ニ關スル規定ニ限リ之ヲ施行ス

前項ノ外本法ノ規定ヲ施行スルノ必要アルモノハ勅令ヲ以テ之ヲ定ム

前二項ノ場合ニ於テハ勅令ヲ以テ特例ヲ設クコトヲ得

第百七條　本法施行前森林タリシモノニシテ本法施行以前ヨリ荒廢ニ屬シタルモノハ地方長官ニ於テ造林ヲ命スルコトヲ得

前項ニ依リ造林ノ命令ヲ受ケタル者カ造林ヲ怠リタル場合ニ付テハ第十一條ノ規定ヲ準用ス

第百八條　舊法第三十條ニ依リ保安林ト爲シタルモノニシテ本法施行ノ際現ニ保安林タルモノハ之ヲ保安林トス

第百九條　公有林又ハ社寺有林ニ付本法施行前地方長官ノ認可ヲ受ケ又ハ地方長官ニ届出テタル施業案又ハ施業要領ハ第九條ニ依ル認可ヲ受ケタルモノト看做ス

第百十條　舊法又ハ舊法ニ基キテ發シタル命令ノ規定ニ依リテ爲シタル處分、議決、申請、請求、手續其ノ他ノ行爲ハ本法又ハ本法ニ基キテ發スル命令ノ規定ニ依リテ之ヲ爲シタルモノト看做ス但シ本法ニ基キテ發スル命令ニ別段ノ規定アル場合ハ此ノ限ニ在ラス

第百十一條　舊法ニ依リ本法施行前ニ進行ヲ始メタル期間カ本法中之ニ該當スル期間ヨリ長キトキハ舊法

ノ規定ニ從フ但シ其ノ殘期カ本法施行ノ日ヨリ起算シ本法中之ニ相當スル期間ヨリ長キトキハ本法施行ノ日ヨリ起算シテ本法ノ規定ヲ適用ス

第百十二條　舊法第二十六條ニ依ル補償ノ請求ハ本法施行ノ日ヨリ一箇年ヲ經過スルトキハ之ヲ爲スコトヲ得ス

水利組合法

第一章　總則

第一條　水利土功ニ關スル事業ニシテ特別ノ事情ニ依リ府縣其ノ他ノ地方公共團體ノ事業ト爲スコトヲ得サルモノアル場合ニ於テハ水利組合ヲ設置スルコトヲ得

第二條　水利組合ハ法人トス

第三條　水利組合ハ組合規約ヲ設ケ組合ニ關スル重要ノ事項ヲ規定スヘシ

組合規約ハ之ヲ告示スヘシ其ノ改正アリタルトキ亦同シ

第四條　水利組合ハ分チテ左ノ二種トス

一　普通水利組合

二　水害豫防組合

第五條　普通水利組合ハ灌漑排水ニ關スル事業ノ爲設置スルモノトス

第六條　普通水利組合ハ組合事業ノ爲利益ヲ受クル土地ヲ以テ區域トシ其ノ區域内ニ於テ土地ヲ所有スル者ヲ以テ組合員トス但シ舊慣アルモノハ其ノ舊慣ニ依リ區域ヲ甞スルコトヲ得

第七條　水害豫防組合ハ水害防禦ニ關スル事業ノ爲設置スルモノトス

第八條　水害豫防組合ハ水害ヲ受クヘキ土地ヲ以テ區域トシ其ノ區域内ニ於テ土地、家屋及組合規約ニ指定スル工作物ヲ所有スル者ヲ以テ組合員トス但シ舊慣アルモノハ其ノ舊慣ニ依リ區域ヲ甞スルコトヲ得

第九條　水害豫防組合ニ於テ其ノ區域全部ニ渉リ灌漑排水ニ關スル事業ノ必要アルトキハ組合會ノ議決ニ

依リ府縣知事ノ許可ヲ得テ其ノ事業ヲ兼營スルコトヲ得
前項ノ場合ニ於テ灌漑排水ノ事業ニ關スル部分ニ付テハ普通水利組合ノ規定ヲ準用ス

第二章　組合ノ設置及廢止

第十條　水利組合ヲ設置セムトスルトキハ府縣知事ニ於テ組合區域ヲ指定シ關係地ノ郡長市町村長ノ内一人又ハ數人ニ創立委員ヲ命スヘシ但シ普通水利組合ノ設置ニ付テハ組合員タルヘキ者五人以上ノ申請又ハ組合事業ニ關係アル郡長又ハ市町村長ノ具申アル場合ニ限ル
第三十三條第三項ノ規定ハ創立委員ニ之ヲ準用ス
第十一條　創立委員ハ組合規約案ヲ調製シ關係者ノ總會議ニ付スヘシ關係者百人以上アルトキハ府縣知事ノ許可ヲ得テ便宜總代ヲ選ハシメ其ノ集會ヲ以テ總會議ニ充ツルコトヲ得
總會議又ハ總代人會ノ議長ハ創立委員ヲ以テ之ニ充ツ創立委員數人アルトキハ府縣知事其ノ中一人ヲ指定ス
總會議又ハ總代人會ハ關係者又ハ總代人ノ三分ノ二以上出席スルニ非サレハ會議ヲ開クコトヲ得ス但シ特別ノ事情アルトキハ創立委員ハ府縣知事ノ定ムル所ニ依リ關係者又ハ總代人ノ代人ヲ許スコトヲ得
總會議又ハ總代人會ノ議事ハ過半數ヲ以テ之ヲ決ス可否同數ナルトキハ議長ノ決スル所ニ依ル
總會議費又ハ總代人會費其ノ他創立ニ關スル費用ハ組合設置ノ後組合費ヨリ之ヲ支辨スヘシ
第十二條　創立委員ハ組合規約ノ議決ヲ經タルトキ府縣知事ニ其ノ許可ヲ請フヘシ
第十三條　普通水利組合關係者ノ總會議又ハ總代人會ニ於テ議決シタル組合規約又ハ其ノ議決ノ方法法令ニ背キ又ハ公益ニ害アリト認ムルトキハ府縣知事ハ理由ヲ示シテ之ヲ再議ニ付シ仍其ノ議決ヲ改メサルトキハ内務大臣ノ指揮ヲ請フヘシ
水害豫防組合關係者ノ總會議若ハ總代人會成立セス又ハ其ノ議決スヘキ事件ヲ議決セス又ハ議決スルモノ其ノ議決公益ニ害アリト認ムルトキハ府縣知事ニ

於テ其ノ議決スヘキ事件ヲ處分スルコトヲ得

第十四條　水利組合ハ組合規約ノ許可又ハ前條第二項ニ依ル組合規約ノ設定ニ依リ成立ス

前項ノ場合ニ於テハ府縣知事ハ組合設置ノ旨ヲ告示スヘシ

第十五條　水利組合ノ廢置分合又ハ區域ノ變更ハ普通水利組合ニ在リテハ組合會ノ議決又ハ協議ニ依リ府縣知事ノ許可ヲ得テ之ヲ行ヒ水害豫防組合ニ在リテハ組合會ノ意見ヲ徵シ府縣知事之ヲ行フ

前項ノ場合ニ於テ組合規約ノ設定若ハ改正又ハ財産處分ヲ要スルトキハ組合會ノ議決又ハ協議ニ依リ府縣知事ノ許可ヲ受クヘシ但シ水害豫防組合ニ於テ協議調ハサルトキハ府縣知事之ヲ定ム

水利組合ハ民法上ノ義務ヲ完了スルニ非サレハ之ヲ廢止スルコトヲ得ス

普通水利組合ノ區域ヲ變更スル場合ニ於テ新ニ組合區域ニ編入セラルル土地アルトキハ管理者ハ其ノ土地ノ關係者ノ同意又ハ關係者ノ總會議若ハ總代人會ノ同意ヲ得ルヲ要ス

前項總會議又ハ總代人會ニ關シテハ第十一條ノ規定ヲ準用ス但シ創立委員ノ職務ハ管理者之ヲ行フ

第十六條　水利組合ノ廢置分合又ハ區域ノ變更アリタルトキハ府縣知事ハ之ヲ告示スヘシ

第三章　組合ノ會議

第十七條　水利組合ニ組合會ヲ置ク

第十八條　組合會議員ハ其ノ被選擧權アル者ニ就キ選擧人之ヲ選擧ス

組合會議員選擧人被選擧人ノ資格議員ノ定數任期及選擧ニ關スル事項ハ組合規約ヲ以テ之ヲ定ムヘシ

組合會議員ノ選擧ヲ終リタルトキハ管理者ハ直ニ選擧錄ノ謄本ヲ添ヘ之ヲ第一次監督官廳ニ報告スヘシ

當選者定リタルトキハ管理者ハ直ニ其ノ住所氏名ヲ告示シ併セテ之ヲ第一次監督官廳ニ報告スヘシ

組合會議員ノ選擧ニ付テハ衆議院議員選擧ニ關スル罰則ヲ準用ス

第十九條　選擧ノ規定ニ違反スルコトアルトキハ選擧ノ結果ニ異動ヲ生スルノ虞アル場合ニ限リ其ノ選擧

ノ全部又ハ一部ヲ無効トス
當選者ニシテ被選擧權ヲ有セサルトキハ其ノ當選ヲ無効トス
第二十條　選擧人選擧又ハ當選ノ効力ニ關シ異議アルトキハ選擧ニ關シテハ選擧ノ日ヨリ當選ニ關シテハ告示ノ日ヨリ七日以内ニ之ヲ管理者ニ申立ツルコトヲ得此ノ場合ニ於テハ管理者ハ十四日以内ニ組合會ノ決定ニ付スヘシ組合會ハ其ノ送付ヲ受ケタル日ヨリ十四日以内ニ之ヲ決定スヘシ
前項組合會ノ決定ニ不服アル者ハ第一次監督官廳ニ訴願スルコトヲ得
第一次監督官廳ニ於テ選擧又ハ當選ノ効力ニ關シ異議アルトキハ選擧又ハ當選ノ報告ヲ受ケタル日ヨリ二十日以内ニ之ヲ處分スルコトヲ得
前項ノ處分アリタルトキハ其ノ前後ニ爲シタル異議ノ申立及組合會ノ決定ハ無効トス
本條第一次監督官廳ノ處分又ハ裁決ニ不服アル者ハ府縣知事ニ訴願シ其ノ裁決ニ不服アル者ハ行政裁判所ニ出訴スルコトヲ得但シ府縣知事カ第一次監督官廳タル場合ニ於テ其ノ處分又ハ裁決ニ不服アル者ハ直ニ行政裁判所ニ出訴スルコトヲ得
組合會議員ハ選擧又ハ當選ニ關スル異議ノ決定訴願ノ裁決確定シ又ハ判決アル迄ハ會議ニ列席シ議事ニ參與スルノ權ヲ失ハス
第二十一條　組合會議員ニシテ被選擧權ヲ有セサル者ハ其ノ職ヲ失フ其ノ被選擧權ニ關スル異議ハ組合會之ヲ決定ス
管理者ニ於テ組合會議員中被選擧權ヲ有セサル者アリト認ムルトキハ之ヲ組合會ノ決定ニ付スヘシ
本條組合會ノ決定ニ不服アル者ハ第一次監督官廳ニ訴願シ其ノ裁決ニ不服アル者ハ府縣知事ニ訴願シ其ノ裁決ニ不服アル者ハ行政裁判所ニ出訴スルコトヲ得但シ府縣知事カ第一次監督官廳タル場合ニ於テ其ノ裁決ニ不服アル者ハ直ニ行政裁判所ニ出訴スルコトヲ得
第二十條第六項ノ規定ハ本條ノ場合ニ之ヲ準用ス
第二十二條　前二條ニ規定スル異議ノ決定訴願ノ裁決及第二十條第三項ノ處分ハ直ニ之ヲ告示スヘシ

第二十三條　組合會ハ組合ニ關スル事件ヲ議決ス

組合會ノ議決スヘキ事件ノ概目左ノ如シ

一　組合規約ヲ設定改正スル事

二　組合費ヲ以テ支辨スヘキ事業

三　歳入出豫算ヲ定ムル事

四　決算報告ヲ認定スル事

五　法律勅令ニ定ムルモノヲ除クノ外使用料手數料加入金組合費及夫役現品ノ賦課徵收ニ關スル事

六　不動産ノ管理處分及取得ニ關スル事

七　積立基金ノ設置管理及處分ニ關スル事

八　歳入出豫算ヲ以テ定ムルモノヲ除クノ外新ニ義務ノ負擔ヲ爲シ及權利ノ抛棄ヲ爲ス事

九　財産及營造物ノ管理方法ヲ定ムル事

十　組合吏員ノ身元保證ニ關スル事

十一　組合ニ係ル訴願訴訟及和解ニ關スル事

第二十四條　組合會ハ組合ノ事務ニ關スル書類及計算書ヲ檢閲シ管理者ノ報告ヲ請求シテ事務ノ管理議決ノ執行及出納ヲ檢査スルコトヲ得

組合會ハ議員中ヨリ委員ヲ選擧シ管理者又ハ其ノ指定シタル吏員立會ノ上實地ニ就キ前項組合會ノ權限ニ屬スル事件ヲ行ハシムルコトヲ得

第二十五條　組合會ハ管理者ヲ以テ議長トス管理者故障アルトキハ其ノ代理者議長ノ職務ヲ代理ス管理者及其ノ代理者共ニ故障アルトキハ臨時ニ議員中ヨリ假議長ヲ選擧スヘシ

組合會ハ組合ノ區域數市町村ニ渉ルモノニ在リテハ組合規約ヲ以テ議員中ヨリ議長副議長各一人ヲ選擧スルコトヲ得此ノ場合ニ於テ議長故障アルトキハ副議長之ニ代リ議長副議長共ニ故障アルトキハ前項ノ例ニ依ル

前項選擧ニ關スル事項ハ組合規約ヲ以テ之ヲ定ムヘシ

議員中ヨリ議長ヲ選擧スル組合ニ在リテハ議長ハ會議錄ヲ添ヘ會議ノ結果ヲ管理者ニ報告スヘシ

第二十六條　管理者及其ノ委任又ハ囑託ヲ受ケタル者ハ會議ニ於テ議事ニ付辯明ヲ爲スコトヲ得

第二十七條　組合會ハ毎年一回通常會ヲ開キ其ノ他臨時ノ必要アル毎ニ臨時會ヲ開ク

臨時會ニ付スヘキ事件ハ招集ノ告知ト共ニ之ヲ告知スヘシ但シ其ノ開會中急施ヲ要スル事件アルトキハ管理者ハ直ニ之ヲ其ノ會議ニ付スルコトヲ得
組合會ハ管理者之ヲ招集ス議員定數三分ノ一以上ノ請求アルトキハ管理者ハ之ヲ招集スヘシ
管理者ハ必要アル場合ニ於テハ會期ヲ定メテ組合會ヲ招集スルコトヲ得
組合會ノ會議ハ公開ス但シ左ノ場合ハ此ノ限ニ在ラス
一　管理者ヨリ傍聽禁止ノ要求ヲ受ケタルトキ
二　議長ニ於テ傍聽禁止ノ必要アリト認メタルトキ
三　議員三人以上ノ發議ニ依リ傍聽禁止ヲ可決シタルトキ
前項第三號ニ依ル發議ハ討論ヲ用ヰス其ノ可否ヲ決スヘシ
招集ハ開會ノ日ヨリ少クトモ三日前ニ告知スヘシ但シ急施ヲ要スル場合ハ此ノ限ニ在ラス
組合會ハ管理者之ヲ開閉ス
第二十八條　組合會ハ議員定數ノ半數以上出席スルニ非サレハ會議ヲ開クコトヲ得ス但シ同一ノ事件ニ付招集再回ニ至ルモ仍半數ニ滿タサルトキ又ハ招集ニ應スルモ出席議員定數ヲ闕キ議長ニ於テ更ニ出席ヲ催告シ仍半數ニ滿タサルトキハ此ノ限ニ在ラス
第二十九條　組合會ノ議事ハ過半數ヲ以テ決ス可否同數ナルトキハ議長ノ決スル所ニ依ル
第三十條　組合規約ノ設定改正及普通水利組合ノ廢置分合又ハ區域ノ變更ニ關スル議決ハ議員定數ノ三分ノ二以上ノ同意ヲ得ルコトヲ要ス
第三十一條　組合會ノ職務權限及處務規程ニ關シテハ本章中規定スルモノノ外市制町村制ノ規定ヲ準用ス
第三十二條　特別ノ事情アル組合ニ於テハ府縣知事ハ組合會ヲ設ケス組合員ノ總會ヲ以テ之ニ充ツルコトヲ得但シ總會ニ出席スヘキ組合員ニ關シテハ組合規約ノ定ムル所ニ依ル
組合總會ニ關シテハ組合會ニ關スル規定ヲ準用ス

第四章　組合ノ管理

第三十三條　府縣知事ハ水利組合關係地ノ郡長又ハ市

町村長ノ内一人ヲ指定シ其ノ組合ノ事務ヲ管理セシムヘシ

府縣知事ニ於テ管理者ヲ指定シタルトキハ直ニ之ヲ告示スヘシ

管理者タル郡長又ハ市町村長故障アルトキハ其ノ代理者之ヲ代理ス

組合ノ區域數市町村ニ渉ル場合ニ於テ選擧區又ハ選擧分區ヲ設ケタルトキハ各市町村長又ハ其ノ代理者ハ管理者ノ求ニ依リ議員選擧ニ關スル事務ヲ管理スヘシ組合員及組合費賦課物件ノ異動ニ關スル事務ニ付テモ亦同シ

第三十四條　組合ノ出納其ノ他會計事務ハ郡長管理者タル場合ハ郡長ノ指定シタル郡書記ヲシテ之ヲ掌ラシメ市町村長管理者タル場合ハ其ノ市町村收入役ヲシテ之ヲ掌ラシムヘシ

特別ノ事情アル場合ニ於テハ管理者ニ於テ第三十六條ノ吏員中ニ就キ會計事務ヲ掌ル者ヲ定ムルコトヲ得

前項會計事務ヲ掌ル吏員ニ付テハ第一次監督官廳ノ許可ヲ受クヘシ

第三十五條　組合ハ組合規約ヲ以テ臨時又ハ常設ノ委員ヲ置クコトヲ得

委員ノ組織選任任期等ニ關スル事項ハ組合規約ヲ以テ之ヲ定ムヘシ

第三十六條　組合ハ書記技術員其ノ他ノ有給吏員ヲ置クコトヲ得

吏員ハ管理者之ヲ任免ス

第三十七條　管理者ハ組合ヲ代表シ組合一切ノ事務ヲ擔任ス

管理者ノ擔任スル事務ノ概目左ノ如シ

一　組合會ノ議決ヲ經ヘキ事件ニ付其ノ議案ヲ發シ及其ノ議決ヲ執行スル事

二　財產及營造物ヲ管理スル事

三　收入支出ヲ命令シ及會計ヲ監督スル事

四　證書及公文書類ヲ保管スル事

五　法令又ハ組合會ノ議決ニ依リ使用料手數料加入金組合費及夫役現品ヲ賦課徵收スル事

第三十八條　管理者ハ組合吏員ヲ指揮監督シ其ノ任命

ニ係ル組合吏員ニ對シテハ懲戒ヲ行フコトヲ得其ノ懲戒處分ハ譴責及五圓以下ノ過怠金トス

第三十九條　組合會ノ議決若ハ選擧其ノ權利ヲ越エ又ハ法令若ハ組合規約ニ背クト認ムルトキハ管理者ハ其ノ意見ニ依リ又ハ監督官廳ノ指揮ニ依リ理由ヲ示シ其ノ執行ヲ要スルモノニ在リテハ其ノ執行ヲ停止シ之ヲ再議ニ付シ又ハ再選擧ヲ行ハシメ仍議決ニ付テハ其ノ議決ヲ改メサルトキハ第一次監督官廳ノ指揮ヲ請フヘシ但シ場合ニ依リ再議ニ付セスシテ直ニ指揮ヲ請フコトヲ得

監督官廳ハ前項ノ議決又ハ選擧ヲ取消スコトヲ得但シ指揮ノ申請アリタルトキハ此ノ限ニ在ラス

前二項郡長ノ處分ニ不服アル組合會ハ府縣知事ニ訴願シ其ノ裁決又ハ前二項府縣知事ノ處分ニ不服アル組合會ハ行政裁判所ニ出訴スルコトヲ得

組合會ノ議決公益ヲ害シ又ハ組合ノ收入ニ關シ不適當ナリト認ムルトキハ管理者ハ其ノ意見ニ依リ又ハ監督官廳ノ指揮ニ依リ理由ヲ示シ其ノ執行ヲ要スルモノニ在リテハ其ノ執行ヲ停止シ之ヲ再議ニ付シ仍其ノ議決ヲ定メサルトキハ第一次監督官廳ノ指揮ヲ請フヘシ但シ場合ニ依リ再議ニ付セスシテ直ニ指揮ヲ請フコトヲ得

前項第一次監督官廳ノ處分ニ不服アル組合會ハ府縣知事ニ訴願シ其ノ裁決ニ不服アルトキハ内務大臣ニ訴願スルコトヲ得但シ府縣知事カ第一次監督官廳タル場合ニ於テ其ノ裁決ニ不服アルトキハ直ニ内務大臣ニ訴願スルコトヲ得

第四十條　組合會成立セス又ハ第二十八條但書ノ場合ニ於テ仍會議ヲ開クコト能ハサルトキハ管理者ハ第一次監督官廳ニ具狀シテ指揮ヲ請ヒ其ノ議決スヘキ事件ヲ處分スルコトヲ得

組合會ニ於テ其ノ議決スヘキ事件ヲ議決セサルトキハ前項ノ例ニ依ル

組合會ノ決定スヘキ事件ニ關シテハ前二項ノ例ニ依ル此ノ場合ニ於ケル管理者ノ處分ニ關シテハ各本條ノ規定ニ準シ訴願及訴訟ヲ提起スルコトヲ得

本條ノ處分ハ次回ノ會議ニ於テ之ヲ組合會ニ報告スヘシ

第四十一條　組合會ノ權限ニ屬スル事件ニ關シ臨時急施ヲ要スル場合ニ於テ組合會成立セス又ハ管理者ニ於テ之ヲ招集スルノ暇ナシト認ムルトキハ管理者ハ專決處分シ次回ノ會議ニ於テ之ヲ組合會ニ報告スヘシ

前項管理者ノ處分ニ關シテハ各本條ノ規定ニ準シ訴願及訴訟ヲ提起スルコトヲ得

第四十二條　委員ハ管理者ノ指揮監督ヲ承ケ財產又ハ營造物ヲ管理シ其ノ他組合事務ノ一部ヲ調査シ又ハ一時ノ委託ニ依リ事務ヲ處辨ス

第四十三條　吏員ハ管理者ノ命ヲ承ケ庶務ニ從事ス

第四十四條　組合會議員及委員ハ職務ノ爲要スル費用ノ辨償ヲ受クルコトヲ得郡長又ハ市町村長ニ於テ管理者タル職務ヲ行フ爲要スル費用第三十三條第四項ノ事務ヲ行フ爲要スル費用及郡書記又ハ市町村收入役ニ於テ組合ノ會計事務ヲ行フ爲要スル費用ニ付亦同シ

吏員ニハ退隱料退職給與金死亡給與金及遺族扶助料ヲ支給スルコトヲ得

第四十五條　費用辨償額給料額旅費額及其ノ支給方法ハ組合會ノ議決ヲ經第一次監督官廳ノ許可ヲ得テ之ヲ定ム

退隱料退職給與金死亡給與金遺族扶助料及其ノ支給方法ハ組合會ノ議決ヲ經內務大臣ノ許可ヲ得テ之ヲ定ム

第四十六條　費用辨償給料旅費退隱料退職給與金死亡給與金及遺族扶助料ハ組合ノ負擔トス

第五章　組合ノ財務

第四十七條　組合ハ其ノ必要ナル費用及法律勅令ニ依リ組合ノ負擔ニ屬スル費用ヲ支辨スル義務ヲ負フ

第四十八條　普通水利組合費ハ土地ニ對シテ之ヲ賦課シ水害豫防組合費ハ土地及家屋其ノ他第八條ニ依ル工作物ニ對シテ之ヲ賦課スルモノトス但シ特別ノ事情アルモノハ土地ニ對シテノミ之ヲ賦課スルコトヲ得

普通水利組合ニ於テハ新ニ區域內ニ編入スル土地ニ付組合費ノ外一時ノ加入金ヲ徵收スルコトヲ得

第四十九條　組合ハ其ノ事業ノ爲夫役現品ヲ組合員ニ賦課スルコトヲ得

水害豫防組合ニ在リテハ夫役ニ限リ其ノ區域内ノ總居住者ニ之ヲ賦課スルコトヲ得

夫役現品及其ノ代納ニ關スル規定ハ組合規約ヲ以テ之ヲ定ムヘシ

第五十條　非常災害ノ爲必要アルトキハ組合ハ他人ノ土地ヲ一時使用シ又ハ其ノ土石木竹其ノ他ノ現品ヲ使用シ若ハ收用スルコトヲ得但シ其ノ損失ヲ補償スルコトヲ要ス

水害豫防組合ニ於テハ前項ノ外出水ノ爲危險アルトキニ限リ管理者警察官又ハ監督官廳ニ於テ組合區域内ノ總居住者ヲシテ防禦ニ從事セシムルコトヲ得

第一項ニ依リ補償スヘキ金額ハ協議ニ依リ之ヲ定ム協議調ハサルトキハ鑑定人ノ意見ヲ徵シ府縣知事之ヲ決定ス其ノ決定ニ不服アル者ハ内務大臣ニ訴願スルコトヲ得

第一項土地ノ一時使用ニ關スル組合ノ處分ニ不服アル者ハ第一次監督官廳ニ訴願シ其ノ裁決ニ不服アル者ハ府縣知事ニ訴願シ其ノ裁決ニ不服アル者ハ内務大臣ニ訴願スルコトヲ得但シ府縣知事カ第一次監督官廳タル場合ニ於テ其ノ裁決ニ不服アル者ハ直ニ内務大臣ニ訴願スルコトヲ得

第五十一條　組合内ノ一部ニ對シ特ニ利益アル事件ニ關シテハ組合ハ不均一ノ賦課ヲ爲シ又ハ組合内ノ一部ニ對シ特ニ賦課スルコトヲ得

舊慣アルモノハ組合規約ヲ以テ特別ノ賦課方法ヲ定ムルコトヲ得

第五十二條　組合費ノ賦課ヲ免除スヘキモノニ關シテハ市町村税ノ例ニ依ル

第五十三條　組合ハ其ノ營造物ヲ事業ノ防害ト爲ラサル範圍内ニ於テ他ノ目的ニ使用セシムルコトヲ得

前項ノ使用ニ付テハ使用料ヲ徵收スルコトヲ得

第五十四條　組合ノ區域數市町村ニ渉ルトキハ各市町村ハ管理者ノ求ニ依リ其ノ市町村内ニ於ケル組合費其ノ他組合ノ收入ノ賦課徵收ヲ爲スヘシ

前項組合費其ノ他組合ノ收入ノ徵收ニ關シテハ組合規約ノ規定ニ依リ徵收金百分ノ四以内ヲ其ノ市町村

ニ交付スルコトヲ得

第五十五條　市町村ハ避クヘカラサル災害ニ因リ既收ノ組合費其ノ他組合ノ收入ヲ失ヒタルトキハ其ノ納入義務ノ免除ヲ組合ニ請求スルコトヲ得

組合ニ於テ前項ノ請求ニ應セサルトキハ市町村ハ其ノ通知ヲ受ケタル日ヨリ十四日以内ニ組合ノ第一次監督官廳ニ訴願シ其ノ裁決ニ不服アルトキハ府縣知事ニ訴願シ其ノ裁決ニ不服アルトキハ内務大臣ニ訴願スルコトヲ得但シ府縣知事カ第一次監督官廳タル場合ニ於テ其ノ裁決ニ不服アルトキハ直ニ内務大臣ニ訴願スルコトヲ得

前項ノ決定ニ對シテハ組合ヨリモ亦訴願ヲ提起スルコトヲ得

本條ノ裁決書ハ之ヲ市町村及組合ニ交付スヘシ

第五十六條　組合費其ノ他組合ノ收入ノ督促及滯納處分ニ關シテハ市町村税ノ例ニ依ル

前項ノ場合ニ關シテハ第五十四條第一項ノ規定ヲ準用ス

第五十七條　組合費其ノ他組合ノ收入ノ督促ニ付テハ手數料ヲ徴收スルコトヲ得

前條第二項ノ場合ニ於テハ前項ノ督促手數料ヲ其ノ市町村ニ交付スヘシ

組合ノ徴收金ハ市町村ノ徴收金ニ次テ先取特權ヲ有シ其ノ追徴還付及時效ニ付テハ國税ノ例ニ依ル

第五十八條　管理者ハ組合費ノ賦課ヲ受ケタル者ノ中特別ノ事情アル者ニ對シ會計年度内ニ限リ其ノ納付ノ延期ヲ許スコトヲ得其ノ年度ヲ越ユル場合ハ組合會ノ議決ヲ經ヘシ

管理者ハ特別ノ事情アル者ニ限リ組合會ノ議決ヲ經テ組合費ヲ減免スルコトヲ得

第五十九條　組合費及夫役現品ノ賦課ヲ受ケタル者其ノ賦課ニ付違法又ハ錯誤アリト認ムルトキハ賦課令狀ノ交付後三月以内ニ管理者ニ異議ノ申立ヲ爲スコトヲ得

加入金使用料及手數料ノ徴收ニ付テモ亦前項ノ例ニ依ル

本條ノ異議ハ組合會ノ決定ニ付スヘシ其ノ裁決ニ不服アル者ハ第一次監督官廳ニ訴願シ其ノ裁決ニ不服

アル者ハ府縣知事ニ訴願シ其ノ裁決ニ不服アル者ハ行政裁判所ニ出訴スルコトヲ得但シ府縣知事カ第一次監督官廳タル場合ニ於テ其ノ裁決ニ不服アル者ハ直ニ行政裁判所ニ出訴スルコトヲ得

組合費其ノ他組合ノ收入ノ滯納處分ニ不服アル者ハ第一次監督官廳ニ訴願シ其ノ裁決ニ不服アル者ハ府縣知事ニ訴願シ其ノ裁決ニ不服アル者ハ行政裁判所ニ出訴スルコトヲ得但シ府縣知事カ第一次監督官廳タル場合ニ於テ其ノ裁決ニ不服アル者ハ直ニ行政裁判所ニ出訴スルコトヲ得

組合費其ノ他組合ノ收入ノ滯納處分中差押物件ノ公賣ハ處分ノ確定ニ至ル迄執行ヲ停止ス

第六十條　組合ハ特定ノ目的ノ爲積立基金ヲ設クルコトヲ得

第六十一條　組合ハ其ノ事業ノ關係上必要アル場合ニ於テハ寄附又ハ補助ヲ爲スコトヲ得

第六十二條　組合ハ其ノ負債ヲ償還スル爲又ハ組合永久ノ利益トナルヘキ支出ヲ要スル爲又ハ天災事變等ノ爲已ムヲ得サル場合ニ限リ組合債ヲ起スコトヲ得

組合債ヲ起スニ付組合會ノ議決ヲ經ルトキハ併セテ起債ノ方法利息ノ定率及償還ノ方法ニ付議決ヲ經ヘシ

組合ハ豫算內ノ支出ヲ爲ス爲本條ノ例ニ依ラス一時ノ借入金ヲ爲スコトヲ得

前項ノ借入金ハ其ノ會計年度內ノ收入ヲ以テ償還スヘシ

第六十三條　管理者ハ每會計年度ノ歲入出豫算ヲ調製シ會計年度前通常組合會ノ議決ニ付スヘシ

管理者ハ組合會ノ議決ヲ經テ既定豫算ノ追加又ハ更正ヲ爲スコトヲ得

組合ノ會計年度ハ政府ノ會計年度ニ同シ

第六十四條　組合費ヲ以テ支辨スル事件ニシテ數年ヲ期シテ施行スヘキモノ又ハ數年ヲ期シテ其ノ費用ヲ支出スヘキモノハ組合會ノ議決ヲ經テ其ノ年期間各年度ノ支出額ヲ定メ繼續費ト爲スコトヲ得

第六十五條　豫算外ノ支出又ハ豫算超過ノ支出ニ充ツル爲豫備費ヲ設クヘシ

豫備費ハ組合會ノ否決シタル費途ニ充ツルコトヲ得

ス
第六十六條　豫算ハ議決ヲ經タル後直ニ之ヲ第一次監督官廳ニ報告シ且其ノ要領ヲ告示スヘシ
第六十七條　組合會ニ於テ豫算ヲ議決シタルトキハ管理者ヨリ其ノ謄本ヲ組合ノ會計事務ヲ掌ル官吏吏員ニ交付スヘシ
會計事務ヲ掌ル官吏吏員ハ管理者又ハ監督官廳ノ命令アルニ非サレハ支拂ヲ爲スコトヲ得ス又命令ヲ受クルモ支出ノ豫算ナキトキ又ハ豫備費支出及費目流用其ノ他財務ニ關スル規定ニ依ラサルトキ亦同シ
第六十八條　組合ノ支拂金ニ關スル時效ニ付テハ政府ノ支拂金ノ例ニ依ル
第六十九條　組合ノ出納ハ翌年度六月三十日ヲ以テ閉鎖ス
決算ハ出納閉鎖後一月以内ニ證書類ヲ併セテ會計事務ヲ掌ル官吏吏員ヨリ之ヲ管理者ニ提出スヘシ管理者ハ之ヲ審査シ意見ヲ付シテ次ノ通常會迄ニ組合會ノ認定ニ付スヘシ
決算及其ノ認定ニ關スル組合會ノ議決ハ之ヲ第一次監督官廳ニ報告シ且決算ハ其ノ要領ヲ告示スヘシ
決算ノ認定ニ關スル會議ニ於テハ管理者及其ノ代理者共ニ議長タルコトヲ得ス
第七十條　豫算調製ノ式及費目流用其ノ他財務ニ關シ必要ナル規定ハ内務大臣之ヲ定ム

第六章　組合ノ聯合

第七十一條　水利組合ニ於テ共同事業ヲ爲スノ必要アルトキハ其ノ協議ニ依リ府縣知事ノ許可ヲ得テ水利組合ノ聯合ヲ設クルコトヲ得水利組合聯合ハ之ヲ法人トス
水利組合聯合ニシテ其ノ聯合組合ノ數ヲ増減シ又ハ共同事業ノ變更ヲ爲サムトスルトキハ組合ノ協議ニ依リ府縣知事ノ許可ヲ受クヘシ其ノ聯合ヲ解カムトスルトキ亦同シ
水利組合聯合ニ關シテハ水利組合ニ關スル規定ヲ準用ス其ノ準用シ難キ事項及特ニ必要ナル事項ハ内務大臣ノ許可ヲ得テ府縣知事之ヲ定ム

第七章　組合ノ監督

第七十二條　組合ハ第一次ニ於テ郡長之ヲ監督シ第二次ニ於テ府縣知事之ヲ監督シ第三次ニ於テ內務大臣之ヲ監督ス但シ組合ノ區域郡市若ハ數郡ニ渉リ又ハ市內ニ止ル場合及郡內ニ止ルモ郡長管理者タル場合ハ第一次ニ於テ府縣知事之ヲ監督シ第二次ニ於テ內務大臣之ヲ督監ス

監督官廳ハ組合事務ノ監督上必要ナル命令ヲ發シ處分ヲ爲スコトヲ得

上級監督官廳ハ下級監督官廳ノ組合事務ニ關シテ爲シタル命令又ハ處分ヲ停止シ又ハ之ヲ取消スコトヲ得

第七十三條　本法ニ規定スル異議ノ申立又ハ訴願ノ提起ハ處分ヲ爲シ又ハ決定書若ハ裁決書ノ交付ヲ受ケタル日ヨリ其ノ交付ヲ受ケサル者ハ告示ノ日ヨリ十四日以內ニ之ヲ爲スヘシ但シ本法中別ニ期間ヲ定メタルモノハ此ノ限ニ在ラス

本法ニ規定スル行政訴訟ハ處分ヲ爲シ又ハ裁決書ノ交付ヲ受ケタル日ヨリ其ノ交付ヲ受ケサル者ハ告示ノ日ヨリ二十一日以內ニ之ヲ提起スヘシ

本法ニ規定スル異議ノ決定ハ文書ヲ以テ之ヲ爲シ理由ヲ付シ之ヲ申立人ニ交付スヘシ

本法ニ規定スル異議ノ申立ニ關スル期間ノ計算ニ付テハ訴願法ノ規定ニ依ル

異議ノ申立アルモ處分ノ執行ハ之ヲ停止セス但シ行政廳ハ其ノ職權ニ依リ又ハ關係者ノ請求ニ依リ必要ト認ムルトキハ之ヲ停止スルコトヲ得

第七十四條　監督官廳ハ必要アル場合ニ於テハ期間ヲ定メテ組合會ノ停會ヲ命スルコトヲ得

第七十五條　內務大臣ハ組合會ノ解散ヲ命スルコトヲ得

組合會解散ノ場合ニ於テハ三月以內ニ議員ヲ選擧スヘシ

第七十六條　組合ニ於テ法律勅令ニ依テ負擔シ又ハ當該官廳ノ職權ニ依テ命スル所ノ費用ヲ豫算ニ載セサルトキハ第一次監督官廳ハ理由ヲ示シテ其ノ費用ヲ豫算ニ加フルコトヲ得

組合又ハ管理者其ノ他ノ官吏吏員ニ於テ執行スヘキ事件ヲ執行セサルトキハ第一次監督官廳ニ於テ之ヲ執行スルコトヲ得但シ其ノ費用ハ組合ノ負擔トス

本條ノ處分ニ不服アル組合又ハ管理者其ノ他ノ官吏吏員ハ府縣知事ニ訴願シ其ノ裁決ニ不服アルトキハ行政裁判所ニ出訴スルコトヲ得但シ府縣知事カ第一次監督官廳タル場合ニ於テ其ノ處分又ハ裁決ニ不服アルトキハ直ニ行政裁判所ニ出訴スルコトヲ得

第七十七條　組合ニ於テ負債ヲ起シ竝起債ノ方法利息ノ定率及償還ノ方法ヲ定メ又ハ變更セムトスルトキハ內務大臣及大藏大臣ノ許可ヲ受クヘシ但シ第六十二條第三項ノ借入金ハ此ノ限ニ在ラス

第七十八條　左ニ掲クル事件ハ府縣知事ノ許可ヲ受クヘシ

一　組合規約ヲ設定改正スル事
二　不動產ノ管理及處分ニ關スル事
三　不均一ノ賦課ヲ爲シ又ハ組合內ノ一部ニ對シ特ニ賦課ヲ爲ス事
四　加入金使用料手數料ヲ新設シ增額シ又ハ變更スル事
五　積立基金ノ設置管理及處分ニ關スル事
六　寄附及補助ヲ爲ス事
七　繼續費ヲ定メ又ハ變更スル事

第七十九條　組合ノ事務ニ關シ監督官廳ノ許可ヲ受クヘキ事件ニ付テハ監督官廳ハ許可申請ノ趣旨ニ反セスト認ムル範圍內ニ於テ更正シテ許可ヲ與フルコトヲ得

第八十條　組合ノ事務ニ關シ監督官廳ノ許可ヲ受クヘキ事件中其ノ輕易ナルモノハ命令ノ規定ニ依リ其ノ許可ノ職權ヲ下級監督官廳ニ委任スルコトヲ得

第八十一條　監督官廳タル府縣知事郡長ハ第三十五條ノ委員及第三十六條ノ吏員ニ對シ懲戒ヲ行フコトヲ得其ノ懲戒處分ハ譴責二十五圓以下ノ過怠金及解職トス

郡長ノ行ヒタル解職ニ不服アル者ハ府縣知事ニ訴願シ其ノ裁決又ハ府縣知事ノ行ヒタル解職ニ不服アル者ハ內務大臣ニ訴願スルコトヲ得

府縣知事ハ吏員ノ解職ヲ行ハムトスル前其ノ停職ヲ

命シ且場合ニ依リ給料又ハ報酬ヲ支給セシメサルコトヲ得

懲戒ニ依リ解職セラレタル者ハ二年間水利組合ノ公職ニ選擧セラレ又ハ任命セラルルコトヲ得ス

第八十二條　組合吏員ノ服務紀律賠償責任身元保證及事務引繼ニ關スル規定ハ命令ヲ以テ之ヲ定ム

第八章　雜則

第八十三條　本法ノ規定ニ依リ初テ議員ヲ選擧スル場合ニ於テ組合會ノ議決スヘキ事項ハ其ノ成立ニ至ル迄管理者ニ於テ之ヲ行フヘシ

第八十四條　本法ノ規定ニ依リ府縣知事ノ職權ニ屬スル事件ニシテ數府縣ニ渉ルモノアルトキハ關係府縣知事ノ具狀ニ依リ內務大臣ニ於テ其ノ事件ヲ管理スヘキ府縣知事ヲ指定スヘシ

第八十五條　本法ハ市制町村制ヲ施行セサル地ニハ之ヲ施行セス勅令ヲ以テ別ニ其ノ制ヲ定ム

附　則

第八十六條　本法施行ノ期日ハ勅令ヲ以テ之ヲ定ム

（明治四十一年勅令第百九十號ヲ以テ同年十月一日ヨリ之ヲ施行ス）

水利組合條例ハ之ヲ廢止ス

第八十七條　本法施行ノ際現ニ存スル水利組合ハ本法ニ依リ設置シタルモノト看做ス

第八十八條　水利組合條例ニ依リ爲シタル諸般ノ行爲ハ仍其ノ効力ヲ有ス

第八十九條　水利組合條例ニ依リ爲シタル處分ニ對スル異議訴願又ハ訴訟ニ關シテハ水利組合條例ニ依ル

第九十條　本法施行ノ際現ニ存スル舊町村會又ハ水利土功會ニシテ其ノ目的トスル事業カ本法ノ規定ニ牴觸セサルトキハ之ヲ本法ノ規定ニ依リ設置シタル水利組合ト看做ス

前項ノ場合ニ於テ從來ノ吏員及議員ハ總テ其ノ職ヲ失フモノトス

第一項ノ水利組合及其ノ管理者ハ府縣知事ニ於テ直ニ之ヲ告示スヘシ

前項ノ告示アリタルトキハ管理者ハ遲滯ナク組合規約ヲ定メ府縣知事ノ許可ヲ受クヘシ

河川法

第一章 總則

第一條　此ノ法律ニ於テ河川ト稱スルハ主務大臣ニ於テ公共ノ利害ニ重大ノ關係アリト認定シタル河川ヲ謂フ

第二條　河川ノ區域ハ地方行政廳ノ認定スル所ニ依ル流水河川ノ區域外ニ出テテ永期ニ渉ルヘキモノト認ムルトキハ地方行政廳ハ其ノ河川ノ區域ヲ變更スヘシ

第三條　河川竝其ノ敷地若ハ流水ハ私權ノ目的トナルコトヲ得ス

第四條　地方行政廳ニ於テ河川ノ支川若ハ派川ト認定シタルモノハ命令ヲ以テ特別ノ規程ヲ設ケタル場合ヲ除クノ外總テ河川ニ關スル規程ニ從フ

堤防、護岸、水制、河津、曳船道其ノ他流水ニ因リテ生スル公利ヲ增進シ又ハ公害ヲ除却若ハ輕減スル爲ニ設ケタルモノニシテ地方行政廳ニ於テ河川ノ附屬物ト認定シタルモノハ命令ヲ以テ特別ノ規程ヲ設ケタル場合ヲ除クノ外總テ河川ニ關スル規程ニ從フ

第五條　此ノ法律ニ規定シタル事項ハ命令ノ定ムル所ニ從ヒ河川ニ流入シ若ハ河川ヨリ分岐スル水流若ハ水面又ハ第一條ノ認定ヲ受ケサル河川ニ準用スルコトヲ得

第二章 河川ノ管理

第六條　河川ハ地方行政廳ニ於テ其ノ管内ニ係ル部分ヲ管理スヘシ但シ他府縣ノ利益ヲ保全スル爲必要ト認ムルトキハ主務大臣ニ於テ代テ之ヲ管理シ又ハ其ノ維持修繕ヲナスコトヲ得

第七條　地方行政廳ハ河川ニ關スル工事ヲ施行シ其ノ維持ヲナスノ義務アルモノトス但シ第四十三條ニ依リ通航料徴收ノ許可ヲ得タル者ヲシテ其ノ義務ノ一部ヲ負擔セシムルコトヲ妨ケス

第八條　河川ニ關スル工事ニシテ利害ノ關係スル所一府縣ノ區域ニ止マラサルトキ又ハ其ノ工事至難ナル

トキ若ハ其ノ工費至大ナルトキ又ハ河川ノ全部若ハ一部ニ付キ大體ニ渉ル一定ノ計畫ニ基キテ施行スル改良工事ナルトキハ主務大臣ハ自ラ其ノ工事ヲ施行シ又ハ其ノ工事ニ因リ特ニ利益ヲ受クル公共團體ノ行政廳ニ命シテ之ヲ施行セシムルコトヲ得

前項ノ場合ニ於テハ主務大臣ハ此ノ法律ニ依リテ地方行政廳ノ有スル職權ヲ直接施行スルコトヲ得

第九條　地方行政廳ハ命令ノ定ムル所ニ從ヒ其ノ管内ノ下級行政廳ヲシテ河川ニ關スル工事ノ一部ヲ施行セシメ又ハ其ノ維持ヲナサシムルコトヲ得

第十條　河川ノ附屬物ニシテ兼ネテ他ノ工作物ノ效用ヲナスモノアルトキハ地方行政廳ハ其ノ工作物ノ管理者ヲシテ其ノ附屬物ニ關スル工事ヲ施行シ又ハ其ノ維持ヲナサシムルコトヲ得

他ノ工作物ニシテ兼ネテ河川ノ附屬物ノ效用ヲナスモノアルトキハ地方行政廳ニ於テ其ノ工作物ニ關スル工事ヲ施行シ又ハ其ノ維持ヲナスコトヲ得

第十一條　他ノ工事ニ因リ河川ニ關スル工事ノ必要ヲ生シタルトキハ地方行政廳ハ其ノ工事ノ施行者ヲシテ河川ニ關スル工事ヲ施行セシムルコトヲ得

河川ニ關スル工事ニ因リ必要ヲ生シタル他ノ工事又ハ河川ニ關スル工事ヲ施行スル爲ニ必要ナル他ノ工事ハ地方行政廳ニ於テ併セテ之ヲ施行スルコトヲ得

第十二條　行政廳ハ河川ニ關スル工事ノ請負ヲナスコトヲ得ス

第十三條　河川ニ關スル工事ノ請負ノ制限ハ命令ヲ以テ之ヲ定ム

第十四條　地方行政廳ハ其ノ管理ニ屬スル河川ノ臺帳ヲ調製シ主務大臣ノ認可ヲ受クヘシ

臺帳ノ調製、保管、記載事項等ニ關スル規程ハ命令ヲ以テ之ヲ定ム

主務大臣ノ認可ヲ經タル臺帳ニ記載セル事項ニ關シテハ反對ノ立證ヲ許サス但シ臺帳調製後其ノ事實ノ變更シタルコトヲ證スルヲ妨ケス

第十五條　地方行政廳ニ於テ河川管理ノ爲特ニ吏員ヲ置クコトヲ要スルトキハ其ノ定員、給料、手當、職務權限竝其ノ費用ノ負擔者等ハ命令ヲ以テ之ヲ定ムルコトヲ得

第三章　河川ノ使用ニ關スル制限竝警察

第十六條　舟筏ノ通航及流木ニ關スル規程ハ命令ヲ以テ之ヲ定ム

第十七條　左ニ記載スル工作物ヲ新築、改築若ハ除却セムトスル者ハ地方行政廳ノ許可ヲ受クヘシ

一　流水ヲ停滯セシメ若ハ引用シ又ハ流水ノ害ヲ豫防セル爲ニ施設スル工作物

二　河川ニ注水スル爲ニ施設スル工作物

三　河川ノ區域內ニ於テ敷地ニ固着シテ施設スル工作物又ハ河川ニ沿ヒ若ハ河川ヲ橫過シ若ハ其ノ床下ニ於テ施設スル工作物

第十八條　河川ノ敷地若ハ流水ヲ占用セムトスル者ハ地方行政廳ノ許可ヲ受クヘシ

第十九條　流水ノ方向、清濁、分量、幅員若ハ深淺又ハ敷地ノ現狀等ニ影響ヲ及ホスノ虞アル工事、營業其ノ他ノ行爲ハ命令ヲ以テ之ヲ禁止若ハ制限シ又ハ地方行政廳ノ許可ヲ受ケシムルコトヲ得

第二十條　左ノ場合ニ於テ地方行政廳ハ許可ヲ取消シ若ハ其ノ效力ヲ停止シ若ハ其ノ條件ヲ變更シ又ハ既ニ施設シタル工作物ヲ改築若ハ除却セシメ又ハ原形ノ回復ヲ命シ又ハ許可セラレタル事項ニ因リテ生スル危害ヲ豫防スル爲ニ必要ナル設備ヲナサシムルコトヲ得

一　工事施行ノ方法若ハ施行後ニ於ケル管理ノ方法公安ヲ害スルノ虞アルトキ

二　河川ノ狀況ノ變更其ノ他許可ノ後ニ起リタル事實ニ因リ必要ヲ生スルトキ

三　河川ニ關スル工事ヲ施行シ又ハ許可ヲ與ヘタルモノノ外ニ工事、使用若ハ占用ヲ許可スル爲ニ必要ナルトキ

四　此ノ法律ニ基キテ發スル命令ノ規程ニ依リ必要ヲ生スルトキ

五　法律命令ニ違背シタルトキ

六　公益ノ爲必要アルトキ

第二十一條　本章ノ規程ニ依リ與ヘタル許可ニ依リテ生スル權利義務ハ地方行政廳ノ許可ヲ受クルニ非サ

レハ之ヲ他人ニ移スコトヲ得ス
第二十二條　法律、命令若ハ許可ノ條件ニ違背シタル者ハ行政廳ノ命スル所ニ從ヒ其ノ違背ニ因リテ生シタル事實ヲ更正シ且其ノ因リテ生スル損害ヲ豫防スル爲ニ必要ナル設備ヲナスヘシ
第二十三條　洪水ノ危險切迫ナルトキハ地方行政廳又ハ其ノ委任ヲ受ケタル官吏ハ其ノ現場ニ於テ直ニ防禦ノ爲ニ必要ナル土地ヲ使用シ土砂、竹木其ノ他ノ材料、車馬其ノ他ノ運搬具及器具等ヲ使用若ハ徵收シ又ハ其ノ現場ニ在ル者ヲ使役シ又ハ家屋其ノ他ノ障害物ヲ破毀スルコトヲ得
前項ノ場合ニ於テ地方行政廳又ハ其ノ委任ヲ受ケタル官吏ハ其ノ管内ニ於テ夫役ヲ命シ又ハ下級公共團體ニ命シテ土地、材料、運搬具、器具及夫役ヲ供セシメ又ハ市町村長其ノ他ノ市町村吏員等ヲ指揮シテ必要ナル處分ヲナサシムルコトヲ得
地方行政廳ハ其ノ管内ノ下級公共團體ニ命シテ豫メ洪水防禦ノ爲必要ナル準備ヲナサシムルコトヲ得

第四章　河川ニ關スル費用ノ負擔、土地所有者ノ權利義務並河川ノ管理ヨリ生スル收入等

第二十四條　河川ニ關スル費用ハ府縣ノ負擔トス
主務大臣ニ於テ第六條但書ニ依リ河川ノ管理若ハ其ノ維持修繕ヲナス場合ニ於テハ國庫ニ於テ其ノ費用ノ全部若ハ一部ヲ負擔スルコトヲ得
第一項費用ノ範圍ハ主務大臣ノ定ムル所ニ依ル
第二十五條　通航料徵收ノ許可ヲ受ケテ施設シタル工作物ノ爲ニ要スル費用ハ其ノ徵收期間許可ヲ受ケタル者ノ負擔トス
第二十六條　河川ノ改良工事ニ要スル豫算費用ニシテ其ノ府縣内ノ地價總額千分ノ二箇半ヲ超過スルトキハ其ノ超過額ノ三分ノ二以内ヲ國庫ヨリ補助スルコトヲ得但シ地價總額百分ノ二箇半ヲ超過スル部分ニ付テハ其ノ超過額ノ四分ノ三以内ヲ補助スルコトヲ得

前項ニ於テ地價ト稱スルハ其ノ年分地租ヲ徵收スヘキ土地ノ一月一日現在地價ヲ謂フ

災害ニ因リ必要ヲ生シタル工事ニ要スル費用ハ第一項ニ依ルノ限ニ在ラス

工事費用精算ノ上豫算ヨリ減スルコトアルモ既ニ與ヘタル補助金ハ之ヲ還付セシメサルコトヲ得

第二十七條　第八條ニ依リ主務大臣ニ於テ工事ヲ施行スル場合ニ於テハ府縣ハ前條ノ規程ニ準シテ其ノ豫算費用ヲ負擔シ國庫ハ其ノ殘額ヲ負擔スヘシ

前項ノ場合ニ於テ府縣ノ負擔スヘキ金額竝不足額ノ補充及殘餘金ノ處分等ハ主務大臣之ヲ定ム

第二十八條　第八條ニ依リ主務大臣ニ於テ工事ヲ施行スル場合ニ於テハ府縣ハ其ノ負擔スヘキ豫算金額ヲ國庫ニ納付スヘシ

第二十九條　地方行政廳ハ其ノ管內ノ下級公共團體ヲシテ河川ニ關スル費用ノ一部ヲ負擔セシムルコトヲ得

第三十條　河川ノ附屬物ニシテ兼ネテ他ノ工作物ノ效用ヲナスモノアルトキハ其ノ工作物ノ管理者タル行政廳ノ直接ニ管轄スル公共團體若ハ管理者タル私人ヲシテ其ノ附屬物ニ關スル費用ノ全部若ハ一部ヲ負擔セシムルコトヲ得

第三十一條　營業ノ結果ニ因リ特ニ河川ニ關スル工事ノ必要ヲ生セシムルモノアルトキハ其ノ營業者ヲシテ其ノ費用ノ一部ヲ負擔セシムルコトヲ得

第三十二條　河川ニ關スル工事ニシテ他ノ工事ニ因リ必要ヲ生シタルモノナルトキハ其ノ費用ハ工事ノ必要ヲ生シタル程度ニ於テ其ノ原因タル工事ノ費用負擔者ヲシテ之ヲ負擔セシムルコトヲ得

河川ニ關スル工事ニ因リテ必要ヲ生シタル他ノ工事ノ費用ハ其ノ工事ノ管理者タル行政廳ノ直接ニ管轄スル公共團體若ハ管理者タル私人ノ負擔トス但シ命令ノ定ムル所ニ從ヒ河川ニ關スル費用ノ內ヨリ其ノ費用ノ全部若ハ一部ヲ補助スルコトヲ妨ケス

第三十三條　河川ニ關スル工事ニシテ他ノ府縣若ハ他府縣內ノ公共團體ニ於テ著シク利益ヲ受クルモノナルトキ又ハ河川ニ關スル工事若ハ其ノ維持ニシテ主トシテ他府縣內ノ住民ノ河川ノ使用ニ因リ必要ヲ生

スルモノナルトキハ其ノ府縣內ハ其ノ府縣內ノ公共團體ヲシテ其ノ費用ノ一部ヲ負擔セシムルコトヲ得

第三十四條　此ノ法律ハ此ノ法律ニ基キテ發スル命令ニ依リ行政廳ノ命シタル事項ヲ遵守スル爲ニ要スル費用ハ特別ノ規程ヲ設ケタル場合ヲ除クノ外其ノ命ヲ受ケタル者ノ負擔トス

第五十二條ニ依リ主務大臣若ハ地方長官ニ於テ義務者ノ履行スヘキ事項ヲ自ラ執行シ若ハ第三者ヲシテ執行セシメタルカ爲ニ要シタル費用ハ其ノ義務者ヨリ之ヲ追徵スルコトヲ得

第三十五條　公共團體ハ河川ニ關スル工事若ハ費用ノ爲寄付ヲナスコトヲ得

第三十六條　公共團體ハ河川ニ關スル費用ニ付キ私人若ハ其ノ區域內ノ下級公共團體ニ補助ヲナスコトヲ得

第三十七條　公共團體ハ河川ニ關スル費用ニ付キ利害關係ノ厚薄ヲ標準トシテ其ノ區域內ニ於テ不均一ノ賦課ヲナスコトヲ得

第三十八條　河川ニ關スル工事ノ爲必要ナルトキハ地方行政廳ハ管內ノ土地若ハ森林ノ所有者ニ命シ補償金ヲ下付シテ時價相當ノ金額ヲ下付シテ其ノ所有ニ係ル土石、砂礫、芝草、竹木及運搬具ヲ供給セシムルコトヲ得但シ時價ニ關シテ協議整ハサルトキ又ハ所有者不明ナルトキ若ハ其ノ所在不明ナルトキハ地方行政廳ハ相當ト認ムル金額ヲ供託シテ本條ノ供給ヲナサシムルコトヲ得

第三十九條　河川ニ關スル工事ノ爲メ必要ナルトキハ地方行政廳ハ其ノ堤外地ニ立入リ又ハ其ノ土地ヲ材料置場等ニ供シ又ハ已ムヲ得サルトキハ其ノ土地ニ現在スル建設物其ノ他ノ障害物ヲ除却スルコトヲ得

堤外地ニ非サル沿岸若ハ沿堤土地ニ關シテハ其ノ地先ニ施行スヘキ工事ノ爲必要ナル場合ニ限リ前項ヲ適用スルコトヲ得

前二項ノ適用ニ依リ損害ヲ受ケタル所有者ハ使用若ハ除却ノ後三箇月以內ニ府縣ニ對シ補償金ヲ請求スルコトヲ得

第四十條　第二十三條第一項ノ處分ニ因リ著シク損害ヲ受ケタル者アルトキハ地方行政廳ハ其ノ管內ノ市

町村、町村組合若ハ水利組合ニ命シテ其ノ物件ノ價額ヲ補償セシムルコトヲ得其ノ價額ハ行政廳之ヲ定ム

前項補償ノ手續ハ命令ヲ以テ之ヲ定ム

第四十一條　法律、命令若ハ許可認可ノ條件ニ違背シタル工事、設備、使用、占用若ハ工作物ノ管理ニ因リ損害ヲ受ケシメタル者ハ其ノ損害ヲ賠償スヘシ

前項ニ依リ行政廳ニ於テ下付スヘキ賠償金ハ其ノ行政廳ノ直接ニ管轄スル公共團體ノ負擔トス

第四十二條　流水ヲ停滯シ若ハ引用スル爲ノ工作物ノ施設其ノ他河川ノ使用若ハ占用ヲ許可スルトキハ其ノ管理者、使用者若ハ占用者ヨリ使用料若ハ占用料ヲ徴收スルコトヲ得

本條ノ使用料若ハ占用料其ノ他河川ヨリ生スル收入ハ府縣ニ歸ス

第四十三條　地方行政廳ハ私人若ハ其ノ管內下級公共團體ニ於テ舟筏ノ便ヲ謀ル爲新築若ハ改築工事ヲ施行スル場合ニ限リ舟筏ヨリ通航料ヲ徴收スルコトヲ許可スルコトヲ得但シ其ノ年限ハ當初許可シタル時ヨリ三十箇年ヲ超過スルコトヲ得ス

通航料ノ徴收ヲ停止スヘキ場合ニ於ケル補償其ノ他通航料ノ制限等ニ關スル規程ハ命令ヲ以テ之ヲ定ム

第四十四條　河川敷地ノ公用ヲ廢シタルトキハ地方行政廳ハ命令ノ定ムル所ニ從ヒ之ヲ處分スヘシ但シ此ノ法律施行前私人ノ所有權ヲ認メタル證跡アルトキハ其ノ私人ニ下付スヘシ

第四十五條　河川附近ノ土地若ハ工作物ノ所有者ハ命令ノ規程ニ依リ行政廳ノ命スル所ニ從ヒ其ノ土地ノ缺壞若ハ土砂流出ヲ豫防スル爲又ハ其ノ工作物ノ河川ニ及ホス損害ヲ豫防スル爲ニ必要ナル設備ノ全部若ハ一部ヲナシ又ハ其ノ費用ノ全部若ハ一部ヲ負擔スルノ義務ヲ有ス

第四十六條　河川ニ土砂ヲ流出スルノ虞アル土地ノ所有者ハ行政廳ニ於テ其ノ土地ニ竹木芝草ヲ植附ケ若ハ培養シ又ハ其ノ他土砂扞止ノ設備ヲナシ若ハ之ヲ維持スルコトヲ拒ムコトヲ得ス

前項ニ依リ植附タル竹木芝草ハ命令ノ定ムル所ニ從ヒ其ノ土地所有者ヲシテ收益ノ全部若ハ一部ヲ取得

シテ之ヲ培養スルノ義務ヲ負ハシムルコトヲ得

土砂扞止ノ爲ニ要スル土地ハ行政廳ニ於テ土地收用法ニ依リ之ヲ收用スルコトヲ得

第一項土地ノ區域ハ地方行政廳ニ於テ豫メ之ヲ告示スヘシ

第四十七條　此ノ法律ヲ以テ定メタルモノノ外尙河川附近ノ土地、家屋若ハ其ノ他ノ工作物ニ關シ河川ノ公利ヲ增進シ又ハ公害ヲ除却若ハ輕減スル爲ニ必要ナル制限ハ命令ヲ以テ之ヲ定ム

第四十八條　河川若ハ河川附近ノ土地ニ關シテ規定シタル事項ハ命令ノ定ムル所ニ從ヒ河川ニ關スル工事ニ因リ新ニ河川トナルヘキ區域若ハ其ノ附近ノ土地ニ之ヲ準用スルコトヲ得

第五章　監督及强制手續

第四十九條　主務大臣ハ河川ニ關スル行政ヲ監督ス

地方長官ヲシテ第一次ニ於テ監督セシムヘキ事項ハ命令ヲ以テ之ヲ定ム

此ノ法律ニ規定シタル事項ニシテ主務大臣若ハ地方長官ノ認可ヲ要スルモノハ命令ヲ以テ之ヲ定ム

第三十五條及第三十六條ニ規定シタル事項竝此ノ法律ニ依リ行政廳ニ付與シタル職權ニ關シテハ命令ヲ以テ制限ヲ設クルコトヲ得

第五十條　他ノ府縣若ハ他ノ府縣內ノ公共團體ヲシテ費用ヲ負擔セシムル爲ニ必要ナル手續ハ命令ヲ以テ之ヲ定ム

第五十一條　主務大臣ハ地方行政廳ニ命シテ河川ニ關スル工事ヲ施行セシメ又ハ河川ノ區域及其ノ附屬物ノ認定若ハ臺帳ノ更正ヲナサシメ其ノ他此ノ法律ニ規定シタル地方行政廳ノ職權ヲ施行セシムルコトヲ得

第五十二條　義務者ニ於テ此ノ法律若ハ此ノ法律ニ基キテ發スル命令ニ依ル義務ヲ履行セス若ハ之ヲ履行スルモ必要ノ期間內ニ終了スルノ見込ナキトキ又ハ其ノ履行ノ方法宜ヲ得サルトキハ主務大臣若ハ地方長官ハ自ラ之ヲ執行シ又ハ第三者ヲシテ之ヲ執行セシムルコトヲ得

第五十三條　私人ニ於テ此ノ法律若ハ此ノ法律ニ基キ

テ發スル命令ニ依ル義務ヲ怠ルトキハ主務大臣若ハ地方長官ハ一定ノ期間ヲ示シ若期間內ニ履行セサルトキ若ハ之ヲ履行スルモ不充分ナルトキハ千圓以內ニ於テ指定シタル過料ニ處スルコトヲ豫告シテ其ノ履行ヲ命スルコトヲ得

第五十四條　此ノ法律若ハ此ノ法律ニ基キテ發スル命令ニ規定シタル事項ニ關シ納付セシメタル保證金ハ行政廳ニ於テ直ニ其ノ納付ノ目的又ハ過料ニ充用スルコトヲ得

前項保證金ハ他ノ債務ノ爲ニ差押フルコトヲ得ス

第五十五條　此ノ法律若ハ此ノ法律ニ基キテ發スル命令ニ依リ私人ニ於テ負擔スヘキ費用及過料ハ此ノ法律ニ於テ特ニ民事訴訟ヲ許シタル場合ヲ除クノ外行政廳ニ於テ國税滯納處分法ニ依リ之ヲ徵收スルコトヲ得

前項ノ費用及過料ニ付キ行政廳ハ國税ニ次キ先取特權ヲ有スルモノトス

此ノ法律若ハ此ノ法律ニ基キテ發スル命令ニ依リ公共團體ニ於テ負擔スヘキ事業ニ關シテハ此ノ法律ニ

於テ特ニ民事訴訟ヲ許シタル場合ヲ除クノ外主務大臣若ハ地方長官ハ必要ナル場合ニ於テハ金額ヲ定メテ之ヲ其ノ豫算表ニ揭ケ其ノ他必要ナル處分ヲ指揮シ直ニ其ノ金額ヲ支出セシムルコトヲ得

第五十六條　此ノ法律若ハ此ノ法律ニ基キテ發スル命令ニ依リ行政廳ニ付與シタル職權ハ行政處分ニ依リ之ヲ强制スルコトヲ得

行政廳ノ許可若ハ認可ニ附シタル條件ニ關シテモ亦本條及前條ヲ準用ス

第五十七條　此ノ法律若ハ此ノ法律ニ基キテ發スル命令ニ於テ規定シタル事項ニ關シテハ河川視察ノ職務ヲ有スル官吏ヲシテ命令ノ定ムル所ニ從ヒ警察官ノ職權ノ全部又ハ一部ヲ執行セシムルコトヲ得

第五十八條　此ノ法律ニ規定シタル私人ノ義務ニ關シテハ命令ヲ以テ二百圓以內ノ罰金若ハ一年以下ノ禁錮ノ罰則ヲ設クルコトヲ得

第六章　訴願及訴訟

第五十九條　此ノ法律若ハ此ノ法律ニ基キテ發スル命

令ニ依リ主務大臣若ハ地方行政廳ノナシタル處分ニ對シテ不服アル私人若ハ公共團體ハ主務大臣ニ訴願スルコトヲ得

此ノ法律若ハ此ノ法律ニ基キテ發スル命令若ハ地方行政廳ノ委任ニ依リ下級行政廳ノナシタル處分ニ對シテ不服アル私人若ハ公共團體ハ地方長官ニ訴願シ地方長官ノ裁決ニ不服アル者ハ主務大臣ニ訴願スルコトヲ得

此ノ法律ニ依リ行政訴訟ノ提起ヲ許シタル場合ニ於テハ主務大臣ニ訴願スルコトヲ得ス

第六十條　此ノ法律若ハ此ノ法律ニ基キテ發スル命令ニ規定シタル事項ニ關シ行政廳ノ違法處分ニ依リ權利ヲ毀損セラレタリトスル私人若ハ公共團體ハ前條ニ依リ訴願ノ裁決ヲ經タル後行政訴訟ヲ提起スルコトヲ得但シ主務大臣若ハ地方行政廳ノ處分ニ對シテハ直ニ之ヲ提起スルコトヲ得

第六十一條　第四十一條第一項ニ依リ損害倍償ヲ請求スル私人若ハ公共團體ハ損害ヲ受ケタル日ヨリ三箇月以内ニ民事訴訟ヲ提起スルコトヲ得

法律、命令若ハ許可認可ノ條件ニ違背シタルヤ否ヤニ付キ爭アルトキハ前數條ノ手續ニ依リ其ノ違背シタリトノ事實確定シタル後ニ非サレハ民事訴訟ヲ提起スルコトヲ得ス但シ此ノ場合ニ於テハ前項ノ期間ハ確定ノ日ヨリ起算スルモノトス

第六十二條　第三十八條若ハ第三十九條ニ依リ下付スヘキ補償金額ニ對シ不服アルトキハ行政廳ニ於テ補償金額ノ通知ヲ爲シタル日ヨリ六箇月以内ニ民事訴訟ヲ提起スルコトヲ得但シ第三十九條ノ場合ニ於テ補償金請求ノ後三箇月以内ニ其ノ金額ノ通知ナキトキハ其ノ期限經過後六箇月以内ニ民事訴訟ヲ提起スルコトヲ得

第六十三條　此ノ法律若クハ此ノ法律ニ基キテ發スル命令ニ規定シタル事項ニ關シテハ本章ノ規定ニ依リ特ニ許シタル場合ヲ除クノ外訴願若ハ行政訴訟ヲ提起シ又ハ行政廳ニ對シ民事訴訟ヲ提起スルコトヲ得ス

第七章　附則

第六十四條　此ノ法律ノ全部若ハ一部ヲ施行スヘキ區域及時期ハ主務大臣之ヲ定ム
此ノ法律ヲ施行スル爲ニ必要ナル規程ハ命令ヲ以テ之ヲ定ム
第六十五條　河川ノ臺帳ハ此ノ法律施行ノ日ヨリ二箇年以內ニ之ヲ調製スヘシ
第六十六條　災害土木費負擔ニ關スル慣例及外國人居留地內ニ於ケル河川ニ關スル慣例ハ此ノ法律ヲ以テ變更スルノ限ニ在ラス

農會法

第一條　農會ハ農業ノ改良發達ヲ圖ルヲ以テ目的トス
第二條　農會ハ法人トス
第三條　農會ハ其ノ目的ヲ達スル爲左ノ事業ヲ行フ
一　農業ノ指導奬勵ニ關スル施設
二　農業ニ從事スル者ノ福利增進ニ關スル施設
三　農業ニ關スル研究及調査
四　農業ニ關スル紛議ノ調停又ハ仲裁
五　其ノ他農業ノ改良發達ヲ圖ルニ必要ナル事業
第四條　農會ハ營利事業ヲ爲スコトヲ得ス
第五條　農會ハ農業ニ關スル事項ニ付行政廳ニ建議スルコトヲ得
農會ハ行政廳ノ諮問ニ對シ答申スヘシ
第六條　行政官廳ハ農會ニ對シ農業ニ關スル報告書ノ提出及農業ニ關スル事項ノ調査ヲ命スルコトヲ得
第七條　政府ハ農會ニ對シ豫算ノ範圍內ニ於テ補助金ヲ交付スルコトヲ得
第八條　農會ハ町村農會、市農會、郡農會、道府縣農會及帝國農會トス
第九條　農會ノ地區ハ町村農會ニ在リテハ町村又ハ町村組合、市農會ニ在リテハ市、郡農會ニ在リテハ郡又ハ島司ヲ置キタル島嶼、道府縣農會ニ在リテハ道府縣、帝國農會ニ在リテハ內地ノ區域ニ依ル
特別ノ事由アルトキハ農會ノ地區ハ前項ノ區域ニ依ラサルコトヲ得
第一項ノ區域ニ增減アリタルトキハ其ノ區域ナ地區

トスル農會ノ地區モ亦之ニ應シテ増減アリタルモノトス
町村カ市ト爲リタルトキハ其ノ町村ノ區域ヲ地區トスル町村農會ハ市農會ト爲リタルモノトス
第十條　農會ノ名稱ニハ町村若ハ村農會、市農會、郡農會、道、府若ハ縣農會又ハ帝國農會ナル文字ヲ用ヰルヘシ但シ農會ノ地區カ町、村、市、郡、道、府又ハ縣ノ區域ニ依ラサルトキハ其ノ名稱中ニ此等ノ區域ヲ示スヘキ文字ヲ用ヰサルコトヲ得
本法ニ依リ設立シタル農會ニ非サレハ其ノ名稱中ニ前項ニ掲クル文字ヲ用ヰルコトヲ得ス
第十一條　農會ハ町村農會及市農會ニ在リテハ國、公共團體及命令ヲ以テ規定シタル者ヲ除クノ外其ノ地區内ノ耕地、牧場又ハ原野ヲ所有スル者及其ノ地區内ニ於テ農業ヲ營ム者、郡農會ニ在リテハ其ノ地區内ノ町村農會、道府縣農會ニ在リテハ其ノ地區内ノ市農會、郡農會及郡農會ノ會員ニ非サル町村農會、帝國農會ニ在リテハ道府縣農會ヲ以テ其ノ會員トス
第十二條　農會ヲ設立セムトスルトキハ其ノ地區内ノ會員タル資格ヲ有スル者三分ノ二以上ノ同意ヲ得テ創立總會ヲ開キ會則ヲ議定シ行政官廳ノ認可ヲ受クヘシ
町村農會及市農會ニ在リテハ前項ノ同意ヲ爲シタル者ノ所有シ又ハ占有スル其ノ地區内ノ耕地、牧場及原野ノ面積ハ私用ニ供スル其ノ地區内ノ耕地農場及原野ノ面積ノ二分ノ一以上ナルコトヲ要ス但シ特別ノ事由アル場合ニ於テハ此ノ條件ニ依ラサルコトヲ得
第十三條　郡農會、道府縣農會又ハ帝國農會ヲ設立セムトスルトキハ其ノ農會ノ會員タルヘキ農會ハ其ノ總會ニ於テ創立委員各一人ヲ其ノ役員中ヨリ選任スヘシ但シ道府縣農會ヲ設立スル場合ニ於テ郡農會ノ會員ニ非サル町村農會カ選任スル創立委員ノ選出ニ付テハ命令ノ定ムル所ニ依ル
第十四條　町村農會及市農會ノ創立總會ニ於テハ其ノ會員タル資格ヲ有スル者ノ中ヨリ其ノ役員竝其ノ組織スヘキ農會ノ議員及豫備議員ト爲ルヘキ者ヲ、其ノ他ノ農會ノ創立總會ニ於テハ其ノ創立委員中ヨリ

其ノ役員竝其ノ組織スヘキ農會ノ議員及豫備議員ト爲ルヘキ者ヲ選任スヘシ但シ第二十七條第二項但書及第三項ノ規定ハ此ノ場合ニ之ヲ準用ス

第十五條　農會ハ設立ノ認可ヲ受ケタル時成立ス

第十六條　農會成立シタルトキハ其ノ地區內ノ會員タル資格ヲ有スル者ハ總テ之ニ加入シタルモノト看做ス但シ行政官廳カ特別ノ事由ニ依リ加入ノ必要ナシト認メタル者ハ此ノ限ニ在ラス

第十七條　農會ニ總會ヲ置ク

總會ハ町村農會及市農會ニ在リテハ會長副會長及會員、其ノ他ノ農會ニ在リテハ會長副會長議員及特別議員ヲ以テ之ヲ組織ス

郡農會、道府縣農會又ハ帝國農會ノ議員ハ其ノ農會ノ會員タル農會ニ於テ各一人ヲ其ノ役員中ヨリ選任スヘシ但シ郡農會ノ會員ニ非サル町村農會カ選任スル議員ノ選出ニ付テハ命令ノ定ムル所ニ依ル

郡農會、道府縣農會及帝國農會ノ設立ノ場合ニ於テハ創立委員其ノ農會ノ議員ト爲ル

第十八條　郡農會、道府縣農會又ハ帝國農會ノ會員タル農會ハ命令ノ定ムル所ニ依リ豫備議員各一人ヲ其ノ役員中ヨリ選任スヘシ

豫備議員ハ議員事故アルトキハ之ヲ代理シ議員闕ケタルトキハ議員ト爲ル

前條第三項但書ノ規定ハ豫備議員ニ付之ヲ準用ス

第十九條　行政官廳ハ農業ニ關スル學識經驗アル者ヲ郡農會、道府縣農會又ハ帝國會ノ特別議員ニ任命スルコトヲ得

特別議員ノ員數ハ議員定數ノ三分ノ一ヲ超ユルコトヲ得ス

第二十條　左ニ掲クル事項ハ總會ノ議決ヲ經ヘシ

一　收支豫算
二　經費ノ分賦收入方法
三　事業報告及收支決算
四　借入金
五　基本財產ノ造成、管理及處分
六　會則ノ變更
七　役員、議員及豫備議員ノ選任及解任
八　第十二條第一項、第二十四條第二項及第三十五

條ノ同意

前項第一號、第二號、第四號及第六號ニ掲クル事項ノ決議ハ行政官廳ノ認可ヲ受クルニ非サレハ其ノ效力ヲ生セス

第二十一條　總會ハ會長之ヲ招集ス

總會ヲ組織スル者ハ其ノ總數ノ三分ノ一以上ノ同意ヲ得テ會議ノ目的タル事項及招集ノ事由ヲ記載シタル書面ヲ提出シ總會ノ招集ヲ請求スルコトヲ得

會長正當ノ事由ナクシテ前項ノ規定ニ依ル請求アリタル後十四日以內ニ總會ヲ招集セサルトキハ請求者ハ行政官廳ノ認可ヲ受ケ之ヲ招集スルコトヲ得

第三項ノ規定ニ依リ會總ヲ招集スルコト能ハサルトキハ行政官廳ハ會員又ハ議員若ハ特別議員ヲ指定シテ總會ヲ招集セシムルコトヲ得

第二十二條　總會ノ議長ハ會長、會長事故アルトキハ副會長ヲ以テ之ニ充ツ會長及副會長共ニ事故アルトキ又ハ前條第三項若ハ第四項ノ場合ニ於テハ出席者ノ互選ニ依リ議長ヲ定ム

第二十三條　總會ノ議事ハ本法ニ別段ノ規定アル場合ヲ除クノ外出席者ノ過半數ヲ以テ之ヲ決ス可否同數ナルトキハ議長ノ決スル所ニ依ル

第二十四條　會則ノ變更ハ總會ニ於テ之ヲ組織スル者半數以上出席シ出席者ノ三分ノ二以上ヲ以テ之ヲ議決ス

會則ノ變更カ地區ノ增減ニ關スルトキハ前項ノ規定ニ依ル議決ノ外新ニ編入セラレ又ハ削除セラルヘキ地區內ノ會員タル資格ヲ有スル者又ハ會員ノ三分ノ二以上ノ同意アルコトヲ要ス

第二十五條　總會ノ議決ヲ經ヘキ事項ニシテ輕微ナルモノニ付テハ會則ノ定ムル所ニ依リ書面ヲ以テ其ノ總會ヲ組織スル者ノ意見ヲ徵シ總會ノ議決ニ代フルコトヲ得但シ町村農會及市農會ニ付テハ此ノ限ニ在ラス

第二十六條　町村農會及市農會ハ命令ノ定ムル所ニ依リ總代會ヲ置キ總會ニ代フルコトヲ得

總代會ハ命令ノ定ムル所ニ依リ會員ノ選擧シタル總代ヲ以テ之ヲ組織ス

總會ニ關スル規定ハ總代會ニ付之ヲ準用ス

第二十七條　農會ニ左ノ役員ヲ置ク

會長　一人

副會長　一人

評議員　數人

役員ハ町村農會及市農會ニ在リテハ會員中ヨリ、其ノ他ノ農會ニ在リテハ議員及特別議員中ヨリ之ヲ選任ス但シ會長及副會長ハ其ノ他ノ者ヨリ之ヲ選任スルコトヲ妨ケス

前項但書ノ規定ニ依ル選任ハ行政官廳ノ認可ヲ受タルニ非サレハ其ノ效力ヲ生セス

第二十八條　會長ハ農會ヲ代表シ會務ヲ總理ス

副會長ハ會長ヲ補佐シ會長事故アルトキ其ノ職務ヲ代理ス

副會長ハ會則ノ定ムル所ニ依リ會長ノ職務ノ一部ヲ分掌スルコトヲ得

評議員ハ會長ノ諮問ニ應シ竝會務執行及財産ノ狀況ヲ監督ス

第二十九條　總會ノ議決ヲ經ヘキ事項ニシテ臨時急施ヲ要シ總會ヲ招集スルノ暇ナシト認ムルモノハ會長之ヲ專決處分スルコトヲ得

前項ノ場合ニ於テハ會長ハ次ノ總會ニ於テ其ノ承認ヲ求ムヘシ

第三十條　農會ハ會則ノ定ムル所ニ依リ其ノ會員ニ對シ經費ヲ分賦シ及過怠金ヲ徵收スルコトヲ得

町村農會及市農會ハ命令ノ定ムル所ニ依リ物件ヲ以テ經費ノ負擔ヲ爲サシムルコトヲ得

町村農會及市農會ノ經費又ハ過怠金ヲ滯納スル者アル場合ニ於テ其ノ會長ノ請求アルトキハ市町村ハ市町村稅ノ例ニ依リ之ヲ處分ス此ノ場合ニ於テ農會ハ其ノ徵收金額ノ百分ノ四ヲ市町村ニ交付スヘシ

前項ニ規定スル徵收金ノ先取特權ノ順位ハ市町村其ノ他之ニ準スヘキモノノ徵收金ニ次キ其ノ時效ニ付テハ市町村稅ノ例ニ依ル

經費ノ分賦又ハ過怠金ノ徵收ニ關シテハ勅令ノ定ムル所ニ依リ異議ノ申立、訴願及行政訴訟ヲ爲スコトヲ得

第三十一條　農會ハ會則ノ定ムル所ニ依リ使用料及手數料ヲ徵收スルコトヲ得

前項ノ使用料及手數料ノ徵收ニ關シテハ民事訴訟ヲ提起スルコトヲ得

第三十二條　行政官廳ハ農會ニ對シ會務ニ關スル報告ヲ爲サシメ、會務執行又ハ財産ノ狀況ヲ檢査シ、會則收支豫算又ハ經費ノ分賦收入方法ノ變更ヲ命シ其ノ他監督上必要ナル命令又ハ處分ヲ爲スコトヲ得

第三十三條　農會ハ會則ノ定ムル所ニ依リ其ノ會員タル農會ニ對シ農業ニ關スル報告書ノ提出及農業ニ關スル事項ノ調査ヲ爲サシムルコトヲ得

第三十四條　行政官廳ハ農會ノ決議又ハ役員ノ行爲カ法令又ハ會則ニ違反シ又ハ公益ヲ害シ若ハ害スルノ虞アリト認ムルトキハ決議ヲ取消シ、役員若ハ特別議員ヲ解任シ、議員豫備議員若ハ總代ノ改選ヲ命シ農會ノ事業ヲ停止シ又ハ農會ノ解散ヲ命スルコトヲ得

第三十五條　農會解散又ハ合併ヲ爲サムトスルトキハ其ノ會員ノ三分ノ二以上ノ同意ヲ得、道府縣農會ニ在リテハ尚其ノ會員タル郡農會及市農會ノ三分ノ二以上ノ同意ヲ得且合併ノ場合ニ於テハ會則ヲ議定シ事由ヲ具シ行政官廳ノ認可ヲ受クヘシ

農會分割ヲ爲サムトスルトキハ前項ノ規定ニ準スル同意ノ外分割ノ各農會ノ會員又ハ會員タル資格ヲ有スル者ノ三分ノ二以上ノ同意ヲ得農會ノ權利義務ノ限度ヲ定メ且會則ヲ議定シ事由ヲ具シ行政官廳ノ認可ヲ受クヘシ

第十二條第二項、第十三條乃至第十五條及第十七條第四項ノ規定ハ前二項ノ場合ニ之ヲ準用ス

第三十六條　合併後存續スル農會又ハ合併ニ因リテ設立シタル農會ハ合併ニ因リテ消滅シタル農會ノ權利義務ヲ承繼ス

分割ニ因リテ設立シタル農會ハ前條ノ規定ニ依リテ定リタル限度ニ於テ從前ノ農會ノ權利義務ヲ承繼ス

第三十七條　農會ハ解散ノ後ト雖清算ノ目的ノ範圍内ニ於テハ仍存續スルモノト看做ス

第三十八條　農會解散シタルトキハ會長及副會長ヲ以テ其ノ清算人トス但シ會則ニ別段ノ規定アルトキ又ハ總會ニ於テ選任シタル者アルトキハ此ノ限ニ在ラス

前項ノ規定ニ依リ清算人タル者ナキトキハ行政官廳清算人ヲ選任ス清算人闕ケタルトキ亦同シ

第三十九條　清算人ハ農會ヲ代表シ清算ヲ爲スニ必要ナル一切ノ行爲ヲ爲ス權利ヲ有ス

清算方法及財産處分ニ付テハ行政官廳ノ認可ヲ受クヘシ

第四十條　行政官廳必要ト認ムルトキハ清算方法及財産處分ノ變更ヲ命シ又ハ清算人ヲ解任スルコトヲ得

第四十一條　本法ニ於テ市町村トアルハ市制町村制ヲ施行セサル地ニ在リテハ之ニ準スヘキモノトシ郡トアルハ北海道ニ在リテハ北海道廳支廳長管轄區域トス

附　則

本法施行ノ期日ハ勅令ヲ以テ之ヲ定ム（大正十一年勅令第三百五十七號ヲ以テ大正十二年一月一日ヨリ之ヲ施行ス）

明治三十二年法律第百三號農會法ハ之ヲ廢止ス

明治三十二年法律第百三號農會法ニ依リ設立シ本法施行ノ際現ニ存スル農會ハ之ヲ本法ニ依リ設立シタルモノト看做ス

本法施行ノ際現ニ前項ノ農會ノ役員、議員、豫備議員又ハ特別議員ノ職ニ在ル者ハ其ノ任期中其ノ職ニ在ルモノトス

●害蟲驅除豫防法

第一條　此ノ法律ニ於テ害蟲ト稱スルハ農作物ヲ害スル各種ノ蟲類ヲ謂フ

第二條　驅除豫防スヘキ害蟲ノ種類及驅除豫防ノ方法ハ農商務大臣ノ認可ヲ經テ地方長官之ヲ定ム

認可ヲ經タル種類以外ノ害蟲發生シ急速ノ處分ヲ要スルトキハ地方長官ハ臨時驅除豫防ノ方法ヲ定メ之ヲ施行スルコトヲ得其ノ場合ニ於テハ直ニ其ノ旨ヲ農商務大臣ニ具申スヘシ

第三條　害蟲田畑ニ發生シタルトキ又ハ發生ノ虞アルトキハ地方長官ハ豫メ期限ヲ定メ該田畑ノ作人ヲシテ驅除豫防ヲ行ハシムヘシ

前項ノ場合ニ於テ作人驅除豫防ヲ行ハサルトキハ地

方長官ハ市町村費ヲ以テ之ヲ行ヒ市町村ヲシテ該作人ヨリ其ノ費用ヲ徴收セシムルコトヲ得其ノ費用ノ徴收ニ關シテハ市制第百二條及町村制第百二條ヲ適用ス

第四條　害蟲蔓延シタルトキ又ハ蔓延ノ兆アルトキ又ハ害蟲田畑以外ノ地ニ發生シタルトキ又ハ發生ノ虞アルトキハ地方長官ハ市町村費ヲ以テ驅除豫防ヲ行フコトヲ得

第五條　地方長官ハ前條ノ驅除豫防ノ爲ニ市町村ニ命シテ夫役ヲ市町村全部又ハ一部ノ田畑ノ作人及所有者ニ賦課セシムルコトヲ得

夫役ハ害蟲ノ種類ニ依リテ田又ハ畑ニ區別シテ賦課スルコトヲ得

夫役ノ賦課ハ段別又ハ地價ヲ以テ準率ト爲スヘシ

夫役ハ各別ノ率ニ據リ小作人、自作人及地主ニ賦課スルコトヲ得

本條ノ場合ニ於テハ市制第百二十三條及町村制第百二十七條ヲ適用セス

第六條　地方長官ハ驅除豫防ノ爲必要アルトキハ市町村費ヲ以テ溝渠ヲ設ケ又ハ農作物、藁稈、刈株、雜草ヲ拔棄若ハ燒棄スルコトヲ得

本條ノ場合ニ於テハ第五條ノ規定ヲ適用ス

第七條　驅除豫防ノ必要ヨリ生シタル損害ニ對シ被害者ハ賠償ヲ要求スルコトヲ得ス

第八條　土地所有者、管理者又ハ使用者ハ官吏及其ノ指揮ヲ承クル者ノ其ノ地ニ入リ驅除豫防ニ從事スルヲ拒ムコトヲ得ス

第九條　地方長官又ハ郡長ハ必要ナル場合ニ於テハ北海道地方費府縣税（地方税）又ハ郡費ヲ以テ第三條、第四條、第六條ノ費用ヲ補助シ若ハ驅除豫防ニ必要ナル器具ヲ給與シ又ハ貸與スルコトヲ得

第十條　蟲類以外ノ動物又ハ黴菌ト雖農作物ヲ害スルトキ又ハ害スルノ虞アルトキハ地方長官ハ農商務大臣ノ認可ヲ經テ此ノ法律ヲ適用スルコトヲ得

第十一第　第三條ノ場合ニ於テ地方長官ノ命令ニ從ハサル者ハ五錢以上一圓九十五錢以下ノ科料又ハ一日以上十日以下ノ拘留ニ處ス

第十二條　第六條及第八條ニ依レル官吏若ハ其ノ指揮

ヲ承クル者ノ行爲ヲ妨害スル者ハ二圓以上二十圓以下ノ罰金又ハ十一日以上二十日以下ノ重禁錮ニ處ス

第十三條　本法中市町村ニ關スル規定ハ北海道ノ區町村、沖繩縣ノ區間切島及市制、町村制ヲ施行セサル地方ニ於ケル市町村ニ準スヘキモノニ之ヲ適用ス

第十四條　此ノ法律ハ明治二十九年四月一日ヨリ施行ス

蠶絲業法

第一條　本法ニ於テ蠶絲業者ト稱スルハ養蠶、蠶種製造、生絲製造、眞綿製造、殺蛹乾繭又ハ蠶種、繭、生絲、屑物類ノ賣買、仲立若ハ保管ヲ業トスル者ヲ謂フ

第二條　本法ニ於テ蠶種製造者ト稱スルハ他人ニ讓渡スノ目的ヲ以テ蠶種ヲ製造スル者ヲ謂フ

第三條　本法ニ於テ蠶病ト稱スルハ微粒子病、軟化病硬化病、膿病及蠁蛆病ヲ謂フ

第四條　蠶兒ノ飼育又ハ生繭ノ取扱ヲ爲ス者ハ命令ノ定ムル所ニ依リ病蠶及斃蠶ノ病原微生物竝蠁蛆及其ノ蛹、蠅ヲ滅殺シ其ノ他蠶病豫防ノ爲必要ナル施設ヲ爲スヘシ

主務大臣ハ學術研究ノ爲蠶兒ノ飼育又ハ生繭ノ取扱ヲ爲ス者ニ對シ前項ノ規定ヲ適用セサルコトヲ得

第五條　蠶種製造者タラムトスル者ハ地方長官ノ免許ヲ受クヘシ

第六條　蠶種製造者ハ命令ノ定ムル所ニ依リ蠶室及蠶具ノ消毒ヲ行フヘシ

第七條　蠶種製造者ハ原蠶種ヨリ産出シタル繭ヲ用ウルニ非サレハ蠶種ヲ製造スルコトヲ得ス

第八條　削除

第九條　蠶種製造者ハ現ニ普通蠶種ノ蠶兒ノ掃立又ハ其ノ飼育ヲ爲ス建物内ニ於テ蠶種製造用蠶兒ノ掃立ヨリ蠶種ノ製造ヲ終ル迄ノ作業ヲ爲スコトヲ得ス

蠶種製造者ハ現ニ普通蠶種製造用蠶兒ノ飼育ヲ爲ス室内ニ於テ原蠶種製造用蠶兒ノ掃立ヨリ蠶種ノ製造ヲ終ル迄ノ作業ヲ爲スコトヲ得ス

第十條　蠶種製造者原蠶種ヲ製造セムトスルトキハ蠶

兒ノ飼育ハ一蛾別ニ之ヲ爲スヘシ但シ本法ヲ施行セサル地若ハ外國ヨリ移入若ハ輸入シタル蠶種ニシテ一蛾別ト爲スコト能ハサルモノ又ハ主務大臣ノ指定シタル蠶種ニ付テハ此ノ限ニ在ラス

原蠶種ノ框製又ハ撒製ト爲スヘシ

第十一條　蠶種製造者ハ原蠶種ト爲サムトスル蠶種ニ對シ命令ノ定ムル所ニ依リ蠶兒、繭及母蛾ニ付檢査ヲ受クヘシ

蠶種製造者ハ普通蠶種ト爲サムトスル蠶種ニ對シ命令ノ定ムル所ニ依リ掃立口毎ニ其ノ母蛾ニ付歩合檢査ヲ受クヘシ

蠶種製造者ハ前項ノ歩合檢査ニ合格セサル蠶種ニ對シ命令ノ定ムル所ニ依リ母蛾又ハ卵ニ付檢査ヲ受クルコトヲ得但シ第十三條但書ノ期間内ニ檢査ノ請求ヲ爲スコトヲ要ス

第十二條　主務大臣ハ前條ノ規定ニ拘ラス原蠶種製造所、學校、講習所、試驗場等ニ於テ製造シタル蠶種及第十七條ノ檢査ニ合格シタル蠶種ヲ原蠶種又ハ普通蠶種ト指定スルコトヲ得

第十三條　地方長官ハ第十一條及第十七條ノ檢査ニ合格シタル蠶種ニハ證印ヲ押捺シ其ノ檢査ニ合格セサル蠶種ハ之ヲ燒棄スヘシ但シ第十一條第二項ノ歩合檢査ニ合格セサル蠶種ニ付テハ地方長官ノ定ムル期間内ニ同條第三項ノ規定ニ依ル檢査ノ請求ナキトキハ其ノ期間ヲ經過シタル後之ヲ燒棄スヘシ

第十四條　檢査合格ノ證印ナキ蠶種及其ノ蠶兒ハ之ヲ讓渡シ又ハ飼育スルコトヲ得ス但シ第十二條ノ規定ニ依リ指定セラレタル蠶種及其ノ蠶兒ハ此ノ限ニ在ラス

第十五條　地方長官ハ錯誤ニ依リ又ハ不法ニ押捺セラレタル檢査合格ノ證印ヲ發見シタルトキハ遲滯ナク之ヲ抹消スヘシ

第十六條　蠶種製造者ニ非サル者ハ蠶種ヲ製造スルコトヲ得ス

學術研究ノ爲ニスル場合ニ於テハ主務大臣ノ許可ヲ受ケ第十四條及前項ノ規定ニ拘ラス蠶種ノ製造又ハ蠶兒ノ飼育ヲ爲スコトヲ得此ノ場合ニ於テハ命令ノ定ムル所ニ依リ本法中蠶種製造者ニ關スル規定ノ全

部又ハ一部ヲ準用スルコトヲ得

第十七條　本法ヲ施行セサル地又ハ外國ニ於テ製造シタル蠶種ヲ移入又ハ輸入シタル者ハ其ノ蠶種ニ對シ母蛾又ハ卵ニ付檢査ヲ受クヘシ但シ前條第二項ノ規定ニ依ル許可ヲ受ケタル者ハ此ノ限ニ在ラス

移入又ハ輸入前官署公署ノ證明ヲ得タル蠶種ニ對シテハ前項ノ檢査ニ代ヘ其ノ證明ニ付檢査ヲ爲スコトヲ得

第十八條　主務大臣必要ト認ムルトキハ原蠶種ノ製造若ハ其ノ讓渡讓受又ハ原蠶種ノ種類ヲ制限スルコトヲ得

主務大臣ハ地方特別ノ狀況ニヨリ地方長官ヲシテ前項ノ制限ヲ爲サシムルコトヲ得

第十九條　主務大臣又ハ地方長官ハ桑苗ノ仕立、蠶絲類ノ檢査又ハ桑苗蠶種若ハ繭ノ賣買若ハ取引市場ニ關シ取締上必要ナル命令ヲ發スルコトヲ得但シ地方長官ハ主務大臣ノ認可ヲ受クルコトヲ要ス

第二十條　蠶種ノ蠶紙又ハ容器ニ關シ取締上必要ナル事項ハ命令ヲ以テ之ヲ定ム

第二十一條　削除

第二十二條　府縣ハ命令ノ定ムル所ニ依リ第十一條及第十七條ノ檢査其ノ他蠶病豫防ノ爲必要ナル吏員ヲ置クヘシ

第二十三條　削除

第二十四條　第五條、第七條、第九條乃至第十一條、第十七條及第三十八條乃至第四十一條ノ規定ハ府縣ニ之ヲ適用セス

第二十五條　地方長官必要ト認ムルトキハ野蠶ノ飼育採種又ハ野蠶繭ノ取扱ヲ業トスル者ニ第四條第一項ノ規定ヲ準用スルコトヲ得

第二十六條　第十一條及第十七條ノ檢査其ノ他蠶病豫防ニ關シ必要ナル費用ハ府縣ノ負擔トス但シ國庫ハ其ノ半額以內ヲ補助スルコトヲ得

第二十七條　府縣ハ第十一條第一項ノ檢査ヲ受ケタル蠶種ニ對シテハ命令ノ定ムル所ニ依リ原蠶種ニ供用シタルコトノ證明ナキモノニ限リ檢査手數料ヲ徵收スヘシ

府縣ハ第十一條第三項ノ檢査ヲ受ケタル蠶種ニ對シ

ヲハ命令ノ定ムル所ニ依リ檢査手數料ヲ徵收スルコトヲ得

第二十八條　蠶絲業者ヲ以テ組織スル同業組合聯合會ノ設置ニ付テハ重要物產同業組合法第三條及第四條ノ規定ヲ準用ス

第二十九條　前條ノ同業組合聯合會及一府縣以上ヲ地區トスル蠶絲業者ノ同業組合ニシテ同業組合聯合會ニ加入セサル者ハ相互ノ氣脈ヲ通シ及蠶絲類ノ海外貿易ノ發展其ノ他蠶絲業ノ利益增進ヲ圖ル爲全國ヲ地區トシテ蠶絲業同業組合中央會ヲ置設スルコトヲ得

主務大臣必要ト認ムルトキハ前項ニ揭ケタル者ノ外同業組合聯合會ニ加入セサル蠶絲業者ノ同業組合ニシテ蠶絲業同業組合中央會ニ加入スヘキ者ヲ指定スルコトヲ得

第三十條　蠶絲業同業組合中央會ノ設置ヲ發起セムトスル者ハ主務大臣ノ認可ヲ受クヘシ

前項ノ認可アリタルトキハ發起人ハ同業組合聯合會一府縣以上ヲ地區トスル同業組合ニシテ同業組合聯合會ニ加入セサル者及前條第二項ノ規定ニ依リ主務大臣ノ指定シタル同業組合ノ三分ノ二以上ノ同意ヲ得テ創立總會ヲ開キ定款ヲ議定シ主務大臣ノ認可ヲ受クヘシ

第三十一條　蠶絲業同業組合中央會成立シタルトキハ同業組合聯合會、一府縣以上ヲ地區トスル同業組合ニシテ同業組合聯合會ニ加入セサル者及第二十九條第二項ノ規定ニ依リ主務大臣ノ指定シタル同業組合ハ之ニ加入スヘシ

第三十二條　蠶絲業同業組合中央會ノ會議ハ之ヲ組織スル同業組合聯合會及同業組合ニ於テ同業組合ノ組合員中ヨリ選擧シタル議員ヲ以テ組織スヘシ

主務大臣ハ蠶絲業同業組合中央會ノ議員定數ノ五分ノ一ヲ超エサル特別議員ヲ命スルコトヲ得

第三十三條　蠶絲業同業組合中央會議員ノ定數配當及選出方法竝役員ノ名稱選任解任及權限ニ關シ必要ナル事項ハ命令ヲ以テ之ヲ定ム

第三十四條　重要物產同業組合法第六條、第七條及第十一條乃至第十六條ノ規定ハ蠶絲業同業組合中央會

ニ之ヲ準用ス

第三十五條　當該官吏吏員ハ蠶病若ハ桑ノ病蟲害ノ豫防又ハ蠶糸類ノ檢査ニ關シ蠶種、生繭、桑苗又ハ糸蠶類ノ取扱ヲ爲ス者ノ店舗、倉庫、製造所、飼育場、圃場等ニ臨檢シ物品及帳簿其ノ他ノ書類ヲ調査シ又ハ必要ナル分量ニ限リ無償ニテ物品ヲ收去スルコトヲ得

地方長官本法又ハ本法ニ基キテ發スル命令ニ違反スル所爲アリト認ムルトキハ當該官吏吏員ヲシテ前項ニ掲ケタル場所ニ臨檢シ犯罪嫌疑者若ハ參考人ヲ尋問シ又ハ犯罪ノ事實ヲ證明スヘキ物件、帳簿、書類ヲ搜索シ若ハ之カ差押ヲ爲サシムルコトヲ得

臨檢、尋問、搜索又ハ差押ニ關シテハ間接國稅犯則者處分法ヲ準用ス

第三十六條　當該官吏吏員ハ自己、親族又ハ同居者ニ對シ第十一條及第十七條ノ檢査ヲ爲スコトヲ得ス

第三十七條　蠶糸業者ノ所爲ニシテ本法若ハ本法ニ基キテ發スル命令ニ違反シ又ハ公益ヲ害スルノ虞アリト認ムルトキハ地方長官ハ其ノ業務ヲ停止シ若ハ制限シ又ハ其ノ免許ヲ取消スコトヲ得

前項ノ處分ニ不服アル者ハ訴願ヲ提起スルコトヲ得

其ノ違法ニ權利ヲ傷害セラレタリトスル者ハ行政訴訟ヲ提起スルコトヲ得

第三十八條　左ノ各號ノ一ニ該當スル者ハ五百圓以下ノ罰金ニ處ス

一　詐欺ノ所爲ヲ以テ第十一條又ハ第十七條ノ檢査ヲ受ケタル者

二　第十四條ノ規定ニ違反シタル者

第三十九條　左ノ各號ノ一ニ該當スル者ハ三百圓以下ノ罰金ニ處ス

一　免許ヲ受ケスシテ他人ニ讓渡スノ目的ヲ以テ蠶種ヲ製造シタル者

二　第四條第一項又ハ第六條ノ規定ニ違反シタル者

三　第七條ノ規定ニ違反シタル者

第四十條　左ノ各號ノ一ニ該當スル者ハ二百圓以下ノ罰金又ハ科料ニ處ス

一　第九條ノ規定ニ違反シタル者

二　第十六條第一項ノ規定ニ違反シタル者

第四十一條　第三十八條、第三十九條第一號第三號又

ハ前條第二號ノ犯罪ニ係ル蠶種、蠶兒又ハ繭ハ之ヲ沒收シ既ニ讓渡シタル場合ニ於テハ其ノ價額ヲ追徵ス

前項ノ蠶種又ハ蠶兒犯人以外ノ者ニ屬スルトキハ行政官廳ノ處分ヲ以テ之ヲ沒收スルコトヲ得

第四十二條　第三十五條ノ規定ニ依ル職務ノ執行ヲ拒ミ若ハ妨ケタル者又ハ臨檢ノ際當該官吏吏員ノ尋問ニ對シ答辯ヲ爲サヽル者ハ二百圓以下ノ罰金又ハ科料ニ處ス

第四十三條　蠶糸業者未成年者又ハ禁治產者ナルトキハ本法又ハ本法ニ基キテ發スル命令ニ依リ之ニ適用スヘキ罰則ハ之ヲ法定代理人ニ適用ス但シ其ノ營業ニ關シ成年者ト同一ノ能力ヲ有スル未成年者ニ付テハ此ノ限ニ在ラス

第四十四條　蠶糸業者ハ其ノ代理人、戶主、家族、同居者、雇人其ノ他ノ從業者ニシテ本法又ハ本法ニ基キテ發スル命令ニ違反スル所爲ヲ爲シタルトキハ自己ノ指揮ニ出テサルノ故ヲ以テ其ノ處罰ヲ免ルルコトヲ得ス但シ相當ノ注意ヲ爲シタルトキハ此ノ限ニ在ラス

第四十五條　明治三十三年法律第五十二號ハ本法又ハ本法ニ基キテ發スル命令ニ依ル犯罪ニ之ヲ準用ス

第四十六條　本法中府縣ニ關スル規定ハ北海道ニ於テハ北海道地方費ニ之ヲ準用ス

附　則

第四十七條　本法施行ノ期日ハ勅令ヲ以テ之ヲ定ム（明治四十四年勅令第二百七十五號ヲ以テ明治四十五年一月一日ヨリ施行ス）

蠶病豫防法ハ之ヲ廢止ス

第四十八條　本法ハ沖繩縣、小笠原島、伊豆七島其ノ他命令ヲ以テ指揮スル地域ニ之ヲ施行セス

第四十九條　蠶病豫防法ニ依ル檢查合格ノ證印ハ之ヲ本法ニ依ル檢查合格ノ證印ト看做ス

第五十條　蠶病豫防法ニ依リ檢查ニ合格シタル原種ハ之ヲ特別蠶種ト看做ス

第五十一條　本法施行前製造シタル自家用蠶種ノ蠶兒ハ本法施行後ト雖之ヲ飼育スルコトヲ得

第五十二條　本法施行ノ際蠶種ノ冷藏ヲ業トスル者ハ

本法施行後一年ヲ限リ免許ヲ受ケスシテ其ノ營業ヲ繼續スルコトヲ得

附　則

本法施行ノ期日ハ勅令ヲ以テ之ヲ定ム（大正六年勅令第二百二十六號ヲ以テ大正七年一月十五日ヨリ之ヲ施行ス）

從前ノ規定ニ依ル特別蠶種ハ之ヲ原蠶種ト看做ス

肥料取締法

第一條　本法ニ於テ肥料ト稱スルハ植物ノ營養ニ供用スル物料ヲ謂フ

第二條　肥料ノ製造、輸入、移入又ハ賣買ヲ營業ト爲サムトスル者ハ地方長官ノ免許ヲ受クヘシ

肥料ノ調合又ハ製造業ニ伴フ肥料ト爲ルヘキ副産物ノ産出ハ之ヲ肥料ノ製造ト看做ス

前項ノ製造業及副産物ハ主務大臣之ヲ指定ス

第三條　前條第一項ノ免許願書ニハ製造者ニ在リテハ製造場ノ位置、製造及裝置ニ關スル設備、肥料ノ名稱及製造方法ヲ、輸入者、移入者又ハ賣買者ニ在リテハ肥料ノ名稱及營業所ノ位置ヲ記載スヘシ

前項ニ依リ願書ニ記載シタル事項ヲ變更セムトスルトキハ地方長官ノ認可ヲ受クヘシ

第四條　肥料營業者ハ命令ノ定ムル所ニ依リ肥料ニ保證票ヲ添附スヘシ

第五條　當該官吏ハ肥料營業者、運送業者又ハ倉庫業者ノ店舗、倉庫、工場、船車等ニ臨檢シ物品及帳簿其ノ他ノ書類ニ就キ檢査ヲ爲シ必要ナル分量ニ限リ無償ニテ肥料又ハ製造原料ヲ收去スルコトヲ得

當該官吏臨檢ノ際肥料ニ關スル犯罪アリト認ムルトキハ捜索ヲ爲シ又ハ犯罪ノ事實ヲ證明スヘキ物件ノ差押ヲ爲スコトヲ得

臨檢、捜索及差押ニ關シテハ間接國稅犯罪者處分法ヲ準用ス

第六條　肥料營業ノ免許ヲ受ケタル者正當ノ理由ナクシテ其ノ免許ノ日ヨリ一年以内ニ開業セス又ハ一年以上其ノ營業ヲ停止シタルトキハ地方長官ハ其ノ免

許ヲ取消スコトヲ得

第七條　肥料營業者本法又ハ本法ニ基キテ發スル命令ノ規定ニ違反シタルトキ又ハ公益上必要ト認ムルトキハ地方長官ハ免許ヲ取消シ又ハ營業ヲ停止若ハ制限スルコトヲ得

前項ノ場合ニ於テ地方長官ハ其ノ營業者ニ對シ三年ヲ超過セサル期間肥料營業ニ關スル一切ノ行爲ヲ禁スルコトヲ得

第八條　植物ノ營養ニ供用スル物料ニシテ地方長官ニ於テ主務大臣ノ認可ヲ得テ指定シタル者ハ之ヲ他ノ用途ニ供スル爲製造、輸入、移入又ハ賣買スル場合ニ限リ本法ヲ適用セス

第九條　左ノ各號ノ一ニ該當スル者ハ二千圓以下ノ罰金ニ處シ其ノ肥料及原料ハ刑法第十九條ノ物ニ非サル場合ト雖之ヲ沒收スルコトヲ得

一　詐欺ノ行爲ヲ以テ免許ヲ受ケタル者

二　肥料ヲ僞造シ又ハ人ヲ欺罔スルノ目的ヲ以テ肥料ニ他物ヲ混和シタル營業者

三　僞造シ又ハ人ヲ欺罔スル目的ヲ以テ他物ヲ混和シタル肥料ヲ輸入、移入又ハ授受シタル營業者

四　肥料ニ虛僞ノ保證票ヲ添附シタル營業者又ハ他人ノ保證票若ハ他人ノ保證票ヲ有スル容器ヲ他人ノ肥料ニ使用シタル營業者

五　虛僞ノ保證票ヲ添附シタル肥料又ハ他人ノ保證票若ハ他人ノ保證票ヲ有スル容器ヲ使用シタル肥料ヲ輸入、移入又ハ授受シタル營業者

第十條　左ノ各號ノ一ニ該當スル者ハ千圓以下ノ罰金又ハ科料ニ處シ第一號乃至第四號ノ場合ニ於テハ其ノ肥料及原料カ刑法第十九條ノ物ニ非サルトキト雖之ヲ沒收スルコトヲ得

一　免許ヲ受ケスシテ肥料營業ヲ爲シタル者

二　第七條ニ依ル命令ニ違反シタル者

三　免許又ハ認可ヲ受ケサル製造方法ニ依リ肥料ヲ製造シタル營業者

四　免許又ハ認可ヲ受ケサル肥料ヲ製造、輸入、移入又ハ賣買シタル營業者

五　認可ヲ受ケスシテ製造場ノ位置又ハ製造若ハ藏置ニ關スル設備ヲ變更シタル營業者

第十一條 左ノ各號ノ一ニ該當スル者ハ三百圓以下ノ罰金又ハ科料ニ處ス

一 第四條ニ依ル保證票ヲ添附セサル營業者

二 第五條ニ依ル處分ヲ拒ミタル者

第十二條 肥料營業者カ未成年者又ハ禁治産者ナルトキハ本法又ハ本法ニ基キテ發スル命令ノ規定ニ依リ之ニ適用スヘキ罰則ハ之ヲ法定代理人ニ適用ス但シ其ノ營業ニ關シ成年者ト同一ノ能力ヲ有スル未成年者ニ付テハ此ノ限ニ在ラス

第十三條 肥料營業者ハ其ノ代理人、戸主、家族、同居者、雇人其ノ他ノ從業者ニシテ其ノ業務ニ關シ本法又ハ本法ニ基キテ發スル命令ノ規定ニ違反シタルトキハ自己ノ指揮ニ出テサルノ故ヲ以テ處罰ヲ免ルルコトヲ得ス

第十四條 明治三十三年法律第五十二號ハ本法又ハ本法ニ基キテ發スル命令ニ依ル犯罪ニ之ヲ準用ス

附 則

本法施行ノ期日ハ勅令ヲ以テ之ヲ定ム（明治四十一年勅令第百六十六號ヲ以テ同年十月一日ヨリ之ヲ施行ス）

本法施行前ニ於ケル肥料ノ製造販賣又ハ販賣ノ免許ノ效力ハ明治四十一年十二月三十一日限トス

米穀法

第一條 政府ハ米穀ノ需給ヲ調節スル爲必要アリト認ムルトキハ米穀ノ買入、賣渡、交換、加工又ハ貯藏ヲ爲スコトヲ得

第二條 政府ハ米穀ノ需給ヲ調節スル爲特ニ必要アリト認ムルトキハ勅令ヲ以テ期間ヲ指定シ米穀ノ輸入税ヲ增減若ハ免除シ又ハ其ノ輸入若ハ輸出ヲ制限スルコトヲ得

第三條 政府ハ帝國内ニ於テ第一條ノ規定ニ依リ米穀ノ買入又ハ賣渡ヲ爲サムトスルトキハ其ノ價格ヲ告示スヘシ但シ米穀ノ買換、貯藏、米穀整理ノ爲ニスル賣渡其ノ他必要ト認ムル場合ニ於テハ此ノ限ニ在ラス

前項ノ價格ハ時價ニ準據シテ之ヲ定ムヘシ

第四條　政府ハ米穀需給調節上米穀現在高調査ノ必要アリト認ムルトキハ米穀ノ生産者、取引業者、倉庫業者其ノ他占有者ニ對シ調査ニ必要ナル事項ノ報告ヲ命シ又ハ官吏若ハ吏員ヲシテ其ノ營業所、倉庫其ノ他ノ場所ニ臨檢シ帳簿物件ヲ檢査セシムルコトヲ得

第五條　前條ノ規定ニ依ル命令ニ違反シ又ハ當該官吏若ハ吏員ノ職務ノ執行ヲ妨ケタル者ハ五百圓以下ノ罰金ニ處ス

附　則

本法ハ公布ノ日ヨリ之ヲ施行ス

農業倉庫業法

第一條　本法ニ於テ農業倉庫業者トハ左ノ各號ノ一ニ該當スルモノヲ謂フ

一　農業ヲ營ム者カ其ノ生産シタル穀物、繭其ノ他勅令ヲ以テ指定スル物品ヲ所有スル場合又ハ土地ニ付權利ヲ有スル者カ小作料トシテ受ケタル穀物其ノ他勅令ヲ以テ指定スル物品ヲ所有スル場合ニ於テ其ノ者ノ爲ニ本法ニ依リ之ヲ倉庫ニ保管スル者

二　販賣組合又ハ販賣組合聯合會カ賣却スル繭ヲ其ノ者ノ爲ニ本法ニ依リ倉庫ニ保管スル者

前項ニ規定スル寄託物ニ付所有權ノ移轉アリタルトキト雖農業倉庫業者ハ其ノ寄託物ノ保管期間内ニ限リ之ヲ保管スルコトヲ得

農業倉庫業者ハ前二項ノ規定ニ依ル保管ニ支障ナキ場合ニ限リ業務規程ノ定ムル所ニ依リ前二項ノ規定ニ依ラサル物品ノ保管ヲ爲スコトヲ得

第二條　農業倉庫業者ハ業務規程ノ定ムル所ニ依リ前條ノ事業ノ外左ノ事業ヲ爲スコトヲ得

一　受寄物ノ調製、改裝又ハ荷造ヲ爲スコト

二　受寄物ノ運送又ハ販賣ノ仲立ヲ爲スコト

三　受寄物ノ運送又ハ販賣ノ取次ヲ爲スコト

四　自己ノ作成シタル農業倉庫證劵ヲ擔保トシテ貸付ヲ爲スコト

五　受寄物ヲ聯合農業倉庫業者ニ寄託シタル場合ニ於テ其ノ物品ノ聯合農業倉庫證劵ヲ擔保トシテ貸付ヲ爲スコト

六　他ノ農業倉庫業者カ擔保トシテ受取リタル農業倉庫證劵ヲ擔保トシテ貸付ヲ爲スコト

第三條　農業倉庫業者ハ營利ヲ目的トシテ其ノ事業ヲ爲スコトヲ得ス

第四條　產業組合、農會、農業ノ發達ヲ目的トスル公益法人竝市町村及之ニ準スヘキモノニ非サレハ第一條第一項第一號ノ農業倉庫業者タルコトヲ得ス

命令ヲ以テ指定スル產業組合聯合會ニ非サレハ第一條第一項第二號ノ農業倉庫業者タルコトヲ得ス

第五條　農業倉庫業者タル產業組合又ハ產業組合聯合會ハ產業組合法ニ規定スルモノノ外第一條及第二條ニ規定スル事業ヲ目的ト爲スコトヲ得

前項ノ產業組合又ハ產業組合聯合會ハ組合員又ハ所屬組合若ハ所屬聯合會ノ爲ニ前項ノ事業ヲ爲スノ外附隨トシテ組合員ニ非サル者ノ爲ニ之ヲ爲スコトヲ得但シ第二條第四號乃至第六號ノ事業ニ付テハ此ノ限ニ在ラス

農業倉庫業者タル農會又ハ公益法人ハ第二條第四號乃至第六號ノ事業ヲ爲スコトヲ得ス

第六條　農業倉庫業者タラムトスル者ハ業務規程ヲ具シ行政官廳ノ認可ヲ受クヘシ

第七條　農業倉庫業者ハ業務規程ノ定ムル所ニヨリ種類及品位ノ同一ナル寄託物ヲ混合シテ保管スルコトヲ得

第七條ノ二　農業倉庫業者ハ寄託者ノ請求ニ因リ寄託物ノ倉荷證劵ヲ交付スルコトヲ要ス

商法第三百八十三條ノ二第二項及第三百八十三條ノ三ノ規定ハ前項ノ倉荷證劵ニ之ヲ準用ス

第八條　農業倉庫業者ノ作成スル倉荷證劵ニハ農業倉庫證劵ナル文字ヲ記載スルコトヲ要ス

農業倉庫業者ニ非サル者ノ作成スル預證劵及質入證劵又ハ倉荷證劵ニハ農業倉庫證劵ナル文字ヲ記載スルコトヲ得ス

第九條　混合保管ノ場合ニ於テハ農業倉庫業者ハ農業倉庫證劵ニ其ノ旨ヲ記載スルコトヲ要ス

第十條　寄託物ノ保管期間ハ寄託ノ日ヨリ六月以内トス

第一條第一項ニ規定スル寄託物ニ付テハ保管期間ヲ更新スルコトヲ得但シ寄託者ハ更新ノ際同條第一項又ハ第三項ニ揭クル者タルコトヲ要シ其ノ期間ハ六月ヲ超ユルコトヲ得ス

第一條第三項ニ規定スル寄託物ニ付テハ同條第一項及第二項ノ規定ニ依ル保管ニ支障ナキ場合ニ限リ保管期間ヲ更新スルコトヲ得其ノ期間ハ前項但書ニ同シ

第十一條　商法第三編第五章乃至第七章第三百七十五條乃至第三百七十八條及第三百八十一條乃至第三百八十三條ノ規定ハ本法ニ別段ノ定アル場合ヲ除クノ外農業倉庫業者ニ之ヲ準用ス

第十二條　商法第三百七十六條ノ規定ハ受寄物ノ調製改裝又ハ荷造ニ關シ農業倉庫業者ニ之ヲ準用ス

第十三條　農業倉庫業者業務規程ヲ變更セムトスルトキハ行政官廳ノ認可ヲ受クヘシ

第十四條　農業倉庫業者ニハ所得稅及營業收益稅ヲ課セス

第十四條ノ二　農業倉庫業者ノ農業倉庫又ハ其ノ敷地ニ關スル權利ノ取得ニ關シテハ地方稅ヲ課スルコトヲ得ス

第十五條　行政官廳公益上必要ト認ムルトキハ農業倉庫業者ニ對シ其ノ指定スル穀物又ハ繭ノ寄託ヲ受ケ受寄物ノ檢査其ノ他ノ行爲ヲ爲スヘキコトヲ命スルコトヲ得

第十六條　行政官廳ハ農業倉庫業者ニ對シ事業ニ關スル報告ヲ爲サシメ書類、帳簿又ハ事務執行若ハ財產ノ狀況ヲ檢査シ其ノ他監督上必要ナル命令又ハ處分ヲ爲スコトヲ得

第十七條　行政官廳農業倉庫業者ノ業務執行若ハ財產ノ狀況ニ依リ事業ノ繼續ヲ困難ナリト認ムルトキ、農業倉庫業者ノ行爲カ法令若ハ業務規程ニ違反シタルトキ又ハ其ノ行爲カ公益ヲ害シ若ハ害スルノ虞アリト認ムルトキハ事業ノ停止ヲ命シ又ハ認可ヲ取消スコトヲ得

第十八條　農業倉庫業者タル法人ノ理事又ハ之ニ準ス

ヘキ者本法又ハ本法ニ基キテ爲ス命令又ハ處分ニ違反シタルトキハ十圓以上千圓以下ノ科料ニ處ス

非訟事件手續法第二百六條乃至第二百八條ノ規定ハ前項ノ科料ニ之ヲ準用ス

第十九條　本法ニ於テ聯合農業倉庫業者トハ農業倉庫業者カ第一條第一項及第二項ノ規定ニ依リ寄託ヲ受ケタル物品ヲ本法ニ依リ倉庫ニ保管スル者ヲ謂フ

聯合農業倉庫業者ハ他ノ聯合農業倉庫業者カ前項ノ規定ニ依リ寄託ヲ受ケタル物品ヲ保管スルコトヲ得

聯合農業倉庫業者ハ前二項ノ規定ニ依ル保管ニ支障ナキ場合ニ限リ業務規程ノ定ムル所ニ依リ農業倉庫業者カ第一條第三項ノ規定ニ依リ寄託ヲ受ケタル物品又ハ販賣組合若ハ販賣組合聯合會カ賣却スル物品ヲ保管スルコトヲ得他ノ聯合農業倉庫業者カ本項ノ規定ニ依リ寄託ヲ受ケタル物品ニ付亦同シ

第二十條　産業組合聯合會ニ非サレハ聯合農業倉庫業者タルコトヲ得ス

第二十一條　聯合農業倉庫業者タル産業組合聯合會ハ産業組合法ニ規定スルモノノ外第二條（第二十六條第一項ノ規定ニ依リ準用）及第十九條ニ規定スル事業ヲ目的ト爲スコトヲ得

前項ノ産業組合聯合會ハ所屬組合又ハ所屬聯合會ノ爲ニ前項ノ事業ヲ爲スノ外附隨トシテ所屬組合又ハ所屬聯合會ニ非サル組合又ハ聯合會ノ爲ニ之ヲ爲スコトヲ得但シ第二條第四號乃至第六號（第二十六條第一項ノ規定ニ依リ準用）ノ事業ニ付テハ此ノ限ニ在ラス

第二十二條　農業倉庫業者カ寄託者又ハ農業倉庫券ノ所持人及受寄物ノ質權者アル場合ニ於テハ其ノ質權者ノ承諾ヲ得テ其ノ受寄物カ聯合農業倉庫業者ニ寄託シタル場合ニ於テハ其ノ寄託ニ因リ生シタル農業倉庫業者ノ權利義務ハ當初ノ寄託者又ハ農業倉庫證券ノ所持人ニ移轉シ當初ノ寄託ハ將來ニ向テ其ノ效力ヲ失フ

第二十三條　農業倉庫業者カ其ノ受寄物ヲ聯合農業倉庫業者ニ寄託セムトスル場合ニ於テ其ノ受寄物ノ農業倉庫證券アルトキハ將來ニ向テ其ノ證券ノ裏書ヲ禁止スルコトヲ得

農業倉庫業者ハ前項ノ證券ノ裏書ヲ禁止スルニ非サレハ受寄物ヲ聯合農業倉庫業者ニ寄託スルコトヲ得ス

第二十四條　聯合農業倉庫業者ハ其ノ受寄物ノ農業倉庫證券ナキ旨ノ農業倉庫業者ノ證明書又ハ前項第二項ノ規定ニ依リ裏書ヲ禁止セラレタル証券ト引換ニ非サレハ其ノ受寄物ノ聯合農業倉庫證券ヲ交付スルコトヲ得ス

第二十五條　前三條ノ規定ハ聯合農業倉庫業者カ其ノ受寄物ヲ他ノ聯合農業倉庫業者ニ寄託スル場合ニ之ヲ準用ス

第二十六條　第二條、第三條、第六條乃至第九條、第十條第一項及第十一條乃至第十八條ノ規定ハ聯合農業倉庫業者ニ之ヲ準用ス但シ第二條第六號中農業倉庫業者トアルハ農業倉庫業者又ハ聯合農業倉庫業者農業倉庫證券トアルハ農業倉庫證券又ハ聯合農業倉庫證券トシ第八條中農業倉庫證券トアルハ聯合農業倉庫證券トス

第十條第二項ノ規定ハ第十九號第一項又ハ第二項ニ規定スル寄託物ニ、同條第三項ノ規定ハ第十九條第三項ニ規定スル寄託物ニ之ヲ準用ス但シ聯合農業倉庫業者カ第十九條第一項及第二項ノ規定ニ依リ寄託ヲ受ケタル第一條第二項ノ物品ニ付テハ此ノ限ニ在ラス

附　則

本法施行ノ期日ハ勅令ヲ以テ之ヲ定ム（大正六年勅令第百十號ヲ以テ同年九月一日ヨリ之ヲ施行ス

産業組合法

第一章　總則

第一條　本法ニ於テ産業組合トハ組合員ノ産業又ハ其ノ經濟ノ發達ヲ企圖スル爲左ノ目的ヲ以テ設立スル社團法人ヲ謂フ

一　組合員ニ産業ニ必要ナル資金ヲ貸付シ及貯金ノ便宜ヲ得セシムルコト（信用組合）

二　組合員ノ生産シタル物ニ加工シ又ハ加工セスシ

ヲ之ヲ賣却スルコト（販賣組合）

三　産業又ハ經濟ニ必要ナル物ヲ買入レ之ニ加工シ若ハ加工セスシテ又ハ之ヲ生産シテ組合員ニ賣却スルコト（購買組合）

四　組合員ヲシテ産業又ハ經濟ニ必要ナル設備ヲ利用セシムルコト（利用組合）

信用組合ハ組合員外ノ者ニシテ組合加入ノ豫約ヲ爲シタルモノノ出資一口ノ金額及出資一口ニ付定款ノ定ムル所ニ依リ加入ニ關シ拂込ムヘキ金額ノ合計額ニ達スル迄ノ貯金ヲ取扱フコトヲ得

信用組合ハ定款ノ定ムル所ニ依リ組合員ニ對シ其ノ經濟ノ發達ニ必要ナル資金ヲ貸付シ及組合員ト同一ノ家ニ在ル者、公共團體又ハ營利ヲ目的トセル法人若ハ團體ノ貯金ヲ取扱フコトヲ得

利用組合ノ設置ハ組合員ノ利用ニ支障ナキ場合ニ限リ組合員タルコトヲ得サル者ヲシテ命令ノ定ムル所ニ依リ之ヲ利用セシムルコトヲ得

前項ノ設備ハ勅令ヲ以テ之ヲ指定ス

市又ハ主務大臣ノ指定セル市街地カ組合ノ區域ニ屬

スル信用組合ハ定款ノ定ムル所ニ依リ組合員ニ對シ其ノ産業若ハ經濟ノ發達ニ必要ナル資金ノ爲手形ノ割引ヲ爲シ又ハ前二項ノ貯金ノ外組合ノ區域內ニ居住スル組合員外ノ者ノ貯金ヲ取扱フコトヲ得

前項ノ規定ニ依ル貯金ハ有限責任組合ニ在リテハ出資總額及準備金其ノ他ノ積立金ノ額ノ合計、保證責任組合ニ在リテハ之ニ保證金額ヲ加ヘタル合計、無限責任組合ニ在リテハ出資總額ノ五倍及準備金其ノ他ノ積立金ノ額ノ合計ヲ超エ之ヲ受入ルルコトヲ得ス

第四項ノ規定ニ依リ手形ノ割引又ハ貯金ノ取扱ヲ爲ス信用組合ハ第一項第二號乃至第四號ノ事業ヲ兼ヌルコトヲ得ス

第二條　産業組合ノ組織ハ無限責任、有限責任及保證責任ノ三種トス

無限責任組合ニ在リテハ組合財産ヲ以テ其ノ債務ヲ完濟スルコト能ハサル場合ニ於テ組合員ノ全員カ連帶無限ノ責任ヲ負擔シ、有限責任組合ニ在リテハ組合員ノ全員カ其ノ出資額ヲ限度トシ責任ヲ負擔シ、

保證責任組合ニ在リテハ組合財産ヲ以テ其ノ債務ヲ完濟スルコト能ハサル場合ニ於テ組合員ノ全員カ其ノ出資額ノ外一定ノ金額ヲ限度トシテ責任ヲ負擔ス

第三條　産業組合ノ住所ハ其ノ主タル事務所ノ所在地ニ在ルモノトス

第四條　産業組合ノ名稱中ニハ其ノ組織及目的ヲ示スヘキ文字ヲ用ウヘシ

産業組合ニ非スシテ其ノ名稱中ニ産業組合タルコトヲ示スヘキ文字ヲ用ウルコトヲ得ス

第五條　産業組合ニハ本法ニ別段ノ規定アルモノヲ除クノ外商法及商法施行法中商人ニ關スル規定ヲ準用ス

第六條　産業組合ニハ所得税及營業收益税ヲ課セス

第六條ノ二　命令ノ定ムル所ニ依ル産業組合ノ住宅ノ建設、購入若ハ住宅用地ノ取得又ハ組合ト組合員トノ間ニ於ケル住宅若ハ其ノ用地ノ所得權移轉ニ關シテハ地方税ヲ課スルコトヲ得ス

第二章　設立

第七條　産業組合ハ七人以上ニ非サレハ之ヲ設立スルコトヲ得ス

第八條　組合ノ設立者ハ定款ヲ作リ之ヲ主タル事務所所在地ノ地方長官ニ差出シ設立ノ許可ヲ請フヘシ

第九條　定款ニハ本法ニ規定アルモノヲ除クノ外左ノ事項ヲ記載シ設立者之ニ署名捺印スヘシ

一　目的
二　名稱
三　組織
三ノ二　區域
四　事務所
五　出資一口ノ金額及其ノ拂込ノ方法
六　第一回拂込ノ金額
七　剩餘金處分及損失分擔ニ關スル規定
八　準備金ノ額及其ノ積立ノ方法
九　組合員タル資格ニ關スル規定
十　組合員ノ加入及脫退ニ關スル規定
十一　組合ノ目的タル事業ノ執行ニ關スル規定
十二　存立時期又ハ解散ノ事由ヲ定メタルトキハ其

ノ時期又ハ事由
信用組合ノ區域ハ特別ノ事由アル場合ヲ除クノ外市町村ノ區域内ニ於テ之ヲ定ムヘシ

第十條　産業組合ハ其ノ組合員ノ數ヲ限定スルコトヲ得ス

第十一條　出資一口ノ金額ハ均一ニ之ヲ定ムヘシ
出資一口ノ金額ノ最高限ハ命令ヲ以テ之ヲ定ム

第十二條　組合カ其ノ設立ノ許可ヲ受ケタルトキハ遲滯ナク各組合員ヲシテ第一回ノ拂込ヲ爲サシムヘシ

第十三條　前條ノ拂込アリタルトキハ各事務所ノ所在地ニ於テ設立ノ登記ヲ爲スヘシ

第十四條　登記スヘキ事項左ノ如シ
一　第九條第一號乃至第五號及第十二號ニ掲ケタル事項
二　設立許可ノ年月日
三　理事及監事ノ氏名、住所
前項ニ掲ケタル事項中ニ變更ヲ生シタルトキハ其ノ登記ヲ爲スヘシ登記前ニ在リテハ其ノ變更ヲ以テ第三者ニ對抗スルコトヲ得ス

第十五條　行政區劃又ハ土地ノ名稱ノ變更アリタルトキハ登記簿ノ記載ハ變更セラレタルモノト看做ス但シ其ノ記載ヲ更正スルコトヲ妨ケス

第十六條　民法第四十五條第二項、第三項及第四十八條ノ規定ハ期間ヲ除クノ外産業組合ニ之ヲ準用ス

第十六條ノ二　第十二條ノ拂込アリタルトキハ組合ハ二週間内ニ其ノ旨ヲ地方長官ニ屆出テ同時ニ組合原簿ヲ提出スヘシ
前項ノ規定ニ依ル屆出及提出アリタルトキハ地方長官ハ遲滯ナク各事務所所在地ノ登記所ニ設立ノ登記ヲ囑託シ且主タル事務所所在地ノ登記所ニ組合原簿ヲ送付スヘシ

第十六條ノ三　第十四條第一項ニ掲ケタル事項中ニ變更ヲ生シタルトキハ組合ハ二週間内ニ變更ノ登記ヲ爲スヘキ事項ヲ地方長官ニ屆出ツヘシ但シ登記ノ事由カ地方長官ノ認可其ノ他ノ處分ニ因リテ生シタルトキハ此ノ限ニ在ラス
前項ノ規定ニ依ル屆出アリタルトキハ地方長官ハ遲滯ナク各事務所所在地ノ登記所ニ登記ノ囑託ヲ爲ス

ヘシ前項但書ノ場合亦同シ

第十六條ノ四　組合ハ主タル事務所ノ移轉又ハ組織變更ノ登記ニ關スル屆出ヲ爲スト同時ニ組合原簿ヲ地方長官ニ提出スヘシ但シ同一ノ登記所ノ管轄區域內ニ於テ事務所ヲ移轉シタル場合ハ此ノ限ニ在ラス

地方長官ハ主タル事務所所在地ノ登記所ニ前項ノ登記ヲ囑託スルト同時ニ組合原簿ヲ送付スヘシ

第十六條ノ五　組合原簿ニハ左ノ事項ヲ記載スヘシ

一　出資ノ總口數

二　拂込ミタル出資ノ總額

三　無限責任組合ニ在リテハ各組合員ノ氏名、住所

四　保證責任組合ニ在リテハ各組合員ノ氏名、住所及保證金額

登記所ノ受理シタル組合原簿ハ之ヲ登記簿ノ一部ト看做シ其ノ記載ハ之ヲ登記ト看做ス

第十四條第二項及第十五條ノ規定ハ組合原簿ニ之ヲ準用ス

第十六條ノ六　第十六條ノ三ノ規定ハ組合原簿ニ記載シタル事項ニ變更ヲ生シタル場合ニ之ヲ準用ス

組合員ノ加入ノ場合ニ於テハ無限責任組合ニ在リテハ加入者ノ氏名及住所ヲ、保證責任組合ニ在リテハ加入者ノ氏名住所及保證金額ヲ記載シタル組合原簿ヲ加入ノ日ヨリ二週間內ニ地方長官ニ提出シ地方長官ハ遲滯ナク之ヲ主タル事務所所在地ノ登記所ニ送付スヘシ

組合原簿ニ記載シタル事項ノ變更ノ屆出又ハ組合原簿ノ提出ハ前二項ノ規定ニ拘ラス其ノ事業年度ノ終ヨリ二週間內ニ之ヲ爲スコトヲ得但シ組合員ノ脫退又ハ保證金額ノ減少ニ付テハ總組合員ノ同意ヲ以テ定款ニ之ヲ定メタル場合ニ限ル

第三章　組合員ノ權利義務

第十七條　組合員ハ出資一口以上ヲ有スヘシ

組合員ノ有スヘキ出資口數ハ三十口ヲ超ユルコトヲ得ス但シ特別ノ事由アルトキハ定款ノ定ムル所ニ依リ五十口迄之ヲ增加スルコトヲ得

第十八條　組合員ハ組合ニ拂込ムヘキ出資額ニ付相殺ヲ以テ組合ニ對抗スルコトヲ得ス

第十九條　組合員ハ組合ノ承諾アルニ非サレハ其ノ持分ヲ讓渡スコトヲ得ス

組合員ニ非サル者ニシテ持分ヲ讓受ケムトスルトキハ加入ノ例ニ依ルヘシ

第二十條　組合員ハ持分ヲ共有スルコトヲ得ス

第二十一條　持分ノ讓受人ハ其ノ持分ニ付讓渡人ノ權利義務ヲ承繼ス

第二十二條　新ニ組合ニ加入シタル組合員ハ其ノ加入前ニ生シタル組合ノ債務ニ付テモ亦責任ヲ負擔ス

第二十三條　組合員ハ總組合員五分ノ一以上ノ同意ヲ得テ總會ノ目的及其ノ招集ノ理由ヲ記載シタル書面ヲ提出シテ總會ノ招集ヲ理事ニ請求スルコトヲ得

第二十四條　組合員ニシテ總會ノ招集手續又ハ其ノ決議ノ方法カ法令又ハ定款ニ違背スト認ムルトキハ決議ノ日ヨリ一箇月内ニ其ノ決議ノ取消ヲ地方長官ニ請求スルコトヲ得

第四章　管理

第二十五條　產業組合ニハ理事及監事ヲ置クヘシ

理事及監事ハ總會ニ於テ組合員中ヨリ之ヲ選任ス但シ組合設立ノ當時ノ理事及監事ハ定款ヲ以テ之ヲ定ムヘシ

第二十六條　理事ノ任期ハ三箇年トシ監事ノ任期ハ一箇年トス但シ定款ニ別段ノ定アルトキハ此ノ限ニ在ラス

第二十七條　理事又ハ監事ハ何時ニテモ總會ノ決議ヲ以テ之ヲ解任スルコトヲ得

第二十八條　理事及監事ノ選任及解任ハ總組合員ノ半數以上出席シ其ノ議決權ノ四分ノ三以上ヲ以テ之ヲ決ス但シ定款ニ別段ノ定アルトキハ此ノ限ニ在ラス

第二十九條　理事ハ定款及總會ノ決議錄ヲ各事務所ニ備ヘ置キ且組合員名簿ヲ主タル事務所ニ備ヘ置クヘシ

組合員及組合ノ債權者ハ前項ニ掲ケタル書類ノ閲覽ヲ求ムルコトヲ得

第二十九條ノ二　組合員名簿ニハ左ノ事項ヲ記載スヘシ

一　各組合員ノ氏名、住所

二　各組合員ノ出資口數
三　各組合員ノ拂込ミタル金額及其ノ拂込ノ年月日
四　出資各口ノ取得ノ年月日
五　保證責任組合ニ在リテハ各組合員ノ保證金額

第三十條　理事ハ通常總會ノ會日ヨリ一週間前ニ財產目錄、貸借對照表、事業報告書及剩餘金處分案ヲ監事ニ提出シ且之ヲ主タル事務所ニ備フヘシ

組合員及組合ノ債權者ハ前項ニ揭ケタル書類ノ閲覽ヲ求ムルコトヲ得

第三十一條　理事ハ前條第一項ニ揭ケタル書類及監事ノ意見書ヲ通常總會ニ提出シテ其ノ承認ヲ求ムヘシ

第三十一條ノ二　產業組合カ其ノ組合員ニ對シテ爲ス通知又ハ催告ハ組合員名簿ニ記載シタル組合員ノ住所又ハ其ノ者カ組合ニ通知シタル住所ニ宛ツルヲ以テ足ル

前項ノ通知又ハ催告ハ通常其ノ到達スヘカリシ時ニ到達シタルモノト看做ス

第三十二條　民法第四十四條第一項、第五十二條第二項、第五十三條乃至第五十五條、第六十條及第六十一條第一項ノ規定ハ產業組合ノ理事ニ之ヲ準用ス

第三十三條　監事ハ理事其ノ他組合ノ事務員ト相兼ヌルコトヲ得ス

第三十四條　民法第五十九條ノ規定ハ產業組合ノ監事ニ之ヲ準用ス

第三十四條ノ二　理事缺ケタルトキハ總會ノ招集ハ監事之ヲ行フ

理事カ第二十三條ノ規定ニ依ル請求アリタル日ヨリ二週間內ニ正當ノ事由ナクシテ總會招集ノ手續ヲ爲ササルトキハ監事ハ其ノ總會ヲ招集スヘシ

第三十五條　組合カ理事ト契約ヲ爲ス場合ニ於テハ監事組合ヲ代表ス組合ト理事トノ間ノ訴訟ニ付テモ亦同シ

第三十六條　總會ノ決議ハ本法又ハ定款ニ別段ノ定アル場合ヲ除クノ外出席シタル組合員ノ議決權ノ過半數ヲ以テ之ヲ爲ス

第三十七條　組合員ハ代理人ヲ以テ議決權ヲ行フコトヲ得此ノ場合ニ於テハ之ヲ出席ト看做ス但シ組合員ニ非サレハ代理人タルコトヲ得ス

代理人ハ代理權ヲ證スル書面ヲ組合ニ差出スヘシ

第三十八條　民法第六十二條、第六十四條、第六十五條第一項及第六十六條ノ規定ハ産業組合ニ之ヲ準用ス

第三十八條ノ二　組合ハ命令ノ定ムル所ニ依リ定款ヲ以テ總會ニ代ハルヘキ總代會ヲ設クルコトヲ得

總會ニ關スル規定ハ前項ノ總代會ニ之ヲ準用ス但シ總代會ニ於テハ解散及合併ノ決議ヲ爲スコトヲ得ス

第三十九條　定款ノ變更ハ總會ノ決議ニ依ルヘシ

第二十八條ノ規定ハ前項ノ決議ニ之ヲ準用ス

定款ノ變更ハ地方長官ノ認可ヲ受クルニ非サレハ其ノ效力ヲ生セス

第四十條　組合カ出資一口ノ金額ノ減少ノ決議ヲ爲シタルトキハ其ノ決議ノ日ヨリ二週間内ニ財産目録及貸借對照表ヲ作ルヘシ

組合ハ前項ノ期間内ニ其ノ債權者ニ對シ異議アラハ一定ノ期間内ニ之ヲ述フヘキ旨ヲ定款ノ定ムル方法ニ從ヒテ公告シ且知レタル債權者ニ各別ニ之ヲ催告スヘシ但シ其ノ期間ハ二箇月ヲ下ルコトヲ得ス

第四十一條　債權者カ前條第二項ノ期間内ニ出資ノ減少ニ對シテ異議ヲ述ヘサリシトキハ之ヲ承認シタルモノト看做ス

債權者カ異議ヲ述ヘタルトキハ組合ハ之ニ辨濟ヲ爲シ又ハ相當ノ擔保ヲ供スルニ非サレハ出資ヲ減少スルコトヲ得ス

第四十二條　前二條ノ規定ハ保證責任組合カ組合員ノ保證金額ヲ減少スル場合ニ之ヲ準用ス

第四十三條　組合員カ其ノ出資ノ拂込ヲ終ル迄ハ之ニ配當スヘキ剩餘金ハ其ノ拂込ニ充ツヘシ

但シ取扱ヒタル物ノ數量、價格其ノ他事業ノ分量ニ對シテ配當スヘキ剩餘金ニ付テハ此ノ限ニ在ラス

組合員ニ配當スヘキ剩餘金又ハ持分ノ計算ニ付テハ計算ノ基礎ト爲ルヘキ金額ニシテ計算上不便ナル端數金額ハ之ヲ切捨ツルコトヲ得

第四十四條　組合ハ損失ヲ塡補シタル後ニ非サレハ剩餘金ノ處分ヲ爲スコトヲ得ス

剩餘金配當ニ關スル制限ハ命令ヲ以テ之ヲ定ム

第四十五條　組合ハ第五十三條ノ場合ヲ除クノ外持分ノ拂戻ヲ爲スコトヲ得ス

第四十六條　組合ハ定欵ヲ以テ定メタル準備金ノ額ニ達スル迄每事業年度ノ剩餘金ノ四分ノ一以上ヲ積立ツヘシ

第四十六條ノ二　信用組合ハ第一條第四項ノ規定ニ依ル貯金ノ總額ノ四分ノ一以上ノ金額ヲ拂戻準備金トシテ勅令ノ定ムル所ニ依リ管理スヘシ

前項ノ金額ハ事業年度ニ從ヒ每六箇月末日現在ノ貯金總額ニ依リ之ヲ定ム

第一條第四項ノ規定ニ依ル貯金ヲ爲シタル者ハ第一項ノ拂戻準備金ノ上ニ先取特權ヲ有ス

第四十六條ノ三　有限責任又ハ保證責任ノ信用組合第一條第四項ノ規定ニ依ル貯金ニ關スル債務ヲ完濟スルコト能ハサルトキハ各理事連帶シテ之ヲ辨濟スルノ責ニ任ス

前項ノ規定ニ依ル理事ノ責任ハ其ノ退任前ノ債務ニ付退任ノ登記後二箇年間仍存續ス

第四十七條　組合ノ事業年度ハ一箇年トス

第四十八條　組合ハ組合員ノ持分ヲ取得シ又ハ質權ノ目的トシテ之ヲ受クルコトヲ得ス

第五章　加入及脫退

第四十九條　組合員ノ加入ハ無限責任組合ニ在リテハ總組合員ノ同意アルコトヲ要ス

前項ノ同意ニ付テハ組合ハ總組合員ニ對シ加入ニ異議アラハ二週間ヲ下ラサル一定ノ期間内ニ之ヲ述フヘキ旨ヲ催告スルコトヲ得此ノ場合ニ於テ其ノ期間内ニ異議ヲ述ヘサル者ハ同意ヲ爲シタルモノト看做ス

第五十條　定欵ヲ以テ組合ノ存立期間ヲ定メタルト否トヲ問ハス組合員ハ事業年度ノ終ニ於テ脫退スルコトヲ得但シ六箇月前ニ其ノ豫告ヲ爲スヘシ

前項ノ豫告期間ハ定欵ヲ以テ之ヲ延長スルコトヲ得但シ二箇年ヲ超ユルコトヲ得ス

第五十一條　組合員ハ左ノ事由ニ依リテ脫退ス

一　組合員タル資格ノ喪失

二　死亡

三　破產

四　禁治產

五　除名

第五十二條　除名ノ事由ハ定款ヲ以テ之ヲ定ム
除名ハ總會ノ決議ニ依ル但シ除名シタル組合員ニ其ノ旨ヲ通知スルニ非サレハ之ヲ以テ其ノ組合員ニ對抗スルコトヲ得ス
第二十八條ノ規定ハ前項ノ決議ニ之ヲ準用ス

第五十三條　脫退シタル組合員ハ定款ノ定ムル所ニ依リ其ノ持分ノ全部又ハ一部ノ拂戾ヲ請求スルコトヲ得

第五十四條　脫退シタル組合員ノ持分ハ其ノ脫退シタル事業年度ノ終ニ於ケル組合財產ニ依リテ之ヲ定ム
但シ定款ノ定ムル所ニ依リ脫退當時ノ財產ニ依リテ之ヲ定ムルコトヲ得

第五十五條　持分ノ拂戾ハ事業年度ノ終ヨリ三箇月內ニ之ヲ爲スヘシ但シ前條但書ノ場合ニ於テハ脫退ノ時ヨリ三箇月內ニ之ヲ爲スヘシ
持分拂戾ノ請求權ハ前項ノ期間經過ノ後二箇年間之ヲ行ハサルニ因リテ消滅ス

第五十六條　持分ノ計算ヲ爲スニ當リ組合財產ヲ以テ組合ノ債務ヲ完濟スルニ足ラサルトキハ脫退シタル組合員ハ其ノ負擔ニ歸スヘキ損失額ヲ拂込ムヘシ

第五十七第　脫退シタル組合員カ組合ニ對スル債務ヲ完濟スル迄ハ組合ハ其ノ持分ノ拂戾ヲ停止スルコトヲ得

第五十八條　無限責任組合及保證責任組合ニ在リテハ脫退シタル組合員ハ脫退前ノ組合債務者ニ對シ其ノ脫退ヲ組合原簿ニ記載シタル後二箇年間責任ヲ負擔ス
前項ノ規定ニ依ル期間ハ總組合員ノ同意アルトキハ定款ヲ以テ之ヲ延長スルコトヲ得
前項ノ規定ニ依リ延長シタル期間ハ第一項ノ規定ニ違背セサル限リ之ヲ短縮スルコトヲ得此ノ場合ニ於テハ第四十條及第四十一條ノ規定ヲ準用ス
前三項ノ規定ハ持分ヲ讓渡シタル組合員ニ之ヲ準用ス

第六章　監督

第五十九條　產業組合ハ主務大臣、地方長官及北海道

廳支廳長之ヲ監督ス
第六十條　監督官廳ハ何時ニテモ理事又ハ清算人ヲシテ組合ノ事業、財産又ハ清算事務ニ關スル報告ヲ爲サシメ組合ノ事業、財産又ハ清算事務ノ狀況ヲ檢査シ其ノ他監督上必要ナル命令又ハ處分ヲ爲スコトヲ得
監督官廳ハ組合清算ノ場合ニ於テ必要ト認ムルトキハ組合ニ對シ其ノ財産ノ供託ヲ命スルコトヲ得
第六十條ノ二　理事ノ缺ケタル爲損害ヲ生スル虞アルトキハ地方長官ハ假ニ理事ヲ選任スルコトヲ得
第六十一條　組合ノ事業又ハ組合財産ノ狀況ニ依リ其ノ事業ノ繼續ヲ困難ナリト認ムルトキ又ハ組合ノ行爲カ定款若ハ法令ニ違背シ其ノ他公益ヲ害スルノ虞アルトキハ主務大臣又ハ地方長官ハ總會ノ決議ヲ取消シ、理事、監事若ハ清算人ノ改選ヲ命シ、組合ノ事業ヲ停止シ又ハ組合ヲ解散スルコトヲ得

第七章　解散

第六十二條　組合ハ左ノ事由ニ因リテ解散ス
一　定款ニ定メタル事由ノ發生
二　總會ノ決議
三　組合員カ七人未滿ニ減シタルトキ
五　組合ノ破産
第二十八條ノ規定ハ解散及合併ノ決議ニ之ヲ準用ス
但シ無限責任組合カ合併セムトスルトキ又ハ保證責任組合若ハ有限責任組合カ合併ニ因リテ組織變更ト同一ノ結果ヲ生スヘキトキハ其ノ合併ニ付總組合員ノ同意アルコトヲ要ス
第六十三條　組合カ解散シタルトキハ合併及破産ノ場合ヲ除クノ外各事務所ノ所在地ニ於テ其ノ登記ヲ爲スヘシ
第十四條第二項及第十六條ノ三ノ規定ハ前項ノ場合ニ之ヲ準用ス
第六十三條ノ二　合併ニ因リテ組合ヲ設立スル場合ニ於テハ定款ノ作成其ノ他設立ニ關スル行爲ハ各組合ニ於テ選任シタル者共同シテ之ヲ爲スコトヲ要ス
第二十八條ノ規定ハ前項ノ規定ニ依ル選任ニ之ヲ準用ス

第六十四條　第四十條及第四十一條ノ規定ハ合併ノ場合ニ之ヲ準用ス
第六十五條　總會ノ決議ニ因ル解散又ハ合併ハ地方長官ノ認可ヲ受クルニ非サレハ其ノ効力ヲ生セス
第六十六條　組合カ合併ヲ爲シタルトキハ各事務所ノ所在地ニ於テ合併後存續スル組合ニ付テハ變更ノ登記ヲ爲シ、合併ニ因リテ消滅シタル組合ニ付テハ解散ノ登記ヲ爲シ、合併ニ因リテ設立シタル組合ニ付テハ設立ノ登記ヲ爲スヘシ
第十六條ノ三ノ規定ハ前項ノ場合ニ之ヲ準用ス
第六十七條　合併後存續スル組合又ハ合併ニ因リテ設立シタル組合ハ合併ニ因リテ消滅シタル組合ノ權利義務ヲ承繼ス
第六十八條　組合ハ總組合員ノ同意ヲ以テ其ノ組織ヲ變更スルコトヲ得
組合カ組織變更ニ因リ組合員ノ責任ヲ減少スルトキハ第四十條及第四十一條ニ定メタル手續ヲ爲スヘシ
第六十九條　民法第七十條ノ規定ハ產業組合ノ解散ニ之ヲ準用ス

第八章　清算

第七十條　清算人ハ其ノ職務ノ範圍內ニ於テ理事ト同一ノ權利義務ヲ有ス
第七十一條　清算人ハ就職後遲滯ナク組合財産ノ現況ヲ調査シ財産目錄及貸借對照表ヲ作リ之ヲ總會ニ提出シテ其ノ承認ヲ求ムヘシ
第七十二條　清算人ハ組合ノ債務ヲ辨償シ又ハ辨濟ニ必要ナル金額ヲ供託スルニ非サレハ組合財産ヲ分配スルコトヲ得ス
第七十三條　清算事務カ終リタルトキハ清算人ハ遲滯ナク決算報告書ヲ作リ之ヲ總會ニ提出シテ其ノ承認ヲ求ムヘシ
第七十三條ノ二　清算人タル者ナキトキ又ハ清算人ノ缺ケタル爲損害ヲ生スル虞アルトキハ地方長官ハ清算人ヲ選任スルコトヲ得
第七十三條ノ三　重要ナル事由アルトキハ地方長官ハ清算人ヲ解任スルコトヲ得
第七十四條　清算人ノ選任アリタルトキハ各事務所ノ

所在地ニ於テ其ノ氏名、住所ヲ登記スヘシ
第十四條第二項及第十六條ノ三ノ規定ハ清算人ニ關スル登記ニ之ヲ準用ス
第七十四號ノ二　清算結了シタルトキハ各事務所ノ所在地ニ於テ其ノ登記ヲ爲スヘシ
第十六條ノ三ノ規定ハ前項ノ場合ニ之ヲ準用ス
第七十五條　民法第七十三條、第七十四條及第七十八條乃至第八十一條ノ規定ハ產業組合ノ清算ニ之ヲ準用ス

第九章　產業組合聯合會及產業組合中央會

第七十六條　產業組合聯合會ハ左ノ目的ヲ以テ之ヲ設立スルコトヲ得

一　所屬組合ニ必要ナル資金ヲ貸付シ及貯金ノ便宜ヲ得セシムルコト（信用組合聯合會）

二　所屬組合ノ賣却スル物ニ加工シ又ハ加工セスシテ之ヲ賣却スルコト（販賣組合聯合會）

三　所屬組合ノ購買スル物ヲ買入レ之ニ加工シ若ハ加工セスシテ又ハ之ヲ生產シテ所屬組合ニ賣却スルコト（購買組合聯合會）

四　所屬組合ヲシテ必要ナル設備ヲ利用セシムルコト（利用組合聯合會）

產業組合聯合會ハ產業組合又ハ產業組合聯合會ヲ以テ之ヲ構成ス但シ信用組合聯合會ハ同種ノ事業ヲ行フ聯合會ヲ以テ、販賣組合聯合會及購買組合聯合會ハ同種ノ事業ヲ行ハサル產業組合又ハ產業組合聯合會ヲ以テ之ヲ構成スルコトヲ得ス

第七十六條ノ二　信用組合聯合會ハ日本勸業銀行、日本興業銀行、北海道拓殖銀行、農工銀行又ハ產業組合中央金庫ニ對シ所屬組合又ハ所屬聯合會ノ爲ニ債務ノ保證ヲ爲スコトヲ得

前項ノ規定ニ依リ債務ノ保證ヲ爲シタルトキハ信用組合聯合會ハ銀行又ハ產業組合中央金庫ノ委任ヲ受ケ其ノ債權ノ取立ヲ爲スコトヲ得

第七十七條　產業組合聯合會ハ社團法人トス

產業組合聯合會ノ組織ハ有限責任及保證責任ノ二種トス

保證責任產業組合聯合會ノ所屬組合及所屬聯合會ノ保證責任ハ其ノ出資總額ノ範圍內ニ於テ之ヲ定ムヘシ

第七十八條　產業組合又ハ產業組合聯合會カ產業組合聯合會ニ加入シ又ハ脫退セムトスルトキハ總會ノ決議ニ依ルヘシ

第二十八條ノ規定ハ前項ノ決議ニ之ヲ準用ス

第七十九條　產業組合聯合會ノ區域ハ特別ノ事由アル場合ヲ除クノ外道府縣ノ區域內ニ於テ之ヲ定ムヘシ

主タル事務所所在地ヲ管轄スル地方長官ヲ異ニスル二箇以上ノ產業組合聯合會カ合併セムトスルトキハ主務大臣ノ認可ヲ受クヘシ

區域カ道府縣ノ區域ヲ超ユル產業組合聯合會ノ監督其ノ他ノ職務ハ其ノ主タル事務所所在地ヲ管轄スル地方長官之ヲ行フ

第八十條　產業組合聯合會ノ理事及監事ハ總會ニ於テ所屬組合又ハ所屬聯合會ノ理事及監事ノ中ヨリ之ヲ選任ス但シ特別ノ事由アルトキハ理事又ハ監事ニ非サル者ヨリ選任スルコトヲ得此ノ場合ニ於テハ其ノ選任ニ付地方長官ノ認可ヲ受クヘシ

產業組合聯合會設立當時ノ理事及監事ハ定款ヲ以テ之ヲ定ムヘシ

第八十一條　產業組合聯合會ニハ本章ニ規定アルモノヲ除クノ外產業組合ニ關スル規定ヲ準用ス但シ第七十九條第二項ノ規定ニ依ル合併ニ付テハ登記スヘキ事項ノ屆出、組合原簿ノ提出及送付並登記ノ囑託ニ關スル規定中地方長官トアルハ合併後存續スル產業組合聯合會又ハ合併ニ因リテ設立シタル產業組合聯合會ノ主タル事務所所在地ヲ管轄スル地方長官トス

第八十二條　產業組合中央會ハ產業組合及產業組合聯合會ノ普及、發達及聯絡ヲ圖ル目的ヲ以テ設立スルコトヲ得

產業組合中央會ハ社團法人トス

產業組合中央會ハ勅令ノ定ムル所ニ依リ產業組合ノ事業ノ一部ヲ行フコトヲ得

第八十三條　產業組合中央會ノ名稱中ニハ產業組合中央會ナル文字ヲ用ウヘシ

產業組合中央會ニ非スシテ其ノ名稱中ニ產業組合中

央會タルコトヲ示スヘキ文字ヲ用ルルコトヲ得ス
第八十四條　產業組合中央會ハ全國ヲ通シテ一箇トシ其ノ設立ハ主務大臣ノ許可ヲ受クヘシ產業合組中央會ノ設立ニ關シ必要ナル事項ハ勅令ヲ以テ之ヲ定ム
第八十五條　產業組合及產業組合聯合會ハ產業組合中央會ノ會員ト爲ルコトヲ得
前項以外ノ者ト雖定款ノ定ムル所ニ依リ產業組合中央會ノ會員ト爲ルコトヲ得
第八十六條　產業組合中央會ノ定款ニハ左ノ事項ヲ記載スヘシ
一　名稱
二　事務所
三　會員ノ加入及脫退ニ關スル規定
四　會員ノ權利義務ニ關スル規定
五　資產ニ關スル規定
六　役員ニ關スル規定
七　會議ニ關スル規定
八　事業ノ執行ニ關スル規定
九　定款ノ變更ニ關スル規定
十　存立時期又ハ解散ノ事由ヲ定メタルトキハ其ノ時期又ハ事由
定款ノ變更ハ主務大臣ノ認可ヲ受クルニ非サレハ其ノ効力ヲ生セス
第八十七條　產業組合中央會設立ノ許可アリタルトキハ主タル事務所ノ所在地ニ於テ設立ノ登記ヲ爲スヘシ
登記スヘキ事項左ノ如シ
一　目的及第八十二條第三項ノ規定ニ依ル事業ノ種類
二　第八十六條第一項第一號、第二號及第十號ニ掲ケタル事項
三　資產ノ總額
四　設立許可ノ年月日
五　理事及監事ノ氏名、住所
前項ニ掲ケタル事項中ニ變更ヲ生シタルトキハ其ノ登記ヲ爲スヘシ登記前ニ在リテハ其ノ變更ヲ以テ第三者ニ對抗スルコトヲ得ス
第十六條ノ三ノ規定ハ第一項及前項ノ場合ニ之ヲ準

用ス但シ同條中地方長官トアルハ主務大臣トス

第八十八條　產業組合中央會ニハ理事及監事ヲ置クヘシ

第八十九條　產業組合中央會ノ理事及監事ハ會員タル產業組合又ハ產業組合聯合會ノ理事、監事及第八十五條第二項ノ會員ノ中ヨリ之ヲ選任スヘシ

第九十條　產業組合中央會ノ總會ハ命令ノ定ムル所ニ依リ會員ノ中ヨリ選出シタル代表者ヲ以テ組織ス但シ第九十二條ニ於テ準用シタル第六十二條第一項第二號ノ總會ハ會員ヲ以テ組織ス

第九十一條　產業組合中央會ハ主務大臣之ヲ監督ス

第九十二條　第三條、第五條乃至第七條、第十條、第十五條、第十六條、第二十六條、第二十七條、第二十九條、第三十條乃至第三十五條、第三十九條第一項、第四十七條、第六十條、第六十一條、第六十二條第一項第一號第二號第四號第五號、第六十三條、第六十五條、第六十九條乃至第七十五條、第八十條第二項、第九十三條ノ二及第九十四條並民法第六十二條及第六十四條ノ規定ハ產業組合中央會ニ之ヲ準用ス但シ第六十五條、第七十三條ノ二及第七十三條ノ三中並第六十三條、第七十四條及第七十四條ノ二ニ於テ準用シタル第十六條ノ三中地方長官トアルハ主務大臣トス

第十章　罰則

第九十三條　組合ノ理事又ハ監事何等ノ名義ヲ以テスルヲ問ハス組合ノ事業ノ範圍外ニ於テ貸付若ハ手形ノ割引ヲ爲シ又ハ投機取引ノ爲ニ組合財産ヲ處分シタルトキハ一年以下ノ懲役若ハ禁錮又ハ千圓以下ノ罰金ニ處ス

前項ノ規定ハ刑法ニ正條アル場合ニハ之ヲ適用セス

第九十三條ノ二　組合ノ理事、監事又ハ清算人ハ左ノ場合ニ於テハ五圓以上三百圓以下ノ科料ニ處セラル

一　本法ニ定メタル屆出又ハ組合原簿ノ提出ヲ爲スコトヲ怠リ又ハ不正ノ屆出ヲ爲シ若ハ組合原簿ニ不正ノ記載ヲ爲シタルトキ

二　官廳又ハ總會ニ對シ不實ノ申立ヲ爲シ又ハ事實ヲ隱蔽シタルトキ

三　第二十九條第一項及第三十條第一項ノ規定ニ違背シ又ハ第二十九條第一項及第三十條第一項ニ掲ケタル書類ニ記載スヘキ事項ヲ記載セス又ハ不正ノ記載ヲ爲シタルトキ若ハ正當ノ理由ナクシテ其ノ閲覽ヲ拒ミタルトキ

四　第一條第五項、第四十三條、第四十五條乃至第四十六條ノ二、第四十八條又ハ第七十二條ノ規定ニ違反シタルトキ

五　第六十條ノ報告ヲ爲サス又ハ檢査ヲ拒ミ其ノ他監督官廳ノ命令又ハ處分ニ從ハサルトキ

六　民法第七十九條ノ期間內ニ債權者ニ辨償ヲ爲シタルトキ

七　民法第七十九條又ハ第八十一條ニ定メタル公告ヲ爲スコトヲ怠リ又ハ不正ノ公告ヲ爲シタルトキ

八　民法第七十條又ハ第八十一條ノ規定ニ違背シタルトキ

九　組合ノ目的タル事業ニ非サル營利事業ヲ營ミタルトキ

十　第四十條又ハ第四十一條ノ規定ニ違背シテ出資一口ノ金額若ハ組合員ノ保證金額ヲ減少シ、第五十八條ノ規定ニ依ル責任期間ノ短縮ヲ爲シ又ハ組合ノ合併若ハ組織變更ヲ爲シタルトキ

十一　法令又ハ定款ニ違背シテ剩餘金ヲ處分シタルトキ

第九十三條ノ三　第四條第二項又ハ第八十三條第二項ノ規定ニ違背シタル者ハ十圓以上百圓以下ノ過料ニ處セラル

第九十四條　非訟事件手續法第二百六條乃至第二百八條ノ規定ハ前二條ノ過料ニ之ヲ準用ス

附　則

第九十五條　本法施行ノ期日ハ勅令ヲ以テ之ヲ定ム

（明治三十三年勅令第三百一號ヲ以テ同年九月一日ヨリ之ヲ施行ス）

第九十六條　產業組合ノ登記ニ付テハ其ノ事務所所在地ノ區裁判所又ハ其ノ出張所產業組合聯合會及產業組合中央會カ登記ニ付テハ其ノ事務所所在地ノ區裁判所ヲ以テ管轄登記所トス

第九十七條　各登記所ニ產業組合登記簿、產業組合聯合會登記簿及產業組合中央會登記簿ヲ備フ
第九十八條　登記ノ囑託ハ書面ヲ以テ之ヲ爲スコトヲ要ス
囑託書ニハ左ノ事項ヲ記載スヘシ
一　產業組合、產業組合聯合會又ハ產業組合中央會ノ名稱及事務所
二　登記ノ目的及事由
三　年月日
四　登記所ノ表示
第九十九條　設立登記ノ囑託書ニハ定款及屆書ヲ添附シ其ノ他ノ登記ノ囑託所ニハ屆出ニ因ル場合ニ於テハ屆書ヲ添附スヘシ
第百條　削除
第百一條　同上
第百二條　同上
第百三條　同上
第百四條　本法ノ規定ニ依リ登記シタル事項ハ裁判所遲滯ナク之ヲ公告スヘシ但シ組合原簿ニ記載シタル事項ニ付テハ此ノ限ニ在ラス
第百五條　非訟事件手續法第百三十八條、第百三十八條ノ二、第百四十一條乃至第百四十六條、第百四十八條、第百四十八條ノ二、第百五十一條乃至第百五十一條ノ六、第百五十四條乃至第百五十八條、第百六十五條及第百七十五條ノ規定ハ產業組合、產業組合聯合會及產業組合中央會ニ之ヲ準用ス
第百六條　削除
第百七條　削除

附　則

本法施行ノ期日ハ勅令ヲ以テ之ヲ定ム
本法施行前產業組合カ裁判所ニ差出シタル組合員名簿ハ組合原簿ト看做ス

附　則

本法施行ノ期日ハ勅令ヲ以テ之ヲ定ム（大正六年勅令第百九十九號ヲ以テ同年十一月一日ヨリ施行ス）
本法施行前ニ記登シタル產業組合及產業組合聯合會ニシテ定款ニ區域ノ定アルモノニ付テハ地方長官ハ本法施行ノ日ヨリ三月內ニ區域ノ登記ヲ各事務所所在地ノ

登記所ニ囑託スヘシ

附　則

本法施行ノ期日ハ勅令ヲ以テ之ヲ定ム

本法施行前ニ設立シタル生產組合又ハ生產組合聯合會ハ之ヲ本法ニ依リ設立シタル利用組合又ハ利用組合聯合會ト看做ス

重要物產同業組合法

第一條　重要物產ノ生產、製造又ハ販賣ニ關スル營業ヲ爲ス者ハ同業者又ハ密接ノ關係ヲ有スル營業者相集リテ本法ニ依リ同業組合ヲ設置スルコトヲ得

重要物產及密接ノ關係ヲ有スル營業ノ種類ハ農商務大臣ノ認定ニ依ル

第二條　同業組合ハ組合員協同一致シテ營業上ノ弊害ヲ矯正シ其ノ利益ヲ增進スルヲ以テ目的ト爲ス

第三條　同業組合ヲ設置セムトスルトキハ豫メ地區ヲ定メ其ノ地區內ノ同業者三分ノ二以上ノ同意ヲ得テ創立總會ヲ開キ定款ヲ議定シ農商務大臣ノ認可ヲ受クヘシ但シ二種以上ノ營業者相集リ組合ヲ設置セムトスルトキハ各種營業每ニ三分ノ二以上ノ同意ヲ要ス

第四條　同業組合設置ノ地區內ニ於テ組合員ト同一ノ業ヲ營ム者ハ其ノ組合ニ加入スヘシ但シ營業上特別ノ情況ニ依リ農商務大臣ニ於テ加入ノ必要ナシト認ムル者ハ此ノ限ニ在ラス

第五條　同業組合ハ組合相互ノ氣脈ヲ通シ其ノ目的ヲ達スル爲同業組合聯合會ヲ設置スルコトヲ得

同業組合聯合會ヲ設置セムトスルトキハ其ノ創立總會ヲ開キ定款ヲ議定シ農商務大臣ノ認可ヲ受クヘシ

第六條　同業組合及同業組合聯合會ハ法人トス

同業組合及同業組合聯合會ハ營利事業ヲ爲スコトヲ得ス

第七條　同業組合及同業組合聯合會ノ定款ノ變更ハ各其ノ定款ノ規定ニ從ヒ之ヲ議定シ農商務大臣ノ認可ヲ受クヘシ

第八條　同業組合及同業組合聯合會ハ左ノ役員ヲ置ク

ヘシ

一　組　長　　一　名

一　副組長　　若干名

一　評議員　　若干名

前項ノ役員ノ外定欵ノ規定ニ依リ他ノ役員ヲ置クコトヲ得

役員ハ同業組合ニ於テハ組合員中ヨリ同業組合聯合會ニ於テハ聯合會ヲ組織スル同業組合ノ組合員中ヨリ之ヲ選擧シ農商務大臣ノ認可ヲ受クルコトヲ要ス但シ必要アルトキハ組合員ニ非サル者ヨリ之ヲ選擧スルコトヲ得

第九條　組長ハ其ノ同業組合又ハ同業組合聯合會ヲ統轄シ其ノ事務ヲ擔任ス

副組長ハ組長ノ事務ヲ補佐シ組長故障アルトキ之ヲ代理ス

評議員ハ組長ノ諮詢ニ應シ及業務施行ノ狀況ヲ監査スルモノトス

副組長及評議員ハ定欵ノ規定ニ依リ組長ノ擔任スル事務ノ一部ヲ分掌スルコトヲ得

組長副組長共ニ故障アルトキハ評議員之ヲ代理ス

第十條　同業組合及同業組合聯合會ハ各其ノ定欵ニ於テ檢査規定ヲ設ケ組合員ノ營業品ヲ檢査スルコトヲ得

同業組合及同業組合聯合會ハ各其ノ定欵ニ於テ違約者ニ關スル規定ヲ設ケ違約者ニ對シ過怠金ヲ徵シ違約物品ヲ沒收スルコトヲ得

第十條ノ二　前條第一項ノ檢査ヲ行フ同業組合及同業組合聯合會ニ在リテハ檢査員ヲ置クヘシ

檢査員ノ選任及解任ハ農商務大臣ノ認可ヲ受クヘシ

第十條ノ三　同業組合及同業組合聯合會ハ前條ノ檢査員ノ服務ニ關スル規程ヲ定メ農商務大臣ノ認可ヲ受クヘシ

第十條ノ四　農商務大臣ハ重要輸出品ニ關スル同業組合又ハ同業組合聯合會ノ申請アルトキ又ハ必要ト認ムルトキハ其ノ役員又ハ檢査員ノ選任又ハ解任ヲ爲スコトヲ得

前項ノ規定ニ依リ選任セラレタル役員ノ解任ハ農商務大臣ノ認可ヲ受クヘシ

重要輸出品ノ種類ハ農商務大臣之ヲ指定ス

第十一條　同業組合及同業組合聯合會ノ經費ノ豫算竝ニ徴收法ハ各其ノ定款ノ規定ニ從ヒ之ヲ議定シ農商務大臣ノ認可ヲ受クヘシ

經費ノ決算及業務成績ハ毎年少クトモ一回組合員ニ公示シ農商務大臣ニ報告スヘシ

第十二條　同業組合及同業組合聯合會ハ其ノ事務ニ關シ行政廳ニ建議スルコトヲ得又其ノ諮問アルトキハ答申スヘシ

第十三條　農商務大臣ハ同業組合又ハ同業組合聯合會ニ對シ業務ニ關スル報告ヲ爲サシメ業務ノ執行又ハ財産ノ狀況ヲ檢査シ經費ノ豫算又ハ其ノ徴收法ノ變更ヲ命シ其ノ他監督上必要ナル命令又ハ處分ヲ爲スコトヲ得

第十四條　農商務大臣ハ必要ト認ムルトキハ同業組合及同業組合聯合會ヲ設ケシムルコトヲ得

農商務大臣ハ必要ト認ムルトキハ同業組合ノ地區ノ範圍、營業ノ種類若ハ定款ノ變更ヲ命シ又ハ同業組合聯合會ヘノ加入若ハ同業組合聯合會ヨリノ脱退ヲ命スルコトヲ得

第十五條　同業組合若ハ同業組合聯合會ノ決議又ハ其ノ役員ノ行爲ニシテ法律命令ニ違背シ又ハ公益ヲ害シ又ハ其ノ目的ニ違背シ又ハ監督官廳ノ命シタル事項ヲ執行セサルトキハ農商務大臣ハ左ノ處分ヲ爲スコトヲ得

一　同業組合若ハ同業組合聯合會ノ解散又ハ其ノ業務ノ停止

二　役員ノ解職

三　決議ノ取消

第十六條　同業組合若ハ同業組合聯合會解散ヲ爲サムトスルトキハ組合員三分ノ二以上ノ同意ニ依リ其ノ事由ヲ具シ農商務大臣ノ認可ヲ受クヘシ

第十七條　地方長官ハ其ノ管内ニ於ケル同業組合及同業組合聯合會ヲ監督シ必要アルトキハ意見ヲ具シ農商務大臣ノ處分ヲ請フヘシ

第十八條　農商務大臣ハ同業組合及同業組合聯合會ニ關シ其ノ職權ノ一部ヲ地方長官ニ委任スルコトヲ得

第十九條　第四條ノ規定ニ違背シタル者ハ五圓以上五

百圓以下ノ過料ニ處ス

第十九條ノ二　同業組合及同業組合聯合會ノ役員第十三條又ハ第十四條ノ規定ニ依ル命令ニ違背シタルトキハ五圓以上五百圓以下ノ過料ニ處ス

第十九條ノ三　同業組合及同業組合聯合會ノ役員檢査員其ノ他事務ニ從事スル者正當ノ理由ナクシテ當該官吏又ハ吏員ノ本法ニ依ル職務ノ執行ヲ拒ミ之ヲ妨ケ若ハ之ヲ忌避シタルトキ又ハ職務ノ執行ノ爲ニスル尋問ニ對シ答辯ヲ爲サス若ハ虛僞ノ陳述ヲ爲シタルトキハ五圓以上五百圓以下ノ過料ニ處ス

第十九條ノ四　非訟事件手續法第二百六條乃至第二百八條ノ規定ハ前三條ノ過料ニ之ヲ準用ス

第二十條　同業組合又ハ同業組合聯合會ノ證票若ハ檢査證ヲ不正ニ使用シタル者、行使ノ目的ヲ以テ證票若ハ檢査證ヲ僞造若ハ變造シタル者又ハ僞造若ハ變造ノ證票若ハ檢査證ヲ使用シタル者ハ三年以下ノ懲役又ハ三百圓以下ノ罰金ニ處ス

第二十條ノ二　同業組合又ハ同業組合聯合會ノ役員又ハ檢査員其ノ職務ニ關シ賄賂ヲ收受シ又ハ之ヲ要求若ハ約束シタルトキハ二年以下ノ懲役ニ處ス因テ不正ノ行爲ヲ爲シ又ハ相當ノ行爲ヲ爲ササルトキハ五年以下ノ懲役ニ處ス

前項ノ場合ニ於テ收受シタル賄賂ハ之ヲ沒收ス若シ其ノ全部又ハ一部ヲ沒收スルコト能ハサルトキハ其ノ價値ヲ追徵ス

第二十條ノ三　前條第一項ニ揭クル者ニ對シ賄賂ヲ交付、提供又ハ約束シタル者ハ二年以下ノ懲役又ハ三百圓以下ノ罰金ニ處ス

前項ノ罪ヲ犯シタル者自首シタルトキハ其ノ刑ヲ減輕又ハ免除スルコトヲ得

第二十條ノ四　第二十條ニ揭クル罪ハ刑法第三條ノ例ニ、第二十條ノ二ニ揭クル罪ハ刑法第四條ノ例ニ從フ

附　則

第二十一條　本法ハ明治三十三年四月一日ヨリ之ヲ施行ス

重要輸出品同業組合法ハ之ヲ廢止ス

第二十二條　重要輸出品同業組合法ニ依リテ設立シタ

ル組合及聯合會ハ本法施行ノ日ヨリ之ヲ本法ニ依リ設立シタルモノト看做ス

第二十三條　他ノ法律中重要輸出品同業組合法ヲ準用スヘキモノト定メタル場合ニ付テハ本法施行ノ日ヨリ本法ノ規定ヲ準用シ重要輸出品同業組合法中ノ規定ニ依ルヘキモノト定メタル場合ニ付テハ之ニ相當スル本法ノ規定ヲ準用ス

附　則

本法施行ノ期日ハ勅令ヲ以テ之ヲ定ム（大正五年勅令第百二十三號ヲ以テ同年七月一日ヨリ施行ス）

本法施行前選任セラレタル檢査員ニ付テハ本法施行後一月内ニ其ノ選任ノ認可ヲ申請スヘシ

前項ノ期間内ニ認可ノ申請ヲ爲ササルトキハ其ノ期間滿了ノ日、申請ニ對シ不認可ノ指令アリタルトキハ其ノ指令ノ日ニ於テ檢査員ハ解任セラレタルモノト看做ス

檢査員ハ前項解任ノ日迄從前ノ例ニ依リ職務ヲ行フコトヲ得

前三項ノ規定ハ本法ニ依リタル他ノ法律ニ依リ設置シタル組合又ハ聯合會ニ關シ之ヲ準用ス

●同業組合準則

第一條　農工商ノ業ニ從事スル者ニシテ同業者或ハ其ノ營業上ノ利害ヲ共ニスル者組合ヲ設ケントスルトキハ適宜ニ地區ヲ定メ其ノ地區内同業者四分ノ三以上ノ同意ヲ以テ規約ヲ作リ管轄廳ノ認可ヲ請フ可シ

第二條　同業組合ハ同盟中營業上ノ弊害ヲ矯メ其ノ利益ヲ圖ルヲ以テ目的ト爲ス可シ

第三條　同業組合ノ規約ニ掲クヘキ事項ハ左ノ如シ

第一項　組合ヲ組織スル業名及組合ノ名稱
第二項　組合ノ地區及事務所ノ位置
第三項　目的及方法
第四項　役員ノ選擧法及權限
第五項　會議ニ關スル規程
第六項　加入者及退去者ニ關スル規程
第七項　費用ノ徵收及賦課法
第八項　違約者處分ノ方法

右ノ外組合ニ於テ必要トナス事項

第四條　削除

第五條　同業組合ハ同業組合ノ資格ヲ以テ營利事業ヲ爲スコトヲ得ス

第六條　同業組合ハ總テ其ノ事蹟及費用決算表ヲ每年管轄廳ニ報告ス可シ

第七條　規約ヲ改正スルトキハ更ニ認可ヲ請フ可シ

第八條　分立又ハ合併スルトキハ更ニ規約ヲ作リ認可ヲ請フ可シ

第九條　同業組合ニ於テ聯合會ヲ設ケ其ノ規約ヲ作ルトキハ管轄廳ノ認可ヲ請フ可シ

但シ其ノ聯合二府縣以上ニ涉ルトキハ開會地管轄廳ヲ經由シテ農商務省ノ認可ヲ請フ可シ

茶業組合規則

第一章　總　則

第一條　此規則中茶業者トアルハ茶ヲ製造シテ販賣シ

又ハ茶園ヲ所有シ茶生葉ヲ販賣スル者及生葉者クハ製茶ヲ仲買又ハ販賣スル者ヲ總稱ス

第二條　茶業者ハ製造ヲ精良ニシ販路ヲ擴張シ賣買ヲ正確ナラシムルノ目的ヲ以テ組合ヲ設ケ之ニ加入スヘシ但シ農商務大臣ニ於テ加入ノ必要ナシト認ムル者ハ此ノ限ニ在ラス

自家用製茶ノ殘生葉ヲ販賣スル者ハ各組合ニ於テ制限ヲ設ケ組合ニ加入セシメサルモ妨ナシ

第三條　組合ノ設置ハ郡區ノ區畫ニ依ルヘシ若シ一郡區內ニ於テ茶業者小數ナルトキハ近隣郡區ノ同業者ト合併スルコトヲ得

第四條　營業ノ種別ニ依リ各別ニ組合ヲ設クル必要アルトキハ農商務大臣ノ認可ヲ受クヘシ

第五條　組合ノ名稱ハ何府(縣)何郡(區)茶業組合ト稱スヘシ

第六條　組合ハ郡區內便宜ノ場所ニ各組合事務所ヲ置キ其ノ組合ニ關スル一切ノ事務ヲ整理スヘシ

第七條　組合ハ其ノ氣脈ヲ聯通スル爲メ府縣ノ區畫ニ

依リ便宜ノ地ニ聯合會議所ヲ、製茶外國貿易ノ發展ヲ圖ル爲メ全國便宜ノ地ニ中央會議所ヲ設クヘシ

第八條　組合ハ此ノ規則ノ範圍內ニ於テ其ノ業務ニ關シ組合及會議所ノ規約ヲ定ムヘシ

第九條　組合及聯合會議所ノ規約及豫算ハ地方長官ノ認可ヲ受ケ中央會議所ノ規約及豫算ハ農商務大臣ノ認可ヲ受クヘシ

　但シ二府縣以上ノ組合員全部若ハ幾部聯合シテ別ニ規約ヲ設クルノ必要アルトキハ其ノ規約ヲ添ヘ農商務大臣ノ認可ヲ受クヘシ

第九條ノ二　地方長官ハ茶業組合又ハ聯合會議所ニ、農商務大臣ハ中央會議所ニ對シ規約又ハ區域ノ變更ヲ命シ其ノ他必要ナル命令ヲ發シ又ハ處分ヲナスコトアルヘシ

第九條ノ三　地方長官ニ於テ第九條ニ依リ聯合會議所又ハ一府縣ヲ區域トスル茶業組合ニ對シテ處分ヲナシタルトキハ規約又ハ豫算書ヲ添付シテ、第九條ノ二ニ依リテ處分ヲ爲シ若クハ命令ヲ發シ第二十四條ニ依リテ處分ヲナシ又ハ第三十四條ニ依リテ議員ノ改選ヲ命シタルトキハ事情ヲ具シテ其ノ都度之ヲ農商務大臣ニ報告スヘシ

第九條ノ四　經費ノ決算及事業成績ハ次年度ニ於テ茶業組合及聯合會議所ニ在リテハ地方長官ニ、中央會議所ニ在リテハ農商務大臣ニ報告スヘシ

第二章　組合員

第十條　組合員ハ組合ノ名義ヲ以テ營利事業ヲ爲スコトヲ得ス

第十一條　組合員ハ組合及會議所ノ規約竝ニ二府縣以上ノ聯合組合員ハ其ノ合組聯合規約ヲ遵守シ且其ノ費用ヲ負擔スルノ義務アルモノトス

　但シ費用負擔ノ割合及徵收方法ハ規約ヲ以テ之ヲ定ムヘシ

第十二條　社名若クハ組名ヲ以テ組合員タル者ハ相當ノ代理人ヲ定メ置キ組合ニ關スル一切ノ責ニ任セシムヘシ

第三章　役員

第十三條　各組合事務所ニハ組長及委員ヲ置キ委員ハ部内ノ組合員之ヲ選任シ組長ハ委員中ヨリ之ヲ互選スヘシ

但組長ヲ選任又ハ改選シタルトキハ地方長官ノ認可ヲ受ケ委員ヲ選任又ハ改選シタルトキハ其都度屆出ツヘシ

第十四條　組長ハ委員ト協議シテ部內組合ノ取締ヲナシ其ノ一切ノ事務ヲ整理スヘシ

第十五條　組長ハ常ニ營業上ノ利害ニ注意シ組合ノ確實ヲ圖ルヘシ

第十六條　組長ハ部內組合中ニ生シタル紛議ヲ仲裁シ及ヒ違約者アルトキハ規約ニ依リ處分スルコトヲ得

但會議所ノ規約ニ違背シタル者ヲ處分シタルトキハ其旨會議所ニ通知スヘシ

第十七條　削除

第十八條　聯合會議所ニハ會頭、副會頭各一名ヲ置キ聯合會議ニ關スル事務及ヒ聯合會議所ノ規約ヲ以テ定メタル事務ヲ取扱ハシムヘシ

第十九條　聯合會議所ノ役員ハ會議ニ於テ部下組合員ニ於テ之ヲ選定シ地方長官ノ認可ヲ受クヘシ

第二十條　聯合會議所ノ會頭、副會頭ハ議員ノ資格ヲ以テ聯合會議ニ列スルコトヲ得

第二十一條　中央會議所ニハ會頭、副會頭、理事各一名及評議員五名乃至七名ヲ置キ中央會議ニ關スル事務及中央會議所ノ規約ヲ以テ定メタル事務ヲ取扱ハシムヘシ

第二十二條　中央會議所ノ役員ハ中央會議員ニ於テ全國組合員中ヨリ定員倍數ノ候補者ヲ選定シ農商務大臣ノ認定ヲ請フヘシ

但時宜ニ依リ組合員外ノ者ト雖モ選擧スルコトヲ得

第二十三條　中央會議所ノ會頭、副會頭及理事ハ議員ノ資格ヲ以テ中央會議ニ列スルコトヲ得

第二十四條　役員ノ任期ハ三箇年トシ若シ役員其ノ任ニ適セサルトキハ中央會議所ノ役員ハ農商務大臣ニ於テ聯合會議所ノ役員及組合事務所ノ役員ハ地方長官ニ於テ其ノ改選ヲ命スヘシ

但補闕役員ノ任期ハ前任役員ノ任期ニ依ルヘシ

第二十四條ノ二　茶業組合、組合會議所又ハ中央會議所ニハ前數條ニ依ル役員ノ外規約ノ定ムル所ニ依リ他ノ役員ヲ置クコトヲ得

第四章　會　議

第二十五條　會議ヲ分テ聯合會議及中央會議トシ聯合會議ハ聯合會議所ニ於テ中央會議ハ中央會議所ニ於テ定時又ハ臨時ニ之ヲ開クヘシ
但中央會議定時會ノ會期ハ七月以内臨時會ノ會期ハ三日以内トス若シ會期ヲ延長スルノ必要ヲ生シタルトキハ豫メ農商務大臣ノ認可ヲ受クヘシ

第二十六條　聯合會議ニ於テハ會議所所在府縣ノ組合ニ關スル事項ヲ議定シ中央會議ニ於テハ全國ノ組合ニ關スル事項ヲ議定スルモノトス

第二十七條　聯合會議ノ議員ハ部下各組合ノ委員ニ於テ其組合員中ヨリ選擧スヘシ
中央會議ノ議員ハ聯合會議所議員、聯合會議所ナキ府縣ニ於ケル茶業組合ノ委員及農商務大臣ノ指定スル茶業組合ノ委員ニ於テ組合員中ヨリ之ヲ選擧スヘシ

第二十八條　削除

第二十九條　同上

第三十條　第二十七條ニ依ル指定竝ニ中央會議ノ議員ノ總數及其ノ配當ハ別ニ之ヲ告示ス

第三十條ノ二　地方長官ハ議員定數ノ五分ノ一ヲ超エタル聯合會議特別議員ヲ命スルコトヲ得
農商務大臣ハ議員定數ノ五分ノ一ヲ超エサル中央會議特別議員ヲ命スルコトアルヘシ
特別議員ハ決議ノ數ニ加ハルコトヲ得
特別議員ニ關スル費用ハ各其會議所ノ負擔トス

第三十一條　議員及特別議員ノ任期ハ三箇年トス補闕議員ノ任期ハ前任議員ノ任期ニ依ルヘシ

第三十二條　會議ノ正副議長ハ議員中ヨリ之ヲ互選スヘシ

第三十三等　會議ノ正副議長及議員ノ氏名竝ニ會議開閉期日其聯合會議ニ係ルモノハ地方廳ニ其中央會議ニ係ルモノハ農商務省ニ屆出ツヘシ

第三十四條　農商務大臣ハ中央會議地方長官ハ聯合會

議ノ開閉又ハ議員ノ改選ヲ命スルコトアルヘシ

第三十五條　會議ハ議員半數以上出席セサレハ當日ノ議事ヲ開クコトヲ得ス

但議員半數以上ノ欠席三日以上ニ渉ルトキハ半數以内ト雖モ議事ヲ開クコトヲ得

第三十六條　議事ハ出席員過半數ニ依テ決ス可否同數ナルトキハ議長ノ決スル所ニ據ル

第五章　規約

第三十七條　各合組ノ規約ハ其部内組合員中ヨリ委員ヲ選定シテ左ノ事項ニ準シ之ヲ定ムヘシ

一　組合ノ位置

一　組合員ノ證票

一　粗惡不正茶取締ノ方法

一　役員選擧ノ方法

一　組合入退社取扱ノ方法

一　違約者處分ノ方法

一　經費賦課徵收支出ノ方法

一　其他組合ノ情況ニ依リ必要ナル條件

第三十八條　聯合會議所ノ規約ハ左ノ事項ニ據リ會議ニ於テ之ヲ定ムヘシ

一　聯合會議所ノ位置

一　製茶ヲ改良シ販路ヲ擴張スルノ方法

一　製造及ヒ販賣上ノ弊害ヲ矯正スルノ方法

一　部下ノ組合ニ關スル事務ヲ處辨シ及ヒ紛議ヲ仲裁スルノ方法

一　聯合會議議員及ヒ役員選擧ノ方法

一　聯合會議ニ關スル規程

一　違約者處分ノ方法

一　經費賦課徵收支出ノ方法

一　其他地方ノ情況ニ依リ必要ナル條件

第三十九條　中央會議所ノ規約ハ左ノ事項ニ據リ會議ニ於テ之ヲ定ムヘシ

一　中央會議所ノ位置

一　製茶外國貿易ノ發展ヲ圖ル方法

一　内外茶業ノ實況ヲ調査シ及ヒ之ヲ報告スルノ方法

一　中央會議議員及ヒ役員選擧ノ方法

一 中央會議ニ關スル規程
一 經費賦課徴收支出ノ方法
一 其他中央會議ニ於テ必要ト認メタル條件

第六章 罰則

第四十條 此規則第二條第九條第十條第十一條ニ違犯シタル者ハ金二圓以上金二十五圓以下ノ罰金ニ處ス

附則

既設組合ハ明治四十二年九月三十日迄ニ聯合會議所ノ規約改正竝ニ役員及中央會議議員ノ選擧ヲ爲スヘシ
既設組合ハ明治四十二年十一月三十日迄ニ前項ニ依リ新ニ選擧セラレタル議員ノ會議ニ於テ中央會議所ノ規約ヲ改正シ役員ヲ選擧シ其他必要ナル事項ヲ議決スヘシ
前項會議ノ會期ハ十日以内トス
前數項ニ依リテ選擧セラレタル役員ノ任期ハ明治四十五年三月三十一日迄、中央會議議員ノ任期ハ明治四十六年三月三十一日迄トス
現ニ組合會議所ノ事務員又ハ中央會議所ノ事務員又ハ議員タル者ノ任期ハ新ニ選擧セラレタル役員又ハ議員ノ就任ノ日迄トス

漁業法

第一條 本法ニ於テ漁業ト稱スルハ營利ノ目的ヲ以テ水産動植物ノ採捕又ハ養殖ヲ業トスルヲ謂フ
本法ニ於テ漁業者ト稱スルハ漁業ヲ爲ス者及漁業權又ハ入漁權ヲ有スル者ヲ謂フ
第二條 公共ノ用ニ供セサル水面ニハ別段ノ規定アル場合ヲ除クノ外本法ノ規定ヲ適用セス
第三條 公共ノ用ニ供スル水面ト連接シ一體ヲ爲ス公共ノ用ニ供セサル水面ニハ本法ヲ適用ス
前項ノ水面ノ占有者又ハ其ノ敷地ノ所有者ハ行政官廳ノ許可ヲ得テ漁業ニ關シ之カ利用ヲ制限シ又ハ廢止スルコトヲ得
第四條 漁具ヲ定置シ又ハ水面ヲ區劃シテ漁業ヲ爲スノ權利ヲ得ムトスル者ハ行政官廳ノ免許ヲ受クヘシ

其ノ免許スヘキ漁業ノ種類ハ主務大臣之ヲ指定ス

第五條　水面ヲ專用シテ漁業ヲ爲スノ權利ヲ得ムトスル者ハ行政官廳ノ免許ヲ受クヘシ

前項ノ免許ハ漁業組合カ其ノ地先水面ノ專用ヲ出願シタル場合ノ外之ヲ與ヘス

第六條　前二條ノ外主務大臣ニ於テ免許ヲ受ケシムル必要アリト認ムル漁業ノ種類ハ命令ヲ以テ之ヲ定ム

第七條　漁業權ハ物權ト看做シ土地ニ關スル規定ヲ準用ス

民法第二編第九章ノ規定ハ漁業權ニ之ヲ適用セス

第八條　漁業權ヲ抵當ト爲シタル場合ニ於テ其ノ漁場ニ定著シタル工作物ハ民法第三百七十條ノ準用ニ關シテハ漁業權ニ附加シテ之ト一體ヲ成シタル物ト看做ス

第九條　裁判所ノ土地ノ管轄カ不動產所在地ニ依リテ定ムル場合ニ於テハ漁場ニ最近キ沿岸ノ屬スル市町村又ハ之ニ相當スル行政區劃ヲ以テ不動產所在地ト看做ス

第十條　漁業權ハ行政官廳ノ許可ヲ受クルニ非サレハ之ヲ分割シ其ノ他變更スルコトヲ得ス

地先水面專用ノ漁業權ハ行政官廳ノ許可ヲ受クルニ非サレハ之ヲ處分スルコトヲ得ス

第十一條　漁業權者ノ有スル水面使用ニ關スル權利義務ハ漁業權ノ處分ニ從フ

第十二條　入漁權者ハ設定行爲又ハ舊法施行前ノ慣行ニ從ヒ他人ノ專用漁業權ニ屬スル漁場內ニ入會ヒ其ノ專用漁業權ノ全部又ハ一部ノ漁業ヲ爲スノ權利ヲ有ス

第十三條　入漁權ハ物權ト看做ス

入漁權ハ相續及讓渡ノ目的タル外權利ノ目的タルコトヲ得ス

第十四條　入漁權ハ漁業權者ノ承諾アルニ非サレハ之ヲ讓渡スルコトヲ得ス但シ別段ノ慣行アル場合ハ此ノ限ニ在ラス

第十五條　漁業權又ハ入漁權ノ各共有者ハ他ノ共有者ノ同意アルニ非サレハ其ノ持分ヲ處分スルコトヲ得ス

第十六條　漁業權ノ存續期間ハ二十年以內ニ於テ行政

官廳ノ定ムル所ニ依ル但シ第二十四條第一項ノ規定ニ依リ又ハ第三十四條ノ規定ニ基ク命令ニ依リ漁業ヲ停止セラレタル期間ハ之ヲ算入セス

前項ノ期間ハ漁業權者ノ申請ニ依リ之ヲ更新スルコトヲ得

第十七條　設定行爲ニ於テ存續期間ニ付別段ノ定ナキ入漁權ハ目的タル漁業權ノ存續中存續スルモノト看做ス但シ入漁權者ハ何時ニテモ其ノ權利ヲ拋棄スルコトヲ得

第十八條　入漁權者カ入漁料ノ支拂ヲ怠リタルトキハ漁業權者ハ其ノ入漁ヲ拒ムコトヲ得

入漁權者カ引續キ二年以上入漁料ノ支拂ヲ怠リ又ハ破産若ハ家資分散ノ宣告ヲ受ケタルトキハ漁業權者ハ入漁權ノ消滅ヲ請求スルコトヲ得

第十九條　入漁料ハ入漁ヲ爲ササルトキハ之ヲ支拂フコトヲ要セス

第二十條　入漁權ニ關シ前三條ノ規定ニ異リタル慣行アルトキハ其ノ慣行ニ從フ

第二十一條　行政官廳ニ於テ必要アリト認ムルトキハ漁業ノ免許ヲ與フルニ當リ之ニ制限又ハ條件ヲ附スルコトヲ得

第二十二條　漁業ノ免許ヲ受ケタル日ヨリ一年間其ノ漁業ニ從事スル者ナキトキ又ハ引續キ二年間休業シタルトキハ行政官廳ハ其ノ免許ヲ取消スコトヲ得

第二十三條　行政官廳ノ認可ヲ得テ漁業ヲ爲ササル期間及第二十四條第一項ノ規定ニ依リ又ハ第三十四條ノ規定ニ基ク命令ニ依リ漁業ヲ停止セラレタル期間ハ前條ノ期間ニ之ヲ算入セス

第二十四條　水産動植物ノ蕃殖保護、船舶ノ航行碇泊繋留、水底電線ノ敷設若ハ國防其ノ他ノ軍事上必要アルトキ又ハ公益上害アルトキハ主務大臣ハ免許シタル漁業ヲ制限シ、停止シ又ハ免許ヲ取消スコトヲ得

漁業權者ニシテ本法又ハ本法ニ基キテ發スル命令ニ違反シタルトキハ漁業ヲ制限シ又ハ停止スルコトヲ得

第二十五條　錯誤ニ依リ漁業ノ免許ヲ與ヘタルトキハ行政官廳ハ之ヲ取消スコトヲ得

第二十六條　免許漁業原簿ノ登錄ハ登記ニ代ハルモノトス

登錄ニ關スル規程ハ命令ヲ以テ之ヲ定ム

第二十七條　漁業免許ノ取消アリタルトキハ行政官廳ハ直ニ之ヲ登錄シタル抵當權者及先取特權者ニ通知スヘシ

前項ノ權利者ハ通知ヲ受ケタル日ヨリ三十日以內ニ漁業權ノ競賣ヲ請求スルコトヲ得但シ第二十四條第一項又ハ第二十五條ノ規定ニ依ル取消ノ場合ハ此ノ限ニ在ラス

漁業權ハ前項ノ期間內又ハ競賣ノ手續完結ノ日迄競賣ノ目的ノ範圍內ニ於テ仍存續スルモノト看做ス

競賣ニ依ル賣得金ハ競賣ノ費用及第一項ノ權利者ニ對スル債務ノ辨濟ニ充テ其ノ殘金ハ國庫ニ歸屬ス

競賣ヲ許ス決定カ確定シタルトキハ漁業免許ノ取消ハ其ノ効力ヲ生セサリシモノト看做ス

第二十八條　漁業權ハ登錄シタル權利者ノ同意アルニ非サレハ之ヲ分割、變更又ハ拋棄スルコトヲ得ス

第二十九條　漁業者ハ左ニ揭クル目的ノ爲必要アルトキハ行政官廳ノ許可ヲ得テ他人ノ土地ヲ使用シ又ハ立木竹若ハ土石ノ除去ヲ制限スルコトヲ得

一　漁業ノ標識ノ建設

二　魚見若ハ漁業ニ關スル信號又ハ之ニ必要ナル設備

三　漁業ニ必要ナル目標ノ保存又ハ建設

第三十條　漁業者ハ必要アルトキハ行政官廳ノ許可ヲ得テ特別ノ用途ナキ他人ノ土地ニ立入リ漁業ヲ爲スコトヲ得

第三十一條　漁業ニ關スル測量、實地調査又ハ前二條ノ目的ノ爲必要アルトキハ行政官廳ノ許可ヲ得テ他人ノ土地ニ立入リ支障木竹ヲ伐採シ又ハ障碍物ヲ除去スルコトヲ得

第三十二條　前三條ノ行爲ヲ爲ス者ハ豫メ其ノ旨ヲ土地ノ所有者又ハ占有者ニ通知シ爲ニ生シタル損害ハ之ヲ賠償スヘシ

第三十三條　行政官廳ハ漁業者ニ漁場ノ標識ノ建設ヲ命スルコトヲ得

第三十四條　地方長官ハ水產動植物ノ蕃殖保護又ハ漁

業取締ノ爲主務大臣ノ認可ヲ得テ左ノ命令ヲ發スルコトヲ得

一 水産動植物ノ採捕ニ關スル制限又ハ禁止

二 水産動植物若ハ其ノ製品ノ販賣又ハ所持ニ關スル制限若ハ禁止

三 漁具又ハ漁船ニ關スル制限若ハ禁止

四 漁業者ノ數又ハ資格ニ關スル制限

五 水産動植物ニ有害ナル物ノ遺棄ニ關スル制限又ハ禁止

六 水産動植物ノ蕃殖保護ニ必要ナル物ノ採取又ハ除去ニ關スル制限若ハ禁止

主務大臣ニ於テ前項ノ制限又ハ禁止ヲ爲スノ必要アリト認ムルトキハ命令ヲ以テ之ヲ定ムルコトヲ得

前二項ノ命令ニハ犯人ノ所有シ又ハ所持スル漁獲物製品及漁具ノ沒收並犯人ノ所有シタル前記物件ノ全部又ハ一部ヲ沒收スルコト能ハサル場合ニ於テ其ノ價額ノ追徴ニ關スル規定ヲ設クルコトヲ得

第三十五條 汽船「トロール」漁業又ハ汽船捕鯨業ハ主務大臣ノ許可ヲ受クルニ非サレハ之ヲ營ムコトヲ得ス

前項ノ漁業ニ關スル制限又ハ禁止ハ主務大臣之ヲ定ム

第三十六條 爆發物ヲ使用シテ水産動植物ヲ採捕スルコトヲ得ス但シ海獸捕獲ノ爲ニスル場合ハ此ノ限ニ在ラス

第三十七條 主務大臣ハ遡河魚類ノ通路ヲ害スルノ虞アリト認ムルトキハ水面ノ一定區域内ニ於ケル工作物ノ設置ニ付制限又ハ禁止ニ關スル命令ヲ發スルコトヲ得

工作物ニシテ遡河魚類ノ通路ヲ害スルモノト認ムルトキハ主務大臣ハ其ノ所有者又ハ占有者ニ除害工事ヲ命スルコトヲ得

第三十八條 前條第二項ノ規定ニ依リ除害工事ヲ命シタルトキハ主務大臣ハ工作物ニ付權利ヲ有スル者ニ對シ相當ノ補償ヲ爲スヘシ但シ利害關係人ノ申請ニ依リ除害工事ヲ命シタルトキハ主務大臣ノ定ムル所ニ依リ申請者之ヲ補償スヘシ

前項ノ補償金額ニ付不服アル者ハ補償金額決定ノ通

知ヲ受ケタル日ヨリ九十日以內ニ通常裁判所ニ出訴スルコトヲ得

第三十九條　公共ノ用ニ共セサル水面ニシテ公共ノ用ニ供スル水面又ハ第三條ノ水面ニ通スルモノニハ命令ヲ以テ第三十四條、第三十六條乃至第三十八條、第五十五條及第五十九條ノ規定ヲ適用スルコトヲ得

第四十條　漁業ニ從事スル者ノ雇傭竝雇人及遺族ノ扶助ニ關シテハ勅令ヲ以テ規程ヲ設クルコトヲ得

第四十一條　海軍艦艇乘組將校、警察官吏、港務官吏稅關官吏又ハ漁業監督吏員ハ漁業ヲ監督シ必要アリト認ムルトキハ船舶、店舖其ノ他ノ場所ニ臨檢シ帳簿物件ヲ檢査スルコトヲ得

前項ノ臨檢ニ際シ漁業ニ關スル犯罪アリト認ムルトキハ搜索ヲ爲シ又ハ犯罪ノ事實ヲ證明スヘキ物件ノ差押ヲ爲スコトヲ得

臨檢、搜索及差押ニ關シテハ間接國稅犯則者處分法ヲ準用ス但シ同法第四條ノ規定ハ漁業監督吏員以外ノ者ニ之ヲ準用セス

第四十二條　一定ノ地區內ニ住所ヲ有スル漁業者ハ行政官廳ノ許可ヲ得テ漁業組合ヲ設クルコトヲ得

漁業組合ノ地區ハ市町村ノ區域又ハ市町村內ノ漁業者ノ部落ノ區域ニ依リ之ヲ定ムヘシ但シ特別ノ事情アル場合ハ此ノ限ニ在ラス

市制町村制ヲ施行セサル地方ニ在リテハ市町村ニ準スヘキモノヲ以テ前項ノ市町村ト看做ス

北海道ニ於テハ郡ヲ以テ漁業組合ノ地區ト爲スコトヲ得

第四十三條　漁業組合ハ法人トス

漁業組合ハ漁業權若ハ入漁權ヲ取得シ又ハ漁業權ノ貸付ヲ受ケ組合員ノ漁業ニ關スル共同ノ施設ヲ爲スヲ以テ目的トス

漁業組合ハ自ラ漁業ヲ營ムコトヲ得ス

組合員ハ漁業組合ノ取得シ若ハ貸付ヲ受ケタル專用漁業權又ハ入漁權ノ範圍內ニ於テ各自漁業ヲ爲スノ權利ヲ有ス但シ組合規約ヲ以テ別段ノ規定ヲ設クルコトヲ得

第四十四條　漁業組合ハ相互ニ共同シテ其ノ目的ヲ達スル爲行政官廳ノ許可ヲ得テ漁業組合聯合會ヲ設ク

ルコトヲ得
漁業組合聯合會ハ法人トス
第四十五條　漁業組合及漁業組合聯合會ニハ所得税及營業税ヲ課セス
第四十六條　漁業組合又ハ漁業組合聯合會ノ設立ハ其ノ主タル事務所ノ所在地ニ於テ登記ヲ爲スニ非サレハ之ヲ以テ第三者ニ對抗スルコトヲ得ス
登記シタル事項ノ變更ハ其ノ登記ヲ爲スニ非サレハ之ヲ以テ第三者ニ對抗スルコトヲ得ス
第四十七條　行政官廳ハ何時ニテモ漁業組合又ハ漁業組合聯合會ノ事業ニ關スル報告ヲ徴シ、事業ニ付認可ヲ受ケシメ、事業及財產ノ狀況ヲ檢査シ其ノ他監督上必要ナル命令ヲ發シ又ハ處分ヲ爲スコトヲ得
第四十八條　漁業組合又ハ漁業組合聯合會ノ決議若ハ役員ノ行爲ニシテ法令、行政官廳ノ命令若ハ規約ニ違反シ又ハ公益ヲ害シ若ハ害スルノ虞アリト認ムルトキハ行政官廳ハ左ノ處分ヲ爲スコトヲ得
一　決議ノ取消
二　役員ノ解職
三　組合又ハ聯合會ノ解散
第四十九條　本法ニ規定スルモノノ外漁業組合又ハ漁業組合聯合會ノ設立、登記、管理、分合、解散、清算其ノ他ニ關シ必要ナル事項ハ勅令ヲ以テ之ヲ定ム
第五十條　漁業組合又ハ漁業組合聯合會ニ於テ本法中特ニ組合又ハ聯合會ニ關スル規定ニ違反シタル場合ニ於テハ其ノ役員ヲ三百圓以下ノ過料ニ處ス
本法ニ基キテ發スル組合又ハ聯合會ニ關スル命令ニ於テハ組合又ハ聯合會カ之ニ違反シタル場合ニ於テ其ノ役員ヲ三百圓以下ノ過料ニ處スル規定ヲ設クルコトヲ得
前二項ノ過料ニ付テハ非訟事件手續法第二百六條乃至第二百八條ノ規定ヲ準用ス
第五十一條　漁業者又ハ水產動植物ノ製造若ハ販賣ヲ業トスル者ハ水產業ノ改良發達及水產動植物ノ蕃殖保護其ノ他水產業ニ關シ共同ノ利益ヲ圖ル爲水產組合ヲ設クルコトヲ得
第五十二條　水產組合成立シタルトキハ其ノ地區內ニ於テ定款ノ定ムル所ニ依リ組合員タル資格ヲ有スル

者ハ總テ其ノ組合ニ加入シタルモノト看做ス但シ主務大臣ニ於テ加入ノ義務ナシト認メタル者ハ此ノ限ニ在ラス

第五十三條　水産組合ハ相互ニ共同シテ其ノ目的ヲ達スル爲水産組合聯合會ヲ設クルコトヲ得

第五十四條　水産組合及水産組合聯合會ハ法人トシ重要物産同業組合法ヲ準用ス

第五十五條　漁業ノ免許若ハ許可ノ出願又ハ期間更新ノ申請ニ對スル許否ニ不服アル者及第三條第二項、第二十二條、第二十四條、第二十五條若ハ第三十七條第二項ノ規定ニ依ル處分ニ不服アル者ハ訴願ヲ提起シ違法ニ權利ヲ傷害セラレタリトスルトキハ行政訴訟ヲ提起スルコトヲ得

第五十六條　漁場ノ區域、漁業權若ハ入漁權ノ範圍又ハ漁業ノ方法ニ付漁業者ノ間ニ爭アルトキハ關係者ヨリ行政官廳ニ之ニ關スル裁決ヲ申請スルコトヲ得

前項ノ裁決ニ不服アル者ハ訴願ヲ提起シ違法ニ權利ヲ傷害セラレタリトスルトキハ行政訴訟ヲ提起スルコトヲ得

第五十七條　民事又ハ刑事ノ訴訟ニ付前條ノ規定ニ依ル裁決又ハ判決ヲ待ツノ必要アル場合ニ於テハ裁判所ハ其ノ訴訟手續ヲ中止スルコトヲ得

第五十八條　左ノ各號ノ一ニ該當スル者ハ千圓以下ノ罰金ニ處ス

一　免許ニ依ラス若ハ漁業ノ停止中第四條又ハ第六條ノ漁業ヲ爲シタル者

二　免許漁業ノ制限又ハ免許ノ條件若ハ制限ニ違反シテ漁業ヲ爲シタル者

三　專用漁業ノ停止中其ノ漁場ニ於テ停止シタル漁業ヲ爲シタル者

前項ノ場合ニ於テハ犯人ノ所有シ又ハ所持スル漁獲物及漁具ハ之ヲ沒收ス但シ犯人ノ所有シタル前記物件ノ全部又ハ一部ヲ沒收スルコト能ハサルトキハ其ノ價額ヲ追徵ス

第五十九條　汽船「トロール」漁業ニ關シ第三十五條第一項ノ規定、同條第二項ノ制限若ハ禁止ニ違反シタル者ハ五千圓以下ノ罰金、汽船捕鯨業ニ關シ同條第一項ノ規定、同條第二項ノ制限若ハ禁止又ハ第三十

六條ノ規定ニ違反シタル者ハ二千圓以下ノ罰金ニ處シ犯人ノ所有シ又ハ所持スル漁獲物及漁具ハ之ヲ沒收ス但シ犯人ノ所有シタル前記物件ノ全部又ハ一部ヲ沒收スルコト能ハサルトキハ其ノ價額ヲ追徴ス

第六十條　漁業權又ハ漁業組合員ノ漁業ヲ爲スノ權利ヲ侵害シタル者ハ五百圓以下ノ罰金ニ處ス

前項ノ罪ハ告訴ヲ待テ之ヲ論ス

第六十一條　漁場ノ標識ヲ移轉シ、汚損シ又ハ毀壞シタル者ハ五十圓以下ノ罰金又ハ科料ニ處ス

第六十二條　第四十一條ノ規定ニ依ル職務ノ執行ヲ拒ミ若ハ妨ケタル者及臨檢搜索ノ際當該吏員ノ訊問ニ對シ答辯ヲ爲サス若ハ虛僞ノ陳述ヲ爲シタル者ハ三百圓以下ノ罰金又ハ科料ニ處ス

第六十三條　營業者未成年者又ハ禁治產者ナルトキハ本法又ハ本法ニ基キテ發スル命令ニ依リ之ニ適用スヘキ罰則ハ之ヲ法定代理人ニ適用ス但シ營業ニ關シ成年者ト同一ノ能力ヲ有スル未成年者ニ付テハ此ノ限ニ在ラス

第六十四條　營業者ハ其ノ代理人、戶主、家族、同居者雇人其ノ他ノ從業者ニシテ其ノ業務ニ關シ本法又ハ本法ニ基キテ發スル命令ニ違反シタルトキハ自己ノ指揮ニ出テサルノ故ヲ以テ其ノ處罰ヲ免カルルコトヲ得ス

第六十五條　明治三十三年法律第五十二號ハ本法又ハ本法ニ基キテ發スル命令ニ依ル犯罪ニ之ヲ準用ス

附　則

第六十六條　本法施行ノ期日ハ勅令ヲ以テ之ヲ定ム（明治四十三年勅令第四百二十八號ヲ以テ明治四十四年四月一日ヨリ之ヲ施行ス）

第六十七條　本法ハ臘虎及膃肭獸ノ漁獵ニ之ヲ適用セス

第六十八條　本法施行前ノ漁業ニ關スル出願ニシテ未タ處分ヲ經ラサルモノニ關シテハ仍從前ノ例ニ依ル

第六十九條　舊法ニ依リ發生シタル漁業權ハ本法施行ノ日ヨリ本法ニ定メタル効力ヲ有ス但シ其ノ存續期間ハ發生ノ時ヨリ起算ス

本法施行前ニ發生シタル入漁權ニ關シ亦前項ニ同シ

第七十條　本法施行前免許漁業原簿ニ登錄シタル事項

ハ本法又ハ本法ニ基キテ發スル命令ニ依リ登錄スルコトヲ得ヘキモノニ限リ之ニ依リ登錄シタルモノト看做ス

第七十一條　舊法施行前ノ契約又ハ慣行ニ依リテ入漁スルノ權利ハ專用漁業免許後一年間ニ限リ登錄ナキモ之ヲ以テ第三者ニ對抗スルコトヲ得

第七十二條　本法施行前ニ爲シタル處分又ハ第六十八條ノ規定ニ依リ爲シタル處分ニ對スル裁決ノ申請、訴願又ハ行政訴訟ニ關シテハ仍從前ノ例ニ依ル

第七十三條　舊法ニ依リ設ケタル漁業組合ハ本法施行後一年間ニ限リ登記ナキモ其ノ設立ヲ以テ第三者ニ對抗スルコトヲ得

住宅組合法

第一條　住宅組合ハ組合員ニ住宅ヲ供給スルヲ以テ目的トス

住宅組合ハ法人トス

第二條　住宅組合ハ前條ノ目的ヲ達スル爲左ノ事項ヲ行フコトヲ得

一　住宅用地ノ取得、造成若ハ借受又ハ組合員ニ對スル貸付若ハ讓渡

二　住宅ノ建設又ハ購入

第三條　本法ニ於テ住宅ト稱スルハ居住ノ用ニ供スル家屋及其ノ附屬設備ヲ謂フ

前項ノ附屬設備ノ種類及範圍ハ命令ヲ以テ之ヲ定ム

第四條　組合ノ供給スル組合員ノ住宅ハ一組合員ニ付一戸ニ限ル

第五條　住宅組合ノ供給スル住宅ニ關スル坪數其ノ他ノ制限ハ命令ヲ以テ之ヲ定ム

第六條　組合員ノ持分ハ之ヲ相續スルコトヲ得

第七條　組合員住宅ノ所有權ヲ取得シタル後出資拂込ノ完了ニ至ル迄ノ間左ノ各號ノ一ニ該當スルトキハ組合ハ定款ノ定ムル所ニ依リ組合員ニ對シ住宅ノ所有權ヲ組合ニ讓渡スルコトヲ請求スルコトヲ得

一　出資拂込ノ義務ヲ怠リタルトキ

二　組合ノ定ムル住宅使用條件ニ違反シタルトキ

第八條　組合員ハ前條ノ規定ニ依リ其ノ住宅ノ所有權ヲ失ヒタルトキハ組合ヲ脱退ス

第九條　組合員出資拂込ノ完了前住宅ノ所有權ヲ取得シタルトキハ組合ハ組合員ヲシテ未拂込出資金額ニ付其ノ住宅ノ上ニ抵當權ヲ設定セシムルコトヲ得

第十條　住宅ハ定款ノ定ムル所ニ依リ之ヲ火災保險ニ付スヘシ

第十一條　住宅組合ノ住宅ノ建設、購入若ハ住宅用地ノ取得又ハ組合ト組合員トノ間ニ於ケル住宅若ハ其ノ用地ノ所有權移轉ニ關シテハ地方税ヲ課スルコトヲ得ス

第十二條　北海道地方費、府縣又ハ市町村ハ勅令ノ定ムル所ニ依リ住宅組合ニ對シ住宅資金ヲ貸付スルコトヲ得

第十三條　國、北海道地方費、府縣、郡又ハ市町村ノ所有ニ屬スル土地ハ隨意契約ニ依リ住宅組合ニ之ヲ賣拂又ハ貸付スルコトヲ得

第十四條　住宅組合ハ主務大臣、地方長官、郡長及市長之ヲ監督ス

第十五條　本法中郡、郡長トアルハ郡長ヲ置カサル地ニ在リテハ之ニ準スヘキモノトシ市町村、市長トアルハ市制又ハ町村制ヲ施行セサル地ニ在リテハ之ニ準スヘキモノトス

第十六條　民法第四十四條第一項、第四十五條第二項第三項、第四十八條、第五十二條第二項、第五十三條乃至第五十五條、第五十九條乃至第六十一條第一項、第六十二條、第六十四條、第六十五條第一項、第六十六條、第七十條、第七十三條、第七十四條及第七十八條乃至第八十一條ノ規定ハ同法第四十五條第三項及第四十八條第一項中期間ニ關スル規定ヲ除クノ外住宅組合ニ付之ヲ準用ス

産業組合法ハ第一條、第五條、第十六條、第三十二條、第三十四條、第三十八條、第四十三條、第四十四條、第四十六條乃至第四十六條ノ三、第五十九條第六十九條、第七十五條、第七十六條乃至第九十二條及第百六條ノ規定ヲ除クノ外住宅組合ニ付之ヲ準用ス

附則

本法施行ノ期日ハ勅令ヲ以テ之ヲ定ム（大正十年勅令第三百三號ヲ以テ大正十年七月十日ヨリ之ヲ施行ス）

職業紹介法

第一條　市町村長ハ命令ノ定ムル所ニ依リ職業紹介ニ關スル事務ヲ掌ル

第二條　市町村ハ職業紹介所ヲ設置スルコトヲ得

第三條　內務大臣ハ勅令ノ定ムル所ニ依リ市町村ヲ指定シ職業紹介所ノ設置ヲ命スルコトヲ得

第四條　市町村職業紹介所ヲ設置スルトキハ市町村長之ヲ管理ス

第五條　市町村ニ非サル者職業紹介所ヲ設置セムトスルトキハ行政官廳ノ許可ヲ受クヘシ

第六條　本法ニ依ル職業紹介所ノ職業紹介ハ之ヲ無料トシ何等ノ名義ヲ以テスルニ拘ラス報償トシテ手數料其ノ他ノ財物ヲ受クルコトヲ得ス

第七條　職業紹介所ノ事業ノ聯絡統一ヲ圖ル爲中央及地方ニ職業紹介事務局ヲ設ク內務大臣之ヲ監督ス

職業紹介事務局ノ管轄區域、組織及職務權限ハ勅令ヲ以テ之ヲ定ム

第八條　職業紹介所ノ事業ノ經營ニ關シ職業紹介委員會ヲ置ク內務大臣之ヲ監督ス

職業紹介委員會ノ組織及職務權限ハ勅令ヲ以テ之ヲ定ム

第九條　市町村ノ設置スル職業紹介所ニ關スル經費ハ市町村ノ負擔トス

第十條　國庫ハ勅令ノ定ムル所ニ依リ職業紹介所ニ關スル經費ノ支出ヲ爲ス市町村ニ對シ其ノ支出額ノ二分ノ一以內ヲ補助ス

第十一條　職業紹介所ノ設置及管理竝職業紹介所ノ事業ノ聯絡統一ニ關シ必要ナル事項ハ命令ヲ以テ之ヲ定ム

第十二條　職業紹介事業ハ內務大臣及職業紹介事務局ノ長之ヲ監督ス

第十三條　監督官廳ハ職業紹介事業ノ監督上必要ナル場合ニ於テハ職務ニ關スル諸般ノ報告ヲ爲サシメ、

書類帳簿ニ徴シ及實地ニ就キ業務又ハ會計ヲ檢閲スルコトヲ得

第十四條　有料又ハ營利ヲ目的トスル職業紹介事業ニ關シテハ別ニ命令ヲ以テ之ヲ定ム

第十五條　本法中市町村又ハ市町村長トアルハ市制町村制ヲ施行セサル地ニ在リテハ之ニ準スヘキモノトス

附　則

本法施行ノ期日ハ勅令ヲ以テ之ヲ定ム但シ第七條及第十二條ノ規定ハ勅令ヲ以テ他ノ規定ヨリ後ニ之ヲ施行スルコトヲ得（大正十年勅令第二百九十一號ヲ以テ第七條及第十二條ノ規定ヲ除クノ外大正十年七月一日ヨリ施行シ大正十二年勅令第百六號ヲ以テ第七條及第十二條ノ規定ハ大正十二年四月一日ヨリ施行セラル）

前項ノ規定ニ依リ第七條及第十二條ノ規定ヲ他ノ規定ヨリ後ニ施行スル場合ニ於テハ其ノ施行ニ至ル迄ノ間職業紹介事業ノ監督ハ内務大臣、地方長官及郡長之ヲ行フ

本法施行ノ際現ニ存スル職業紹介所ニシテ市町村ノ經營ニ係ルモノハ本法ニ依リ設置シタルモノト看做ス其ノ市町村ニ非サル者ノ經營ニ係ル無料ノ職業紹介所ニ付テハ勅令ニ定ムル期間内ニ行政官廳ノ許可ヲ受クヘシ

小作調停法

第一條　小作料其ノ他小作關係ニ付爭議ヲ生シタルトキハ當事者ハ爭議ノ目的タル土地ノ所在地ヲ管轄スル地方裁判所ニ調停ノ申立ヲ爲スコトヲ得

當事者ハ合意ヲ以テ爭議ノ目的タル土地ノ所在地ヲ管轄スル區裁判所ニ調停ノ申立ヲ爲スコトヲ得

第二條　當事者不當ノ目的ヲ以テ濫ニ調停ノ申立ヲ爲シタリト認ムルトキハ裁判所ハ其ノ申立ヲ却下スルコトヲ得

第三條　調停ノ申立ハ爭議ノ目的タル土地ノ所在地ノ市町村長又ハ郡長ヲ經テ之ヲ爲スコトヲ得

第四條　前條ノ規定ニ依ル調停ノ申立アリタルトキハ

市町村長又ハ郡長ハ遲滯ナク申立ニ關スル書類ヲ裁判所ニ送付シ且町村長ニ在リテハ郡長ニ、郡長ニ在リテハ町村長ニ申立アリタル旨ノ通知ヲ爲スコトヲ要ス

爭議ノ目的タル土地カ數郡市町村ニ亘ル場合ニ於テハ調停ノ申立ヲ受ケタル市町村長又ハ郡長ハ遲滯ナク關係市町村長及郡長ニ前項ノ通知ヲ爲スコトヲ要ス

第五條　裁判所直接ニ調停ノ申立ヲ受ケタルトキハ遲滯ナク之ヲ爭議ノ目的タル土地ノ所在地ノ市町村長及郡長ニ通知スルコトヲ要ス但シ第八條第一項ノ規定ニ依リ事件ヲ移送スル場合ハ此ノ限ニ在ラス

第六條　調停ノ申立ハ爭議ノ實情ヲ明ニシテ之ヲ爲スヘシ

第七條　調停ノ申立ハ書面又ハ口頭ヲ以テ之ヲ爲スコトヲ得

口頭ヲ以テ申立ヲ爲ス場合ニ於テハ市町村長、郡長又ハ裁判所書記其ノ調書ヲ作ルコトヲ要ス

第八條　爭議ノ目的タル土地カ數箇ノ裁判所ノ管轄區域內ニ存スル場合ニ於テ調停ノ申立ヲ受ケタル地方裁判所又ハ區裁判所相當ト認ムルトキハ決定ヲ以テ事件ヲ他ノ管轄地方裁判所又ハ管轄區裁判所ニ移送スルコトヲ得管轄權ナキ裁判所カ調停ノ申立ヲ受ケタルトキ亦同シ

前項ノ決定ニ對シテハ不服ヲ申立ツルコトヲ得ス

第一項ノ場合ニ於テ事件ノ移送ヲ受ケタル裁判所ハ遲滯ナク爭議ノ目的タル土地ノ所在地ノ市町村長及郡長ニ其ノ旨ノ通知ヲ爲スコトヲ要ス

第九條　調停ノ申立ヲ受理シタル事件ニ付訴訟カ繫屬スルトキハ調停ノ終了ニ至ル迄訴訟手續ヲ中止ス

第十條　裁判所調停ノ申立ヲ受理シタルトキハ調停委員會ヲ開クコトヲ要ス但シ爭議ノ實情ニ鑑ミ之ヲ開カスシテ調停ヲ爲スコトヲ得

當事者ノ申立アルトキハ前項但書ノ規定ニ拘ラス裁判所ハ調停委員會ヲ開クコトヲ要ス

第十一條　裁判所事情ニ依リ適當ナル者アリト認ムルトキハ前條ノ規定ニ拘ラス之ヲシテ勸解ヲ爲サシムルコトヲ得

第十二條　當事者多數ナル場合ニ於テハ其ノ全部又ハ一部ヲ代表シテ調停ニ關スル一切ノ行爲ヲ爲サシムル爲總代ヲ選任スルコトヲ得

裁判所前項ノ規定ニ依ル總代ナキ場合ニ於テ必要アリト認ムルトキハ總代ノ選任ヲ命ズルコトヲ得

總代ハ當事者中ヨリ之ヲ選任スルコトヲ要ス

第十三條　總代ノ選任ハ書面ヲ以テ之ヲ證スルコトヲ要ス

總代ノ解任ハ之ヲ裁判所ニ屆出ツルニ非サレハ其ノ効ナシ

第十四條　裁判所ハ期日ヲ定メ當事者又ハ總代ヲ呼出スコトヲ要ス

前項ノ呼出ヲ受ケタル當事者又ハ總代ハ正當ノ事由ナクシテ出頭ヲ拒ムコトヲ得ス

第十五條　調停ノ結果ニ付利害關係ヲ有スル者ハ裁判所ノ許可ヲ受ケ調停ニ參加スルコトヲ得

裁判所ハ調停ノ結果ニ付利害關係ヲ有スル者ノ參加ヲ求ムルコトヲ得

第十六條　當事者、總代及利害關係人ハ自身出頭スルコトヲ要ス但シ特別ノ事情アル場合ニ於ハテ裁判所ノ許可ヲ受ケ代理人ヲシテ出頭セシメ又ハ輔佐人ヲ同伴スルコトヲ得

裁判所ハ何時ニテモ前項ノ許可ヲ取消スコトヲ得

第十七條　爭議ノ目的タル土地ノ所在地又ハ當事者ノ住所地ノ市町村長又ハ郡長ハ裁判所ニ對シ事件ノ經過ニ付陳述ヲ爲スコトヲ得

第十八條　裁判所必要アリト認ムルトキハ小作官、前條ノ市町村長又ハ郡長其ノ他適當ト認ムル者ニ對シ意見ヲ求ムルコトヲ得

第十九條　小作官ハ期日ニ出席シテ又ハ期日外ニ於テ裁判所ニ對シ意見ヲ述フルコトヲ得

第二十條　裁判所必要アリト認ムルトキハ事實ノ調査ヲ小作官ニ囑託スルコトヲ得

第二十一條　裁判所ニ於ケル調停手續ハ之ヲ公開セス但シ裁判所ハ相當ト認ムル者ノ傍聽ヲ許スコトヲ得

第二十二條　裁判所ハ費用ヲ要スル行爲ニ付當事者ノ一方又ハ雙方ヲシテ其ノ費用ヲ豫納セシムルコトヲ得

第二十三條　裁判所ニ對スル申立其ノ他ノ申述ハ書面又ハ口頭ヲ以テ之ヲ爲スコトヲ得

口頭ヲ以テ申述ヲ爲ス場合ニ於テハ裁判所書記其ノ調書ヲ作ルコトヲ要ス

第二十四條　裁判所ノ調停ニ付テハ裁判所書記其ノ調書ヲ作ルコトヲ要ス

第二十五條　裁判所ハ調停前調停ノ爲必要ト認ムル措置ヲ爲スコトヲ得

第二十六條　裁判所ノ調停條項中ニ費用ノ負擔ニ關スル定ヲ爲サザルトキハ各當事者ハ其ノ支出シタル費用ヲ自ラ負擔ス

第二十七條　調停ハ裁判上ノ和解ト同一ノ効力ヲ有ス

第二十八條　調停委員會ハ調停主任一人及調停委員二人以上ヲ以テ之ヲ組織ス

第二十九條　調停主任ハ判事ノ中ヨリ毎年豫メ地方裁判所長之ヲ指定ス

調停委員ハ調停ニ適當ナル者ニ就キ地方裁判所長ノ選任シタル者ノ中ヨリ各事件ニ付調停主任之ヲ指定ス但シ當事者カ同意ヲ以テ選定シタル者アルトキ又ハ地方裁判所長ノ選任シタル者ニ就キ當事者雙方カ各別ニ選定シタル者アルトキハ其ノ者ノ中ヨリ先ツ之ヲ指定スルコトヲ要ス

前項ノ規定ニ依リ指定セラレタル者ハ正當ノ事由ナクシテ之ヲ辭スルコトヲ得ス

第三十條　調停主任ハ爭議ノ實情ニ鑑ミ適當ト認ムル場所ニ於テ調停委員會ヲ開クコトヲ要ス

第三十一條　調停委員會ニ於ケル調停手續ハ調停主任之ヲ指揮ス

第三十二條　調停委員會ノ決議ハ調停委員ノ過半數ノ意見ニ依ル可否同數ナルトキハ調停主任ノ決スル所ニ依ル

第三十三條　調停委員會ノ評議ハ之ヲ秘密トス

第三十四條　第十一條乃至第二十六條ノ規定ハ調停委員會ノ調停手續ニ之ヲ準用ス

第三十五條　調停委員會ハ當事者、總代又ハ利害關係人ノ陳述ヲ聽キ且必要ト認ムルトキハ證據調ヲ爲スコトヲ得

調停委員會ハ調停主任ヲシテ證據調ヲ爲サシメ又ハ

之ヲ區裁判所ニ囑託スルコトヲ得
證據調ニ付テハ民事訴訟法ヲ準用ス
證人及鑑定人ノ受クヘキ旅費、日當及止宿料ニ付テハ民事訴訟費用法ヲ準用ス
第三十六條　期日ニ於テ停調成ラサルトキハ調停委員會ハ適當ト認ムル調停條項ヲ定ムルコトヲ得
前項ノ規定ニ依リ調停條項ヲ定メタル場合ニ於テハ調停委員會ハ其ノ調書ノ正本ヲ當事者、總代アルトキハ總代ニ送付シ且當事者又ハ總代カ其ノ送付ヲ受ケタル後一月内ニ異議ヲ述ヘサルトキハ調停ニ同意シタルモノト看做ス旨ノ通知ヲ爲スコトヲ要ス
當事者又ハ總代カ前項ノ正本ノ送付ヲ受ケタル後一月内ニ調停委員會ニ異議ヲ述ヘサルトキハ調停ニ同意シタルモノト看做ス
調停委員會ハ申立ニ依リ前項ノ期間ヲ伸長スルコトヲ得期間ノ伸長ハ之ヲ相手方、總代アルトキハ總代ニ通知スルコトヲ要ス
當事者又ハ總代カ調停條項ニ對シ異議ヲ述ヘサルトキハ調停委員會ハ其ノ旨ヲ相手方、總代アルトキハ總代ニ通知スルコトヲ要ス
第三十七條　調停委員會第二條ニ規定スル事由アリト認ムルトキハ調停ヲ爲ササルコトヲ得
第三十八條　調停成リタルトキ又ハ第三十六條第三項ノ規定ニ依リ調停ニ同意シタルモノト看做サレタルトキハ裁判所ハ調停主任ノ報告ヲ聽キ調停ノ認否ニ付決定ヲ爲スコトヲ要ス
調停認可ノ決定ニ對シテハ不服ヲ申立ツルコトヲ得ス
調停不認可ノ決定ニ對シテハ當事者又ハ總代ハ民事訴訟法ニ從ヒ即時抗告ヲ爲スコトヲ得
第三十九條　裁判所ハ調停カ著シク公正ナラスト認ムル場合ニ非サレハ調停不認可ノ決定ヲ爲スコトヲ得ス
第四十條　調停委員會ヲ開キタル場合ニ於テハ調停ハ認可決定アリタルトキニ限リ裁判上ノ和解ト同一ノ效力ヲ有ス
第四十一條　裁判所調停認可ノ決定ヲ總代ニ告知シタル場合ニ於テハ調停條項ヲ爭議ノ目的タル土地ノ所

在地ノ市役所又ハ町村役場ノ掲示場ニ掲示スルコトヲ要ス

第四十二條　調停委員會必要アリト認ムルトキハ調停ノ經過ヲ公表スルコトヲ得

第四十三條　調停事件終了シタルトキハ裁判所ハ其ノ結果ヲ爭議ノ目的タル土地ノ所在地ノ市町村長及郡長ニ通知スルコトヲ要ス

第四十四條　當事者又ハ利害關係人ハ手數料ヲ納付シテ記錄ノ閲覽若ハ謄寫又ハ其ノ正本、謄本、抄本若ハ事件ニ關スル證明書ノ付與ヲ裁判所書記ニ求ムルコトヲ得但シ當事者カ事件ノ繫屬中記錄ノ閲覽又ハ謄寫ヲ爲ス場合ニ於テハ手數料ヲ納付スルコトヲ要セス

第四十五條　調停委員及第十一條又ハ第三十四條ノ規定ニ依リ勸解ヲ爲シタル者ニハ旅費、日當及止宿料ヲ給ス

第四十六條　第四十四條ノ手數料竝前條ノ旅費、日當及止宿料ノ額ハ勅令ヲ以テ之ヲ定ム

第四十七條　本法中郡トアルハ北海道ニ於テハ北海道廳支廳管轄區域、郡長トアルハ北海道ニ於テハ北海道廳支廳長、島司ヲ置キタル島嶼ニ於テハ島司トス

本法中町村、町村長又ハ町村役場トアルハ町村制ヲ施行セサル地ニ於テハ町村、町村長又ハ町村役場ニ準スルモノトス

第四十八條　第三十四條ノ規定ニ依ル呼出ヲ受ケタル者正當ノ理由ナクシテ出頭セサルトキハ調停事件ノ繫屬スル裁判所ハ調停委員會ノ意見ヲ聽キ五十圓以下ノ過料ニ處スルコトヲ得

非訟事件手續法第二百七條及第二百八條ノ規定ハ前項ノ過料ニ付之ヲ準用ス

第四十九條　調停委員又ハ調停委員タリシ者故ナク評議ノ顚末又ハ調停主任、調停委員ノ意見若ハ其ノ多少ノ數ヲ漏泄シタルトキハ千圓以下ノ罰金ニ處ス

附　則

本法施行ノ期日ハ勅令ヲ以テ之ヲ定ム（大正十三年十二月一日施行）

本法ハ勅令ヲ以テ指定スル地區ニ之ヲ施行セス

勞働爭議調停法

第一條　左ニ揭クル事業ニ於テ勞働爭議發生シタルトキハ行政官廳ハ當事者ノ請求ニ依リ調停委員會ヲ開設スルコトヲ得當事者ノ請求ナキ場合ト雖行政官廳ニ於テ必要アリト認メタルトキ亦同シ

一　蒸氣、電氣其ノ他ノ動力ヲ使用スル鐵道、軌道又ハ船舶ニ依リ公衆ノ需要ニ應スル運輸事業

二　公衆ノ用ニ供スル郵便電信又ハ電話ノ事業

三　公衆ノ需用ニ應スル水道電氣又ハ瓦斯供給ノ事業

四　第一號乃至第三號ノ事業ニ電氣ヲ供給スル事業ニシテ其ノ休止カ第一號乃至第三號ノ事業ノ進行ヲ著シク阻害スルモノ

五　其ノ他公衆ノ日常生活ニ直接關係アル事業ニシテ勅令ヲ以テ定ムルモノ

六　陸軍又ハ海軍ノ直營ニ係ル兵器艦船ノ製造修理ノ事業ニシテ勅令ヲ以テ定ムルモノ

前項ニ揭クル以外ノ事業ニ於テ勞働爭議發生シタルトキハ行政官廳ハ當事者雙方ノ請求ニ依リ調停委員會ヲ開設スルコトヲ得

第二條　調停委員會ヲ開設セムトスルトキハ行政官廳ハ當事者雙方ニ之ヲ通知スヘシ

第三條　調停委員會ハ九人ノ委員ヲ以テ之ヲ組織ス委員ノ中六人ハ勞働爭議ノ當事者ヲシテ各同數ヲ選定セシメ他ノ三人ハ當事者ノ選定シタル委員ヲシテ爭議ニ直接利害關係ヲ有セサル者ニ就キ選定セシメ行政官廳之ヲ囑託ス

前項ノ規定ニ依リ囑託セラレタル委員ハ正當ノ理由ナクシテ之ヲ辭スルコトヲ得ス

第四條　勞働爭議ノ當事者第二條ノ規定ニ依ル通知ヲ受ケタルトキハ三日內ニ前條第一項ノ規定ニ依リ其ノ選定シタル委員ヲ行政官廳ニ屆出ツルコトヲ要ス

當事者前項ノ規定ニ依ル屆出ヲ爲サヽルトキハ行政官廳ハ當事者ニ代リ委員ヲ選定ス此ノ委員ハ當事者ノ選定シタルモノト看做ス

前二項ノ規定ニ依ル手續終リタルトキハ行政官廳ハ

直ニ前條第一項ノ規定ニ依リ當事者ノ選定シタル委員ニ於テ選定スヘキ委員ノ選定ヲ要求スヘシ此ノ場合ニ於テハ當事者ノ選定シタル委員ハ四日内ニ之ヲ選定シ行政官廳ニ屆出ツルコトヲ要ス
前項ノ規定ニ依ル屆出ナキトキハ行政官廳ハ當事者ノ選定シタル委員ニ代リ前項ノ規定ニ依リ選定スヘキ委員ヲ選定ス此ノ委員ハ當事者ノ選定シタル委員ニ於テ選定シタルモノト看做ス
第五條　委員中缺員ヲ生シタルトキハ前二條ノ手續ニ準シ之ヲ補充ス
第六條　委員定リタルトキハ行政官廳ハ直ニ調停委員會ヲ招集シ之ヲ開會スヘシ
第七條　調停委員會ニ議長及其ノ代理者ヲ置ク議長及其ノ代理者ハ當事者ノ選定ニ係ル委員ニ於テ選定シタル委員ノ互選ニ依リ投票ノ多數ヲ得タル者ヲ以テ之ニ充ツ多數ヲ得タル者ナキトキハ抽籤ニ依ル
第八條　調停委員會ハ勞働爭議ノ解決ニ必要ナル調査審理ヲ爲シ其ノ調停ヲ爲スモノトス
第九條　調停委員會ハ開會ノ日ヨリ十五日內ニ調停手續ヲ結了スルコトヲ要ス
前項ノ期間ハ當事者ノ選定シタル委員全員ノ同意アリタルトキハ之ヲ延長スルコトヲ得
第十條　調停委員會ハ議長又ハ其ノ代理者及各當事者ノ選定シタル委員各二名以上出席スルニ非サレハ會議ヲ開クコトヲ得ス
第十一條　調停委員會ノ議事ハ本法中別段ノ規定アル場合ヲ除クノ外過半數ヲ以テ決ス可否同數ナルトキハ議長ノ決スル所ニ依ル
第十二條　調停委員會ノ議事ハ之ヲ公開セス
行政官廳ハ調停委員會ノ承認ヲ得テ當該官吏ヲシテ會議ニ臨席セシムルコトヲ得
第十三條　調停委員會ハ調停ニ必要ナル範圍ニ於テ當事者又ハ其ノ代表者其ノ他利害關係人又ハ參考人ニ對シ出席說明ヲ求メ又ハ說明書類ノ提示ヲ求ムルコトヲ得
第十四條　調停委員會ハ調停ニ必要ナル範圍ニ於テ委員ヲシテ作業所其ノ他爭議ノ關係場所ニ立入リ、作業若ハ設備ヲ視察シ又ハ關係者ニ質問セシムルコト

ヲ得但シ軍事上秘密ヲ要スル場所ニ付テハ此ノ限ニ在ラス

第十五條　委員又ハ委員タリシ者ハ故ナク前二條ノ場合ニ知得タル秘密ヲ漏洩スルコトヲ得ス

第十六條　第九條ニ規定スル調停手續ノ結了ノ場合ニ於テハ調停委員會ハ其ノ顛末ヲ行政官廳ニ報告スルコトヲ要ス

前項ノ場合ニ於テ勞働爭議解決スルニ至ラサリシトキハ調停委員會ハ其ノ報告ニ委員會ノ決議セル爭議調停案及之ニ關スル少數意見ヲ表示スルコトヲ要ス

第十七條　行政官廳ハ前條ノ規定ニ依ル報告ノ要旨ヲ公表スヘシ但勞働爭議解決シタル場合ニ於テ當事者一方ノ選定シタル委員全員カ豫メ反對ノ意思ヲ表示シタルトキハ此ノ限ニ在ラス

第十八條　委員及第十三條ニ規定スル者ハ勅令ノ定ムル所ニ依リ費用ノ辨償ヲ受クルコトヲ得

第十九條　第一條第一項ニ揭クル事業ニ於ケル勞働爭議ニ關シ第二條ノ規定ニ依ル通知アリタルトキハ現ニ其ノ爭議ニ關係アル使用者及勞働者竝其ノ屬スル使用者團體及勞働者團體ノ役員及事務員以外ノ者ハ第九條ニ規定スル調停手續ノ結了ニ至ル迄左ニ揭クル目的ヲ以テ其ノ爭議ニ關係アル使用者又ハ勞働者ヲ誘惑若ハ煽動スルコトヲ得ス

一　使用者ヲシテ勞働爭議ニ關シ作業所ヲ閉鎖シ、作業ヲ中止シ、雇傭關係ヲ破毀シ又ハ勞務繼續ノ申込ヲ拒絶セシムルコト

二　勞働者ノ集團ヲシテ勞働爭議ニ關シ勞務ヲ中止シ、作業ノ進行ヲ阻害シ、雇傭關係ヲ破毀シ又ハ雇傭繼續ノ申込ヲ拒絶セシムルコト

第二十條　故ナク第十三條ニ規定スル出席說明又ハ說明書類ノ提示ヲ爲ササル者ハ五十圓以下ノ過料ニ處ス

非訟事件手續法第二百六條乃至第二百八條ノ規定ハ前項ノ過料ニ之ヲ準用ス

第二十一條　左ノ各號ノ一ニ該當スル者ハ二百圓以下ノ罰金ニ處ス

一　第十三條ノ場合ニ於テ虛僞ノ說明ヲ爲シタル者

二　故ナク第十四條ノ規定ニ依ル立入、視察ヲ拒ミ

若ハ之ヲ妨ケ又ハ質問ニ對シ答辯ヲ爲サス若ハ虛僞ノ陳述ヲ爲シタル者

三　第十五條ノ規定ニ違反シタル者

第二十二條　第十九條ノ規定ニ違反シタル者ハ三月以下ノ禁錮又ハ二百圓以下ノ罰金ニ處ス

附　則

本法施行ノ期日ハ勅令ヲ以テ之ヲ定ム

行政裁判法

第一章　行政裁判所組織

第一條　行政裁判所ハ之ヲ東京ニ置ク

第二條　行政裁判所ニ長官一人及評定官ヲ置ク評定官ノ員數ハ勅令ヲ以テ之ヲ定ム

行政裁判所ニ書記ヲ置ク其ノ員數及職務ハ勅令ヲ以テ之ヲ定ム

第三條　長官ハ親任トス評定官ハ勅任又ハ奏任トス

長官及評定官ハ三十歲以上ニシテ五年以上高等行政官ノ職ヲ奉シタル者若クハ裁判官ノ職ヲ奉シタル者ヨリ任命セラルルモノトス

書記ハ長官之ヲ判任ス

第四條　長官及評定官ハ在職中左ノ諸件ヲ爲スコトヲ得ス

一　公然政事ニ關係スルコト

二　政黨ノ黨員又ハ政社ノ社員トナリ又ハ衆議院議員府縣郡市町村會ノ議員若クハ參事會員タルコ

三　兼官ノ場合ヲ除ク外俸給アル又ハ金錢ノ利益ヲ目的トスル公務ニ就クコト

四　商業ヲ營ミ其ノ他行政上ノ命令ヲ以テ禁シタル業務ヲ營ムコト

第五條　第六條ノ場合ヲ除ク外長官及評定官ハ刑法ノ宣告又ハ懲戒ノ處分ニ由ルニ非サレハ其意ニ反シテ退官轉官又ハ非職ヲ命セラルルコトナシ

行政裁判所ノ長官又ハ評定官ヲ兼任スル者ハ其ノ本官在職中前項ヲ適用ス

懲戒處分ノ法ハ別ニ勅令ヲ以テ之ヲ定ム
第六條　長官及評定官身體若クハ精神ノ衰弱ニ因リ職務ヲ執ルコト能ハサルトキハ内閣總理大臣ハ行政裁判所ノ總會ノ決議ニ依リ其退職ヲ上奏スルコトヲ得
第七條　長官ハ行政裁判所ノ事務ヲ總理ス
長官故障アルトキハ評定官中官等最モ高キ者之ヲ代理ス官等同シキトキハ任官ノ順序ニ依リ其ノ先ナル者之ヲ代理ス
第八條　長官ハ自ラ裁判長トナリ若クハ評定官ニ裁判長ヲ命スルコトヲ得
部ヲ分ツノ必要アルトキハ其ノ組織及事務分配ハ勅令ノ定ムル所ニ依ル
第九條　行政裁判所ノ裁判ハ裁判長及評定官ヲ併セ五人以上ノ列席合議ヲ要ス但シ列席ノ人員ハ奇數ニ限ル若シ缺席ノ爲偶數トナリタルトキハ官等最モ低キ評定官ヲ議決ヨリ除ク官等同シキトキハ任官ノ順序ニ依リ其ノ後ナル者ヲ除ク
議決ハ過半數ニ依ル
第十條　長官又ハ評定官ハ左ノ場合ニ於テ評議及議決ニ加ハルコトヲ得ス
一　裁判スヘキ事件自己又ハ父母兄弟姉妹若クハ妻子ノ身上ニ關スルトキ
二　裁判スヘキ事件一私人ノ資格ヲ以テ意見ヲ述ヘタルモノ又ハ理事者代理者若クハ職務外ノ地位ニ於テ取扱ヒタルモノニ關スルトキ
三　裁判スヘキ事件行政官タルノ資格ヲ以テ其事件ノ處分又ハ裁決ニ參與シタルモノニ關スルトキ
第十一條　前項ノ場合ニ於テ原告又ハ被告ハ原因ヲ疏明シテ文書又ハ口頭ヲ以テ長官又ハ評定官ヲ忌避スルコトヲ得
前項ノ場合ニ於テ行政裁判所ハ本人ヲ回避セシメ之ヲ議決ス
第十二條　忌避若クハ除斥ノ原因タル事情ニ付キ長官又ハ評定官ヨリ申出アルトキ又ハ他ノ事由ヨリシテ長官又ハ評定官カ法律ニ依ル評議及決議ニ加ハルヲ得サルノ疑アルトキハ行政裁判所ハ本人ヲ回避セシメ之ヲ議決ス
第十三條　行政裁判所ノ處務規程ハ勅令ヲ以テ之ヲ定

ム

第十四條　行政訴訟ノ辯護人タルコトヲ得ルハ行政裁判所ノ認許シタル辯護士ニ限ル

第二章　行政裁判所權限

第十五條　行政裁判所ハ法律勅令ニ依リ行政裁判所ニ出訴ヲ許シタル事件ヲ審判ス

第十六條　行政裁判所ハ損害要償ノ訴訟ヲ受理セス

第十七條　行政訴訟ハ法律勅令ニ特別ノ規程アルモノヲ除ク外地方上級行政廳ニ訴願シ其裁決ヲ經タル後ニ非サレハ之ヲ提起スルコトヲ得ス

各省大臣ノ處分又ハ内閣直轄官廳又ハ地方上級行政廳ノ處分ニ對シテハ直ニ行政訴訟ヲ提起スルコトヲ得

各省又ハ内閣ニ訴願ヲ爲シタルトキハ行政訴訟ヲ提起スルコトヲ得ス

第十八條　行政裁判所ノ判決ハ其事件ニ付キ關係ノ行政廳ヲ覊束ス

第十九條　行政裁判所ノ裁判ニ對シテハ再審ヲ求ムルコトヲ得ス

第二十條　行政裁判所ハ其權限ニ關シテハ自ラ之ヲ決定ス

行政裁判所ト通常裁判所又ハ特別裁判所トノ間ニ起ル權限ノ爭議ハ權限裁判所ニ於テ之ヲ裁判ス

第二十一條　行政裁判所ノ判決ノ執行ハ通常裁判所ニ囑託スルコトヲ得

第三章　行政訴訟手續

第二十二條　行政訴訟ハ行政廳ニ於テ處分書若クハ裁決書ヲ交付シ又ハ告知シタル日ヨリ六十日以內ニ提起スヘシ六十日ヲ經過シタルトキハ行政訴訟ヲ爲スコトヲ得ス但法律勅令ニ特別ノ規程アルモノハ此限ニ在ラス

訴訟提起ノ日限其他此法律ニ依リ行政裁判所ノ指定スル日限ノ計算竝ニ災害事變ノ爲メ遷延シタル期限ニ關シテハ民事訴訟ノ規程ヲ適用ス

第二十三條　行政訴訟ハ法律勅令ニ特別ノ規程アルモノヲ除ク外行政廳ノ處分又ハ裁決ノ執行ヲ停止セス

但行政廳及行政裁判所ハ其職權ニ依リ又ハ原告ノ願ニ依リ必要ト認ムルトキハ其處分又ハ裁判ノ執行ヲ停止スルコトヲ得

第二十四條　行政訴訟ハ文書ヲ以テ行政裁判所ニ提起スヘシ

法律ニ依リ法人ト認メラレタル者ハ其名ヲ以テ行政訴訟ヲ提起スルコトヲ得

第二十五條　訴狀ハ左ノ事項ヲ記載シ原告署名捺印スヘシ

一　原告ノ身分、職業、住所、年齢

二　被告ノ行政廳又ハ其他ノ被告

三　要求ノ事件及其理由

四　立證

五　年月日

訴狀ニハ原告ノ經歷シタル訴願書裁決書竝ニ證據書類ヲ添フヘシ

第二十六條　訴狀ニハ被告ニ送付スル爲メニ必要文書ノ副本ヲ添フヘシ

第二十七條　行政裁判所ハ原告ノ訴狀ニ就テ審査シ若シ法律勅令ニ依リ行政訴訟ヲ提起スヘカラサルモノナルカ又ハ適法ノ手續ニ違背スルモノナルトキハ其ノ理由ヲ付シタル裁決書ヲ以テ之ヲ却下スヘシ

其ノ訴狀ノ方式ヲ缺クニ止マルモノハ之ヲ改正セシムル爲メ期限ヲ指定シテ還付スヘシ

第二十八條　行政裁判所ニ於テ訴狀ヲ受理シタルトキハ其ノ副本ヲ被告ニ送付シ相當ノ期限ヲ指定シテ答辯書ヲ差出サシムヘシ

答辯書ニハ原告ニ送付スル爲必要文書ノ副本ヲ添フヘシ

第二十九條　行政裁判所ハ必要ナリト認ムルトキハ其ノ期限ヲ指定シテ原告被告交互ニ辯駁書及再度ノ答辯書ヲ差出サシムヘシ

第三十條　行政裁判所ハ訴狀及答辯書ノ附屬文書ノ副本ヲ原告被告交互ニ送付スル代リニ所內ニ於テ之ヲ閱覽セシムルコトヲ得

第三十一條　行政裁判所ハ訴訟審問中其ノ事件ノ利害ニ關係アル第三者ヲ訴訟ニ加ハラシメ又ハ第三者ノ願ニ依リ訴訟ニ加ハルコトヲ許可スルヲ得

前項ノ場合ニ於テハ行政裁判所ノ判決ハ第三者ニ對シテモ亦其效力ヲ有ス

第三十二條　行政官廳ハ其官吏又ハ其申立ニ依リ主務大臣ヨリ命シタル委員ヲシテ訴訟代理ヲ爲サシムルコトヲ得

代理者ハ委任狀ヲ以テ代人ナルコトヲ證明スヘシ

第三十三條　行政裁判所ハ豫メ指定シタル期日ニ於テ原告被告及第三者ヲ召喚シテ審廷ヲ開キ口頭審問ヲ爲スヘシ

原告被告及第三者ニ於テ口頭審問ヲ爲スコトヲ望マサル旨ヲ申立タル場合ニ於テハ行政裁判所ハ文書ニ就キ直ニ判決ヲ爲スコトヲ得

第三十四條　審廷ニ於テハ原告被告及第三者ノ辯明ヲ聽クヘシ

審廷ニ於テハ裁判長ノ許可ヲ得タル者ヨリ順次發言スヘシ

原告被告及第三者ハ事實上及法律上ノ點ニ就キ文書ニ盡サヽル所ヲ補足シ又ハ誤謬ヲ更正シ若クハ新ニ證憑ヲ提出シ及證書ヲ提示スルコトヲ得

第三十五條　主務大臣ハ必要ト認ムル場合ニ於テハ公益ヲ辯護スル爲メ委員ヲ命シ審廷ニ差出スコトヲ得

行政裁判所ハ判決ヲ爲ス前ニ委員ヲシテ意見ヲ陳述セシムヘシ

第三十六條　行政裁判所ノ對審判決ハ之ヲ公開ス

安寧秩序又ハ風俗ヲ害スルノ虞アリ又ハ行政廳ノ要求アルトキハ行政裁判所ノ決議ヲ以テ對審ノ公開ヲ停ムルコトヲ得

第三十七條　公開ヲ停ムルノ決議ヲ爲シタルトサハ公衆ヲ退カシムルノ前之ヲ言渡ス

第三十八條　行政裁判所ハ原告被告及第三者ニ出廷ヲ命シ並ニ必要ト認ムル證憑ヲ徵シ證人及鑑定人ヲ召喚シ審問ニ應シ證明及鑑定ヲ爲サシムルコトヲ得

證人又ハ鑑定人トシテ審問ニ應シ證明及鑑定ヲ爲スヘキ義務ニ關シテハ民事訴訟ノ規程ヲ適用ス其ノ義務ヲ盡サヽル場合ニ於テ處分スヘキ科罰ハ行政裁判所自ラ之ヲ判決ス

行政裁判所ハ口頭審問ニ於テ擧證ノ手續ヲ爲シ又ハ評定官ニ委任シ若クハ通常裁判所又ハ行政廳ニ囑託

シテ之カ調査ヲ爲サシムルコトヲ得

第三十九條　行政裁判所ニ於テ審問中ノ事件ニ關シ民事上ノ訴訟起ルコトアリテ通常裁判ノ確定ヲ待ツノ必要アリト認ムルトキハ其審判ヲ中止スルコトヲ得

第四十條　審問手續ニ關スル故障ノ申立ハ行政裁判所自ラ之ヲ判決ス

第四十一條　召喚ノ期日ニ於テ原告若クハ被告若クハ第三者出廷セサルコトアルモ行政裁判所ハ其審判ヲ中止セス

原告被告及第三者共ニ出廷セサルトキハ行政裁判所ハ審問ヲ行ハス直ニ判決ヲ爲スコトヲ得

第四十二條　裁判宣告書ハ理由ヲ付シ裁判長評定官及書記之ニ署名捺印シ其謄本ニ行政裁判所ノ印章ヲ捺シ之ヲ原告被告及第三者ニ交付スヘシ

行政訴訟ノ文書ニハ訴訟用印紙ヲ貼用スルヲ要セス

第四十三條　行政訴訟手續ニ關シ此法律ニ規程ナキモノハ行政裁判所ノ定ムル所ニ依リ民事訴訟ニ關スル規程ヲ適用スルコトヲ得

第四章　附則

第四十四條　此法律ハ明治二十三年十月一日ヨリ施行ス

第四十五條　第二十條第二項ノ權限爭議ハ權限裁判所ヲ設クル迄ノ間樞密院ニ於テ之ヲ裁定ス

裁定ノ手續ハ勅令ノ定ムル所ニ依ル

第四十六條　從前ノ法令ニシテ此法律ト牴觸スルモノハ此法律施行ノ日ヨリ廢止ス

第四十七條　此法律施行ノ前既ニ行政訴訟トシテ受理シ審理中ニ係ルモノハ仍從前ノ成規ニ依リ處分スヘシ

●行政廳ノ違法處分ニ關スル行政裁判ノ件

法律勅令ニ別段ノ規程アルモノヲ除ク外左ニ掲クル事件ニ付行政廳ノ違法處分ニ由リ權利ヲ毀損セラレタリトスル者ハ行政裁判所ニ出訴スルコトヲ得

一　海關税ヲ除ク外租税及手數料ノ賦課ニ關スル事件

二　租税滞納處分ニ關スル事件
三　營業免許ノ拒否又ハ取消ニ關スル事件
四　水利及土木ニ關スル事件
五　土地ノ官民有區分ノ査定ニ關スル事件

訴願法

第一條　訴願ハ法律勅令ニ別段ノ規定アルモノヲ除ク外左ニ掲クル事件ニ付之ヲ提起スルコトヲ得

一　租税及手數料ノ賦課ニ關スル件
二　租税滞納處分ニ關スル件
三　營業免許ノ拒否又ハ取消ニ關スル事件
四　水利及土木ニ關スル事件
五　土地ノ官民有區分ニ關スル事件
六　地方警察ニ關スル事件

其他法律勅令ニ於テ特ニ訴願ヲ許シタル事件

第二條　訴願セントスル者ハ處分ヲ爲シタル行政廳ヲ經由シ直接上級行政廳ニ之ヲ提起スヘシ

訴願ノ裁決ヲ受ケタル後更ニ上級行政廳ニ訴願スルトキハ其裁決ヲ爲シタル行政廳ヲ經由スヘシ

國ノ行政ニ付此法律ニ依リ郡參事會又ハ市參事會ノ處分若クハ裁決ニ對シテ訴願セントスル者ハ其處分若クハ裁決ヲ爲シタル郡參事會又ハ市參事會ヲ經由シテ府縣參事會ニ之ヲ提起スヘシ

第三條　各省大臣ノ處分ニ對シ訴願セントスル者ハ其省ニ之ヲ提起スヘシ

第四條　裁判所ノ裁判各省ノ裁決及第二條第三項府縣參事會ノ裁決ヲ經タルモノハ其事件ニ付更ニ訴願スルコトヲ得ス

第五條　訴願ハ文書ヲ以テ之ヲ提起スヘシ

訴願書ノ侮辱誹毀ニ渉ルモノハ之ヲ受理セス

第六條　訴願書ハ其不服ノ要點理由要求及訴願人ノ身分職業住所年齢ヲ記載シ之ニ署名捺印スヘシ

訴願書ニハ證據書類ヲ添ヘ並下級行政廳ノ裁決ヲ經タルモノハ其裁決書ヲ添フヘシ

第七條　多數ノ人員共同シテ訴願セントスルトキハ其訴願書ニ各訴願人ノ身分職業住所年齢ヲ記載シ署名

捺印シ其中ヨリ三名以下ノ總代人ヲ選ヒ之ニ委任シ總代委任ノ正當ナルコトヲ證明スヘシ

法律ニ依リ法人ト認メラレタル者ハ其名ヲ以テ訴願ヲ提起スルコトヲ得

第八條　行政處分ヲ受ケタル後六十日ヲ經過シタルトキハ其處分ニ對シ訴願スルコトヲ得ス

行政廳ノ裁決ヲ經タル訴願ニシテ其裁決ヲ受ケタル後三十日ヲ經過シタルモノハ更ニ上級行政廳ニ訴願スルコトヲ得ス

行政廳ニ於テ宥恕スヘキ事由アリト認ムルトキハ期限經過後ニ於テモ仍之ヲ受理スルコトヲ得

第九條　法律勅令ニ依リ訴願ヲ提起スヘカラサルモノナルカ又ハ適法ノ手續ニ違背スルモノナルトキハ之ヲ却下ス

其訴願書ノ方式ヲ缺クニ止マルモノハ期限ヲ指定シテ還付スヘシ

第十條　訴願書ハ郵便ヲ以テ之ヲ差出スコトヲ得

郵便遞送ノ日數ハ第八條ノ訴願期限内ニ之ヲ算入セス

第十一條　第二條第一項ノ場合ニ於テ訴願書ノ經由ニ當レル行政廳ハ訴願書ヲ受取リタル日ヨリ十日以内ニ辯明書及必要文書ヲ添ヘ上級行政廳ニ之ヲ發送スヘシ

第二條第二項ノ場合ニ於テ訴願書ノ經由ニ當レル行政廳ハ訴願書ヲ受取リタル日ヨリ三日以内ニ上級行政廳ニ之ヲ發送スヘシ

第二條第三項ノ場合ニ於テ訴願書ヲ發送スルトキ亦前二項ノ例ニ依ルヘシ

第十二條　訴願ハ法律勅令ニ別段ノ規定アルモノヲ除ク外行政處分ノ執行ヲ停止セス但行政廳ハ其職權ニ依リ又ハ訴願人ノ願ニ依リ必要ナリト認ムルトキハ其執行ヲ停止スルコトヲ得

第十三條　訴願ハ口頭審問ヲ爲サス其文書ニ就キ之ヲ裁決ス但行政廳ニ於テ必要ナリト認ムルトキハ口頭審問ヲ爲スコトヲ得

第十四條　訴願ノ裁決ハ文書ヲ以テ之ヲ爲シ其理由ヲ付スヘシ訴願ヲ却下スルトキハ亦同シ

第十五條　訴願ノ裁決書ハ其處分ヲ爲シタル行政廳ヲ

經由シテ之ヲ訴願人ニ交付スヘシ訴願書ヲ却下スルトキ亦同シ

第十六條　上級行政廳ニ於テ爲シタル裁決ハ下級行政廳ヲ羈束ス

第十七條　訴願ノ手續ニ關シ他ノ法律勅令ニ別段ノ規定アルモノハ各其規定ニ依ル

附　則

第十八條　明治十五年十二月第五十八號布告請願規則ハ此法律施行ノ日ヨリ廢止ス

第十九條　此法律施行ノ前請願規則ニ依リ受理シタル請願ハ仍其規則ニ依リ之ヲ處分ス

請願規則ニ依リ下級行政廳ノ指令ヲ受ケタル者訴願スルヲ得ヘキ場合ニ於テ更ニ訴願セントスルトキハ其法律ニ從ヒ其上級行政廳ニ之ヲ提起スヘシ

第二十條　第八條ノ訴願期限ハ此法律施行ノ前行政處分ヲ受ケ又ハ請願規則ニ依リ指令ヲ受ケタル事件ニシテ其處分又ハ指令ヲ受ケタル日ヨリ滿五年ヲ經過セサルモノニ對シテハ此法律施行ノ日ヨリ之ヲ起算ス

第二十一條　行政廳ニ提出スル請願ハ此法律ニ依ルノ限ニ在ラス

請願令

第一條　請願ハ法律勅令ニ別段ノ定アルモノヲ除クノ外本令ニ依リ之ヲ爲スヘシ

第二條　請願ハ文書ヲ以テ之ヲ爲スヘシ

請願書ニハ侮辱誹毀ニ渉リ又ハ秩序風俗ヲ紊ル文辭ヲ用ヰルコトヲ得ス

第三條　請願書ノ文字ハ端正鮮明ナルコトヲ要ス

第四條　請願書ニハ請願ノ要旨、理由、年月日、請願者ノ族稱、職業、住所、年齡ヲ記載シ請願者各自之ニ署名捺印スヘシ

第五條　法人請願者ナルトキハ其ノ名稱及住所ヲ記載シ法定ノ代表者各自請願書ニ署名捺印スヘシ

第六條　法人ハ其ノ目的ノ遂行ニ關係アル事項ニ非サ

レハ請願ヲ爲スコトヲ得ス
第七條　未成年者及禁治産者ノ請願ハ其ノ法定代理人ニ於テ之ヲ爲スコトヲ得
前項ノ場合ニ於テハ請願書ニ代理ノ事由及法定代理人ノ族稱、職業、住所、年齢ヲ記載シ法定代理人之ニ署名捺印スヘシ
第八條　署名スルコト能ハサル者ハ他人ヲシテ代署セシムルコトヲ得此ノ場合ニ於テハ代書者請願書ニ其ノ事由ヲ附記シ且其ノ族稱、職業、住所、年齢ヲ記載シ之ニ署名捺印スヘシ
第九條　請願ハ第七條ノ場合ヲ除クノ外代理人ニ依リテ之ヲ爲スコトヲ得ス
第十條　天皇ニ奉呈スル請願書ハ封皮ニ請願ノ二字ヲ朱書シ内大臣府ニ宛テ其ノ他ノ請願書ハ請願ノ事項ニ付職權ヲ有スル官公署ニ宛テ郵便ヲ以テ差出スヘシ
第十一條　左ニ掲クル事項ニ付テハ請願ヲ爲スコトヲ得ス
一　皇室典範及帝國憲法ノ變更ニ關スル事項
二　裁判ニ干渉スル事項
第十二條　相當ノ敬禮ヲ守ラス又ハ本令ノ規定ニ違反スル請願書ハ之ヲ却下ス但シ官公署ニ對スル請願書ハ第三條乃至第五條、第七條第二項又ハ第八條ノ規定ニ違反スルモ之ヲ却下セサルコトヲ得
第十三條　請願ニ對シテハ指令ヲ與ヘス
第十四條　天皇ニ奉呈スル請願書ハ内大臣奏聞シ旨ヲ奉シテ之ヲ處理ス
第十五條　請願ニ關シ官公署ノ職員ニ強テ面接ヲ求メタル者ハ二月以下ノ禁錮若ハ五十圓以下ノ罰金又ハ拘留若ハ科料ニ處ス
二人以上共ニ前項ノ罪ヲ犯シタルトキハ六月以下ノ禁錮又ハ百圓以下ノ罰金ニ處ス
第十六條　行幸ノ際沿道又ハ行幸地ニ於テ直願ヲ爲サムトシタル者ハ一年以下ノ懲役ニ處ス行啓ノ際沿道又ハ行啓地ニ於テ直願ヲ爲サムトシタル者亦同シ
第十七條　請願ヲ爲サシムル爲他人ヲ誘惑若ハ煽動シ又ハ名義ノ何タルヲ問ハス請願ニ關スル運動ノ爲金錢其ノ他ノ利益ヲ收受シ、要求シ若ハ其ノ收受ヲ約

剌シタル者ハ六月以下ノ懲役又ハ百圓以下ノ罰金ニ處ス

府縣制中改正

府縣制中左ノ通改正ス　（法律第七十三號）
第一條中「郡市」ヲ「市町村」ニ改ム
第三條第二項中「郡」ヲ削リ同條第三項中「府縣郡市參事會及市町村會」ヲ「府縣參事會及市町村會」ニ改ム
第四條第二項中「郡市ノ區域」ヲ「市ノ區域又ハ從前郡長若ハ島司ノ管轄シタル區域」ニ改メ同條第三項及第四項ヲ削ル
第六條　府縣内ノ市町村公民ハ府縣會議員ノ選擧權及被選擧權ヲ有ス
陸海軍軍人ニシテ現役中ノ者（未タ入營セサル者及歸休下士官兵ヲ除ク）及戰時若ハ事變ニ際シ召集中ノ者ハ選擧權及被選擧權ヲ有セス兵籍ニ編入セラレタル學生生徒（勅令ヲ以テ定ムル者ヲ除ク）及志願ニ依リ國民軍ニ編入セラレタル者亦同シ
市町村公民權停止中ノ者ハ選擧權及被選擧權ヲ有セス
在職ノ檢事、警察官吏及收稅官吏ハ被選擧權ヲ有セス
選擧事務ニ關係アル官吏及吏員ハ其ノ關係區域内ニ於テ被選擧權ヲ有セス
府縣ノ官吏及有給ノ吏員其ノ他ノ職員ニシテ在職中ノ者ハ其ノ府縣ノ府縣會議員ト相兼ヌルコトヲ得ス
衆議院議員ハ府縣會議員ト相兼ヌルコトヲ得ス
第八條第一項及第二項ヲ左ノ如ク改ム
府縣會職員中闕員ヲ生シタルトキハ三箇月以内ニ補闕選擧ヲ行フヘシ但シ其ノ闕員ト爲リタル議員カ第三十一條第二項、第三項若ハ第六項ノ規定ニ依ル期限前ニ於テ闕員ト爲リタル者ナル場合ニ於テ第二十九條第一項但書ノ得票者ニシテ當選者ト爲ラサリシ者アルトキ又ハ其ノ期限經過後ニ於テ闕員トナリタル場合ニ於テ第二十九條第二項ノ規定ノ適用ヲ受ケタル得票者ニシテ當選者ト爲ラサリシ者アルトキハ直ニ選擧會ヲ開キ其ノ者ノ中ニ就キ當選者ヲ定ムヘシ此ノ場合ニ於テハ第二十二條第三項ノ規定ヲ準用ス第三十二條第四項及第五項ノ規定ハ補闕選擧ニ之

ヲ準用ス

第九條　府縣會議員ノ選擧ハ其ノ府縣內ニ於ケル市町村會議員選擧人名簿ニ依リ之ヲ行フ

町村制第三十八條ノ町村ニ於テハ同法第十八條乃至第十八條ノ五ノ規定ニ準シ選擧人名簿ヲ調製スヘシ

前項ノ選擧人名簿ハ之ヲ町村會議員選擧人名簿ト看做シ第一項ノ規定ヲ適用ス

第十條　削除

第十一條　削除

第十二條　削除

第十三條第一項中「選擧ノ日ヨリ少クトモ二十日前」ヲ「選擧ノ期日前二十日目マテ」ニ、同條第二項中「少クトモ七日前」ヲ「投票ノ期日前七日目マテ」ニ改ム

第十三條ノ二　議員候補者タラムトスル者ハ選擧ノ期日ノ告示アリタル日ヨリ選擧ノ期日前七日目マテニ其ノ旨ヲ選擧長ニ屆出ツヘシ

選擧人名簿ニ登錄セラレタル者他人ヲ議員候補者ト爲サムトスルトキハ前項ノ期間內ニ其ノ推薦ノ屆出ヲ爲スコトヲ得

前二項ノ期間內ニ屆出アリタル議員候補者其ノ選擧ニ於ケル議員ノ定員ヲ超ユル場合ニ於テ其ノ期間ヲ經過シタル後議員候補者死亡シ又ハ議員候補者タルコトヲ辭シタルトキハ前二項ノ例ニ依リ選擧ノ期日ノ前日マテ議員候補者ノ屆出又ハ推薦屆出ヲ爲スコトヲ得

議員候補者ハ選擧長ニ屆出ヲ爲スニ非サレハ議員候補者タルコトヲ辭スルコトヲ得ス

前四項ノ屆出アリタルトキ又ハ議員候補者ノ死亡シタルコトヲ知リタルトキハ選擧長ハ直ニ其ノ旨ヲ告示スヘシ

第十三條ノ三　議員候補者ノ屆出又ハ推薦屆出ヲ爲サムトスル者ハ議員候補者一人ニ付二百圓又ハ之ニ相當スル額面ノ國債證書ヲ供託スルコトヲ要ス

議員候補者ノ得票數其ノ選擧區ノ配當議員數ヲ以テ有効投票ノ總數ヲ除シテ得タル數ノ十分ノ一ニ達セサルトキハ前項ノ供託物ハ府縣ニ歸屬ス

議員候補者選擧ノ期日前十日以內ニ議員候補者タルコトヲ辭シタルトキハ前項ノ規定ヲ準用ス但シ被選

選擧權ヲ有セサルニ至リタル爲議員候補者タルコトヲ辭シタルトキハ此ノ限ニ在ラス

第十四條　市町村長ハ投票管理者ト爲リ投票ニ關スル事務ヲ擔任ス

第十五條　投票區ハ市町村ノ區域ニ依ル

投票所ハ市役所、町村役場又ハ投票管理者ノ指定シタル場所ニ之ヲ設ク

投票管理者ハ選擧ノ期日前五日目マテニ投票所ヲ告示スヘシ

府縣知事特別ノ事情アリト認ムルトキハ市町村ノ區域ヲ分チテ數投票區ヲ設ケ又ハ數町村ノ區域ヲ合セテ一投票區ヲ設クルコトヲ得

前項ノ規定ニ依リ投票區ヲ設クル場合ニ於テ必要ナル事項ハ命令ヲ以テ之ヲ定ム

第十六條　議員候補者ハ各投票區ニ於ケル選擧人名簿ニ登錄セラレタル者ノ中ヨリ本人ノ承諾ヲ得テ投票立會人一人ヲ定メ選擧ノ期日ノ前日マテニ投票管理者ニ屆出ツルコトヲ得但シ議員候補者死亡シ又ハ議員候補者タルコトヲ辭シタルトキハ其ノ屆出テタル投票立會人ハ其ノ職ヲ失フ

前項ノ規定ニ依ル投票立會人三人ニ達セサルトキ若ハ三人ニ達セサルニ至リタルトキ又ハ投票立會人ニシテ參會スル者投票所ヲ開クヘキ時刻ニ至リ三人ニ達セサルトキ若ハ其ノ後三人ニ達セサルニ至リタルトキハ投票管理者ハ其ノ投票區ニ於ケル選擧人名簿ニ登錄セラレタル者ノ中ヨリ三人ニ達スルマテノ投票立會人ヲ選任シ直ニ之ヲ本人ニ通知シ投票ニ立會ハシムヘシ

投票立會人ハ名譽職トス

投票立會人ハ正當ノ事故ナクシテ其ノ職ヲ辭スルコトヲ得ス

第十八條中「被選擧人」ヲ「議員候補者」ニ改メ同條第六項ノ次ニ左ノ一項ヲ加フ

投票ニ關スル記載ニ付テハ勅令ヲ以テ定ムル點字ハ之ヲ文字ト看做ス

第十八條ノ二　確定名簿ニ登錄セラレサル者ハ投票ヲ爲スコトヲ得ス但シ選擧人名簿ニ登錄セラルヘキ確定裁決書又ハ判決書ヲ所持シ選擧ノ當日投票所ニ到

ル者ハ此ノ限ニ在ラス
確定名簿ニ登錄セラレタル者選擧人名簿ニ登錄セラルルコトヲ得サル者ナルトキハ投票ヲ爲スコトヲ得ス選擧ノ當日選擧權ヲ有セサル者ナルトキ亦同シ
同府縣内ニ於ケル二以上ノ市町村ニ於テ公民權ヲ有スル者ハ住所地市町村ニ於テノミ投票ヲ爲スコトヲ得
第十九條　投票ノ拒否ハ投票立會人ノ意見ヲ聽キ投票管理者之ヲ決定スヘシ
前項ノ決定ヲ受ケタル選擧人不服アルトキハ投票管理者ハ假ニ投票ヲ爲サシムヘシ
前項ノ投票ハ選擧人ヲシテ之ヲ封筒ニ入レ封緘シ又面ニ自ラ其ノ氏名ヲ記載シ投函セシムヘシ
投票立會人ニ於テ異議アル選擧人ニ對シテモ亦前二項ニ同シ
第二十條　投票管理者ハ投票錄ヲ作リ投票ニ關スル顛末ヲ記載シ二人以上ノ投票立會人ト共ニ之ニ署名スヘシ
第二十一條　投票管理者ハ其ノ指定シタル投票立會人

ト共ニ町村ノ投票區ニ於テハ投票ノ翌日マテニ、市ノ投票區ニ於テハ投票ノ當日投票函、投票錄及選擧人名簿ヲ選擧長ニ送致スヘシ
第二十二條「中投票函」ヲ「投票函、投票錄及選擧人名簿」ニ改ム
第二十三條　選擧長ハ市長又ハ府縣知事ノ指定シタル官吏ヲ以テ之ニ充ツ
選擧長ハ選擧會ニ關スル事務ヲ擔任ス
選擧會ハ市役所又ハ選擧長ノ指定シタル場所ニ之ヲ開ク
選擧長ハ豫メ選擧會ノ場所及日時ヲ告示スヘシ
第二十三條ノ二　府縣知事特別ノ事情アリト認ムルトキハ區劃ヲ定メテ開票區ヲ設クルコトヲ得
前項ノ規定ニ依リ開票區ヲ設クル場合ニ於テ必要ナル事項ハ命令ヲ以テ之ヲ定ム
第二十四條　第十六條ノ規定ハ選擧立會人ニ之ヲ準用ス
第二十五條　選擧長ハ總テノ投票函ノ送致ヲ受ケタル日ノ翌日選擧會ヲ開キ選擧立會人立會ノ上投票函ヲ

開キ投票ノ總數ト投票人ノ總數トヲ計算スヘシ但シ場合ニ依リ開票函ノ送致ヲ受ケタル日選擧會ヲ開クコトヲ得

前項ノ計算終リタルトキハ選擧長ハ先ツ第十九條第二項及第四項ノ投票ヲ調査シ選擧立會人ノ意見ヲ聽キ其ノ受理如何ヲ決定スヘシ

選擧長ハ選擧立會人ト共ニ投票區毎ニ投票ヲ點檢スヘシ

天災事變等ノ爲選擧會ヲ開クコトヲ得サルトキハ選擧長ハ更ニ其ノ期日ヲ定ムヘシ

第二十六條ノ二　選擧會場ノ取締ニ付テハ第十七條第一項及第二項ノ規定ヲ準用ス

第二十七條　左ノ投票ハ之ヲ無効トス

一　成規ノ用紙ヲ用ヰサルモノ

二　議員候補者ニ非サル者ノ氏名ヲ記載シタルモノ

三　一投票中二人以上ノ議員候補者ノ氏名ヲ記載シタルモノ

四　被選擧權ナキ議員候補者ノ氏名ヲ記載シタルモノ

五　議員候補者ノ氏名ノ外他事ヲ記載シタルモノ但シ爵位職業、身分、住所又ハ敬稱ノ類ヲ記入シタルモノハ此ノ限ニ在ラス

六　議員候補者ノ氏名ヲ自書セサルモノ

七　議員候補者ノ何人ヲ記載シタルカヲ確認シ難キモノ

八　府縣會議員ノ職ニ在ル者ノ氏名ヲ記載シタルモノ

前項第八號ノ規定ハ第八條、第三十二條又ハ第三十六條ノ規定ニ依ル選擧ノ場合ニ限リ之ヲ適用ス

第二十八條　投票ノ効力ハ選擧立會人ノ意見ヲ聽キ選擧長之ヲ決定スヘシ

第二十九條第一項但書ヲ左ノ如ク改ム

但シ其ノ選擧區ノ配當議員數ヲ以テ有効投票ノ總數ヲ除シテ得タル數ノ五分ノ一以上ノ得票アルコトヲ要ス

第二十九條ノ二　當選者選擧ノ期日後ニ於テ被選擧權ヲ有セサルニ至リタルトキハ當選ヲ失フ此ノ場合ニ於テハ第三十七條第二項ノ規定ヲ準用ス

第二十九條ノ三　第十三條ノ二第一項乃至第三項ノ規定ニ依ル屆出アリタル議員候補者其ノ選擧ニ於ケル議員ノ定數ヲ超エサルトキハ其ノ選擧區ニ於テハ投票ヲ行ハス

前項ノ規定ニ依リ投票ヲ行フコトヲ要セサルトキハ選擧長ハ直ニ其ノ旨ヲ投票管理者ニ通知シ併セテ之ヲ告示シ且府縣知事ニ報告スヘシ

投票管理者前項ノ通知ヲ受ケタルトキハ直ニ其ノ旨ヲ告示スヘシ

第一項ノ場合ニ於テハ選擧長ハ選擧ノ期日ヨリ五日以內ニ選擧會ヲ開キ議員候補者ヲ以テ當選者ト定ムヘシ

前項ノ場合ニ於テ議員候補者ノ被選擧權ノ有無ハ選擧立會人ノ意見ヲ聽キ選擧長之ヲ決定スヘシ

第三十條　選擧長ハ選擧錄ヲ作リ選擧會ニ關スル顚末ヲ記載シ之ヲ朗讀シ二人以上ノ選擧立會人ト共ニ之ニ署名スヘシ

選擧錄、投票錄投票其ノ他ノ關係書類ハ選擧長（府縣知事ノ指定シタル官吏選擧長タル場合ニ於テハ府縣知事）ニ於テ、府縣會議員選擧ニ用ヰタル選擧人名簿ハ市町村長ニ於テ議員ノ任期間之ヲ保存スヘシ

第三十一條第一項ヲ左ノ如ク改ム

當選者定マリタルトキハ選擧長ハ直ニ當選者ニ當選ノ旨ヲ告示シ同時ニ當選者ノ住所氏名ヲ告示シ且選擧錄及投票錄ノ寫ヲ添ヘ之ヲ府縣知事ニ報告スヘシ

當選者ナキトキハ直ニ其ノ旨ヲ告示シ且選擧錄及投票錄ノ寫ヲ添ヘ之ヲ府縣知事ニ報告スヘシ

同條第四項ノ次ニ左ノ一項ヲ加ヘ第五項中「第六條第九項」ヲ「前項」ニ改ム

第六條第六項ニ揭クル在職ノ官吏以外ノ官吏ニシテ當選シタル者ハ所屬長官ノ許可ヲ受クルニ非サレハ之ニ應スルコトヲ得ス

同條ニ左ノ二項ヲ加フ

府縣ニ對シ請負ヲ爲シ又ハ府縣ニ於テ費用ヲ負擔スル事業ニ付府縣知事若ハ其ノ委任ヲ受ケタル者ニ對シ請負ヲ爲ス者若ハ其ノ支配人又ハ主トシテ同一ノ行爲ヲ爲ス法人ノ無限責任社員、役員若ハ支配人ニシテ當選シタル者ハ其ノ請負ヲ罷メ又ハ請負ヲ爲ス

者ノ支配人若ハ主トシテ同一ノ行爲ヲ爲ス法人ノ無限責任社員、役員若ハ支配人タルコトナキニ至ルニ非サレハ當選ニ應スルコトヲ得ス

前項ノ役員トハ取締役、監査役及之ニ準スヘキ者並清算人ヲ謂フ

第三十一條ノ二　選擧長ハ前條第一項ノ報告ヲ爲シタルトキハ直ニ選擧人名簿ヲ町村長ニ返付スヘシ

第三十二條　當選者左ニ掲クル事由ノ一ニ該當スルトキハ三箇月以內ニ更ニ選擧ヲ行フヘシ但シ第二項ノ規定ニ依リ更ニ選擧ヲ行フコトナクシテ當選者ヲ定メ得ル場合ハ此ノ限ニ在ラス

一　當選ヲ辭シタルトキ

二　數選擧區ニ於テ選擧ニ當リタル場合ニ於テ第三十一條第三項ノ規定ニ依リ一ノ選擧區ノ選擧ニ應シタル爲他ノ選擧區ニ於テ選擧者タラサルニ至リタルトキ

三　第二十九條ノ二ノ規定ニ依リ當選ヲ失ヒタルトキ

四　死亡者ナルトキ

五　選擧ニ關スル犯罪ニ依リ刑ニ處セラレ當選無效ト爲リタルトキ但シ同一人ニ關シ前各號ノ事由ニ依ル選擧又ハ補闕選擧ノ告示ヲ爲シタル場合ハ此ノ限ニ在ラス

六　第三十四條ノ二ノ規定ニ依ル訴訟ノ結果當選無效ト爲リタルトキ

前項ノ事由第三十一條第二項、第三項若ハ第六項ノ規定ニ依ル期限前ニ生シタル場合ニ於テ第二十九條第一項但書ノ得票者ニシテ當選者ト爲ラサリシ者アルトキ又ハ其ノ期限經過後ニ生シタル場合ニ於テ第二十九條第二項ノ規定ノ適用ヲ受ケタル得票者ニシテ當選者ト爲ラサリシ者アルトキハ直ニ選擧會ヲ開キ其ノ者ノ中ニ就キ當選者ヲ定ムヘシ

前項ノ場合ニ於テ第二十九條第一項但書ノ得票者ニシテ當選者ト爲ラサリシ者選擧ノ期日後ニ於テ被選擧權ヲ有セサルニ至リタルトキハ之レヲ當選者ト定ムルコトヲ得ス此ノ場合ニ於テハ第三十七條第二項ノ規定ヲ準用ス

第一項ノ期間ハ第三十四條第七項ノ規定ノ適用アル

場合ニ於テハ選擧ヲ行フコトヲ得サル事由已ミタル日ノ翌日ヨリ之ヲ起算ス

第一項ノ事由議員ノ任期滿了前六箇月以內ニ生シタルトキハ第一項ノ選擧ハ之ヲ行ハス但シ議員ノ數其ノ定員ノ三分ノ二ニ滿チサルニ至リタルトキハ此ノ限ニ在ラス

第三十三條ニ左ノ一項ヲ加フ

當選者ナキニ至リタルトキ又ハ當選者其ノ選擧ニ於ケル議員ノ定數ニ達セサルニ至リタルトキハ府縣知事ハ直ニ其ノ旨ヲ告示スヘシ

第三十四條第一項中「選擧人選擧若ハ當選」ヲ「選擧人又ハ議員候補者選擧又ハ當選」ニ、「前條告示ノ日」ヲ「第三十一條第一項又ハ前條第二項ノ告示ノ日」ニ、同條第二項及第三項ヲ左ノ如ク、第六項中「郡市長」ヲ「又ハ選擧長」ニ、同條第七項中「第三十六條第二項」ヲ「第三十六條第一項若ハ第三項」ニ改ム

前項ノ異議申立アリタルトキハ府縣知事ハ七日以內ニ之ヲ府縣參事會ノ決定ニ付スヘシ

府縣知事選擧又ハ當選ノ效力ニ關シ異議アルトキハ

第一項申立ノ有無ニ拘ラス第三十一條第一項ノ報告ヲ受ケタル日ヨリ三十日以內ニ府縣參事會ノ決定ニ付スルコトヲ得

第三十四條ノ二　衆議院議員選擧法第百十條ノ規定ノ準用ニ依リ當選ヲ無効ナリト認ムルトキハ選擧人又ハ議員候補者ハ當選者ヲ被告トシ第三十一條第一項告示ノ日ヨリ三十日以內ニ控訴院ニ出訴スルコトヲ得

衆議院議員選擧法第百三十六條ノ規定ノ準用ニ依リ選擧事務長カ同法第百十二條又ハ第百十三條ノ規定ノ準用ニ依ル罪ヲ犯シ刑ニ處セラレタルニ因リ當選ヲ無効ナリト認ムルトキハ選擧人又ハ議員候補者ハ當選者ヲ被告トシ其ノ裁判確定ノ日ヨリ三十日以內ニ控訴院ニ出訴スルコトヲ得

前二項控訴院ノ判決ニ不服アル者ハ大審院ニ上告スルコトヲ得

衆議院議員選擧法第八十五條、第八十七條及第百四十一條ノ規定ハ前三項ノ規定ニ依ル訴訟ニ之ヲ準用ス

第三十五條第一項左ノ但書ヲ加ヘ第二項ヲ削ル

但シ當選ニ異動ヲ生スルノ虞ナキ者ヲ區分シ得ルトキハ其ノ者ニ限リ當選ヲ失フコトナシ

第三十六條　選擧無効ト確定シタルトキハ三箇月以内ニ更ニ選擧ヲ行フヘシ

當選無効ト確定シタルトキハ直ニ選擧會ヲ開キ更ニ當選者ヲ定ムヘシ此ノ場合ニ於テハ第三十二條第三項ノ規定ヲ準用ス

當選者ナキトキ、當選者ナキニ至リタルトキ又ハ當選者其ノ選擧ニ於ケル議員ノ定數ニ達セサルトキ若ハ定數ニ達セサルニ至リタルトキハ三箇月以内ニ更ニ選擧ヲ行フヘシ

第三十二條第四項及第五項ノ規定ハ第一項及前項ノ選擧ニ之ヲ準用ス

第三十七條第一項ヲ左ノ如ク改メ第二項中「被選擧權ヲ有セサル者」ノ下ニ「又ハ第三十一條第七項ニ揭クル者」ヲ、同條第三項中「通知ヲ受ケタルトキハ」ノ下ニ「七日以内ニ」ヲ、「被選擧權ヲ有セサル者」ノ下ニ「又ハ第三十一條第七項ニ揭クル者」ヲ加フ

府縣會議員被選擧權ヲ有セサル者ナルトキ又ハ第三十一條第一項ニ揭クル者ナルトキハ其ノ職ヲ失フ其ノ被選擧權ノ有無又ハ第三十一條第七項ニ揭クル者ニ該當スルヤ否ハ府縣會議員カ左ノ各號ノ一ニ該當スルニ因リ被選擧權ヲ有セサル場合ヲ除クノ外府縣參事會其ノ異議ヲ決定ス

一　禁治産者又ハ禁治産者トナリタルトキ

二　破産者ト爲リタルトキ

三　禁錮以上ノ刑ニ處セラレタルトキ

四　選擧ニ關スル犯罪ニ因リ罰金ノ刑ニ處セラレタルトキ

府縣會議員ハ住所ヲ移シタル爲被選擧權ヲ失フコトアルモ其ノ住所同府縣内ニ在ルトキハ之カ爲其ノ職ヲ失フコトナシ但シ同府縣内ニ於テ住所ヲ移シタル後被選擧權ヲ失フヘキ其ノ他ノ事由ニ該當スルニ至リタルトキハ此ノ限ニ在ラス

第三十九條　府縣會議員ノ選擧ニ付テハ衆議院議員選擧法第十章及第十一章竝第百四十條第二項及第百四十二條ノ規定ヲ準用ス但シ議員候補者一人ニ付定▲

ヘキ選擧事務所ノ數、選擧委員及選擧事務員ノ數竝選擧運動ノ費用ノ額ニ關シテハ勅令ノ定ムル所ニ依ル

第五十一條第二項中「開會ノ日ヨリ少クトモ十四日前」ヲ「開會ノ日前十四日目マテ」ニ改ム

第五十三條ニ左ノ一項ヲ加フ

議長ハ其ノ職務ヲ行フ場合ニ於テモ之カ爲議員トシテ議決ニ加ハルノ權ヲ失ハス

第六十四條第二項ヲ削ル

第六十五條　府縣ニ府縣參事會ヲ置キ議長及名譽職參事會員十人ヲ以テ之ヲ組織ス

第六十六條第五項中「毎年」ヲ「隔年」ニ、同條第六項中「後任者就任ノ前日マテ」ヲ「後任者ノ就任スルニ至ルマテ」ニ改メ同條ニ左ノ一項ヲ加フ

名譽職參事會員ハ其ノ選擧ニ關スル第八十二條第一項ノ處分確定シ又ハ判決アルマテハ會議ニ參與スルノ權ヲ失ハス

第六十七條中「高等官參事會員」ヲ「其ノ代理者」ニ改ム

第六十八條中左ノ如ク改ム

三　削除

第七十三條第二項ヲ削リ第三項中「過半數」ヲ「名譽職過半數」ニ改ム

第七十四條第一項中「府縣參事會員」ヲ「議長、其ノ代理者及名譽職參事會員」ニ改ム

第七十九條　削除

第八十條第一項中「郡島ノ官吏吏員又ハ」ヲ削ル

第九十六條第二項中「前項ノ異議ハ」ヲ「前項ノ異議ノ申立アリタルトキハ府縣知事ハ七日以內」ニ改ム

第百條第一項中「其ノ細則ニハ過料五圓以下ノ罰則ヲ設クルコトヲ得」ヲ及同條第二項ヲ削ル

第百十條ニ左ノ一項ヲ加フ

府縣ハ公益上其ノ他ノ事由ニ因リ課稅ヲ不適當トスル場合ニ於テハ命令ノ定ムル所ニ依リ府縣稅ヲ課セサルコトヲ得

第百十一條　府縣ノ一部ニ對シ特ニ利益アル事件ニ關シテハ府縣ハ不均一ノ賦課ヲ爲シ又ハ府縣ノ一部ニ對シ賦課ヲ爲スコトヲ得

第百十四條　詐僞其ノ他ノ不正ノ行爲ニ依リ使用料ノ

徴收ヲ免レ又ハ府縣稅ヲ逋脫シタル者ニ付テハ府縣知事ハ府縣會ノ議決ヲ經テ其ノ徴收ヲ免レ又ハ逋脫シタル金額ノ三倍ニ相當スル金額（其ノ金額五圓未滿ナルトキハ五圓）以下ノ過料ヲ科スル規定ヲ設クルコトヲ得

前項ニ定ムルモノヲ除ク外使用料、手數料及府縣稅ノ賦課徴收ニ關シテハ府縣知事ハ府縣會ノ議決ヲ經テ五圓以下ノ過料ヲ科スル規定ヲ設クルコトヲ得財產又ハ營造物ノ使用ニ關シ亦同シ

過料ヲ科シ及之ヲ徴收スルハ府縣知事之ヲ掌ル其ノ處分ニ不服アル者ハ行政裁判所ニ出訴スルコトヲ得

第百十五條第三項中「前二項ノ異議ハ」ヲ「前二項ノ異議ノ申立アリタルトキハ府縣知事ハ七日以內ニ」ニ、同條第五項中「郡島ノ官吏吏員」ヲ、「其ノ委任ヲ受ケタル官吏吏員又ハ」ニ改ム

第百二十四條第二項及第三項ヲ削ル

第百二十六條ノ四中「其ノ財產處分ニ付亦同シ」ヲ「關係府縣ノ協議ニ依リ之ヲ定ム」ニ改ム

第百二十八條ノ二　異議ノ決定ハ本法中別ニ期間ヲ定メタルモノヲ除ク外其ノ決定ニ付セラレタル日ヨリ三箇月以內ニ之ヲ爲スヘシ

府縣參事會訴願ヲ受理シタルトキハ其ノ日ヨリ三箇月以內ニ之ヲ裁決スヘシ

第百三十三條中左ノ如ク改ム

一　削除

四　第百十一條ノ規定ニ依リ不均一ノ賦課ヲ爲シ又ハ府縣ノ一部ニ對シ賦課ヲ爲スコト

第百三十九條第一項ヲ削ル

第百四十二條　本法中官吏ニ關スル規定ハ待遇官吏ニ之ヲ適用ス

第百四十三條　第四條第二項但書ノ市ニ於テハ第二章第一款中市ニ關スル規定ハ區ニ、市長ニ關スル規定ハ區長ニ、市役所ニ關スル規定ハ區役所ニ之ヲ適用ス

第百四十四條　町村組合ニシテ町村ノ事務ノ全部又ハ役場事務ヲ共同處理スルモノハ本法ノ適用ニ付テハ之ヲ一町村、其ノ組合管理者ハ之ヲ町村長、其ノ組合吏員ハ之ヲ町村吏員、其ノ組合役場ハ之ヲ町村役

場ト看做ス

第百四十五條　從前郡長又ハ島司ノ管轄シタル區域內ニ於テ市ノ設置アリタルトキ又ハ其ノ區域ノ境界ニ渉リテ市町村ノ境界ノ變更アリタルトキハ其ノ區域モ亦自ラ變更シタルモノト看做ス

從前郡長又ハ島司ノ管轄シタル區域ノ境界ニ渉リテ町村ノ設置アリタル場合ニ於テハ本法ノ適用ニ付其ノ町村ノ屬スヘキ區域ハ內務大臣之ヲ定ム

附　則

本法中議員選擧ニ關スル規定ハ次ノ總選擧ヨリ之ヲ施行シ其ノ他ノ規定ノ施行ノ期日ハ勅令ヲ以テ之ヲ定ム

次ノ總選擧ニ至ルマテノ間從前ノ第九條、第十二條、第十四條、第二十一條、第二十三條乃至第二十五條、第三十條及第三十四條ノ規定ニ依リ難キ事項ニ付テハ勅令ヲ以テ特別ノ規定ヲ設クルコトヲ得

大正十五年市制中改正法律又ハ町村制中改正法律中公民權ニ關スル規定ハ之ヲ施行セサル市町村ニ於テハ府縣制中市町村公民ニ關スル規定ノ適用ニ付之ヲ施行シタルモノト看做ス此ノ場合ニ於テ議員ノ選擧ニ必要ナル選擧人名簿ニ關シテハ命令ヲ以テ特別ノ規定ヲ設クルコトヲ得

大正十五年市制中改正法律又ハ町村制中改正法律中公民權ニ關スル規定ハ之ヲ施行シタル市町村ニ於テハ府縣制中市町村公民ニ關スル規定ノ適用ニ付次ノ總選擧ニ至ルマテノ間未タ之ヲ施行セサルモノト看做ス

本法施行ノ際大正十四年法律第四十七號衆議院議員選擧法未タ施行セラレサル場合ニ於テハ本法ノ適用ニ付テハ同法ハ既ニ施行セラレタルモノト看做ス

本法施行ノ際必要ナル規定ハ命令ヲ以テ之ヲ定ム

市制中改正

市制中左ノ通改正ス　（法律第七十四號）

第三條第二項中「內務大臣ノ許可ヲ得」ヲ削ル

第四條第二項中「前項ノ例」ヲ「前條第二項ノ例」ニ改ム

第七條第二項及第三項ヲ削ル

第九條　帝國臣民タル年齡二十五年以上ノ男子ニシテ

二年以來市住民タル者ハ其ノ市公民トス但シ左ノ各號ノ一ニ該當スル者ハ此ノ限ニ在ラス

一　禁治産者及準禁治産者

二　破産者ニシテ復權ヲ得サル者

三　貧困ニ因リ生活ノ爲公私ノ救助ヲ受ケ又ハ扶助ヲ受クル者

四　一定ノ住居ヲ有セサル者

五　六年ノ懲役又ハ禁錮以上ノ刑ニ處セラレタル者

六　刑法第二編第一章、第三章、第九章、第十六章乃至第二十一章、第二十五章又ハ第三十六章乃至第三十九章ニ掲クル罪ヲ犯シ六年未滿ノ懲役ノ刑ニ處セラレ其ノ執行ヲ終リ又ハ執行ヲ受クルコトナキニ至リタル後其ノ刑期ノ二倍ニ相當スル期間ヲ經過スルニ至ル迄ノ者但シ其ノ期間五年ヨリ短キトキハ五年トス

七　六年未滿ノ禁錮ノ刑ニ處セラレ又ハ前號ニ掲クル罪以外ノ罪ヲ犯シ六年未滿ノ懲役ノ刑ニ處セラレ其ノ執行ヲ終リ又ハ執行ヲ受クルコトナキニ至ル迄ノ者

市ハ前項二年ノ制限ヲ特免スルコトヲ得

第一項二年ノ期間ハ市町村ノ廢置分合又ハ境界變更ノ爲中斷セラルルコトナシ

第十條第二項中「市ハ一年以上四年以下其ノ市公民權ヲ停止シ場合ニ依リ其ノ停止期間以內其ノ者ノ負擔スヘキ市税ノ十分ノ一以上四分ノ一以下ヲ増課スルコトヲ得」ヲ「市ハ一年以上四年以下其ノ市公民權ヲ停止スルコトヲ得」ニ改ム

第十一條　陸海軍軍人ニシテ現役中ノ者（未タ入營セサル者及歸休下士官兵ヲ除ク）及戰時若ハ事變ニ際シ召集中ノ者ハ市ノ公務ニ參與スルコトヲ得ス兵籍ニ編入セラレタル學生生徒（勅令ヲ以テ定ムル者ヲ除ク）及志願ニ依リ國民軍ニ編入セラレタル者亦同シ

第十四條中「第十一條第二項ノ場合ニ當ル者」ヲ「第十一條ノ規定ニ該當スル者」ニ改ム

第十五條　削除

第十六條第一項中「一級選擧ノ爲ノミニ付亦同シ」及同條第五項ヲ削ル

第十七條　特別ノ事情アルトキハ市ハ區劃ヲ定メテ投票分會ヲ設クルコトヲ得

第十八條　選擧權ヲ有スル市公民ハ被選擧權ヲ有ス

在職ノ檢事、警察官吏及收稅官吏ハ被選擧權ヲ有セス

選擧事務ニ關係アル官吏及市ノ有給吏員ハ其ノ關係區域內ニ於テ被選擧權ヲ有セス

市ノ有給吏員敎員其ノ他ノ職員ニシテ在職中ノ者ハ其ノ市會議員ト相兼ヌルコトヲ得ス

第十九條第二項中「總選擧ノ第一日」ヲ「總選擧ノ日」ニ同條第三項ヲ左ノ如ク改ム

議員ノ定數ニ異動ヲ生シタル爲解任ヲ要スル者アルトキハ市長抽籤シテ之ヲ定ム但シ闕員アルトキハ其ノ闕員ヲ以テ之ニ充ツヘシ

前項但書ノ場合ニ於テ闕員ノ數解任ヲ要スル者ノ數ニ滿チサルトキハ其ノ不足ノ員數ニ付市長抽籤シテ解任スヘキ者ヲ定メ闕員ノ數解任ヲ要スル者ノ數ヲ超ユルトキハ解任ヲ要スル者ニ充ツヘキ闕員ハ最モ先ニ闕員ト爲リタル者ヨリ順次之ニ充テ闕員ト爲リタル時同シキトキハ市長抽籤シテ之ヲ定ム

議員ノ定數ニ異動ヲ生シタル爲解任ヲ要スル者アル場合ニ於テ選擧區アルトキハ第十六條ノ市條例中ニ其ノ解任ヲ要スル者ノ選擧區ヲ規定シ市長抽籤シテ之ヲ定ム但シ解任ヲ要スル者ノ選擧區ニ闕員アリタルトキハ其ノ闕員ヲ以テ之ニ充ツヘシ此ノ場合ニ於テハ前項ノ例ニ依ル

第二十條　市會議員中闕員ヲ生シタルトキハ三月以內ニ補闕選擧ヲ行フヘシ但シ第三十條第二項ノ規定ノ適用ヲ受ケタル得票者ニシテ當選者ト爲ラサリシ者アルトキハ直ニ選擧會ヲ開キ其ノ者ノ中ニ就キ當選者ヲ定ムヘシ此ノ場合ニ於テハ第三十三條第三項及第四項ノ規定ヲ準用ス

第三十三條第五項及第六項ノ規定ハ補闕選擧ニ之ヲ準用ス

補闕議員ハ其ノ前任者ノ殘任期間在任ス

選擧區アル場合ニ於テハ補闕議員ハ前任者ノ選擧セラレタル選擧區ニ於テ之ヲ選擧スヘシ

第二十一條　市長ハ毎年九月十五日ノ現在ニ依リ選擧

人名簿ヲ調製スヘシ但シ選擧區アルトキハ選擧區毎ニ之ヲ調製スヘシ

第六條ノ市ニ於テハ市長ハ區長ヲシテ前項ノ例ニ依リ選擧人名簿ヲ調製セシムヘシ

選擧人名簿ニハ選擧人ノ氏名、住所及生年月日等ヲ記載スヘシ

第二十一條ノ二　市長ハ十一月五日ヨリ十五日間市役所(第六條ノ市ニ於テハ區役所)又ハ其ノ指定シタル場所ニ於テ選擧人名簿ヲ關係者ノ縱覽ニ供スヘシ

市長ハ縱覽開始ノ日前三日目迄ニ縱覽ノ場所ヲ告示スヘシ

第二十一條ノ三　選擧人名簿ニ關シ關係者ニ於テ異議アルトキハ縱覽期間內ニ之ヲ市長(第六條ノ市ニ於テハ區長ヲ經テ)ニ申立ツルコトヲ得此ノ場合ニ於テハ市長ハ縱覽期間滿了後三日以內ニ之ヲ市會ノ決定ニ付スヘシ市會ハ其ノ送付ヲ受ケタル日ヨリ十日以內ニ之ヲ決定スヘシ

前項ノ決定ニ不服アル者ハ府縣參事會ニ訴願シ市ノ裁決又ハ第三項ノ裁可ニ不服アル者ハ行政裁判所ニ出訴スルコトヲ得

第一項ノ決定及前項ノ裁決ニ付テハ市長ヨリモ訴願又ハ訴訟ヲ提起スルコトヲ得

前二項ノ裁決ニ付テハ府縣知事ヨリモ訴訟ヲ提起スルコトヲ得

第二十一條ノ四　選擧人名簿ハ十二月二十五日ヲ以テ確定ス

選擧人名簿ハ次年ノ十二月二十四日迄之ヲ据置クヘシ

前條ノ場合ニ於テ決定若ハ裁決確定シ又ハ判決アリタルニ依リ名簿ノ修正ヲ要スルトキハ市長ハ直ニ之ヲ修正シ第六條ノ市ニ於テハ區長ヲシテ之ヲ修正セシムヘシ

選擧人名簿ヲ修正シタルトキハ市長ハ直ニ其ノ要領ヲ告示シ第六條ノ市ニ於テハ區長ヲシテ之ヲ告示セシムヘシ

投票分會ヲ設クルトキハ市長ハ確定名簿ニ依リ分會ノ區劃毎ニ名簿ノ抄本ヲ調製スヘシ第六條ノ市ニ於テハ區長ヲシテ之ヲ調製セシムヘシ

第二十一條ノ五　第二十一條ノ三ノ場合ニ於テ決定若ハ裁決確定シ又ハ判決アリタルニ依リ選擧人名簿無効ト爲リタルトキハ更ニ名簿ヲ調製スヘシ
天災事變等ノ爲必要アルトキハ更ニ名簿ヲ調製スヘシ
前二項ノ規定ニ依ル名簿ノ調製、縦覽、確定及異議申立ニ對スル市會ノ決定ニ關スル期日及期間ハ府縣知事ノ定ムル所ニ依ル
市ノ廢置分合又ハ境界變更アリタル場合ニ於テ名簿ニ關シ其ノ分合其ノ他必要ナル事項ハ命令ヲ以テ之ヲ定ム

第三十二條　市長ハ選擧ノ期日前七日目（第三十九條ノ二ノ市ニ於テハ二十日目）迄ニ選擧會場（投票分會場ヲ含ム以下之ニ同シ）、投票ノ日時及選擧スヘキ議員數（選擧區アル場合ニ於テハ各選擧區ニ於テ選擧スヘキ議員數）ヲ告示スヘシ投票分會ヲ設クル場合ニ於テハ併セテ其ノ區劃ヲ告示スヘシ
總選擧ニ於ケル各選擧區ノ投票ハ同日時ニ之ヲ行フ
投票分會ノ投票ハ選擧會ト同日時ニ之ヲ行フ

天災事變等ノ爲投票ヲ行フコト能ハサルトキ又ハ更ニ投票ヲ行フノ必要アルトキハ市長ハ其ノ投票ヲ行フヘキ選擧會又ハ投票分會ノミニ付更ニ期日ヲ定メ投票ヲ行ハシムヘシ此ノ場合ニ於テ選擧會場及投票ノ日時ハ選擧ノ期日前五日目迄ニ之ヲ告示スヘシ

第二十三條第三項乃至第五項ヲ左ノ如ク改ム
市長（第六條ノ市ニ於テハ區長）ハ選擧人名簿ニ登錄セラレタル者ノ中ヨリ二項乃至四項ノ選擧立會人ヲ選任スヘシ但シ選擧區アルトキハ各別ニ選擧立會人ヲ設クヘシ
投票分會ハ市長ノ指名シタル吏員投票分會長ト爲リ之ヲ開閉シ其ノ取締ニ任ス
市長（第六條ノ市ニ於テハ區長）ハ分會ノ區劃內ニ於ケル選擧人名簿ニ登錄セラレタル者ノ中ヨリ二項乃至四項ノ投票立會人ヲ選任スヘシ
選擧立會人及投票立會人ハ名譽職トス

第二十四條中「分會長」ヲ「投票分會長」ニ改ム

第二十五條第五項ノ次ニ左ノ一項ヲ加ヘ同項但書ヲ削ル

投票ニ關スル記載ニ付テハ勅令ヲ以テ定ムル點字ハ之ヲ文字ト看做ス

同條第九項ヲ左ノ如ク改ム

投票分會ニ於テ爲シタル投票ハ投票分會長少クトモ一人ノ投票立會人ト共ニ投票函ノ儘之ヲ選擧長ニ送致スヘシ

第二十五條ノ二　確定名簿ニ登錄セラレサル者ハ投票ヲ爲スコトヲ得ス但シ選擧人名簿ニ登錄セラルヘキ確定裁決書又ハ判決書ヲ所持シ選擧ノ當日選擧會場ニ到ル者ハ此ノ限ニ在ラス

確定名簿ニ登錄セラレタル者選擧人名簿ニ登錄セラルルコトヲ得サル者ナルトキハ投票ヲ爲スコトヲ得ス選擧ノ當日選擧權ヲ有セサル者ナルトキ亦同シ

第二十五條ノ三　投票ノ拒否ハ選擧立會人又ハ投票立會人之ヲ決定ス可否同數ナルトキハ選擧長又ハ投票分會長之ヲ決スヘシ

投票分會ニ於テ投票拒否ノ決定ヲ受ケタル選擧人不服アルトキハ投票分會長ハ假ニ投票ヲ爲サシムヘシ

前項ノ投票ハ選擧人ヲシテ之ヲ封筒ニ入レ封緘シ表面ニ自ラ其ノ氏名ヲ記載シ投票セシムヘシ

投票分會長又ハ投票立會人ニ於テ異議アル選擧人ニ對シテモ亦前二項ニ同シ

第二十七條　市長ハ豫メ開票ノ日時ヲ告示スヘシ

第二十七條ノ二　選擧長ハ投票ノ日又ハ其ノ翌日（投票分會ヲ設ケタルトキハ總テノ投票函ノ送致ヲ受ケタル日又ハ其ノ翌日）選擧立會人立會ノ上投票函ヲ開キ投票ノ總數ト投票人ノ總數トヲ計算スヘシ

前項ノ計算終リタルトキハ選擧長ハ先ツ第二十五條ノ三第二項及第四項ノ投票ヲ調査スヘシ其ノ投票ノ受理如何ハ選擧立會人之ヲ決定ス可否同數ナルトキハ選擧長之ヲ決スヘシ

選擧長ハ選擧立會人ト共ニ投票ヲ點檢スヘシ

天災事變等ノ爲開票ヲ行フコト能ハサルトキハ市長ハ更ニ開票ノ期日ヲ定ムヘシ此ノ場合ニ於テ選擧會場ノ變更ヲ要スルトキハ豫メ更ニ其ノ場所ヲ告示スヘシ

第二十七條ノ三　選擧人ハ其ノ選擧會ノ參觀ヲ求ムルコトヲ得但シ開票開始前ハ此ノ限ニ在ラス

第二十七條ノ四　特別ノ事情アルトキハ市ハ府縣知事ノ許可ヲ得區劃ヲ定メテ開票分會ヲ設クルコトヲ得
前項ノ規定ニ依リ開票分會ヲ設クル場合ニ於テ必要ナル事項ハ命令ヲ以テ之ヲ定ム
第二十八條第二項ヲ削ル
第二十九條第一項中「投票ノ拒否及效力」ヲ「投票ノ效力」ニ改メ同條第二項ヲ削ル
第三十條第一項但書ヲ左ノ如ク改ム
但シ議員ノ定數（選擧區アル場合ニ於テハ其ノ選擧區ノ配當議員數）ヲ以テ有效投票ノ總數ヲ除シテ得タル數ノ六分ノ一以上ノ得票アルコトヲ要ス
第三十條ノ二　當選者選擧ノ期日後ニ於テ被選擧權ヲ有セサルニ至リタルトキハ當選ヲ失フ
第三十一條　選擧長ハ選擧錄ヲ作リ選擧會ニ關スル顚末ヲ記載シ之ヲ朗讀シ二人以上ノ選擧立會人ト共ニ之ニ署名スヘシ
各選擧區ノ選擧長ハ選擧錄（第六條ノ市ニ於テハ其ノ寫）ヲ添ヘ當選者ノ住所氏名ヲ市長ニ報告スヘシ
選擧分會長ハ選擧錄ヲ作リ選擧ニ關スル顚末ヲ記載シ之ヲ朗讀シ二人以上ノ投票立會人ト共ニ之ニ署名スヘシ
投票分會長ハ投票函ト同時ニ投票錄ヲ選擧長ニ送致スヘシ
選擧錄及投票錄ハ票投、選擧人名簿其ノ他ノ關係書類ト共ニ議員ノ任期間市長（第六條ノ市ニ於テハ區長）ニ於テ之ヲ保存スヘシ
第三十二條第一項ヲ左ノ如ク改メ第三項中「數級又ハ」ヲ削リ同條第四項中「第十八條第二項ニ揭ケサル官吏」ヲ「官吏」ニ改ム
當選者定マリタルトキハ市長ハ直ニ當選者ニ當選ノ旨ヲ告知シ（第六條ノ市ニ於テハ區長ヲシテ之ヲ告知セシメ）同書ニ當選者ノ住所氏名ヲ告示シ且選擧錄ノ寫（投票錄アルトキハ併セテ投票錄ノ寫）ヲ添ヘ之ヲ府縣知事ニ報告スヘシ當選者ナキトキハ直ニ其ノ旨ヲ告示シ且選擧錄ノ寫（投票錄アルトキハ併セテ投票錄ノ寫）ヲ添ヘ之ヲ府縣知事ニ報告スヘシ
同條ニ左ノ二項ヲ加フ
市ニ對シ請負ヲ爲シ又ハ市ニ於テ費用ヲ負擔スル事

業ニ付市長若ハ其ノ委任ヲ受ケタル者ニ對シ請負ヲ爲ス者若ハ其ノ支配人又ハ主トシテ同一ノ行爲ヲ爲ス法人ノ無限責任社員、役員若ハ支配人ニシテ當選シタル者ハ其ノ請負ヲ罷メ又ハ請負ヲ爲ス者ノ支配人若ハ主トシテ同一ノ行爲ヲ爲ス法人ノ無限責任社員、役員若ハ支配人タルコトナキニ至ルニ非サレハ當選ニ應スルコトヲ得ス第二項又ハ第三項ノ期限前ニ其ノ旨ヲ市長ニ申立テサルトキハ其ノ當選ヲ辭シタルモノト看做ス

前項ノ役員トハ取締役、監査役及之ニ準スヘキ者並淸算人ヲ謂フ

第三十三條　當選者左ニ揭クル事由ノ一ニ該當スルトキハ三月以内ニ更ニ選擧ヲ行フヘシ但シ第二項ノ規定ニ依リ更ニ選擧ヲ行フコトナクシテ當選者ヲ定メ得ル場合ハ此ノ限ニ在ラス

一　當選ヲ辭シタルトキ

二　數選擧區ニ於テ當選シタル場合ニ於テ前條第三項ノ規定ニ依リ一ノ選擧區ノ當選ニ應シ又ハ抽籤ニ依リ一ノ選擧區ノ當選者ト定マリタル爲他ノ選擧區ニ於テ當選者タラサルニ至リタルトキ

三　第三十條ノ二ノ規定ニ依リ當選ヲ失ヒタルトキ

四　死亡者ナルトキ

五　選擧ニ關スル犯罪ニ依リ刑ニ處セラレ其ノ當選無效ト爲リタルトキ但シ同一人ニ關シ前各號ノ事由ニ依ル選擧又ハ補闕選擧ノ告示ヲ爲シタル場合ハ此ノ限ニ在ラス

前項ノ事由前條第二項、第三項若ハ第五項ノ規定ニ依ル期限前ニ生シタル場合ニ於テ第三十條第一項但書ノ得票者ニシテ當選者ト爲ラサリシ者アルトキ又ハ其ノ期限經過後ニ生シタル場合ニ於テ第三十條第二項ノ規定ノ適用ヲ受ケタル得票者ニシテ當選者ト爲ラサリシ者アルトキハ直ニ選擧會ヲ開キ其ノ者ノ中ニ就キ當選者ヲ定ムヘシ

前項ノ場合ニ於テ第三十條第一項ノ但書ノ得票者ニシテ當選者ト爲ラサリシ者選擧ノ期日後ニ於テ被選擧權ヲ有セサルニ至リタルトキハ之ヲ當選者ト定ムルコトヲ得ス

第二項ノ場合ニ於テハ市長ハ豫メ選擧會ノ場所及日

時ヲ告示スヘシ

第一項ノ期間ハ第三十六條第八項ノ規定ノ適用アル場合ニ於テハ選擧ヲ行フコトヲ得サル事由已ミタル日ノ翌日ヨリ之ヲ起算ス

第一項ノ事由議員ノ任期滿了前六月以內ニ生シタルトキハ第一項ノ選擧ハ之ヲ行ハス但シ議員ノ數其ノ定數ノ三分ノ二ニ滿チサルニ至リタルトキハ此ノ限ニ在ラス

第三十四條第一項ヲ削リ同條ニ左ノ一項ヲ加フ

當選者ナキニ至リタルトキ又ハ當選者其ノ選擧ニ於ケル議員ノ定數ニ達セサルニ至リタルトキハ市長ハ直ニ其ノ旨ヲ告示シ併セテ之ヲ府縣知事ニ報告スヘシ

第三十五條ニ左ノ但書ヲ加フ

但シ當選ニ異動ヲ生スルノ虞ナキ者ヲ區分シ得ルトキハ其ノ者ニ限リ當選ヲ失フコトナシ

第三十六條第一項中「等三十四條第二項」ヲ「第三十二條第一項又ハ第三十四條第二項」ニ、同條第三項中「第三十四條第一項」ヲ「第三十二條第一項」ニ、「同條第二項」ヲ「第三十二條第一項又ハ第三十四條第二項」ニ、同條第八項中「第三十七條第三項」ヲ「第三十七條第一項若ハ第三項」ニ改ム

第三十七條　選擧無效ト決定シタルトキハ三月以內ニ更ニ選擧ヲ行フヘシ

當選無效ト確定シタルトキハ直ニ選擧會ヲ開キ更ニ當選者ヲ定ムヘシ此ノ場合ニ於テハ第三十三條第三項及第四項ノ規定ヲ準用ス

當選者ナキトキ、當選者ナキニ至リタルトキ又ハ當選者其ノ選擧ニ於ケル議員ノ定數ニ達セサルトキ若ハ定數ニ達セサルニ至リタルトキハ三月以內ニ更ニ選擧ヲ行フヘシ

第三十三條第五項及第六項ノ規定ハ第一項及前項ノ選擧ニ之ヲ準用ス

第三十八條第一項ヲ左ノ如ク改メ第二項中「被選擧權ヲ有セサル者」ノ下ニ「又ハ第三十二條第六項ニ揭クル者」ヲ加フ

市會議員被選擧權ヲ有セサル者ナルトキ又ハ第三十二條第六項ニ揭クル者ナルトキハ其ノ職ヲ失フ其ノ被選

舉權ノ有無又ハ第三十二條第六項ニ掲クル者ニ該當スルヤ否ハ市會議員カ左ノ各號ノ一ニ該當スルニ因リ被選擧權ヲ有セサル場合ヲ除クノ外市會之ヲ決定ス

一　禁治産者又ハ準禁治産者ト爲リタルトキ

二　破産者ト爲リタルトキ

三　禁錮以上ノ刑ニ處セラレタルトキ

四　選擧ニ關スル犯罪ニ依リ罰金ノ刑ニ處セラレタルトキ

第三十九條中「第二十一條」ヲ「第二十一條ノ三」ニ改ム

第三十九條ノ二　勅令ヲ以テ指定スル市（第六條ノ市ノ區ヲ含ム）ノ市會議員（又ハ區會議員）ノ選擧ニ付テハ府縣制第十三條ノ二、第十三條ノ三、第二十九條ノ三及第三十四條ノ二ノ規定ヲ準用ス此ノ場合ニ於テハ第二十三條第三項及第五項、第二十五條第五項及第七項、第二十五條ノ三、第二十八條、第二十九條、第三十三條第一項並第三十六條第一項ノ規定ニ拘ラス勅令ヲ以テ特別ノ規定ヲ設クルコトヲ得

第三十九條ノ三　前條ノ規定ニ依ル選擧ニ付テハ衆議院議員選擧法第十章及第十一章並第百四十條第二項及第百四十二條ノ規定ヲ準用ス但シ議員候補者一人ニ付定ムヘキ選擧事務所ノ數、選擧委員及選擧事務員ノ數、並選擧運動ノ費用ノ額ニ關シテハ勅令ノ定ムル所ニ依ル

前條ノ規定ニ依ル選擧ヲ除クノ外市會議員（又ハ第六條ノ市ノ區ノ區會議員）ノ選擧ニ付テハ衆議院議員選擧法第九十一條、第九十二條、第九十八條、第九十九條第二項、第百條及第百四十二條ノ規定ヲ準用ス

第四十九條中「年長ノ議員議長ノ職務ヲ代理ス年齡同シキトキハ抽籤ヲ以テ之ヲ定ム」ヲ「臨時ニ議員中ヨリ假議長ヲ選擧スヘシ」ニ改メ同條ニ左ノ一項ヲ加フ

前項假議長ノ選擧ニ付テハ年長ノ議員議長ノ職務ヲ代理ス年齡同シキトキハ抽籤ヲ以テ之ヲ定ム

第五十一條第三項中「開會ノ日ヨリ少クトモ三日前」ヲ「開會ノ日前三日目迄」ニ、同條第四項中「三日前迄」ヲ「會議ニ付スル日前三日目迄」ニ改ム

第五十三條ニ左ノ一項ヲ加フ

議長ハ其ノ職務ヲ行フ場合ニ於テモ之カ爲議員トシテ議決ニ加ハルノ權ヲ失ハス

第五十五條ニ左ノ二項ヲ加フ

連名投票ノ法ヲ用ウル場合ニ於テ其ノ投票ニシテ第二十八條第一號、第六號及第七號ニ該當スルモノ並其ノ記載ノ人員、選擧スヘキ定數ニ過キタルモノハ之ヲ無効トシ同條第二號、第四號及第五號ニ該當スルモノハ其ノ部分ノミヲ無効トス

連名投票ノ法ヲ用ウル場合ニ於テ過半數ノ投票ヲ得タル者選擧スヘキ定數ヲ超ユルトキハ最多數ヲ得タル者ヨリ順次選擧スヘキ定數ニ至ル迄ノ者ヲ以テ當選者トシ同數者アルトキハ年長者ヲ取リ年齢同シキトキハ議長抽籤シテ之ヲ定ム

第六十三條第二項中「三日以內出席ヲ停止シ又ハ二圓以下ノ過怠金ヲ科スル規定ヲ設クルコトヲ得」ヲ「五日以內出席ヲ停止スル規定ヲ設クルコトヲ得」ニ改ム

第六十五條第四項ヲ左ノ如ク改ム

名譽職參事會員ハ隔年之ヲ選擧スヘシ

名譽職參事會員ハ後任者ノ就任スルニ至ル迄在任ス市會議員ノ任期滿了シタルトキ亦同シ

同條ニ左ノ一項ヲ加フ

名譽職參事會員ハ其ノ選擧ニ關シ第九十條ノ處分確定シ又ハ判決アル迄ハ會議ニ列席シ議事ニ參與スルノ權ヲ失ハス

第六十七條中ノ如ク改ム

二　削除

第七十三條第二項及第三項ヲ左ノ如ク改ム

市長ハ市會ニ於テ之ヲ選擧ス

市長ハ其ノ退職セムトスル日前三十日目迄ハ中立ツルニ非サレハ任期中退職スルコトヲ得ス但シ市會ノ承認ヲ得タルトキハ此ノ限ニ在ラス

第七十四條第二項ヲ左ノ如ク改ム

市參與ハ市長ノ推薦ニ依リ市會之ヲ定ム

第七十五條第二項中「選擧シ府縣知事ノ認可ヲ受クヘシ」ヲ「選擧ス」ニ改メ同條第三項ヲ削リ第四項ヲ左ノ如ク改ム

第七十三條第三項ノ規定ハ助役ニ之ヲ準用ス

第十十七條　市長市參與及助役ハ第十八條第二項又ハ第四項ニ掲ケタル職ト兼ヌルコトヲ得ス又其ノ市ニ對シ請負ヲ爲シ又ハ其ノ市ニ於テ費用ヲ負擔スル事

業ニ付市長若ハ其ノ委任ヲ受ケタル者ニ對シ請負ヲ爲ス者及其ノ支配人又ハ主トシテ同一ノ行爲ヲ爲ス法人ノ無限責任社員、取締役監査役若ハ之ニ準スヘキ者、清算人及支配人タルコトヲ得ス
第七十八條第一項中「有給市參與及助役」ヲ削ル
第七十九條第二項ヲ左ノ如ク改ム
　第七十五條第一項及第二項、第七十六條、第七十七條並前條第二項ノ規定ハ收入役及副收入役ニ之ヲ準用ス
第八十條第二項中「第七十八條」ヲ「第七十八條第二項」ニ改ム
第八十二條第二項ヲ左ノ如ク改ム
　前項ノ區長及其ノ代理者ハ名譽職トス市公民中選擧權ヲ有スル者ヨリ市長ノ推薦ニ依リ市會之ヲ定ム
第八十三條第二項中「市會ニ於テ市會議員、名譽職參事會員又ハ市公民中選擧權ヲ有スル者ヨリ之ヲ選擧ス」ヲ「市會議員、名譽職參事會員又ハ市公民中選擧權ヲ有スル者ヨリ市長ノ推薦ニ依リ市會之ヲ定ム」ニ改メ同條第三項中「常設」ヲ削ル
第八十四條第一項ヲ左ノ如ク改ム
　市公民ニ限リテ擔任スヘキ職務ニ在ル吏員又ハ職ニ就キタルカ爲市公民タル者選擧權ヲ有セサルニ至リタルトキハ其ノ職務ヲ失フ
第八十八條　削除
第九十二條ノ二　市參事會ノ權限ニ屬スル事項ノ一部ハ其ノ議決ニ依リ市長ニ於テ專決處分スルコトヲ得
第九十四條第一項中「府縣知事ノ許可ヲ得テ」ヲ削ル
第九十七條第三項中「府縣知事ノ許可ヲ得テ」ヲ削リ同條第五項ヲ左ノ如ク改ム
　副收入役ヲ置カサル場合ニ於テハ市會ハ市長ノ推薦ニ依リ收入役故障アルトキ之ヲ代理スヘキ吏員ヲ定ムヘシ
第百七條第二項中「前項ノ異議ハ」ヲ「前項ノ異議ノ申立アリタルトキハ市長ハ七日以内」ニ改ム
第百二十一條ノ二　市ハ公益上其ノ他ノ事由ニ依リ課税ヲ不適當トスル場合ニ於テハ命令ノ定ムル所ニ依リ市税ヲ課セサルコトヲ得
第百二十九條第一項中「其ノ條例中ニハ五圓以下ノ過

料ヲ科スル規定ヲ設クルコトヲ得」ヲ削リ同條第二項ヲ左ノ如ク改ム

詐僞其ノ他ノ不正ノ行爲ニ依リ使用料ノ徴收ヲ免レ又ハ市税ヲ逋脫シタル者ニ付テハ市條例ヲ以テ其ノ徴收ヲ免レ又ハ逋脫シタル金額ノ三倍ニ相當スル金額(其ノ金額五圓未滿ナルトキハ五圓)以下ノ過料ヲ科スル規定ヲ設クルコトヲ得

前項ニ定ムルモノヲ除クノ外使用料、手數料及市税ノ賦課徴收ニ關シテハ市條例ヲ以テ五圓以下ノ過料ヲ科スル規定ヲ設クルコトヲ得財産又ハ造營物ノ使用ニ關シ亦同シ

第百三十條第三項中「前二項ノ異議ハ」ヲ「前二項ノ異議ノ申立アリタルトキハ市長ハ七日以内ニ」ニ改ム

第百三十一條第六項中「前三項ノ處分ヲ受ケタル者其ノ處分ニ不服アルトキハ」ヲ「前三項ノ處分ニ不服アル者ハ」ニ改ム

第百四十二條第一項中「六月三十日」ヲ「五月三十一日」ニ改メ同條第四項ヲ削ル

第百四十六條第三項ヲ削ル

第百四十九條第二項、第百五十條第二項、第百五十一條第二項及第百五十三條第二項中「內務大臣ノ許可ヲ得」ヲ削ル

第百五十四條第一項中「府縣知事ノ許可ヲ受クヘシ」ヲ「之ヲ定ム」ニ改メ同條第二項中「內務大臣ノ許可ヲ得」ヲ削ル

第百五十五條第一項中「同條第一項」ヲ「前條第二項ニ」同條第三項中「前項ノ異議ハ」ヲ「前項ノ異議申立アリタルトキハ組合ノ管理者ハ七日以內ニ」ニ改ム

第百六十條第二項ノ次ニ左ノ一項ヲ加フ

決定書又ハ裁決書ノ交付ヲ受ケサル者ニ關シテハ前二項ノ期間ハ告示ノ日ヨリ之ヲ起算ス

第百六十條ノ二　異議ノ決定ハ本法中別ニ期間ヲ定メタルモノヲ除クノ外其ノ決定ニ付セラレタル日ヨリ三月以內ニ之ヲ爲スヘシ

府縣參事會訴願ヲ受理シタルトキハ其ノ日ヨリ三月以內ニ之ヲ裁決スヘシ

第百六十五條　市條例ヲ設ケ又ハ改正セムトスルトキハ內務大臣ノ許可ヲ受クヘシ

第百六十六條第四號中「手數料及加入金」ヲ削ル

第百六十七條中左ノ如ク改ム

一　市條例ヲ廢止スル事

二　基本財産ノ處分ニ關スル事

五　手數料及加入金ヲ新設シ増額シ又ハ變更スル事

第百七十七條ノ二　本法中官吏ニ關スル規定ハ待遇官吏ニ之ヲ適用ス

附　則

本法中公民權及議員選擧ニ關スル規定ハ次ノ總選擧ヨリ之ヲ施行シ其ノ他ノ規定ノ施行ノ期日ハ勅令ヲ以テ之ヲ定ム

本法ニ依リ初テ議員ヲ選擧スル場合ニ於テ必要ナル選擧人名簿ニ關シ第二十一條乃至第二十一條ノ五ニ規定スル期間ニ依リ難キトキハ命令ヲ以テ別ニ其ノ期日又ハ期間ヲ定ム但シ其ノ選擧人名簿ハ次ノ選擧人名簿確定迄其ノ效力ヲ有ス

本法施行ノ際大正十四年法律第四十七號衆議院議員選擧法又ハ大正十五年府縣制中改正法律未タ施行セラレサル場合ニ於テハ本法ノ適用ニ付テハ同法ハ既ニ施行セラレタルモノト看做ス

本法施行ノ際必要ナル規定ハ命令ヲ以テ之ヲ定ム

町村制中改正

町村制中左ノ通リ改正ス（法律第七十五號）

第三條第二項ヲ左ノ如ク改ム

前項ノ場合ニ於テ財産アルトキハ其ノ處分ハ關係アル市町村會ノ意見ヲ徴シ府縣參事會ノ議決ヲ經テ府縣知事之ヲ定ム

第五條　町村ノ名稱ヲ變更セムトスルトキ、村ヲ町ト爲シ若ハ町ヲ村ト爲サムトスルトキ又ハ町村役場ノ位置ヲ定メ若ハ之ヲ變更セムトスルトキハ町村ハ府縣知事ノ許可ヲ受クヘシ

第七條　帝國臣民タル年齡二十五年以上ノ男子ニシテ二年以來町村住民タル者ハ其ノ町村公民トス但シ左ノ各號ノ一ニ該當スル者ハ此ノ限ニ在ラス

一　禁治産者及準禁治産者

二　破産者ニシテ復權ヲ得サル者

三　貧困ニ因リ生活ノ爲公私ノ救助ヲ受ケ又ハ扶助ヲ受クル者

四　一定ノ住居ヲ有セサル者

五　六年ノ懲役又ハ禁錮以上ノ刑ニ處セラレタル者

六　刑法第二編第一章、第三章、第九章、第十六章乃至第二十一章、第二十五章又ハ第三十六章乃至第三十九章ニ掲クル罪ヲ犯シ六年未滿ノ懲役ノ刑ニ處セラレ其ノ執行ヲ終リ又ハ執行ヲ受クルコトナキニ至リタル後其ノ刑期ノ二倍ニ相當スル期間ヲ經過スルニ至ル迄ノ者但シ其ノ期間五年ヨリ短キトキハ五年トス

七　六年未滿ノ禁錮ノ刑ニ處セラレ又ハ前號ニ掲クル罪以外ノ罪ヲ犯シ六年未滿ノ懲役ノ刑ニ處セラレ其ノ執行ヲ終リ又ハ執行ヲ受クルコトナキニ至ル迄ノ者

町村ハ前項二年ノ制限ヲ特免スルコトヲ得

第一項二年ノ期間ハ市町村ノ廢置分合又ハ境界變更ノ爲中斷セラルルコトナシ

第八條第二項中「町村ハ一年以上四年以下其ノ町村公民權ヲ停止シ場合ニ依リ其ノ停止期間以內其ノ者ノ負擔スヘキ町村稅ノ十分ノ一以上四分ノ一以下ヲ增課スルコトヲ得」ヲ「町村ハ一年以上四年以下其ノ町村公民權ヲ停止スルコトヲ得」ニ改ム

第九條　陸海軍軍人ニシテ現役中ノ者（未タ入營セサル者及歸休下士官兵ヲ除ク）及戰時若ハ事變ニ際シ召集中ノ者ハ町村ノ公務ニ參與スルコトヲ得ス兵籍ニ編入セラレタル學生生徒（勅令ヲ以テ定ムル者ヲ除ク）及志願ニ依リ國民軍ニ編入セラレタル者亦同シ

第十一條第二項中左ノ如ク改ム

一　削除

二　人口五千未滿ノ町村　　十二人

同條第四項中「內務大臣」ヲ「府縣知事」ニ改ム

第十二條中「第九條第三項ノ場合ニ當ル者」ヲ「第九條ノ規定ニ該當スル者」ニ改ム

第十三條　削除

第十四條　特別ノ事情アルトキハ町村ハ區劃ヲ定メテ

投票分會ヲ設クルコトヲ得

第十五條　選擧權ヲ有スル町村公民ハ被選擧權ヲ有ス

在職ノ檢事、警察官吏及收稅官吏ハ被選擧權ヲ有セス

選擧事務ニ關係アル官吏及町村ノ有給吏員ハ其ノ關係區域內ニ於テ被選擧權ヲ有セス

町村ノ有給ノ吏員敎員其ノ他ノ職員ニシテ在職中ノ者ハ其ノ町村ノ町村會議員ト相兼ヌルコトヲ得ス

第十六條第三項ノ次ニ左ノ一項ヲ加フ

前項但書ノ場合ニ於テ闕員ノ數解任ヲ要スル者ノ數ニ滿タサルトキハ其ノ不足ノ員數ニ付町村長抽籤シテ解任スヘキ者ヲ定メ闕員ノ數解任ヲ要スル者ノ數ヲ超ユルトキハ解任ヲ要スル者ニ充ツヘキ闕員ハ最モ先ニ闕員ト爲リタル者ヨリ順次之ニ充テ闕員ト爲リタル時同シキトキハ町村長抽籤シテ之ヲ定ム

第十七條　町村會議員中闕員ヲ生シタルトキハ三月以內ニ補闕選擧ヲ行フヘシ但シ第二十七條第二項ノ規定ノ適要ヲ受ケタル得票者ニシテ當選者ト爲ラサリシ者アルトキハ直ニ選擧會ヲ開キ其ノ者ノ中ニ就キ當選者ヲ定ムヘシ此ノ場合ニ於テハ第三十條第三項及第四項ノ規定ヲ準用ス

第三十條第五項及第六項ノ規定ハ補闕選擧ニ之ヲ準用ス

補闕議員ハ其ノ前任者ノ殘任期間存在ス

第十八條　町村長ハ毎年九月十五日ノ現在ニ依リ選擧人名簿ヲ調製スヘシ

選擧人名簿ニハ選擧人ノ氏名、住所及生年月日等ヲ記載スヘシ

第十八條ノ二　町村長ハ十一月五日ヨリ十五日間町村役場又ハ其ノ指定シタル場所ニ於テ選擧人名簿ヲ關係者ノ縱覽ニ供スヘシ

町村長ハ縱覽開始ノ三日目迄ニ縱覽ノ場所ヲ告示スヘシ

第十八條ノ三　選擧人名簿ニ關シ關係者ニ於テ異議アルトキハ縱覽期間內ニ之ヲ町村長ニ申立ツルコトヲ得此ノ場合ニ於テハ町村長ハ縱覽期間滿了後三日以內ニ之ヲ町村會ノ決定ニ付スヘシ町村會ハ其ノ送付ヲ受ケタル日ヨリ十日以內ニ之ヲ決定スヘシ

前項ノ決定ニ不服アル者ハ府縣參事會ニ訴願シ其ノ裁決又ハ第三項ノ裁決ニ不服アル者ハ行政裁判所ニ出訴スルコトヲ得

第一項ノ決定及前項ノ裁決ニ付テハ町村長ヨリモ訴願又ハ訟訴ヲ提起スルコトヲ得

前二項ノ裁決ニ付テハ府縣知事ヨリモ訟訴ヲ提起スルコトヲ得

第十八條ノ四　選擧人名簿ハ十二月二十五日ヲ以テ確定ス

選擧人名簿ハ次年ノ十二月二十四日迄之ヲ据置クヘシ

前條ノ場合ニ於テ決定若ハ裁決確定シ又ハ判決アリタルニ依リ名簿ノ修正ヲ要スルトキハ町村長ハ直ニ之ヲ修正スヘシ

選擧人名簿ヲ修正シタルトキハ町村長ハ直ニ其ノ要領ヲ告示スヘシ

投票分會ヲ設クルトキハ町村長ハ確定名簿ニ依リ分會ノ區劃毎ニ名簿ノ抄本ヲ調製スヘシ

第十八條ノ五　第十八條ノ三ノ場合ニ於テ決定若ハ裁決確定シ又ハ判決アリタルニ依リ選擧人名簿無效ト爲リタルトキハ更ニ名簿ヲ調製スヘシ

天災事變等ノ爲必要アルトキハ更ニ名簿ヲ調製スヘシ

前二項ノ規定ニ依ル名簿ノ調製、縱覽、確定及異議申立ニ對スル町村會ノ決定ニ關スル期日及期間ハ府縣知事ノ定ムル所ニ依ル

町村ノ廢置分合又ハ境界變更アリタル場合ニ於テ名簿ニ關シ其ノ分合其ノ他必要ナル事項ハ命令ヲ以テ之ヲ定ム

第十九條　町村長ハ選擧ノ期日前七日目迄ニ選擧會場（投票分會場ヲ含ム以下之ニ同シ）、投票ノ日時及選擧スヘキ議員數ヲ告示スヘシ投票分會ヲ設クル場合ニ於テハ併セテ其ノ區劃ヲ告示スヘシ

投票分會ノ投票ハ選擧會ト同日時ニ之ヲ行フ

天災事變等ノ爲投票ヲ行フコト能ハサルトキ又ハ更ニ投票ヲ行フノ必要アルトキハ町村長ハ其ノ投票ヲ行フヘキ選擧會又ハ投票分會ノミニ付更ニ期日ヲ定メ投票ヲ行ハシムヘシ此ノ場合ニ於テ選擧會場及投

票ノ日時ハ選擧ノ期日前五日目迄ニ之ヲ告示スヘシ

第二十條第二項乃至第四項ヲ左ノ如ク改ム

町村長ハ選擧人名簿ニ登錄セラレタル者ノ中ヨリ二人乃至四人ノ選擧立會人ヲ選任スヘシ

投票分會ハ町村長ノ指名シタル吏員投票分會長ト爲リ之ヲ開閉シ其ノ取締ニ任ス

町村長ハ分會ノ區劃內ニ於ケル選擧人名簿ニ登錄セラレタル者ノ中ヨリ二人乃至四人ノ投票立會人ヲ選任スヘシ

選擧立會人及投票立會人ハ名譽職トス

第二十一條中「分會長」ヲ「投票分會長」ニ改ム

第二十二條第二項ノ次ニ左ノ一項ヲ加フ

投票ニ關スル記載ニ付テハ勅令ヲ以テ定ムル點字ハ之ヲ文字ト看做ス

同條第八項ヲ左ノ如ク改ム

投票分會ニ於テ爲シタル投票ハ投票分會長少クトモ一人ノ投票立會人ト共ニ投票函ノ儘之ヲ選擧長ニ送致スヘシ

第二十二條ノ二　確定名簿ニ登錄セラレサル者ハ投票ヲ爲スコトヲ得ス但シ選擧人名簿ニ登錄セラルヘキ確定裁決書又ハ判決書ヲ所持シ選擧ノ當日選擧會場ニ至ル者ハ此ノ限ニ在ラス

確定名簿ニ登錄セラレタル者選擧人名簿ニ登錄セラルヽコトヲ得サル者ナルトキハ投票ヲ爲スコトヲ得ス選擧ノ當日選擧權ヲ有セサル者ナルトキ亦同シ

第二十二條ノ三　投票ノ拒否ハ選擧立會人又ハ投票立會人之ヲ決定ス可否同數ナルトキハ選擧長又ハ投票分會長之ヲ決スヘシ

投票分會ニ於テ投票拒否ノ決定ヲ受ケタル選擧人不服アルトキハ投票分會長ハ假ニ投票ヲ爲サシムヘシ

前項ノ投票ハ選擧人ヲシテ之ヲ封筒ニ入レ封緘シ表面ニ自ラ其ノ氏名ヲ記載シ投函セシムヘシ

投票分會長又ハ投票立會人ニ於テ異議アル選擧人ニ對シテモ亦前二項ニ同シ

第二十四條　町村長ハ豫メ開票ノ日時ヲ告示スヘシ

第二十四條ノ二　選擧長ハ投票ノ日又ハ其ノ翌日（投票分會ヲ設ケタルトキハ總テノ投票函ノ送致ヲ受ケタル日又ハ其ノ翌日）選擧立會人立會ノ上投票函ヲ

開キ投票ヲ總數ト投票人ノ總數トヲ計算スヘシ
前項ノ計算終リタルトキハ選擧長ハ先ツ第二十二條ノ三第二項及第四項ノ投票ヲ調査スヘシ其ノ投票ノ受理如何ハ選擧立會人之ヲ決定ス可否同數ナルトキハ選擧長之ヲ決スヘシ
選擧長ハ選擧立會人ト共ニ投票ヲ點檢スヘシ
天災事變等ノ爲開票ヲ行フコト能ハサルトキハ町村長ハ更ニ開票ノ期日ヲ定ムヘシ此ノ場合ニ於テ選擧會場ノ變更ヲ要スルトキハ豫メ更ニ其ノ場所ヲ告示スヘシ
第二十四條ノ三　選擧人ハ其ノ選擧會ノ參觀ヲ求ムルコトヲ得但シ開票開始前ハ此ノ限ニ在ラス
第二十四條ノ四　特別ノ事情アルトキハ町村ハ府縣知事ノ許可ヲ得區劃ヲ定メテ開票分會ヲ設クルコトヲ得
前項ノ規定ニ依リ開票分會ヲ設クル場合ニ於テ必要ナル事項ハ命令ヲ以テ之ヲ定ム
第二十六條第一項中「票投ノ拒否及效力」ヲ「票投ノ效力」ニ改メ同條第二項ヲ削ル

第二十七條第一項但書ヲ左ノ如ク改ム
但シ議員ノ定數ヲ以テ有效票投ノ總數ヲ除シテ得タル數ノ六分ノ一以上ノ得票アルコトヲ要ス
第二十七條ノ二　當選者選擧ノ期日後ニ於テ被選擧權ヲ有セサルニ至リタルトキハ當選ヲ失フ
第二十八條　選擧長ハ選擧錄ヲ作リ選擧會ニ關スル顚末ヲ記載シ之ヲ朗讀シ二人以上ノ選擧立會人ト共ニ之ニ署名スヘシ
投票分會長ハ投票錄ヲ作リ投票ニ關スル顚末ヲ記載シ之ヲ朗讀シ二人以上ノ投票立會人ト共ニ之ニ署名スヘシ
投票分會長ハ投票函ト同時ニ投票錄ヲ選擧長ニ送致スヘシ
選擧錄及投票錄ハ投票、選擧人名簿其ノ他ノ關係書類ト共ニ議員ノ任期間町村長ニ於テ之ヲ保存スヘシ
第二十九條第一項ヲ左ノ如ク、第三項中「第十五條第二項ニ掲ケサル官吏」ヲ「官吏」ニ改ム
當選者定マリタルトキハ町村長ハ直ニ當選者ニ當選ノ旨ヲ告知シ同時ニ當選者ノ住所氏名ヲ告示シ且選

擧錄ノ寫(投票錄アルトキハ併セテ投票錄ノ寫)ヲ添ヘ之ヲ府縣知事ニ報告スヘシ當選者ナキトキハ直ニ其ノ旨ヲ告知シ且選擧錄ノ寫(投票錄アルトキハ併セテ投票錄ノ寫)ヲ添ヘ之ヲ府縣知事ニ報告スヘシ

同條ニ左ノ二項ヲ加フ

町村ニ對シ請負ヲ爲シ又ハ町村ニ於テ費用ヲ負擔スル事業ニ付町村長若ハ其ノ委任ヲ受ケタル者ニ對シ請負ヲ爲ス者若ハ其ノ支配人又ハ主トシテ同一ノ行爲ヲ爲ス法人ノ無限責任社員、役員若ハ支配人ニシテ當選シタル者ハ其ノ請負ヲ罷メ又ハ請負ヲ爲ス者ノ支配人若ハ主トシテ同一ノ行爲ヲ爲ス法人ノ無限責任社員、役員若ハ支配人タルコトナキニ至ルニ非サレハ當選ニ應スルコトヲ得ス第二項ノ期限前ニ其ノ旨ヲ町村長ニ申立テサルトキハ其ノ當選ヲ辭シタルモノト看做ス

前項ノ役員トハ取締役、監査役及之ニ準スヘキ者竝清算人ヲ謂フ

第三十條　當選者左ニ掲クル事由ノ一ニ該當スルトキハ三月以内ニ更ニ選擧ヲ行フヘシ但シ第二項ノ規定

ニ依リ更ニ選擧ヲ行フコトナクシテ當選者ヲ定メ得ル場合ハ此ノ限ニ在ラス

一　當選ヲ辭シタルトキ

二　第二十七條ノ二ノ規定ニ依リ當選ヲ失ヒタルトキ

三　死亡者ナルトキ

四　選擧ニ關スル犯罪ニ依リ刑ニ處セラレ其ノ當選無效ト爲リタルトキ但シ同一人ニ關シ前各號ノ事由ニ依ル選擧又ハ補闕選擧ノ告示ヲ爲シタル場合ハ此ノ限ニ在ラス

前條ノ事由前條第二項若ハ第四項ノ規定ニ依ル期限前ニ生シタル場合ニ於テ第二十七條第一項但書ノ得票者ニシテ當選者ト爲ラサリシ者アルトキ又ハ其ノ期限經過後ニ生シタル場合ニ於テ第二十七條第二項ノ規定ノ適用ヲ受ケタル得票者ニシテ當選者ト爲ラサリシ者アルトキハ直ニ選擧會ヲ開キ其ノ者ノ中ニ就キ當選者ヲ定ムヘシ

前項ノ場合ニ於テ第二十七條第一項但書ノ得票者ニシテ當選者ト爲ラサリシ者選擧ノ期日後ニ於テ被選

擧權ヲ有セサルニ至リタルトキハ之ヲ當選任ト定ム
ルコトヲ得ス

第二項ノ場合ニ於テハ町村長ハ豫メ選擧會ノ場所及日時ヲ告示スヘシ

第一項ノ期間ハ第三十三條第八項ノ規定ノ適用アル場合ニ於テハ選擧ヲ行フコトヲ得サル事由已ミタル日ノ翌日ヨリ之ヲ起算ス

第一項ノ事由議員ノ任期滿了前六月以內ニ生シタルトキハ第一項ノ選擧ハ之ヲ行ハス但シ議員ノ數其ノ定數ノ三分ノ二ニ滿サルニ至リタルトキハ此ノ限ニ在ラス

第三十一條第一項ヲ削リ第二項中「郡長」ヲ「府縣知事」ニ改メ同條ニ左ノ一項ヲ加フ

當選者ナキニ至リタルトキ又ハ當選者其ノ選擧ニ於ケル議員ノ定數ニ達セサルニ至リタルトキハ町村長ハ直ニ其ノ旨ヲ告示シ併セテ之ヲ府縣知事ニ報告スヘシ

第三十二條ニ左ノ但書ヲ加フ

但シ當選ニ異動ヲ生スルノ虞ナキ者ヲ區分シ得ルトキハ其ノ者ニ限リ當選ヲ失フコトナシ

第三十三條第一項中「第三十一條第二項」ヲ「第二十九條第一項又ハ第三十一條第二項」ニ、同條第三項ヲ左ノ如ク改ム

府縣知事ハ選擧又ハ當選ノ效力ニ關シ異議アルトキハ選擧ニ關シテハ第二十九條第一項ノ報告ヲ受ケタル日ヨリ、當選ニ關シテハ第二十九條第一項又ハ第三十一條第二項ノ報告ヲ受ケタル日ヨリ二十日以內ニ之ヲ府縣參事會ノ決定ニ付スルコトヲ得

同條第四項中「處分」ヲ「決定」ニ、同條第五項乃至第七項ヲ左ノ如ク、第八項中「第三十四條第三項」ヲ「第三十四條第一項若ハ第三項」ニ改メ同條第九項中「處分」ヲ削ル

第二項若ハ第六項ノ裁決又ハ第三項ノ決定ニ不服アル者ハ行政裁判所ニ出訴スルコトヲ得

第一項ノ決定ニ付テハ町村長ヨリモ訴願ヲ提起スルコトヲ得

第二項若ハ前項ノ裁決又ハ第三項ノ決定ニ付テハ府縣知事又ハ町村長ヨリモ訴訟ヲ提起スルコトヲ得

第三十四條　選擧無效ト決定シタルトキハ三月以內ニ更ニ選擧ヲ行フヘシ

當選無效ト決定シタルトキハ直ニ選擧會ヲ開キ更ニ當選者ヲ定ムヘシ此ノ場合ニ於テハ第三十條第三項及第四項ノ規定ヲ準用ス

當選者ナキトキ、當選者ナキニ至リタルトキ又ハ當選者其ノ選擧ニ於ケル議員ノ定數ニ達セサルトキ若ハ定數ニ達セサルニ至リタルトキハ三月以內ニ更ニ選擧ヲ行フヘシ

第三十條第五項及第六項ノ規定ハ第一項及前項ノ選擧ニ之ヲ準用ス

第三十五條第一項ヲ左ノ如ク改メ第二項中「被選擧權ヲ有セサル者」ノ下ニ「又ハ第二十九條第五項ニ掲クル者」ヲ加フ

町村會議員被選擧權ヲ有セサル者ナルトキ又ハ第二十九條第五項ニ掲クル者ナルトキハ其ノ職ヲ失フ其ノ被選擧權ノ有無又ハ第二十九條第五項ニ掲クル者ニ該當スルヤ否ハ町村會議員カ左ノ各號ノ一ニ該當スルニ因リ被選擧權ヲ有セサル場合ヲ除クノ外町村會之ヲ決定ス

一　禁治產者又ハ準禁治產者ト爲リタルトキ

二　破產者ト爲リタルトキ

三　禁錮以上ノ刑ニ處セラレタルトキ

四　選擧ニ關スル犯罪ニ依リ罰金ノ刑ニ處セラレタルトキ

第三十六條中「第十八條」ヲ「第十八條ノ三」ニ改メ郡長ノ處分ハ郡長、」ヲ削ル

第三十六條ノ二　町村會議員ノ選擧ニ付テハ衆議院議員選擧法第九十一條、第九十二條、第九十八條、第九十九條第二項、第百條及第百四十二條ノ規定ヲ準用ス

第三十八條第一項中「郡長ハ府縣知事ノ許可ヲ得テ」ヲ「府縣知事ハ」ニ改ム

第四十五條中「年長ノ議員議長ノ職務ヲ代理ス年齡同シトキハ抽籤ヲ以テ之ヲ定ム」ヲ「臨時ニ議員中ヨリ假議長ヲ選擧スヘシ」ニ改メ同條ニ左ノ二項ヲ加フ

前項假議長ノ選擧ニ付テハ年長ノ議員議長ノ職務ヲ代理ス年齡同シキトキハ抽籤ヲ以テ之ヲ定ム

特別ノ事情アル町村ニ於テハ第一項ノ規定ニ拘ラス

町村條例ヲ以テ町村會ノ選擧ニ依ル議長及其ノ代理者一人ヲ置クコトヲ得此ノ場合ニ於テハ市制第四十八條及第四十九條ノ規定ヲ準用ス

第四十七條第三項中「開會ノ日ヨリ少クトモ三日前」ヲ「開會ノ日前三日目迄」ニ、同條第四項中「三日前迄」ヲ「會議ニ付スル日前三日目迄」ニ改ム

第四十九條ニ左ノ一項ヲ加フ

議長ハ其ノ職務ヲ行フ場合ニ於テモ之カ爲議員トシテ議決ニ加ハルノ權ヲ失ハス

第五十一條ニ左ノ一項ヲ加フ

連名投票ノ法ヲ用ウル場合ニ於テ過半數ノ投票ヲ得タル者選擧スヘキ定數ヲ超ユルトキハ最多數ヲ得タル者ヨリ順次選擧スヘキ定數ニ至ル迄ノ者ヲ以テ當選者トシ同數者アルトキハ年長者ヲ取リ年齡同シキトキハ議長抽籤シテ之ヲ定ム

第五十二條ニ左ノ一項ヲ加フ

第四十五條第三項ノ町村ニ於ケル町村會ノ會議ニ付テハ前二項ノ規定ニ拘ラス市制第五十六條ノ規定ヲ準用ス

第五十八條ニ左ノ一項ヲ加フ

第四十五條第三項ノ町村ニ於ケル町村會ノ會議ニ付テハ市制第六十二條第三項ノ規定ヲ準用ス

第五十九條第二項中「三日以内出席ヲ停止シ又ハ二圓以下ノ過怠金ヲ科スル規定ヲ設クルコトヲ得」ヲ「五日以内出席ヲ停止スル規定ヲ設クルコトヲ得」ニ改ム

第六十四條　有給町村長及有給助役ハ其ノ退職セムトスル日前三十日目迄ニ申立ツルニ非サレハ任期中退職スルコトヲ得ス但シ町村會ノ承認ヲ得タルトキハ此ノ限ニ在ラス

第六十五條　町村長及助役ハ第十五條第二項又ハ第四項ニ掲ケタル職ト兼ヌルコトヲ得ス又其ノ町村ニ對シ請負ヲ爲シ又ハ其ノ町村ニ於テ費用ヲ負擔スル事業ニ付町村若ハ其ノ委任ヲ受ケタル者ニ對シ請負ヲ爲ス者及其ノ支配人又ハ主トシテ同一ノ行爲ヲ爲ス法人ノ無限責任社員、取締役監査役若ハ之ニ準スヘキ者、淸算人及支配人タルコトヲ得ス

第六十六條第一項中「及有給助役」ヲ削リ「郡長」ヲ「府縣知事」ニ改ム

第六十七條第三項及第四項ヲ削リ第五項ヲ左ノ如ク、第七項中「郡長」ヲ「府縣知事」ニ改ム

第六十三條第二項及第四項、第六十五條並前條第二項ノ規定ハ收入役及副收入役ニ之ヲ準用ス

第六十八條第二項ヲ左ノ如ク改ム

區長及其ノ代理者ハ名譽職トス町村公民中選擧權ヲ有スル者ヨリ町村長ノ推薦ニ依リ町村會之ヲ定ム

第六十九條第二項中「町村會ニ於テ町村會議員又ハ町村公民中選擧權ヲ有スル者ヨリ之ヲ選擧ス」ヲ「町村會議員又ハ町村公民中選擧權ヲ有スル者ヨリ町村長ノ推薦ニ依リ町村會之ヲ定ム」ニ改メ同條第三項中「常設」ヲ削ル

第七十條第一項ヲ左ノ如ク改ム

町村公民ニ限リテ擔任スヘキ職務ニ在ル吏員又ハ職ニ就キタルカ爲町村公民タル者選擧權ヲ有セサルニ至リタルトキハ其ノ職ヲ失フ

第七十四條第四項ヲ左ノ如ク、第六項中「郡長」ヲ「府縣知事」ニ改メ同條第七項中「府縣參事會ニ訴願シ其ノ裁決ニ不服アルトキハ」ヲ、同條第八項ヲ及第九項中「及第四項」ヲ削ル

第二項ノ裁決又ハ前項ノ處分ニ不服アル町村長又ハ町村會ハ行政裁判所ニ出訴スルコトヲ得

第七十五條第一項中「郡長」ヲ「府縣知事」ニ改ム

第七十八條第一項中「郡長ノ許可ヲ得テ」ヲ削ル

第八十條第二項中「町村ハ收入役故障アルトキ之ヲ代理スヘキ吏員ヲ定メ郡長ノ認可ヲ受クヘシ」ヲ「町村會ハ町村長ノ推薦ニ依リ收入役故障アルトキ之ヲ代理スヘキ吏員ヲ定ムヘシ」ニ改メ同條第四項中「郡長ノ許可ヲ得テ」ヲ削ル

第八十七條第二項中「前項ノ異議ハ」ヲ「前項ノ異議ノ申立アリタルトキハ町村長ハ七日以内ニ」ニ改ム

第百一條ノ二　町村ハ公益上其ノ他ノ事由ニ因リ課稅ヲ不適當トスル場合ニ於テハ命令ノ定ムル所ニ依リ町村稅ヲ課セサルコトヲ得

第百六條第五項中「郡長ニ訴願シ其ノ裁決ニ不服アルトキハ」ヲ削ル

第百九條第一項中「其ノ條例中ニハ五圓以下ノ過料ヲ科スル規定ヲ設クルコトヲ得」ヲ削リ同條第二項ヲ左

ノ如ク改ム

詐僞其ノ他ノ不正ノ行爲ニ依リ使用料ノ徴收ヲ免レ又ハ町村稅ヲ逋脫シタル者ニ付テハ町村條例ヲ以テ其ノ徴收ヲ免レ又ハ逋脫シタル金額ノ三倍ニ相當スル金額（其ノ金額五圓未滿ナルトキハ五圓）以下ノ過料ヲ科スル規定ヲ設クルコトヲ得

前項ニ定ムルモノヲ除クノ外使用料、手數料及町村稅ノ賦課徴收ニ關シテハ町村條例ヲ以テ五圓以下ノ過料ヲ科スル規定ヲ設クルコトヲ得財產又ハ營造物ノ使用ニ關シ亦同シ

第百十條第三項中「前二項ノ異議ハ」ヲ「前二項ノ異議ノ申立アリタルトキハ町村長ハ七日以内ニ」ニ改ム

第百十一條第六項中「前三項ノ處分ヲ受ケタル者其ノ處分ニ不服アルトキハ」ヲ「前三項ノ處分ニ不服アル者ハ」ニ改ム

第百十七條中「郡長」ヲ「府縣知事」ニ改ム

第百二十二條第一項中「六月三十日」ヲ「五月三十一日」ニ、同條第三項中「第八項」ヲ「第五項」ニ、同條第四項中「郡長」ヲ「府縣知事」ニ改ム

第百二十五條中「郡長」ヲ「府縣知事」ニ改ム

第百二十七條中「郡長」ヲ「府縣知事」ニ、「府縣知事」ヲ「内務大臣」ニ改ム

第百二十九條第三項、第百三十條第三項第百三十一條第三項及第百三十三條第二項中「内務大臣ノ許可ヲ得」ヲ削ル

第百三十四條第一項中「府縣知事ノ許可ヲ受クヘシ」ヲ「之ヲ定ム」ニ改メ同條第二項中「内務大臣ノ許可ヲ得」ヲ削ル

第百三十五條第一項中「前條第一項」ヲ「前條第二項」ニ同條第三項中「前項ノ異議ハ」ヲ「前項ノ異議ノ申立アリタルトキハ組合ノ管理者ハ七日以内ニ」ニ改ム

第百三十七條　町村ハ第一次ニ於テ府縣知事之ヲ監督シ第二次ニ於テ内務大臣之ヲ監督ス

第百三十八條中「郡長」ヲ「府縣知事」ニ改メ「府縣知事ニ訴願シ其ノ裁決ニ不服アルトキハ」ヲ削ル

第百四十條第二項ノ次ニ左ノ一項ヲ加フ

決定書又ハ裁決書ノ交付ヲ受ケサル者ニ關シテハ前二項ノ期間ハ告示ノ日ヨリ之ヲ起算ス

第百四十條ノ二　異議ノ決定ハ本法中別ニ期間ヲ定メタルモノヲ除クノ外其ノ決定ニ付セラレタル日ヨリ三月以内ニ之ヲ爲スヘシ
府縣參事會訴願ヲ受理シタルトキハ其ノ日ヨリ三月以内ニ之ヲ裁決スヘシ
第百四十三條第一項及第二項中「郡長」ヲ「府縣知事」ニ改メ同條第三項中「府縣知事ニ訴願シ其ノ裁決ニ不服アルトキハ」ヲ削ル
第百四十五條　町村條例ヲ設ケ又ハ改正セムトスルトキハ内務大臣ノ許可ヲ受クヘシ
第百四十六條第四號中「手數料及加入金」ヲ削ル
第百四十七條中「郡長」ヲ「府縣知事」ニ、同條中左ノ如ク改ム
一　町村條例ヲ廢止スル事
二　基本財産及特別基本財産竝林野ノ處分ニ關スル事
五　手數料　加入金ヲ新設シ増額シ又ハ變更スル事
第百五十條第一項中「又ハ郡長」ヲ、同條第四項中「郡長ノ處分ニ付テハ府縣知事ニ訴願シ其ノ裁決ニ不服アルトキ又ハ府縣知事ノ處分ニ付テハ」ヲ削ル
第百五十二條　削除
第百五十三條ノ二ヲ削ル
第百五十六條ノ二　本法中官吏ニ關スル規定ハ待遇官吏ニ之ヲ適用ス

附　則

本法中公民權　議員選擧ニ關スル規定ハ次ノ總選擧ヨリ之ヲ施行シ其ノ他ノ規定ノ施行ノ期日ハ勅令ヲ以テ之ヲ定ム
第三十八條ノ規定ニ依リ町村會ヲ設ケサル町村ニ付テハ本法ノ施行ノ期日ハ勅令ヲ以テ之ヲ定ム
次ノ總選擧ニ至ル迄ノ間從前ノ第十四條、第十七條、第十八條、第三十一條、第三十三條及第三十六條ノ規定ニ依リ難キ事項ニ付テハ勅令ヲ以テ特別ノ規定ヲ設クルコトヲ得
本法ニ依リ初テ議員ヲ選擧スル場合ニ於テ必要ナル選擧人名簿ニ關シ第十八條乃至第十八條ノ五ニ規定スル期日又ハ期間ニ依リ難キトキハ命令ヲ以テ別ニ其ノ期日又ハ期間ヲ定ム但シ其ノ選擧人名簿ハ次ノ選擧人名

簿確定迄其ノ效力ヲ有ス

本法施行ノ際大正十四年法律第四十七號衆議院議員選擧法未タ施行セラレサル場合ニ於テハ本法ノ適用ニ付テハ既ニ施行セラレタルモノト看做ス

本法施行ノ際必要ナル規定ハ命令ヲ以テ之ヲ定ム

昭和二年三月一日印刷
昭和二年三月五日發行
昭和四年八月廿日 改訂十三版

定價金四圓五十錢

市町村會議員必携

編輯者 地方自治協會
東京市下谷區西町三番地
發行者 櫻井均
東京市神田區今川小路一ノ三
印刷所 岩崎印刷所

東京市下谷區西町三番地
發行所 地方自治協會
振替東京七一九九三番

地方自治法研究復刊大系〔第358巻〕

市町村会議員必携〔昭和4年 改訂13版〕

日本立法資料全集 別巻 1568

2024(令和6)年10月25日　復刻版第1刷発行　7768-5:012-005-005

編　輯　地方自治協会
発行者　今井　貴
　　　　稲葉文子
発行所　株式会社信山社

〒113-0033 東京都文京区本郷6-2-9-102東大正門前
Ⓣ03(3818)1019　Ⓕ03(3818)0344
来栖支店〒309-1625 茨城県笠間市来栖2345-1
Ⓣ0296-71-0215　Ⓕ0296-72-5410
笠間才木支店〒309-1611 笠間市笠間515-3
Ⓣ0296-71-9081　Ⓕ0296-71-9082

印刷所　ワイズ書籍
製本所　カナメブックス
用　紙　七洋紙業

printed in Japan　分類 323.934 g 1568

ISBN978-4-7972-7768-5 C3332 ¥58000E

日本立法資料全集 別巻　**地方自治法研究復刊大系**

農村自治〔大正15年2月発行〕／小橋一太 著
改正 市制町村制示解 全 附録〔大正15年5月発行〕／法曹研究会 著
市町村民自治読本〔大正15年6月発行〕／武藤榮治郎 著
改正 地方制度輯覧 改訂増補第33版〔大正15年7月発行〕／良書普及会 編著
地方制度之栞 第81版〔大正15年8月発行〕／湯澤睦雄 編輯
市制町村制 及 関係法令〔大正15年8月発行〕市町村雑誌社 編輯
改正 市町村制義解〔大正15年9月発行〕／内務省地方局 安井行政課長 校閲 内務省地方局 川村芳次 著
改正 地方制度解説 第6版〔大正15年9月発行〕／挟間茂 著
地方制度之栞 第83版〔大正15年9月発行〕／湯澤睦雄 著
改訂増補 市制町村制逐條示解〔改訂57版〕第一分冊〔大正15年10月発行〕／五十嵐鑛三郎 他 著
実例判例 市制町村制釈義 大正15年再版〔大正15年9月発行〕／梶康郎 著
改訂増補 市制町村制逐條示解〔改訂57版〕第二分冊〔大正15年10月発行〕／五十嵐鑛三郎 他 著
註釈の市制と町村制 附 普通選挙法 大正15年初版〔大正5年11月発行〕／法律研究会 著
実例町村制 及 関係法規〔大正15年12月発行〕自治研究会 編纂
正文 市制町村制 並 選挙法規 附 陪審法〔昭和2年4月発行〕／法曹閣 編輯
改正 地方制度通義〔昭和2年6月発行〕／荒川五郎 著
地方事務叢書 第七編 普選法事務提要 再版〔昭和2年6月発行〕／東京地方改良協会 編著
都市行政と地方自治 初版〔昭和2年7月発行〕／菊池愼三 著
普通選挙と府県会議員 初版〔昭和2年8月発行〕／石橋孫治郎 編輯
逐条示解 地方税法 初版〔昭和2年9月発行〕／自治館編輯局 編著
市制町村制 実務詳解 初版〔昭和2年10月発行〕／坂千秋 監修 自治研究会 編纂
註釈の市制と町村制 附 普通選挙法〔昭和3年1月発行〕／法律研究会 著
市町村会 議員の常識 初版〔昭和3年4月発行〕／東京仁義堂編集部 編纂
地方自治と東京市政 初版〔昭和3年8月発行〕／菊池愼三 著
註釈の市制と町村制 施行令他関連法収録〔昭和4年4月発行〕／法律研究会 著
市町村会議員 選挙戦術 第4版〔昭和4年4月発行〕／相良一休 著
市町村会議員必携 改訂9版〔昭和4年5月発行〕／地方自治協会 編輯
現行 市制町村制 並 議員選挙法規 **再版**〔昭和5年1月発行〕／法曹閣 編輯
地方制度改正大意 第3版〔昭和4年6月発行〕／狹間茂 著
市制町村制 及 関係法令 昭和4年初版〔昭和4年7月発行〕市町村雑誌社 編輯
改正 市町村会議提要 昭和4年初版〔昭和4年7月発行〕／山田民蔵 三浦教之 共著
市町村事務必携 昭和4年再版 第1分冊〔昭和4年7月発行〕／大塚辰治 著
市町村事務必携 昭和4年再版 第2分冊〔昭和4年7月発行〕／大塚辰治 著
市町村税戸数割正義 昭和4年再版〔昭和4年8月発行〕／田中廣太郎 著
倫敦の市制と市政 昭和4年初版〔昭和4年8月発行〕／小川市太郎 著
改正 市制町村制 並ニ 府県制 初版〔昭和4年10月発行〕／法律研究会 編
実例判例 市制町村制釈義 第4版〔昭和4年5月発行〕／梶康郎 著
新旧対照 市制町村制 並 附属法規 第27版〔昭和4年7月発行〕／良書普及会 著
新旧対照 市制町村制 並 附属法規 第29版〔昭和4年8月発行〕／良書普及会 著
市町村制ニ依ル 書式ノ草稿 及 実例〔昭和4年9月発行〕／加藤治彦 編
改訂増補 都市計画と法制 昭和4年改訂3版〔昭和4年10月発行〕／岡崎早太郎 著
いろは引市町村名索引〔昭和4年10月発行〕／杉田久信 著
市町村税務 昭和5年再版〔昭和5年1月発行〕／松岡由三郎 序 堀内正作 著
市会町村会 議事必携 訂正再版〔昭和5年2月発行〕／大塚辰治 著
市町村予算の見方 初版〔昭和5年3月発行〕／西野喜興作 著
市町村会議員 及 公民提要 初版〔昭和5年1月発行〕／自治行政事務研究会 編輯
地方事務叢書 第九編 市町村事務提要 第1分冊 初版〔昭和5年3月発行〕／村田福次郎 編
地方事務叢書 第九編 市町村事務提要 第2分冊 初版〔昭和5年3月発行〕／村田福次郎 編
市制町村制逐條示解 第58 版 第1 分冊〔昭和5年5月発行〕／五十嵐鑛三郎 他 著
市制町村制逐條示解 第58 版 第2 分冊〔昭和5年5月発行〕／五十嵐鑛三郎 他 著
町村会事務必携 昭和5年初版〔昭和5年7月発行〕／原田知壮 編著
地方制度講話 昭和5年再版〔昭和5年9月発行〕／安井英二 著
改正 市制町村制解説〔昭和5年11月発行〕／挟間茂 校 土谷覺太郎 著
加除自在 参照條文附 市制町村制 附 関係法規〔昭和6年5月発行〕／矢島和三郎 編纂
市制町村制 府県制 昭和6年初版〔昭和6年9月発行〕／由多仁吉之助 編輯
地租法 耕地整理法 釈義〔昭和6年11月発行〕／唯野喜八 伊東久太郎 河沼高輝 共著
改正版 市制町村制 並ニ 府県制 及ビ重要関係法令〔昭和8年1月発行〕／法制堂出版 著
改正版 註釈の市制と町村制 最近の改正を含む〔昭和8年1月発行〕／法制堂出版 著
逐條解釈 改正 市町村財務規程〔昭和8年11月発行〕／大塚辰治 著
改訂加除 地方制度輯攬 改訂76版 第一分冊〔昭和8年11月発行〕／良書普及会 編纂
改訂加除 地方制度輯攬 改訂76版 第二分冊〔昭和8年11月発行〕／良書普及会 編纂
市町村会議員必携 昭和9年第18版〔昭和9年2月発行〕／渡邊彰平 著
市制町村制 及 関係法令 第3版〔昭和9年5月発行〕／野田千太郎 編輯
実例判例 市町村制釈義 改訂13版〔昭和9年5月発行〕／梶康郎 著
府県会を主とする 選挙の取締と罰則〔昭和10年8月発行〕／若泉小太郎 著
全国市町村便覧 附 全国学校名簿 第一分冊～第三分冊〔昭和10年8月発行〕／藤谷崇文館 編
実例判例 市制町村制釈義 昭和10年改正版〔昭和10年9月発行〕／梶康郎 著
改訂増補 市制町村制実例総覧 第一分冊〔昭和10年10月発行〕／良書普及会 編纂
改訂増補 市制町村制実例総覧 第二分冊〔昭和10年10月発行〕／良書普及会 編纂
市町村税釈義 昭和10年初版〔昭和10年11月発行〕／谷口壽太郎 著
改正 府県会 市会 町村会 議員職務要諦 昭和11年初版〔昭和11年5月発行〕／岩﨑高敏 著
新旧対照 府県会 附 関係法規 昭和11年初版〔昭和11年5月発行〕／岩﨑高敏 著
市制町村制逐條示解〔昭和11年第64版〕第一分冊〔昭和11年7月発行〕／五十嵐鑛三郎 他 著
市制町村制逐條示解〔昭和11年第64版〕第一分冊〔昭和11年7月発行〕／五十嵐鑛三郎 他 著
法曹瑣談 昭和12年初版〔昭和12年4月発行〕／山崎佐 著
地方財政 及 税制の改革〔昭和12年7月発行〕／三好重夫 著
自治の精神 及 趨勢〔昭和12年11月発行〕／小橋一太 著
改正 市制町村制 第7版〔昭和13年2月発行〕／法曹閣 編輯
市制町村制 及 関係法令 第5版〔昭和13年4月発行〕／市町村雑誌社 編輯
職務要諦 市町村会議員必携 昭和13年再版〔昭和13年5月発行〕／岩﨑高敏 著
逐條解釈 改正 市町村財務規程 第11版〔昭和13年11月発行〕／大塚辰治 著
地方財政改革問題〔昭和14年5月発行〕／高砂恒三郎 山根守道 著
東京府市区町村便覧〔昭和14年8月発行〕／東京地方改良協会 編

信山社

訂正増補 議制全書 第3版〔明治25年4月発行〕／岩藤良太 編纂
市町村制実務要書続編 全〔明治25年5月発行〕／田中知邦 著
地方學事法規〔明治25年5月発行〕／鶴鳴社 編
増補 町村制執務備考 全〔明治25年10月発行〕／増澤鐵 國吉拓郎 同輯
町村制執務要録 全〔明治25年12月発行〕／鷹巣清二郎 編輯
府県制郡制便覧 明治27年初版〔明治27年3月発行〕／須田健吉 編輯
郡市町村史員 収税実務要書〔明治27年11月発行〕／荻野千之助 編纂
改訂増補鼇頭参照 市町村制講義 第9版〔明治28年5月発行〕／蟻川堅治 講述
改正増補 市町村制実務要書 上巻〔明治29年4月発行〕／田中知邦 編纂
市町村制詳解 附 理由書 改正再版〔明治29年5月発行〕／島村文耕 校閲 福井淳 著述
改正増補 市町村制実務要書 下巻〔明治29年7月発行〕／田中知邦 編纂
府県制 郡制 町村制 新税法 公民之友 完〔明治29年8月発行〕／内田安蔵 五十野譲 著述
市制町村制註釈 附 市制町村制理由 第14版〔明治29年11月発行〕／坪谷善四郎 著
郡制注釈 完 再版〔明治30年6月発行〕／岩田徳義 著述
府県制郡制註釈〔明治30年9月発行〕／岸本辰雄 校閲 林信重 註釈
市町村新旧対照一覧〔明治30年9月発行〕／中村芳松 編輯
町村至宝〔明治30年9月発行〕／品川彌二郎 題字 元田肇 序文 桂虎次郎 編纂
市制町村制應用大全 完〔明治31年4月発行〕／島田三郎 序 大西多典 編纂
傍訓註釈 市制町村制 並ニ 理由書〔明治31年12月発行〕／筒井時治 著
改正 府県郡制問答講義〔明治32年4月発行〕／木内英雄 編纂
改正 府県制郡制正文〔明治32年4月発行〕／大塚宇三郎 編纂
府県制郡制〔明治32年4月発行〕／徳田文雄 編輯
改正 府県制郡制講義 初版〔明治32年4月発行〕／樋山廣業 講述
郡制府県制 完〔明治32年5月発行〕／魚住嘉三郎 編輯
参照比較 市町村制註釈 附 問答理由 第10版〔明治32年6月発行〕／山中兵吉 著述
改正 府県制郡制註釈 第2版〔明治32年6月発行〕／福井淳 著
府県制郡制釈義 全 第3版〔明治32年7月発行〕／栗本勇之助 森惣之祐 同著
改正 府県制郡制註釈 第3版〔明治32年8月発行〕／福井淳 著
地方制度通 全〔明治32年9月発行〕／上山満之進 著
市町村新旧対照一覧 訂正第五版〔明治32年9月発行〕／中村芳松 編輯
改正 府県制郡制 並 関係法規〔明治32年9月発行〕／鷲見金三郎 編纂
改正 府県制郡制釈義 再版〔明治32年11月発行〕／坪谷善四郎 著
訂正 市制町村制 附 理由書〔明治33年5月発行〕／明昇堂 編
改正 府県制郡制釈義 第3版〔明治34年2月発行〕／坪谷善四郎 著
再版 市町村制例規〔明治34年11月発行〕／野元友三郎 編纂
地方制度実例総覧〔明治34年12月発行〕／南浦西郷侯爵 題字 自治館編集局 編纂
傍訓 市制町村制註釈〔明治35年3月発行〕／福井淳 著
地方自治提要 全〔明治35年5月発行〕／木村時義 校閲 吉武則久 編纂
市制町村制釈義〔明治35年6月発行〕／坪谷善四郎 著
市町村制問答詳解 附 理由書 及 附属法令〔明治35年10月発行〕／福井淳 著述
帝国議会 府県会 郡会 市町村会 議員必携 附 関係法規 第一分冊〔明治36年5月発行〕／小原新三 口述
帝国議会 府県会 郡会 市町村会 議員必携 附 関係法規 第二分冊〔明治36年5月発行〕／小原新三 口述
五版 市町村制例規〔明治36年5月発行〕／野元友三郎 編纂
地方制度実例総覧〔明治36年8月発行〕／芳川顯正 題字 山脇玄 序文 金田謙 著
市町村是〔明治36年11月発行〕／野田千太郎 編纂
市制町村制釈義 明治37年第4版〔明治37年6月発行〕／坪谷善四郎 著
府県郡市町村 模範治績 附 耕地整理法 産業組合法 附属法例〔明治39年2月発行〕／荻野千之助 編輯
自治之模範〔明治39年6月発行〕／江木翼 編
改正 市制町村制〔明治40年6月発行〕／辻本末吉 編輯
実用 北海道郡区町村案内 全 附 里程表 第7版〔明治40年9月発行〕／廣瀬清澄 著述
自治行政例規 全〔明治40年10月発行〕／市町村雑誌社 編著
改正 府県制郡制要義 第4版〔明治40年12月発行〕／美濃部達吉 著
判例挿入 自治法規全集 全〔明治41年6月発行〕／池田繁太郎 著
市町村執務要覧 全 第一分冊〔明治42年6月発行〕／大成会編輯局 編輯
市町村執務要覧 全 第二分冊〔明治42年6月発行〕／大成会編輯局 編輯比較研究
自治要義 明治43年再版〔明治43年3月発行〕／井上友一 著
自治之精髄〔明治43年4月発行〕／水野錬太郎 著
市制町村制講義 全〔明治43年6月発行〕／秋野沆 著
改正 市制町村制講義 第4版〔明治43年6月発行〕／土清水幸一 著
地方自治の手引〔明治44年3月発行〕／前田宇治郎 著
新旧対照 市制町村制 及 理由 第9版〔明治44年4月発行〕／荒川五郎 著
改正 市制町村制 附 改正要義〔明治44年4月発行〕／田山宗堯 編輯
改正 市町村制問答説明 明治44年初版〔明治44年4月発行〕／一木千太郎 編纂
改正 市制町村制〔明治44年4月発行〕／田山宗堯 編輯
新旧対照 市制町村制 及 理由 初版〔明治44年4月発行〕／荒川五郎 著
旧制対照 改正市町村制 附 改正理由〔明治44年5月発行〕／博文館編輯局 編
改正 市制町村制〔明治44年5月発行〕／石田忠兵衛 編輯
改正 市制町村制詳解〔明治44年5月発行〕／坪谷善四郎 著
改正 市制町村制註釈〔明治44年5月発行〕／中村文城 註釈
改正 市制町村制正解〔明治44年6月発行〕／武知彌三郎 著
改正 市町村制講義〔明治44年6月発行〕／法典研究会 著
新旧対照 改正 市制町村制新釈 明治44年初版〔明治44年6月発行〕／佐藤貞雄 編纂
改正 町村制詳解〔明治44年8月発行〕／長峰安三郎 三浦通太 野田千太郎 著
新旧対照 市制町村制正文〔明治44年8月発行〕自治館編輯局 編纂
地方革新講話〔明治44年9月発行〕西内天行 著
改正 市制町村制釈義〔明治44年9月発行〕／中川健蔵 宮内國太郎 他 著
改正 市制町村制講義 附 施行諸規則 及 市町村事務摘要〔明治44年10月発行〕／樋山廣業 著
村制正解 附 施行諸規則〔明治44年10月発行〕／福井淳 著
改正 市制町村制講義 附 施行諸規則 及 市町村事務摘要〔明治44年10月発行〕／樋山廣業 著
旧比照 改正市制町村制註釈 附 改正北海道二級町村制〔明治44年11月発行〕／植田鹽恵 著
改正 市町村制 並 附属法規〔明治44年11月発行〕／楠綾雄 編輯
改正 市制町村制精義 全〔明治44年12月発行〕／平田東助 題字 梶康郎 著述

日本立法資料全集 別巻 **地方自治法研究復刊大系**

仏蘭西邑法 和蘭邑法 皇国郡区町村編制法 合巻〔明治11年8月発行〕／箕作麟祥 閲 大井憲太郎 譯／神田孝平 譯
郡区町村編制法 府県会規則 地方税規則 三法綱論〔明治11年9月発行〕／小笠原美治 編輯
郡吏議員必携三新法便覧〔明治12年2月発行〕／太田啓太郎 編輯
郡区町村編制 府県会規則 地方税規則 新法例纂〔明治12年3月発行〕／柳澤武運三 編輯
全国郡区役所位置 郡政必携 全〔明治12年9月発行〕／木村陸一郎 編輯
府県会規則大全 附 裁定録〔明治16年6月発行〕／朝倉達三 閲 若林友之 編輯
区町村会議要覧 全〔明治20年4月発行〕／阪田辨之助 編纂
英国地方制度 及 税法〔明治20年7月発行〕／良保両氏 合著 水野遵 翻訳
鼇頭傍訓 市制町村制註釈 及 理由書〔明治21年1月発行〕／山内正利 註釈
英国地方政治論〔明治21年2月発行〕／久米金彌 翻譯
市制町村制 附 理由書〔明治21年4月発行〕／博聞本社 編
傍訓 市町村制及説明〔明治21年5月発行〕／高木周次 編纂
鼇頭註釈 市町村制俗解 附 理由書 第2版〔明治21年5月発行〕／清水亮三 註解
市制町村制註釈 完 附 市制町村制理由 明治21年初版〔明治21年5月発行〕／山田正賢 著述
市町村制詳解 全 附 市町村制理由〔明治21年5月発行〕／日鼻豊作 著
市制町村制釈義〔明治21年5月発行〕／壁谷可六 上野太一郎 合著
市制町村制詳解 全 附 理由書〔明治21年5月発行〕／杉谷庸 訓點
町村制詳解 附 市制及町村制理由〔明治21年5月発行〕／磯部四郎 校閲 相澤富蔵 編述
傍訓 市制町村制 全 附 理由〔明治21年5月発行〕／鶴聲社 編
傍訓 市制町村制 並 理由〔明治21年5月発行〕／東條種家 編纂
市制町村制 附 理由書〔明治21年5月発行〕／狩谷茂太郎 著
市制町村制 並 理由書〔明治21年7月発行〕／萬字堂 編
市制町村制正解 附 理由〔明治21年6月発行〕／芳川顯正 序文 片貝正晉 註解
市制町村制釈義 附 理由書〔明治21年6月発行〕／清岡公張 題字 樋山廣業 著述
市制町村制釈義 附 理由 第5版〔明治21年6月発行〕／建野郷三 題字 櫻井一久 著
市町村制註解 完〔明治21年6月発行〕／若林市太郎 編輯
市町村制釈義 全 附 市町村制理由〔明治21年7月発行〕／水越成章 著述
再版増訂 市制町村制註釈 附 市制町村制理由 増補再版〔明治21年7月発行〕／坪谷善四郎 著
市制町村制義解 附 理由〔明治21年7月発行〕／三谷軌秀 馬袋鶴之助 著
傍訓 市制町村制註解 附 理由書〔明治21年8月発行〕／鯰江貞雄 註解
市制町村制註釈 附 市制町村制理由 3版増訂〔明治21年8月発行〕／坪谷善四郎 著
傍訓 市制町村制 附 理由書〔明治21年8月発行〕／同盟館 編
市町村制正解 明治21年第3版〔明治21年8月発行〕／片貝正晉 註釈
市制町村制註釈 完 附 市制町村制理由 第2版〔明治21年9月発行〕／山田正賢 著述
傍訓註釈 日本市制町村制 及 理由書 第4版〔明治21年9月発行〕／柳澤武運三 註解
鼇頭参照 市町村制註解 完 附 理由書及参考諸令〔明治21年9月発行〕／別所富貴 著述
市町村制問答詳解 附 理由書〔明治21年9月発行〕／福井淳 著
市制町村制註釈 附 市制町村制理由 4版増訂〔明治21年9月発行〕／坪谷善四郎 著
市制町村制 並 理由書 附 直接間接税類別 及 実施手続〔明治21年10月発行〕／高崎修助 著述
市町村制釈義 附 理由書 訂正再版〔明治21年10月発行〕／松木堅葉 訂正 福井淳 釈義
増訂 市制町村制註解 全 附 市制町村制理由挿入 第3版〔明治21年10月発行〕／吉井太 註解
鼇頭註釈 市町村制俗解 附 理由書 増補第5版〔明治21年10月発行〕／清水亮三 註解
市町村制施行取扱心得 上巻・下巻 合冊〔明治21年10月・22年2月発行〕／市岡正一 編纂
市制町村制傍訓 完 附 市制町村制理由 第4版〔明治21年10月発行〕／内山正如 著
鼇頭対照 市町村制解釈 附理由書及参考諸布達〔明治21年10月発行〕／伊藤寿 註釈
市制町村制俗解 明治21年第3版〔明治21年10月発行〕／春陽堂 編
市町村制正解 明治21年第4版〔明治21年10月発行〕／片貝正晉 註釈
市町村制講義録 第壱號-第弐號 合本〔明治21年10月発行〕／片貝正晉 註釈
市制町村制註釈 完 附 理由書 初版〔明治21年11月発行〕／綾井武夫 校閲 殿木三郎 註釈
市制町村制詳解 附 理由 第3版〔明治21年11月発行〕／今村長善 著
町村制実用 完〔明治21年11月発行〕／新田貞橘 鶴田嘉内 合著
町村制精解 完 附 理由書 及 問答録〔明治21年11月発行〕／中目孝太郎 磯谷群爾 註釈
市町村制問答詳解 附 理由 全〔明治22年1月発行〕／福井淳 著述
訂正増補 市町村制問答詳解 附 理由 及 追輯〔明治22年1月発行〕／福井淳 著
市町村制質問録〔明治22年1月発行〕／片貝正晉 編述
傍訓 市町村制 及 説明 第7版〔明治21年11月発行〕／高木周次 編纂
町村制要覧 全〔明治22年1月発行〕／浅井元 校閲 古谷省三郎 編纂
鼇頭 市制町村制 附 理由書〔明治22年1月発行〕／生稲道蔵 略解
鼇頭註釈 町村制 附 理由 全〔明治22年2月発行〕／八乙女盛次 校閲 片野続 編釈
市町村制実解〔明治22年2月発行〕／山田顕義 題字 石黒磐 著
町村制実用 全〔明治22年3月発行〕／小島鋼次郎 岸野武司 河毛三郎 合述
実用詳解 町村制 全〔明治22年3月発行〕／夏目洗蔵 編集
理由挿入 市町村制俗解 第3版増補訂正〔明治22年4月発行〕／上村秀昇 著
町村制市制全書 完〔明治22年4月発行〕／中嶋廣蔵 著
英国市制実見録 全〔明治22年5月発行〕／高橋達 著
実地応用 町村制質疑録〔明治22年5月発行〕／野田籐吉郎 校閲 國吉拓郎 著
実用 町村制市制事務提要〔明治22年5月発行〕／島村文耕 輯解
市町村条例指鍼 完〔明治22年5月発行〕／坪谷善四郎 著
参照比較 市町村制註釈 完 附 問答理由〔明治22年6月発行〕／山中兵吉 著述
市町村議員必携〔明治22年6月発行〕／川瀬周次 田中迪三 合著
参照比較 市町村制註釈 完 附 問答理由 第2版〔明治22年6月発行〕／山中兵吉 著述
自治新制 市町村会法要談 全〔明治22年11月発行〕／高嶋正載 著述 田中重策 著述
国税 地方税 市町村税 滞納処分法問答〔明治23年5月発行〕／竹尾高堅 著
日本之法律 府県制郡制正解〔明治23年5月発行〕／宮川大壽 編輯
府県制郡制註釈〔明治23年6月発行〕／田島彦四郎 註釈
日本法典全書 第一編 府県制郡制註釈〔明治23年6月発行〕／坪谷善四郎 著
府県制郡制義解 全〔明治23年6月発行〕／北野竹次郎 編著
市町村役場実用 完〔明治23年7月発行〕／福井淳 編纂
市町村制実務要書 上巻 再版〔明治24年1月発行〕／田中知邦 編纂
市町村制実務要書 下巻 再版〔明治24年3月発行〕／田中知邦 編纂
米国地方制度 全〔明治32年9月発行〕／板垣退助 序 根本正 纂訳
公民必携 市町村制実用 全 増補第3版〔明治25年3月発行〕／進藤彬 著